JN436849

The Study of Technology and Engineering Education

# 기술교과학습 및 평가 탐구

최유현 저

www.hyungseul.co.kr

# 서문 PREFACE

## 기술교과 교육의 도전

기술은 인류 문명을 여는 시점부터 지금까지 사회적 구조와 변화를 바꾸고 이끄는 동인이 되어 왔다. 한편으로는 사회적 요구와 영향들이 기술의 새로운 발전 패러다임으로 반영되기도 한다. 오늘날 인공지능을 중심으로 한 기술의 대변혁 속에서 인간의 고유영역인 지능적 영역까지 침범하여 인간은 기술을 더 이상 편리함과 발전의 수단으로 여기기에는 너무 안일한 대처이다. 그래서 기술의 속성과 본질을 알아야 하고 욕망으로 잉태되는 기술에 대한 지혜로운 안목과 대처가 필요하다. 즉 기술은 더 이상 전문가만의 일이 아니라 보통의 시민이라면 기술에 대한 지식과 이해, 과정과 가능, 가치와 태도의 탐구적, 체험적 학습이 교양교육의 차원에서 강화되어야 한다.

기술은 위대한 변화의 성장동력(great growling engine of change)이고, 사회를 재구조화하는 힘(a force that reshapes society)이다. 글로벌 시민으로서의 생활에서 만연된 기술적 환경에서 기술적 무지(technological illiteracy)를 벗어나기 위하여 기술에 대한 올바른 이해가 필요하다. 즉 기술교양의 교육적 배려는 충분한 가치와 당위로 받아들여진다.

> 우리는 기술의 여러 가지 종류나 제품 중에서 하나를 선택할 수는 있지만, 기술을 피하여 사는 것을 선택할 수는 없다(Walker, 1985).
>
> 기술은 본래 딱딱하고 비인간적이서 그 자체로는 해결방안이 되지 못한다. 그러나 기술이 관리될 수 있다면 유연해질 수 있다. 또한 기술을 교육적으로 이해할 수 있다면, 우리의 필요와 요구에 따라 수용되거나 개선될 수 있다(Johnson, 1992).
>
> '기술의 본질이 닦달하는 것'이라는 마르틴 하이데거(Martin Heidegger, 1889~1976)의 재미있는 비유에서 보듯이 우리는 매일 수없이 기술에 의하여 닦달 당한다.
>
> 인간과 기술의 관계는 그동안 주로 유토피아와 디스토피아의 이분법적 관점에서 해석되어 왔다. 기술 시대에 새롭게 드러난 이 양자의 측면을 동시에 고려할 때, 기술시대의 인간에 대한 올바른 이해에 도달할 수 있을 뿐 아니라, 인간의 능력을 확장시키는 기술과의 공생도 충분히 가능하다(돈 아이디(Don Idhe, 1936~).

위의 주장과 같이 기술을 교육적으로 배려하는 일은 학생들이 장차 빠르게 변화하는 기술에 익숙해지며, 기술적 문제와 활동에 참여를 돕고, 학생들이 자신의 삶의 질을 개선하기 위하여 창조적으로 사고하는 일을 가능케 한다. 즉 기술의 교육적 배려는 학생들이 개인 및 집단의 구성원으로서 능동적이고 창조적 문제해결자(problem solvers)와 혁신자(innovators)가 되도록 돕는다.

기술교과 교육의 새로운 도전은 정신과 사고교육의 강조를 지속적으로 주장하고 있다. 즉 '정신성(minds on)' '근육에서 두뇌로(brain over brown)' '물질에서 정신으로(mind over matter)' '지적 기능(intellectual skills)' '유체역학으로부터 유체정신으로(from fluid mechanism to fluid intelligence)' 등의 용어와 슬로건들이 기술교과 교육연구에서 발견되고 있는 점은 이를 잘 확인시켜 주고 있다. 또한 기술교과 교육은 지식기반 사회의 담론과 요구에 부응하기 위하여 기술교과 교육학 탐구의 새로운 해석과 비전이 발명(invention), 혁신(innovation), 창조(creation), 교육(education)의 조화로운 만남 속에서 추구되어야 할 것이다.

이러한 변혁의 시기에서 기술교과 교육의 변혁적 요구도 새로운 교육의 패러다임을 요구하고 있다. 영국의 오픈 유니버시티에서 해마다 10개의 교육 키워드로 혁신적인 교수학(innovating pedagogy) 보고서를 10년간 (2012~2022) 발간하고 있다. 10년 동안 키워드 100개에 담긴 교육의 트렌드는 몸과 마음의 체화 과정으로서의 교육 트렌드, 대화와 맥락 상황을 고려한 교육 트렌드, 새로운 테크놀로지인 인공지능, 드론, 메타버스 등의 슬기로운 교육 활용 트렌드, 인간의 감정, 감성, 공감, 협력을 이끌어 내는 교육 트렌드, 창조와 혁신 학습을 위한 학습자 소유권을 강조하는 교육 트렌드의 변화는 이른바 교육 4.0시대의 공통의 교육의 지향점이다.

또한 미국의 기술 공학 교양 표준(STEL, 2020), 한국의 2022 개정 교육과정 개정은 공학과 강조와 더불어 새로운 기술교과 교육의 지식 이해, 과정 기능, 가치 태도의 입체적 변화를 요청하고 있다.

## 저술의 기본지향

이 책은 **기술교과 교육학의 학문적 이해와 연구**를 위한 목적으로 쓰여졌으며, 다음의 집필 방향을 견지하였다.

첫째, 기술교과 교육학의 학문적 토대인 **'기술학(the study of technology)'의 이론과 방법론**에 터하여 집필하였다. 따라서 기술의 본질과 방법론에 기초하여 집필한 이 책은 고유한 기술이 가지는 본질과 과정을 중시하였다.

둘째, 기술교과 교육학의 정체와 정당화의 관점에서 전문 기술교육이 아닌 일반 교양교육적 목적을 지닌 교과의 성격에 기초하여 기술교과 교육의 학문적 기초, 교육과정, 교육방법, 교육평가, 교사교육, 교육시설, 교육연구 등의 핵심적인 주제만을 다루었다.

셋째, 기술교과 교육의 학습방법론적 철학은 **구성주의**적·자기주도적·수행 중심적인 학습과 평가에 기초하고 있다. 이는 기술적 활동의 본질적 측면을 반영한 것이다.

넷째, 최근에 기술교과 교육에서 강조되는 **정신적인 사고력 교육**을 강화하고 전략화하는 방향에서 집필하였다.

다섯째, 이 책에서 다룬 내용은 절대적 내용이기보다는 **문제제기**의 차원에서 다양한 주제를 다루었고, 독자는 이 책의 주제를 중심으로 대안적 연구와 탐구가 장려될 수 있도록 배려하였다.

여섯째, 이 책은 **기술교과 교육의 전문적 이해와 탐구**를 위한 학술서로서 대부분의 내용은 기술교과 교육학의 범주에서 논의된 연구결과들을 바탕으로 집필하였다.

무엇보다도 이 책은 기술을 주제로 하고 있지만, 인간, 자연의 조화 속에서 실천 지혜의 담론을 추구하는 데 기본지향이 있다. 이는 기술교과 교육의 철학적 담론이기도 하다.

## 저술 체제

이번 출판은 **총 3권, 7부**로 구성되어 있다. 각 부에서의 기본 체제는 **연구 주제로의 초대**에서 각 부의 기본문제를 제기하였다. 그리고 각 장에서는 **개요문**과 **주요 개념**을 제시하여 다루어지는 내용의 안내와 목표를 구체화하였다. 또한 본문을 진술한 후 각 부의 마지막에서는 **개념정리를 위한 탐구문제**(concept mapping)와 **성찰을 위한 토론과제**(reflection)로 전체 내용을 정리하고 성찰하게 하였고, 각 부별로 **참고문헌**을 제시하였다.

## 저술의 담론과 내용

이 책은 기본적으로 2005년 출판된 기술교과교육학이 모태가 되고 있다. 기술교과교육학이 출판된 이후 교육과정의 개정과 학문적 담론의 변화로 인하여 새로운 이론과 내용을 담을 필요가 크게 느껴졌다.

2007년 개정된 교육과정을 보면, 기술학적 체계의 강화, 발명교육, 전통기술의 새로운 교육내용의 등장, 수행, 문제해결, 협력의 방법론적인 패러다임의 강화가 눈에 띄게 강화되고 있다. 눈을 돌려 세계를 보면, 창조, 혁신, 발명, 공학 설계 등의 키워드를 중심으로 한 기술교과 교육과정의 변혁을 가져오고 있다. 특히 2008년에 영국, 일본, 대만, 뉴질랜드 등이 새로운 교육과정을 마련하고 기술교육의 새로운 패러다임을 완성해 가고 있다.

또한 2005년 출판된 이 책의 미완성된 부분들을 재구조화하고 보충하는 작업이 필요하였다. 2005년 출판된 책은 교과교육학이라는 학문 영역에서 빠진 교육공학, 교사교육, 시설과 장학 등의 영역이 보충될 필요가 있었다. 그리고 그 책의 내용에서 재구조화나 부분적인 보완이 필요한 부분들을 새롭게 정리하는 작업이 필요하였다.

2010년 출간한 기술교과교육학은 내용 분량상의 문제로 크게 2권의 책으로 출판하게 되었다.

제1권은 기술교과교육의 개념적 기초, 학문적 기초, 교육과정, 교사교육, 교육환경과 장학, 교육 연구를 중심으로 '기술교육론 I : 교육학적 이론과 탐구' '기술교육론 II : 학습학적 이론과 실천'란 이름으로 출판하였다.

2023년에 새롭게 출간한 책은 기술교과교육학 시리즈로 3권의 책으로 분권되었다. 기술교과교육 탐구, 기술 교육과정 탐구, 기술 학습과 평가 탐구의 3권으로 출판하였다.

제 1권 **'기술 교과교육 탐구'**는 다음과 같이 기술교과교육의 개념, 기술교과 교육의 가치, 기술교육 장학 및 교사교육, 기술 교육 시설, 기술교육 연구를 중심으로 구성하였다.

제 1부에서는 기술교과 교육의 학문적 탐구로서 이와 관련된 개념과 가치에 대하여 논의하였다. 즉 기술교과 교육의 정체성(identity) 탐구의 차원에서 기술, 기술교과 교육의 개념, 기술교과 교육의 성격, 공학교 교육의 강조 등을 논의하였고, 기술교과 교육의 정당성(justification) 탐구의 차원에서 교과의 가치, 손놀림 활동가치, 노작교육, 기술적 교양, 기술과 사회, 기술과 철학 등의 담론을을 살펴보았다.

제 2부에서는 기술 교사교육과 교육시설의 이해로서 기술교사 교육의 이해와 자질, 기술교과 교육 환경, 장학, 기술 교육 시설 등의 내용을 다루었다.

제 3부에서는 기술교과 교육연구와 관련된 이론적 탐색으로 기술교과 연구모형, 기술교과 교육연구 정보수집, 그리고 연구의 절차상 필요한 기법을 논의하였다.

제 2권 **'기술 교육과정 탐구'**는 기술 교과 교육과정의 모형, 변천, 2022 기술교육과정, 기술교육 교재 및 교육 공학 등을 중심으로 구성하였다.

제1부에서는 기술 교육과정의 탐색과 동향으로서 기술 교육과정의 개발과 모형, 우리나라의 기술 교육과정의 변천, 기술교과 교육과정의 통합적 접근, 미국 · 영국 · 호주 · 독일 · 프랑스 · 일본 · 대만 · 중국 · 북한의 기술교과 교육과정의 편제 · 특징 · 동향을 살펴보았다.

제2부에서는 기술교과 교육공학의 탐구로서 교육공학의 개념과 동향, 기술교과 교수설계와 매체, 기술교과서의 이해, 기술교과교육과 교육공학 등의 내용을 다루었다

제 3권은 **'기술교과 학습 및 평가 탐구'**에서는 기술교과 교육의 방법, 학습평가를 중심으로 한 수업방법론과 관련된 주제를 다루었다.

제1부에서는 기술교과 학습방법의 탐구로서 기술교과 교육에서의 가르친다는 의미, 즉 학생들이 학습한다는 의미가 무엇인지 탐구하며, 그 전략으로 문제해결적 접근의 프로젝트 학습, 설계과정, 문제해결학습, 문제중심학습, 디자인 씽킹 등의 모형과 협동적 접근의 여러 가지 모형의 이론,

토의토론 학습 모형 등의 실제적 전략을 탐구하였다.

제2부에서는 기술교과 교육의 학습평가에 대한 탐구로서 학습 평가의 개념과 동향, 기술교과 교육에서의 학습과 통합된 수행 중심 평가와 루브릭, 포트폴리오 평가의 이론과 실제에 관련된 문제를 다루었다.

## 저술대상과 저자의 바람

이 책은 기술교과 교육을 수학하는 **예비교사**, 기술교과 교육을 실천하는 **교사**, 기술교과 교육을 연구하는 **연구자**를 위하여 쓰여진 책이다. 모쪼록 이 책으로 인하여 기술교과 교육학의 학문적 이해의 폭을 넓히고, 새로운 기술교과 교육학의 문제를 제기하고 대안을 연구하는 기초자료가 되기를 희망한다.

이 책은 기술교과 교육학의 학문적 연구를 지속적으로 새롭게 하고, 이 책에서 다루어진 모든 주제가 저자의 축적된 연구 결과이다.

기술교과 교육학과 관련하여 저자의 네 번째 출판된 책(2005, 2010, 2017, 2023)이다. 이 책은 다른 어느 책보다 애정을 가지고 새롭고 심오한 내용과 논의를 지속해왔다. 따라서 이 책에서 다루어진 주제와 내용에 대하여 독자들의 기술 교과교육학에 대한 이해를 돕고 나아가 기술교육의 새로운 연구와 실천의 밑거름이 되기를 희망한다.

## 감사의 글

이 책은 **많은 분들의 모범과 애정의 결실**이다. 학문적 연구와 정도를 몸소 가르쳐 주신 스승님, 학문적 깨우침을 이끄신 선배, 동료, 후배 교수님께 감사 드린다.

그리고 『실과교육연구』(1997), 『실과교육학연구』(2001) 『기술교과교육학』(2005) 『기술교과교육의 탐구』(2010) 『기술교과 학습의 탐구』(2010) 『발명교육학 연구』(2014) 『기술교육론 1: 교육학적 이론과 탐구』(2017) 『기술교육론 2: 학습학적 이론과 실천』(2017) 『기술교과교육 탐구』(2023) 『기술 교육과정 탐구』(2023) 『기술교과 학습 및 평가 탐구』(2023) 등 한결 같이 개인적 집필에 늘 관심과 지원을 해주신 형설출판사 장진혁 대표님과 형설출판사 편집부에 감사드린다.

이 책의 집필 작업은 길게는 저자가 기술교과 교육을 연구하는 시점에서부터 시작되었다. 즉 1997년 첫 출판으로 따지면 26년 동안 지속된 연구 결과의 성과이다. 다른 수십 권의 책을 출판하였지만, 위 열거한 책은 저자가 평생 연구해온 실과, 기술 교과 교육학 연구의 핵심 저술이기에 더욱 애정이 가지만 그에 따른 책무도 크게 느껴진다.

40여년 교사로서, 교사 교육자로서 교육하고 연구하면서 많은 좋은 분들을 만나는 축복을 하나님으로부터 받았다. 그 좋은 분들이 함께해서 가능한 일이었다. 참 고마운 그분들에게도 감사를 드린다. 늘 연구하는 일을 우선적으로 배려하고 지원해 준 아내의 사랑과 인내에 고마움을 전한다. 그리고 험난하지만 나름 즐거운 업으로 연구의 길을 들어서고 또 성실히 성취하고 있는 아들 부부 용빈, 지원, 아들 용민에게도 고마움을 전한다. 무엇보다도 이제 첫 돌을 맞이하는 손자 이든(Eden)이의 재롱은 이 책을 출간하는데 큰 기쁨과 힘이 되었다.

'교육은 들통에 지식을 쏟아붓는 것이 아니라 불을 지피는 것'이라고 한다. 이 책에 담긴 수많은 지식들이 독자들의 교육과 연구의 생명력을 불어넣고, 독자의 교육 철학으로 재 해석되는 소중한 연구 자료가 되길 희망한다.

2023년 4월에
한밭, 대덕의 연구실에서
최 유 현

# 차례 CONTENTS

## 제1부 기술교과 학습의 의미와 지향



## 제2부 기술교과의 문제해결적 접근의 학습 방법 탐구

## 제4부 기술 학습 평가 방법의 탐구

# 제 1 부

# 기술교과 학습의 의미와 지향



## 주제를 여는 연구 문제 *Meeting the Problems*

제1부에서는 기술교과 학습 철학의 지향을 다루는 탐구이다. 기술교과 교육의 학습학에 기초하여 '기술'의 본질적 학습 경험의 복원을 쟁점화하고자 한다. 아울러 기술교과의 학습이 지니는 학습 철학적 기초, 기본 학습 지향과 전략을 논의하고자 한다.

❶ 기술교과 교육의 학습 지향의 관저에서 '학습학'의 복원은 가능한가? 아울러 학습의 기본이 되는 이론은 어떻게 개념화할 수 있으며, 혁신적인 학습학의 담론은 무엇인가?

❷ 기술교과에서의 학습의 기본 지향은 구성주의에서 출발한다. 왜 구성주의적 학습 환경이 기술교과에 적합한지, 그리고 최근의 정신과 사고를 반영한 기술교과 학습의 지행과 접근 유형은 무엇인가?

# 1장
# 학습학과 기본 학습 전략

이 장에서는 기술교과 교육에서의 학습의 탐구를 위한 학습학의 복원, 일반적 학습 이론, 학습 성공을 위한 교사 역량론, 학습자 이해, 수업전략, 등의 기초적 내용을 살펴보고자 한다. 이는 실제적인 학습의 전략을 다루기에 앞서 기술 학습이 갖는 기본 이해와 성찰을 하도록 돕는다.

◎ 해시 태그 Key words

| | | | |
|---|---|---|---|
| #학습학 | #학습 전략 | #열정있는 교사 | #교수 스타일 |
| #수업 | #수업전략 | #효과적인 수업 | #혁신적인 교육학 |

## 1. 학습과 수업전략

### 가. 학습학의 패러다임의 복원

기술 과목을 가르치는 행위를 '교수'라 하고, 기술을 배우는 행위를 '학습'이라고 한다면, 실제로 교실에서의 활동은 교수보다 학습의 의미가 더욱 중요하다고 판단된다. 그러나 교사의 입장에서 교육 혹은 교수라는 용어가 주도적으로 사용되면서 중요한 학습의 의미는 소홀하게 다루어져 온 것이 사실이다. 그러나 기술교과의 특성이나 최근의 여러 학습 철학과 이론에서 교육보다도 학습의 의미를 새롭게 부각할 것을 요구하고 있다. 기술교과의 대표적인 학습법인 문제해결학습, 문제중심학습, 협동학습, 토론학습, 학습평가 등에서도 알 수 있듯이 학습이란 용어를 많이 사용되고 있다.

따라서 기술교과에서 가르치는 일과 관련하여 많은 전략들은 학습법, 학습심리, 학습환경을 중요하게 다루어야 한다. 아직은 교육학이 일반화되어 사용되지만 이제는 '학습학'을 논의의 중심에 서야 한다.

한완상(2001)은 학습학의 복원을 살려야 교육과 학습의 본질을 이해할 수 있다고 보고, 실천적이고도 이론적인 단서를 **안드라고지**에 두고 있다. 그야말로 지금의 교육학적 풍토로 조감하면 마치 빛바랜 한 조각의 보물섬 지도와 비슷하다. 원래 안드라고지는 인간 스스로 그들의 문화를 만들어 가는 인간 본연의 배움에 관한 이론들로 가득 차 있던 학습의 실천꺼리였었다. 안드라고지의 생성과 억눌림, 그리고 재발견에 대한 이야기는 자연(自然)이 우리에게 전해주는 배움에 대한 이해의 폭과 내용에 있어서 사뭇 다르다고 전제한다[1].

> 진정으로 인간이 인간에게 가르친다면, 그것은 인간이 자연처럼 인간에게 삶과 죽음 중 그 어느 한편의 법칙을 강요하는 것이라고 보아야 한다. 가르친다고 고집하면 고집할수록, 그 사람은 자연의 절대적인 모습으로 위장하면서 폭군처럼 다른 사람이 누리고 있는 인간적인 위엄을 억제할 뿐이다.
>
> [중략]
>
> 인간이 그 무엇이든 배운다는 것 그 자체는 여러 의미를 갖고 있다. 그중 하나는 인간이 자연(自然)의 몫을 둘러싸고 생기게 되는 정신적이거나 물질적인 여백들을 서로 나누어 갖고 그로부터 의미를 만들어 가는 과정에 익숙하게 된다는 말이다. 인간은 원래 다른 인간에게 본성에 있어서 아무것도 가르칠 수 없고, 단지 그가 배울 수 있도록 유인할 뿐이다. 인류문명 발전의 역사를 되돌아보기 시작하면, 배움이라는 활동 그 자체가 아주 인간적이며 그것이 바로 인간의 몫임을 알게 된다. 배움이라는 말은 인류최초의 예지활동(叡智活動)과 그 맥과 궤를 같이 한다.
>
> 지금의 학교에서 드러나고 있는 것 같은 교사중심의 반강제적인 학습(oppressive learning)이나 배우는 학생 스스로 왜 배우는지도 모른 채 익히는 소외조장의 학습(alienating learning)이 바로 의미없는 학습들이다. 이에 반해, 학습자의 삶을 존중하는 경험학습(experiential learning) 같은 것은 의미있는 학습(meaningful learning)에 속한다. 로저스는 인간화된, 인간의 모습을 갖춘, 학습소비자를 존중하는 학습이 바로 의미있는 학습이라고 간주하면서 교육기관들은 이런 학습방법을 활용해야 한다고 주장했다. 로저스가 주장하는 "의미있는 학습"은 글래서(Glaser)가 주장하는 "실패없는 학교, 실패없는 학습"의 개념과 일맥상통한다. 당연히 교육기관에서의 학습은 학습자의 학습욕구와 동기를 존중하는 방법이나 활동의 모습을 취해야 한다. (한준상, 2001).

또한 한준상(2001)은 인간이 배운다는 것은 그가 익히는 내용이 그 무엇이든 간에, 그 익힘으로부터 일련의 의미(意味: Meaning)를 찾아내서 자기의 것으로 만들어 간다라는 말과 같다고 하면서, 인간의 학습현상을 물리학에서 흔히 활용하는 하나의 공식처럼 만들 수 있다고 본다.

---

1) 학습학의 개념들과 사상들은 이미 기존 교사학(教事學)의 테두리 속에서, 혹은 보육학(保育學)의 모습으로 교육학의 이곳 저곳에 여러 개의 파편들로 흩어져 있다. 그래서 학습학의 흔적이나 파편들을 찾아내는 방법이 단 한 가지일 수가 없다. 엄청난 지적인 상상력과 노력으로 학습학의 흔적 찾기에 집착해야 할 것이기에, 그런 학습학의 사상과 원형, 혹은 그것들의 흔적을 찾아내는 데에는"그 어떤 탐구방법(론)도 무방하다"(한준상, 2001).

"L=MS²=학습/Learning; M=의미/Meaning; S=의의/Significance)"로 간추려진다. 학습에 관한 이런 공식은 마치 아인슈타인(Einstein)의 공식, 즉 "모든 에너지(E)는 질량(m)에 속도(c)의 2제곱을 한 것이다($E=mc^2$)"와 비슷한 의미구조를 갖는다. 질량불변의 공식에 대한 해석법에 따라 $L=MS^2$의 내용을 서술하면, "학습은 의미(찾기와 만들어내기)이다."로 정리된다. 이 공식에서, 이 세상만사의 모든 것들은 의미(M)들이고 그 의미들이 바로 배움(L)을 말하는 것이다. 세상만사의 의미들이 그 나름대로 학습자에게 쓰임새를 높여주는 문제해결력(Solution)과 실천적인 효용성(Significance)을 제공해 주면 줄수록($S^2$)", 그 사물은 더욱더 의미심장한 배움 그 자체의 의미로 변화한다. 이렇게 배우고 익혀, 체화된 의미들은 학습자에게 영원한 배움으로 남는다.

교육학을 교사(敎師) 중심의 페다고지(pedagogy)나 혹은 가르치는 일 중심의 교사학(敎事學, activities of teaching)이나 기르는 것 중심의 보육학(保育學)과 동일시하던 페다고지 패러다임의 절대성과 그 효용성이 상실되어가고 있는 상황 속에서, 가르치는 사람이나 가르치는 일 중심의 교사학이나 기르는 일 그 자체가 인간학습의 원형이라고 역설하는 것은 마치 디지털시대에 주산(珠算)과 부기(簿記)의 중요성을 내세우는 것처럼 시대의 조류와 맞지 않는다는 점을 교육학자들 스스로 잘 알고 있다. 그것의 대안은 "학습학(學習學)"이다. 교사학에서 중요시 여겨지던 그 모든 활동들은 학습학의 패러다임 속에서 다시 정리해야 한다. 가르치는 활동은 그 나름대로 중요하지만, 새로운 학습 패러다임 속에서 작동하게 될 교사학은 학습현장에서 그 응용성을 확장해나가야 한다. 인류의 문명발달사를 면밀히 관찰하면, 교사학이 학습학으로 바뀌었다거나 바뀌어야 한다는 주장 역시 인간의 학습본능에 대한 이해부족 탓일 수도 있다.

말하자면, 생물학적 본능으로서의 학습이 인간으로 하여금 환경에 성공적으로 적응하기 위해 일차적으로 그가 접한 환경으로부터 새로운 정보를 획득하게 하고, 그 다음으로는 그것으로부터 얻은 새로운 정보나 지식을 과제해결을 위해 새롭게 조작하거나 새로운 정보 상태로 전환(transformation)하여 개조(reformatting)시키고, 마지막으로 조작/변형/개조된 정보의 쓰임새에 대한 타당성과 유효도를 확인하는 일련의 여러 과정들을 거치게 된다. 이런 일련의 환경과 정보의 조작행위를 거쳐 생물학적인 인간의 학습본능은 문화적 변형과 연계되는데, 이런 연계로부터 길러지는 **학습자들의 문제해결능력**을 인간의 학습력, 혹은 **학습역량**이라고 부른다. 이런 학습역량은 인간 스스로 그가 접하는 환경이나 정보로부터 자기 삶을 위한 의미를 찾거나 의미를 새롭게 만들어낼 수 있을 때 보다 더 강력한 예지일탈에로의 힘을 갖게 된다(한준상, 2001).

학습학으로서의 기술교과 수업을 해석하고, 학습의 의미를 의미있는 학습과 더불어 의미를 새롭게 만들어 내는 문제해결 능력으로 본다면 **교육학의 패러다임은 학습의 패러다임에서 기술교과의 학습 본질을 탐구**해야 할 것이다. 따라서 이 책에서 다루어지는 대부분의 교수-학습의 방법론적 전략은 학습학의 지향에 따른다고 보아도 무방하다.

그러나 그 학습학의 맥락에서 교수와 교육학을 결코 망각해서는 안될 일이다. 다만 교수학 일변도의 폭거와 같은 교실 학습 문화를 제자리로 돌려놓자는 의미이다.

## 나. 기술교사의 전문적 역량

역량있는 교사의 속성과 특성은 매우 다양한 요소가 존재하겠지만 Cruickshank외(1995)는 다음과 같이 제시하였다.

열정있는 교사
따뜻함과 유머가 넘치는 교사
높은 성공 기대감을 주는 교사
격려와 지원이 풍부한 교사
효율적인 교사
수용과 융통성이 있는 교사
지적인 교사

교사의 열정은 한마디도 성공적인 수업의 기본 역량이다. 다음은 열정있는 교사와 열정이 없는 교사를 비교한 것이다.

| 열정있는 교사의 특징(Enthusiastic teacher) | 열정없는 교사의 특징(Unenthusiastic teacher) |
|---|---|
| • 친절하고 신뢰를 보인다. | • 염려와 무기력하다. |
| • 학습자의 요구를 확인하고 그와 관련하여 지도한다. | • 학습자의 요구와 흥미와 무관하게 기계적으로 움직인다. |
| • 핵심을 강조하고 강화하기 위한 크고 역동적인 제스쳐를 사용한다. | • 수업의 전 과정을 통하여 가만히 서있거나 앉아서 진행한다. |
| • 수업의 접근이 창의적이고 다양하다. | • 단지 한 두가지 수업 접근을 사용한다. |
| • 가르칠 때 역동적이고 몰입한다. | • 무관심과 몰입하지 않는다. |
| • 모든 학생들과 눈맞춤을 유지한다. | • 학생들의 눈을 피한다. |
| • 보다 흥미있게 목소리 톤을 다양한 높낮이로 하고 적절히 멈추기도 한다. | • 단조롭게 말한다. |
| • 수업 과제에 이탈하는 학생들을 알아차리고 즉각적으로 대처한다. | • 학생들의 수업 과제 이탈을 무시한다. |
| • 빠르게 수업 진도를 유지한다. | • 수업 시간을 비효과적으로 느리게 사용한다. |
| • 유머가 풍부하고 학생들과 웃는다. | • 자주 엄격하다. |
| • 흥미와 주의를 유지하기 위해 움직인다. | • 교실 앞에서 거의 움직이지 않는다. |

출처 : Cruickshank외(1995). The Act of Teaching. McGRAW-Hill. p.317.

한편 **효율적인 교사(effective teacher)**의 전문적 기술과 능력을 Cruickshank외(1995, 335-357)는 다음과 같이 제시하였는데 열정있는 교사의 특징을 나타내고 있음을 알 수 있다.

- 학습자의 주의를 초점을 두고 몰입시킨다. – 수업 준비를 잘한다(수업의 맥락적 구조에 기초한 학습자 주의, 학습자의 시발적 학습 행동(능력 수준), 활용 자료 등), 다양한 접근 수업에 활용한다.
- 수업 시간을 효율적으로 활용하기 – 수업 시간을 최적화한다.
- 상호작용의 수업을 수행하기 – 질문을 사용한다. – 개방적 질문, 과정과 내용, 질문 후 시간을 주고 학생의 대답에 적절한 대응 질문하기(probing: 학생 대답의 확장, Redirecting:올바른 대답이 아닌 경우 적절한 대안의 유도, Rephrasing: 질문을 명료화하기)
- 깔끔한 수업을 준비한다. – 수업의 준비와 시작, 중요한 내용을 소개하고 강조하기, 중요한 아이디어나 개념을 정교화하기, 학습자의 이해를 확인하기
- 학습자의 학습 진도를 관리한다.
- 적절한 피드백과 강화 전략을 마련한다. – 피드백하기, 강화하기

메이커 교육 혁명의 책에서 구성주의 기반에서의 다음과 같은 **교사의 역할**을 강조한다(Martinez 외, 2013, 송기산 외 (역), 2015).

민속 지학자(ethnographer) - 학생들이 알고 있는 것들을 알아낸다.
다큐멘터리 작가(documentarian) - 학생들이 생각하고 있는 것들을 가시적으로 확인할 수 있는 것으로 만드는 학습의 증거들을 수집한다.
스튜디오 관리자(studio manager) - 학생들이 자신들의 아이디어들을 구현할 수 있도록 적합한 도구, 재료, 자원들을 사용 가능하게 한다.
현명한 리더(wise leader) – 강요하지 않고 학생들의 질문이 좋은 아이디어로 이어질 수 있도록 도와준다.

이러한 교사의 역할을 보면 교사는 단순히 지식을 전달하는 수준의 강의자 이상의 역할을 요구한다고 보여진다. 특히 기술 교사는 보다 교과의 성격상 이와 같은 구성주의적 교사의 역할이 중요하다.

기술교사의 전문성은 어떻게 규정될 수 있는가. 학자마다 다양한 접근이 가능하겠지만, **참(Authentic) 기술교사의 역량 전문성**을 다음과 같이 6가지 역량을 검토할 필요가 있다.

<그림 1-1> 기술교사의 역량 전문성

- 창조적 역량(Creativity)
- 기술교과 교육의 전문가적 역량(Professional)
- 협력적 교육 역량(Collaboration)
- 전문성 계발을 위한 기술교사 연구 커뮤니티(Community)
- 기술 및 공학에 대한 학문적 능력(Scholar)
- 기술교육을 기획, 설계, 관리하는 역량(Manager)

최유현(2013)은 기술교사의 자질을 다음과 같이 역할론을 제시하였다.

- Innovator : 교육 혁신자
- Creator : 창조적 기획자
- Designer : 교육과정 및 수업 설계자
- Facilitator : 지식 구성 촉진자
- Collaborator : 협력자
- Reflector : 성찰자

| 전략 설계자(Designing Strategies) | 콘텐츠 재구성 기획자 (Redesign Curriculum Contents) |
|---|---|
| • Teaching Together/Team Teaching<br>• Learning Together/Cooperative Learning<br>• Self-Directed Learning<br>• Problem based Learning<br>• Creating Products<br>• Debating, Seminal, and Conference<br>• Authentic Assessment<br>• Teaching Portfolio | • Student Learning & Activities > or = Professor Teaching<br>• Problem<br>• Real World<br>• Authentic Task |
| 창조적 학습문제 설계자 (Creating Authentic Task) | 지식 구성 촉진자 (Facilitating Students Learning) |
| • Ⅲ Structured Problem > Well Structure Problem<br>• An Answer > The Answer | • PD<br>• Cognitive Coaching<br>• Mentor |
| 학습 증거수집 및 평가자 (Assessing Learning Process) | 성찰자(Reflection) |
| • Report<br>• presentation<br>• Observing/Interview<br>• Self Assessment & Evaluation<br>• Portfolio<br>• Performance Based Assessment(with Rubric) | • Student Achievement/as Future Engineer<br>• Professor/Feed_forward<br>• Journal |

<그림 1-2> 학습 절차에 따른 기술교사의 전문적 자질

따라서 기술 학습이 이루어지는 절차적 차원에서 기술교사는 다음과 같은 전문적 자질이 필요할 것이다.

- 학습 전략을 기획하는 능력
- 학습문제를 설계하는 능력
- 학습자의 학습을 촉진시키는 능력
- 학습자의 의미 있는 증거물을 수집하고 판단하는 평가 능력
- 자신의 교수활동과 학습자의 학습활동을 성찰하는 능력

## 다. 기술교사로서의 나의 교수 스타일

앞서 논의한 바와 같이 기술교사는 전략 설계자, 콘텐츠 재구성 기획자, 창조적 학습문제 설계자, 지식구성 촉진자, 학습 증거수집 및 평가자, 성찰자의 전문적 역량이 필요하다. 다음 제시되는 **'나의 교수 스타일'**을 진단해보고 전문가로서의 기술교사의 역량을 성찰해 보자.

나의 교수 스타일(My Teaching Style)[2)]

이 도구는 교수선호도과 스타일을 측정하기 위해 설계되었다. 이 질문에는 정답은 없으며, 다음과 같이 12개의 항목이 있다. 각 항목은 자신의 가르치는 방법에 대한 것, 행동하거나 생각하고 느끼는 방법에 대한 것에 대해 네 가지 상황으로 나누어져 있다. 항목들은 자신이 가르치는 방법에 대해 가장 잘 진술한 것 순으로 4가지 지문에 순위를 매긴다. 경우에 따라서는 어느 상황도 자신을 설명하고 있는 것이 없거나, 네 가지 상황 모두가 자신을 설명할 수도 있다. 이러한 경우에, 당신은 자신이 특정 스타일의 정확한 유형을 얻기 위해 자신과 가장 적합한 지문에 순위를 내야 한다.

가장 잘 설명하는 지문을 "4"로, 다음으로 잘 설명하는 지문은 "3", 그 다음 "2", 마지막으로 "1"의 순서로 순위를 매긴다. 순위는 지문별 왼쪽의 빈 칸에 기록한다.

**나는 수업할 때, 이렇게 가르치는 것 같다.** :

1.

___A. 내가 개념을 소개 할 때 학생의 생활 경험이나 기존 지식을 포함하여 설명한다.
___B. 각 개념을 소개할 때 배경 지식을 위한 읽기 과제를 포함한다.
___C. 학생들이 창의적인 문제해결 활동 그리고 프로젝트를 수행하도록 학습방법으로 요구한다.
___D. 창의적으로 생각할 수 있는 힘을 기르기 위해 가능성의 영역 바깥의 문제로 학생들을 참여시킨다.

2.

___A. 학생들이 경쟁보다 그들의 과제를 협동하는 것을 제안한다.
___B. 관련 사실과 절차를 가르친다. 학생들은 시험을 통과할 수 없거나 그들이 듣고 있는 내 수업의 사전 지식을 가지고 있지 않은 경우 나는 정말 교사로 실패했다고 생각한다.
___C. 이해를 위해 학습을 촉진할 수 있는 다양한 과제를 제공한다. 이해를 위한 학습은 관리하거나 내가 원래 계획한 것보다 오래 걸리는 편이다.
___D. 학교수업 외에 할 수 있는 선택적인 과제를 제공하여 학식과 독립적인 사고/추론 능력을 기르도록 한다.

2) Teaching Style Inventory는 Texas에 위치한 비영리 교육 지원 단체인 The Center for Occupational Research and Development (CORD)에서 제작된 자료를 번역한 것이다.

3.

___A. 현실 세계에서 개념을 적용과 연결한다.
___B. 학생들이 문제해결의 사용을 연습할 수 있는 능력을 길러주기 위해 스케줄대로 진행한다.
___C. 열정이 있는 학생들에게, 문제해결과 대표자료를 위한 새로운 방법을 발명하거나 개발하는 방법을 안내한다.
___D. 몇 가지 문제는 "정답"이 없다는 가능성을 학생들에게 소개한다.

4.

___A. 학생들이 다른 학생들의 의견에 가치를 매겨 자신의 이해를 재평가할 수 있도록 권유한다.
___B. 그들이 단원평가 또는 학기말 시험을 통과하기 위해 학생들의 기억에서 재생하고 반복할 필요가 있는 적절한 사실과 절차의 구조를 학생들에게 제공한다,
___C. 익숙하지 않은 상황에 대한 학생들의 호기심을 활용한다.
___D. 숙제를 위해 수업에서 적절한 시간을 할애한다.

5.

___A. 학생들이 "왜 제가 이것을 배워야 하나요?"라고 질문하는 것과 마찬가지로 내가 느낄까봐 걱정된다.
___B. 학생들이 내 강의를 따라올 것을 주장하고, 자주 내가 어디를 배우는지 확인하여 수업하는 동안 그들에게 자주 질문한다. 나는 수업을 듣는 동안 학생들이 노력할 것을 요구하기도 한다.
___C. 학생들이 "만약에"라는 질문에 대답할 수 있는 기회를 가질 수 있도록, 탐구와 발견의 시간을 제공한다.
___D. 학생들이 자신의 문제해결과정을 진행할 수 있도록 허락한다.

6.

___A. 그들의 사고 과정과, 자신의 아이디어를 설명함으로써, 학생들의 오개념을 명확히 한다.
___B. 학생들이 향후, 기초 지식을 구축하고 기억할 수 있도록 비교적 완전한 단원 구조(개념구조)를 제공한다.
___C. 해결방안과 예측에 대한 학급 토론을 위해 제공한 많은 개념을 포함한 시나리오를 제시한다.
___D. 각 학생은 개념에 대한 이해를 심화하기 위해 주도적으로 학습할 수 있는 태도를 기르는데에 시간을 할애한다.

7.

___A. 그들이 배운 지식과 그들이 알고 있는 지식을 관련짓는 것이 나중에 인생에서 도움이 될 것이라는 것을 전제로 학생들의 동기를 부여하는 학습을 위한 이론적 근거를 제공한다.
___B. 동일한 유형의 많은 문제를 제공한다. 나는 반복과 연습이 학생들이 더 나은 새로운 상황에서 자신의 지식을 활용하는데 더 도움이 된다는 것을 안다.
___C. 학생들이 구체적으로 개념을 표현하도록 허용하기 위해 조작물 또는 소프트웨어를 소개한다.
___D. 학생들이 사실을 기억하도록 요구한다.

8.

___A. 장비 보관, 타이머, 측정기, 레코더, 계산기, 그리고 관찰자 등과 같이, 활동에 대한 학생의 역할을 할당한다.
___B. 문제 또는 유사한 문제를 해결하기 위해 이미 배운 응답을 사용하여 문제해결 절차의 정확한 적용을 강화한다.
___C. 포함된 검색의 일부 요소를 가지고 창의적인 문제를 해결하고 학생들이 새로운 규칙이나 원리를 찾도록 강조한다.
___D. 학생들이 문제를 해결하고, 자신의 관점을 개별적으로 그들에게 발표하거나 그들의 문제해결 과정 또는 절차에 관해 질문을 하는 동안 여러 관점에서 생각해 보게 한다.

9.

___A. 내가 제공하는 지식의 이해 없이는 실제상황과 시나리오를 수행할 수 없다는 것을 이해하도록 돕는다.
___B. 가능한 명시적으로 문제를 해결하기 위한 방법을 연관 짓는다.
___C. 학생들이 문제해결의 다른 접근을 통해, 그들의 추론 능력 및 과정을 이해하도록 돕는다.
___D. 사실을 먼저 제시한다.

10.

___A. 활동을 할 때 학생에게 그룹의 역할을 분담한다.
___B. 정답에 도달하는 것의 중요성을 강조한다.
___C. 구체적으로 정보 표현에서부터 상징적으로 정보 표현을 점차적으로 나가도록 돕는다.
___D. 모든 학생에게 도움을 될 수 있도록, 강의를 하는 동안 나의 문제해결방법의 중요한 포인트를 가르쳐 준다.

11.

___A. 학생들에게 가치 있고 관심있는 활동 또는 집과 친구들을 통해 가치있고 흥미로운 경험에 바탕을 두고 이전에 알고 있던 지식과 개념을 단계적으로 접근한다.
___B. 나의 학생들이 제공된 문제해결방법을 얼마나 잘 적용할 수 있는지 확인하기 위해 주당 1번 정도 퀴즈를 제공한다.
___C. 자료수집, 분석에 관한 기본적 개념에 집단적 고찰을 통해, 자료수집, 분석, 결론, 예측에 필요한 활동을 설정한다.
___D. 학생들이 무엇을 선택하더라도 자신의 아이디어와 창의적인 생각을 탐구할 수 있도록 개방형 질문을 한다.

12.

___A. 학생들이 대인 간 능력을 배울 수 있도록 그룹활동을 구조화한다.
___B. 문제를 경험적으로 해결할 수 있다 하더라도, 학생들은 문제에 대한 예측한 대안을 만들어 시작하기 전에 해결책을 분석하는 것을 배워야 한다는 것을 주지시킨다.
___C. 프로젝트 기반의 접근 방식을 통합하여 새로운 상황에 자신의 지식을 적용할 수 있는 학생들의 능력을 확장시킨다.
___D. 결과가 개별 학생들에게 뚜렷하게 돌아갈 수 없는 활동들을 제거한다.

■ 점수 기록표

각 지문에 순위를 정한 후, 아래 표에 순위에 따른 숫자를 적는다. 각 열의 점수를 합하여 총합을 적는다.(가장 잘 설명할 때 4, 그 다음으로 잘 설명할 때 3, 그 다음으로 설명할 때, 2, 마지막 1)

| 홀수 문항 | | | | | | | | 짝수 문항 | | | | | | | |
|---|---|---|---|---|---|---|---|---|---|---|---|---|---|---|---|
| A | | B | | C | | D | | A | | B | | C | | D | |
| # | 순위 | # | 순위 | # | 순위 | # | 순위 | # | 순위 | # | 순위 | # | 순위 | # | 순위 |
| 1 | | 1 | | 1 | | 1 | | 2 | | 2 | | 2 | | 2 | |
| 3 | | 3 | | 3 | | 3 | | 4 | | 4 | | 4 | | 4 | |
| 5 | | 5 | | 5 | | 5 | | 6 | | 6 | | 6 | | 6 | |
| 7 | | 7 | | 7 | | 7 | | 8 | | 8 | | 8 | | 8 | |
| 9 | | 9 | | 9 | | 9 | | 10 | | 10 | | 10 | | 10 | |
| 11 | | 11 | | 11 | | 11 | | 12 | | 12 | | 12 | | 12 | |
| 총합 | | | | | | | | | | | | | | | |

■ 표 작성법-작성결과

- 홀수 문항(1, 3, 5, 7, 9, 11)의 A와 D열의 값을 큰 수에서 작은 수를 빼고, 아래 척도에 표시한다. A의 점수가 큰 경우에는 오른쪽에 점수를 표시하고, D의 점수가 크면 왼쪽에 점수를 표시한다. 이 숫자는 교수 목표 행렬의 X 좌표가 된다.

SUM=|홀수 문항의 A열의 총합-홀수 문항의 D열의 총합|

■ 척도 계산식

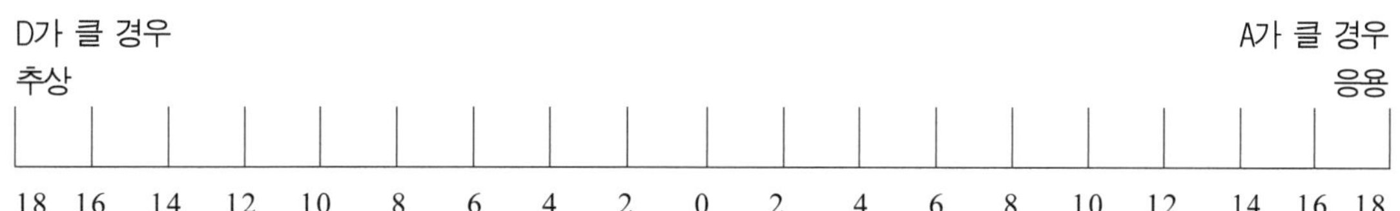


- 짝수 문항(2, 4, 6, 8, 10, 12)의 B와 C열의 값을 큰 수에서 작은 수를 빼고 아래 척도에 표시한다. B의 점수가 큰 경우에는 오른쪽에 점수를 표시하고, C의 점수가 크면 왼쪽에 점수를 표시한다. 이 숫자는 교육 목표 행렬의 y 좌표가 될 것이다.

| SUM=\|짝수 문항의 B열의 총합－짝수문항의 C열의 총합\| |
|---|

■ 척도 계산식

학습방법

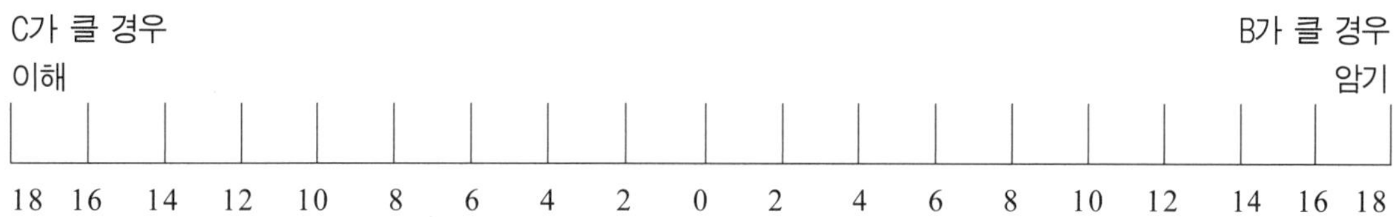


- 짝수 문항(2, 4, 6, 8, 10, 12)의 A와 D열의 값을 큰 수에서 작은 수를 빼고 아래 척도에 표시한다. A의 점수가 큰 경우에는 오른쪽에 점수를 표시하고, D의 점수가 크면 왼쪽에 점수를 표시한다. 이 숫자는 교수법 행렬의 x 좌표가 될 것이다.

| SUM=\|짝수 문항의 A열의 총합－짝수 문항의 D열의 총합\| |
|---|

■ 척도 계산식

상호 작용

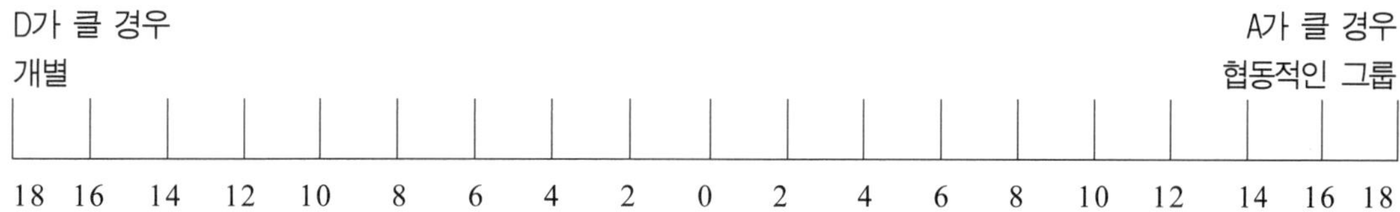

• 홀수 문항(1, 3, 5, 7, 9, 11)의 B와 C열의 값을 큰 수에서 작은 수를 빼고 아래 척도에 표시한다. B의 점수가 큰 경우에는 오른쪽에 점수를 표시하고, C의 점수가 크면 왼쪽에 점수를 표시한다. 이 숫자는 교수법 행렬의 y 좌표가 될 것이다.

SUM=|홀수 문항의 B열의 총합-홀수 문항의 C열의 총합|

■ 척도 계산식

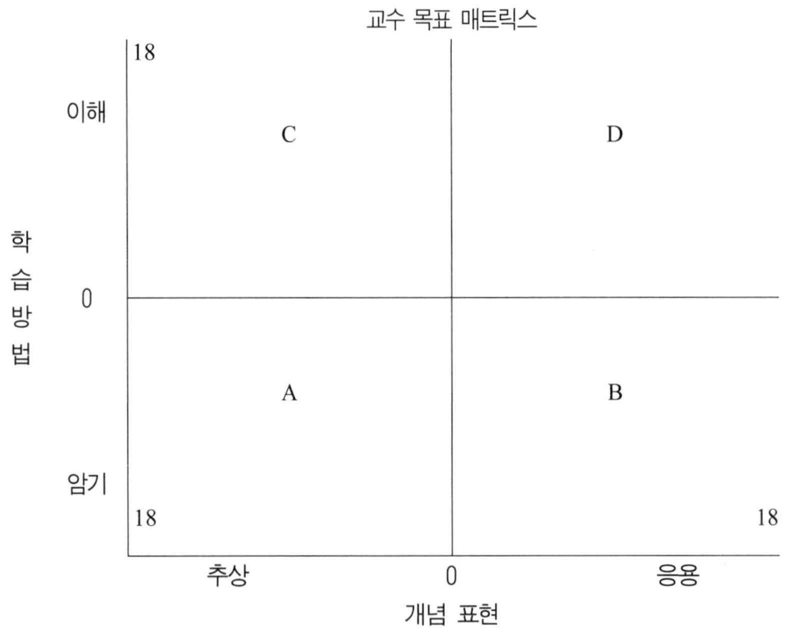

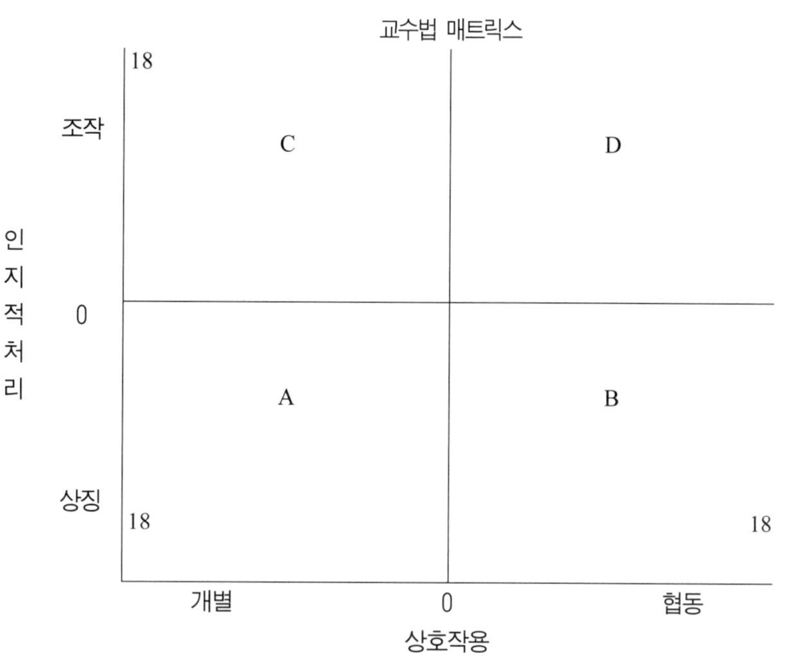


① 교수 목표 매트릭스 해석

A사분면=이 교사는 기계적으로 외우는 학습을 선호한다.

B사분면=이 교사는 기계적 학습을 선호하고 실용적인 응용을 선호한다.

C사분면=이 교사는 암기 학습보다는 분석적 방법을 선호하지만, 실용적인 응용에 초점을 두지 않는다.

D사분면=이 교사는 암기학습보다는 분석적 방법을 선호하고, 친숙한 응용에 대해 초점을 맞춘다.

② 교수법 매트릭스 해석

A사분면=이 교사가 개별적으로 학생들이 상징체계과 언어와 활동을 통해 정보를 처리하기를 선호한다.

B사분면=이 교사는 학생들이 그룹으로 상징체계과 언어와 활동을 통해 정보를 처리하기를 선호한다.

C사분면=이 교사는 학생들이 개별적으로 조작을 통하여 학습하는 것을 선호한다.

D사분면=이 교사는 학생들이 손과 협응의 조작 활동을 통하여 협동적으로 완성하기를 선호한다.

## 2. 수업 전략과 효과적 학습 원리

### 가. 수업전략과 수업계획

수업(instruction)이란 바람직한 학습이 이루어지는 것을 기대하면서 교사와 학생 간에 행하여지는 계획된 활동이다. 지도 또는 교수(teaching)란 학습자가 바람직한 방향으로 행동의 변화가 이루어지도록 학습을 도와주는 과정이다. 그리고 학습(learning)이란 학습자가 어떤 경험이나 활동을 통해서 비교적 영구성을 지닌 바람직한 행동의 변화가 오는 것을 의미한다. 따라서 수업이란 교수·학습을 포함하는 개념으로서 수업이 교사 혼자서 열심히 강의만 한다고 되는 것이 아니고, 교사와 학습자 간에 빈번한 상호작용(interactive)과 상호통신이 있어야 한다(이무근, 1993 : 261-262).

[표 1 - 1] 수업의 순환적 단계(lesson cycle)

| 도입 | 수업의 시작(단계 1) |
|---|---|
| • 학습방향 안내 | 학습단계와 방향의 소개 |
| • 목표 및 목적의 진술 | 학습자가 활동하여야 할 목표를 진술하고 그것의 중요성을 진술 |
| **정보제시** | **수업의 중간(단계 2)** |
| • 설명 | 학습자의 목표달성을 위하여 알아야 할 내용의 제시 |
| • 모델링 | 설명에 따른 정보의 구조화 |
| • 지식이해의 확인 | 학습자의 지식 또는 정보의 이해 확인 |
| • 안내활동 | 학습자의 정보 적용을 위한 교사 중심의 활동 |
| • 학습진단 | 학습내용을 다시 지도하여야 할지, 독립적인 활동을 시킬 것인지를 결정하는 활동 |
| • 반복학습(필요시) | 학습목표를 달성하지 못한 학습자를 위한 대안적인 전략에 의한 학습활동 |
| • 독립적인 학습자 활동 | 교사의 도움 없이 정보를 응용하기 |
| • 강화 | 학습한 정보를 확장시키기 위한 활동 |
| • 평가 | 학습자의 학습 정도를 평가하는 활동 |
| **정리** | **수업의 마지막(단계 3)** |
| • 요약 / 정리 | 학습의 정리 |
| • 응용(larger context) | 학습한 내용을 실생활에 관련시키는 활동 |

자료 : Frazee & Rudnitski, 1995 : 206.

효과적인 수업은 계획과 더불어 시작된다. 모든 계획은 [표 1−1]에서와 같이 시작 단계(beginning), 중간 단계(middle), 마지막 단계(end)를 반드시 거치게 된다. 즉, 도입 단계에서는 학생들이 무엇을 배울 것인가(내용)를 진술하고, 수업의 전개에서는 학생들이 어떤 방법으로 배울 것인가(절차)를 진술하고, 정리 단계에서는 학생들이 어떻게 평가할 것인가에 대하여 진술하게 된다(Frazee & Rudnitski, 1995 : 205).

Moore(1992)에 의하면, 수업전략이란 교사가 학생들에게 정보를 전달하는 데 필요한 내용과 절차를 어떻게 제시하는가와 관련된다고 말하고 있다. 성공적인 전략은 잘 조직된 형태(수업순환계획 : lesson cycle plan)를 마련해야 한다. 특히 많은 교육과정 이론가(Tyler, 1950 ; Hunter, 1981, Melton, 1978 ; Roberts, 1982)들은 수업전략이 학생들의 수행 결과에 기초하여 잘 조직될 때, 학업성취를 높인다고 보고하고 있다(Frazee & Rudnitski, 1995 : 205).

[표 1−2] 수업의 계획안(lesson plan framework)

| | |
|---|---|
| 도입 | 수업의 시작<br>학습자의 학습방향 안내를 위해 교사에게 필요한 지침은 무엇인가? |
| | 1. 목표 : 학습자가 학습하여야 할 목표는?<br>2. 내용 : 가르쳐야 할 지식은 무엇인가?<br>3. 동기 부여 : 학습자를 학습에 대한 호기심을 갖게 하기 위하여 교사는 어떻게 하여야 하는가? |
| 정보제시 | 수업의 중간(단계 2)<br>교사는 수업과 학습활동을 어떻게 조직할 것인가? |
| | 1. 수업절차 : 어떻게 수업을 계열화할 것인가?<br>2. 시간 : 학습자의 수업진도를 어떻게 조정할 것인가?<br>3. 이해의 확인 : 수업과정에서 학습자의 수업진척도를 어떻게 진단할 것인가? |
| 정리 | 수업의 마지막(단계 3)<br>학습자는 무엇을 학습하였는가? |
| | 1. 끝맺음 : 교사는 수업을 어떻게 마무리하고 학습자의 삶에 적용시킬 것인가?<br>2. 강화 : 수업을 응용하기 위한 프로젝트, 평가, 숙제를 어떻게 부여할 것인가?<br>3. 평가 : 학습들의 수업목표 달성을 어떻게 평가할 것인가? |

자료 : Frazee & Rudnitski, 1995 : 230.

[표 1−2]는 [표 1−1]의 수업의 순환적 단계에서 계획하여야 할 내용에 대하여 교사에게 도움을 주는 질문을 제시한 것이다.

[표 1-3] 교사의 수업계획 단계와 의사결정

| 수업 전 단계 (pre-instructional phase) | 학생과의 상호작용 단계 (interactive phase) | 수업 후 단계 (post-instructional phase) |
|---|---|---|
| 내용선정 | 제시 | 이해확인 |
| 접근법의 선택 | 질문 | 피드백의 마련 |
| 시간배당과 공간구성 | 학습조언 | 칭찬과 비평 |
| 학습구조의 결정 | 활동을 위한 준비 | 평가 |
| 동기부여 전략의 선정 | 대기시간의 활용 | 등급 및 서열 부여 |
| | 활동관리 | 보고 |

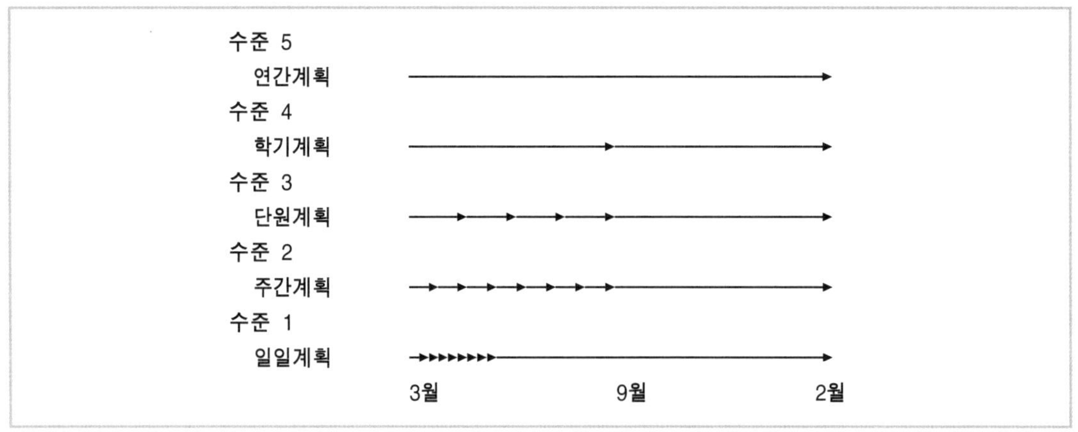


<그림 1-3> 수업계획의 5단계[3)]

한편, Arends(1994 : 47)는 교수행위의 단계를 **수업 전 단계, 상호작용 단계, 수업 후 단계**로 [표 1-3]과 같이 구분하여 제시하고 있다. 이는 교사가 각 단계에 따라 수업을 성공적으로 이끌기 위한 전략의 구안요소를 의미한다고 볼 수 있다.

한편, 수업계획의 측면에서 Yinger(1980)는 **일일계획, 주간계획, 단원계획, 학기계획, 연간계획**으로 세분하여 <그림 1-3>과 같이 제시하였다(Arends, 1994 : 47).

결국 교사는 수업장면의 전략적 계획은 물론이고 학습시간의 흐름 측면에서도 신중하고 사려 깊은 계획을 구안하여야 할 것이다.

수업 계획으로서의 학습 지도안은 다양한 체제와 내용으로 할 수 있다.

일반적으로 **좋은 학습지도안**은 다음과 같은 내용을 포함하여야 한다(Cruickshank외, 1995: 151).

3) 이 그림은 Yinger(1980)의 것을 학기를 우리나라 실정에 맞게 다시 그린 것이다.

학습 목표 - 수업의 목표를 설정한다.
학습 자료 - 활용할 학습 자료 목록을 제시한다.
도입 전략 - 수업 주제를 소개할 전략을 세운다.
방법론 - 수업에 활용할 교수-학습 방법을 구체화 한다.
학습 평가 - 학습자 학습의 성과를 어떻게 판단해야 할지를 설정한다.
정리 - 수업 마무리 전략을 세운다.

[표 1 - 4] 학자들의 학습 지도안 구성 요소

| Collahan(1971) | Center for Vocational Education(1977) | Dept. of Air Force(1984) | Eby(1992) | Gagne & Briggs(1988) | Hunter(1985) |
|---|---|---|---|---|---|
| • 수업 주제<br>• 일반 목표<br>• 구체적 목표<br>• 도입<br>• 학습 내용<br>• 활동<br>• 자료<br>• 정리<br>• 평가<br>• 과제 | • 학습 목표<br>• 도입<br>• 학습 활동<br>• 자료<br>• 평가<br>• 정리 | • 학습 목표<br>• 핵심 수업 개념<br>• 수업 방법<br>• 자료 지원<br>• 수업 시작과 마무리 전략<br>• 최종 수업 정리 | • 주제<br>• 교과<br>• 학년<br>• 개요<br>• 학습 목표<br>• 요구되는 자료<br>• 학습 절차<br>• 평가 | • 학습 목표<br>• 이벤트, 활동<br>• 요구되는 자료<br>• 정리 및 회상 | • 학습 목표<br>• 도입 설정<br>• 투입 모델링<br>• 안내된 수행을 위한 이해의 확인<br>• 독립적 수행 |

출처 : Cruickshank외(1995). The Act of Teaching. McGRAW-Hill. p.150.

위의 표에서 알 수 있듯이 학습지도안 특별한 양식이 정해져 있지는 않지만, 대체로 주제, 학습 목표, 도입 전략, 학습 내용, 학습 활동, 학습 방법과 절차, 학습 평가, 정리 등으로 구성되어 있음을 알 수 있다.

그러나 실제로 학습지도안을 마련한다하여도 실제 수업에서는 돌발적 상황이나 예측하지 못한 상황이 발생되어 계획대로 진행되지 않을 수 있다. 그러나 학습을 준비하고 연구한다는 측면에서는 가급적 지도 계획을 세우는 것이 좋으며, 실제 수업 상황에서는 융통성을 가지고 임하는 것이 좋을 듯하다.

## 나. 학습자의 이해

기술교과 교육에서 학습의 주체인 **학습자**는 매우 다양한 특성을 지니고 있다. 발달심리학자들은 흔히 '한명의 아이를 만나면 아이들은 하나의 특성이 있다고 한다. 그리고 두 명의 아이를 만나면 두 가지 특성으로 분류한다. 그리고 세 아이를 만나면 비로소 세상의 아이들은 모두 다른 특성을 지니고 있다고 고백한다'는 일화가 있다.

참으로 학생들은 심리적, 문화적, 성별, 발달적, 사회경제적 특성이 다르고, 학습에 대한 능력과 학습 스타일도 다르다. 또한 학생이 지닌 사고유형, 타고난 지능 프로파일, 그리고 기술교과 관련하여 지닌 학습 동기, 태도도 다르다고 볼 수 있다.

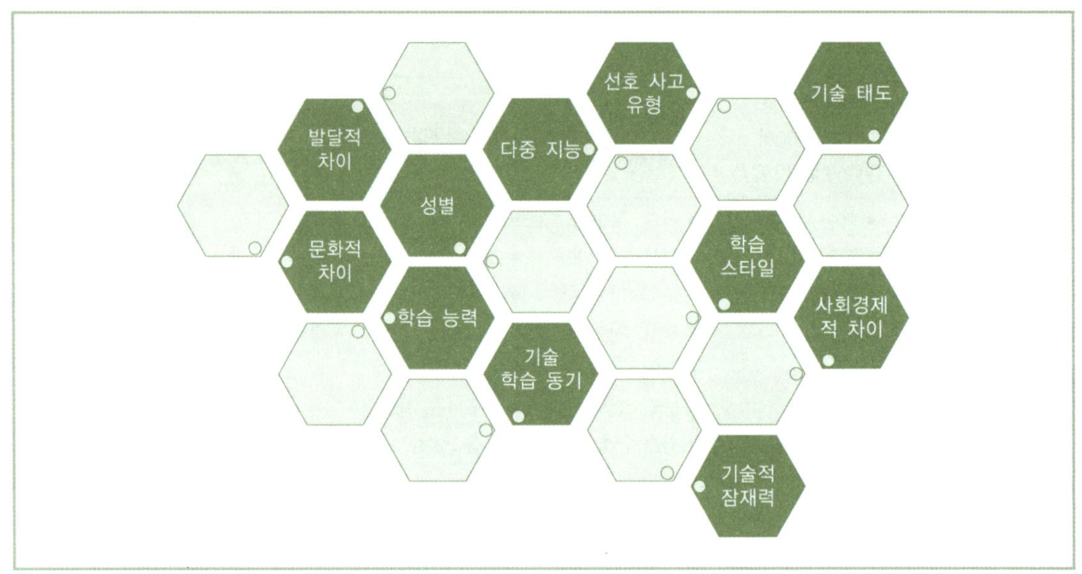


<그림 1-4> 학습자의 개별적 다양성

따라서 기술 수업을 설계시 학습자의 개별적 차이를 어떻게 배려하여 전략화 할지를 고민하여야 한다. 학생 개별화를 위한 전략도 의미 있지만, 동료 학생이나 팀 학습을 통하여 개별적 차이를 보완하거나 서로 다른 개인의 장점을 발휘하도록 전략화하는 전략도 필요할 것이다.

### 다. 학습의 철학적 지향

학습의 관점에서 크게 세 가지 접근으로 구분하여 볼 수 있다. 즉 **인지적 접근, 인간적 접근, 행동적 접근**이다. 각각의 접근은 철학적, 심리적, 사회적 변화와 맞물려 어느 한 접근이 강조되기도 하지만, 다루어지는 주제와 학습의 맥락에 따라서 접근의 강조점이 달라질 수 있을 것이다. 한편으로는 교사의 학습 철학에 따라 강조되는 접근이 나타나기도 한다.

다음은 세 가지 학습의 접근을 비교한 것이다.

[표 1-5] 세 가지 학습의 접근 비교

| | 인지적 접근 | 인간적 접근 | 행동적 접근 |
|---|---|---|---|
| 강조점 | • 지식 획득 방법의 이해 | • 인간의 느낌, 태도, 가치의 이해 | • 환경 변화에 의한 관찰가능한 행동의 이해 |
| 주제 | • 정보 처리<br>• 의미있는 학습 | • 기본 욕구<br>• 정서(감정, 느낌, 태도, 가치, 도덕 등)<br>• 자기 가치<br>• 자아 효능감 | • 인접성(contiguity)<br>• 전통적 조건화<br>• 조작적 조건화<br>• 사회, 관찰 학습 |
| 구체적 개념 | • 주의<br>• 단기-장기 기억<br>• 암기/ 망각<br>• 선행 조직자 | • 적극적 청취<br>• 갈등 해결 | • 강화 |
| 지원하는 수업 전략 | • 수용 학습<br>• 발견 학습<br>• 구성주의<br>• 문제해결 | • 가치 분류<br>• 도덕/인성 교육<br>• 다민족 교육<br>• 개별적 인성 교육 | • 프로그램 및 컴퓨터 학습<br>• 완전 학습<br>• 응용 행동 분석 |

출처 : Cruickshank외(1995). The Act of Teaching. McGRAW-Hill. p.71.

## 라. 교수학습방법의 선정

방법이라는 말의 사전적 정의는 “어떤 일을 이루거나 해결하기 위해 사용하는 기술이나 요령”이다. 이러한 사전적 정의 속에는 목적, 기술, 요령이라는 의미가 포함되어 있다. 변영계 외(2007)는 방법이란 어떤 ‘목적’을 염두에 두고 있으며, 다시 ‘목적’에 도달하지 못한 ‘현재의 상태’를 전제로 하며, 목적에 도달하기 위한 ‘이론적 지식’과 ‘실행력’을 포함하고 있다고 제시한다. 따라서 교육방법이란 교육목적을 달성하기 위하여 준비된 교육내용을 구체적으로 실천하는 방식이라고 할 수 있으며, 교육방법은 구체적으로 교수방법을 의미한다. 즉, 교수방법은 “교수자가 학습자의 현재 상태를 알고, 수업 내용에 대한 이론적 지식과 실행력을 가지고 교육과정, 즉 수업목표를 학습자가 달성할 수 있도록 하는 것”이며 그 관계를 다음 <그림 1-6>으로 제시할 수 있다(고재희, 2008 : 158-159).

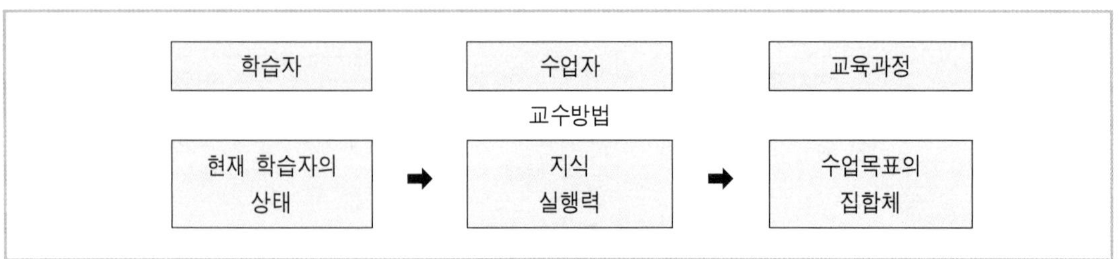


<그림 1 - 5> 교수학습 방법의 영역

| 교육내용 | 학습자 |
|---|---|
| • 지식, 기능, 태도<br>• 논쟁의 여부<br>• 일반적 혹은 구체적 | • 학습 스타일<br>• 학습 경험<br>• 학생수<br>• 학습자의 현재 위치<br>• 지속적인 교육의 필요성<br>• 학습 기대치 |
| **교과의 기대** | **교육자원** |
| • 교과에서 선호하는 교육방법<br>• 교과의 구체적인 학습목표<br>• 교과 평가나 측정의 구체적인 방법 | • 교육기술과 경험을 갖춘 사람의 지원<br>• 새로운 교육자료의 개발<br>• 장소<br>• 시간 |

<그림 1 - 6> 교육방법의 선정 기준

Reay(1994)는 교사가 수업에 적용할 적절한 교수방법을 교육내용, 학습자, 교육자원, 교과(조직)의 기대의 네 가지 기준을 제시하였다(고재희, 2008 : 162 재인용).

주어진 교육내용을 교사가 적절히 재조직하고 이에 맞는 교수법의 선정은 교사 개인의 철학에 기초한다고 볼 수 있다.

<그림 1－7>은 교실 내에서 교사와 학생 간에 이루지는 상호작용에 기초한 수업형태를 구조화하여 제시한 것이다. 이러한 구조화된 수업형태를 교사가 교수방법을 구안하는 데 도움을 줄 수 있을 것이다.

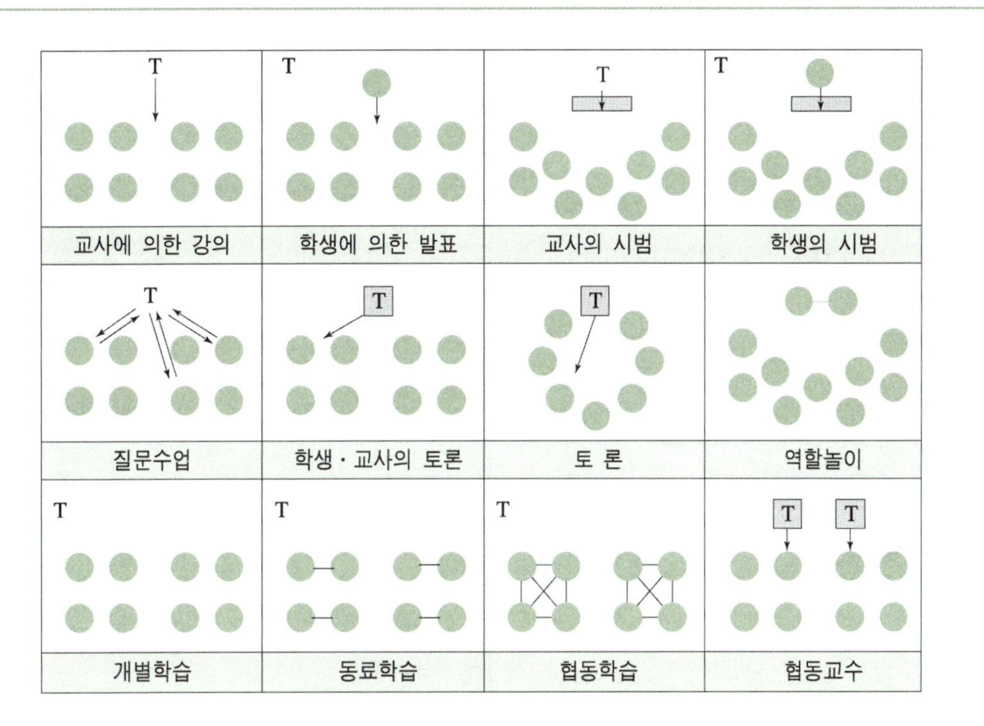


<그림 1-7> 기본적 수업형태의 구조화

Frazee & Rudnitski(1995 : 204)는 교사 개인의 수업 철학을 개발하기 위하여 학급 규모, 교수방법, 교수활동 등과 교사 중심(직접적 교수, 수동적)과 학생 중심(간접적 교수, 적극적)의 관계를 [표 1-6]과 같이 제시하였다.

[표 1-6] 교사 개인의 수업 철학에 따른 교수방법의 선정

교사 중심 ← 직접적 교수 ……(연속성)…… 간접적 교수 → 학생 중심

| 학급규모 | 전 학급 | 집 단 | 개 인 |
|---|---|---|---|
| 교수방법 | 강의<br>모델링 | 협동학습<br>토의 | 개별학습 형태<br>탐구 |
| 활 동 | 책상에서의 학습<br>(seatwork)<br>교과서 | 역할활동<br>학습 센터 운영<br>(learning centers) | 문제해결<br>의사결정<br>제작활동 |

← 수동적 ……(연속성)…… 적극적 →

<그림 1-8> 교수방법의 철학과 학습 집단의 크기에 따른 분류

앞의 표에서와 같이, 개별적인 문제해결 활동일수록 학습자 중심의 적극적인 수업을 기대할 수 있을 것이다. 그리고 책상에서의 학습(seatwork)과 교과서에 의존하는 수업일 경우, 교사에 대한 의존도는 높은 반면, 학습자는 수동적인 학습태도를 보이게 될 것이다.

또한 교수－학습에 대한 철학에 따라 경험적 접근(발견학습), 설명적 접근(수용학습), 그리고 학습 집단의 크기에 따라 개인학습과 집단학습으로 분류될 수 있는데 이 분류를 좌표로 하여 유형을 제시하면 다음과 같다(이화여자대학교 교육공학과, 2000).

## 라. 학습 목표로서 지식의 재구조화 : Bloom의 신 교육목표 분류학

Bloom의 분류학에서 학습목표는 지식, 이해, 적용, 분석, 종합, 평가의 6개의 범주가 있다. 신 교육목표 분류학에서는 이들 6개 범주 중 3개의 범주는 그대로 유지하고 2개는 순서가 교차되었으며, Knowledge(지식)는 Remember(기억하다)로, Comprehension(이해)은 Understand(이해하다)로, Synthesis(종합)는 Create(창안하다)로 새롭게 이름을 지었다. 덧붙여, Evaluation(평가)은 다음 그림과 같이 Evaluate(평가하다)로 단계가 서로 바뀌었다.

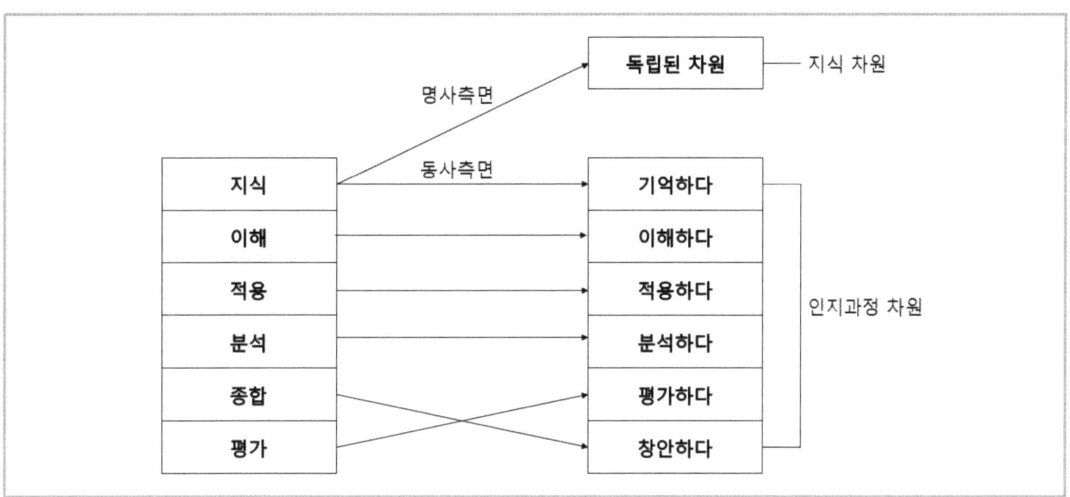


<그림 1 - 9> Bloom의 교육목표 분류학과 신 교육목표 분류학의 위계 비교

출처 : 강현석 외, 2005

일차원적이고 나선적인 구조를 지닌 Bloom 분류학에 비해 개정된 신 교육목표 분류학 표는 다음 표와 같이 학습목표가 명사로 이루어진 지식차원과 동사로 이루어진 인지과정 차원으로 구성된 이차원적 구조를 이룬다(강현석 외, 2005a).

[표 1-7] 신 교육목표 분류학 표

| 인지과정 차원 / 지식 차원 | 기억하다 | 이해하다 | 적용하다 | 분석하다 | 평가하다 | 창안하다 |
|---|---|---|---|---|---|---|
| A. 사실적 지식 | | | | | | |
| B. 개념적 지식 | | | | | | |
| C. 절차적 지식 | | | | | | |
| D. 메타인지 지식 | | | | | | |

출처 : 강현석 외, 2005a

그리고 새로 개정된 분류학 표에서는 하부 영역이 매우 발달하였고 이것은 아주 중요한 의미를 차지한다. 지식차원은 사실적 지식(factual knowledge), 개념적 지식(conceptual knowledge), 절차적 지식(procedural knowledge), 메타인지 지식(meta-cognitive knowledge) 등의 4개의 주요 유형으로 구분되며 각 유형별로 2~3개의 하위유형으로 이루어져 있다.

[표 1-8] Bloom의 신 교육목표 분류학의 지식차원의 위계

| 주요 유형 | 하위 유형 |
|---|---|
| A. 사실적 지식 | Aa. 전문용어에 대한 지식<br>Ab. 구체적 사실과 요소에 대한 지식 |
| B. 개념적 지식 | Ba. 분류와 유목에 대한 지식<br>Bb. 원리와 일반화에 대한 지식<br>Bc. 이론, 모형, 구조에 대한 지식 |
| C. 절차적 지식 | Ca. 교과에 특수한 기능과 알고리즘에 대한 지식<br>Cb. 교과에 특수한 기법과 방법에 대한 지식<br>Cc. 적절한 절차의 사용 시점을 결정하기 위한 준거에 대한 지식 |
| D. 메타인지 지식 | Da. 전략적 지식<br>Db. 인지과제에 대한 지식(적절한 맥락적 지식 및 조건적 지식 포함)<br>Dc. 자기-지식 |

출처 : 강현석 외, 2005a

[표 1-9] Bloom의 신 교육목표 분류학의 인지과정 차원의 위계

| 상위 범주 | 하위 범주 | |
|---|---|---|
| 1.0 기억하다 | 1.1 재인하기 | 1.2 회상하기 |
| 2.0 이해하다 | 2.1 해석하기<br>2.3 분류하기<br>2.5 추론하기<br>2.7 설명하기 | 2.2 예증하기<br>2.4 요약하기<br>2.6 비교하기 |
| 3.0 적용하다 | 3.1 집행하기 | 3.2 실행하기 |
| 4.0 분석하다 | 4.1 구별하기<br>4.3 귀속하기 | 4.2 조직하기 |
| 5.0 평가하다 | 5.1 점검하기 | 5.2 비판하기 |
| 6.0 창조하다 | 6.1 생성하기<br>6.3 산출하기 | 6.2 계획하기 |

출처 : 강현석 외, 2005a

학생들의 학습 결과를 단순히 기억시키는 파지에 비해 학습내용을 이해하고 이를 활용할 수 있는 전이를 증진시키기 위하여 인지과정의 유목을 주목하여야 한다. 인지과정 차원에는 기억하다(remember), 이해하다(understand), 적용하다(apply), 분석하다(analyze), 평가하다(evaluate), 창안하다(create) 라는 6개의 유목과 각 유목별로 2~7개의 하위 유형이 있다. 이들 중 '기억하다' 유목은 파지와 관련이 있고 나머지 5개 유목은 전이와 관련이 있다.

## 바. 효과적인 학습원리4)

### (1) 다양성(variety)

**단조로움**(monotony)이란 학습과정에 있어 큰 장애가 된다. 학습자는 비교적 짧은 시간만 경과해도 비자발적인 주의력은 무기력해지며 학습 교재가 단조롭게 제시될 때는 의식적으로 주의를 집중해도 30~40분이 지나면 산만해진다. 습득되는 학습량(amount of learning)과 교수방법은 <그림 1-10>에 나타난 바와 같이 밀접한 관계가 있다. 학습곡선은 주의력이 산만해지기 전에 교사가 학습방법의 변화를 줌으로써 학습을 성공적으로 이끌 수 있다. 즉 **다양한 학습방법**은 적극적 학습을 도모할 수 있다.

### (2) 구조화(structuring)

경험적 연구를 통하여 학습 성공은 배울 교재가 개괄적 구조(comprehensible structure)로 제시될 수 있을 때 상당히 증가한다는 사실을 알 수 있다. 예를 들어, 방향감각을 돕기 위하여 어떤 특정한 별을 별자리로 연결시켜 나타내지 않으면 별의 위치와 수를 기억한다는 것은 매우 어렵다.

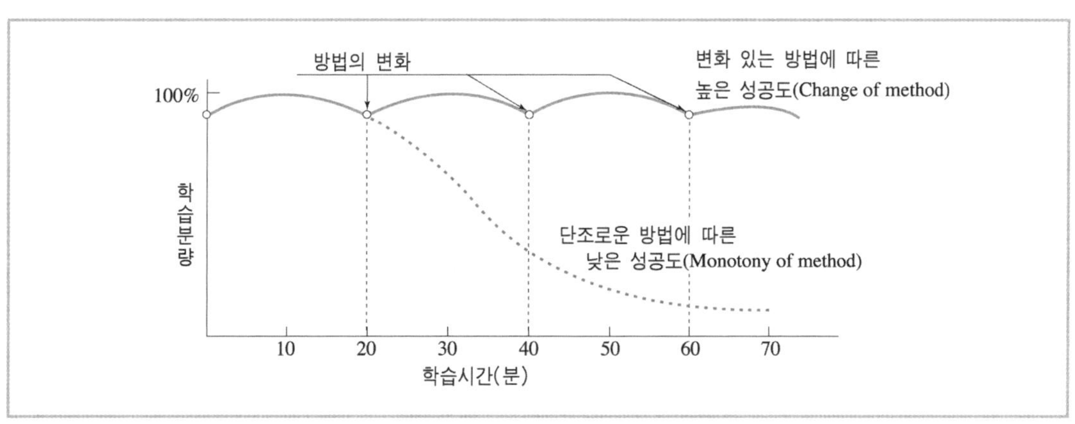


<그림 1-10> 교수방법의 변화와 학습 성공

4) 이 내용은 Nolker & Schoenfeldt(1980)의 Berufbildung(직업교육)을 번역한 이재원(1984 : 53-71)의 실과지도의 이론과 실제에서 재정리한 것이다.

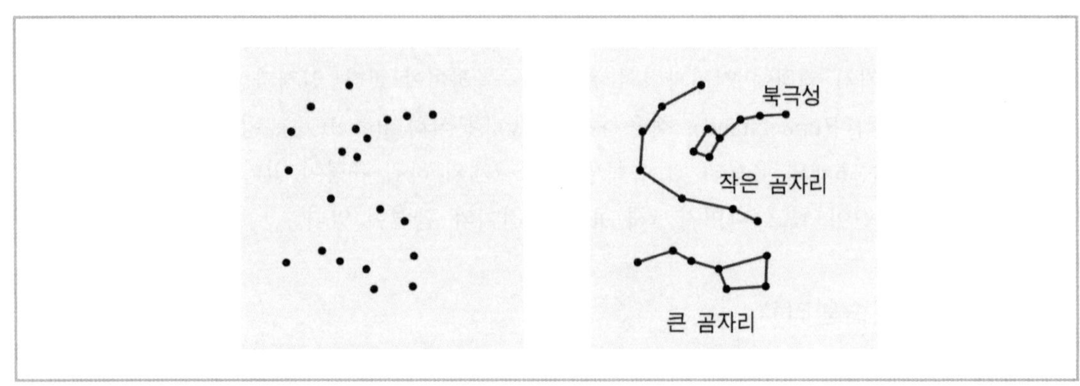


<그림 1 - 11> 구조화되지 않은(unstructured) 자료와 구조화된(structured) 자료

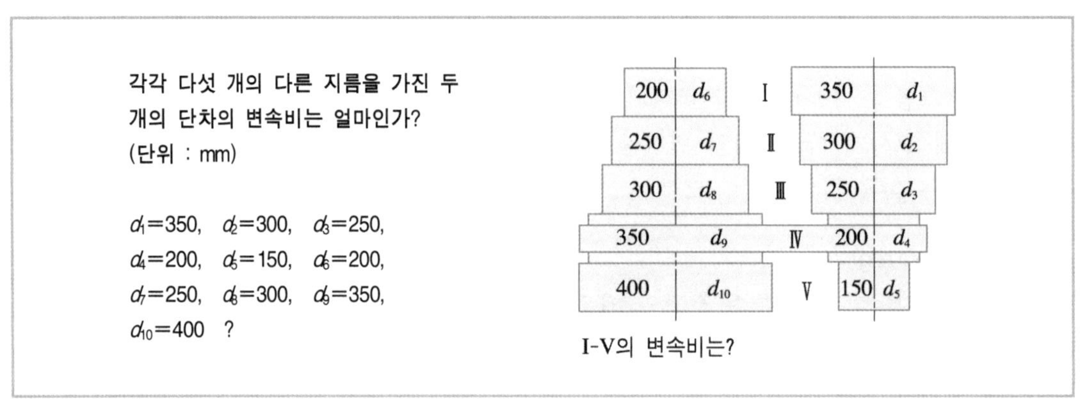


<그림 1 - 12> 구조화되지 않은 자료와 구조화된 자료의 예

다른 예를 들면 그림의 왼쪽처럼 계산에 필요한 자료가 복잡하고 구조화되어 있지 않은 형태로 주어졌을 때는 오른편 그림처럼 명확하게 배열되었을 때보다 단차(stop-pulley gears)의 변속비를 계산하기가 매우 어렵다.

유능한 교사는 **구조화된 자료**는 구조화되지 않은 자료보다 쉽게 학습할 수 있다는 견해를 이용할 수 있는 가능한 모든 기회를 활용한다. 예를 들어, 금속도체의 전도도 순서를 학습할 때 교사는 기억하기 쉬운 CAZI(구리 Copper, 알루미늄 Aluminium, 아연 Zinc, 철 Iron)라는 약자를 제시할 수 있다.

따라서 교재를 제시하는 형태는 기억과 망각의 정도에 영향을 미친다. 반복행동 및 경험과 관련된 학습내용과 세부 학습사항은 순서 없이 단순하게 사실만을 서술한 것보다 기억에 오래 남는다. 따라서 복잡한 기술적 내용을 **이야기체 교재를 제시한**(narrative text) 교사는 **개별적 사실을 그냥 늘어놓은**(descriptive text) 교사보다 성공을 거두게 된다.

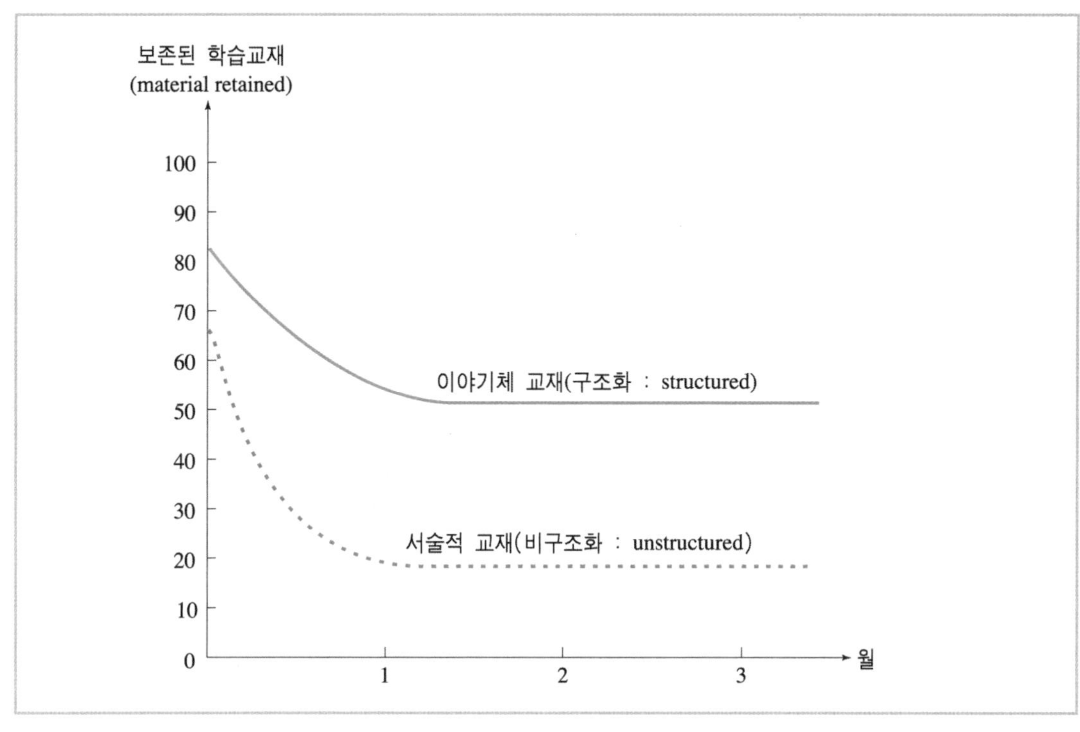


<그림 1-13> 망각도 곡선

우리가 어릴 적 할머니가 들려 준 옛날이야기, 초·중등학교 교과서에 나온 '토끼와 거북이' '소나기' 등의 내용을 지금도 기억하고 있는 이유가 여기에 있다. <그림 1-13>은 이에 관한 연구결과를 제시하고 있다.

그러나 교수활동에 있어서 학생들의 자발적 활동을 독려하고 구성주의적 학습환경을 배려할 경우 의도적으로 **구조화가 잘 안 된 문제**(ill-structured problems)를 전략화할 수도 있을 것이다.

## 사. 미래 학습 트렌드

### 1) 혁신적인 교수학(innovating pedagogy)5)

영국의 오픈유니버시티는 2012년부터 해마다 그 해의 교육 핫 이슈 10개를 정하고 교육의 트렌드를 보고서로 출판6)하고 있다. 2022년까지 출판된 보고서의 키워드를 분석하면 학습의 트렌드를 개관적이고 분석적으로 파악하는 데 도움이 된다. 특히 보고서의 키워드 소개

5) 이 내용은 Nolker & Schoenfeldt(1980)의 Berufbildung(직업교육)을 번역한 이재원(1984 : 53-71)의 실과지도의 이론과 실제에서 재정리한 것이다.

6) 출처 : http://www.open.ac.uk/blogs/innovating/?page_id=2

시 잠재적 영향력(Potential impact: High Time scale: Ongoing)도 같이 제시하고 있다. 간행호인 2012년부터 2022년까지의 년도별 보고서의 주제를 메카 트렌드 중심으로 나누어 정리하면 [표 1-10]과 같다.

[표 1-10] 교육 메가트렌드별 혁신 교수학 키워드

| 교육의 메가 트렌드 | Innovating Pedagogy 키워드 |
|---|---|
| [체화]<br>몸과 마음을 쓰는 교육 | • 메이커 문화 Maker culture (2013)<br>• 체화 인지 Embodied learning (2015)<br>• 놀이 학습 Playful learning (2019) |
| [상황 학습력]<br>맥락 상황에서 대화를 통한 학습력 | • 학습하는 방법 배우기 Learning to learn (2014)<br>• 이야기를 통한 학습 Learning through storytelling (2014)<br>• 토론 학습 Learning through argumentation (2015)<br>• 상황 중심 학습 Context-based learning (2015) |
| [학교 밖 교육]<br>배움의 환경을 삶과 세계로의 확장 | • 거꾸로 교실 Flipped classroom (2014)<br>• 생산적 실패 Productive failure (2016)<br>• 학교 밖 연계 학습 Crossover learning (2015)<br>• 액션 러닝 Action learning (2019) |
| [공감]<br>관계 공감, 감성을 살린 사람 중심 교육 | • 집단간 공감 Intergroup empathy (2017)<br>• 다 감각 학습 Multisensory learning (2020)<br>• 공감의 뿌리 Roots of Empathy (2019) |
| [인공 지능]<br>통찰과 지혜 기반의 디지털 지능 교육 | • 로봇 보조 학습 Learning with robots (2019)<br>• 교육에서의 인공 지능 AI in education (2020) |

<그림 1-14> Innovating Pedagogy 2022, 2021, 2020 보고서 표지 이미지

혁신적인 교수학(Innovating Pedagogy)(2012-2022)의 10년간 테마(Thema)와 관련된 메가 트렌드와 키워드를 연구진이 10개의 중요 키워드로 구분하고 그 의미를 정리하였다. 연구진이 설정한 10개의 세부 키워드는 '다른 사람과의 관계 맺기', '정서', '정의', '풍부한 학습 자료와 도구', '학습의 새로운 연계와 상황, 맥락', '사고와 학습을 지원 프레임워크', '열린 세상에서의 학습', '일상의 삶과 학습', '학습자 맞춤과 주도성', '학습자 참여와 몰입'이다. 이들 각각에 따른 세부 용어와 의미를 정리하면 [표 1-11]과 같다.

[표 1-11] 혁신적인 교수학의 중요 키워드의 세부 키워드와 의미

| 중요 키워드 | 세부 키워드 | 의미 |
|---|---|---|
| 다른 사람들과의 관계 맺기 (Connecting with others) | • 군중 학습 | 많은 사람들의 현지 지식 활용 |
| | • 군중으로부터 배우기 | 대중을 지식과 의견의 원천으로 활용 |
| | • 인문학적 지식 구축 커뮤니티 | 학습자가 지식을 개발하도록 지원 |
| | • 뿌리학습 | 환경 조건에 적응하는 자기 인식 커뮤니티에 의해 구성된 지식 |
| | • 디지털 장학금 | 네트워크 기술을 통한 학술적 실습 |
| | • 언어 학습을 위한 원격 협업 | 협업 언어 학습을 위한 커뮤니케이션 도구 사용 |
| | • 와치 파티 | 시간과 장소에 상관없이 함께 비디오를 시청 |
| 정서 (Emotions) | • 감정 분석 | 학생의 감정 상태에 대한 반응 |
| | • 구체화된 학습 | 학습을 지원하기 위해 몸과 마음이 함께 작동하도록 함 |
| | • 경이로움을 통한 학습 | 호기심, 조사 및 발견을 촉발 |
| | • 장난스러운 학습 | 학습자에게 동기를 부여하고 참여를 유도 |
| | • 공감의 뿌리 | 사회적, 정서적 학습 |
| | • 최고의 학습 순간 | 즐겁고 효과적인 학습을 위한 긍정적인 정신 상태 |
| | • 교수법으로서의 감사 (Gratitude) | 웰빙과 학습을 개선하기 위한 태도에 대해 성찰 |
| 정의 (Justice) | • 탈식민지 학습 | 관점을 바꾸고 기회를 열기 |
| | • 데이터 윤리에 참여 | 디지털 생활 및 학습에서 데이터를 윤리적으로 사용 |
| | • 그룹 간 공감 | 다른 사람의 관점을 이해 |
| | • 내부 가치에 따른 학습 | 학생들의 관심을 활용하여 학습에 영감을 줌 |

| | | |
|---|---|---|
| 정의 (Justice) | • 힙합 기반 교육 | 힙합을 통한 문화 관련 학습 |
| | • 사회 정의 교육 | 삶과 사회의 부당함을 해결 |
| | • 포스트 휴머니즘적 관점 | 인간과 기술의 관계에 직면 |
| | • 은밀한 평가 | 학습 과정에 대한 눈에 띄지 않는 평가 |
| | • 형평성 중심의 교육학 | 모두를 위한 학습을 개선하는 더 공정한 방법 |
| | • 불편함의 교육학 | 학습과 사회 정의 증진을 위한 강력한 도구로서의 감정 |
| 풍부한 학습 자료와 도구 (Resourcing learning) | • 빅 데이터 탐구 | 대규모 데이터 세트로 작업하여 세상을 이해 |
| | • 학습을 위한 블록체인 | 교육적 평판을 저장, 검증 및 거래 |
| | • 자신의 장치 가져오기 | 학습자는 개인 도구를 사용하여 교실에서 학습을 향상 |
| | • MOOC | 대규모 공개 온라인 과정 |
| | • 드론 기반 학습 | 물리적 공간 탐색을 가능하게 하고 풍부하게 함 |
| | • 학습 분석 | 학습 활동 및 환경에 대한 데이터 기반 분석 |
| | • 분석을 통한 학습 설계 | 효과적인 학습의 설계와 분석을 연결하는 생산적인 주기 |
| | • 교육 속의 인공지능 | 인공지능 시대의 삶을 준비하고 학습 |
| | • 로봇을 이용한 학습 | 교사가 교육에 시간을 할애할 수 있도록 지원 |
| | • 학습에 챗봇 사용 | 교육적 대화를 사용하여 학습 효율성을 개선 |
| | • 출판사 주도 단기 과정 | 여가 및 전문성 개발을 위한 상업 단기 과정을 제작하는 출판사 |
| 학습의 새로운 연계, 상황과 맥락 (New settings for learning) | • 시민 탐구 | 탐구 기반 학습과 시민 행동주의를 융합 |
| | • 맥락 기반 학습 | 학습 과정에 의해 문맥이 어떻게 형성되는가 |
| | • 지리 학습 | 위치에 대한 학습 |
| | • 오프라인 네트워크 학습 | 인터넷을 넘어선 네트워크 학습 |
| | • 온라인 실험실 | 모두를 위한 실험실 액세스 |
| | • 거꾸로 교실 | 교실 안팎에서 학습을 혼합 |
| | • 가상 스튜디오 | 학습자가 창의적 프로세스를 함께 개발하는 활동의 허브 |
| | • 원격 실험실에서 과학을 통해 학습 | 실제 과학 장비에 대한 안내 실험 |
| | • 장소 기반 학습 | 학습을 위한 방아쇠 역할을 하는 위치 |
| | • 원활한 학습 | 설정, 기술 및 활동 전반에 걸쳐 학습을 연결 |
| | • 하이브리드 모델 | 학습 유연성과 기회를 극대화 |
| | • 이중 학습 시나리오 | 교실과 산업 현장에서 학습을 연결 |

| | | |
|---|---|---|
| 사고와 학습을 학습 프레임워크 (Framework to support thinking and learning) | • 배우기 위한 학습 | 효과적인 학습자가 되는 방법 학습 |
| | • 컴퓨팅 사고력 | 컴퓨팅 기술을 사용하여 문제를 해결 |
| | • 디자인 사고 | 문제를 해결하기 위해 디자인 방법을 적용 |
| | • 논증을 통한 학습 | 과학적 논증의 기술 개발 |
| | • 생각을 가시화하기 | 학생 학습의 창을 연다 |
| | • 개인 탐구 학습 | 협동 탐구와 적극적인 조사를 통한 학습 |
| | • 브리꼴라주 | 자원을 창의적으로 만지작거림 |
| | • 임계값 개념 | 학습을 위한 어려운 개념과 까다로운 주제 |
| | • 생산적 실패 | 더 깊은 이해를 얻기 위해 경험을 활용 |
| | • 공간 학습 | 몇 분 안에 장기 기억을 구축 |
| | • 과학을 만드는 학습자 | 과학을 만들고 과학자로서 행동하기 위한 자원 봉사 |
| | • 증거 기반 교육 | 교육 정보를 제공하기 위해 연구의 증거를 사용 |
| | • 웰빙 교육 | 교육 및 학습의 모든 측면에서 웰빙을 증진 |
| 열린 세상에서의 학습 (Learning in an open world) | • 개방형 데이터를 통한 학습 | 개인과 관련된 학습을 위해 실제 데이터를 사용 |
| | • 말뭉치 기반 교수법 | 언어 교수 및 학습을 지원하기 위해 실제 언어 데이터를 사용 |
| | • 학습 인증 배지 | 기술 및 성과를 인정받기 위한 개방형 프레임워크 |
| | • 소액(마이크로) 자격 교육 | 작업장 기술 개발을 위한 공인 단기 과정 |
| | • 개방형 교과서 | 공개 라이선스 교과서를 채택 |
| | • 대규모 공개 소셜 학습 | 소셜 학습을 기반으로 하는 무료 온라인 과정 |
| | • 학술 출판의 재탄생 | 새로운 형태의 열린 학술 출판 |
| 일상의 삶과 학습 (Learning in daily life) | • 액션 러닝 | 일상 생활에 적용할 솔루션을 찾음 |
| | • 교차 학습 | 공식 학습과 비공식 학습을 연결 |
| | • e스포츠 | 경쟁적인 가상 게임을 통한 학습 및 교육 |
| | • 미래를 위한 학습 | 예측할 수 없는 미래의 일과 삶을 위해 학생들을 준비시킴 |
| | • 부수적 학습 | 계획되지 않았거나 의도하지 않은 학습을 활용 |
| | • 비디오 게임을 통한 학습 | 학습을 재미있고 상호작용적이며 자극적으로 만듦 |
| | • 소셜 미디어를 통한 학습 | 소셜 미디어를 사용하여 장기적인 학습 기회를 제공 |
| | • 후기진실 사회 탐색 | 21세기를 위한 인식 교육 |

| | | |
|---|---|---|
| | • 인플루언서 주도 교육 | 소셜 미디어 플랫폼에서 교육 인플루언서로부터 학습 |
| | • 가정의 교육학 | 가정을 문화 학습을 위한 장소로 이해하기 |
| 학습자 맞춤과 주도성 (Making learning personnal) | • 적응형 교수법 | 컴퓨터 기반 교수법을 학습자의 지식과 행동에 맞게 조정 |
| | • 동적 평가 | 학습을 지원하기 위해 학습자에게 맞춤형 평가를 제공 |
| | • 티백(Teach-back) | 배운 내용을 설명하여 학습 |
| | • 번역(Translanguaging) | 여러 언어를 사용하여 학습(의사소통)을 풍부하게 함 |
| | • 학생 주도 분석 | 데이터를 사용하여 학습자가 자신의 목표를 설정하고 달성하도록 도움 |
| | • 형성 분석 | 학습자가 반영하고 개선하는 데 도움이 되는 분석을 개발 |
| | • 학습 평가 | 진단 피드백을 통해 학습 과정을 지원하는 평가 |
| | • 자율성 교육 | 자유와 독립적 학습을 위한 역량 구축 |
| 학습자 참여와 몰입 (Engaging learners) | • 이벤트 기반 학습 | 시간 제한이 있는 학습 이벤트 |
| | • 몰입 학습 | 새로운 상황을 경험함으로써 학습을 강화 |
| | • Maker 문화 | 제작을 통한 학습 |
| | • 다중 감각 학습 | 학습을 향상시키기 위해 여러 감각을 사용 |
| | • 스토리텔링을 통한 학습 | 기억과 사건에 대한 이야기 만들기 |
| | • 게임을 통한 학습 | 학습을 위해 디지털 게임의 힘을 활용 |
| | • 전자책을 위한 새로운 교육학 | 차세대 전자책으로 가르치고 배우는 혁신적인 방법 |
| | • 애니메이션에서 배우기 | 짧은 애니메이션을 보고 상호 작용 |
| | • 풍부한 현실 | 증강 및 가상 현실로 학습을 확장 |
| | • 학생 공동 제작 교수 및 학습 | 교사와 학생이 자료 및 커리큘럼을 제작 |
| | • 걷기 및 말하기 | 학습을 향상시키기 위해 움직임과 대화를 결합 |

※ 위 표에 제시된 내용의 기초 분석 자료는 [부록 1]을 참고.

Innovating Pedagogy(2012-2022)의 10년간 테마(Thema)에서 추출된 중요 키워드와 세부 키워드에서 나타난 내용에서 추가적으로 혁신적인 교수·학습 전략을 도출하였다. 도출한 전략을 유목화하면 다음과 같이 정리될 수 있다.

첫째, 관점을 변화시킨다. 그 대상은 인간과 기계, 학습 공간 등에 대한 기존의 패러다임을 새롭게 변화시키는 데 있다.

둘째, 분석적 접근을 시도한다. 학습, 학습자, 데이터 등을 기반으로 과학적 접근을 추구한다.

셋째, 공감하는 교육을 지향한다. 학습자, 학습방법에 있어서 개인, 팀에서 모두 공감을 중요한 요소로 본다.

넷째, 학습의 과정과 평가에서 역동성을 추구한다. 획일화되고 경직된 형태가 아닌 학습자 중심의 다양하고 변화되는 학습의 과정과 평가 방식을 추구하도록 한다.

다섯째, 학습의 과정의 피드백 제공과 수업 시간 변화 등을 통하여 유연성을 촉진한다.

여섯째, 학습의 내재적, 외재적 가치를 부여한다.

일곱째, 학습자의 몰입을 돕는다.

여덟째, 다양한 학습 도구, 놀이, 스토리텔링, 맥락적 접근, 인공지능 등을 통하여 교수·학습의 다양한 활용 방법을 추구한다.

이들의 구체적인 교수·학습 전략을 제시하면 [표 1-12]와 같다.

[표 1-12] Innovating Pedagogy의 교수·학습 전략 도출

| 목적 | 대상 | 교수·학습 전략 |
|---|---|---|
| 관점변화 | 인간과 기계 | • 인간과 기계와의 새로운 관계에 직면하는 포스트 휴머니즘의 관점을 성찰한다. (Posthumanist perspectives) |
| | 학습공간 | • 의실의 패러다임을 바꾼다.(flipped classroom, seamless learning, MOOCs)<br>• 강의실을 초월한 학습 연계를 기획한다. (Crossover learning, Learning by doing science with remote labs)<br>• 학교와 실세계 연결하고 확장한다. |
| 분석적 접근 | 학습 | • 분석적 학습 설계를 한다. (Learning design informed by analytics) |
| | 학습자 | • 학습자의 지적, 정서적 특성을 분석하고 이해한다. (learning analytics, student-led analytics, analytics of emotion, adaptive teaching) |
| | 데이터 증거 | • 빅 데이타를 활용한다. (Big data inquiry, adaptive learning)<br>• 증거기반의 교육을 장려한다. (Evidence-based teaching) |

| | | |
|---|---|---|
| 공감활용 | 학습자 | • 학습자의 공감과 감성을 터치한다. (intergroup empathy, Personal inquiry learning) |
| | 학습방법 | • 공감 기반의 팀 문제해결 전략인 디자인 씽킹 학습 방법론을 활용한다. (design thinking, learing to learn, Humanistic knowledge-building communities) |
| 역동성 계획 | 과정 | • 학습자 과정 중심의 역동적 평가를 기획한다. (dynamic assessment, stealth assessment, assessment for learning, formative analytics) |
| | 평가 | • 학습자 과정 중심의 역동적 평가를 기획한다. (dynamic assessment, stealth assessment, assessment for learning, formative analytics) |
| 유연성 촉진 | 피드백 | • 되 물어보기나 즉흥 학습의 교수 활동의 유연성을 갖는다. (teachback, incident learning)<br>• 토론과 논쟁 학습을 통한 지식 구성을 촉진시킨다. (learning through argumentation)<br>• 개인 탐구학습을 장려하고 자기인식 지식 구성을 촉진시킨다. |
| | 수업시간 | • 블록 단위 학습으로 여유와 변화를 준다. (spaced learning) |
| 가치 부여 | 학습 | • 인간과 사회 중심의 내재적 가치를 지향한다. (learning with internal values, Humanistic knowledge building, rhizomatic learning)<br>• 학습에서의 실패의 교육적 의미를 성찰한다. (productive failure) |
| | 미래 | • 미래 학습을 활용한다. (learning for the future) |
| 몰입 | 학습자 | • 새로운 상황으로 몰입시킨다. (immersive learning) |
| 교육적 활용 | 도구 | • 디지털 미디어를 적절히 활용한다.(bring your own devices,) |
| | 놀이 | • 게임이나 놀이, 재미 학습을 전략화 한다.(learning from gaming, stealth assessment) |
| | 체화 | • 몸과 마음을 쓰는 체화적 학습을 장려한다. (bricolage, learners making science, maker culture, embodied learning) |
| | 스토리 | • 스토리를 활용하거나 이벤트를 기획한다.(learning through storytelling, event based learning) |
| | 맥락 | • 맥락 기반의 빅 개념 학습을 활용한다. (context-based learning)<br>• 사회, 대중, 시민을 활용한 교수 전략을 세운다. (crowd learning, citizen inquiry, learning from the crowd. learning through social media, crossover learning, massive open social learning) |
| | 인공지능 | • 교육에서의 인공 지능을 활용한다. AI를 위한 학습(Learning for AI), AI에 관한 학습(Learning about AI), AI를 활용한 학습(Learning with AI) 등 |

2) UNESCO(2021)의 Reimagining our futures together

이 연구가 단순히 하나의 개별 연구소의 교육적 프레임워크를 제시하는 것이 아니라 새로운 미래를 함께 설계한다는 인식에 기초한다고 볼 때, UNESCO(2021)의 Reimagining our futures together 보고서는 이 연구에 주는 관점을 보다 확장시켜 줄 수 있을 것이다. 이 보고서의 특징을 간략히 제시하면, "교육의 힘이 크고 심오한 변화를 불러일으킬 수 있다고 믿는다"에서 출발한다는 점이 매우 의미가 있다. 특히 인류는 이중의 도전과제에 직면하고 있는데 모든 아동, 청소년, 성인들이 질 높은 교육을 받을 권리를 보장하겠다는 미완의 약속을 이행하면서, 다른 한편으로는 모두에게 지속가능한 미래로 가는 경로로서 교육이 갖고 있는 변혁적 잠재력을 완전히 실현해야 한다는 것에서 이 연구에 주는 시사점이 있다.

이 연구보고서의 내용에서 연구목적과 관련된 부분을 핵심내용에서 일부 발췌하면 다음과 같다.

> 이 국제미래교육위원회 보고서는 2050년과 그 이후를 내다보면서 교육이 이 세계와 우리가 공유하는 미래 형성에 어떤 역할을 할 수 있는지에 대한 질문을 던진다. 우리의 제안은 2년간의 세계적 참여와 공동작업 과정을 통해 나온 것이며, 이 과정에서 우리는 아동, 청소년, 성인 등 수많은 사람들이 우리가 공유하는 이 지구에서 모두가 연결되어 있으며 모두가 협력해야 한다는 사실을 명확히 인식하고 있음을 알게 되었다. 이미 많은 사람들이 변화를 만들어내기 위해 참여하고 있다. 이 보고서에는 학습 공간을 다시 구상하는 방법에서부터 교육과정의 탈식민지화와 사회정서학습(social and emotional learning)의 중요성에 이르기까지 모든 분야에서 사람들의 기여가 담겨 있으며, 기후변화와 코로나19, 허위정보, 디지털 격차에 대한 사람들의 실제적이고 점차 커져가는 두려움도 반영돼 있다. 교육, 즉 우리가 평생 동안 가르침과 배움을 수행하는 방식은 오랫동안 인간사회 전환의 기반이 되어왔다. 교육은 우리를 세계와, 또한 서로와 연결시키고 우리에게 새로운 가능성을 열어주며 대화와 행동을 위한 우리의 역량을 높여준다. (후략)

즉, 이 보고서는 교육을 통해서 미래를 함께 준비할 수 있다는 가치를 제공한다는 점에서 이 연구 보고서의 주요 내용을 상세히 살펴볼 필요가 있다. 이 보고서의 주요 내용은 '1) 교육을 위한 새로운 사회계약, 2) 과거의 약속과 불확실한 미래 사이, 3) 교육 혁신을 위한 제안, 4) 교육을 위한 새로운 사회 계약의 촉진'으로 구성되어있다. 이 들 중 가장 본 연구와 가장 관련 깊은 '3) 교육 혁신을 위한 제안'의 내용을 중심으로 살펴보면 다음과 같다.

[표 1-13] UNESCO(2021)의 Reimagining our futures together의 교육혁신 내용

| 개념 | 혁신적 내용 |
|---|---|
| 교육학<br>(pedagogy) | • 협력, 협동, 연대의 원칙을 기반으로 조직되어야 한다. 이를 통해 학생들이 함께 공부하며 공감과 연민을 가지고 세계를 변화시킬 수 있는 지적 · 사회적 · 도덕적 역량을 함양하도록 해야 한다. 편향성과 편견, 구분(divisiveness)에 대한 탈학습(unlearning)도 필요하다. 평가는 이런 교육학적 목표들을 반영하면서 모든 학생들의 의미 있는 성장과 학습을 촉진하는 방식으로 이루어져야 한다. |
| 평가 | • 이런 교육학적 목표들을 반영하면서 모든 학생들의 의미 있는 성장과 학습을 촉진하는 방식으로 이루어져야 한다. |
| 교육과정 | • 생태적, 상호문화적, 학제적 학습에 중점을 두어 학생들이 지식에 접근하고 이를 생산하면서 동시에 이를 비판하고 적용하는 역량을 기르도록 지원해야 한다. 인류에 대한 생태학적 이해를 수용하고, 살아있는 행성이자 단 하나의 고향인 지구와 우리가 관계 맺는 방식을 다시 균형 잡아 주는 교육과정이 필요하다. |
| 교수활동 | • 협력적 행위로 좀 더 전문화되어야 하며, 거기서 교사들의 역할은 지식생산자 이자 교육과 사회 변혁의 핵심 주체로 인식되어야 한다.<br>• 협동작업과 팀워크가 교사 역할의 특징이 되어야 한다. 성찰, 연구, 지식창조와 새로운 교육적 실천이 교수활동에 통합되어야 한다. 이를 위해 교사의 자율성과 자유가 보장돼야 하며 교사가 교육의 미래에 대한 공적 토론과 대화에 전면적으로 참여해야 한다. |
| 학교 | • 포용, 형평성, 개인과 집단의 웰빙을 지원하는 교육 장소로서 보호되어야 하며, 보다 정의롭고 형평성 있고 지속가능한 미래를 향한 세상의 변혁을 더욱 잘 촉진하도록 다시 그려보아야 한다.<br>• 다양한 집단에 속한 사람들을 한데 모아 다른 곳에서는 찾을 수 없는 도전과제와 가능성을 접하도록 하는 곳이 되어야 한다.<br>• 학교의 건물, 공간, 시간, 시간표, 학생 그룹화(student groupings)는 다시 디자인되어 개별 학생들이 함께 협력하도록 장려하고 이를 실현해야 한다.<br>인권을 보장하고 지속가능성과 탄소중립성의 본보기가 됨으로써 우리가 열망하는 미래의 모델이 되어야 한다. |
| 디지털 기술 | • 학교를 대체하는 것이 아니라 지원하는 것을 목표로 해야 한다. |

다시금 정리하면, 이 보고서는 '교육 혁신을 위한 제안'에서 새로운 교육 메시지를 담아내고 있는데, 그 강조점과 시사점은 다음과 같다.

- 공감 학습을 강조한다.
- 의미 있는 학습과 성장 촉진한다.
- 타인의 인권, 민주 시민 책무를 교육한다.

- 교육과정은 생태적, 상호문화적, 학제적 학습에 중점을 둔다.
- 과학적 문해력, 인문학적 문해력, 디지털 문해력을 통해 잘못된 정보 확산에 대응한다.
- 교수활동은 협력적 행위로 좀 더 전문화되어야 하며, 거기서 교사들의 역할은 지식생산자 이자 교육과 사회 변혁의 핵심 주체로 인식한다.
- 협동작업과 팀워크가 교사 역할의 특징이다.
- 학교는 포용, 형평성, 개인과 집단의 웰빙을 지원하는 교육 장소로서 보호되어야 한다.
- 학교의 건물, 공간, 시간, 시간표, 학생 그룹화(student groupings)는 다시 디자인되어 개별 학생들이 함께 협력하도록 장려하고 이를 실현해야 한다.
- 자연의 학습공간, 건물로 된 학습공간, 가상의 학습공간을 연결하고, 각 공간이 갖는 최상의 잠재력을 주의 깊게 활용한다.
- 교육받을 권리는 평생으로 확장되고, 정보, 문화, 과학 및 연결성(connectivity)에 대한 권리를 포괄한다.
- 평생 학습권 교육받을 권리의 사회적 계약을 실천한다.
- 수평적 학습을 장려한다.
- 정의롭고 공평한 협력이 전제되어야 한다.
- 창조적이고, 혁신적이고, 공동재로서의 교육의 강화에 책임을 다하는 대학의 역할을 강조해야 한다.
- 다양한 계층에서 교육의 미래 건설(building the futures of education)에 반드시 참여해야 한다.
- 우리가 계속해야 할 것은 무엇인가? 우리가 중단해야 할 것은 무엇인가? 창의적으로 새롭게 만들어 내야 할 것은 무엇인가를 기본적으로 질문하고 답해야 한다.

# 2장 기술교과 교육에서의 학습의 의미와 지향

이 장에서는 기술교과 교육에서의 학습의 의미와 지향을 탐구하기 위하여 기술교과 교육과 구성주의 학습 환경에 처한 기술교육 방법 지향 모델, 그리고 기술교과 교육 학습에서 지향해야 할 접근들을 살펴보고자 한다. 이는 실제적인 수업의 전략을 다루기에 앞서 기술 학습이 갖는 지향점을 성찰하도록 돕는다.

◎ 해시 태그 Key words

#구성주의 학습 환경 #페퍼트 구성주의 #인지적 사고와 고등사고력
#기술교육 방법 지향 모델 #기술수업 접근 유형

## 1. 기술교과 교육과 구성주의 학습환경

지식기반 사회에서 기술교과 교육은 학생들에게 매우 의미있는 실천적 경험과 아울러 지적 사고활동의 가능성을 지니고 있다. 특히 최근의 기술교과 교육 동향 중 하나는 과정지향적인 지적사고 활동을 경험시켜 주기 위한 다양한 전략들의 논의가 증대되고 있다. 이러한 기술교과 교육의 논의의 핵심 주제어는 'Design', 'Design Process', 'Problem Solving' 'Technological Literacy', 'Invention', 'Innovation', 'Cognition', 'Intellectual Skills', 'Technological Creativity' 등으로서 창조적이고 문제해결적인 사고 교육으로서의 변화를 서두르고 있다(Johnson, 1997 ; De Vries, 1997 ; 최유현, 2001, 최유현, 2002 ; Mioduser & Kippermanm, 2002 ; McCormick, 2002 ; Fasciato, 2002 ; Howard-Jones, 2002 ; Morley, 2002 ; Sayers, Morley & Barnes(ed.), 2002 ; Alister, 2002 ; Gwyneth Owen-Jackson, 2001 ; Gwyneth Owen-Jackson(ed.), 2002, ITEA, 1998, ITEA, 2000, ITEA, 2003). 즉, 과거의 근육(brawn), 공작(craft), 산업(industry) 중심의 교육과정 강조에서 기술적 손놀림 활동(hands on)에 기초한 두뇌

(brain)와 정신(minds on)을 추구하는 교육으로 변모(Wright, Israel & Lauda, 1993 : 25)하고 있다는 것이다.

기술이 "인간 잠재 가능성을 확대하고 실제적 문제를 해결하기 위한 지식, 도구, 기능을 응용하는 것(the application of knowledge, tools, and skills to solve practical problems and extend human capabilities, Johnson, 1989 : 1)"이라고 볼 때, 기술교과 교육에서 자기주도적, 창조적, 문제해결적 접근의 사고활동 중심의 학습과정의 논의는 가치있는 일이다.

Johnson(1997 : 169-175)은 '지적 사고기능 개발과 기술적 개념학습(Learning Technological Concepts and Developing Intellectual Skills)이란 연구에서 지적 사고기능을 개발하기 위한 교육을 위해서는 형식적 학습(formal learning)보다 구성주의에 기초한 비형식적 학습(informal learning)을 강조하면서 맥락적 학습(contextual learning), 동료 중심 학습(peer-based learning), 실천 중심 학습(activity-based learning), 성찰적 실천을 통한 학습(learning through reflective practice)을 제시하였는데, 이러한 학습원리의 기본상정은 전통적으로 실천성, 풍부한 맥락, 다양한 영역, 협동적 작업, 성찰적 실천 등의 기술교과 교육학습의 본질적 특성과 밀접하게 관련되어 있다고 하였다.

전통적인 학교가 **참다운 수업**(authentic instruction)을 하지 못하는 두 가지 이유 중 하나는 학생들의 학습이 자신의 마음(mind)을 잘 쓰지 못하도록 하는 것이고, 다른 하나는 학교에서의 학습이 학업성취 이상의 내재적 의미의 가치를 부여해 주지 못했기 때문이다. 따라서 참다운 수업을 위해서는 '고차원적 사고', '심오한 지식', '학교 밖 세상과의 관련', '실질적 대화', '학생들의 학습활동을 지원할 수 있는 분위기' 등의 기준을 만족시켜야 한다(Newmann & Wehlage, 1993, 이인효 외, 1997 : 5-7, 재인용).

최근 우리의 교육이 여러 측면에서 교육의 변혁기를 맞아 몸살을 앓고 있으며, 그 변혁의 소용돌이에서 교실의 패러다임 전환으로도 볼 수 있는 일련의 현상들은 어떤 측면에서 구성주의적 논의와 밀접하게 관련된 것들이 많다.

처음부터 '구성주의 교육'의 패러다임이 논의된 것이 아니며, 앎과 지식을 어떻게 학습자가 인식하는가의 지식의 구성문제가 구성주의 논의의 출발점이다. 구성주의의 주장대로 지식을 객관적 사실로 받아들이는 것이 아닌 학습자가 지식을 구성한다는 가정을 받아들인다면, 적어도 우리 교실의 구조는 이러한 학습에 적합한 교육적 패러다임으로 전환할 필요가 있는 것이다. 기존의 교실 환경은 지식의 객관성에 기초한 행동주의적 학습환경에 기초하고 있으므로 지식의 주관적 구성에 기초한 구성주의적 학습환경을 필요로 하게 된다.

구성주의적 학습환경은 지식구성의 주체로서의 학습자, 학습자 지식구성을 돕는 **구성촉진자**(facilitator)로서의 교사, 실제적이고 학습자에게 적합한 과제의 교육과정 구성, 문제해결적이고 협동적인 교수 · 학습 환경 등을 공통적으로 주장하고 있다(Brooks & Brooks, 1993 ; 김신곤권기, 1998 ; 강인애, 1998 ; 최유현, 1999).

따라서 기술교과 교육에서의 구성주의적 교육의 접근은 교과의 특성에 비추어 볼 때 매우 밀접한 관련을 맺고 있다.

## 가. 구성주의 학습환경의 기본가정

Brooks & Brooks(1993)는 구성주의 교실의 저서에서 아래와 같이 구성주의적 교실의 모습을 묘사하고 있다(추병완 · 최근순(역), 1999 : 22).

> 학생들이 하루 중 많은 시간을 보내는 교실 환경이 학생 대 학생의 상호작용이 격려되고, 협동이 가치를 부여받으며, 연구과제와 자료가 간학문적이고, 그리고 학생들 자신들의 아이디어를 탐색할 수 있는 자유가 풍부하도록 조직될 때, 학생들은 더욱 위험을 무릅쓰고 현재의 이해에 대한 도전을 기꺼이 받아들이면서 학습 과제에 접근해 가는 것 같다. 그런 교사의 본보기와 환경 조건은 학생들을 '성장하는 사고자'로 존중한다.

이 글에서 보면 구성주의 교실, 즉 학습환경과 관련된 변인은 **교수 · 학습 환경, 교육과정 환경, 교사와 학습자의 역할 변인** 등이 고려되고 있음을 알 수 있다. 즉, 구성주의 학습환경을 위해서는 학습주제로서의 교육과정, 학습의 절차와 구조 및 평가전략으로서의 교수 · 학습, 그리고 교사와 학습자의 역할 규정문제로 개념화할 수 있으며, 이러한 구조적 모델에 기초하여 구성주의 학습환경을 논의하면 다음과 같다.

### 1) 구성주의적 교육과정 설계 환경

구성주의는 주관주의 인식론에 근거하여 학습자들이 자신이 위치한 맥락에서의 능동적인 경험을 통하여 자신에게 적합한 지식을 구성한다는 점을 강조한다. 실재는 구성된 것이며, 실재의 구성은 문화와 전통을 통해 형성된 의미구성의 산물이다. 이런 의미에서의 교육은 학습자들로 하여금 맥락에 적합한 의미를 구성하고 실재를 구성하는 방법을 학습하도록 도와서, 자신이 살고 있는 세상에 보다 잘 적응하고, 필요에 따라 세상을 의도한 대로 변화시킬 수 있도록 해주어야 한다(Bruner, 1996 ; von Glaserfeld, 1996, 조영남, 1998 : 154 재인용).

구성주의적 교육환경을 위한 교육과정은 전통적인 교육과정 개념과는 다르게 인식될 수 있다. [표 2－1]과 같이 전통적인 교실의 교육과정은 기초기능의 강조, 부분의 강조, 정형화된 교육과정, 모든 지식의 구조화 · 순서화 · 체계화를 강조하게 된다. 이는 객관적 지식에 기초한 행동주의적 전달 학습 환경에 적합한 것이다. 그러나 구성주의 교실을 위한 교육과정은 전체 개념에 기초한 전체성 강조, 학습자의 문제를 교육과정 설계에 반영하고, 적합성 · 타당성을 추구하고, 인지적 도전과 실제적 과제에 기초한 교육과정을 구성하게 된다.

[표 2-1] 전통주의적 교육과정과 구성주의적 교육과정의 비교

| 전통적인 교실의 교육과정 | 구성주의 교실의 교육과정 |
|---|---|
| • 교육과정은 기초 기능(basic skills)을 강조하는 전체에서 부분을 떼어내어 제시한다. | • 교육과정은 전체 개념(big concepts)을 강조하는 부분을 전체로 구성하여 제시한다. |
| • 정형화된 교육과정에 높은 가치를 부여한다. | • 학습자의 문제추구에 높은 가치를 둔다. |
| • 추상적인 지식과 상황에 관계 없이 적용될 수 있는 지식을 제공-진리추구 | • 항상 구체적인 상황을 배경으로 한 지식을 제공-적합성 · 타당성 |
| • 가능한 한 현실을 단순화하고 소화시킬 수 있는 작은 단위로 세분하여 제시 | • 현실의 복잡함을 그대로 여과 없이 제시하여 인지적 도전을 유도 |
| • 모든 지식은 수업 이전에 미리 세밀한 계획에 따라 구조화 · 순서화 · 체계화하여 제시 | • 모든 지식과 과제는 항상 실제적 상황을 전제로 하여 전개되고, 다루는 과제도 실제로 사회에서 대면하게 될 성격과 특성을 지닌 것으로 제시 |

기초개념으로 교육과정을 재구조화하는 것은 구성주의 교육학의 가장 중요한 차원이다. 교육과정을 설계할 때, 구성주의적 관점을 지닌 교사는 문제와 질문들 그리고 일치하지 않는 상황들의 개념들을 중심으로 하여 정보를 조직한다. 왜냐하면 문제와 아이디어들이 분리되고 고립된 부분으로 제시되기보다는 전체적으로 제시되었을 때, 학생들이 가장 큰 관심을 갖기 때문이다. 많은 전통적인 교육은 전체를 부분으로 나누고, 각각의 부분에 따로따로 초점을 둔다. 그러나 많은 학생들은 **'부분에서 전체로'** 개념과 기능들을 설정할 수 없다(Brooks & Brooks, 1993, 추병완 · 최근순(역), 1999 : 67). 이는 왜 구성주의 교육에서 학습구조의 전체성이 강조되는지를 설명해 주고 있다.

Brooks & Brooks(1993)가 제시한 구성주의 교육의 원리 중에서 교육과정과 관련된 주장을 보면 **'확산적 문제해결(problem solving) 절차와 전략 등을 적용에 도움을 주기 위해 전체 개념의 활용'**, '수업 주제에 관한 학습자 자신의 견해를 구성', '일차적 자료활용', '분류하기, 분석하기, 예측하기, 창조하기 등의 인지적 용어활용' 등을 강조한다. Jonassen(1991)은 구성주의 교육에서는 학습내용을 진정한 과제(authentic tasks)로 통합하고, 경험적 구성(experimental construction)에 기초해야 한다고 주장한다.

구성주의 입장에서 수업을 설계한다고 할 때 학습자의 의미구성 과정을 지원할 수 있는 학습환경의 제공이 매우 중요한 일이 된다. 최근까지 제안된 구성주의적 수업설계를 위한 학습환경은 상황학습 이론과 밀접한 관련을 맺는다.

수업설계를 위한 상황학습 이론들은 Schman(1987), Brown, Collins & Duguid(1989) 등에 의하여 제안되었다. Schman(1987)은 그의 '계획과 상황행동 : 인간과 기계의 의사소통의 문제'에서 계획은 단순히 전진적 또는 후진적 행동계산이라고 보고 학생은 실제 교수 · 학습 과정에서 미리 만들어진 계획을 따르는 것이 아니기 때문에 상황행동에 대한 고려가 없으면 그 계획도 효과가 없다고 보고 상황학습 이론의 필요성을 제기하였다. 따라서 수업은 학습자에게 계획을 전달하는 데 초점을 두지 말고 차라리 학습자가 상황의 요구와 기회에 반응하여 계획을 구성 또는 재구성하는 기능을 개발하는데 초점을 두어야 한다. 상황학습은 현상적이고 맥락적이며, 경험적이고, 개인적 해석이 의미를 결정한다(류지헌, 1995 : 567-569).

이상의 논의에서 학습자의 지식구성을 위한 학습주제로서의 구성주의적 교육과정 설계환경은 대체로 다음과 같은 기본가정을 제시할 수 있을 것이다.

첫째, 구성주의적 교육과정 설계환경은 전체성을 강조하는 통합적 관점이 설득력이 있으며, 교사의 교육과정 설계단계에서도 학습자의 구성촉진을 도울 수 있는 교육과정의 다양한 재구성 전략을 격려해야 할 것이다.

둘째, 유의미하고 능동적인 학습자의 지식구성을 위해서는 학습자의 문제와 실제상황과 밀접한 교육과정을 제시하여야 한다.

셋째, 교육과정을 구조화할 때는 분류, 예측, 창조 등의 인지적 용어의 사용과 확산적 사고에 기초한 문제를 구조화하여야 할 것이다.

넷째, 구성주의적 수업설계 시에는 실세계와 관련시키고, 학습자의 상황행동을 고려한 전략이 요구된다.

이러한 구성주의적 교육과정을 설계하는 일은 교사의 수준에서 전통적인 교육과정보다 많은 전문성이 요구된다. 즉, 전통적인 교육과정은 주어진 교육과정 또는 교사는 교과서를 전달만 잘 하면 되는 상황에서, 구성주의 교육과정은 교사의 수준에서 학습자 지식구성 촉진을 위한 만들어 가는 교육과정의 의미가 부각될 수밖에 없다.

### 2) 구성주의적 교수 · 학습 환경

전통적으로 학습은 새롭게 제시된 정보를 보고서, 퀴즈, 검사 등을 통한 학습자의 반복, 암기를 포함하는 과정인 '흉내를 모방하는(mimetic)' 활동으로 생각되어져 왔다. 그러나 구성주의 교수학습의 실제는 학습자가 새로운 정보를 내면화 · 정교화 · 변형화를 하는 데 돕는다. 여기서 변형(transformation)은 새로운 인지구조의 형성결과로서 나타나는 새로운 이해의 창조를 통하여 일어난다(Jackson, 1986, in Brooks & Brooks, 1993). 구성주의 교수의 실제에서 세 가지 지침이 되는 세 가지 질문은 ① 학습자가 정보의 기억이 아닌, 개념의 이해를 나타낼 수 있는가? ② 학습자가 순서화된 절차를 수행하는 것이 아닌, 상상력을 동원하여 문제를 해결할 수 있는가? ③ 학습자가 복잡한 쟁점을 탐구할 수 있는가에 초점을 둔다. 전통적인 교실(traditional classrooms)과 구성주의 교실(constructivist classrooms)의 차이점을 [표 2-2]과 같

이 정리할 수 있을 것이다(Brooks & Brooks, 1993). [표 2-2]에서와 같이 전통적인 교실과 다른 특징을 보이고 있는 구성주의 교실의 교수·학습 환경은 **구체적인 상황, 협동적인 학습환경, 문제해결력, 창조와 구성, 학습과 통합된 다양한 과정지향적 평가** 등으로 요약될 수 있다.

강인애(1998)는 여러 학자들의 견해를 인용하여 구성주의의 교수·학습 원칙을 학습자의 학습에 대한 주인의식(self-regulated learning, Rogoff, 1990), 자아성찰적 실천(reflective practice, Schon, 1987), 협동학습 환경의 활용, 학습자의 학습을 돕는 조언자(scaffolder)와 배움을 같이하는 동료학습자로서 교사의 역할, 구체적 상황을 배경으로 한 실제적 성격의 과제(authentic task, Duffy & Jonassen, 1991) 등으로 정리하였다.

[표 2-2] 전통적인 교수·학습 환경과 구성주의 교수·학습 환경의 비교

| 전통적인 교수·학습 환경 | 구성주의적 교수·학습 환경 |
|---|---|
| • 개별적 학습환경 : 개인과제, 개인활동, 개인 성취의 중요성 강조 | • 협동학습환경 : 다양한 견해에 대한 인식과 견해를 습득 |
| • 지식의 암기와 축적 | • 문제 해결력, 사고력, 인지적 전략(how to learn)의 습득, 지식의 전이성 강조 |
| • 발견 | • 창조와 구성 |
| • 초역사적·우주적·초공간적 | • 상황적·사회적·문화적·역사적 |
| • 학습자 학습평가는 교수행위와 분리된 것이며 거의 검사를 통하여 수행된다. | • 학습자 학습평가는 교수활동과 통합되어 이루어진다. |
| • 객관식 평가, 결과 평가 | • 다양한 형태(객관식, 주관식, 관찰, 포트폴리오, 프로젝트, 저널 등), 과정 중 지속적 평가 |

신옥숙(1997)은 구성주의의 교육원리를 학습자의 적극적인 참여, 실생활과 관련된 개인의 흥미와 관련성, 직접경험을 허용, 학습자의 인지갈등을 적절하게 조장, 학습자에게 자기성찰의 기회제공, 다양한 사회적 경험이 가능하도록 여건 마련, 독창적이고 참신한 아이디어를 격려하고 지지한다 등으로 제시하였고, 김신곤·권기(1999 : 76-80)는 구성주의 수업체제에서의 교수방법을 자기주도적 학습유도, 탐구학습의 조장, 창의적 사고력의 자극, 수업공학에 기초한 매체의 활용, 협동학습 환경의 기회제공 등으로 정리하여 제시하고 있다.

교수·학습에 있어서 구성주의적 입장은 실제로 인지적 도제(cognitive apprenticeship) 이론과 인지적 융통성(cognitive flexibility) 이론과 밀접한 관련을 맺고 있다.

학교 학습과 실세계 간의 간격을 좁히기 위해서는 진정한 활동(authentic activity)의 기회를 제공해야 한다. 진정한 활동이란 실세계와의 관련성(relevance)과 유용성(utility)을 지닌 활동(Jonassen, 1991)으로 어떤 사례나 상황에 대하여 각 개인이 어떻게 생각하고 활동하는가에 대한 경험적 지식을 의미한다. 이런 맥락에서 현대에서 요구되는 교수방법의 형태로 변화시킨 것이 인지적 도제이다(류지헌, 1995: 564). 인지적 도제방법은 전통적 도제와 달리 과제 관련 지식의 습득과 함께 사고력, 문제해결력과 같은 고차적 인지기능의 신장을 도모할 수 있는 교수방법이다(조미헌, 이용학, 1994).

구성주의에서는 지식영역의 현실성을 감안하여 복잡성과 비구조성을 강조하며, 인지적 융통성 이론에서는 특히, 구조성과 비구조성 정도에 따라 구조적 지식과 비구조적 지식으로 구분한다. 학습자들이 이처럼 단순화 · 구조화된 지식만을 학습하게 된다면 현실에서 직면하게 되는 많은 복잡하고 비구조적인 상황에서 적용능력을 발휘할 수 없을 것이다. 이 장애를 극복하기 위한 방안으로 새로운 상황의 필요에 따라 융통적으로 재구성할 수 있는 대안적인 구성주의가 요구되는 것이다. 특히 인지적 융통성 이론은 비구조적인 영역에서 고차적 지식획득에 상당한 도움을 주고 있다. 이 이론의 중심적인 주장은 다양한 개념적 관점에서 다양한 목적에 대해 같은 과제를 다차원적으로 해석할 수 있는 능력의 신장에 있다. 이것은 고차적 지식획득의 목적을 달성하는 데 필수적이라는 것이다. 학습내용은 완전한 이해를 위해 광범위해야 한다. 결국 인지적 융통성 이론에서는 부여된 과제와 관련하여 다양한 적용능력을 함양할 수 있도록 교수설계가 이루어져야 한다고 주장한다(류지헌, 1995 : 566-567).

한편, Henderson(1996 : 52-56)은 구성주의적 관점에서의 고등사고력의 학습문제 해결의 과정을 ① 문제의 구체화(framing the problem) ② 해결방안을 찾기 위한 브레인스토밍(brainstorming) ③ 해결 방안을 실행하기(trying out solutions) ④ 해결상황의 검토(reviewing the situation)로 제시하였다. 결국 구성주의적 관점에서의 학습의 과정은 자기주도적인 문제해결 과정이 중요한 역할을 띠게 된다.

이상의 논의를 종합해 볼 때, 구성주의 교실 상황에서 전개될 수 있는 교수 · 학습의 원리는 다음과 같이 정리될 수 있을 것이다.

첫째, 구성주의 교수 · 학습 환경은 학습의 절차 측면에서 기본적으로 학습자의 지식구성 및 창조를 촉진하는 전략으로 자기주도적이고 도전적인 문제해결적인 수업전략이 유용할 것이다. 이는 사고와 인지전략들을 반영한 접근이어야 한다.

둘째, 구성주의적 교수 · 학습 환경은 학습의 구조 측면에서 사회적 구성주의에 기초한 '사회적 담론'을 위한 협동적 학습환경이 격려되어야 할 것이다. 그러나 이러한 가정은 상황에 따라 개별적 학습구조가 학습환경의 유용성을 배제하기는 힘들다.

셋째, 구성주의적 교실에서의 평가는 가능하면 학습과 통합된 과정지향적(process-oriented) 평가가 유의미하고, 실제적(authentic)이고, 수행중심적(performance-based)인 질적인 평가를 추구하여야 하며, 기본적으로 다양하고 맥락적인 증거자료를 수집하기 위해서는 평가방법 및 평가주체의 다양성을 추구하는 것이 바람직하다.

### 3) 구성주의적 교사와 학습자 역할 환경

"우리는 우리가 살고 있는 세계와의 관계와 현상들에 대한 새로운 이해를 구성함으로써 학습한다"는 명제를 받아들이는 것은 현재의 학교구조를 수용하는 것을 어렵게 한다. 교사들은 학생들이 세계의 풍부함을 경험하도록 학생들에게 기회를 주어야 하고, 그들이 스스로 질문하고 스스로 답을 찾을 수 있는 권한을 주어야 하며, 그들의 복잡성을 이해할 수 있도록 자극을 주어야만 한다. Duckworth(1993)는 교수활동에 대한 자신의 생각을 다음과 같이 기술하고 있다(Brooks & Brooks, 1993, 추병완 · 최근순(역), 1999 : 16).

> 나는 학생들에게 무언가에 대하여 생각할 상황을 제시하고 그들이 하는 것을 지켜 본다. 내가 학생들에게 무엇을 하라고 말하기보다는 그들이 나에게 그들 스스로 무엇을 하는지를 말해 준다.

[표 2-3] 전통적인 교실과 구성주의 교실에서의 교사와 학습자 역할

| 전통적인 교실 | 구성주의 교실 |
|---|---|
| • 학습자는 교사에 의하여 정보를 집어 넣는 비어 있는 상태(blank state)로 취급된다. | • 학습자는 세상에 관한 이론을 추구하는 사고자(thinker)로서 취급된다. |
| • 교사는 일반적으로 전달적 태도로 학습자에게 지식을 전달한다. | • 교사는 상호작용의 태도로 학습자를 위한 환경을 조성한다. |
| • 교사는 학습자의 타당한 학습을 위하여 정답을 요구한다. | • 교사는 후속되는 수업의 활용을 위하여 학습자의 현재 개념을 이해하기 위하여 학습자의 관점을 추구한다. |
| • 교사와 학생의 역할 : 지식의 전달자와 지식의 습득자로서의 관계 | • 교사와 학생의 역할 : 학생의 학습을 도와 주는 조언자, 촉매자로서의 교사와 자율적이고 적극적이고 책임감 있는 학습의 주체로서의 학생의 역할 |

이 글은 구성주의적 학습환경에서의 교사와 학습자 역할의 기본적인 아이디어를 제공하고 있다. 즉, 전통적인 교실에서는 교사는 지식의 전달자로서의 역할과, 학습자는 지식을 수용하는 수동적인 역할이 강조된 반면, 구성주의 학습환경에서의 교사는 학습자의 지식구성을 촉진시키기 위한 배려와 촉매적인 역할을 하게 된다.

Brooks & Brooks(1993)는 구성주의 관점을 지닌 교사가 되는 12가지 원리를 다음과 같이 제시하고 있다.

① 구성주의 교사는 학생들의 자율성과 솔선수범을 격려하고 수용한다.
② 조작적 · 상호작용적 · 물리적 자료와 더불어 원 자료와 일차적 자료를 활용한다.

③ 과제를 구조화할 때, 구성주의 교사는 분류하기, 분석하기, 예측하기, 창조하기 등의 인지적 용어를 활용한다.

④ 구성주의 교사는 학생들의 반응을 수용하며, 수업전략과 내용의 다양한 접근을 허용한다.

⑤ 구성주의 교사는 교사들이 가지고 있는 이해를 공유하기 전에 학생들의 개념이해를 추구한다.

⑥ 구성주의 교사는 교사와 다른 학생들 간의 진지한 토론에 참여시키도록 학생들을 격려한다.

⑦ 구성주의 교사는 사려 깊고(thoughtful), 개방적 질문(open-ended)을 하도록 격려하고, 학생들 상호 간에 질문이 오가도록 격려한다.

⑧ 구성주의 교사는 학생들의 초기반응을 정교화하도록 이끈다.

⑨ 구성주의 교사는 학생들의 초기의 가설을 반박하고 나서 진지한 토론이 진행되도록 실제적 경험에 학생들이 참여하도록 한다.

⑩ 구성주의 교사는 질문을 한 후에 생각할 수 있는 시간을 허용한다.

⑪ 구성주의 교사는 학생들이 관계를 구성하고 비유를 생성하도록 충분한 시간을 허용한다.

⑫ 구성주의 교사는 구성주의적 학습 순환 모델을 빈번하게 활용함으로써 학생들의 자연적인 호기심을 장려한다.

위의 12가지 구성주의 교사의 역할은 다른 사람들의 논리 주입보다는 학습자 자신의 이해를 탐구하는 데 도움을 준다. 구성주의가 학습을 학습자 개인이 의미를 구성해 가는 과정으로 정의함에 따라, 교수방법과 학습에 대한 구성주의적 시각은 교사의 역할과 가르친다는 행위에 대해 구체적인 실천방안을 제시할 수 있어야 한다(Wood, Cobb & Yackel, 1991, 1992, 조연주 외 역, 1997 : 332 재인용). 즉, 이러한 실천방안은 다음 세 가지로 요약된다. ① 교사는 학생들의 학습활동을 할 수 있도록 지원하는 상황을 제공해야 한다. ② 학생들의 행동은 타당성을 가져야 하며, 교사는 학생의 시각에서 학생의 해결책을 이해해야 한다. ③ 교사는 실질적인 학습이 장기간 동안의 사회적인 상호작용을 통하여 갈등을 겪고, 혼동하고, 놀라는 가운데 일어남을 깨달아야 한다.

이러한 시각에서 가르친다는 것은 정보를 제공하고 학생들에 의해 기억되었는지를 검토하는 활동 이상이라는 사실이 인정되어야 한다. 대신 가르친다는 것은 학생들이 나름대로의 개인적인 의미를 구성할 수 있도록 학습활동에 적극적으로 참여할 수 있는 상황을 제공하는 것이다. 따라서 잘 가르치기 위해서 교사들은 학생들의 의미 구성활동을 잘 파악할 수 있는 기회가 필요할 것이다. 이는 학생들이 감각적으로 느끼고, 정신적으로 사고할 수 있는 활동을 지원하고 토론이나 대화가 이루어질 수 있는 사회적 상황을 제공함으로써 이루어질 수 있다(Wood, 1991, 조연주 외 역, 1997 : 332-333, 재인용).

Handerson(1996)은 구성주의적 관점에서의 '성찰적 교수활동(reflective teaching)'으로 논의하면서 구성주의적 교사의 네 가지 중요한 역할로 '4C 인지적 발판(Scaffolding)'을 제시하였다.

즉, 구성주의적 관점에서의 성찰하는 교사는 다음에 제시되는 **소명감**(Calling), **창조성**(Creativity), **배려**(Caring), **주관성**(Centered)을 가져야 한다는 것이다.

- 소명감(calling) : 많은 교사들은 그들의 직업을 단순한 직무(job)가 아닌 소명으로 접근한다. 비록 교사들이 낮은 임금, 낮은 지위, 많은 스트레스 등의 직업적 약점이 있음에도 불구하고, 많은 교사들은 그들의 직업을 소명직으로 인식하고 있다. 교사들이 구성주의 교육을 실천하는 데 중요한 전제조건이 그들의 직업을 소명직으로 인식하는 것이다.
- 배려(caring) : 배려하는 교사는 윤리적으로 그들의 학생들을 이해하는 것에 국한된다. 학생들을 배려하는 교사들은 학급에서 질문하고 학생들은 대답하고, 교사들은 좋은 태도로 학생들의 대답을 명확히 하고, 해석하고, 기여를 말해 준다. Noddings(1984)는 가장 중요한 배려의 세 가지 특징은 강화(confirmation), 대화(dialogue), 협동적 실천(cooperative practice)이라고 말한다. 각 학생들이 자신이 최고라고 생각하도록 교사는 학생들의 가장 깊숙한 갈망을 주의 깊게 경청해야 한다. 배려하는 교사는 또한 협력하는 교육자이어야 한다. 배려윤리를 지향하는 교사는 만약 그들의 학생들과 학부모와의 협력관계가 안 된다면 정직한 대화와 개인적 신뢰가 없다는 사실을 이해하게 될 것이다. 배려하는 교사는 "교과 영역에서 지식을 나누어 주는 전달자가 아닌 상담자와 조언자"로서 학습의 구성 촉진자로 그들 자신들을 생각할 것이다(Noddings, 1984 : 187).
- 창조성(creativity) : 창조성은 교사가 융통성 있고, 상상력이 풍부하고, 직관적 능력을 갖게 해준다. 창조적인 교사는 일관되게 그들 학생들의 지적 자극을 위한 새로운 방법을 추구한다. 교사들은 그들의 수업을 미적으로 즐거움을 추구하고, 호기심을 불러 일으키는 수업이 되도록 원한다. 창조적인 교수행위에 대한 교사들의 광범위한 면담에 기초로 할 때 창조적인 일에 상상력과 직관의 중요성이 발견된다고 Jagla(1994 : 20)는 말한다. 교사들의 상상력의 활용은 교사들의 직관력의 활용이 많은 영역에 있어서 함께 나타난다. 그러나 내가 생각하기로는 상상력은 교사들이 교육과정을 설계하는 데, 직관은 교육과정을 운영하는 데 관련된다. 창조적인 교사는 자연발생적이고, 확신이 있고, 지적이고, 자원이 풍부하고, 융통성이 있고, 높은 빈도의 상호작용적이고, 훌륭한 이야기꾼이고, 감성적이다.
- 주관성(centered) : 주관적인 교사는 신념에 엄격하게 매여있는 사람이 아니다. 그들은 대신에 사려 깊은 도덕적 선택을 선호한다. 그들은 그들 자신의 의견을 기꺼이 제기한다. 계속적이고 실천적인 성찰과 비평적 탐구를 통하여 그들은 그들의 행위를 위한 실속이 있는 사고의 뼈대를 구축한다. 그들의 교수행위의 결정은 주의 깊게 고려되거나 사려 깊게 처치된다. 주관적인 교사는 거짓이나 꾸밈이 없이 참된 것을 추구한다. 그들은 "최종적인 일치가 없다는 것과 최종적인 균형이 없는 것과 같은 질문이나 의문을 사랑한다"(Greene, 1988 : 134). 그들은 공적인 토론이나 논쟁을 환영하고, 그들은 사람들이 흔히 의견의 갈등상황과 복잡한 쟁점이 존재한다는 것을 이해한다. 그들은 개방적 대화를 좋아하고 숨김과 조작을 싫어한다.

결과적으로 이 **인지적 발판**(scaffolding)은 구성주의 실천과 초인지적의 탐구의 지침이 되고, 구성주의적 교사의 개인적이고 전문적 발달을 성찰시키는 데 도움을 줄 것이다.

이상의 논의에서와 같이 구성주의 교사가 된다는 것은 쉬운 일은 아니며, 많은 부분에 있어서 방법이나 전략보다는 구성주의적 철학과 정신적 관점의 소유가 보다 중요한 관점이 된다. 즉, 구성주의 교사는 학습자를 기본적으로 세상에 관한 이론을 추구하는 **능동적인 사고자**(thinker)로서 배려하고, 학습자가 의미있는 문제에 기초한 능동적인 탐구활동에 몰입하도록 배려하여야 할 것이다. 또한 구성주의적 교사는 수업주제에 관한 학습자 자신의 견해를 구성하도록 격려함으로써, 교사의 역할이 학생의 학습을 도와 주는 조언자, 촉매자, **구성촉진자**(facilitator)로서의 기능을 수행해야 할 것이다. 여기서 학습의 주도권을 학습자가 갖는다는 의미는 교사의 전문적이고 계획적인 배려에서 나오고 실제로 수업 장면에서도 성찰적 교수활동 또는 관찰이 요하므로 구성주의 교사에게도 능동적이고 전문적인 자질이 더욱 요구된다고 볼 수 있다.

## 나. 메이커 교육의 아버지, 패퍼트의 구성주의와 기술교과 학습[1)]

**피아제의 구성주의**는 잘 정립된 학습 이론 중의 하나인데 이 이론에 의하면 사람들은 새로운 경험을 자신들이 이미 알고 있는 것과 연결함으로써 새로운 지식을 능동적으로 구성한다고 한다. 이 구성주의는 지식을 학습자에게 전달하는 것이 아니라, 학습자의 두뇌 안에서 구성되는 것으로 보고 있다. 새로운 지식은 새로운 경험이나 정보를 학습자가 이미 알고 있는 것 혹은 이미 경험해 본 것들과 연계함으로써 새로운 상황을 이해하는 과정에서 생길 수 있다. 이 개인적 프로세스는 모든 학습의 기저를 이루고 있다.

사람들은 종종 피아제의 구성주의를 오해하기도 하는데, 그 대표적인 것이 학습은 개인에 의해 발생한다라는 것이다. 학습은 가끔 개인이 아닌 사회적으로 구성되기도 한다. 다른 사람들과 말하기나 함께 일하기는 새로운 지식을 구성하고 견고히 하는 가장 좋은 방법 중의 하나다.

우리는 **패퍼트**(Papert) **의 구성주의**가 메이커 운동에서 가장 강하게 반향되는 이론이고 또한 교실에서 메이킹 학습 활동을 하고자 하는 모든 이들이 심도 있게 고민해 봐야 할 학습 이론이라는 것을 믿는다.

패퍼트는 구성주의를 다음과 같이 정의했다.

---

1) 이 부분은 Sylvia Libow Martinez and Gary S.(2013) 이 집필한 Invent To Learn: Making, Tinkering, and Engineering in the Classroom을 번역한 메이커 교육 혁명, 교육을 통합하다(홍릉과학출판사, 2015)의 일부(57-59, 111-112)를 재구성한 것이다.

> 피아제의 구성주의 이론들로부터 우리는 학습을 지식의 전달이 아니라 지식의 재구성으로 바라보게 되었다. 우리는 이 관점을 확대하여 학습은 학습자가 의미 있는 물건들을 만들어 직접 경험하는 과정을 통해 가장 효과적으로 이루어낼 수 있다고 본다(Papert, 1986).

패퍼트의 구성주의는 피아제의 구성주의보다 좀 더 **실제 활동**에 한 걸음 다가서 있다. 비록 학습은 학습자의 머리 안에서 이루어지지만, 학습자가 그들의 머리속이 아닌 개인적으로 의미 있는 활동에 몰입할 때 학습이 가장 효과적으로 이루어질 수 있다. 이때의 학습은 실질적이며 공유 가능한 지식을 구성할 수 있도록 한다. 이 공유 가능한 지식은 로봇일 수도 있고, 작곡일 수도 있으며, 종이 반죽으로 만든 화산이 될 수도 있고, 시 혹은 일상 대화, 새로운 가설이 될 수도 있다.

이것은 단지 직접 해보는 학습 이상의 것을 의미한다. 패퍼트의 구성주의의 의미 있는 부분은 가시적인 표현 방법에만 있는 것이 아니다. **패퍼트의 구성주의는 만들기**의 힘이 학습자의 외부가 아닌 학습자가 제기하는 질문들과 학습자가 가지고 있는 호기심에서 나온다고 보고 있다. "얼마나 더 빨리 내 자동차가 달릴 수 있을까요?" 혹은 "나는 이런 방식이 좋아요. 제가 좀 더 좋게 만들어봐도 될까요?" 같은 질문들이 가치 있는 것으로 여겨지고, 나아가 교사나 다른 사람들이 만든 기준들보다 잠재적으로 더욱 가치 있고 유용한 것이다. 학습자들은 새로운 것을 배우기 위해 그들이 알고, 느끼고, 궁금해 하는 모든 것과 연결될 수 있다. 우리는 학습자들이 가르침을 받는 것에 의존하지 않도록 해야 한다.

메이커 운동은 그 지지자들이 어떤 이론적 지식을 갖고 있지 않더라도, 구성주의를 실현하는 방식에 있어서 매우 흥미로운 활동이다.

구성주의는 하나의 학습 이론이다. 구성주의는 교육과정도 아니고 규칙의 집합도 아니다. 이 책은 패퍼트의 구성주의를 구현하기 위한 프로세스, 현대적 재료들을 갖춘 교실 구성, 그리고 교육을 위한 다음과 같은 전략들을 다룬다.

**만들기**(making), **개조하기**(tinkering), **그리고 공학**(engineering)은 학생의 나이나 교과목의 종류에 관계없이 모든 교실에서 이루어져야 할 학습 방법이다. 메이커 스페이스에서는 이 개념들을 다소 느슨하게 정의하고 있다. 그 정의를 살펴보면 다음과 같다.

> 만들기는 학습에서의 능동적인 역할 구성 놀이에 관한 것이다. 이 만들기 활동에서 메이커는 도구와 재료를 가지고 무엇을 만들지에 대한 구상을 가지고 있다.
>
> 개조하기는 일종의 사고 방식인데, 직접적 경험, 실험, 발견 등의 활동을 통해 문제에 접근하고 해결하는 놀이같은 방식이다.
>
> 공학은 직접적 경험으로부터 원리들을 도출해 낸다. 공학은 우리가 살고 있는 세상을 더 잘 설명하고, 더 잘 측정하고, 그리고 더 잘 예측할 수 있게 함으로써 우리의 직관이나 본능을 과학의 형식적 측면과 연결해 주는 다리 역할을 해준다.

패퍼트는 구성주의 학습 실험실을 위한 8개의 큰 개념(big ideas)을 제안하였다.

첫 번째 아이디어는 **실천에 의한 학습**(learning by doing)이다. 학습이 진심으로 흥미 있어 하는 것들의 일부가 될 때, 더 잘 학습할 수 있다. 우리는 우리가 원하는 무엇인가를 만들기 위해 배웠던 것을 이용할 때 가장 잘 학습할 수 있다.

두 번째 아이디어는 **만들기 재료로서의 기술**이다(technology as building materials). 만약 여러분이 무엇인가를 만들기 위한 기술을 사용할 수 있다면, 훨씬 더 흥미로운 것을 만들 수 있을 것이다. 그리고 여러분은 그것을 만듦으로써 많은 것을 배울 수 있다. 이것은 특히 디지털 기술을 활용할 때 더욱 두드러지게 나타난다. 예를 들면, 우리 실험실에 있는 컴퓨터 제어 레고를 포함한 모든 종류의 컴퓨터들이 그 기술이라고 볼 수 있다.

세 번째 아이디어는 **힘들면서도 재미있는 일**이다(hard fun). 우리는 우리가 하는 일을 즐길 수 있을 때 그 일을 가장 잘 해낼 수 있고 배울 수 있다. 그러나 즐겁고 재미있는 것이 쉽다는 것을 의미하지는 않는다. 가장 재미있는 일은 힘들면서도 재미있는 일이다. 우리의 스포츠 영웅들이 자신의 종목에서 점점 더 좋은 성과를 내기 위해 매우 열심히 연습하는 것을 알 것이다. 가장 성공적인 목수는 목공 일을 진심으로 즐기는 사람이다. 성공적인 비즈니스맨은 거래를 성사시키기 위해 열심히 일하는 것을 즐긴다.

네 번째 아이디어는 **학습하는 것을 배우는 것**이다(learning to learn). 많은 학생들은 무엇인가를 배우기 위한 유일한 방법은 가르침을 받는 것이라고 생각한다. 이것은 그들이 학교에서 그리고 그들의 인생에서 왜 실패하는지 이유를 알려준다. 그 어느 누구도 여러분을 위해 여러분이 필요한 모든 것을 가르쳐 주지는 않는다. 여러분은 여러분 스스로의 학습에 책임을 져야 한다.

다섯 번째 아이디어는 **시간을 갖는 것**이다. 어떤 일을 위한 적정한 시간을 가져야 한다. 많은 학생들은 학교에서 듣고 있는 것에 익숙하고, 이것을 한 다음에는 저것을 하고 그러고 난 후에는 다음 것을 하고, 이런 식으로 단방향으로 지시를 받는 것에 익숙하다. 만약 어떤 누군가가 학생들에게 무엇을 해야 할지 이야기해 주지 않는다면, 학생들은 쉽게 지루해 할 것이다. 인생은 학생들의 이런 습관적 태도를 가지고 살아갈 수 있는 것이 아니다. 어떤 중요한 일을 하기 위해서는 시간 관리하는 법을 배워야 한다. 이것은 우리의 많은 학생들이 배워야 하는 것들 중에서 가장 어려운 것이다.

여섯 번째 아이디어는 여러분이 **실패의 경험** 없이 제대로 이해할 수는 없다는 것이다. 이것은 여덟가지 아이디어들 중에서 가장 중요한 아이디어다. 어떤 것도 단 번에 성공하기는 힘들다. 제대로 이해하기 위한 유일한 방법은 실패를 경험했을 때 어떻게 해서 생긴 실패인지 조심스럽게 살펴보고 이해하려고 하는 것이다.

일곱 번째 아이디어는 학생들에게 하는 것을 **우리 자신들에게 한 번 해보는 것**이다. 우리는 항상 학습을 하고 있다. 우리는 많은 유사 프로젝트 경험이 있지만, 각각의 프로젝트들이 같다고 할 수는 없다. 우리는 이 일이 어떻게 이루어질 지에 대해 정확히 알지는 못한다. 우리는 우리가 하는 일을 즐겼고, 당연히 쉽지 않은 일이 될 것이라는 것을 예상한다. 우리는 제대로 일을 하기 위해서는 우리가 필요한 시간을 가져야 한다는 것을 예상한다. 우리가 직면하는 모든 어려움은 학습을 할 수 있는 기회이기도 하다. 우리가 학생들에게 줄 수 있는 가장 큰 교훈은 학생들로 하여금 우리가 학습을 위해 어려움을 겪으면서 노력하고 있는 모습을 보도록 함으로써 가능하다.

> 여덟 번째 아이디어는 우리가 **디지털 기술**에 대해 아는 것이 읽기와 쓰기만큼 중요한 디지털 세계로 들어가고 있다는 것이다. 그래서 컴퓨터에 대해 학습하는 것은 학생들이 미래를 위해 필수적이다. 그러나 가장 중요한 것은 학습을 위한 모든 장에서 컴퓨터를 지금 당장 이용하는 것이다.(Stager, 2006년)

패퍼트의 구성주의는 메이커 교육 운동의 핵심적인 학습 철학이 되고 있는데, 이는 기술교과 교육에서의 창조적 만들기로서의 공통적인 방법론적인 지향에서 일치된다. 기술교과 교육이 지식의 개인적, 사회적 구성에 적합한 교과라는 사실에 더하여 만들기를 통한 지식 구성 측면에서 패퍼트가 주장한 가장 효율적인 지식 구성 수단이 '만들기'라는 주장은 기술교과 교육의 학습의 배경 이론이다.

## 다. 인지적 영역에서 고등사고력을 요구하는 현대 기술교과교육

기술교과 교육은 단순히 지식과 기능을 넘어선 사고와 인지, 나아가서는 초인지적 사고를 통한 학습을 강화하고 있다.

기술적 교양을 위한 교육은 기술적 지식, 이해, 실천, 사고, 태도를 균형있게 함양해야 하는데 인지적 영역에서도 단순한 지식과 이해, 응용보다는 분석, 종합, 평가의 고등 사고력을 학습하는데 지향점을 두고 있다.

[표 2-4] 인지적 영역에서의 고등사고 능력을 강조하는 기술교과 교육

| 저급적 사고 | | | 고급적 사고 | | |
|---|---|---|---|---|---|
| 지식 | 이해 | 응용 | 분석 | 종합 | 평가 |
| 연결하다.<br>명명하다.<br>배열하다.<br>선택하다. | 해석하다.<br>재명명하다.<br>확장시키다.<br>재진술하다.<br>대안을 선택하다. | 시도하다.<br>해결하다.<br>다루다.<br>작동하다.<br>조작하다. | 조시하다.<br>검사하다.<br>나누다.<br>탐색하다.<br>이유를 밝히다. | 창조하다.<br>구성하다.<br>키우다.<br>편집하다.<br>개발하다.<br>생산하다.<br>작곡하다. | 판단하다.<br>평가하다.<br>수용하다.<br>비평하다.<br>거부하다.<br>분류하다. |
| ⬅ 전통적 교수-학습 | | | 현대적 기술교육 ➡ | | |

## 라. 기술교과 수업의 성찰

아무리 훌륭한 교사라도 자신의 수업에 대한 지속적 성찰(reflecion) 없이는 성공적인 수업을 보장할 수 없으며, 학습자의 긍정적인 성과를 기대하기 어렵다. 그래서 교사는 '성찰적 실천가

(refelective practitioner)라고 하고 이런 교사의 특징은 다음과 같이 제시된다(Cruickshank 외, 1995: 300-303).

그들은 대체로 사려 깊고, 개방적 마인드를 지니며, 책무성이 높으며, 성실한 교사이다. 그리고 그들은 탐구와 도전 정신이 있는 교사이다.

1. 자신의 교수 행위에 대한 의도적인 성찰을 사려깊게 한다. 자신의 성찰은 보다 합리적인 의사결정을 하는 데 유용한다.
2. 성찰적 실천가는 책임을 지는 교사이다. 그들은 그들의 수업 과정과 결과, 교수 스타일, 학습 문화와 환경 등의 모든 수업과 관련된 부분에 대한 교사의 책무성을 성찰한다.
3. 성찰적 실천가는 그들의 수업 전 과정을 조사해야 하기 때문에 성실한 태도를 지닌다. 성찰은 백일몽이나 게으른 행위가 결코 아니다. 교사로서의 효과성을 기초로 그들의 수업을 개선하기 위하여 부단히 성찰하는 교사이다.
4. 성찰적 실천가는 대체로 탐구정신이 뛰어나다. 이론을 실천과 연결시키거나 다른 교사들을 관찰하거나 자신의 교수 행위를 조사하여 지속적으로 자신의 수업을 개선시키는 탐구적 태도를 지닌다.

이러한 성찰적 실천가로서의 교사를 탐구 기반 교수(inquiry oriented teaching)라고 부르기도 한다. 즉 특히 예비 교사는 교수의 특별한 기법이나 학급 관리를 완전하게 마스터하기보다는 그들의 교수 향위를 배우고 생각하는데 초점을 두어야 한다.

이러한 교수행위의 성찰은 여러 가지 이점을 제공한다.

1. 교수에 대한 교사의 학습을 강화한다.
2. 교실의 사건을 분석하고 이해하는 능력을 증대시킨다.
3. 교실의 삶을 강화시킨다.
4. 자기 통제력이 강해진다.
5. 개인적, 전문적 전이가 가능하다.

그리고 이러한 성찰을 돕기 위해서는 토의와 저널(일지) 등을 기록하고 공유하는 것, 그리고 실천 연구, 교실 실험이 중요하다고 볼 수 있다.

## 마. 기술교과 교육방법의 기본 지향 모델

기술교과 교육의 개념구조에서 제시된 기술교과 교육의 방법적 지향 세 가지는 창의적 문제해결, 실천적 학습활동, 협동적 일의 수행(최유현, 2005)으로 제시한 바 있다. 이러한 세 가지 지향점은 기술교과 교육이 가지는 본질적 특성에 기초하기도 하지만 구성주의적 학습

환경적 측면에서도 같은 설득력을 지닌다. 즉, 기술교과 교육방법의 기본 지향 모델의 세 가지 원칙은 다음과 같다.

첫째, 기술교과 교육방법은 학습의 절차 측면에서 '창조성 추구'를 지향한다.

기술교과 교육에서 '창조(creation)'는 기술적 활동이 갖는 본질이고 생명이다. 오늘날 많은 기술적 산물인 제품과 시스템은 새로운 창조물에 기반을 둔다. 이는 발명(invention)과 혁신(innovation)의 결과로 생겨나는 것이다. 따라서 기술은 새로움에 기초할 때 그 가치와 필요가 인정되는 것이다. 따라서 기술의 학습과정에서도 인간의 기술적 활동과 같이 창조적 문제해결에 바탕을 두어야 한다.

이러한 측면에서 기술교과 교육에서 창조성에 바탕을 두는 정신과 사고 교육이 강조되고 있다. 즉, 기술교과 교육연구에서 발견되고 있는 '정신성(minds on)', '근육에서 두뇌로(brain over brawn, Wright, Israel & Lauda, 1993 : 25)', '물질에서 정신으로(mind over matter, Snyder, 2004 : 21)', '지적 기능(intellectual skills, Johnson, 1997 : 169-175)', '유체역학으로부터 유체정신으로(from fluid mechanism to fluid intelligence, Pretzer, 2000 : 175)' 등의 용어와 슬로건들은 이를 뒷받침해 주고 있다.

특히 다음의 글들은 창의적 문제해결이 갖는 교육적 의미를 잘 설명해 주고 있다.

> 만약 학생들이 의미있는 방법으로 전인적 인성을 개발시키기를 원한다면, 실천적 손놀림 활동이 고려되어야 하는데, 이는 단순히 모방적 방법이 아니라 창조적 문제해결 과정에 강조를 두어야 한다(If we want to develop whole personalities of pupils in a meaningful way, a hand-on process may not just copying, but it should focus on creative problem solving processes, Alamaki, 1998).
>
> 기술교과 교육은 기술을 탐구하는 것뿐만 아니라 기술적 맥락에서 창조와 혁신을 위한 사고력을 개발시켜 주어야 한다. 이것이 전인적 인성을 개발시켜 주는 것이다(Technology education should not only be studying technology, but also developing thinking for creativity and innovation in technological context. This way it also develops whole personality, Lindfors, 1997).
>
> 일(Work)을 교육에 도입하는 것이 중요한 것이 아니라, 어떻게 다루는가가 중요하다고 전제하면서, 명확한 처방이나 지시를 따르는 행동 또는 기존의 모델을 수정 없이 재생하는 활동은 근육의 기민성에는 도움을 줄지 모르지만 목적을 지각하는 일에는 전혀 도움이 안 된다(Dewey, 이홍우, 1987).

둘째, 기술교과 교육방법은 학습의 구조 측면에서 '협동성 추구'를 지향한다. 학습의 구조는 크게 협동학습 구조, 경쟁학습 구조, 개별학습 구조로 대별된다. 여기서 협동학습 구조는 긍정적 상호의존에 기초한다. 또한, 기술교과 교육에서는 고등 사고 능력(higher order thinking skills)을 촉진시키는 데, 사회적 상호 작용(social interaction)과 팀워크가 효과가 있음을 강조하고 있다(Miranda, 2000 : 59). Osgood(1921 : 1)은 인류 역사의 시작부터 인간의 욕구를 보다 충족시키기 위하여 손과 정신을 사용하고, 서로 보호하기 위하여 집단으로 함께 일하는 방법을 학습해 왔다고 주장하였다(in Wright, Israel & Lauda, 1993 : 1). 즉, 기술적 활동의 학습은 본질적으로 협동적 일 수행의 특성을 갖는다고 볼 수 있다.

셋째, 기술교과 교육에서의 학습활동의 기본적 지향은 **실천적 학습**(practical learning ; manipulative learning ; hands-on learning ; learning by doing)에 기초를 두는 **실천성 추구**에 있다. 류창열(2000 : 37)은 기술교과 교육의 정의에서 표현한 기술교과 교육의 학습방법으로 '실천적 학습활동(manipulative activity)'을 제시하였다. 이는 교수·학습 과정에서의 특징을 기술한 것으로 기술교과의 학습은 지식전달 위주의 학습이 아니라 구체적 사물을 대상으로 제작하고 조작하는 실천적 학습을 통해 형성되는 방법적 특성을 강조하였다. 특히 다음의 글들은 실천성에 기초한 교육의 가치를 잘 설명해 주고 있다.

- 'Tell me and I forget - show me and I may remember - let me do it, I learn. Learning through making works. (Pure Leith, 1999)
- 학생들이 하루의 언어적 수업으로부터 얻는 것보다 한 시간의 수작업으로 얻는 것이 나을 것이다. 책으로 아이들을 고립시키지 말고 그들의 작업장에 동참시킨다면, 그들의 손이 그들의 정신계발에 기여하고, 손의 체험을 통하여 철학자가 되어 간다(루소의 에밀에서).

<그림 2-1>은 이상에서 제시한 기술교과 교육의 지향에 기초한 교육방법 지향 모델을 제시한 것이다. 크게 교수·학습 지향 변인, 교수·학습 자료 변인, 교수·학습 지원 변인으로 구분하고 교수·학습 지향 변인에서는 '창조성'을 추구하는 문제해결적 접근, '협동성'을 추구하는 협동적 접근, '실천성'을 추구하는 체험적 접근을 그 기본으로 하고 있다. 그리고 학습과 평가가 통합되는 통합적 접근도 이 모델에서 함께 고려하고 있다.

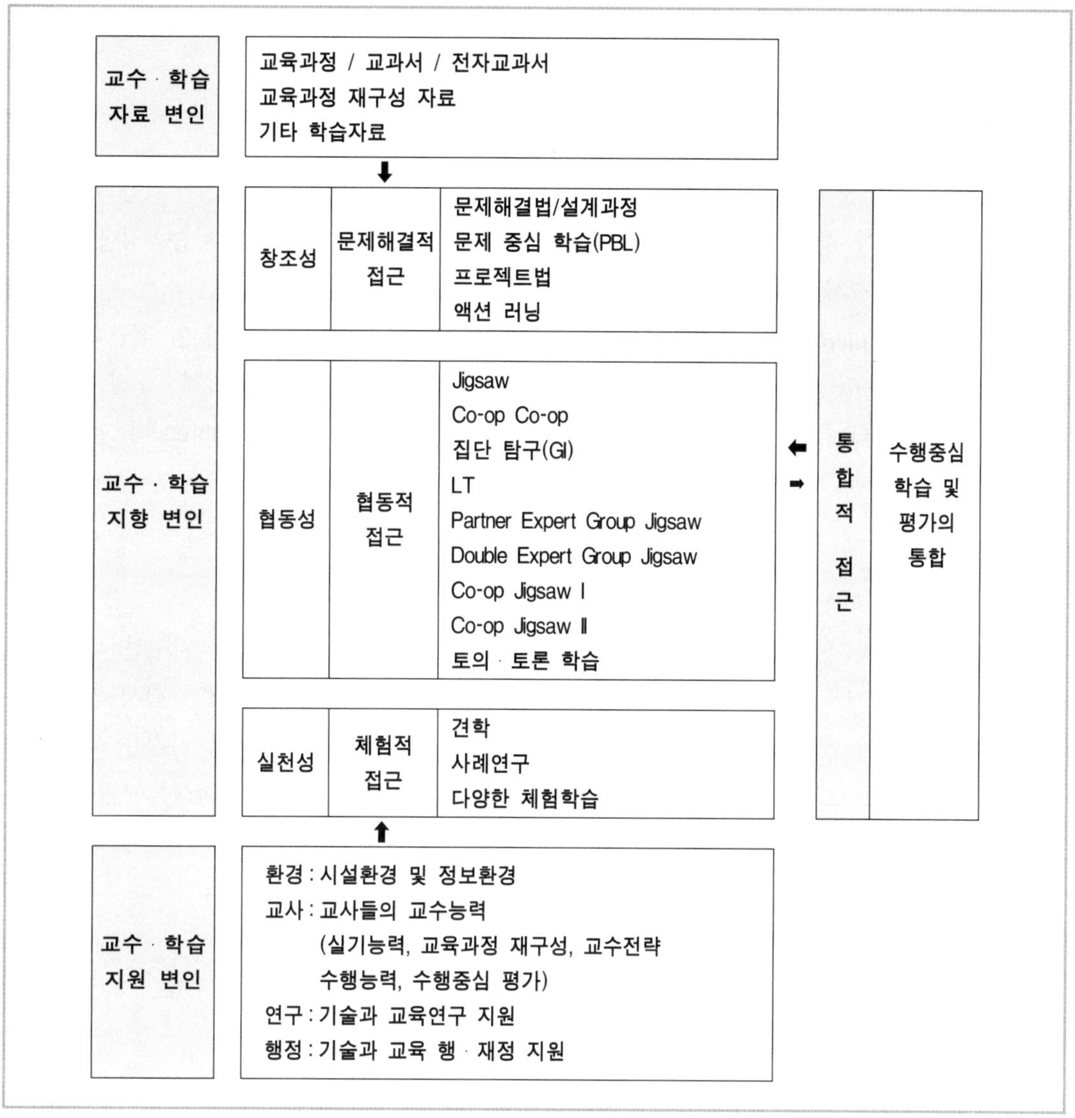

<table>
<tr><td>교수 · 학습<br>자료 변인</td><td colspan="3">교육과정 / 교과서 / 전자교과서<br>교육과정 재구성 자료<br>기타 학습자료</td><td></td><td></td></tr>
<tr><td rowspan="3">교수 · 학습<br>지향 변인</td><td>창조성</td><td>문제해결적<br>접근</td><td>문제해결법/설계과정<br>문제 중심 학습(PBL)<br>프로젝트법<br>액션 러닝</td><td rowspan="3">통<br>합<br>적<br>접<br>근</td><td rowspan="3">수행중심<br>학습 및<br>평가의<br>통합</td></tr>
<tr><td>협동성</td><td>협동적<br>접근</td><td>Jigsaw<br>Co-op Co-op<br>집단 탐구(GI)<br>LT<br>Partner Expert Group Jigsaw<br>Double Expert Group Jigsaw<br>Co-op Jigsaw I<br>Co-op Jigsaw II<br>토의 · 토론 학습</td></tr>
<tr><td>실천성</td><td>체험적<br>접근</td><td>견학<br>사례연구<br>다양한 체험학습</td></tr>
<tr><td>교수 · 학습<br>지원 변인</td><td colspan="3">환경 : 시설환경 및 정보환경<br>교사 : 교사들의 교수능력<br>(실기능력, 교육과정 재구성, 교수전략 수행능력, 수행중심 평가)<br>연구 : 기술과 교육연구 지원<br>행정 : 기술과 교육 행 · 재정 지원</td><td></td><td></td></tr>
</table>

<그림 2-1> 기술교과 교육방법의 지향 모델

## 2. 기술교과 수업에서 지향해야 할 접근유형

기술교과를 가르칠 때 성공적인 많은 접근들이 사용되어 왔다. 선택된 접근은 학습되어질 학습내용, 성취되어야 할 단원학습 목표에 의하여 결정될 것이며, 이 방법은 학습과정을 촉진시키기 위하여 기술교사들에 의하여 활용된다.

여기서는 Schwaller(1995 : 432-436)가 제시한 기술교과 교육에서 지향해야 할 접근유형으로 시스템 접근(systems approach), 간학문 접근(interdisciplinary approach), 사회 · 문화 · 환경적 접근(social · cultural · environmental approach), 개념적 접근(conceptual approach), 미래탐구 접근(futuring approach)을 지향해야 된다고 주장한다.

### 가. 시스템 접근

시스템 접근은 수년 동안 기술교과 수업에서 사용되어 왔다. 교실에서 지도한 대부분의 기술교과 내용은 시스템 탐구와 관련되어 있다. 시스템 접근에 의한 교수법은 학생들에게 기술교과의 전체적인 개념을 가르치는 데 있어서 융통성을 제공하고, 대체로 기술을 구성하는 부품이나 개개의 요소보다는 포괄적 개념의 기술에 대하여 가르치므로 학생들에게 학습을 촉진시킨다. DeVore(1980)는 기술에 대한 탐구를 전체에 대한 언급이 없이 부분들을 학습한

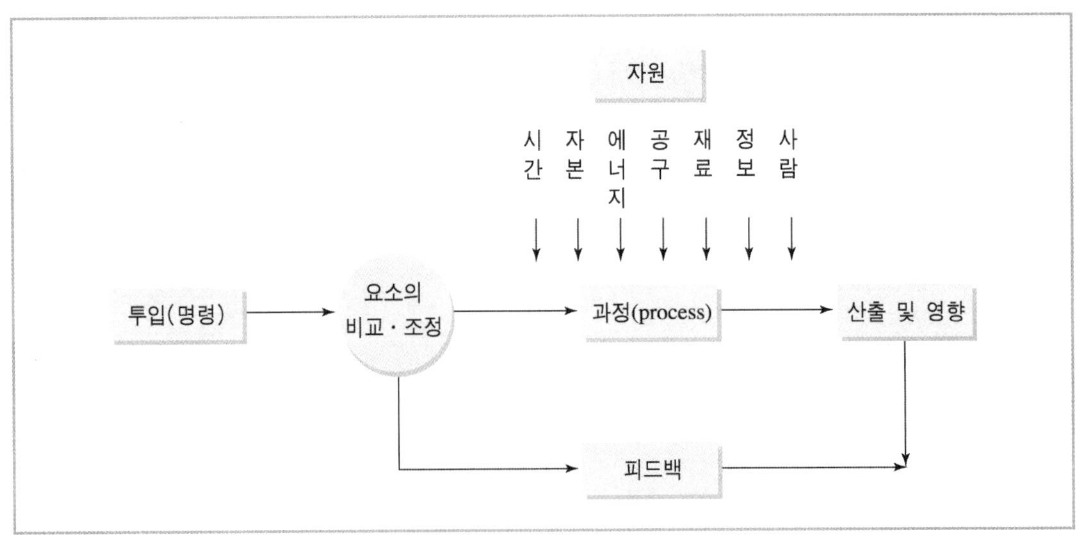


<그림 2-2> 기술교과의 시스템 접근

문제를 지적하고, **시스템 접근법**의 필요성을 주장하였다. <그림 2-2>는 기술교과에서 가장 많이 활용되고 있는 시스템 접근의 예를 나타낸 것이다.

이 시스템은 투입(input), 과정(process), 자원(resource), 산출 및 영향(output and impact), 피드백(feedback), 요소의 비교 · 조정(compare · adjust) 등을 포함한다. 투입은 하나의 기술적 시스템의 목표 또는 명령으로 정의된다. 과정은 명령이나 목표를 성취하기 위해 사용된 기술적 개념, 원리로서 정의된다. 과정은 인간, 정보, 재료, 도구, 에너지, 자본, 시간을 포함하는 다양한 자원을 기초로 작동된다. 산출은 결과물이다. 결과에 따라서 긍정적이고 부정적인 영향(사회, 문화, 환경)이 나타난다. 피드백은 모니터 시스템으로 제어 시스템(control system)이라 불린다.

기술교과 교실이나 실험실에서 이 시스템 접근을 지향하는 데 따른 장점은 다음과 같다.

- 구체적 기술이 기술교과 교육학의 각 내용영역에서 문제를 해결하는 데 관련된 내용이 가르쳐질 수 있다.
- 기술교육 교실에서 각 활동은 광범위한 사회 · 문화적 문제에 의미를 부여할 수 있다.
- 학생들은 각 기술적 시스템의 긍정적 · 부정적 영향을 파악할 수 있다.
- 학생들은 구체적인 기술이 전체적인 기술 시스템에 어떻게 관련되는지를 이해할 수 있다.
- 학생들은 인지적 영역의 분석과 종합의 사고를 격려할 수 있다.

우리나라 기술교과 교육에서도 2011년 개정, 2015년 개정 교육과정에서 '기술 시스템'을 매우 중요하게 생각하고 교육과정에서 각 영역 기술에서의 시스템으로 먼저 소개하도록 제시하고 있다.

즉 2015 개정 교육과정에서 기술교과의 목표 중 하나로 기술시스템을 설정하고 있다.

> 기술의 발달과 사회의 변화에 적극적으로 대처하고 적응할 수 있는 기술활용능력과 기술시스템설계능력을 기른다(교육부, 2011).

[표 2-5] 기술교과 교육과정의 내용 체계에서 나타난 기술 시스템

| 영역 | 핵심 개념 | 일반화된 지식 | 내용 요소 | |
|---|---|---|---|---|
| | | | 초등학교(5~6학년) | 중학교(1~3학년) |
| 기술 시스템 | 창조 | 생산 기술은 다양한 자원을 활용하여 인류의 삶에 유용한 재화를 산출한다. | • 생명 기술 시스템<br>• 식물 가꾸기<br>• 동물 돌보기 | • 제조 기술 시스템<br>• 제조 기술 문제해결<br>• 건설 기술 시스템<br>• 건설 기술 문제해결<br>• 미래의 기술과 생명 기술 |
| | 효율 | 수송 기술은 사람이나 사물의 공간 이동의 효율성을 높인다. | • 수송 기술과 생활<br>• 수송 수단의 안전 관리 | • 수송 기술 시스템<br>• 수송 기술 문제해결<br>• 신·재생 에너지 |
| | 소통 | 통신 기술은 정보를 생산, 가공하여 다양한 수단과 장치를 통하여 송수신하여 공유한다. | • 소프트웨어의 이해<br>• 절차적 문제해결<br>• 프로그래밍 요소와 구조 | • 통신 기술 시스템<br>• 통신 기술 문제해결<br>• 미디어와 이동 통신 |
| 기술 활용 | 적응 | 인간은 합리적인 의사결정 과정을 통하여 자신의 미래를 설계하고 기술의 발달과 사회 변화에 대처한다. | • 일과 직업의 세계<br>• 자기 이해와 직업 탐색 | • 기술의 발달<br>• 기술과 사회 변화 |
| | 혁신 | 문제 해결 과정에서의 발명과 기술 개발에서의 표준은 국가와 사회의 혁신과 발전에 기여한다. | • 발명과 문제해결<br>• 개인 정보와 지식 재산 보호<br>• 로봇의 기능과 구조 | • 기술적 문제해결<br>• 발명 아이디어의 실현<br>• 기술의 이용과 표준 |
| | 지속 가능 | 인간은 기술 개발에 따른 삶의 변화를 예측하고, 사회를 지속가능하도록 유지 발전시킨다. | • 친환경 미래 농업<br>• 생활 속의 농업 체험 | • 적정기술<br>• 지속가능한 발전 |

출처 : 교육부(2015). 실과(기술·가정)·정보 교육과정. [별책 10]

## 나. 간학문 접근

간학문 접근(interdisciplinary approach)은 기술교과를 가르칠 때 교사가 다른 교과를 효과적으로 통합시켜 지도하는 것을 가능하게 한다. Gilberti(1992)는 **간학문 접근의 교수법**은 사회, 기술, 과학교과(STS)의 통합적인 지도를 제안하였다. 한편, Zuga(1988)는 순수하게 교과만의 지식으로 구성된 교과가 거의 없다고 주장한다. 기술학에 대한 교수는 수학, 물리, 역사, 문학 등 다른 교과와 관련된 지식을 요구한다. 예를 들면, 기술교과에서의 설계분야의

학습은 물리, 수학의 다양한 원리를 이해하고 있어야 한다. 수송과 에너지 분야의 학습은 수학, 물리, 사회 과학, 역사적인 정보를 알고 있어야 한다.

<그림 2-3>은 간학문적 접근의 주제구성의 예를 보여 주고 있다(Wright, 1988 : 69).

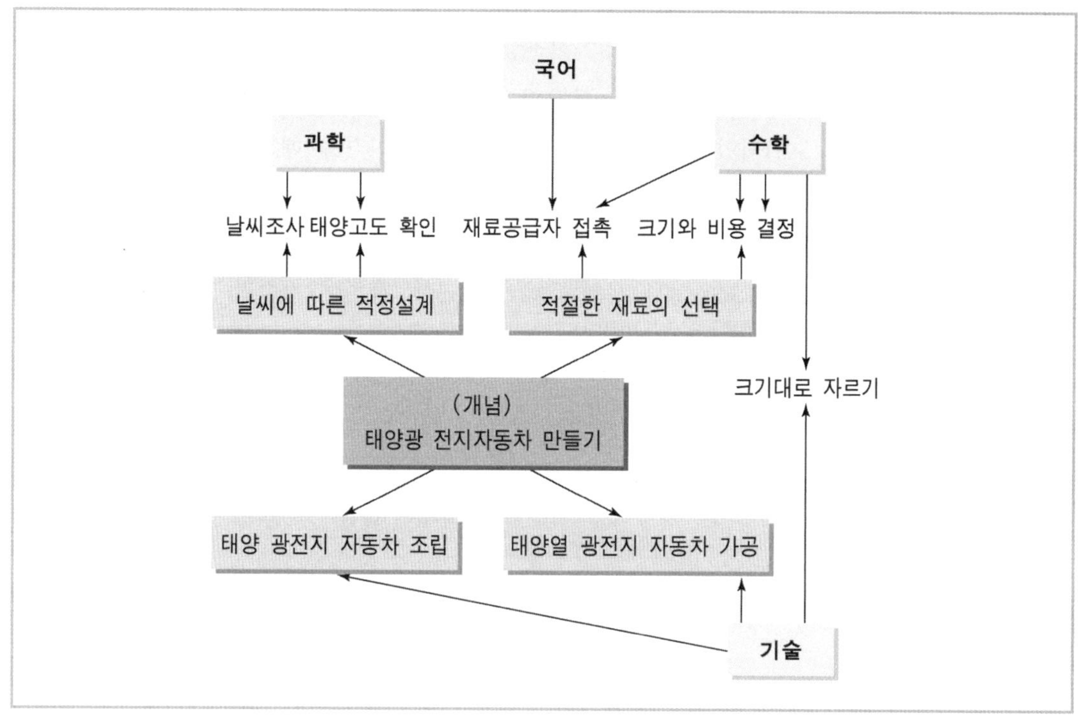


<그림 2-3> 기술교과 교육의 간학문적 접근의 예

기술교과 교육에서 간학문적 접근 지향이 가져다주는 이점은 다음과 같다.

- 기술교과 교육은 교양교육으로 당위를 갖는다. 교양교육은 본질적 간학문적 접근에 기초한다.
- 교사들 간의 협력활동이 강화된다.
- 학생들은 보다 폭넓은 관점과 조망능력을 갖고 내용을 바라볼 수 있다.
- 기술교과 교육은 전체 시스템으로서의 사회가 간학문적이기 때문에 보다 의미있는 교과가 될 수 있다.

최근들어 우리나라에서도 **융합인재교육**(STEAM, Science, Technology, Engineering, Arts, Mathematics)의 이름으로 간학문적 접근에 기초한 교과 통합 교육을 강조하고 있다. 특히 기술교과에서는 기술과 공학의 핵심 내용을 다루고 있으므로 기술교과에서 수학, 과학, 예술[2] 등의

2) 예술(arts)는 보다 넓은 의미에서 해석하고 있다. 즉 예체능 교과는 물론 사회, 언어 등의 영역도 의미하고 있다. 결국 STEAM 교육은 특정 5개 교과 이상의 의미를 가지고 있다고 볼 수 있다.

교과와 자연스럽게 통합하여 지도하는 것은 학습의 효율과 유용성 측면에서 바람직한 시도이다.

### 다. 사회 · 문화 · 환경적 접근

**사회 · 문화 · 환경적 접근**(social · cultural · environmental approach)은 기술교과 교육에서 사회, 문화, 환경과 관련된 내용을 다룬다. 기술교과 교사는 세 가지 영역 내에서 존재하는 문제점 등을 확인함으로써 기술을 강조해야 한다. 모든 기술은 구체적이고 인식된 인간의 욕구를 충족시키기 위해 고안되었고, 기술이 개발되고 활용되어졌을 때, 그 기술은 그 나라의 사회 · 문화 · 환경에 다양한 영향을 미친다. 이러한 관점의 기술교육 과정을 접근하는 일은 가르쳐질 기술적 영향, 목적, 추론 등을 학생들이 이해하는 데 도움을 준다.

<그림 2-4>는 기술교과 교육에서 사회/문화적 접근에 기초한 기술적 교양에 대한 수준을 제시한 것이다(Wright, 1988 : 72).

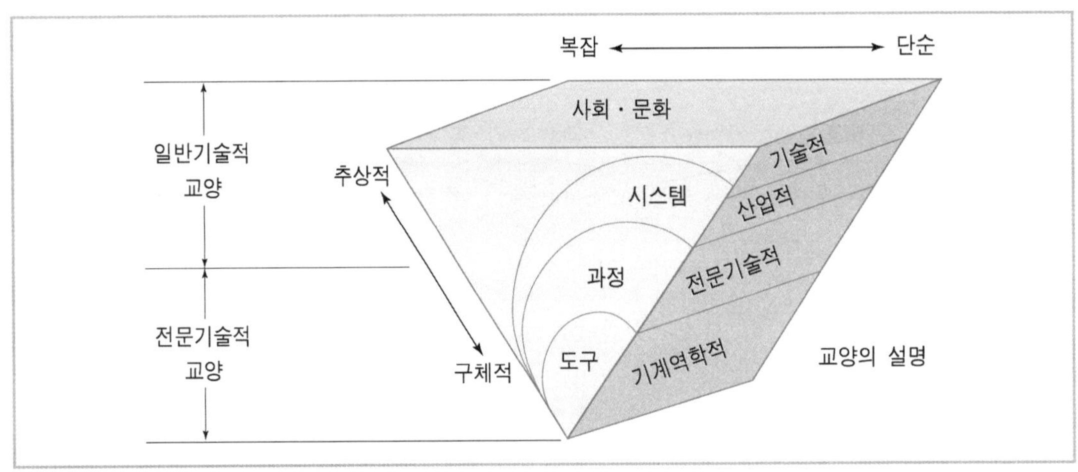


<그림 2-4> 기술적 교양수준의 포괄적 접근

기술교과 교육에서 사회 · 문화 · 환경 접근 지향이 갖는 이점은 다음과 같다.

- 학생들은 어떻게 인류가 기술과 함께 상호작용하여 왔는지에 대한 인식력을 개발한다.
- 기술적 영향의 학습이 보다 쉽게 이해된다.
- 학생들은 기술과 관련된 의사결정 능력을 증진시킬 수 있다.
- 학생들은 기술이 어떻게 가족, 종교, 산업, 정부, 교육 등의 사회적 기관과 상호작용을 하는지 이해할 기회를 갖는다.
- 학생들은 단순히 도구와 과정의 관점보다 광범위한 관점으로부터 기술을 조망할 수 있다.
- 학생들은 종합과 평가의 지식 수준에서 학습을 할 수 있다.

최근들어 **딥 러닝**(deep learning)을 기초로 한 인공 지능의 미래 기술 문제, 생명 공학 발전으로 인한 복제 기술의 윤리적 문제, 정보 기술의 급속한 발달로 제기되는 인간 소외, 개인 프라이버시 침해 등 기술 발달로 인한 사회적, 윤리적, 환경적 문제로 어떻게 대처하고 나아가 **미래 기술의 통제**적 측면에서 기술을 학습의 접근으로 삼아야 할 이유이다.

## 라. 개념적 접근(conceptual approach)

기술학은 매우 광범위하고 급격한 기술의 변화에 의해 영향을 받는다. 기술교과 교육과정이 지속적으로 새로운 기술을 적용하기가 매우 어렵다. **개념적인 접근**을 활용하는 기술교사는 배우게 되는 기술적 시스템에 대한 다양한 원리, 개념을 가르치고 인식해야 한다. 구체적 사실(facts)은 개념(concepts)이나 원리(principles)를 이해하기 위해 사용될 수 있다.

예를 들면, 태양 에너지 학습에서 태양열 집열판을 사용하기 위하여 발명된 새로운 코팅(coating) 적용기술을 가르치기란 매우 어렵다. 그 이유는 해마다 새로운 코팅 기술이 개발되기 때문이다. 그러나 코팅 적용기술의 개념의 목적이나 적용 가능성을 포함시키는 것이 매우 중요하다. 기술교사는 코팅 적용기술의 예의 사실을 가르치기보다는 코팅 기술에 관련된 개념들을 가르쳐야만 한다.

기술교과 교육에서 개념적 접근을 활용하는 데 따른 이점은 다음과 같다.

- 구체적 기술이 자주 바뀌는 반면, 개념은 보다 일관된 지식을 지속시킨다.
- 개념은 다른 기술적 영역에 보다 쉽게 관련시킬 수 있다.
- 전 교육과정 내용의 심화 학습활동을 수행하는 데 보다 쉽고 효율적으로 관리하면서 이용 가능하다.

2015 개정 기술 교과 교육과정에서도 **핵심 개념**과 학습 요소를 설정하여 개념과 이해를 위한 학습을 지향하는 것도 이와 같은 접근을 뒷받침한다. 개념 이해는 기술교과 학습의 본질적 목표이다. 단순한 지식 습득을 넘어선 개념의 이해는 그 지식의 응용과 삶속에 적용될 수 있는 살아있는 지식으로 작용하기 때문이다.

## 마. 미래탐구 접근(futuring approach)

미래를 연구하는 활동은 기술교과를 가르치는 데 효율적인 접근법이 되어 왔다. 이러한 접근법을 보통 **미래탐구**(futuring)라 부른다. 미래탐구는 미래 지향적 문제를 해결하고 정의하는 데 사용되는 예측기법과 관련된다. 모든 기술교육 프로그램과 교육과정은 미래에 기술이 어떻게 사용될 것인지에 대한 여러 탐구를 포함해야만 한다. 미래탐구 접근법은 **문제해결**

(problem solving), **동향분석**(trends analysis), **연역적 · 귀납적 추론**(inductive and deductive reasoning) 등을 통합하는 요구를 받아들인다. 미래탐구 활동에서는 팀 작업, 연구, 의사소통 능력이 일반적으로 요구된다.

기술교과 교육에서 활용되는 미래탐구 기법의 세 가지 유형은 동향분석, **시나리오 개발**(scenario development), **교차 · 영향 분석**(cross-impact analysis)이 있다.

동향 분석은 현재의 경향을 연구와 외삽법에 의해 미래를 예측하는 기법이다. 예를 들면, 수송기술에 있어서 가솔린 1ℓ의 가격이 과거 50년 전에 비해 어떻게 증가되었는지 자료를 수집할 수 있다. 매년의 가격이 증가되는 평균을 가지고 이러한 자료를 사용하여 향후 20년간의 증가율(%)을 예측하는 데 쓰여질 수 있다. 그러므로 동향분석은 미래의 가솔린 가격을 산출하는 데 도움이 된다.

시나리오 개발은 사회에 대하여 서로 다른 추측에 기초하여 대안적인 미래를 창안하고 설명하는 것이다. 시나리오 개발의 예는 학생들에게 추가적인 원자력 발전소를 건설하는 데 있어서 영향을 규명하는 데 활용될 수 있다. 학생들은 사회적 · 경제적 · 환경적 · 기술적 및 정치적 관점에서 예측되는 영향에 대한 시나리오를 개발할 수 있다. 제안된 미래의 모습은 전에 너무 많은 에너지를 사용한 인구에 의해서 증가되는 에너지의 양을 공급하기 위해 원자력 에너지 사용이 어떻게 증가되어야 하는가 등 다양한 추측에 근거할 것이다.

교차 · 영향 분석은 가로 축(x축)과 세로 축(y축)에 따른 변인의 행렬을 구성하여 예측하는 기법이다. 학생들은 한 변수가 다른 변수들에 어떻게 영향을 받은 것인지에 판단하도록 해야 한다. 예를 들면, 교차 · 영향 분석은 우리 사회에서의 대중매체의 영향을 판단하는 데 활용될 수 있다. 세로 축의 변인들은 사회적 영향, 문화적 영향, 경제적 영향, 정치적 영향 등이 포함될 것이다. 이러한 변인들은 가로 축의 변인, 즉 가족, 일, 여가 등을 포함하는 변인들과 교차하여 비교하게 된다. 그러므로 분석은 대중매체가 사회적 · 정치적 · 환경적 관점에서의 가족, 일, 여가시간에 어떻게 영향을 미치는지에 알아볼 수 있다. 교차 · 영향 분석은 학생들에게 주어진 변인들의 다른 상황하에서 각각 변인을 분석하게 한다. 미래탐구 접근법은 흔히 기술교사에 의해서 변인이 결정되고 학생들은 그에 따른 영향을 분석하게 된다.

기술교과 교육에서 미래탐구 접근법의 지향은 다음과 같은 이점이 있다.

- 학생들이 미래와 관련된 실제적 문제해결 활동에 참여할 수 있다.
- 학생들의 자신의 능력확장과 창조력을 활용하여 과제를 수행할 수 있다.
- 학생들은 집단탐구 등을 통하여 대인간의 의사소통 능력을 향상시킬 수 있다.
- 학생들은 종합 및 평가와 같은 고등 사고능력을 활용하여 사고하고 배울 수 있다.
- 학생들은 실제를 초월한 사고능력을 확장하여 창조적으로 사고하도록 요구받는다.

Jerome C. Glenn은 Futures Wheel 예측 기법을 제시하였다. 이 기법은 다음과 같은 특징을 가진다(박영숙 · 제롬글렌 · 테드고든, 2007).

- 1차 트랜드, 2차 트랜드, 3차 트랜드, 아이디어를 자내는 브레인스토밍 토론 과정을 구조화한 것으로 마인드 매핑으로 영향을 분석한다.
- 각 요인간의 관계 고리로서, 1차 단선, 2차 두 줄, 3차 세 줄로 구분하기도 한다.
- 가능하면 만장일치의 원칙(rule of unanimity)에 따르고 합의된 것만 그림에 포함시킨다.
- 특정 기술의 각 예측 가능한 기술의 예는 자동차, 컴퓨터, 초고층 빌딩, 생명공학 기술, 한반도 대운하, 원자력 발전, 우주 기술, 환경 기술 등이다.

◆ 작성 예:

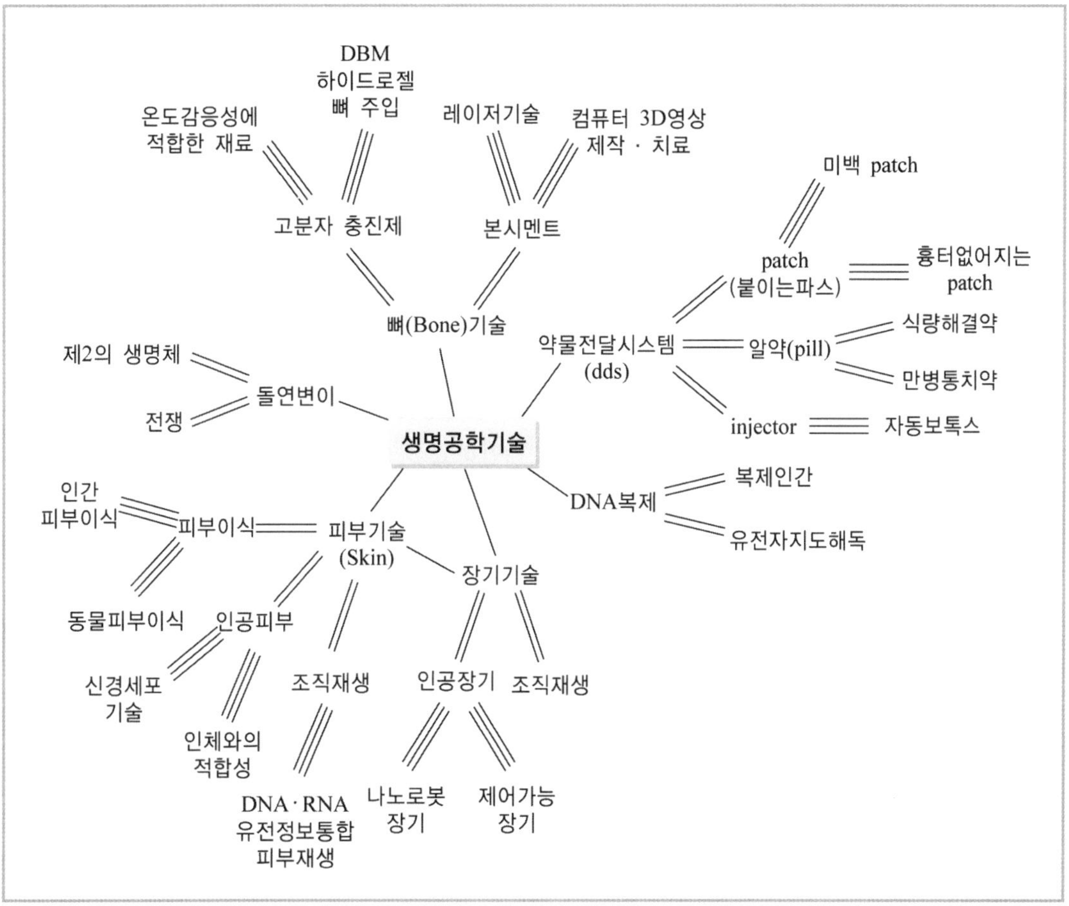

DBM 하이드로젤 뼈 주입
온도감응성에 적합한 재료
레이저기술
컴퓨터 3D영상 제작 · 치료
미백 patch
고분자 충진제
본시멘트
patch (붙이는파스)
흉터없어지는 patch
뼈(Bone)기술
약물전달시스템 (dds)
알약(pill)
식량해결약
만병통치약
제2의 생명체
돌연변이
전쟁
injector
자동보톡스
생명공학기술
인간 피부이식
피부이식
DNA복제
복제인간
유전자지도해독
피부기술 (Skin)
장기기술
동물피부이식
인공피부
신경세포 기술
조직재생
인공장기
조직재생
인체와의 적합성
DNA · RNA 유전정보통합 피부재생
나노로봇 장기
제어가능 장기

<그림 2-5> 미래바퀴 예측 기법의 작성 예 : 생명공학기술

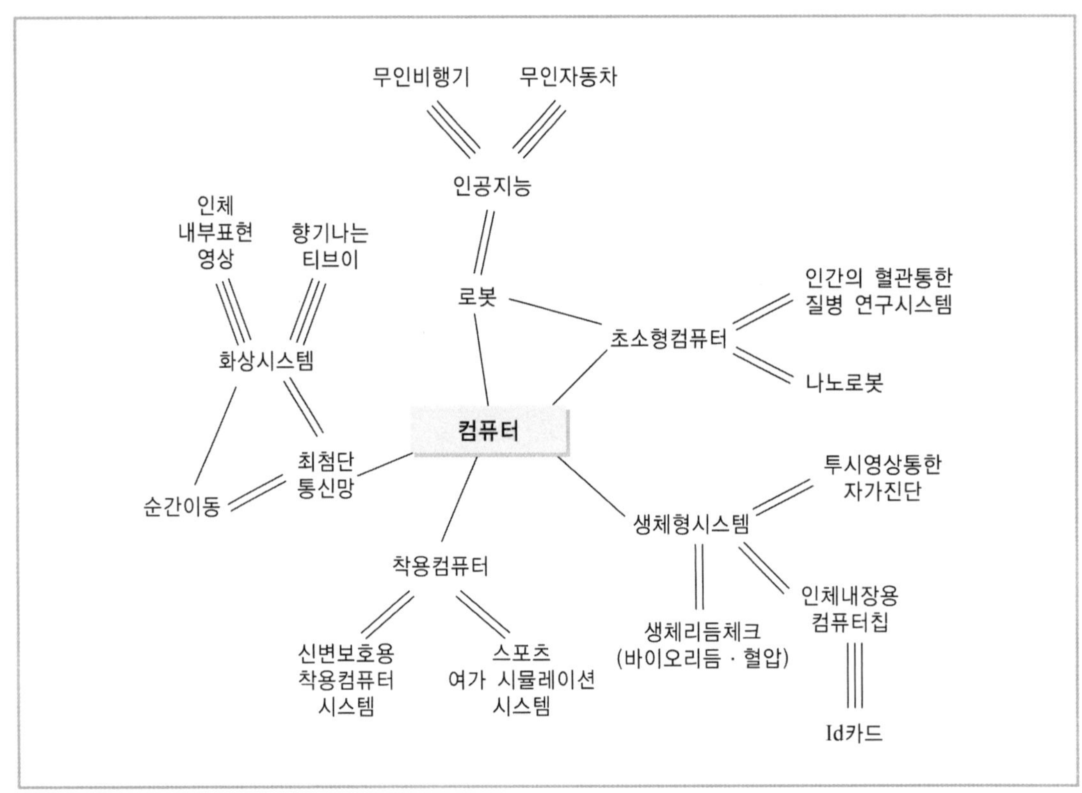


<그림 2-6> 미래바퀴 예측 기법의 작성 예 : 컴퓨터

그리고 Future's Wheel 예측 기법의 버전 3로 역사적 영향들, 현재 상관관계, 미래 결과가 입체적으로 제시하여 콘 모양으로 작성하도록 제안하였다. 이 모델은 3개의 팀이 각각 작성하여 통합할 수도 있다(박영숙 · 제롬글렌 · 테드고든, 2007).

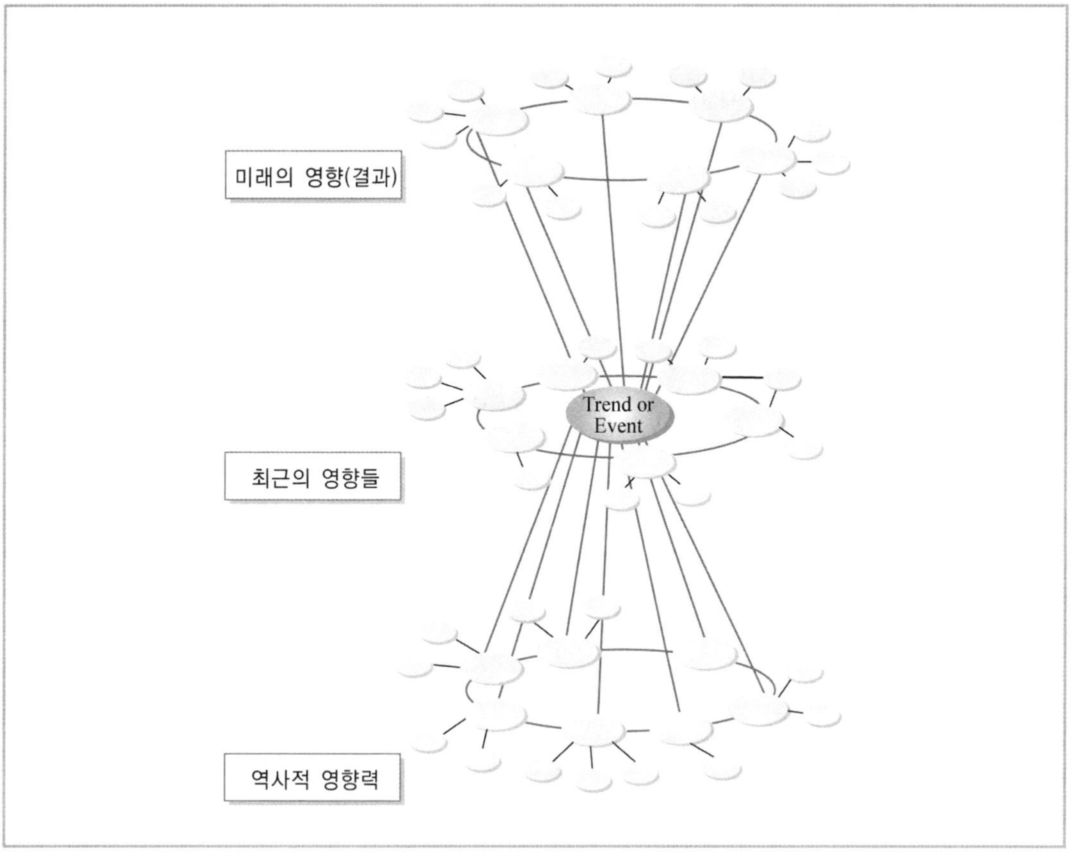

미래의 영향(결과)

Trend or Event

최근의 영향들

역사적 영향력

<그림 2-7> 미래바퀴 예측 기법(버전 3, 3차원)의 양식

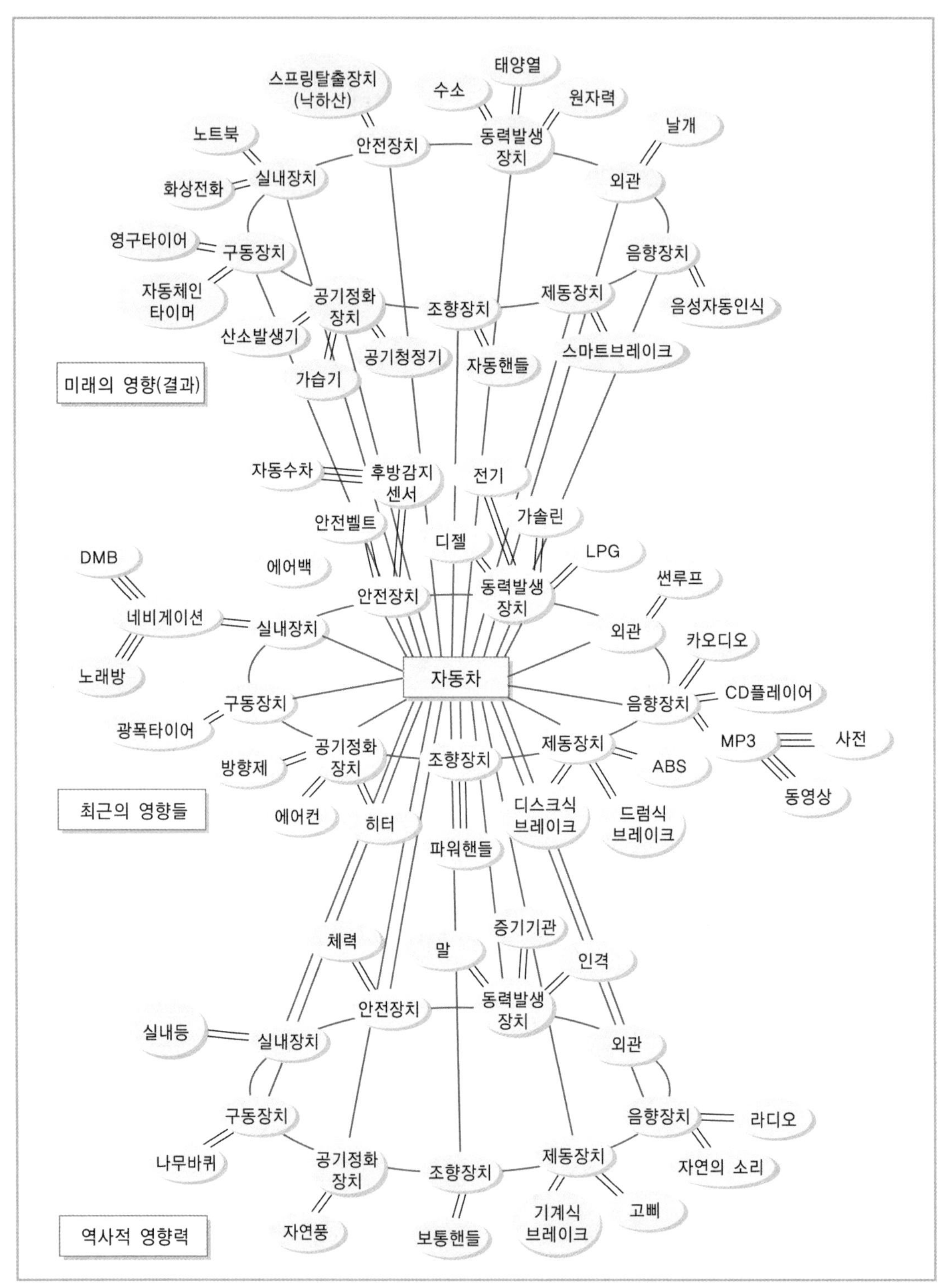


<그림 2 - 8> 미래바퀴 예측 기법(버전 3, 3차원)의 작성 예 : 자동차

## 탐구문제

1. 학습의 의미를 "L=MS²(L=학습/Learning; M=의미/Meaning; S=의의/Significance)"로 설명하다면 그 의미를 설명해 보자.

2. 다른 교과와 차별화된 기술교사의 전문적 역량을 제시하고, 그 이유를 설명해 보자.

3. 본문에서 나의 교수 스타일을 탐구해 보고, 내가 강화할 부분, 보완해야 할 부분을 제시해 보자.

4. 좋은 학습지도안의 구성 사례를 제시해 보자.

5. 학습자가 어떻게 다른지 관련 이론을 제시하여 토의해보자.

6. 학습목표로서 지식의 재구조화인 블룸의 신 교육목표 분류학의 특징을 설명해 보자.

7. 효과적인 교수원리를 다양성, 반복, 구조화 측면에서 설명해 보자.

8. 기술교과 교육의 성격의 관점에서 구성주의 학습 환경은 어떻게 의미가 있는지 토의해 보자.

9. 기술교과 교육은 단순히 지식과 기능을 넘어선 사고와 인지, 나아가서는 초인지적 사고를 통한 학습을 강화하고 있는데, 그 배경과 사례를 제시해보자.

10. 기술교과 교육방법의 지향 모델을 설명해 보자.

11. 기술교과 교육방법 지향의 '미래탐구 접근'에 대하여 예를 들어 설명해 보자.

12. 현식적인 교수학의 키워드 중에서 의미있다고 생각하는 3개를 제시하고, 그 이유를 토의해보자.

## 주제를 확장하는 토의 · 토론 과제

1. 기술교과 교실 상황을 가정해보고, 왜 학습학의 패러다임이 복원이 되어야 하는지를 토의해 보자.

2. 기술교사를 다음과 같은 역할을 제시한다. 이 역할로 할 수 있는 사례를 토의해 보자.

> 민속 지학자(ethnographer) – 학생들이 알고 있는 것들을 알아낸다.
> 다큐멘터리 작가(documentarian) – 학생들이 생각하고 있는 것들을 가시적으로 확인할 수 있는 것으로 만드는 학습의 증거들을 수집한다.
> 스튜디오 관리자(studio manager) – 학생들이 자신들의 아이디어들을 구현할 수 있도록 적합한 도구, 재료, 자원들을 사용 가능하게 한다.
> 현명한 리더(wise leader) – 강요하지 않고 학생들의 질문이 좋은 아이디어로 이어질 수 있도록 도와준다.

3. 학습의 철학적 지향 세 가지를 제시하고 각각의 강조점, 주제, 구체적 개념, 지원 수업전략을 사례를 중심으로 토의해 보자.

4. 패퍼트(Papert)는 구성주의를 다음과 같이 정의했다. 이 정의의 볼 때 기술교과 교육이 가지는 교육적 가치를 토의해보자.

> 피아제의 구성주의 이론들로부터 우리는 학습을 지식의 전달이 아니라 지식의 재구성으로 바라보게 되었다. 우리는 이 관점을 확대하여 학습은 학습자가 의미 있는 물건들을 만들어 직접 경험하는 과정을 통해 가장 효과적으로 이루어낼 수 있다고 본다(Papert, 1986).

5. 기술교과 수업에서 지향해야 할 접근들 중 한 가지 접근을 선택하여 구체적인 전략을 제시하고 발표 · 토론해 보자.

# 참고문헌

강인애(1998). 왜 구성주의인가?. 정보화 시대와 학습자 중심의 학습환경. 문음사.

_____(1999). 구성주의에 관한 몇 가지 질문. 교육개발, 봄호. 100-107. 한국교육개발원.

고대혁 · 최유현 · 김동일 · 조주연(2000). 초등학교에서의 구성주의적 수업모형개발연구 : 성찰적 교수이론을 중심으로. 한국교원대학교부설 교과교육공동연구소 연구보고, RR 98-Ⅱ-3.

고윤희(1996). 문제 중심 구성주의 수업과 전통적인 수업이 학업성취에 미치는 효과. 석사학위논문. 한국교원대학교.

공주사대부고(1991). 발문의 구조화를 통한 문제해결능력 신장 방안. 교육부 연구학교 보고서.

교육과학기술부(2007). 실과(기술 · 가정) 교육과정. 대한교과서주식회사.

___________(2008a). 초등학교 교육과정 해설(Ⅳ) - 수학, 과학, 실과. 대한교과서주식회사.

___________(2008b). 중학교 교육과정 해설(Ⅳ) - 수학, 과학, 기술 · 가정. 대한교과서주식회사.

___________(2008c). 고등학교 교육과정 해설(Ⅳ) - 수학, 과학, 기술 · 가정. 대한교과서주식회사.

교육부(1997). 실과(기술 · 가정) 교육과정. 대한교과서주식회사.

_____(1999a). 초등학교 교육과정 해설(Ⅳ) - 수학, 과학, 실과. 대한교과서주식회사.

_____(1999b). 기술 · 가정 교육과정 해설. 대한교과서주식회사.

_____(2015). 실과 · 정보 교육과정. [별책 13]

금성출판사(편)(1992). 국어대사전.

김무길(1992). 교육방법으로서의 반성적 사고의 의미. 서울대학교 대학원 교육학석사학위논문.

김선자(1998). 구성주의에 의한 초등학교 사회과 수업설계 및 적용 : PBL에 의한 사례 연구. 석사학위논문. 경희대학교.

김신곤 · 권기(1998). 구성주의 수업체제에서의 교수방법 탐색. Journal of Liberal Arts and Sciences. Vol. 6. 한국해양대학교.

김영채(1995). 사고와 문제해결 심리학. 서울 : 박영사.

_____(1999). 창의적 문제해결. 서울 : 교육과학사.

김영채 · 전헌선 · 박권생(2002). 창의적 문제해결력 향상을 위한 수업 프로그램의 개발과 실험 분석. 한국교육학회지. 40(1). 129-158.

김정식(1991). 기술교과수업에서 탐구 중심 학습지도방법이 학습자의 학업성취에 미치는 영향. 석사학위논문. 충남대학교.

다카하시 마코토 편저, 조경덕 옮김(2003). 창조력 사전. 매일경제신문사.

류지헌(1995). 학교학습에서의 구성주의적 접근에 대한 고찰. 육사논문집. 49. 549-576.

류혜남(2001). 구성주의 학습환경에 기초한 실과 교육과정 재구성 전략의 질적 사례연구. 석사학위논문. 인천교육대학교 교육대학원.

명지대학교창의공학연구회(2000). 창의적 문제해결과 공학설계. 서울 : 파워북.

문대영(2001). 초 · 중등학교 학생의 적응자 · 혁신자 역할 분담 문제해결 활동이 기술적 창의력 계발에 미치는 효과. 박사학위논문. 충남대학교.

문대영 · 류창열(2000a). 기술적 문제해결을 의한 사고과정의 분석 : 발성사고를 통한 상호문제해결을 적용한 사례 연구. 대한공업교육학회지, 25(1). 89-100.

____________(2000b). 기술적 문제해결을 의한 창의적 사고과정의 분석 : 적응자 · 혁신자 문제해결활동을 적용한 사례 연구. 한국기술교육학회지, 1(1). 162-173.

박영숙 · 제롬글렌 · 테드고든(2007). 전략적 사고를 위한 미래 예측. 교보문고..

송기봉 · 김상균(역)(2015). 메이커 교육 혁명, 교육을 통합하다(Sylvia Libow Martinez and Gary S.(2013), Invent To Learn: Making, Tinkering, and Engineering in the Classroom). 홍릉과학출판사.

송현순(2001). 초등학생의 실과 문제해결에 대한 미시발생학적 분석. 박사학위논문, 한국교원대학교.

송현순 · 정성봉(2000). 초등학생들의 기술적 문제해결과정에 대한 사례 연구. 실과교육연구, 6(2). 75-88.

신옥숙(1998). 구성주의와 교육. 교육논총. 제15집. 인천교육대학교초등교육연구소. 207-222.

오만록(1999). 구성주의에 근거한 문제 중심 학습(PBL)이 학업성취와 정의적 특성에 미치는 효과. 고려대학교 대학원 박사학위논문.

유연순(2002). 초등실과 교육에서 문제해결학습이 과제수행능력에 미치는 효과. 석사학위논문. 인천교육대학교 교육대학원.

이무근(1993). 직업교육학 원론. 서울 : 교육과학사.

이인효 · 이나미 · 김양분 · 황혜정 · 김정원 · 유용식(1997). 열린교육을 위한 교육과정 재구성 및 수업방법 실행연구. 한국교육개발원.

이재신(1979). 문제해결과정과 문제해결성취와의 관계에 관한 연구. 서울대학교 대학원 교육학석사학위논문.

이재원(1986). 기술교과 내용의 구조화와 교수 · 학습전략에 관한 연구. 충남대학교 공업교육연구소 논문집, 8(3), 1-9.

______(역)(1984). 실과 지도의 원리와 실제(Nolker & Schoenfeldt(1980)'s Berufbildung). 서울 : 성안당.

이정수 · 나승일 · 최유현(1999). 초등학교 실과의 실습 및 수행능력평가의 도구개발연구. 연구보고 RR 97-IV-1. 한국교원대학교 교과교육공동연구소..

이한규(1999). 기술교과 교육에서 협동학습이 중학교 학생들의 학업성취와 파지에 미치는 효과. 서울대학교 석사학위 논문.

이홍우(역)(1991). 민주주의와 교육(Dewey's Democracy and Education, 1916). 서울 : 교육과학사, 제3판.

장경원, 고수일(2013). 액션러닝으로 수업하기. 학지사.

전성연 외(2007). 현대 교수학습의 이해. 서울: 학지사.

정문성(1994). 사회과 학업성취에 대한 협동학습의 효과 연구. 박사학위논문. 서울대학교.

______(1995a). 열린교육에서의 협동학습. 열린교실 연구, 3(1). 전국열린교실연구응용학회. 11-22.

______(1995b). STAD 협동학습 모형의 보상체제, 열린교실 연구, 3(2). 전국열린교실연구응용학회. 103-112.

______(2007). 협동학습의 이해와 실천[개정판]. 서울 : 교육과학사.

정성봉 · 김형균 · 송현순 · 조완원(2002). 사회적 상호작용 상황에서 나타나는 초등학생들의 실과 기술적 문제해결 전략에 대한 분석. 실과교육연구, 8(2). 127-153.

제임스 하긴스(2003). 필요할 때 꺼내 쓰는 결정적 아이디어 101. 비즈니스북스.

조순기 · 최유현(2004). 초등학생의 기술적 문제해결활동을 위한 확산적 사고 및 수렴적 사고 전력이 창의력에 미치는 효과. 한국기술교육학회지, 4(1). 54-67.

조연주 · 조미현 · 권형규(1998)(역). 구성주의와 교육. 학지사. L. P. Steffe & J. Gale's Constructivism in

Education(Lawrence Erlbaum, 1995).

조영남(1998). 구성주의 교수학습관. 김종문 외, 구성주의 교육학. 서울 : 교육과학사. 151-180.

조은이(2001). 초등실과 교육에서 자율적 협동학습이 학업성취 및 태도에 미치는 효과. 석사학위논문. 인천교육대학교.

중앙기독초(역)(1999). 협동학습(Kagan's Cooperative Learning). 서울 : 디모데.

최성락 · 최유현(2004). 실과교육에서 Co-op jigsaw 협동학습이 과제수행능력에 미치는 효과. 한국실과교육학회지, 17(3). 37-38.

최유현(1995). 기술교과 교육에서의 기술적 교양목표 성취를 위한 문제해결 수업전략의 효과. 박사학위논문. 서울대학교.

______(1996). 열린 실과교육을 위한 협동적 문제해결 수업전략. 열린교실 연구, 4(2). 전국열린교실연구응용학회. 133-148.

______(1997). 실과교육연구. 서울 : 형설출판사.

______(2001). 실과교육학연구. 서울 : 형설출판사.

______(1998a). 개별적 · 협동적 학습구조에 따른 실과 문제해결 수업전략의 비교 효과. 한국실과교육학회지, 11(1). 201-227.

______(1998b). 대안적 열린교육을 위한 문제해결 수업전략의 탐색. 열린교실연구, 6(1). 49-68.

______(1998c). 실과교육에서의 문제해결 수업전략의 탐색. 박영배 외 10인. 수업방법 탐구 : 열린교과교육적 접근. 서울 : 형설출판사. 143-194.

______(1999a). 구성주의 관점에서의 기술과 교육의 수업 및 평가전략. 대한공업교육학회지, 24(1). 78-114.

______(1999b). 구성주의적 학습환경에 터한 실과교육의 반성과 대안. 한국 실과교육 학회지, 12(1). 15-28.

______(2000). 실과교육. 김진철 외 10인. 수업길라잡이 : 제7차 교육과정에 의한 초등학교 교과별 수업설계. 서울 : 학문사. 218-260.

______(2003a). 기술적 문제해결 과정에 나타난 사고활동의 분석과 그 계발 전략. 과학교육논총 15, 281-318.

______(2003b). 기술적 문제해결 사고과정에 나타난 사고활동의 분석과 그 계발전략. 과학교육논총, 제15집. 인천교육대학교 과학교육연구소. 281-318.

______(2004a). 기술과 교육을 위한 학습과정으로서의 설계과정과 문제해결 비교 연구. 한국실과교육학회지.

______(2004b). 가술과 교육을 위한 기술적 문제해결 수업전략의 개발. 교육과정평가연구.

______(2005). 기술교과교육학, 형설출판사.

최유현 외(2007). 발명교육이론. 특허청 발명진흥회.

최유현 외(2009). 공학교수자를 위한 공학 교수 학습 이론과 실제. 인터비전.

최유현(2008). 공학기술과 팀워크. 지호.

최유현(2013). 팀워크 리더십. 충남대학교 출판문화원.

최유현 · 정문성( ). 공학교수자를 위한 토의 · 토론 학습 모형. 국고.

최유현 외(2016). 창으로 여는 팀 문제해결. 충남대학교 출판문화원.

최유현 · 나승일 · 김종우(2003). 실세계 및 타교과와의 통합적 학습지도를 위한 실과교육 자료개발 연구 문제중심학습(PBL) 전략을 중심으로. 한국기술교육학회지, 3(2). 132-144.

최유현 · 류혜남 · 나길수 (1999). 구성주의적 학습환경이 실과과제 수행능력에 미치는 영향. 한국 실과교육 학회지, 12(2). 한국실과교육학회. 117-133.

최지혜(1994). 협동학습과 개별학습 환경에서 문제의 구조에 따른 문제해결 과정 수준 및 성취 수준 비교. 석사학위논문. 서울대학교.

추병완 · 최근순(역)(1999). 구성주의 교수 · 학습론(Brooks & Brooks's The Case for Constructivist Classrooms). 서울 : 백의.

한면희(2002). 사회과 교육의 지평. 한면희교수정년기념논총.

허창범(1992). 구성주의 수업의 학습효과 분석. 고려대학교 대학원 박사학위 논문.

Alister, J. (2002). *Learning Technological Concepts and Process.* Gwyneth Owen-Jacson(ed.). Teaching Design and Technology in Secondary Schools. London and New York : The Open University. 79-91.

Anderson, L. D. (1989). Problem Solving in Technology Education. *The Technology Teacher*, *49*(9). 3-7.

Arends, R, I.(1994). *Learning to Teach.* 3rd Edition. McGraw-Hill, Inc., New York.

Baker, G. E. & Dugger, J. C. (1986). Helping Students Develop Problem Solving Skills. *The Technology Teacher, 45*(1), 10-13.

Barnes, J. L. (1989). Learning to Solve Tomorrow's Problems. *The Technology Teacher*, *48*(3). 25-29.

Barnes, J. L., Wiatt, C. & Bowen, M. A. (1990). The NASA/Elementary Technology Education Project. *The Technology Teacher, 49*(1). 13-17.

Brooks, J. G. & Brooks, M. G. (1993). *The Case for Constructivist Classrooms.* ASCD.

Brusic, S. A. et. al. (1990). An Overview of MISSION 21(ERIC Document Reproduction Service No. ED 334.407).

Cheek, Dennis W. (1992). *Thinking Constructively about Science, Technology, and Society Education.* State Univ. of New York Press.

Christensen, K. W. & Martin, L. (1992). Teaching Creative Problem Solving. *The Technology Teacher, 51(12).* 9-11.

Cruickshank, D. R., Bainer, D. & Metcalf, K. (1995). *Act of Teaching.* McGRAW-Hill.

Daiber, R., Literland. L. & Thode, T. (1991). Implementation of School-based Technology Education Programs. Dyrenfurth, M. J. & Kozak, M. R. (ed.). *Technological Literacy.* Council on Technology Teacher Education, 40th Yearbook. 187-211.

De Vries, M. J. (1997). Science, Technology and Society : A Methodological Perspective. *International Journal of Technology and Design Education. 7.* 21-32.

Delisle, R. (1997). *How to Use Problem-Based Learning in the Classroom.* Association for Supervision and Curriculum Development.

DeLuca, V. W. (1992). Survey of Technology Education Problem Solving Activities. *The Technology Teacher. 51*(5). 26-30.

Eggleston, John. (1992). *Teaching Design and Technology.* P. A. : Open University Press.

Fasciato, M. (2002). Designing-What Does It Mean at Key Stages 2 and 3 Sayers, S., Morley, J. & Barnes, B. (ed.). Issues in Design and Technology Teaching. Routledge, Falmer. 27-42..

Franks, D. R. eds. (1994). *Constructivism : Its Significance for Education.* North Bay, ON Nipissing

Universty.

Frazee, B. M. & Rudnitski, R. A. (1995). *Integrated Teaching Methods : Thoery, Classroom Applications, and Field-Based Connections*. New York : Delmar Publishers.

Glasersfeld. (1984). *An Introduction to Radical Constructivism*, in P. Watzlawick, the Invented Reakity. N. Y. : Norton & Company.

Gwyneth Owen-Jackson(ed.). (2002). *Teaching Design and Technology in Secondary Schools.* London and New York : The Open University.

Gwyneth Owen-Jackson. (2001). *Developing Subject Knowledge in Design and Technology : Developing, Planning and Communication Ideas.* Trentham Books. The Open University.

Hatch, L. (1988). Problem Solving Approach. ; Kemp, W. H. & Schwaller, A. E. (ed.). *Instructional Strategies for Technology Education*, 36th Yearbook. Council on Technology Teacher Education. 87-98.

Henderson, J. G. (1996). *Reflective Teaching : The Study of Your Constructivist Practice.* Englewood Cliffs, N. J. : Prentice-Hall.

Hill, A. M. (1998). Problem Solving in Real Life Contexts : An Alternative for Design in Technology Education. *International Journal of Technology and Design Education*, 8. 203-220.

Howard-Jones, P. A. (2002). A Dual-State Model of Creative Cognition for Supporting Strategies that Foster Creativity in the Classroom. *International Journal of Technology and Design Education, 12.* 215-226.

Hutchinson, J. & Karsnitz, J. (1994). *Design and Problem Solving in Technology.* New York, Delmar pub.

Hutchinson, P. A. (1987). *Problem-Solving in the British Craft.* Design and Technology Program, Doctoral Dissertation, New York University.

International Technology Education Association. (1996). *Technology for All Americans : A Rationale and Structure for the Study of Technology.* Technology for All Americans Project.

____________________ (2003). *Advancing Excellence in Technological Literacy : Student Assessment, Professional Development, and Program Standards.* Reston, V. A. : Author.

International Technology Education Association and its Technology for All Americans Project. (2002). *Standards for Technological Literacy : Content for the Study of Technology.* Reston, V. A. : Author.

James, W. K. (1990). Development of Creative Problem-Solving Skills. *The Technology Teacher, 49*(2), 29-30.

Javaris, T. (1993). *Teaching Design Technology in the Primary School.* T. J. Press Ltd., Padstow, Crornwall.

Johnson, S. D. (1997). Learning Technological Concepts and Developing Intellectual Skills. *International Journal of Technology and Design Education, 7.* 161-180.

Kemp, W. H. & Schwaller, A. E. (1988). Introduction to Instructional Strategies. Kemp, W. H. & Schwaller, A. E. (ed.). *Instructional Strategies for Technology Education*, 36th Yearbook. Council on Technology Teacher Education. 16-34.

McCormick, R. (2002). *Capability Lost and Found?*. Gwyneth Owen-Jacson(ed.). Teaching Design and Technology in Secondary Schools. London and New York : The Open University. 92-108.

Mioduser, D. & Kipperman, D. (2002). Evaluation / Modification Cycles in Junior High Student's Technological Problem Solving. *International Journal of Technology and Design Education, 12*. 123-138.

Morley, J. (2002). How Can We Meet the Challenges Posed by a New Model of Practical Scholarship?. Sayers, S., Morley, J. & Barnes, B. (ed.). (2002). Issues in Design and Technology Teaching. Routledge, Falmer. 13-26.

Page, R. Teacher's Master Manual. London : Oliver & Boyd, 1981. 2.

Pierce, A. J. & Karwatka, D. (1999). *Introduction to Technology*. Glencoe MacGraw-Hill.

Pualine, B. (1995). Designing and Learning in the Elementary School. International Technology Education Association. Reston, V. A. ERIC ED 381-387.

Qin, Z. (1992). *A Meta-Analysis of the Effectiveness of Achieving Higher Order Learning Tasks in Cooperative Learning Compared with Competitive Learning*. Unpublished Doctoral Dissertation, Univ. of Minesota.

Raizen, S. A. et. al. (1995). Technology Education in the Classroom-Understanding the Designed World. San Francisco : Jossey-Bass Publishers.

Ratz, J. M. & Others. (1988). *Resources in Technology : Problem Solving*. International Technology Education Association(ERIC Document Reproduction Service No. ED 322.400).

Sayers, S., Morley, J. & Barnes, B. (ed.). (2002). Issues in Design and Technology Teaching. Routledge, Falmer.

Schwaller, A. E. (1995). Instructional Strategies for Technology Education. Martin, G. E. (ed.). *Foundations of Technology Education. Council on Technology Teacher Education*. Glencoe : McGraw-Hill. 432-442.

Shepard, L. A. (1989). Why We Need Better Assessments. *Educational Leadership, 46*(7). 4-9.

Slavin, R. E. (1990). *Cooperative Learning : Theory, Research and Practice*. Center for Research on Elementary and Middle Schools. The Johns Hopkins University.

Sylvia Libow Martinez and Gary S.(2013). I*nvent To Learn: Making, Tinkering, and Engineering in the Classroom*. Constructing Modern Knowledge Press.

Torp, L. & Sage, S. (1998). *Problems as Possibilities : Problem-Based Learning for K-12 Education*. Association for Supervision and Curriculum Development.

Waetjen, W. B. (1989). *Technological Problem Solving : A Proposal. International Technology Education Association*(ERIC Document Reproduction Service No. ED 334.464).

Waetjen, W. B. (1989). *Technological Problem Solving : A Proposal. International Technology Education Association*(ERIC Document Reproduction Service No. ED 334.464).

Winek, G. & Borchers, R. (1993). Technological Problem Solving Demonstrated. *The Technology Teacher, 52*(2). 23-25.

Wright, J. R. (1988). Social/Cultural Approach. Kemp, W. H. & Schwaller, A. E. (ed.). *Instructional Strategies for Technology Education*. Council on Technology Teacher Education. 72-86.

Wright, R. T., Israel, E. N. & Lauda, D. P. (1993). *Teaching Technology : A Teacher's Guide*. International Technology Education Association.

Zeichner, K. M. & Liston, D. P. (1996). *Reflective Teaching : An Introduction*. Mahwah, N. J. : Lawrence Erlbaum Associates.

Zuga, K. F. (1988). Interdisciplinary Approach. Kemp, W. H. & Schwaller, A. E. (ed.). *Instructional Strategies for Technology Education*. Council on Technology Teacher Education. 56-71.

# 제 2 부

# 기술교과의 문제해결적 접근의 학습 방법 탐구

3장 기술교과에서의 문제해결적 접근의 학습 전략

4장 문제해결 과정에서의 사고 활용 기법과 전략

## 주제를 여는 연구 문제 *Meeting the Problems*

제2부에서는 기술교과 학습학적 방법론적 기저를 이루는 문제해결 접근의 학습 전략을 다룬다. 이들의 학습의 기본  철학은 사용자를 공감하여 문제를 정의하고 그 문제해결을 위한 대안을 창출하며, 최적의 대안을 실행하고 평가하는 단계를 거치게 된다. 이로한 일련의 과정은 학습자의 몫이다. 다만 교사는 학습 지식의 구성과 문제해결의 촉진자로j의 전문적 역할을 고민해야 한다.

❶ 문제해결적 접근의 프로젝트 학습, 문제해결 학습, 설계 과정, 문제중심학습, 액션러닝, 디자인 씽킹을 중심으로 그 특징, 절차, 전략을 어떻게 논의되는가?

❷ 문제해결 과정의 대안 창출, 대안 평가의 단계에서의 사고 기법의 절차와 전략은 어떻게 활용가능한가?

# 3장

# 기술교과에서의 문제해결적 접근의 학습 전략

이 장에서는 기술교과 교육에서의 가장 핵심적인 수업전략인 문제해결적 접근의 수업 전략을 탐구한다. 특히 전통적으로 강조되어온 프로젝트법과 최근에 등장한 프로젝트 중심학습, 그리고 문제해결의 개념, 이론, 그리고 문제해결의 절차로 볼 수 있는 설계과정과 문제해결 모형들을 종합적으로 탐구하고자 한다. 또한 보다 구성주의적 접근 문제중심 학습전략 및 액션러닝, 디자인 싱킹을 다룬다. 결국 이 장은 문제와 과제 중심의 문제해결 방법론의 이해와 실천에 도움을 줄 것이다.

◎ 해시 태그 Key words

| | |
|---|---|
| #프로젝트 학습(project method) | #프로젝트 중심 학습(project-based learning) |
| #문제(problem) | #반성적 사고(reflective thinking) |
| #확산적 사고(divergent thinking) | #수렴적 사고(convergent thinking) |
| #설계과정(design process) | #문제 해결(problem solving) |
| #문제 중심 학습(problem-based learning) | #설계 개요(design Brief) |
| #액션 러닝(action learning) | #디자인 씽킹(design thinking) |

## 1. 프로젝트 학습의 탐색

### 가. 프로젝트 학습

#### 1) 프로젝트법의 기원

프로젝트 접근법의 기원은 16세기 유럽의 건축학교에서 행한 프로젝트 작업으로 거슬러 올라갈 수 있다(Knoll, 1995). 그러나 오히려 현대적 의미의 프로젝트 학습의 첫 배경은 1830년 Cobbet에 의한 교육방법으로 보는 것이 정설이다. 그는 당시 학생들이 학교에서 실생활과는 관

련이 없는 주입식 교육을 받는다는 데 불만을 품고 자신의 가정에서 실생활에 필요한 활동을 통한 교육방법을 시도함으로써 오늘날 프로젝트법과 유사한 방법으로 교육을 하기 시작하였기 때문이다(이성은 외, 2002: 77, 재인용).

**프로젝트법**은 20세기 초 진보주의자들에 의해 주창된 교수·학습 방법으로서, 1918년 Kilpatrick에 의해 정립되었다고 볼 수 있다. 이 방법은 프로젝트를 학습의 매개체로 하여 학습자의 흥미와 관심에 따라 개개인이 주도적으로 학습을 해나가는 형태가 주를 이룬다(이춘식, 1989). 따라서 학생이 자신의 역량에 맞는 프로젝트를 선정하는 것이 관건이 되며, 교수자는 안내자이면서 수업의 촉진자가 된다.

프로젝트 학습이 경험 중심 교육과정에 미국을 중심으로 세계적으로 많은 주목을 받다가 1960년대 이후 학문 중심 교육과정기에 관심이 줄어들기 시작하였다. 그러나 실업, 직업 및 기술교육에서는 여전히 중요한 교수·학습 방법으로 자리 잡고 있다. 왜냐하면 이 방법이 어느 정도 기능과 이론을 통합하여 기를 수 있는 장점이 있기 때문이다.

1900년 Columbia대학교의 C. R. Richards가 'Project'라는 용어를 최초로 사용하였다.(Burton, 1929, p.256). Richards는 당시 수기 훈련(manual training)에서 문제해결 상황의 학습을 주창하여 학생 자신이 자발적으로 계획하고 작업하면 학습의욕이 높아진다는 점에 착안하였다. 따라서 학생 각자가 활동 계획을 세우고 각 단계별로 실행하는 '문제해결의 실습활동'(problem-solving shop laboratory)에 프로젝트라는 용어를 사용한 것이다.

1908년에는 메사추세츠 교육위원회의 R. W. Stimson이 메사추세츠 농업고등학교에서의 'Home project'에서 프로젝트라는 용어를 교육적으로 사용하였다. 홈 프로젝트는 메사추세츠의 Smith's 농업학교에서 최초로 적용되었고, 1911년 메사추세츠 주에서 법안이 통과되어 농업학부가 설치되었다(이춘식, 1989).

그 후 1908~1910년에 Stevenson은 메사추세츠 직업학교 농업과정에 프로젝트라는 용어를 사용하였으며, 주로 옥수수 농장, 양잠 등의 농업에서 홈 프로젝트로 적용되었다. 결국 이 당시의 프로젝트의 개념을 가정의 실제적인 환경에서 상당히 지적인 특성을 갖고 있는 학교 실습활동과 상호 관련시켜 적용시켰다.

1911년에는 메사추세츠 교육위원회 보고서에서 프로젝트란 용어를 최초로 정의하였다. 즉, 농장 프로젝트는 농장에서 행해지는 방법으로 개량 프로젝트(improvement project), 실험 프로젝트(experiment project), 생산 프로젝트(productive project) 등으로 행해질 수 있다(Bossing, 1944).

그 후 1917년 스미스-휴즈(smith-hughes)법이 통과되었을 때 메사추세츠에서 최초로 채택되면서 '프로젝트'의 개념이 일반화되었다. 그러나 프로젝트의 개념을 근본적으로 바꾸어 놓은 것은 1918년 Kilpatrick의 "The project method"라는 논문에서 시작되었다. Kilpatrick

은 Dewey의 교육이론에 크게 영향을 받아 교육현장에서 실천할 수 있는 실천적인 방안으로 '프로젝트법'을 창안하였다(Kilpatrick, 1918, p.320). 이 논문에서 '프로젝트'를 "사회적인 환경에서 전심을 다한 유목적적 활동"(wholehearted purposeful activity proceeding in a social environment)으로 정의하였으며, 프로젝트는 학교에서 이루어지는 모든 학습의 조직 단위가 될 수 있다고 보았다. 따라서 유목적적 활동은 가치있는 생활에서 극히 본질적인 것이며, 지적인 학급의 요소가 되어야 함을 주장하였다. 여기서 전심전력은 프로젝트의 요체가 되며, 유목적적 활동은 자기 스스로의 운명의 주인이 될 수 있는 인간을 기르기 위한 기초로 간주된다.

1920년대부터 시작된 프로젝트법은 미국에서 번성했던 학습자주도적 학습 방법의 하나이자 주입식 교육을 탈피하기 위한 일련의 노력이었다. 이러한 프로젝트법은 교육방법으로서의 지위를 갖게 되면서 미국과 소련, 유럽 등에서의 학교 교육에 영향을 주었다(박순경, 1999). 이후 프로젝트법은 듀이에 의해 일반 교육학 분야에서 그 정당성을 인정받게 되었으며, 학습자 주도적 프로젝트는 미국의 교육학자와 교육 과정학자들의 중요한 연구 주제가 되기도 하였다.

우리나라에서는 초등교육을 대상으로 해방직후에 새 교육운동이 일어났으며, 이 때에는 교육 과정의 연구보다는 학습지도법을 개선하려는 데 주력하였다. 그 일환으로 프로젝트법을 초등학교(서울 효제초등학교 윤재천 교장)에 도입하였으며 학습지도안 작성에도 프로젝트법을 도입하기도 하였다(손인수, 1988).

그러나 1960년대 학문 중심 교육 과정이 적용되면서 프로젝트법은 점차 쇠퇴의 길로 접어들었으며 그 동안 범교과적으로 적용되던 것이 점차 활동이 중심이 되는 일부 교과에만 적용되어 왔다. 최근 산업사회와 경제 분야에서의 프로젝트 과제는 학교학습에서의 프로젝트에 대한 새로운 관심을 불러일으키게 되었다. 학교 교육에서 열린 교육이 유행하면서 1990년대부터는 '프로젝트 접근법'(The Project Approach)과 '프로젝트 중심 학습'(Project-Based Learning)이라는 방법으로 다시 부활하고 있다. 현재 학교에서 '프로젝트 수업'이라든가, '프로젝트 학습'은 모두 학습자 중심이면서 활동중심의 학습프로그램과 거의 유사하게 사용되고 있다.

특히 Katz와 Chard(1986)은 지난 20년간 이루어진 프로젝트법 관련 연구를 종합적으로 검토한 후, 그 결과가 매우 바람직하다는 것을 확인하게 되었다. 이를 계기로 이들은 프로젝트법을 프로젝트 접근법(project approach)이라는 용어를 새롭게 조직하여 발표하였다. 그들은 프로젝트법(project method)이라는 말은 제한적이고 획일적인 행동 지침을 가르킨다고 규정하면서, 오히려 교수자와 학습자가 협조하여 수업을 진행할 수 있는 다양한 방법들을 포괄한다는 의미의 프로젝트 접근법(project approach)이라는 용어를 사용하였다.

1990년대에 들어서서 기존의 프로젝트법을 변형하여 새롭게 학교교육에 적용하려는 시도

가 있어 왔다. 그중에 프로젝트 학습(Project-Based Learning)이 있다. 이러한 시도는 아직 세계적으로나 우리나라에서 일반화되어 널리 쓰이지는 않지만 부분적으로 프로젝트법의 특징을 살려 학교 교육에 확대 · 적용하려는 것으로 평가할 수 있다. 기존의 프로젝트법이 특정 교과의 영역에서부터 범교과에 이르기까지 광범위한 접근을 하고 있는 반면에, 프로젝트 중심 학습이나 프로젝트 접근법은 교육 과정을 재구조화 하여 '바람직한 학습자 중심 교육'의 일환으로 접근하고 있다.

### 2) 프로젝트법의 개념과 특징

**프로젝트 접근법**에서 '프로젝트'란 '한 명 또는 그 이상의 학습자가 책임을 지고 특정한 주제를 심층적으로 연구하는 활동'이다. 즉, 소집단의 학생들이 토론하여 학습할 가치가 있는 특정 주제를 정하고, 그것에 대해 계획적으로 연구하고 문제를 해결하는 유목적적 활동이다.

프로젝트 접근법이 내포하고 있는 개념을 종합하면, 다른 교수-학습 접근법과 마찬가지로 프로젝트 접근법 역시 하나의 체계적인 문제해결을 표상한다고 할 수 있다. 하지만, 그것은 조직된 교과에 의존하기보다는 학습자의 요구와 흥미에 기초를 두고 있다. 따라서 교수자가 부과한 활동이나 과제가 아닌 학습자 자신이 제안한 문제나 프로젝트를 수행하게 되며, 학습자가 제각각 하나의 복잡한 문제를 놓고 자기가 맡은 분야를 탐색해 나아가는 과정에서 경쟁적인 분위기보다는 협력적인 상호작용 분위기가 교실을 지배한다. 그리고 교수자는 불필요하게 학생들에게 이것 저것을 부과하기보다는 매 단계에서 필요한 안내와 보조, 그리고 지원을 제공할 뿐이다(Kenneth & Hoover, 1981, 이성은 외, 2002 : 79, 재인용).

따라서 프로젝트 접근법은 학습자가 학습의 전 과정을 주도성을 가지고 주제, 제재, 문제, 쟁점 등에 관한 탐구 활동과 그 결과에 대한 표현활동을 하며, 그렇기 때문에 만들어가는 과정 중심의 교육 과정 성격이 강하게 나타나는 접근법이라 할 수 있다.

Katz와 Chard는 프로젝트 접근법의 구체적인 학습 목표를 네 가지 즉, 지식(knowledge), 기능(skill), 성향(disposition), 감정(feeling)으로 분류하여 설명하였다.

여기서 지식(knowledge)은 도식, 아이디어, 사실, 개념, 정보 등과 관계가 있으며, 기능(skill)은 매우 쉽게 관찰될 수 있고 비교적 짧은 시간 안에 실행되는 분리된 행동의 단위이다. 그리고 성향(disposition)은 여러 가지 다른 상황들에서 겪는 경험에 대해 비교적 지속적으로 독특하게 반응하는 마음과 행동, 또는 경향의 습관을 말하는데, 프로젝트 활동을 하는 과정에서 많은 성향들을 강하게 키울 수 있다. 끝으로 감정(feeling)은 수용감, 자신감, 소속감, 안정감 등과 같은 주관적으로 느끼는 감정적 혹은 정서적 상태를 말한다.

프로젝트법은 실천적이고 구체적이며 조작적인 성격을 가진 문제해결의 활동이다. 학생들로 하여금 흥미를 일으키게 함으로써 학생들 자신이 현실문제의 해결 방안을 계획하고, 그것을 실현하는 능력을 기르는 데 크게 기여한다. 프로젝트법의 특징을 정리하면 다음과 같다.

첫째, 문제의 해결을 포함하며, 결과로 산출물이 나온다. 즉, 프로젝트를 수행함으로써 어떤 산출물이든지 간에 문제해결의 결과를 제시하여야 한다. 여기에는 만든 물건, 보고서, 계획서, 보조 학습자료, 소프트웨어 등이 있다.

둘째, 개별 학생이나 모둠별로 자발적으로 수행되며 다양한 교육활동을 반드시 수반한다. 기본적으로 프로젝트 학습을 하기 위해서는 학생들이 스스로 문제를 해결하려는 노력이 없이는 소기의 목표를 달성하기도 어려울 뿐만 아니라 수업을 진행할 수도 없다.

셋째, 프로젝트 활동은 비교적 많은 시간이 소요된다. 개개인이 수행하는 프로젝트가 다르고 다양하기 때문에 가능한 한 필요한 시간을 보다 더 많이 재고해 주어야 한다.

넷째, 담당 교사는 권위자이기 보다는 보조자, 안내자, 촉진자, 상담자이어야 한다. 프로젝트 학습의 전제가 자발적인 학습으로 진행되기 때문에 일방적인 수업의 진행은 있을 수 없고 학생들의 수업이 잘 진행되도록 안내하고 촉진해 주는 역할로 교사의 위치가 바뀌어야 한다.

다섯째, 모둠 프로젝트일 경우 학생들 간의 협동성이 길러진다. 하나의 프로젝트를 여러 명이 수행하거나 대단위 프로젝트를 여러 명이 각 부분 프로젝트를 수행하여 완성해 갈 수 있기 때문에 학생들 간의 상호 협동성을 기를 수 있다.

이러한 프로젝트 접근법의 장·단점을 살펴보면 다음 [표 3-1]과 같다.

[표 3-1] 프로젝트 학습의 장·단점

| 구분 | 장점 | 단점 |
| --- | --- | --- |
| 학습자의 측면 | • 학습에 대한 확실한 동기가 크다.<br>• 개개인의 능력에 따라 진도를 조절하여 학습할 수 있다.<br>• 끝까지 작업을 요구하므로 학습에 대한 인내심과 성취감을 갖게 한다.<br>• 부가적으로 학습능력 뿐만 아니라 태도, 지식 등을 배울 수있다.<br>• 창의성과 인내심을 중시하므로 독창성이 길러진다.<br>• 자신이 계획하고 실행하므로 학습을 통하여 자주성과 책임감이 길러진다.<br>• 복잡한 문제해결에 만족을 줄 수 있다. | • 계획수립 능력이 부족한 학생은 끝까지 성공하도록 도움이 필요하다.<br>• 비교적 수행시간이 많이 소요되기 때문에 시간계획이 필요하다.<br>• 문제해결에 필요한 자료를 제공해 주어야 한다.<br>• 모둠으로 수행되는 경우에는 일부 우수한 학생이 독점하지 못하도록 배려해야 한다. |
| 교사의 측면 | • 교사가 학생 개개인을 관찰하여 알 수 있는 기회를 제공하여야 한다.<br>• 학생들의 요구와 능력에 맞게 프로젝트를 계획할 수 있게 해 준다.<br>• 수행과정을 관찰하고 판단하여 다양한 평가를 할 수 있다. | • 개별 프로젝트일 경우에는 프로젝트에 맞는 평가준거를 설정해주어야 한다.<br>• 수행시간이 많이 걸리기 때문에 효율적인 시간계획에 배려를 해야 한다. |

프로젝트 접근법의 교수 원리 측면에서 특징을 살펴보면 다음과 같다(이성은 외, 2002 :84-85).

첫째, 프로젝트 접근법의 학습은 내적 동기로부터 이루어질 때 가장 효과적이라고 믿는다. 학습의 내적 동기는 외적 보상이 아니라 학습의 결과로 얻게 되는 성취감[1] 등으로 일어난다.

둘째, 프로젝트 접근법은 교수자가 아닌 학습자의 책임을 중시한다.

셋째, 학습자의 긍정적인 자아개념은 학습 과정의 만족과 학습결과의 성취감 그리고 교사와 동료들의 인정 등에 의하여 생긴다.

넷째, 집단의 학습 과정은 학습자들에게 과제 해결을 위해 협동하는 마음을 갖게 해 주며, 학습 단계별로 의사 결정을 하는 과정에서 남의 이야기를 귀담아 듣고 자신의 이야기를 논리 정연하게 펼치기 위한 노력이 경주되어 사회적 기술이 향상되게 된다.

다섯째, 학습의 목적 중 중요한 하나는 학교와 사회의 관련성을 인식하고 문제해결력을 기르는 것이다. 프로젝트 접근법은 실제에서 일어나는 현상이나 문제, 쟁점 등을 탐구의 대상으로 삼는 경우가 많다.

여섯째, 학습자는 언어, 숫자, 그림, 입체, 신체 등의 다양한 표현 양식을 사용하여 표현할 기회를 가짐으로써 자신이 가진 제 능력을 균형있게 발달시킨다.

일곱째, 학습자는 학습의 목표나 내용을 추가하거나 삭제하고 학습 방법을 바꾸거나 학습 단계를 조정하는 가운데 사고의 유연성이 길러진다.

여덟째, 오늘날 학교에서 실제 현상이나 사물을 접할 수 있는 기회는 점차 줄어들고 있다. 그러나 프로젝트 접근법은 체험적 학습 기회로 사물에 대한 친근감, 두뇌와 오감의 연결, 학교 교육과 실생활과의 관계, 삶에 대한 자체 반성 등 여러 가지 교육적 효과를 가져다준다.

### 3) 프로젝트법의 수행 단계

일반적으로 프로젝트법은 4단계 즉, **목적 설정**, **계획**, **실행**, **평가**의 순서로 이루어진다. 그러나 프로젝트 학습을 실제로 수행할 때에는 교과의 특성에 따라 부분적으로 이러한 단계를 변형하여 사용하기도 한다.

㉮ 목적 설정 단계

**목적 설정 단계**는 '무엇을 할 것인가'의 목적을 세워야하는 단계로서 구체적인 프로젝트명을 정하고 그 목적을 달성하기 위한 기본 단계이다. 학습자가 자신의 능력과 흥미에 맞는

---

1) 이는 듀이의 노작교육에 대한 원리에서도 확인할 수 있다(최유현, 2005, 재인용).

- 자기교육의 원리 : 결과에 대한 '절대적 흥미'(exclusive interest)는 노작을 고역으로 변질시킬 수 있다. 어떤 일이 고역이 될 때, 그 노작활동의 과정은 모든 교육적 가치를 상실하게 된다. 그러나 자발성은 목적의 평가를 통하여, 가치의식이 목적 달성을 위한 수단으로 전환될 때 비로소 나타나게 된다. 즉, 행위 그 자체에 흥미가 있는 것은 아니지만 행위에 따른 결과에서 흥미를 차용해오고 있기 때문에 노작과정에서의 자발성이 가능한 것이다. 학교에서 노작교육은 아동의 자발적 흥미와 주의를 환기시킨다. 즉, 노작은 아동으로 하여금 수동적, 수용적 태도가 아니라, 능동적이며 민활한 활동을 지속하게 한다. 그리고 이것은 아동에게 미래생활의 실제적 직무에 대한 보편적 준비를 어느 정도는 가능하게 해 준다.

프로젝트를 정할 수 있도록 하는 것이 중요하며, 이때 교사는 학생들이 수행하려고 하는 프로젝트가 적절한지를 판단하여야 하며 유의할 점을 다음과 같다.

- 학습자가 관심과 흥미가 있는가?
- 수행을 위하여 선행학습의 내용이나 기본 기능이 갖추어져 있는가?
- 정해진 시간 내에 수행할 수 있는가?
- 수업시간에 재료나 공구를 쉽게 구할 수 있는가?
- 프로젝트가 해당 영역의 내용과 관련 있는가?
- 프로젝트가 현실과 밀접한 관련 있는가?
- 실습장에서 수행 가능한 프로젝트인가?
- 독창성을 충분히 발휘할 수 있는 것인가?
- 개별 프로젝트인가, 모둠별 프로젝트인가?

㉯ 계획 단계

**계획 단계**는 1단계에서 선정한 프로젝트를 효율적으로 수행하기 위하여 수행방법을 정하고 검토하는 단계이다. 계획단계에서는 만들기 프로젝트일 경우, 프로젝트 수행에 필요한 공정표, 재료표, 구상도, 제작도, 공정 흐름도 등을 그려야 한다. 그리고 이러한 계획이 수행 가능한 것인지를 검토하고 수정할 필요도 있으며 유의할 점은 다음과 같다.

- 시간계획이 세워졌는가?
- 작업의 흐름도가 합리적인가?
- 구상도에 따라 제작도가 그려졌는가?
- 재료와 공구 목록표가 마련되었는가?
- 전체적인 수행 과정의 계획이 적절한지 교사의 검토를 받았는가?
- 산출물에 대한 평가 사항이 제대로 반영되었는가?

㉰ 실행 단계

**실행 단계**는 앞의 계획단계에 따라 실제로 물건을 만드는 단계로서 학생들이 가장 흥미를 가지고 활발하게 활동한다. 수행과정에서 문제가 일어난다고 하여도 학생들이 포기하지 않도록 교사는 적극적으로 조언과 격려를 해주어야 한다. 그러나 문제해결 과정에서 교사가 직접 해결하는 것보다는 학생들이 판단하여 해결할 수 있도록 안내해 주는 것이 필요하다. 학생들의 수행과정이 비록 적절하지 않더라도 교사가 대행해서는 안되며 작업이 끝까지 완수할 수 있도록 배려해 주어야 한다. 수행과정에서의 문제가 있었을 경우에는 하나하나를 꼼꼼히 기록하여 남기도록 하는 것이 필요하며 다음과 같은 점에 유의하면 된다.

- 문제가 일어났을 경우, 어떻게 해결하였는가?
- 문제해결에 필요한 조언을 교사로부터 들었는가?
- 계획한 대로 프로젝트를 수행하였는가?
- 시간은 적절하였는가?

㉣ 평가 단계

**평가 단계**는 프로젝트 수행의 전체 과정과 산출물을 평가하는 단계로서 학생 자신의 자기 평가, 학생 상호간의 평가, 교사에 의한 평가 등이 수행된다. 평가가 끝나면 산출물은 전시를 하거나 발표를 하고 수행과정에서의 문제점을 다시 파악하고 피드백을 받아야 한다. 유의할 점은 다음과 같다.

- 해당 영역의 목표를 달성하였는가?
- 수행 과정의 기록은 있는가?
- 수행 과정에서의 문제해결 과정이 적절하였는가?
- 수행 과정에서의 작업 태도는 좋았는가?
- 작업 안전에 문제는 없었는가?
- 산출물이 계획한 대로 형성되었는가?
- 산출물이 실생활과 관련이 있는가?
- 산출물이 창의적인가?
- 모둠별 프로젝트인 경우 공동으로 협력하였는가?

## 2. 문제해결 수업전략의 탐색

### 가. 문제해결의 이론적 탐색

#### 1) 반성적 사고와 문제해결

문제해결을 통한 교육적 방법은 듀이의 **반성적 사고**(reflective thinking)[2)]에 그 뿌리를 내리고 있다. 듀이는 그의 저서 『민주주의와 교육(1916)』과 『사고하는 방법(1933)』의 내용 전

2) 반성적 사고라는 말에서 사고 앞에 '반성적'이란 형용사가 붙은 것은 동의어 반복이라고 생각되기도 하지만, 듀이가 그렇게 한 것은 환상이나 백일몽 등과는 구별되는 엄밀한 의미에서의 사고, 본격적인 사고를 나타내기 위한 것이다(민주주의와 교육 : 228. 이홍우 주).

체에 걸쳐 반성적 사고에 대해서 자세히 논의하고 있다. 먼저 『사고하는 방법』에 나타난 반성적 사고의 개념규정을 보면 그것은 최고의 방법으로서 사고의 문제를 발견하고, 그 문제를 중시하고, 그 문제를 연속적으로 사고하는 것을 가리킨다. 다시 말해서 반성적 사고는 현재 진행 중인 미완결된 사태와 관련하여 일어나며, 탐색적인 노력을 한 번으로 그치지 않고 지속적으로 끊임없이 해나가는 과정에서 일어난다는 것이다(김무길, 1992 : 8-9).

즉, 『민주주의와 교육』에서 나타난 개념규정에서도, 반성적 사고는 가장 본격적인 의미에서의 사고로서, 우리가 하는 일과 그것에서 나오는 결과 사이의 관련을 '구체적'으로 파악함으로써 양자가 연속적이 되도록 하려는 의도적 노력을 가리킨다(이홍우(역), 1991 : 229)는 것이다.

따라서 듀이는 반성적 사고를 실제적인 문제를 해결하기 위한 최선의 사고방법으로 원인과 결과의 관계를 구체적으로 파악하고, 지속적으로 양자의 관련을 탐색해 나가는 정신활동으로 정의하였다. 듀이에 의하면 이 반성적 사고의 특징으로 제시한 다섯 가지 단계는 다음과 같다(이홍우(역), 1991 : 238).

① 아직 성격이 충분히 파악되지 않은 불완전한 사태에 처하여 우리가 느끼는 곤혹, 혼란, 의심
② 가설적 예견-주어진 요소에 관한 잠정적 해석 및 그것이 가지고 올 결과에 대한 예측
③ 목하 문제의 성격을 규정하고 명료화하는 데에 도움이 되는 고려사항의 세밀한 조사(정사, 탐구, 분석)
④ 보다 넓은 범위의 사실에 맞도록 잠정적 가설을 더 정확하고 일관성 있게 가다듬는 일
⑤ 설정된 가설을 기초로 하여 현재의 사태에 적용할 행동의 계획을 수립하고, 예견된 결과를 일으키기 위하여 실제로 행동을 함으로써 가설을 검증

여기서 듀이에 의하면 반성적 사고는 일상생활의 문제사태에 부딪쳐 그 문제를 해결하기 위해 여러 가지 수단을 강구해 보고 실험해 보는 끊임없는 과정에서 생긴다고 가정한다. Dewey의 반성적 사고 과정은 다음과 같다(류창열, 2004).

① 곤란의 인식 : 곤란을 느끼고 문제해결의 필요에 따라 해결의 방향을 찾으려고 노력한다.
② 곤란의 검토 : 직접 경험한 곤란을 그 장면에 대한 관찰을 통해서 지적으로 반성하고 해결할 문제나 곤란점을 찾아 문제의 위치를 정하고 정의를 내린다.
③ 가능한 해결방안의 제시 : 문제해결에 대한 시안이 제시된다. 문제해결에 대한 자기 나름의 가능한 해결안, 즉 주관적 해결체계를 말한다. 해결시안을 한 가지가 될 수도 있고 여러 가지가 될 수도 있다. 이 시안이 근거를 가진 것이면 문제해결의 가능성을 갖게 된다.
④ 제언(암시)의 추리에 의한 검토 : 추리에 의하여 시안을 검토한다. 제시된 시안의 여러 가지 관계가 추리에 의하여 판단되고 시안의 가능성 즉, 문제해결의 가능성을 현실적으로 검토한다.

⑤ 시안의 수용, 거부에 대한 새로운 관찰과 시험 : 관찰이나 실험에 의하여 시안이 수용되는가 또는 거부되는가를 판단한다. 즉, 가설의 검증 단계이다. 시안이 수용되면 문제가 해결되고, 거부되며 새로운 방법으로 시안을 만들고 그에 따라 검증하는 단계를 다시 거친다.

반성적 사고를 교육방법으로 적용한다는 것은 특정 교과에 적용 가능한 교수의 일반적 절차라고 볼 수 있는가는 중요한 철학적 논쟁거리를 제공한다. 즉, 반성적 사고가 일반적 교육방법으로 모든 교과에 적용되는가 아니면 특정한 교과에만 국한되는 것인가에 대한 문제이다. 듀이가 늘 강조한 내용과 방법이 분리될 수 없다는 주장을 보면, 아마도 듀이는 모든 교과가 반성적 사고를 통해서 탐구가 가능하다고 보는 것 같다.3)

### 2) 문제와 문제해결 과정의 의미

문제란 그리스 원어로 'Problema'로 '앞에 내던진 것'을 의미한다. 사전적 의미는 크게 다섯 가지로 설명되는데, 즉 ① 해답을 요구하는 물음 ② 논쟁, 논의, 연구 등의 대상이 되는 것 ③ 해결하기 어려운 일, 난처한 일 ④ 귀찮은 일이나 말썽 ⑤ 어떤 사물과 관련되는 일 등이다(금성출판사, 1992 : 1070).

듀이는 문제해결의 사고과정을 설명하기 전에 문제를 '곤혹(difficulty)'으로 정의하였다. Waetjen(1989 : 7)은 여러 학자들의 문제에 대한 견해를 종합한 결과 대체로 다음 네 가지의 의미로 정리하였다. 즉, ① 개인이 해결하려는 목표나 결론이다. ② 개인이 목표를 성취할 수 없을 때 경험하는 갈등의 형태이다. ③ 개인이 목표를 달성하기 위하여 대안이나 새로운 길을 모색하는 행위이다. ④ 새로운 길을 모색하거나 전략은 완전히 새로운 것이 아니고 그 안에 새로운 요소가 있다는 것이다. 이러한 의미는 결국 문제가 갈등이나 곤혹을 겪지만 목표를 성취하기 위한 출발점으로 이해하고 있는 것 같다.

James(1990 : 29)도 문제해결을 정의하면서 문제의 의미를 밝혔다. 즉, 그는 문제해결을 '곤란을 확인하고 해결방법을 모색하고, 추측하고, 가설을 형성하고, 개선점을 찾고, 다시 검토하고, 최종적으로 결과를 평가함으로써 문제(deficiencies, gaps in knowledge, missing elements, disharmony etc.)에 민감해지는(sensitive) 과정'이라고 정의하고 있다. 여기서 문제로 정의한 내용이 결점(deficiencies), 지적 곤란(gaps in knowledge), 요소의 결여(missing elements), 부조화(disharmony) 등이다.

---

3) 김무길(1992 : 58-63)은 '교육방법으로서의 반성적 사고의 의미'라는 논문을 통하여 이 문제를 제기하고 ① 상이한 논리적 계열에 따라 실제 교수의 절차에는 여러 가지가 있을 수 있다는 점, 그리고 ② 듀이가 주장한 '논리의 심리화(이 의미는 모든 교과가 반성적 사고를 통해서 논리에 도달할 수 있다는 뜻)에 대한 확신에 문제를 제기하고, 논리에는 '논리적 사고과정'과 '논리적 진리'의 두 가지가 있는데 듀이는 이것을 구분하지 않고 논리적 사고를 반성적 사고로 판단하고 있는 점에서 비판을 면키 어려우며, 반성적 사고는 특정 교과, 예컨대 과학 등의 교과에 한정될 때에 이런 비판을 면할 수 있다고 본다.

| 문제(problem) = 목적(objective) + 장애(obstacle) |
|---|

<그림 3-1> 문제의 의미

Kahney(1986)는 학습자(인간)가 직접적으로 달성되어질 수 없는 목표를 가졌을 때 문제를 가졌다고 보았다. 즉 Jackson(1983)은 문제를 <그림 3-1>과 같은 식으로 표현하였다(Watts, 1991 : 8). 이러한 개념은 문제가 장애를 갖는 동시에 목적의식을 가지고 있다는 의미이다. 문제(problem), 문제해결(problem solving), 해결책(solutions)의 관계를 도식화하면 <그림 3-2>와 같다(Frazer, 1982, 홍미영, 1995 : 7 재인용).

| 문제(problem)<br>•질문<br>•망설임<br>•과제나 원하는 목표 | → 문제해결(problem solving)<br>장애나 벽을 극복하거나<br>정보와 사고를 이용하여<br>이 사이에 다리를 놓는 것 | 해결책(solutions)<br>•대답<br>•결정<br>•완수된 과제나 목표 |
|---|---|---|

<그림 3-2> 문제 및 문제해결의 의미

또한 Watts(1991 : 27)는 문제해결 접근에서 문제해결 방법(method)과 과정(process)을 다음과 같이 설명하였다.

- **방법**(method) = **과정들의 집합체**(sum of processes)
- **과정**(process) = **기능들의 집합체**(sum of skills)
  - ▸ **과정의 일반적 순환적 또는 루프형 절차**

    *가설설정(hypothesizing)*
    *실험(experimenting)*
    *설계(designing)*
    *평가(evaluating)*
    *기록(recording)*
    *해석(interpreting)*
    *의사소통(communicating)*

<그림 3-3> 문제해결 방법(method)과 과정(process)의 의미

문제에 대한 개념적 의미보다 구조적인 의미에 대하여 VanGundy(1981)는 자세히 논의하고 있다. 그는 문제해결은 문제에 대한 가능성을 추구하는 하나의 과정이며, 이 과정은 직면하게 될 문제의 형태에 따라 아주 다양하다고 하였다. 그는 구조화되지 못한 것에서 잘 구조화된 것으로의 연속선상에서의 문제를 구분하고 있다(Hatch, 1988 : 89-90).

**가장 잘 구조화된 문제**(well-structured problems)는 상대적으로 범위가 좁고 흔히 하나의 답만이 존재한다. 이런 형태의 문제는 학생들에게 수렴적 사고(convergent thinking)를 하도록 강요한다. 즉 학생들은 문제의 상황을 조사하고 하나의 가장 좋은 해결방법을 찾아야 하는데, 전형적으로 이러한 문제는 알고리즘[4]을 이용하여 문제가 해결된다. 결국 잘 구조화된 문제는 알고리즘과 수렴적 사고에 의해 문제가 해결된다(Hatch, 1988 : 89-90에서 재인용).

그러나 **중간 정도 구조화된 문제**(semi-structured problems)는 한 가지 이상의 답이 존재하고 스스로의 발견방법(heuristics)을 이용하여 해결된다. 대부분의 사람들은 매일매일 스스로 발견하는 과정을 생활화하고 있는데, 즉, ① 우선 가장 최단 기간의 일을 계획하고 ② 중요한 순서대로 일을 수행한다(Foulds, 1983). 문제해결을 위한 스스로의 발견방법은 중간 정도 구조화된 문제를 극복하는 데 지침이 된다.

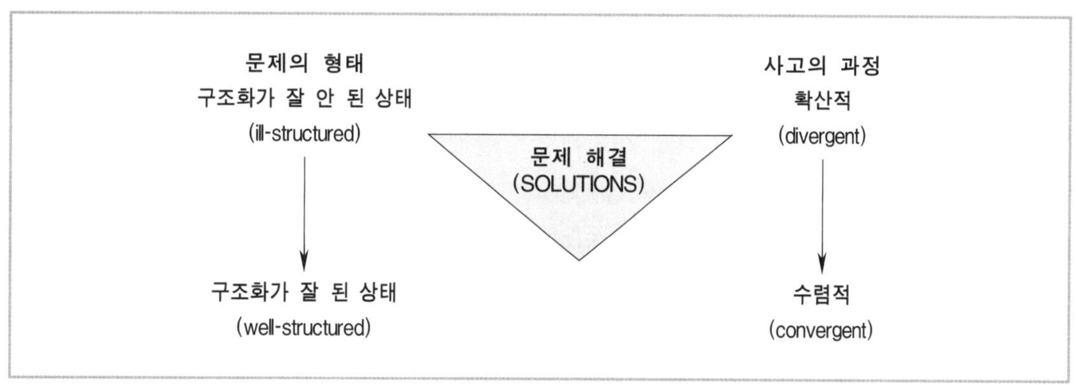


<그림 3-4> 문제의 형태와 사고과정과의 관계(in Hatch, 1988 : 89-90)

**구조화가 잘 안 된 상태**(ill-structured)는 확산적 사고(divergent thinking)와 창의적 문제해결 기법(creative problem solving)이 요구된다. 예를 들어 도시에서의 교통문제 등은 다양한 해결방법이 있을 수 있다. 이러한 문제는 알고리즘이나 스스로의 발견법으로서 해결되지 않고, 창의적 문제해결 기법이 요구된다.

4) Hatch는 알고리즘을 두 개의 숫자를 합하는 문제를 해결하는 과정에서 설명된다고 하면서, 기술적 문제는 학생들이 전압, 점화 플러그 간극, 드릴링 속도 등을 결정하는 문제와 관련된다고 주장한다. 이러한 문제들은 간단한 규칙이나 명세서를 적용하여 해결될 수 있다고 보는 것 같다.

여기서 극단적으로 구조화가 잘 된 상태의 문제는 하나의 답(the answer)만 존재하게 되고, 구조화가 잘 안 된 상태의 문제는 여러 가지 해결방안이나 답(an answer)이 존재하게 된다. 이는 여러 개의 해결방안이 가능한 구조화가 잘 안 된 상태의 문제는 확산적 사고(창의적 사고)가 가능하게 되고, 기술교과 교육에서 이런 문제에 기초한 수업전략의 전개는 아이들에게 생활 문제해결력을 길러줄 수 있다는 길을 열어주게 된다. 이러한 의미에서 문제해결 학습을 통한 기술교과 교육은 학생들에게 문제해결력, 창의력, 의사결정능력, 논리력 등의 고등 사고능력을 길러줄 수 있고, 이는 기술교과 교육의 내재적 가치로서 정당화될 수 있으며, 외재적 가치(생활 적응력)와 더불어 중요한 교육적 목적으로 상정될 수 있는 것이다.

이상의 논의로 보아 문제의 의미는 갈등, 곤혹, 부조화 등으로 인식되며, 이러한 문제는 그 문제의 구조화된 정도에 따라 다양한 문제의 성격을 지니게 된다. 따라서 문제는 문제해결의 시작이며 처음에 경험한 곤혹함을 해결하려는 성취동기를 지니고 있다. 그 성취의 과정이 반성적 사고과정을 통해서 이루어진다면 듀이가 주장한 대로 바람직한 문제해결을 기대할 수 있을 것이다.

### 3) 기술적 문제해결(Technological Problem Solving)

문제해결은 주어지는 문제의 내용에 따라서 일반적인 문제해결(general problem solving)과 특정 영역에서의 문제해결(domain-specific problem solving)로 분류할 수 있다. 일반적인 문제해결은 인지심리학 또는 문제해결 연구의 이상적이고 궁극적인 목표로써 문제해결의 일반 원리를 찾고자 하는 것이며, 특정 영역에서의 문제해결은 수학, 물리학, 기술학, 공학 등 특정 분야와 관련된 문제의 해결로서 수학교육, 물리교육, 기술교육, 공학교육 등 각 교육분야에서의 중요한 연구 과제라고 할 수 있다.

특정 영역에서의 문제해결 중에서 기술적 문제에 초점을 맞추어 한정하고 있는 문제해결을 '기술적 문제해결'이라고 한다(Halfin, 1973; Hill & Wicklein, 1999; Hutchinson & Hutchinson, 1991; Hutchinson & Karsnitz, 1994; ITEA, 2000; Todd, 1990).

기술적 문제해결은 일반적인 특성과 독특한 특성으로 구성되어 있다(Custer, 1995; Jereb, 1996; Johnson, 1989). 모든 문제는 초기 상태, 또는 '무엇인가?'라는 진술문, 해결 경로, 목표 상태 또는 무엇을 요구하는가라는 진술을 포함한다(Newell & Simon, 1972). 또한 문제해결은 창조성, 혁신, 끈기 등과 같은 개인적 특성을 포함하는 과정이므로 기술적 문제해결과 일반적 문제해결의 공통점으로 볼 수 있다(Custer, 1995). 그러나 모든 문제가 기술적인 구성요소를 가지는 것은 아니며, 기술적인 요소를 포함하고는 있지만 기술적 문제라 볼 수는 없는 경우도 있다. 다양한 사고와 주기적인 과정을 촉진하는 능동적인 학습 상황에서 수조작을 수반하는 기술적인 문제해결은 하나의 정확한 답만을 산출하지는 않는다(Davis et al., 1997). 따라서 다른 방

법으로 같은 해결책에 도달할 수 있으며 다양한 방법들이 적용될 수 있으며 다양한 접근 방법들이 적용될 수 있다(Hill & Wicklein, 1999; Johnson, 1994, 1996; Maley, 1986; Pucel, 1995; Savage & Sterry, 1990; Tidewater Technology Associates, 1986; Waetjen, 1989; Wicklein, 1986; Wright et al., 1993).

기술적 문제해결에서 주요한 문제해결 접근은 '설계'이다. 모든 기술적인 문제가 설계 문제만은 아니지만 설계는 기술적 개발의 핵심적인 문제해결 과정으로 고려되고 있으며, 설계 또는 문제해결 과정에 대한 교양은 제품이나 시스템을 만들기 위해 수행되는 과정에 대한 친숙도 뿐만 아니라 인지적, 절차적 지식을 요구한다(ITEA, 2000).

기술적 문제해결은 학생들에게 간학문적 기능을 연습할 수 있는 기회를 주게 된다. 예를 들어, LaPorte와 Sanders(1996)는 기술, 과학, 수학의 연계 활동을 개발하였다. 특히 교사의 자원은 기술, 과학, 수학의 연계 활동과 관련되어 있다. 현재의 교육 과정과 직업적 개발 노력은 참 학습과 문제기반의 교수방법을 통하여 문제해결 능력을 개발하기 위한 방향으로 나아가고 있다(Custer et al., 2001). 또한 문제 확인 능력 개발과 적절한 의사 결정 능력은 기술적 문제해결 활동에서 중심이 되는 것이며 추상적인 아이디어를 실제의 형태로 변형하여 만드는 것은 문제해결에 있어서 자신감을 갖게 한다(Custer, 1999).

또 다른 문헌에서도 기술적 문제 해결의 독특한 구성요소를 제안하고 있다(Billet, 1994; Custer, 1995; Bosworth & Savage, 1994). 대부분의 이론적인 문제가 사고와 관련있는 반면, 기술적이거나 실제적인 문제는 사고에 기반하는 '행위'와 관련되어 있다. 또한 기술적인 문제는 항상 다차원적이라 할 수 있다. 최적의 방법으로 기술적인 문제를 푸는 것은 적절한 기술과 기술적 정책을 고려하는 것만으로 충분하지 않고 구체적인 문제의 해결을 위해 다른 조직적, 경제적 법칙들을 고려해야 한다.

경제와 산업의 관점에서 체계적으로 인지하고, 정의하고, 해결책을 이끌어내는 능력은 기술적 내용에 초점을 맞추고 있어 직업적으로 특히 중요하다. 예를 들어 자동차 정비공은 구성요소나 시스템의 결함에 대해 고장해결이나 분석을 할 수 있어야 한다. 의학 전문가는 규칙적으로 정확한 의학적 진단을 내리는 데 가장 중요한 요소가 무엇인지 결정하는 문제에 직면한다. 기술자는 어떤 제조 방법이 물건을 생산하는 데 있어서 품질의 저하 없이 가장 경제적인 방법인지를 결정하는 데에 있어서 다양한 요소를 고려해야 한다. 현실을 반영하는 모든 문제는 확실한 해결책을 얻지 못하는 개방형 해결책을 포함한다.

Hartwick(1994)과 Robey(1994)는 또 다른 기술적 문제 해결의 특징이 목표이거나 요청되는 종료 상태가 항상 특정하거나 명백하지 않다고 주장한다. 결과적으로, 그들의 연구는 문제해결자가 기본적으로 가설 생성과 실험을 통해서 문제 해결책에 접근해야 한다는 결론을 내렸다. Jereb(1996)은 이 전제에 대해서 반박하고, 기술 기반 문제는 목표 상태가 대부분

초기 상태에서 알려진다고 주장하였다. 다만 대부분의 기술적인 문제의 경우, 출발 상황과 요청되는 결말 상태를 알고 있지만 이런 두 가지 상황 사이의 필요한 변환 활동을 알지는 못 한다고 하였다. 또한 목표 정의가 본질적으로 구체적이지 못한 기술적 문제의 특성화를 위해 Polya(1957)의 발견적 사고 안내자를 이용하여 접근하였다. Polya(1957)는 무엇을 요구하는지 명확하게 파악하기 위한 문제 이해가 문제 해결책에 있어서 기본적인 것이라고 조언하였다. 그는 이것이 알지 못하는 변수와 이용 가능한 데이터 사이의 관계를 확인하기 위한 시도에 의해 성취될 수 있다고 제안했다.

이상의 내용을 정리할 때, 기술적 문제해결은 실세계와 관련이 있으며 추상적인 아이디어를 실제 형태로 변환하는 활동과 같이 사고에 기반한 행위와 관련이 있음을 알 수 있다. 또한 독특한 기술적 문제공간을 가지며 간학문적인 접근이 가능하고 목표 상태가 명확하지 못하며 하나의 정답만을 요구하지 않는다는 특성을 가지고 있다. 이러한 특성들은 일반적인 문제해결들과 구분되는 것이다(김태훈, 2007).

#### 4) 문제해결 수업전략의 특징

문제해결의 수업전략은 사고의 방법에서 오는 복잡성의 문제는 있기는 하지만 그것 때문에 많은 교육적 효과를 기대할 수 있다는 점에서 적용과 효과에 관한 논의가 계속되어 왔다. Watts(1991 : 15)는 문제해결 전략의 중요성을 다음과 같이 설명하고 있다.

- 문제해결은 학생들이 과제를 자신의 것으로 여긴다.
- 문제해결은 의사결정 능력(decision-making)과 다양한 사회적 기술(social skills)을 장려한다.
- 문제해결은 역동적인 학습(active learning)이며, 발견적인 학습(discovery learning)이다.
- 문제해결은 교과의 내용(content) 측면의 성취와 교과에서 요구하는 능력(skill)을 가르치는 도구이다.
- 문제해결은 교과 통합적 활동(cross-curricular activity)이 가능하다.
- 문제해결은 관계와 실생활적인 맥락(real-life contexts)을 강조한다.
- 문제해결과 창의적 사고는 인간활동에 있어서 가장 복잡하고 수준 높은 인간활동이다.
- 문제해결은 의사소통 능력을 강화시킨다.

어떤 사물의 특징을 찾는 것은 여러 가지 방법을 통하여 접근할 수 있지만, 이 연구에서는 문제해결 접근의 수업전략을 프로젝트법과 과학적 방법(탐구방법) 등과 대비시켜 그 차이점을 밝혀 보고, 문제해결 수업전략의 분류 등을 통하여 그 특징을 논의하고자 한다.

##### (1) 프로젝트법과 문제해결법

프로젝트법과 문제해결법의 차이점을 세 가지 입장에서 제시할 수 있다. 첫째, 프로젝트에서 다루어진 문제해결은 고도로 구조화된 문제라는 점이고, 창의적인 활동 중심의 문제해결

법에서 다루어진 문제는 구조화가 잘 안 된 문제들이다. 둘째, 전통적인 프로젝트법에서는 만든 제품의 결과를 중요시하지만 문제해결법은 기술 사회에서 문제를 해결할 수 있는 적응력을 키우는 데 주안점을 두고 실습실에서의 활동경험과 성장과정 등을 중요시하여 인간의 잠재력을 키워주는 데 그 목적이 있다. 끝으로 프로젝트법은 산업과 관련된 물질과 과정 또는 공작 능력에 주안점을 두었지만, 문제해결법은 오늘날 기술사회에서 기술적 문제를 해결할 수 있는 활동이 주된 내용이 된다(Hatch, 1988 : 92-93). 이를 요약하면 [표 3−2]와 같다.

[표 3-2] 프로젝트법과 문제 해결법의 비교

| 구 분 | 프로젝트법 | 문제해결법 |
|---|---|---|
| 문제의 구조 | • 고도로 구조화된 문제<br>(해결이 쉬운 단순한 문제) | • 구조화가 잘 안 된 문제<br>(해결이 어려운 복잡한 문제) |
| 강조점 | • 과정보다 결과를 중요시<br>(결과 지향적 : products) | • 결과보다 과정을 중요시<br>(과정 지향적 : process) |
| 교육 과정 | • 산업과 관련된 공작 능력<br>(industry) | • 기술적 문제해결<br>(technology) |

Johnson & Betts(1989 : 23-26)는 '기술 교육(technology education)에 관한 일차적 관심'이란 연구에서 두 가지 의미있는 질문을 제기하였다. 그 하나는 "왜 프로젝트법이 많은 비평을 받는가"이고, 또 하나는 "문제해결 방법은 기술교육의 학습에서 가장 좋은 방법인가"라는 문제에 대하여 논의한 바 있다. 이러한 질문의 배경은 대부분이 프로젝트법보다 문제 해결법이 훌륭한 방법이라는 인식을 가정하고 있는 것 같다. 그러나 이들은 전자의 질문에 대하여 프로젝트법이 비평받는 가장 큰 이유로 프로젝트법이 과정(process)보다는 지나치게 결과를 지향하고 있다는 점이며, 프로젝트법은 다른 교수방법과 같이 사용될 때 훌륭한 교수법이 될 수 있다고 덧붙이고 있다. 또한 후자의 질문에 대하여 문제해결 방법은 우리의 삶에서 중요한 것처럼 기술교육에서 중요하지만 유일하고 최상의 방법이기보다는 훌륭한 방법 중의 하나로 결론 짓고 있다.

따라서 프로젝트법은 학습 결과나 제품에 비중을 두어 과정 속에 담겨진 반성적 사고를 다소 무시함으로써 사고의 과정을 중요시하는 문제해결 접근과는 차이를 보이고 있는 것 같다. 또한 문제의 구조 측면에서 보면 구조화가 잘 이루어진 단순한 문제를 해결한다는 점에서 문제해결 접근법과 근본적인 차이[5]를 보이고 있다.

---

5) 문제해결법과 프로젝트법의 포함관계에 대한 논의는 입장에 따라 차이를 보이고 있다. 즉, DeLuca(1992 : 26)는 문제해결으로 적용될 수 있는 접근법으로 고장 해결방법(troubleshooting / debugging), 과학적 처리과정(scientific process),

### (2) 문제해결 과정과 과학적 방법

문제해결 과정과 과학적 방법의 비교는 결국 기술교과에서의 문제해결 과정과 과학교과에서의 탐구방법 간의 차이점을 논의하는 것이다. 이는 기술과 과학의 의미를 구분하려는 노력과도 같은 의미를 지닌다.

Barnes(1989 : 26-27)는 문제해결을 기술적 과정(technological process)이라고 전제하면서 문제해결 과정과 과학적 방법(scientific method)과의 차이점을 밝혔다. 문제해결 과정이 최상의 판단과 의사결정에 근거하여 가장 바람직한 해결을 창출하기 때문에 정확성을 요구하지는 않는 반면, 과학적 방법은 문제에 대한 정확한 해결을 요구한다. Gradwell(1988)은 기술과 과학을 비교하였는데, 기술이 개방적 체제(open system), 연역적 추론(deductive reasoning)의 활용, 설계방법(design method), 방법적 지식 · 이론을 기초로 한 결과의 발견 등의 특징을 갖고 있는 반면, 과학은 폐쇄 체제(closed system), 분석적 추론(analytical reasoning), 과학적 방법(scientific method), 이론적 지식 · 문제로 시작하여 이론에 이르는 특징을 갖는다고 하였다(in Barnes, 1989 : 26-27).

또한 Fisher(1986)는 기술교과 교육과 과학교과 교육을 비교하였는데, 기술교과 교육이 과제 지향적, 통제 시스템, 거시적, 인간의 요구에 밀접한 창의적 과정, 설계 과정, 문제해결 과정의 특징을 가지고, 재료, 에너지, 자연현상 등을 이용하여 인간의 지식을 의도적으로 활용하는 교과인 반면, 과학교과 교육은 과학의 지식체, 실험적 증거를 통해서 유도된 지식, 귀납적 추론, 객관성이 확보된 실험, 엄격한 방법론, 유목, 분류, 자세한 관찰, 측정, 예측 등의 특징을 갖는다고 하였다(in Barnes, 1989 : 26-27).

한편, Baker & Dugger(1986)는 과학적 방법과 문제해결 과정을 다섯 가지 단계별로 [표 3－3]과 같이 비교하였다(in Baker & Dugger, 1986 : 11).

이 표에서 알 수 있는 사실은 과학적 방법은 명료하고 이론적이며, 문제해결 과정은 여러 가지 대안이 형성되고 학습자의 능력과 상황에 맞는 해결방법을 추론하고 있는 점에서 차이가 있다.

즉, 문제해결 과정은 기술, 기술교과 교육과 관련된 기술적 과정이며, 과학적 방법은 과학, 과학교과 교육 등과 관련된 분석적 추론과정으로 요약된다. 결국 문제해결 방법은 다분히 기술, 기술교육, 기술적 사고과정에 충실한 방법으로 과학, 과학교육, 과학적 방법과는 차이점이 있다. 이는 문제해결 과정이 기술교과 교육에서 중요하고 효과적인 수업전략임을 확인시켜 주고 있다.

---

설계과정(design process), 연구와 개발(research and development), 프로젝트 관리(project management) 등으로 분류하면서 프로젝트법을 문제해결법으로 포함시켰고, Andrew & Erikson(1976 : 82-86)은 프로젝트법을 훈련 프로젝트(drill project), 생산 프로젝트(production project), 개별 프로젝트(individual project), 문제 프로젝트(problem project : 실험적인 문제해결 방법)로 구분하여 문제해결법을 프로젝트법에 포함시키고 있다. 그러나 이 두 가지 접근법 모두 듀이의 반성적 사고에 기초한다고 볼 때 그 사고과정이 문제해결 과정으로 볼 수 있기 때문에 전자의 경우(프로젝트법이 문제해결에 포함)가 타당하다고 보여진다.

[표 3-3] 과학적 방법과 문제해결 방법의 비교

| 단계 | 과학적 방법 | 문제해결 방법 |
|---|---|---|
| 1 | • 문제의 관찰과 인식하기 | • 학습자의 나이, 동기, 신체능력 등을 고려하여 목표를 세우기 |
| 2 | • 문제의 정의하기 | • 학습자가 새로운 행위를 구체화하고, 결정을 내리고, 새로운 아이디어를 고려하기 위하여 과제를 정의하기 |
| 3 | • 가설을 세우기 | • 학습자가 다양한 해결행위와 대안을 찾고, 그 대안의 일차적 · 이차적 효과를 고려하여 구조화하기 |
| 4 | • 방법을 개발하고 가설을 검증하기 | • 여러 가지 대안 중에서 학습자에 상황에 맞는 최선의 방법을 결정하고, 그 결정을 계획하고 수행하기 |
| 5 | • 결론 내리기 | • 학습자는 그 활동을 평가하고 그 아이디어가 성공했는지 실패했는지를 결론 짓고 도움이 된 요인과 잠재된 요인, 개선점을 결정하기 |

## 나. 문제해결 수업모형의 고찰

기술교과 교육에서의 사고 중심, 과정 중심, 실천 중심, 실생활 중심의 학습과정의 중심에는 '설계 과정(design process)'과 '문제 해결(problem solving)'이라는 두 가지 핵심적인 학습전략이 존재한다. 이 두 가지 학습과정의 전략은 지금까지 기술교과 교육의 목표달성에 매우 중요한 역할과 기여를 해왔고, 앞으로도 그 중요성이 더욱 증대될 것으로 보인다.

### 1) 설계 과정(design process) 모형의 탐색

#### (1) 설계 과정의 개념

영국에서는 전통적으로 과거의 '설계, 공작 및 기술(Craft, Desgin and Technology)'교과와 현재의 '설계 · 기술(Design · Technology)'의 교과에서 '설계 과정(design process)'을 강조해오고 있다. 특히 교과명에서도 설계(design)를 포함시켜 기술적 과정과 사고활동을 중요하게 다루어오고 있다.

Rennes et. al.(1992)은 영국의 설계기술 교육에서 학습활동으로 공학적 설계를 실제적으로 매우 강조하고 있다고 전제하면서, 설계활동(designing)의 사고과정을 크게 4단계로 보았다(in Alister, 2002 : 86).

- 상상과 구상화(imaging and speculating) – 마음속에서 아이디어를 만들어내고 가능성을 사고한다.
- 모델링과 의사소통(modeling and communication) – 적절한 기법을 사용하여 아이디어를 탐색한다.
- 조사와 분석(investigating and analyzing) – 아이디어를 브레인스토밍하고 연구한다.
- 아이디어 개발과 종합(developing and synthesizing ideas) – 설계 제안서를 만든다.

Gwyneth Owen-Jackson(2001 : 27)은 설계의 과정을 문제 명료화(problem clarification), 개념적 설계(conceptual design), 구상 설계(embodiment design), 상세 설계(detail design)의 네 가지 설계를 기본으로 하여 설계에 초점을 둔 모형을 제시하였다.

따라서 Rennes et. al.(1992)와 Gwyneth Owen-Jackson(2001)의 주장을 정리해 볼 때, 설계 과정은 설계활동을 핵심적으로 다루는 공학적 구상, 모델링, 조사, 아이디어 개발과 종합의 절차적 과정을 의미하면서, 설계는 그 과정에서 개념설계, 구상설계, 상세설계로 세분화되어 있음을 알 수 있다.

한편, De Vries(1997 : 23-24)은 설계활동(designing)을 기술의 정의에서 논의되는 네 가지 접근방법(objects, knowledge, activities, volition)에 기초하여 네 영역을 제시하였다.

> 첫 번째 영역은 인간들에게 사용될 기술적 제품을 만들기 위한 목표를 다룬다. 이 영역에서의 주된 연구문제는 소비자가 제품을 사용할 때, 최적의 요구조건을 만족시켜 주기 위한 설계방법이다. 이는 총체적 질 관리 측면에서 접근된다.
>
> 두 번째 영역은 제품설계에 포함된 서로 다른 지식의 유형을 다룬다. 이 연구에서의 주된 연구문제는 경험 중심의 지식(experience-based technologies), 거시적 기술(macro technologies), 미시적 기술(micro technologies) 등의 서로 다른 유형의 기술을 구별하는 데 필요하다는 것을 보여 준다.
>
> 세 번째 영역은 설계 과정에서의 조직되어질 방법과 다양한 설계활동을 다룬다. 여기서 설계 과정의 단계 모형의 가치, 한계와 관련된 많은 연구를 발견한다.
>
> 네 번째 영역은 인간이 경험하는 삶의 질을 고려하는 설계방법을 다룬다. 인간은 살아남기 위하여, 잠재능력을 확장하기 위하여 환경을 통제하고, 기술은 그러한 행위의 수단으로 제공될 수 있다.

이 네 영역을 위하여 기술교과 교육의 필요와 요구의 네 가지 유형과 관련될 수 있다. 이는 생산기술(첫번째 영역), 설계활동(세번째 영역), 평가적 방법에 의한 태도(네번째 영역), 기술의 지식(두번째 영역), 균형을 갖춘 기술개념의 발달(두번째 영역)을 활용하는 기술이다(De Vries, 1997 : 23-24). 이와 같이 설계활동은 기술교과 교육의 주된 활동으로 판단되며, 기술적 활동의 방법적 과정임을 확인할 수 있다.

영국의 설계 · 기술 교과에서의 설계 과정은 미국의 기술교과 교육에도 영향을 주고 있다. 이는 2000년에 발표된 국가 교육 과정 표준(National Standard)의 기술적 교양(technological literacy)의 내용표준에서 설계과정을 Standard 8, Standard 9, Standard 11에서 제시하고 있다(ITEA, 2000 : 15).

기술에서의 설계는 예술에서의 설계와는 의미가 다르다. 즉, 기술적 설계는 인간의 요구와 필요를 만족시키는 범위에서 안정성 · 효율성 등이 탐색되지만, 예술적 디자인은 인간의 실제적 요구나 필요에 거의 제한이 없는 예술적 상상력에 기초한다는 것이다. 기술적 설계의 기

본적 특징은 유목적적(purposive)이며, 특정한 요구에 기초하며, 시스템적이며, 상호작용적이고, 창조적이고, 많은 해결 가능성을 지닌다는 것이다(ITEA, 2000 : 90-91).

종합해 볼 때, 설계활동의 개념적 특성은 대체로 다음과 같이 정리될 수 있을 것이다.

> 첫째, 설계활동은 인간의 필요와 요구에서 출발하는 기술적 활동이다. 이러한 특성은 예술적 디자인과는 구별되는 것이기도 하다.
>
> 둘째, 설계활동은 일정한 사고과정에 기초하는 정신적 활동이다. 즉, 설계활동은 상상과 구상화, 모델링과 의사소통, 조사와 분석, 아이디어 개발과 종합이라는 사고과정을 거치며, 그 과정에서 설계의 수준은 개념적 설계(conceptual design), 구상 설계(embodiment design), 상세 설계(detail design)로 발전된다.

(2) 공학 설계 과정의 개념과 과정6)

공학자는 기술적 문제에 대한 과학적, 공학적 지식을 응용하여, 재료, 기술, 경제, 법, 환경, 인간 중심 고려사항 등에 의한 요구조건과 제한을 고려한 해결책을 최적화 한다. 공학 문제 해결은 이용가능한 자원을 활용하여 빈약한 조건에서 최고의 변화를 이끌기 위한 전략이라고 정의한다. 그래서 공학자는 아이디어의 범위를 정하고 창출하고, 평가하고 실현시키는 활동을 한다.

모든 공학의 분야에서 설계는 과학과 차별화 하는 공학의 기본적 활동이고, 이sms ahems 공학 분야에서 발견되는 한 가지 활동이다.

따라서 공학 설계는 체제적이고 지적인 활동이다. 설계자는 고객과 사용자의 의도나 요구를 충족키키기 위한 기능과 형상과 관련된 구체적 장치, 시스템 도는 과정을 위한 아이디어를 창출하고 평가하고 구체적으로 개념화한다.

설계의 독특한 특징은 설계 문제가 설계자가 고객이나 사용자의 요구나 고려하고 설계되고 개발된 제품이 그들의 이익에 기초하여 개발된다는 사실이다. 이 설계 과정은 그 자체로 복잡한 인지 과정이다.

공학 설계의 7가지 독특한 특징은 다음과 같다.

> 고객 및 목표 지향
> 실제적 맥락
> 제한점을 고려
> 학생들에게 친숙한 재료, 공구, 장비
> 원형 제작과 과정을 거침

6) 이 부분의 Kelley(2017) 교수의 한국기술교육학회 Dbait 워크샵 자료를 재구성한 것이다.

다양한 해결 방안
팀워크를 요구

설계 사고(design thinking)은 설계자가 시스템 맥락, 제작 의사결정에서 흔히 사회적 과정에서 팀으로 작업하는 탐구와 학습의 복잡한 과정을 성찰하고, 서로간의 여러 가지 언어로 "말하기(speaking)"이다.

Kelley 교수는 이러한 공학 설계를 배경으로 하는 설계 과정 모델을 제시하였다.

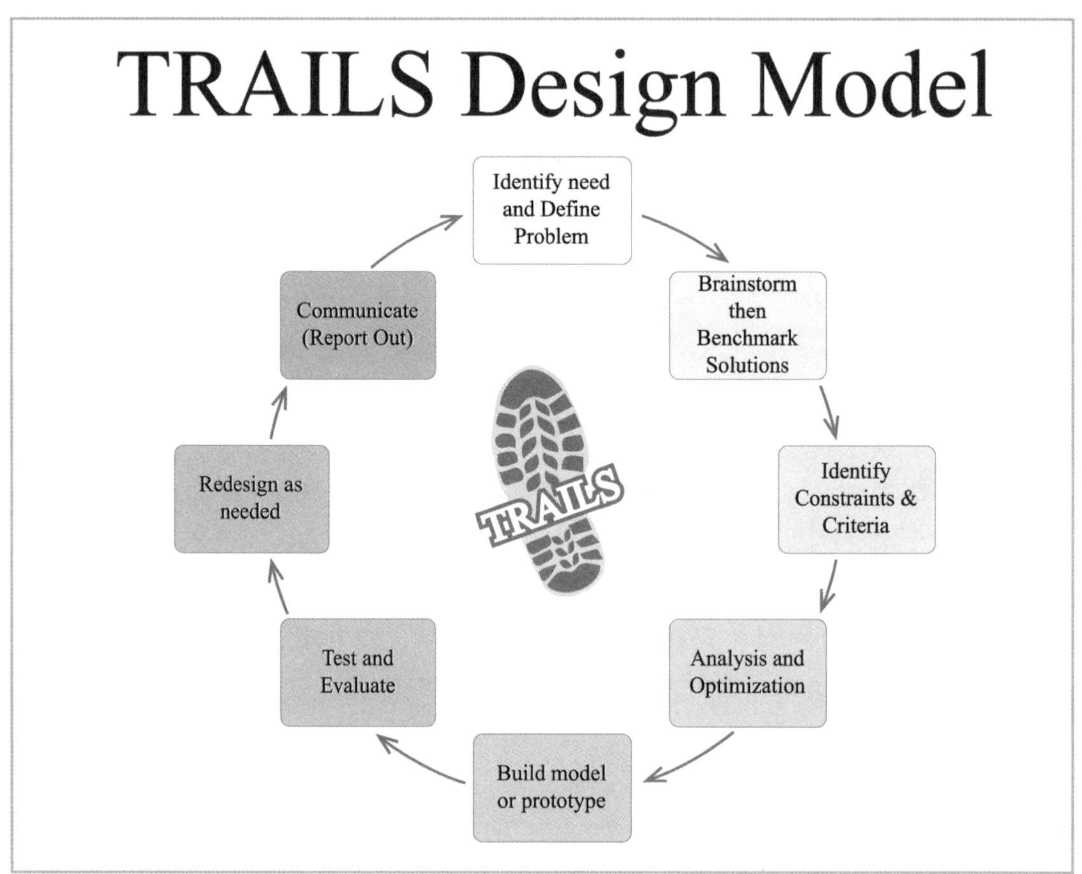


1. 문제정의하기
2. 해결책 탐색하기
3. 제한조건과 준거 확인하기
4. 분석하고 최적화하기
5. 모형만들기

6. 검사와 평가하기
7. 요구되는 수정하기
8. 의사소통하기 – 보고하기

(3) 설계과정 모형의 탐색과 비교

Paulline(1995 : 44)은 "설계활동이 단순히 유일한 선형과정(linear process)이라고 특성을 짓는 것은 잘못된 것이며, 설계활동의 현상을 완전히 설명하는 순환적 모형(circular process)도 없고, 많은 사람들은 문제해결을 하는 설계활동 과정들을 모두가 같은 것으로 잘못 이해하고 있으나 실제로 설계활동은 많은 유형의 사고활동을 포함한다"고 하였다.

Eggleston(1967)은 사고유형을 강조한 설계 과정(design process)은 1950년대와 1960년대의 Guilford의 주요 이론인 개방적 · 창조적 · 외향적 정신과정에 기초한 수렴적 · 논리적 · 목적 지향적 모형의 특징을 지니고 있다. 여기서 마름모꼴의 그림은 확산적 사고와 수렴적 사고를 모형에 표현한 것이다.

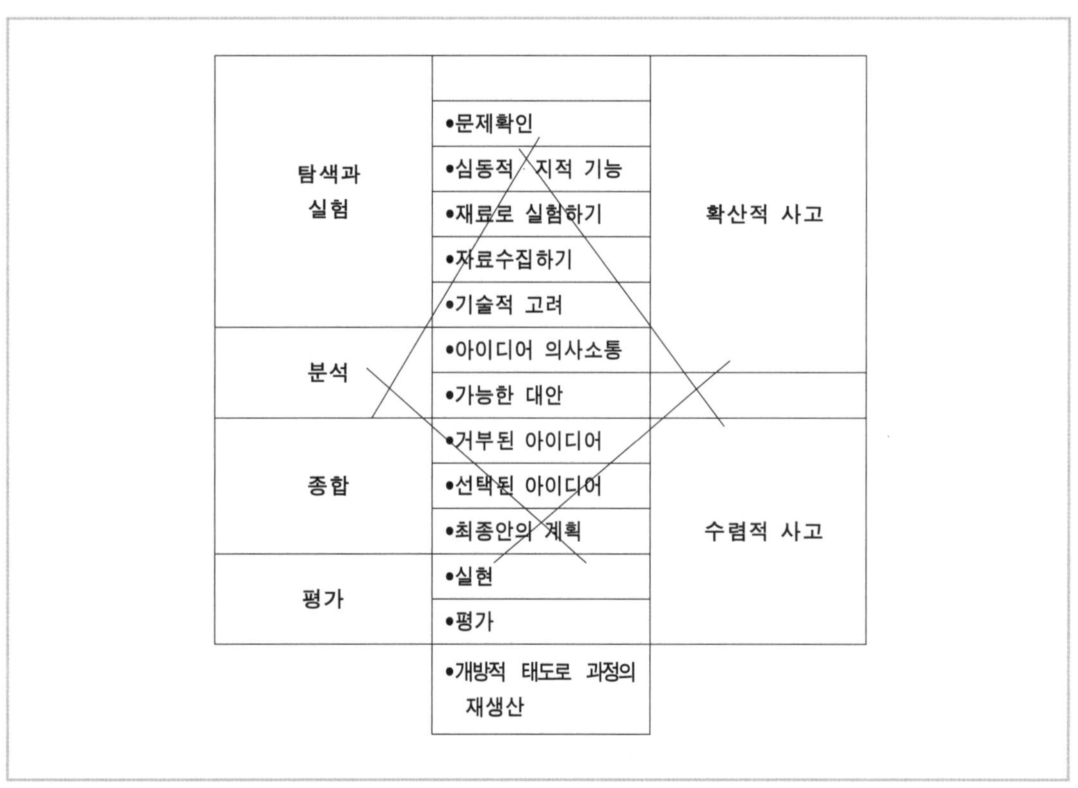


<그림 3-5> Eggleston(1967)의 사고 유형을 강조한 설계 과정(design process)

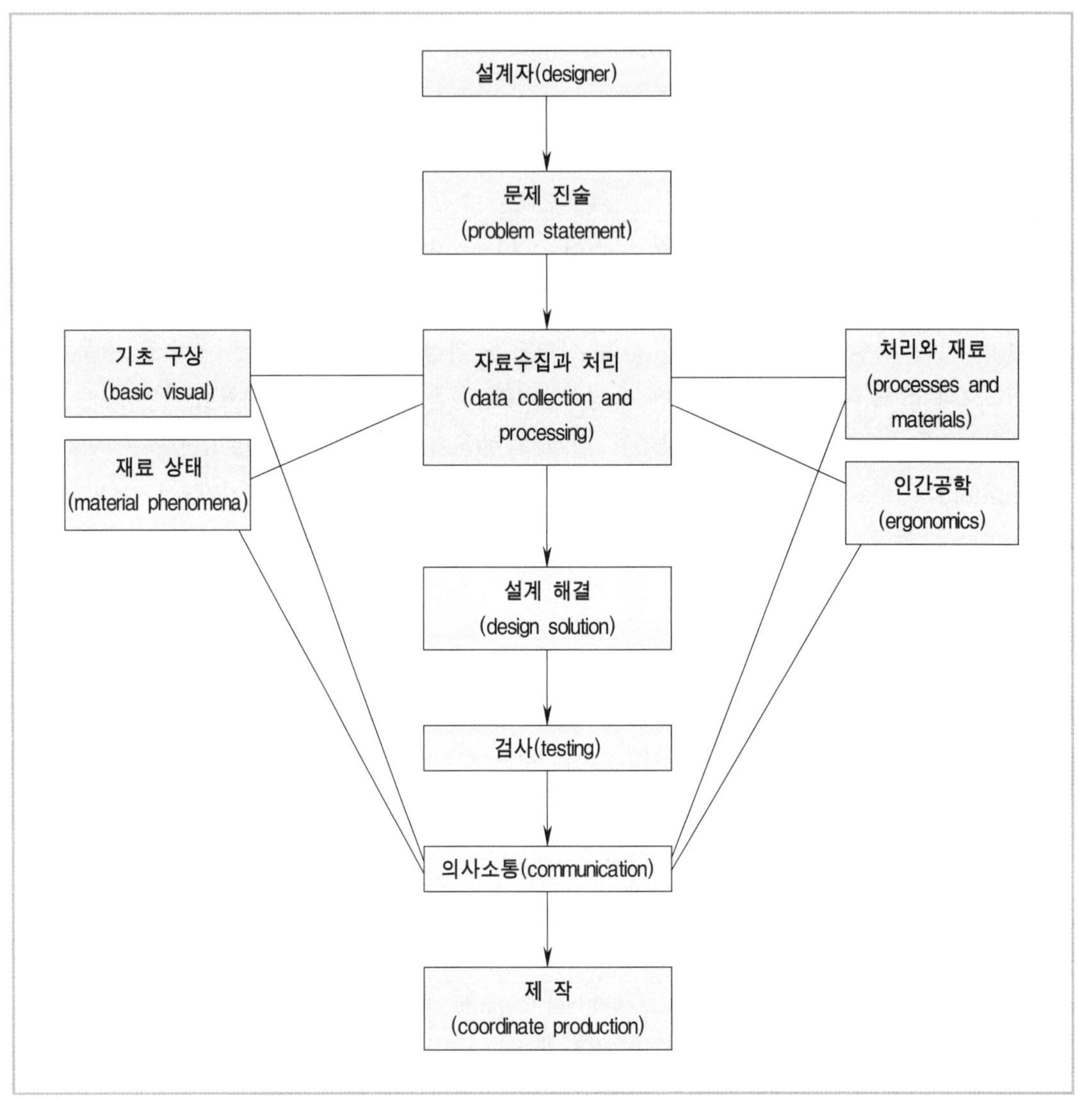


<그림 3 - 6> Baynes(1969)의 설계과정(design process) 모형

Baynes(1969, in Hutchinson, 1987 : 48)가 제시한 설계 과정 모형은 자료수집과 처리 때까지 일련의 수렴적 사고과정으로서 설계자가 묘사되고, 설계자는 가지에 있는 외적인 다른 요인을 고려하고 나서 문제해결을 위한 수렴이 다시 이루어지는 특징을 지니고 있다.

한편, 1972년에 AADTS(Association of Advisors on Design and Technical Studies)가 Baynes(1969)의 모형을 발전시킨 모형을 제시하였다. 이 모형은 자료수집과 원형제작 단계에서 심미적 · 윤리적 개념, 재료와 기법, 시간, 비용, 자원, 능력, 인간공학과 과학적 지식을 반영하여 제안되었다(in Hutchinson, 1987 : 51).

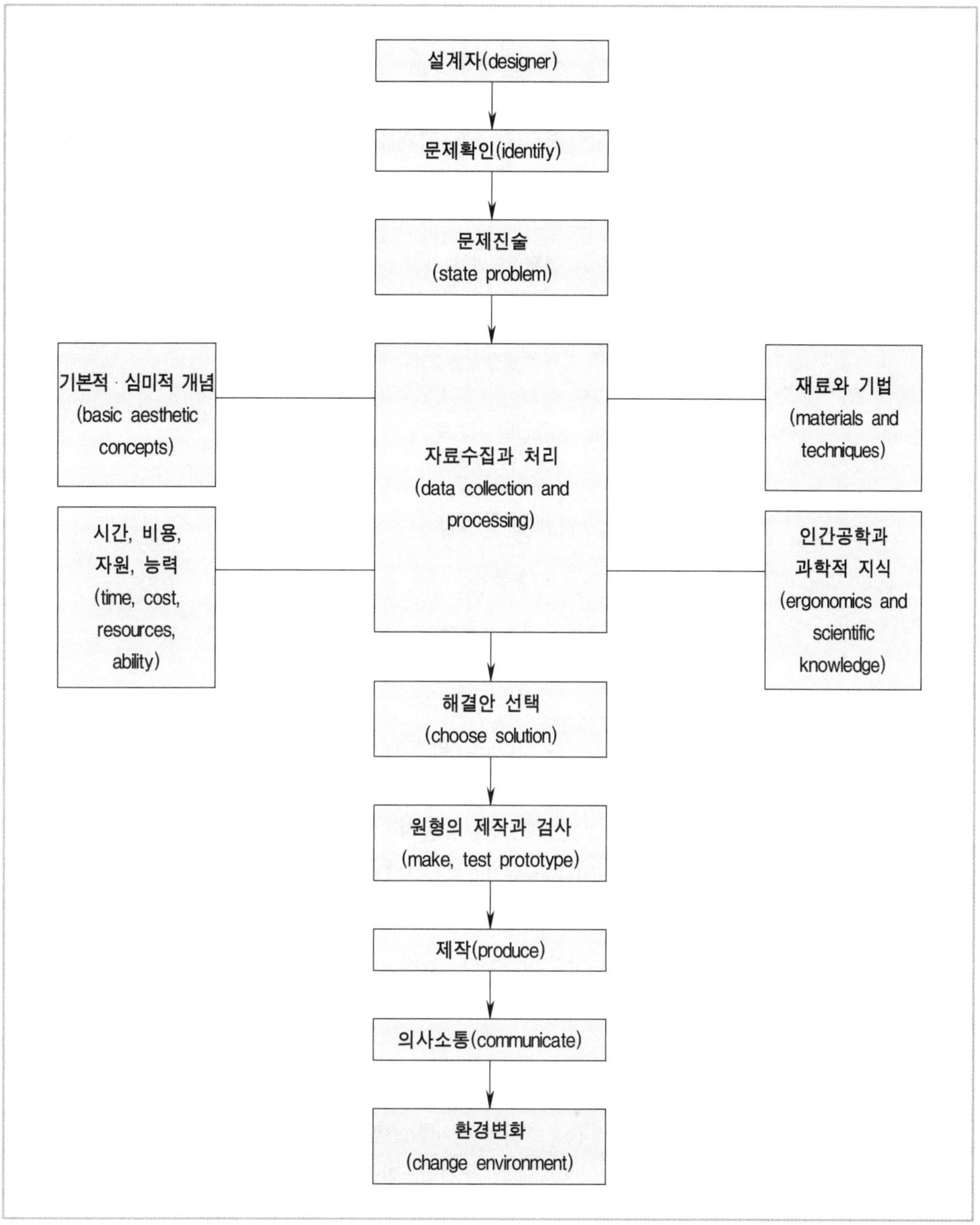

설계자(designer)

문제확인(identify)

문제진술
(state problem)

기본적 · 심미적 개념
(basic aesthetic concepts)

시간, 비용, 자원, 능력
(time, cost, resources, ability)

자료수집과 처리
(data collection and processing)

재료와 기법
(materials and techniques)

인간공학과 과학적 지식
(ergonomics and scientific knowledge)

해결안 선택
(choose solution)

원형의 제작과 검사
(make, test prototype)

제작(produce)

의사소통(communicate)

환경변화
(change environment)

<그림 3 - 7> AADTS(1972)의 설계과정(design process) 모형

1974년에 개발된 Eggeleston의 모형은 **확산적 사고와 수렴적 사고**를 도식화하고, 그 사고과정을 구체적으로 제시하였다(in Hutchinson, 1987 : 53).

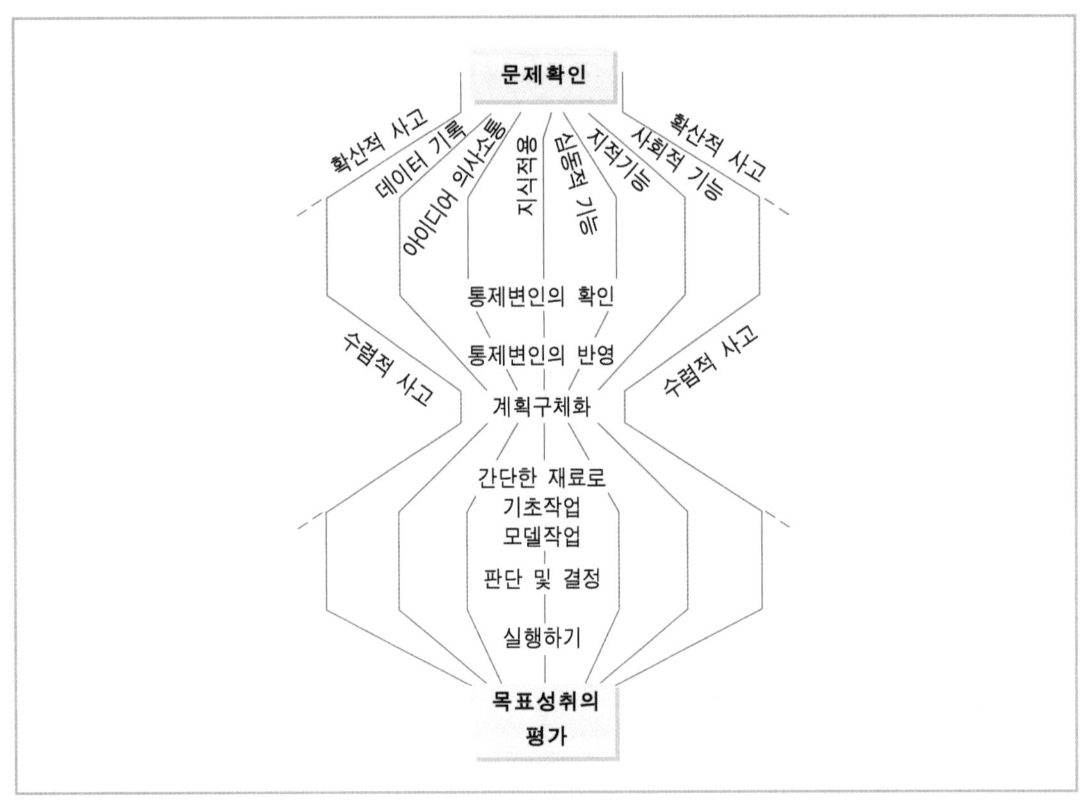


<그림 3-8> Eggeleston의 설계과정 모형

이러한 확산적 사고와 수렴적 사고의 과정은 창의적 설계에서 매우 중요한 사고과정으로 분석된다(최유현, 2002). 특히 Howard-Jones(2002 : 221)는 교실에서 창조적 설계과정을 위한 창조적 인지의 **이중사고 모형**(Dual-state Model)을 제시하였는데, 이는 확산적 사고로 볼 수 있는 **발산적 사고**(generative thought processes)와 수렴적 사고로 볼 수 있는 **분석적 사고**(analytical thought processes)에 기반을 두고 있다.

[표 3-4] 설계하기를 위한 창조적 인지과정의 이중사고 모형(Dual-state Model)

| 발산적(generative) | 비발산적 / 분석적(non-generative/analytical) |
|---|---|
| • 관심-비집중적<br>• 발산적 활동, 연상적 사고<br>• 1차적 과정 사고<br>• 의식이 약함<br>• 보상, 경쟁, 평가가 숨겨져 있음<br>• 과정에서 변경이 용이함<br>• 주로 내적 동기부여 | • 관심-집중적<br>• 비발산적 · 분석적 · 비평적 사고<br>• 2차적 과정사고<br>• 보다 의식적임<br>• 보상, 경쟁, 평가가 드러남<br>• 혼란을 줄여감<br>• 주로 외적 동기부여 |

이러한 발산적 사고와 분석적 사고는 설계 과정에서 두 가지 핵심적 사고활동으로 이 활동의 과정을 초기의 설계 과정 모형에서 개념화한 것은 매우 의미있고 바람직한 시도로 판단된다.

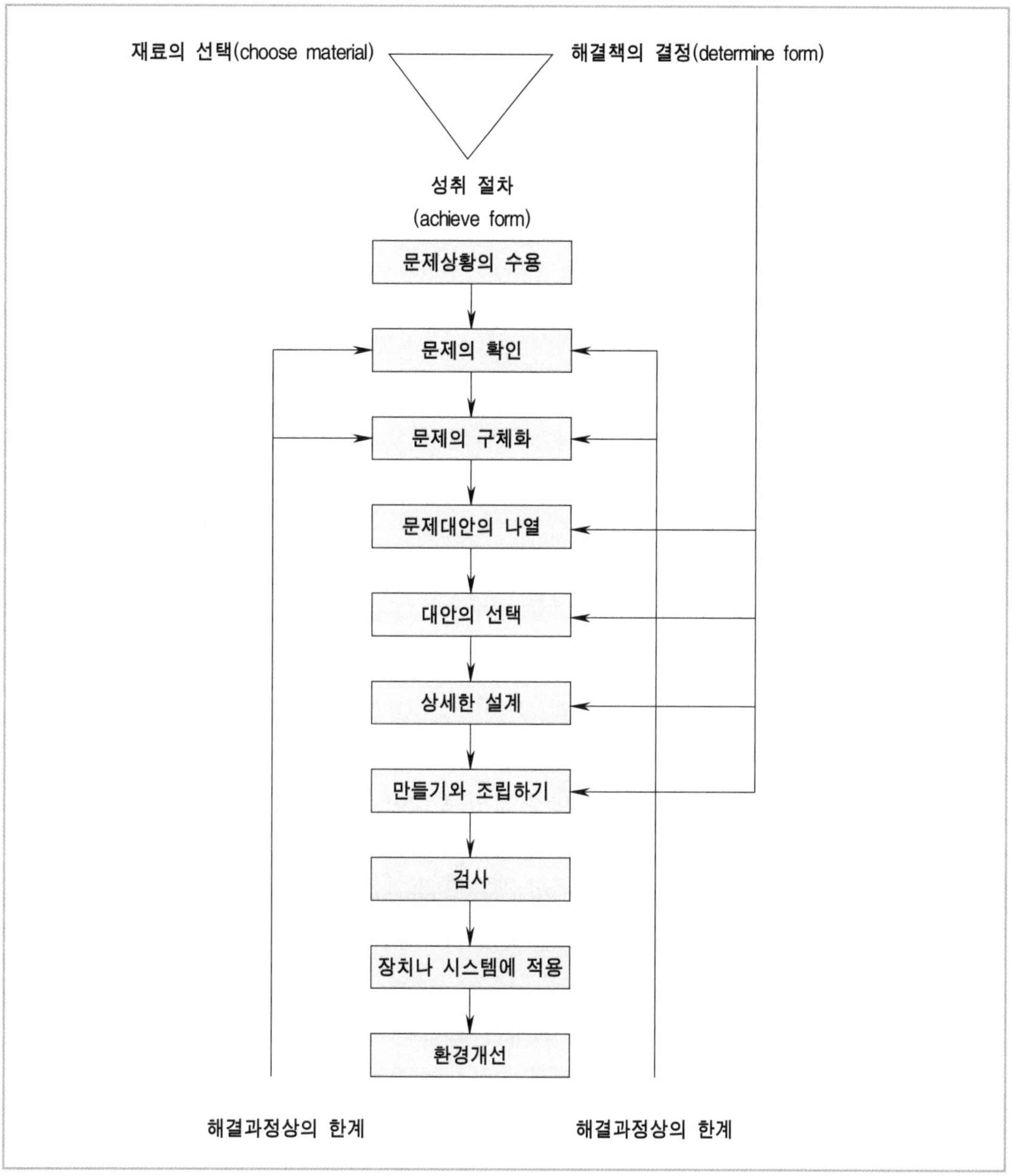

재료의 선택(choose material)

해결책의 결정(determine form)

성취 절차
(achieve form)

문제상황의 수용

문제의 확인

문제의 구체화

문제대안의 나열

대안의 선택

상세한 설계

만들기와 조립하기

검사

장치나 시스템에 적용

환경개선

해결과정상의 한계

해결과정상의 한계

<그림 3 - 9> 설계 삼각형과 설계 절차(design triangle and design line) 모형

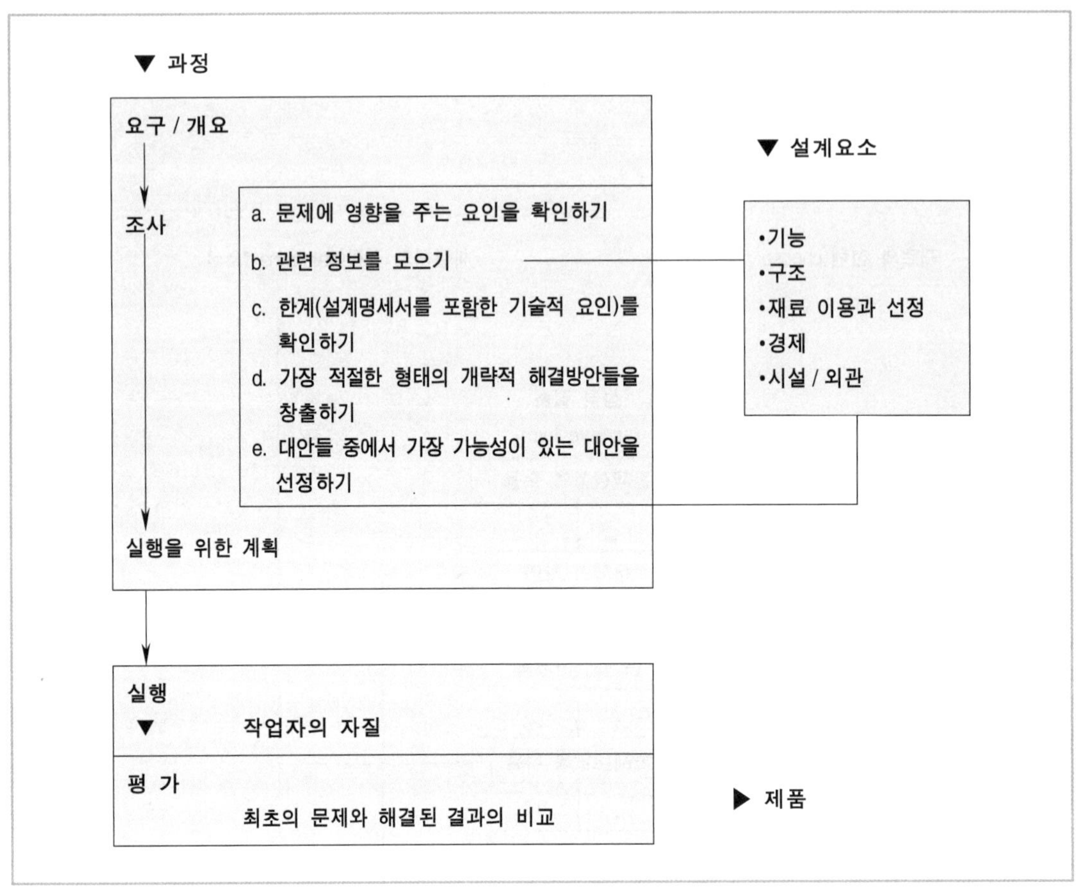


<그림 3-10> 설계의 과정, 요소, 제품

Deere(1969)의 설계 과정 모형(Design Triangle and Design Line)은 재료의 선택, 해결책의 결정, 문제해결 절차의 삼각형 구조로 출발하고 있는 점이 독특하고, 문제를 해결하는 절차를 대체로 상세하게 밝히면서 적용의 관점까지 잘 나타내 주고 있다(in Hutchinson, 1987 : 34).

Jones(1970)의 설계 과정 모형(Design Process, Elements and Products)은 과정에 그치지 않고, 그와 관련된 설계요소를 상세하게 제시하고 있는 점과 제품까지 고려하여 모형화하고 있는 점이다(in Hutchinson, 1987 : 36).

한편, Yarwood(1979)는 Jones(1970)의 모형은 Baynes(1969)와 AADTS(1972)의 모형에서와 같이 특별히 설계요소의 내용을 모형에서 고려하는 공통적 특징을 지니고 있다.

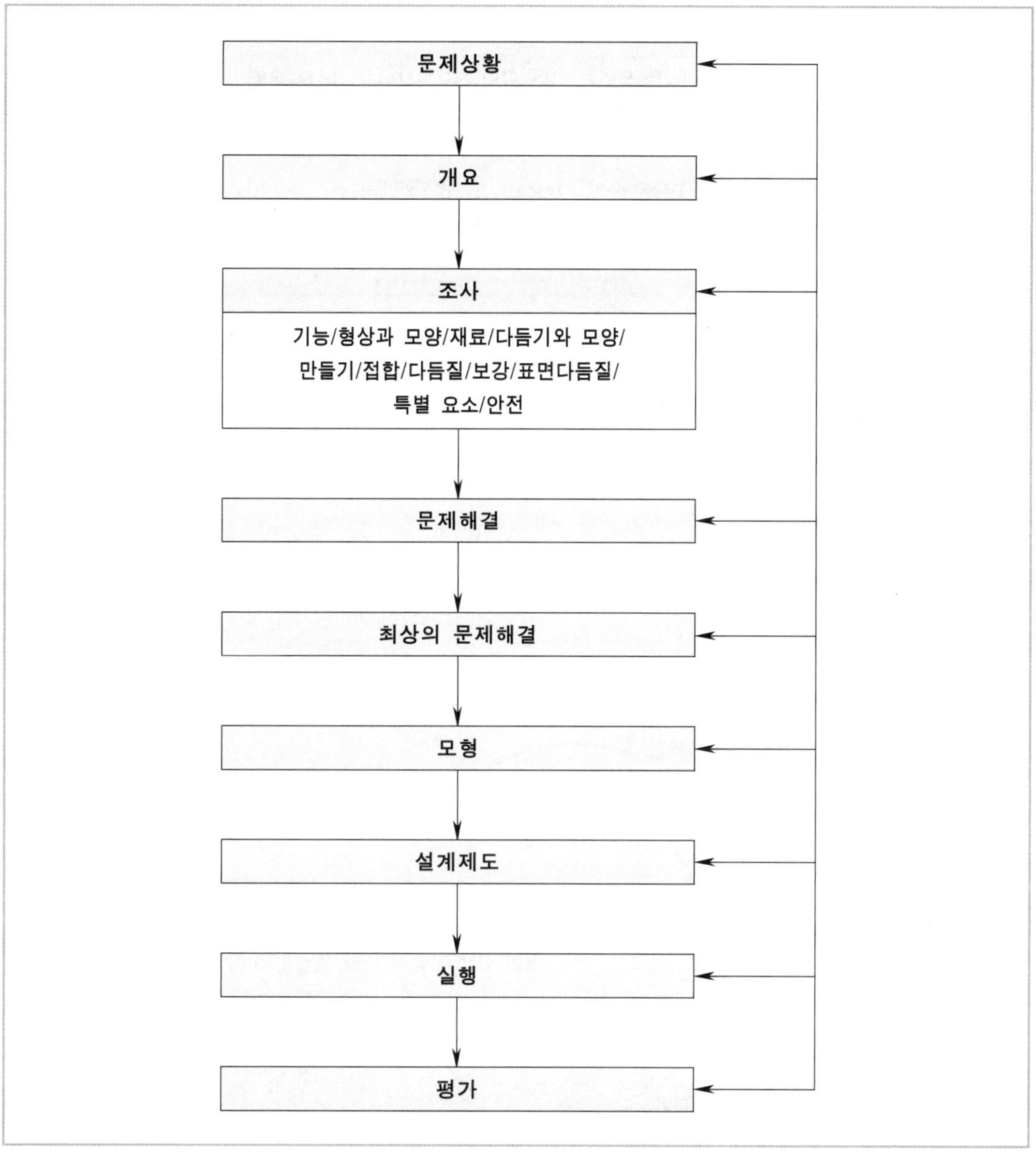

<그림 3-11> Yarwood(1979)의 설계과정 모형

Kimbell 등(1987)은 상호작용 설계 과정(design process : interactive design process)을 제시하였다(Fasciato, 2002 : 34). 즉, 관찰 → 문제 구체화 → 연구 → 가능성 탐색 → 아이디어들의 정련 → 하나의 해결방안 구체화 → 제작계획 → 제작 → 평가 → 문제 구체화로 순환적 과정을 거치는 동시에 하나의 해결책 구체화, 제작, 평가 단계에서는 전 단계를 다시 고려하는 상호작용 모형을 제시하였다.

맥락의 관찰 (observing a context)
문제의 구체화 (detailing a problem)
연구 (research)
가능성의 탐색 (exploring possibilities)
아이디어의 정련 (refining ideas)
하나의 해결책 구체화 (detailing a solution)
제작 계획 (planning making)
제작 (making)
평가 (evaluation)


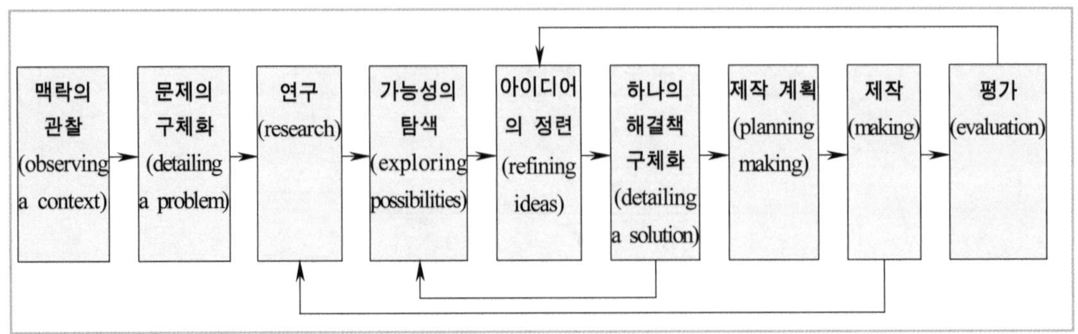

<그림 3-12> Kimbell 등(1987)의 상호작용 설계과정(design process : interactive design process) 모형

그리고 CDT Design and Communication GCSE(1986)는 상호작용 설계 과정 모형을 다음 그림과 같이 제시하였다(Morley, 2002 : 16).

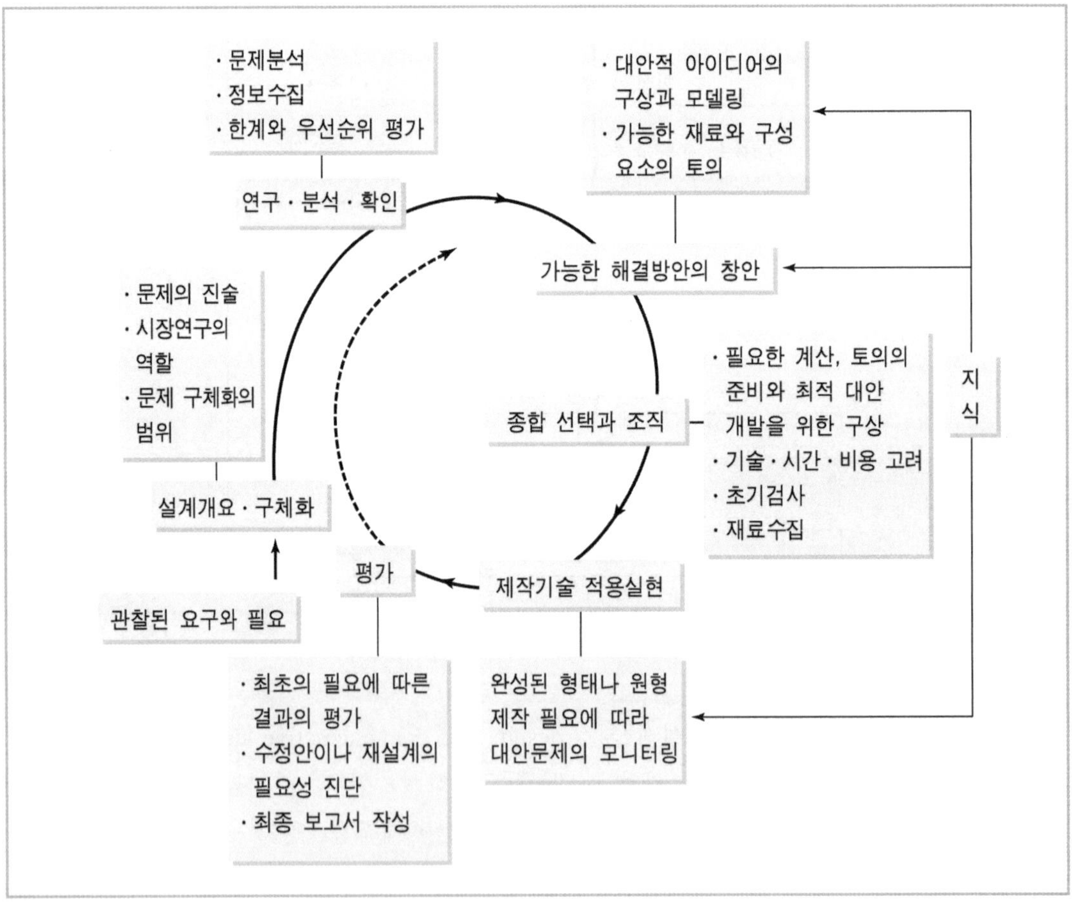

· 문제분석
· 정보수집
· 한계와 우선순위 평가
연구 · 분석 · 확인
· 대안적 아이디어의 구상과 모델링
· 가능한 재료와 구성 요소의 토의
가능한 해결방안의 창안
· 문제의 진술
· 시장연구의 역할
· 문제 구체화의 범위
설계개요 · 구체화
· 필요한 계산, 토의의 준비와 최적 대안 개발을 위한 구상
· 기술 · 시간 · 비용 고려
· 초기검사
· 재료수집
종합 선택과 조직
지식
관찰된 요구와 필요
평가
제작기술 적용실현
· 최초의 필요에 따른 결과의 평가
· 수정안이나 재설계의 필요성 진단
· 최종 보고서 작성
완성된 형태나 원형 제작 필요에 따라 대안문제의 모니터링


<그림 3-13> GCSE(1986)의 상호작용 설계과정 모형

이러한 상호작용 설계과정은 선형적인 단계와 구분하여 설계 루프(design loop)라고도 불리운다. 특히 Hutchinson(1991)은 분석과 조사 → 문제와 기회의 확인 → 설계 개요의 형성 → 문제 명료화와 구체화 → 정보수집 → 대안적 해결방안의 생성 → 최적의 해결책 선정 → 개발 작업 → 원형제작 → 검사와 평가 → 재설계 · 재적용 → 분석과 조사의 순환적 과정을 거치게 된다(Raizen et. al., 1995 : 45).

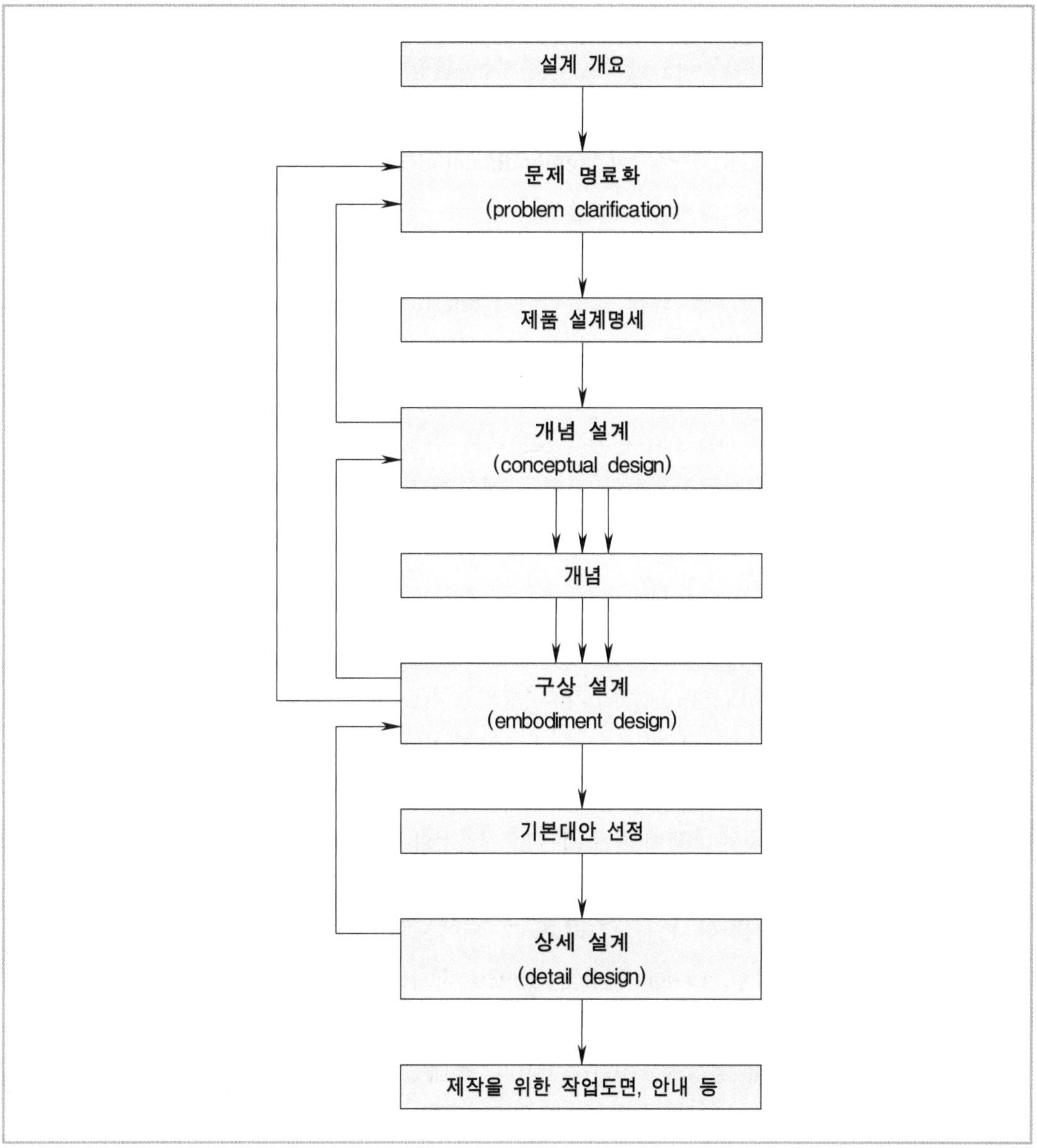

<그림 3 - 14> Gwyneth Owen-Jackson(2001)의 설계 과정

또한 Hutchinson과 Karsnitz(1994 : 18-28)는 『기술에서의 설계와 문제해결(*design and problem solving in technology*)』이라는 저서에서 설계 과정을 '설계형 루프(Design loop)'란 이름으로 Hutchinson(1991)의 설계 과정을 다소 발전시켜 제시하였다. 이 모형을 실제로 저서 전체의 골격을 유지하여 기술적 내용이 모두 설계 과정에 의하여 조직되어 구체화시킨 점이 다소 발전된 모형이라고 할 수 있다. 즉, 문제와 기회의 확인 : 실제 상황의 분석 → 설계 개요의 형성 : 문제 명료화와 구체화 → 조사 및 연구 : 정보수집 → 대안적 해결방안의 생성 → 하나의 해결방안의 선정 → 개발작업 → 모델링과 원형 → 검사와 평가 → 재설계와 개선에서 처음 문제의 기회와 확인단계로 순환하는 원형적 모형을 제안하였다.

Gwyneth Owen-Jackson(2001 : 27)은 설계 과정을 문제 명료화(problem clarification), 개념적 설계(conceptual design), 구상 설계(embodiment design), 상세 설계(detail design)의 네 가지 설계를 기본으로 하여 설계에 초점을 둔 모형을 제시하였다.

이상에서와 같이 제시한 설계 과정을 특징과 주요 과정을 중심으로 비교하면 [표 3－5]와 같다. 여기서 설계 과정 모형을 크게 분류하면 Eggleston(1967), Baynes(1969), Jones(1970), AADTS(1972), Eggleston(1976)의 모형의 **선형적 모형**과 Deere(1969), Yarwood(1979), Kimbell 등(1987), GCSE(1986), Gwyneth Owen-Jackson(2001) 등의 **상호작용 모형**, Hutchinson(1991), Hutchinson & Karsnitz(1994) 등의 **순환적 모형**으로 나눌 수 있다. 특히 근래에 개발된 모형들은 대체로 선형이 아닌 상호작용적인 모형을 제시하고 있는데, 이는 실제적으로 설계 과정에서의 각 과정에서 수정과 개선이 요구되는 공학적 설계의 특성 때문이다.

### 2) 문제해결(problem solving) 모형의 탐색

문제해결에 대한 연구는 Dewey의 철학적 토대 이후 많은 연구가 수행되어 왔으며, 특히 실과 · 기술과 교육 분야에서도 많은 연구가 수행되었다(Deere, 1968 ; Jones, 1970 ; Yarwood, 1979 ; Hutchinson, 1987 ; Phipot & Sellwood, 1987 ; Waetjen, 1989; Todd, 1990 ; Savage & Sterry, 1990, Daiber, Literland & Thode, 1991 ; Meys, 1992 ; Hutchinson & Karsnitz, 1994).

특히 국내에서도 기술교과 문제해결 수업의 효과 연구(최유현, 1995), 기술활동 문제해결 과정활동과 창의력 관계연구(문대영, 2001), 초등 실과 문제해결에 대한 미시발생학적 분석연구(송현순, 2001) 등의 박사학위 논문, 그리고 그 외에도 문제해결에 대한 많은 연구(최유현, 1996 ; 최유현, 1997 ; 최유현, 1998a ; 최유현, 1998b, 최유현, 1998c ; 송현순 · 정성봉, 2000, 문대영 · 류창열, 2001 ; 정성봉 · 김형균 · 송현순 · 조완원, 2002 ; 유연순, 2002). 특히 최근의 문대영(2001), 송현순(2001), 정성봉 · 송현순(2001), 문대영 · 류창열(2001) 등의 연구는 기술적 문제해결 사고과정 활동의 분석관점에서 큰 시사점을 주고 있다.

[표 3-5] 설계 과정 모형의 특징과 주요 과정의 종합 비교

| 구분 | 모형개발자 | 특징 | 주요 과정 |
|---|---|---|---|
| 선형적 모형 | Eggleston(1967) | • 1950년대, 60년대 길포드의 이론 반영<br>• 사고유형 강조-확산적 사고와 수렴적 사고 | • 탐색과 실험 · 분석 · 종합을 대범주로 13개 과정 |
| | Baynes(1969) | • 자료수집 때까지 수렴적 사고 강조<br>• 자료수집 과정에서 기초구상, 재료상태, 처리와 재료, 인간공학을 외적 요인으로 고려 | • 6단계로 제시하고 외적 고려 과정으로 4요소 고려-전체 10단계 |
| | Jones(1970) | • Design Process, Elements and Products로 제시<br>• 6개의 설계 요소를 상세히 다룸 | • 요구 · 개요, 조사, 실행계획, 실행, 평가의 6단계로 제시되고 있으나, 조사단계에서 5단계로 세분화하여 전체 10단계 |
| | AADTS(1972) | • Baynes(1969)의 모형 발전<br>• 자료수집과 원형제작 단계에서 심미적 · 윤리적 개념, 재료와 기법, 시간, 비용, 자원, 능력, 인간공학과 과학적 지식의 설계자에게 확산과 수렴이 동시에 제안 | • 8단계로 제시하고 외적 고려 과정으로 4요소 고려-전체 14단계 |
| | Eggleston(1976) | • 사고유형(확산적 사고와 수렴적 사고)에 의한 도식적 모형화 | • 전체 8단계로 제시되고, 6개의 확산적 사고통제 변인 제시 |
| 상호 작용적 모형 | Deere(1969) | • Design Triangle(재료선택, 해결책 결정, 성취절차) and Design Line으로 제시<br>• 해결책의 결정을 상호작용적으로 제시<br>• 해결책의 한계를 고려함 | • 10단계로 제시 |
| | Yarwood(1979) | • 설계 조사과정을 특별히 고려<br>• 전체 절차를 상호작용으로 모형화 | • 9단계로 제시 |
| | Kimbell 등(1987) | • Interactive Design Process로 제시 | • 9단계로 제시 |
| | GCSE(1986) | • Interactive Design Process로 제시<br>• 각 단계를 상세화하여 가장 복잡하고 구체적 설계 과정<br>• 지식을 고려 | • 7단계로 대범주화하고 있으나 각 단계의 구체적 단계를 포함하면 16단계를 포함한 순환적 모형 |
| | Gwyneth Owen-Jackson(2001) | • 설계의 4단계에 초점을 둔 모형 (문제 명료화, 개념 설계, 구상 설계, 상세 설계) | • 9단계의 상호작용 모형 |
| 순환적 모형 | Hutchinson(1991) | • 상호작용적이고, Design Loop로 제시 | • 11단계의 순환적 모형 |
| | Hutchinson & Karsnitz(1994) | • 상호작용적이고, Design Loop로 제시 | • 9단계의 순환적 모형 |

문제해결은 많은 모형들이 제시되고 있지만 적어도 문제확인(problem identification), 대안적 해결방안의 탐색(exploration of alternative solutions), 선정된 대안의 실행(realization of the chosen solution), 평가(evaluation)의 네 가지 단계를 거치게 된다(최유현, 2001 ; Mioduser & Kipperman, 2002 : 123-124). 어떤 모형의 경우는 각 단계에서 피드백이 제공되고 있지만, 여러 제한점(시간, 사전계획, 학습목표의 명료화, 교사들의 문제해결 과정의 선형적 인식)들 때문에 순환적 모형(cyclical model)은 실제 교실에서는 적용의 한계가 있다(Mioduser & Kipperman, 2002 : 124).

Bransford & Stein(1984)은 가장 간단하게 가르칠 수 있는 문제해결 IDEAL 모형으로서 다음과 같이 제시하였다(Anderson, 1989 : 5에서 재인용).

- I = Identify Problems(문제를 확인하기)
- D = Define and Represent the Problem(문제를 정의하고 제시하기)
- E = Exploring Alternative Approaches(대안적 접근들을 탐색하기)
- A = Acting on a Plan(계획대로 실행하기)
- L = Looking at the Effects(효과를 알아보기)

또한 Todd(1990)는 학생들이 논리적이고 조직적인 태도로 기술적 문제를 해결하기 위한 6가지 단계인 IDEATE 모형을 제시하였다.

- I = Identify and define the problem(문제를 확인하고 정의하기)
- D = Defining the desired goals and available resources(이용 가능한 자원과 바람직한 목표를 설정하기)
- E = Exploring possible solutions(해결 가능한 대안의 탐색)
- A = Assessing the alternatives(대안들을 평가하기)
- T = Trying out the best solution(가장 좋은 대안을 실행하기)
- E = Evaluating the match of goals and results(목표와 실행 결과의 부합성을 평가하기)

Phipot & Sellwood(1987)는 아홉 단계의 문제해결 방법을 제시하였다. 이 접근법의 특징은 해결되어진 문제는 과학적 · 기술적 원리의 한 가지로서 반드시 도구나 재료의 수공적 조작을 요구한다는 것이다(in Waetjen, 1989 : 8). 따라서 Phipot & Sellwood(1987)의 문제해결 단계는 기술교과 교육의 적용을 위하여 보다 접근된 해결단계로서 평가된다.

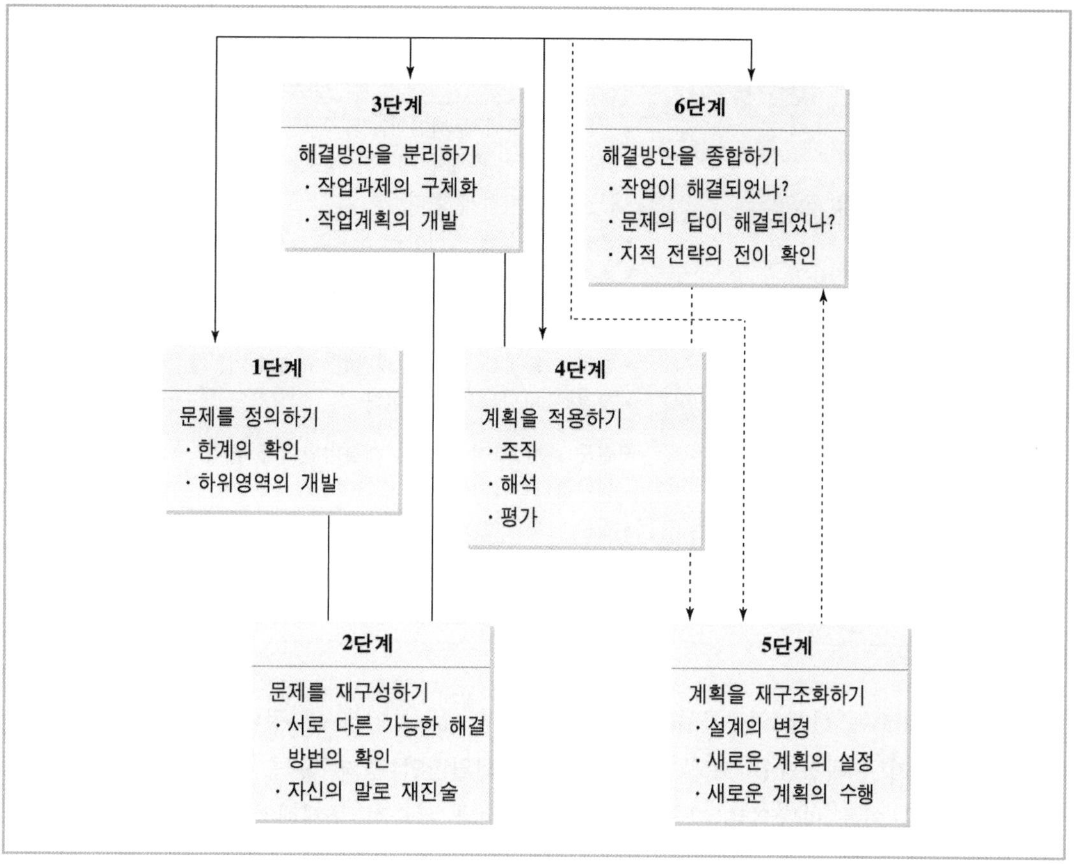

<그림 3－15> Waetjen의 문제해결을 위한 상호작용 모형

- 문제를 정의하기
- 가능한 해결방법에 대한 정보를 수집하기
- 가능한 해결방법을 탐색하기
- 가능한 해결방법을 선택하기
- 그 해결책을 수행하기
- 필요하다면 수정하기
- 다시 최상의 문제해결 방법을 수행하기
- 최종적인 문제해결에 대한 결론을 내리기
- 평가하는 단계로 설명하기

Waetjen(1989 : 9-11)은 '기술교과 교육을 위한 문제해결의 구조(A problem solving framework for technology education)'라는 연구를 통하여 여섯 가지 단계를 제시하고, 문제해결을 위한 상호작용 모형을 <그림 3－15>와 같이 구안하였다.

[표 3-6] 기술적 문제해결 전략(Varnado, 2005; 이한규, 2006, 재인용)

| 기술적 문제해결 단계 | 문제해결 전략 |
| --- | --- |
| 문제인식 및 정의 | • 질문 : 무엇이 문제인가?<br>• 질문 : 이 문제에서 제공된 정보는 무엇인가?<br>• 문제를 간략하게 한다.<br>• 문제의 요소를 제시하는 도표를 그린다.<br>• 계획을 고안한다. |
| 관련정보의 연구 및 분석 | • 질문 : 유사한 문제를 알고 있는가?<br>• 질문 : 문제의 일부를 해결할 수 있는가?<br>• 적절한 자원들을 활용한다. |
| 문제의 해결방안 모색 및 실행 | • 질문 : 한 가지 이상의 해결방안이 있는가?<br>• 해결방안을 개발한다.<br>• 질문 : 최상의 해결방안은 무엇인가? |
| 가장 최선의 해결방안 평가 및 수정 | • 결과를 확인한다.<br>• 문제점을 수정 보완한다. |

Varnado(2005)는 선형 연구물들의 분석을 통하여 '문제 인식 및 정의하기', '관련 정보 연구 및 분석하기', '해결방안 모색 및 실행하기', '해결방안 평가 및 수정하기'와 같은 공통요인을 추출하고 이를 바탕으로 기술적 문제해결과정과 기술적 문제해결 전략([표 3-6] 참조)을 제시하였다.

김태훈(2007)은 기술적 문제해결 관련 선행 연구의 분석과 전문가들의 검토를 통하여 제작 과정을 수반하는 기술적 문제 유형에 적합한 기술적 문제해결 과정을 제시하였다([표 3-7] 참조). 이 모형에서는 각각의 기술적 문제해결 단계별로 각 단계에 해당하는 기술적 문제해결 활동들을 제시하였다. 기술적 문제해결 과정은 '문제이해(Understanding)', '해결방안의 탐색(Exploring)', '실행(Trying out)', '평가(Evaluating)'의 4단계로 제시하였다. 문제이해 단계는 주어진 문제를 읽고 확인하며 자신의 이해하는 의미로 재표현하는 활동으로 구성된다. 해결방안의 탐색 단계는 주어진 재료를 확인하고 사전 지식을 활용하며 해결방안에 대한 모색과 스케치, 모형 만들기 및 모형 수정하기 활동으로 구성된다. 실행 단계에서는 만들기를 계획하고 계획에 따라 제작하며 제작 과정 중에 발생하는 문제점을 확인하고 수정하는 활동들로 구성된다. 평가 단계는 해결방안 및 모형, 문제의 원인, 원형, 결과에 대한 평가활동을 포함하고 있다.

[표 3-7] 기술적 문제해결 과정(김태훈, 2007)

| 문제해결 단계 | 문제해결 활동 |
|---|---|
| 문제 이해 (Understanding) | 문제 확인하기 |
| | 문제 구체화하기 |
| 해결방안의 탐색 (Exploring) | 재료의 확인하기 |
| | 사전 지식 활용하기 |
| | 해결방안 모색하기 |
| | 해결방안 스케치하기 |
| | 해결방안 모형화하기 |
| | 해결방안 가다듬기 |
| 실행 (Trying out) | 만들기 계획하기 |
| | 만들기 |
| | 문제점 확인하기 |
| | 수정하기 |
| 평가 (Evaluating) | 해결방안 평가하기 |
| | 모형 평가하기 |
| | 문제 원인 평가하기 |
| | 원형 평가하기 |
| | 결과 평가하기 |

Waetjen(1989)의 문제해결 전략은 선형적 단계의 수준에 그치지 않고 각 단계의 상호관계를 밝혔다는 데 의의가 있다. 그리고 문제해결의 단계를 여섯 단계로 고정시키지 않고 경우에 따라서는 다섯 번째 단계를 생략할 수 있게 하였다.

Savage & Sterry(1990)는 기술과 교육의 개념적 구조라는 연구에서 기술적 방법으로서 문제해결의 단계를 다음과 같이 제시하였다.

- 문제를 정의하기
- 문제를 해결하기 위한 대안을 개발하기
- 해결방안을 선정하기
- 문제해결의 방안을 실행하고 평가하기
- 문제해결 방안을 재구성하기
- 문제해결 방안을 해석하기

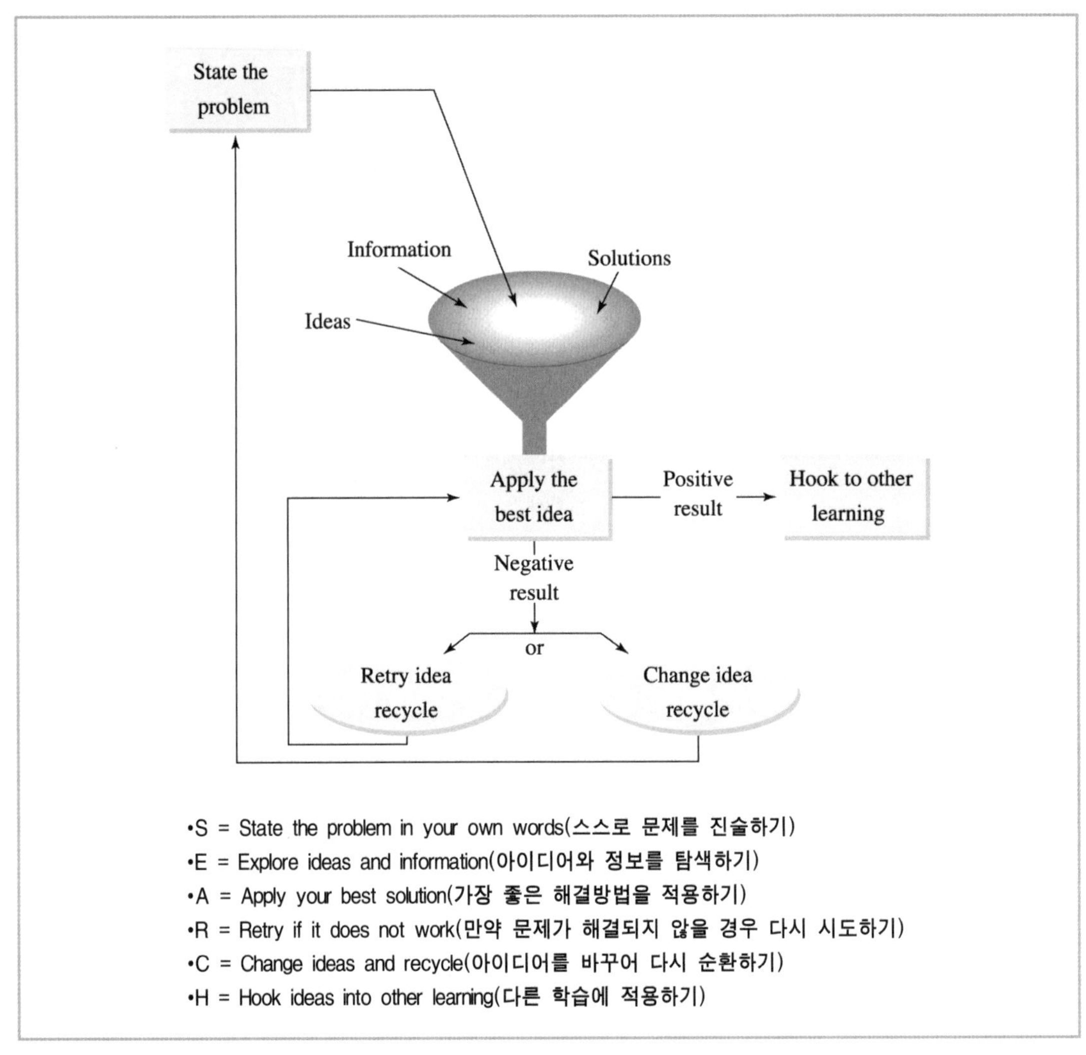


<그림 3-16> Daiber, Literland & Thode(1991)의 문제해결 단계(SEARCH 모형)

Daiber, Literland & Thode(1991 : 191) 등은 기술교과 교육의 문제해결 전략으로 'SEARCH 모형'을 제시한 바 있다. 특히 이 모형의 특징은 문제해결을 한 후 그 성공 여부에 따라 문제를 다시 실행하거나 확인, 계획, 실행하는 절차를 갖도록 구조화하였다는 점이다.

Meys 등(1992 : 1-22)은 '본질적 생존기능의 학습(Teaching Essential Life Skills)'이란 연구 프로젝트에서 기술과 교육을 '문제해결 모형의 적용을 통하여 인간의 문제를 해결하고 인간 잠재력을 확대하는 과정을 탐구하는 교수와 학습을 위한 다학문적 접근'이라고 정의하고 기술과 교육에 포함되어야 할 목표로 문제해결에 강조를 둔 12가지를 제시하였다. 그들은 기술과 교육을 위한 문제해결 모형으로 4단계 문제해결 모형과 8단계 문제해결 모형으로 제시하였다.

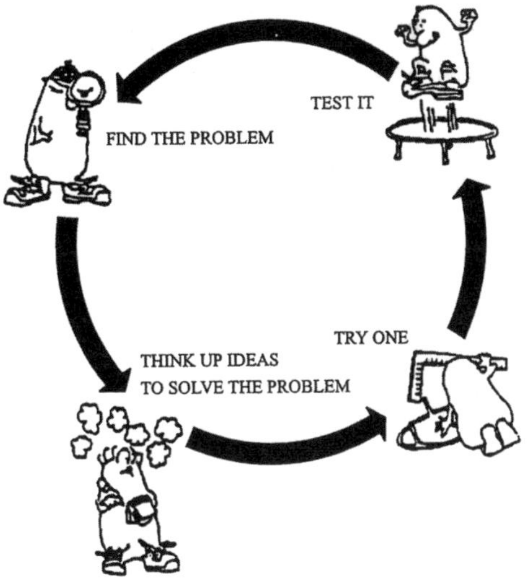

FIND THE PROBLEM
TEST IT
TRY ONE
THINK UP IDEAS
TO SOLVE THE PROBLEM

□ 4단계 모형
- 문제를 찾기
- 문제를 해결하기 위하여 아이디어를 탐색하기
- 한 가지 대안을 실행하기
- 평가하기

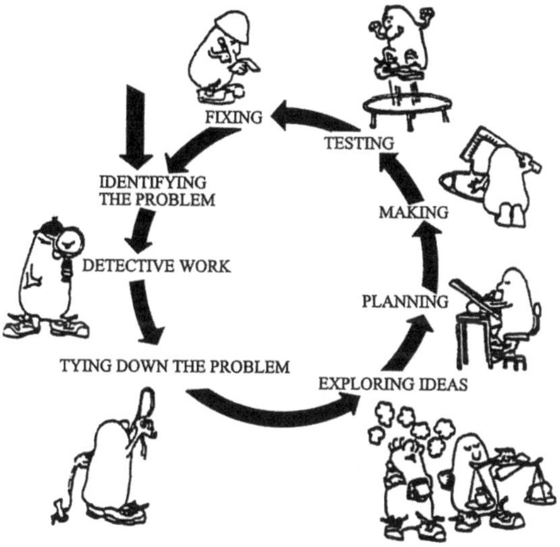

FIXING
TESTING
IDENTIFYING THE PROBLEM
MAKING
DETECTIVE WORK
PLANNING
TYING DOWN THE PROBLEM
EXPLORING IDEAS

□ 8단계 모형
- 문제를 확인하기
- 탐색하기
- 문제해결 방법의 개략적 설계하기
- 아이디어를 탐색하기
- 계획하기
- 만들기
- 검사하기
- 적용하기

<그림 3 - 17> Meys 등(1992)의 4단계 모형과 8단계 모형

특히 8단계 모형의 세 번째 단계의 개략적 설계(design brief)는 문제를 해결하는 데 지침을 마련하는 단계로 기술의 자원(resources of technology)을 활용하는 단계이다. 즉 시간(각 단계에서 문제를 해결하는 데 소요되는 시간), 인적 요소, 지식과 기능, 재료 및 자료, 공구 및 장비, 에너지, 자본 등에 관하여 개략적인 설계 과정을 필요로 한다.

Missouri 주의 기술적 문제해결과 설계단계(technological problem solving and design)는 루프형으로 <그림 3-18>과 같이 제시하고 있다(Downs & Others, 1988 : 14).

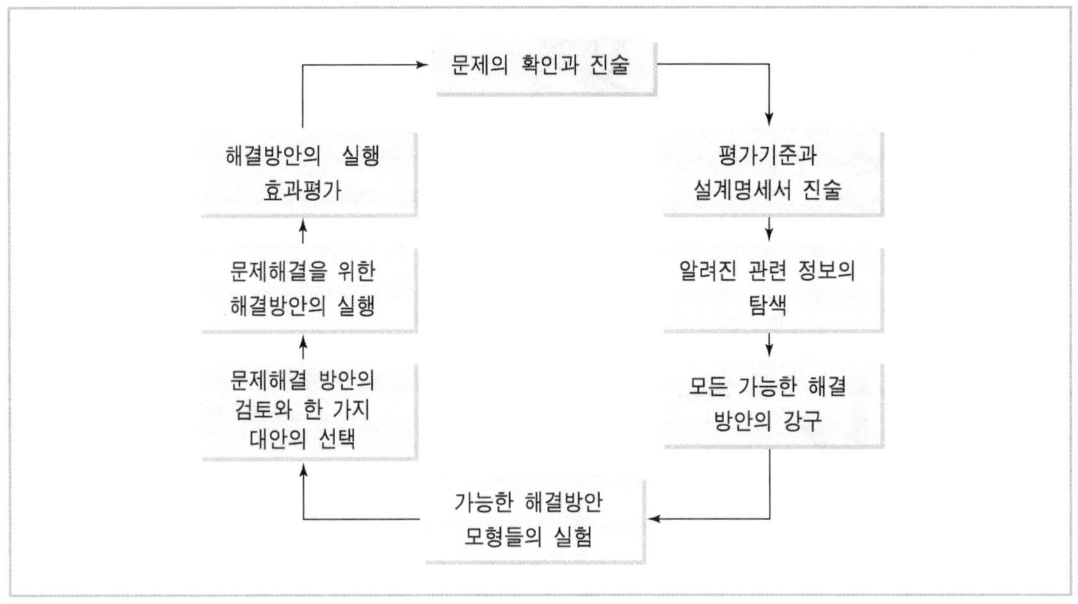


<그림 3-18> Missouri 주의 기술적 문제해결 방법

Hutchinson(1987)은 영국의 문제해결 과정을 종합적으로 분석하여 세 가지 모형을 제시하였다. 즉, **선형적 모형**(linear model), **원형적 모형**(circular model), 문제해결의 관련 요인 모형으로 제시하였다.

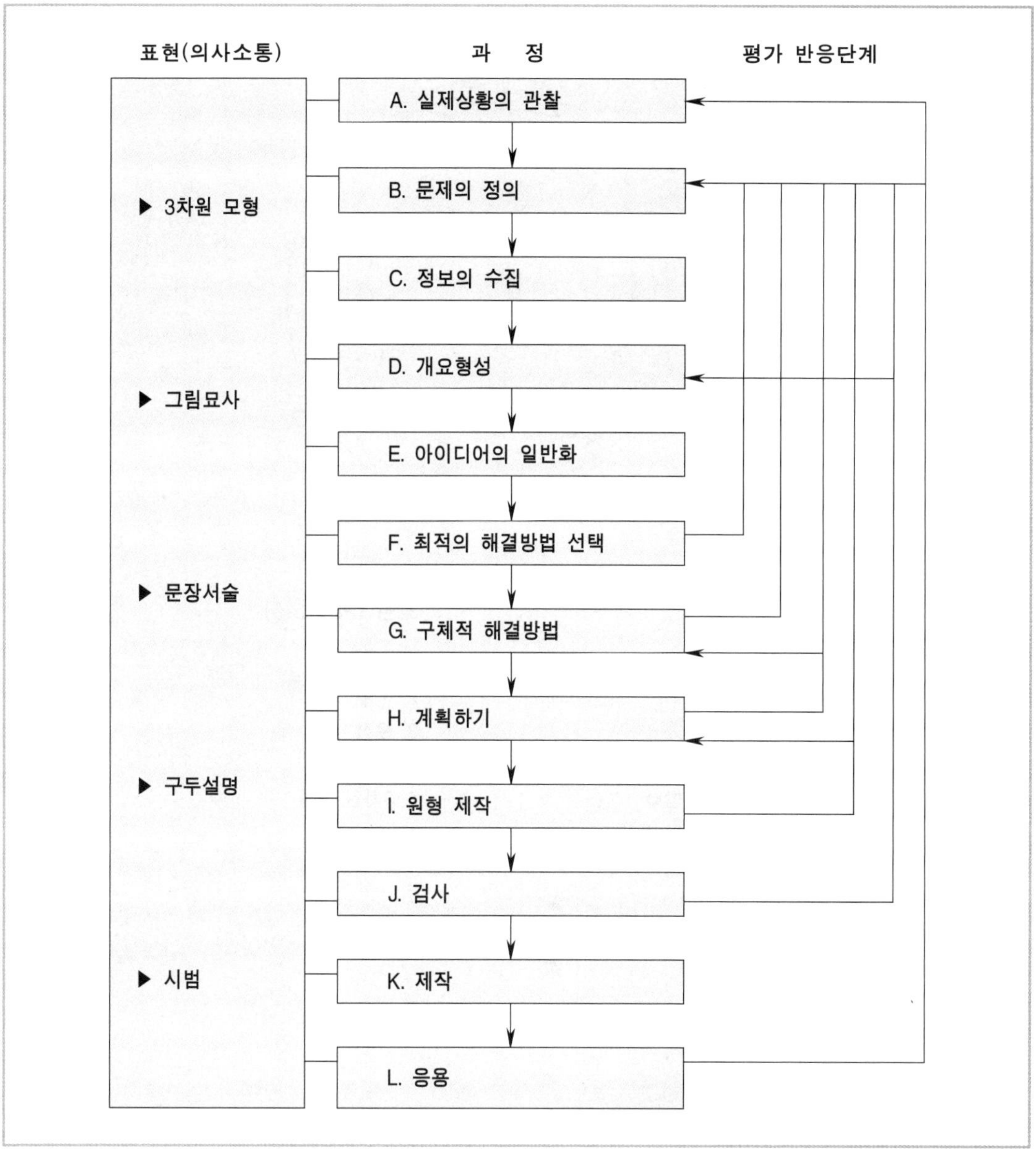

| 표현(의사소통) | 과 정 | 평가 반응단계 |
|---|---|---|
| | A. 실제상황의 관찰 | |
| ▶ 3차원 모형 | B. 문제의 정의 | |
| | C. 정보의 수집 | |
| | D. 개요형성 | |
| ▶ 그림묘사 | E. 아이디어의 일반화 | |
| | F. 최적의 해결방법 선택 | |
| ▶ 문장서술 | G. 구체적 해결방법 | |
| | H. 계획하기 | |
| ▶ 구두설명 | I. 원형 제작 | |
| | J. 검사 | |
| ▶ 시범 | K. 제작 | |
| | L. 응용 | |

<그림 3-19> Hutchinson의 기술적 문제해결의 절차적 모형

선형적 모형에서는 크게 의사소통, 과정, 평가·반응 단계로 구분하고 의사소통에는 다섯 가지 방법을, 과정은 12단계로 <그림 3-19>와 같이 제시하였다.

그리고 원형적 모형은 <그림 3-20>과 같이 선형 모형을 기초로 새로운 시각에서 모형을 제시하였다.

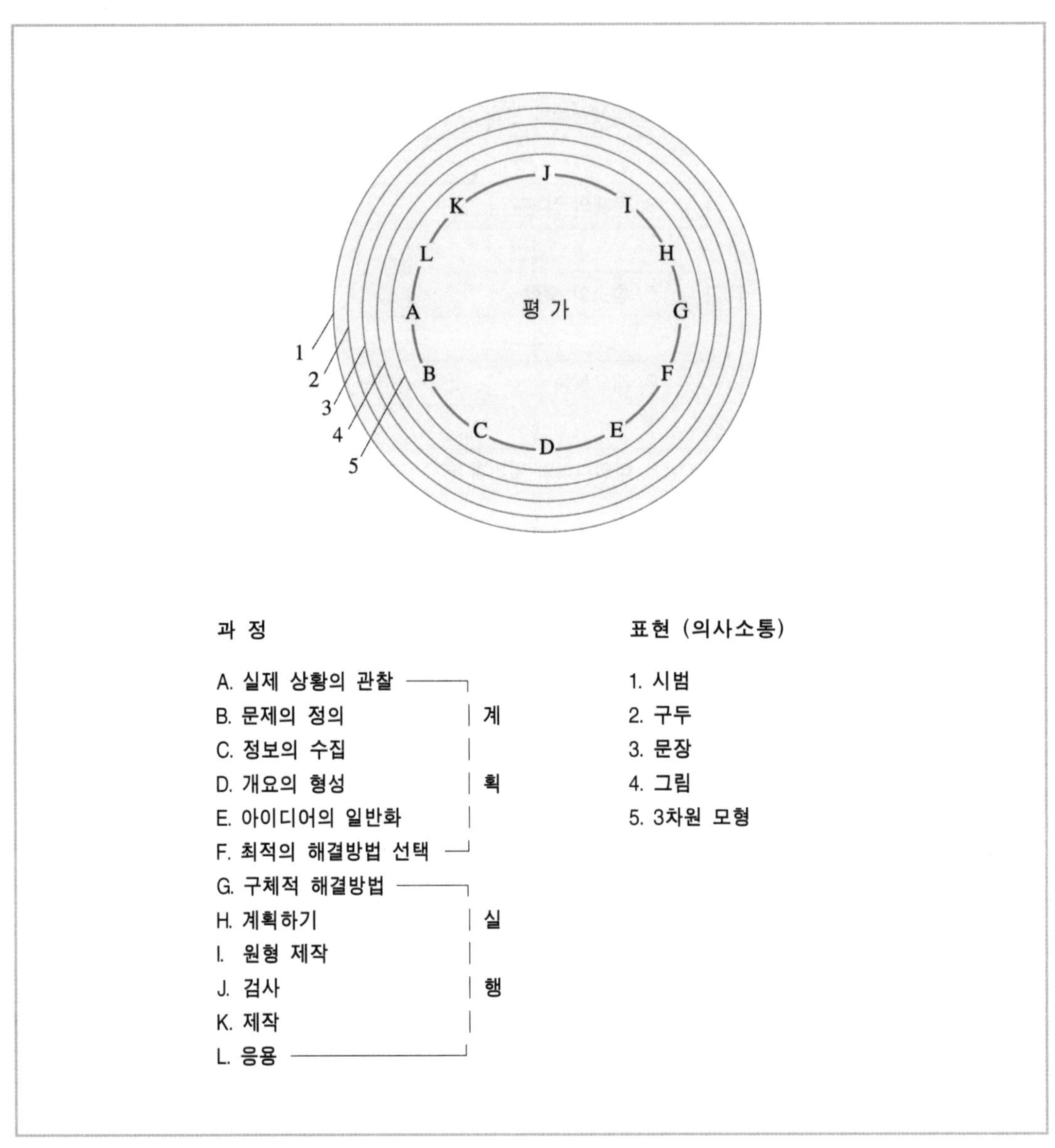


<그림 3-20> Hutchinson의 기술적 문제해결의 원형적 모형

Pierce & Karwatka(1999)은 창의적 사고를 위한 문제해결의 방법을 7단계로 제시하였다.

1. 문제 확인하기(Identify the problem)
2. 해결하기를 원하는 것을 구체화하기(Established what you want to achieve)
3. 유사한 과거의 해결방안을 연구하기(Research past solutions to similar problems)
4. 가능한 해결방안을 탐색하기(Brainstorm possible solution)

5. 최적의 해결방안을 선정하기(Pick the best solution)
6. 작업모형을 구성하기(Build a working model)
7. 필요하다면 해결방안을 적용하기(Adjust your solution if necessary)

이 모형의 특징은 유사한 과거의 해결방안들을 연구하는 기회와 작업모형을 구성하는 절차로서 실제적 문제해결보다 개발(developing)적 문제해결에 초점을 두고 있는 점이 특징이다.

이러한 접근은 Wright, Israel & Lauda(1993)가 'Design-Produce-Use-Assess'의 기술적 활동모형에서 설계단계의 문제해결과 유사한 접근이다. 즉, 개발시스템 모형은 문제 정의하기 → 다양한 해결방안 탐색하기 → 하나의 해결방안 선정하기 → 모델 해결하기 → 해결책 분석하기 → 해결책 의사소통하기 → 문제 정의하기의 순환적 과정으로 표현될 수 있다.

한편, 송현순(2001)은 문제해결의 미시발생학적 분석(microgenetic analysys)의 연구에서 코딩틀로 사용한 문제해결 단계는 문제의 이해(문제의 확인, 문제의 명료화), 연구와 개발(여러가지 아이디어를 창안, 아이디어 평가, 최적의 아이디어 선정), 실현하기(실현할 계획, 만들기, 실행과정의 문제확인, 수정), 평가하기(문제원인 평가, 과정평가, 결과평가)로 제시하였다. 이 모형은 4개의 과정 기능을 중심으로 12개의 하위과정 기능을 제시한 점이 특징이다.

그러나 Mioduser & Kipperman(2002 : 133)은 기술적 문제해결에서 평가·수정 단계에서의 순환적 모형(evaluation·modification cycles)을 중학생들의 평가·수정의 과정을 관찰한 후 다음과 같은 모형을 제안하였다.

이 연구는 평가 단계에서의 학생들의 목표달성을 위한 순환적 모형을 제안하였다. 즉, 처방된 설계 과정보다 설계기능 및 기술 본질적 범주를 강조함으로써 구조화되거나 순차적인 설계학습과제보다 대화를 중시한 해결방안(didactic solution)에 기초한 자원들의 창조를 통하여 실제적 문제해결 과정과 관련된 학습의 개념을 제공하고 있다(Mioduser & Kipperman, 2002 : 136).

이상의 기술교과 교육에서 제시된 문제해결 모형들을 종합적으로 정리하면 [표 3-8]과 같다. 이러한 모형을 크게 분류하면 Bransford & Stein(1984), Todd(1990), Savage & Sterry (1990), Pierce & Karwatka(1999), 송현순(2001) 등의 **선형적 모형**, Phipot & Sellwood(1987), Waetjen(1989), Daiber, Literland & Thode(1991), Hutchinson(1987), Mioduser & Kipperman (2002) 등의 **상호작용 모형**, 그리고 Mey 등(1992), Missouri 주(1988), 최유현(1995), 최유현 (2001) 등의 **순환적 모형**으로 분류될 수 있다.

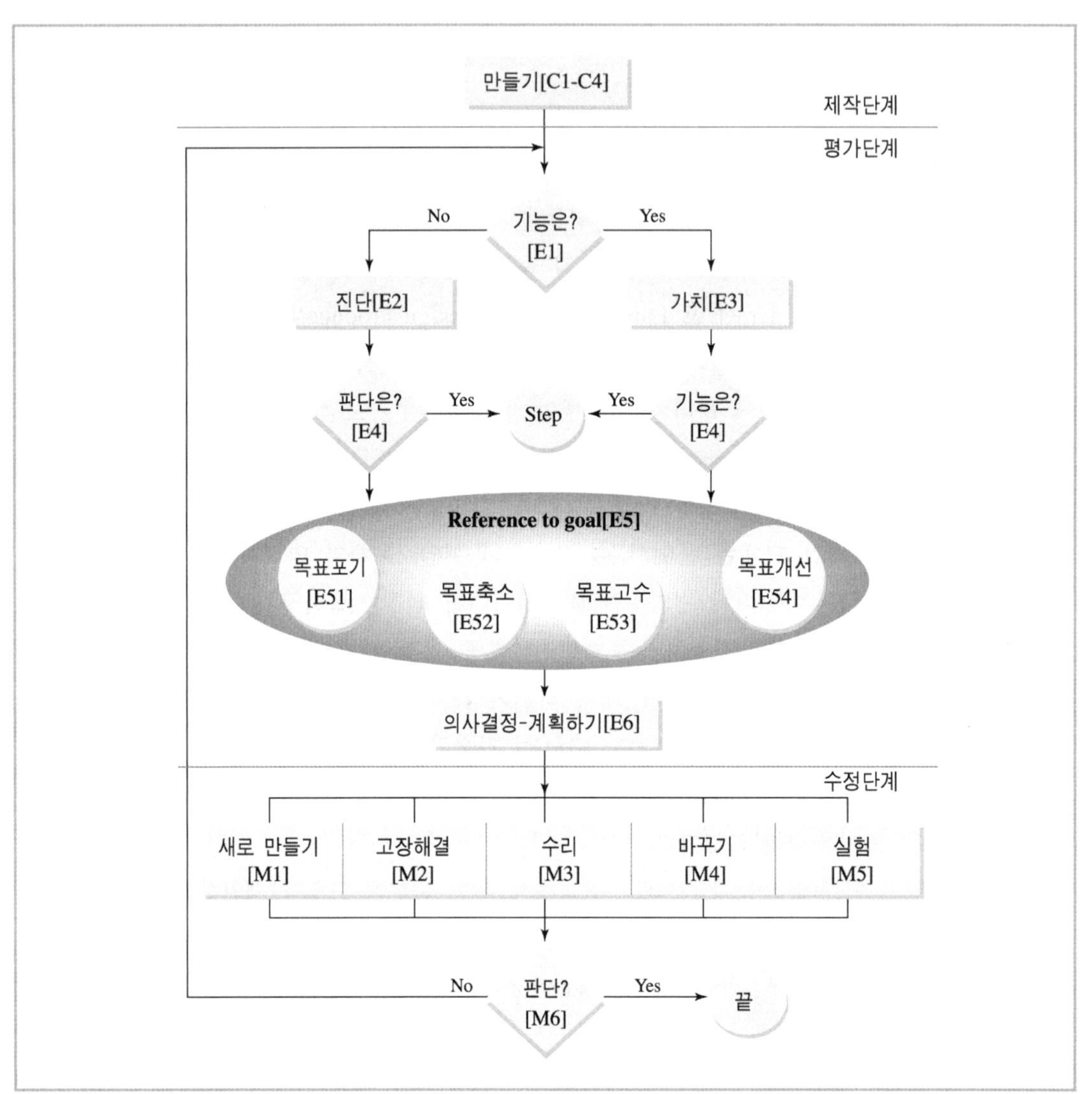


<그림 3 - 21> Mioduser & Kipperman(2002)의 기술적 문제해결의 평가 · 수정 단계에서의 순환적 모형(evaluation · modification cycles)

[표 3-8] 문제해결 모형의 특징과 주요 과정의 종합비교

| 구분 | 모형개발자 | 특징 | 주요 과정 |
|---|---|---|---|
| 선형적 모형 | Bransford & Stein(1984) | • 간단한 IDEAL 5단계 모형 | • 문제확인, 정의, 대안탐색, 실행, 효과알기의 5개 단계 |
| | Todd(1990) | • 간단한 IDEATE 6단계 모형 | • 대안평가를 포함한 6단계로 제시함 |
| | Savage & Sterry(1990) | • 기술과 교육의 개념적 구조의 기술적 방법으로 제시 | • 6단계로 제시함 |
| | Pierce & Karwatka(1999) | • 과거의 문제해결 경험연구 기회제공<br>• 개발(developing)에 중점을 둠 | • 7단계로 제시함 |
| | 송현순(2001) | • 과정분석을 위한 모형 | • 기본 4단계에서 12개 하위과정을 제시 |
| 상호 작용적 모형 | Phipot & Sellwood(1987) | • 정보수집 단계 포함<br>• 필요한 경우 수정 가능성 단계화 | • 9단계로 구체적 과정을 제시함 |
| | Waetjen(1989) | • 상호작용 모형 제시<br>• 계획 재구조화 가능 | • 6단계로 제시하지만 1개의 요소를 포함하고 있음 |
| | Daiber, Literland & Thode(1991) | • SEARCH 모형 제시<br>• 문제해결을 한 후 그 성공 여부에 따라 문제를 다시 실행하거나 확인, 계획, 실행하는 절차를 갖도록 구조화 | • 6단계로 제시하지만 다시 시도하는 과정 제시 |
| | Hutchinson(1987) | • 영국의 설계 과정의 통합적 시도<br>• 표현, 과정, 의사소통으로 제시<br>• 설계 과정과 유사한 모형 | • 11개의 단계로서 선형적·원형적 모형으로 이원화 |
| | Mioduser & Kipperman(2002) | • 평가단계에서의 학생들의 목표달성을 위한 순환적 모형을 제안<br>• 처방된 설계 과정보다 설계기능 및 기술 본질적 범주를 강조함으로써 대화를 중시한 해결방안(didactic solution)에 기초 | • 평가·수정 단계로 제시 |
| 순환적 모형 | Mey 등(1992) | • 순환적 모형을 제시 | • 4단계형과 8단계형으로 제시 |
| | Missouri 주(1988) | • 순환적 모형을 제시 | • 8단계로 제시 |
| | 최유현(1995) | • 문제구조화 정도의 고려<br>• 지적 활동, 제작활동으로 구분 | • 기본 4단계, 세부 11~12단계로 제시 |
| | 최유현(2001) | • 정보수집을 단계에 포함<br>• 탐구적·공작적 활동으로 구분 | • 기본 5단계, 세부 7단계로 제시 |

### 3) 설계 과정과 문제해결 개념과 모형의 차이점의 비교

설계 과정과 문제해결은 사고과정 측면에서 매우 유사한 특징을 갖고 있다. ITEA(2000 : 90-91)의 보고서에서는 다음과 같이 설계를 문제해결의 한 영역으로 접근하고 있음을 알 수 있다.

> 설계(design)는 기술적 개발을 위한 핵심적 문제해결 과정(core problem solving process)이다. 문제해결은 기술의 기초이며, 설계는 문제해결의 한 유형이다. 그러나 기술적 문제(technological problems)는 설계문제(design problems)와는 다르다. 기술은 문제해결을 위하여 많은 유형의 서로 다른 문제와 고장문제해결(troubleshooting), 연구와 개발, 발명과 혁신, 실험 등의 접근법을 포함한다(ITEA, 2000 : 90–91).

이는 DeLuca(1992)가 문제해결 과정을 고장 문제해결(troubleshooting · debugging), 과학적 과정(scientific process), 설계 과정(design process), 연구와 개발(research and development), 프로젝트 관리(project management)로 구분한 것과 같은 맥락이다. 이러한 주장은 설계 과정이 문제해결의 한 유형임을 알 수 있다.

ITEA(2000 : 237, 240)는 기술적 교양을 위한 국가 교육 과정 내용표준(STL)에서 설계 과정(design process)과 문제해결(problem solving)을 다음과 같이 정의하였다.

- 설계 과정(Design Process) : 인간의 필요와 욕구를 충족시키거나 문제들을 해결하는 제품 혹은 시스템으로 자원들을 전환함으로써 계획들을 창출하는 상호작용적인 의사결정 과정이다 (An literative decision-making process that produces plans by which resources are converted into products or systems that meet human needs and wants or solve problems)
- 문제해결(Problem Solving) : 인간의 필요나 욕구를 충족하거나 문제를 해결하기 위하여 문제를 이해하고, 계획을 고안하며, 그 계획을 실행하고, 계획을 평가하는 과정(The process of understanding a problem, devising a plan, carrying out the plan, and evaluating the plan in order to solve a problem or meet a need or want)

이러한 정의에서 보면 설계 과정은 상호작용적인 의사결정을 강조하고, 문제해결은 그 기본과정인 문제확인, 계획고안, 실행, 평가를 강조하고 있음을 알 수 있다.

문제해결은 맥락에 의존(context dependent)하는 특징을 지니며, 따라서 학습자들의 기술적 문제해결 과정학습은 맥락이나 문제상황에 밀접하게 종속되는 경향을 띠게 된다(Alister, 2002 : 86). McCade(1990)는 문제해결은 기본적으로 설계, 고장해결, 기술적 평가와는 다르다고 전제하면서, 학생들이 문제해결 과정 이해를 돕는 데 초점을 둔다고 하였다(Alister, 2002 : 86).

또한 문제해결은 완전히 개방된 문제절차(open-ended process)로부터 설계 과정(design proc-

ess)과 같은 문헌에서 언급된 활동의 코스를 엄격히 따르는 고도로 구조화된 문제에 이르기까지 매우 다양한 형태가 있다(Mioduser & Kipperman, 2002 : 123). 이러한 견해는 'Hill(1998 : 217)이 지적한 설계 과정은 흔히 처방적(prescribed)이고, 체계적(systematic)이고, 선형적(linear)이다'라는 지적을 같은 맥락의 해석으로 볼 수 있다. 즉, 문제해결이 구조화 정도에 따라서는 설계 과정보다 구조화가 정도가 낮은 문제를 다룸을 알 수 있다.

문제해결이 구체적 맥락(context-specific)의 강조와 직접적으로 적용될 수 없는 지식의 통합적 활용을 포함하지만, 설계 과정(design cycle)은 학생들에게 성찰이 없는 선형적 방법으로 가르친다. 즉, 지식과 성찰의 동등한 강조 없이 접근되는 것에 학생들이 어려움을 겪는다.

McCormick 등(1993)은 설계 과정은 복잡하고 쉽게 의사소통하기가 힘들다고 전제하고, 학생들이 문제를 해결하는 데 도달된 각 단계와 과제 종류에 따라 서로 다른 접근법이 요구하는 서로 다른 문제를 접한다고 본 반면, 문제해결은 전체적(holistic) 설계와 제작과정에 의하여 특성화된 매우 서로 다른 방법에 의하여 진행된다고 보았다(Alister, 2002 : 86).

Murphy et. al.(1995) 등은 문제해결과 설계 과정의 공통점이 있긴 하지만 교사들의 면접에 의한 연구에서 [표 3-9]와 같이 서로 다른 용어를 사용한다는 점과 문제해결이 체계적이고 전체적인 활동을 고려하는 반면, 설계 과정이 설계의 계획과정이라는 견해를 밝혔다(McCormick, 2002 : 95).

[표 3-9] 설계와 문제해결의 개념절차 비교

| 설계(design) | 문제해결(problem solving) |
|---|---|
| Identify the need or opportunity<br>필요 또는 기회를 확인하기 | Define or clarify the problem<br>문제를 정의하거나 명료화하기 |
| Creative alternative design idea<br>창조적이고 대안적인 설계 아이디어를 찾기 | Creative alternative solutions<br>창조적이고 대안적인 해결방안을 찾기 |
| Choose one idea and make or model it<br>하나의 아이디어를 선택하고 만들거나 모델링하기 | Implement best solution<br>최적의 해결방안을 실행하기 |
| Evaluate the product made<br>만든 제품을 평가하기 | Evaluate the solution<br>그 해결방안을 평가하기 |

특히 표에서와 같이 문제해결과 설계 과정은 요구, 설계, 모델링, 제품 평가가 단계에서 진술되어 있고, 문제해결은 문제, 해결방안, 해결방안 평가 등이 서로 다르게 진술되고 있다. 이는 문제해결이 보다 일반적이고 문제 중심인 반면, 설계 과정은 설계, 모델링 중심의 전략임을 알 수 있다.

Paulline(1995 : 44)은 '설계활동(designing)'을 많은 사람들이 문제해결과 혼동하고 있다고 전제하면서 다음과 같은 특성을 갖는다고 하였다.

> **첫째, '설계활동'은 의도적 활동을 포함하고, 적절한 결과를 이끌어내야 한다.** 즉, 설계활동은 의도적인 활동이지만, 과제가 완성되었을 때 그 의도가 성취되었는지 반드시 평가되어야 한다. 이러한 관점에서 '설계활동'은 올바른 하나의 정답이 없는 문제해결과는 달리 순환적 과정을 의미한다.
>
> **둘째, '설계활동'은 개인의 욕구와 기회에 대한 발명적인 응답을 의미한다.** 모든 사람들은 개인적인 환경에서 개인적 방법으로 제한점과 가능성을 가지고 있으며, 설계활동이나 과제수행에서 일련의 패턴이 존재하지 않는다. 한 사람은 재료를 탐색하고, 또 한 사람은 기계적 메커니즘을 평가하고, 또 다른 사람은 종이에 구상활동을 한다.
>
> **셋째, '설계활동'은 유목적적이고 생산적이다.** '설계활동'은 고객, 소비자, 후원자, 관리자로서 다른 사람들과 관련을 끊을 수 없다. 의사결정은 다른 사람들의 태도와 의견의 제한점 없이 결정되지 않는다. 설계는 다른 사람들을 위해 생성되고, 목적과 의사결정은 인간 가치의 시스템 내에서 작동된다.
>
> **넷째, '설계활동'은 총체적·통합적 활동이다.** 설계활동은 많은 학문과 연결되어 있고, 기술과교육에서 학습을 지원하고 여러 교육 과정 교과의 통합적 영역이다. '설계활동'은 개별적이고 독립적인 교과영역에서만 존재하지 않는다.

[표 3-10] 설계와 기술의 차이점

| 설계(design) | 기술(technology) |
|---|---|
| • 설계 과정은 기능적·과학적 특징 이외에 심미적 특징을 지닌다. | • 기술적 과정은 과학적·인간적·기능적 제한점에 영향을 받는다. |
| • 하드웨어의 원형적(prototype) 생산과 관련된다. | • 하드웨어가 관련되지만, 하드웨어에 포함되지 않는 탐구 프로젝트도 포함된다. |
| • 새로운 작업요소와 재료를 대체하거나 제안하는 것이 가끔 발생된다. | • 빈번하게 하드웨어의 운전이나 작동방법이 새로운 재료와 개발이 존재한다. |
| • 설계활동에서 응용과학이 작은 역할을 하는 데 거친다. | • 응용과학은 기술적 개발에서 중요한 영역을 차지한다. |

자료 : Page, 1981 : 2.

Hutchinson(1987 : 39)은 문제해결은 기술의 과정으로 전제하고, 이 기술의 문제해결 과정은 설계 과정과는 강조점이 다르다고 하였다.

이러한 설계 과정과 문제해결의 개념, 이론, 모형들에서 나타난 특징들을 정리하면 몇 가지 차이점이 발견된다.

첫째, 설계 과정과 문제해결의 기본개념과 이론의 측면에서 보면, 다음과 같은 차이점이 비교된다(최유현, 2004).

- 설계 과정은 영국의 설계·기술(design & technology education)교과를 중심으로, 문제해결은 미국의 기술(technology education)교과를 중심으로 그 이론이 태동하고 발전되어 왔다.
- 설계 과정은 요구와 기회(need and opportunity), 설계(design), 설계 개요(design brief), 모델링(modeling), 설계명세서(design specification), 원형(prototypes), 의사소통(communication), 설계루프(design loop), 기술적 능력(technological capability) 등의 용어가 자주 사용되고, 문제해결은 문제(problem), 문제 확인(problem identification), 해결책(solution), 문제의 구조(structure of probelm), 기술적 교양(technological literacy) 등의 용어가 자주 사용된다.

두 번째는 설계 과정과 문제해결 모형의 구조에서 나타난 차이점을 정리하면 다음과 같다.

- 설계 과정과 문제해결의 절차는 기본적으로 네 단계로 요약되지만, 그 과정에서 설계 과정은 설계요소의 고려, 확산적 사고와 수렴적 사고, 공작적 문제해결 중심, 모델링 등을 중시하는 다차원적·상호작용적인 모형의 특성을 지닌 반면, 문제해결은 탐구적 기술문제의 해결, 맥락의 강조, 전체적·과정 중심적, 순환적 특징을 지니고 있다.
- 모형의 개발시기는 설계 과정이 1960년대부터 지금까지 활발한 개발이 계속되고 있고, 문제해결은 1980년 이후부터 지금까지 연구가 계속되어, 기술교과 교육에서 설계 과정이 문제해결보다 오랜 전통을 지니고 있다.
- 문제해결이 설계 과정보다 상대적으로 구조화 정도가 잘 안 된 문제(ill-structured problems)를 다루고 있다. 따라서 설계 과정이 보다 유목적적 활동을 강조하고 있다.

그러나 이러한 비교는 일반적이며, 상대적인 차이점으로 모형에 따라 예외적인 접근이 있을 수 있으며, 간혹 설계 과정과 문제해결을 통합한 모형이 제시되기도 한다(최유현, 2004).

[표 3-11] 설계 과정과 문제해결의 기본개념과 이론의 비교분석

| 비교준거 | 설계 과정(design process) | 문제해결(problem solving) | 비 고 |
|---|---|---|---|
| 태동 | 영국을 중심으로 | 미국을 중심으로 | |
| 관련 교과 | 공작, 설계, 기술<br>(Craft, Design & Technology)<br>설계·기술(Design & Technology) | 산업기술(Industrial Technology)<br>기술(Technology) | |
| 주요 배경 이론 | 인지심리학<br>인간공학(Ergonomics) | Dewey의 반성적 사고 | Baynes(1969)<br>AADTS(1972) |

| 주제어 (key word) | Design<br>Design Brief<br>Modeling | Problem<br>Solution(s) | Kimbell 등(1987)<br>GCSE(1986) |
|---|---|---|---|
| 자주 사용 하는 용어 | Observed Need and Requirement<br>Opportunity | Find Problem Identification<br>Structure of Problem<br>Define Problem | |
| | Design Specification<br>Prototypes<br>Communication<br>Realization<br>Modification<br>Systematic | Open ended process<br>Solutions<br><br>Implementation<br><br>Context-specific | Alister(2002)<br>McCormick(1993)<br>Hill(1998) |
| | Literative Process<br>Design Loop | Circular Process | Huchinson(1991)<br>Meys 등(1992) |
| | Technological Capability | Technological Literacy | McCormick(1993)<br>ITEA(2000)<br>Miopduser &<br>Kipperman(2002) |

[표 3-12] 설계 과정과 문제해결의 모형 특징과 구조의 비교

| 비교준거 | 설계 과정(design process) | 문제해결(problem solving) | 비 고 |
|---|---|---|---|
| 기본절차 | 1. Identify the need or opportunity<br>2. Creative alternative design ideas<br>3. Choose one idea and make or model it<br>4. Evaluate the products made | 1. Define or clarify the problem<br>2. Creative alternative solutions<br>3. Implement the best solution<br>4. Evaluate the solution | Murphy et. al. (1995) |
| 모형개발자와 개발시기 | 1960년대부터 현재까지 | 1980년 후반부터 본격적인 개발 | Eggleston(1967, 1976) |
| 구조화 정도 | 상대적으로 구조화 정도가 잘된 문제(well-structured problem) | 상대적으로 구조화가 잘 안 된 문제(ill-structured problem) | Mioduser & Kipperman(2002). |
| 사고의 유형 | 확산적 사고, 수렴적 사고모형 속에 반영 노력 | 모형 속에 반영된 모형은 없음 | Eggleston(1967, 1976)<br>Howard-Jones(2002) |

| 단계의 복잡성 | 다차원적 · 상호작용적 | 순환적, 탐구적 | Hutchinson(1987)<br>GCSE(1986) |
|---|---|---|---|
| 과정의 특징 | 설계요소 고려<br>공작적 문제해결에 기초<br>유목적적 · 생산적 | 일반적 문제해결에 기초<br>Context dependent<br>Holistic<br>과정적 | Paullin(1995) |
| 모형의 범위 | 설계 · 기술 공작의 한정적 범위 | 일반 기술탐구로서 대체로 범위가 넓음 | Todd(1990)<br>Bransford & Stein(1984) |

#### 4) 설계 과정과 문제해결 개념과 모형의 공통점의 추출

설계 과정과 문제해결의 차이점도 앞서 분석된 것처럼 발견되지만, 공통적인 요소도 다음과 같이 추출되었다(최유현, 2004).

첫째, 기술교과 교육의 지식활용 차원에서 **'절차적 지식(procedural knowledge)의 활용'**, **'통합적 지식활용(integration of knowledge)'**, **'실제적(real-world) 맥락 강조'**를 설계 과정과 문제해결에서 공통적으로 추구하고 있다고 볼 수 있다. 이러한 특징들은 기술과 교육이 갖는 특징이며 학습의 풍부한 자원으로서의 본질적 요소이기도 하다(Johnson, 1997 : 169-175).

둘째, 기술교과 교육의 학습과정 차원에서 설계 과정과 문제해결은 **'인지과정 중심 사고와 활동(higher order thinking)'**, **'개방적 문제(open ended problem)로 확산적 사고 유도'**, **'구성주의적 학습환경(constructivism)'**이라는 특성을 갖는다. 이는 두 가지 모형 대부분에서 인지과정 중심 사고절차를 갖고, 해결방안을 탐색하기 위한 확산적 사고와 그 탐색된 아이디어를 평가하고 의사결정하는 수렴적 사고에 기초하고 있다(Eggleston, 1967; Baynes, 1969 ; Jones, 1970 ; AADTS, 1972 ; Eggleston, 1976 ; 최유현, 2001, 최유현, 2002).

셋째, 기술교과 교육의 교과교육적 차원에서 이 두 모형은 **'기술교과 교육의 방법적 철학(technological process)'을 제공**하고, 기술의 본질적 활동인 인간의 잠재능력을 확대하기 위한 발명적 · 혁신적 전략(invention and innovation)의 구체적인 사례이고 전략이라는 점이다(ITEA, 2000). 기술이 새로운 창조와 혁신적 과정이라는 사실을 감안할 때, 이 두 모형은 그 구체적인 증거이고 전략인 셈이다.

### 다. 설계 과정과 문제해결 과정을 통합한 기술적 문제해결 모형

#### 1) 설계 과정에서의 기본원리의 추출

설계 과정 모형을 탐색한 결과, 추출된 기본원리는 다음과 같다.

첫째, 설계 과정의 몇 가지 모형에서 **확산적 사고, 수렴적 사고** 등을 중심으로 한 인지적 사고활동을 모형에 도식화하고 포함시켰다는 점이다(Eggleston, 1967 ; Baynes, 1969 ; Jones, 1970 ; AADTS, 1972 ; Eggleston, 1976). 이는 기술과교육에서 실천적 활동에 기초한 인지적 사고활동을 구체적인 가능성을 제시하면서, 기술적 문제해결 모형에서 반영되어야 할 당위를 잘 설명해 주고 있다.

둘째, 설계 과정 모형은 대부분의 모형에서 **설계와 계획과정**을 매우 상세하게 다루고 있음을 알 수 있다. 이러한 접근은 설계 과정 활동은 상상과 구상화, 모델링과 의사소통, 조사와 분석, 아이디어 개발과 종합이라는 사고과정을 거치며, 그 과정에서 설계의 수준은 개념적 설계(conceptual design), 구상 설계(embodiment design), 상세 설계(detail design)로 발전됨을 확인할 수 있다(Gwyneth Owen-Jackson, 2001).

셋째, 설계 과정의 대부분의 모형은 설계에 초점을 두는 이유로 여러 가지 **기술적 설계요소**를 고려하고 있다는 것이다. 즉, Jones(1970)의 모형에서 6개의 설계요소, Baynes(1970)의 기초구상, 재료상태, 처리와 재료, 인간공학, 그리고 Baynes(1969)은 심미적 · 윤리적 개념, 재료와 기법, 시간, 비용, 자원, 능력, 인간공학과 과학적 지식 등의 설계요소를 고려하고 있다. 특히 상호작용 설계 과정 모형인 Yarwood(1979), GCSE(1986) 등도 구체적으로 설계요소를 고려하고 있다.

넷째, 몇 개의 설계 과정 모형에서 **다차원적인 접근을 보인 모형**이 발견되었다. 즉, Jones (1970)의 설계 과정, 요소, 제품모형(Design Process, Elements and Products)과 Deere(1969)의 설계 삼각형(design triangle, 재료 선택, 해결책 결정, 성취 절차)은 모형의 이름에서 다차원적 접근을 보이고 있다. Baynes(1969)와 AADTS(1972)의 설계요소를 중심으로 한 모형에서의 다차원적 도식화, Eggleston(1976)은 확산적 사고의 각각의 사고와 전략을 모형에서 반영하고 있다. 특히 GCSE(1986)의 모형은 가장 복잡한 설계 과정 모형으로 매우 다양한 요인을 고려하고 있다.

따라서 **설계 과정**에서 나타난 특징적이고 기본원리는 **확산적 사고와 수렴적 사고의 반영, 구체적 설계의 상세화, 설계요소의 고려, 다차원적 요인의 고려**로 정리할 수 있다.

### 2) 문제해결 과정에서의 기본원리의 추출

문제해결의 개념, 이론, 모형들에서 나타난 특징들을 정리하면 다음과 같다.

첫째, 문제해결 이론과 모형에서는 기술교과 교육의 지식활용 차원에서 '절차적 지식(procedural knowledge)의 활용', '통합적 지식활용(integration of knowledge)', '실제적(real-world) 맥락 강조'에 중점을 두고 있다. 이러한 특징들은 기술교과 교육이 갖는 특징이며 학습의 풍부한 자원으로서의 본질적 요소이기도 하다(Johnson, 1997 : 169-175).

둘째, 문제해결은 기본적으로 문제확인, 계획(대안탐색, 대안선정), 실행, 평가의 절차적 과정을 모든 모형에서 포함하고 있다는 것이다. 각 모형간의 단계의 복잡성은 다르지만 기본적인 절차를 공유하고 있다.

셋째, 설계 과정과 마찬가지로 문제해결도 '인지과정 중심 사고와 활동(higher order thinking)' '개방적 문제(open ended problem)로 확산적 사고유도' '구성주의적 학습환경(constructivism)'이라는 특성을 갖는다. 이는 두 가지 모형 대부분에서 인지과정 중심 사고절차를 갖고, 해결방안을 탐색하기 위한 확산적 사고와 그 탐색된 아이디어를 평가하고 의사결정하는 수렴적 사고에 기초하고 있다(최유현, 2002).

즉, **문제해결 과정**에서의 기본원리는 **문제의 맥락, 통합적 지식활용, 기본절차의 충실, 개방적 문제의 인지사고 전략** 등의 특징을 제시할 수 있을 것이다.

### 3) 설계 과정과 문제해결 과정에서의 공통적 원리의 추출

설계 과정과 문제해결 과정에서의 공통적으로 추출되는 원리는 크게 두 가지로 요약된다.

첫째, 설계 과정과 문제해결 과정의 상호작용 모형에서 공통적으로 단계간의 **피드백에 기초한 수정과 개선, 재수행의 기회**를 주고 있다는 것이다. 즉, 설계 과정에서는 Yarwood(1979), Kimbell 등(1987), GCSE(1986), Gwyneth Owen-Jackson(2001) 등의 모형과 문제해결에서는 Phipot & Sellwood(1987), Waetjen(1989), Daiber, Literland & Thode(1991), Hutchinson (1987), Mioduser & Kipperman(2002) 등의 모형에서 이를 확인할 수 있다.

둘째, 기술교과 교육의 교과교육적 차원에서 설계 과정과 문제해결은 '**기술교과 교육의 방법적 철학**(technological process)'을 제공하고, 기술의 본질적 활동인 인간의 잠재능력을 확대하기 위한 발명적 · 혁신적 전략(invention and innovation)의 구체적인 사례로 강조되고 있다 (ITEA, 2000). 특히 기술이 새로운 창조와 혁신적 과정이라는 사실을 감안할 때, 설계 과정과 문제해결은 구체적인 증거이고 전략이다(최유현, 2004).

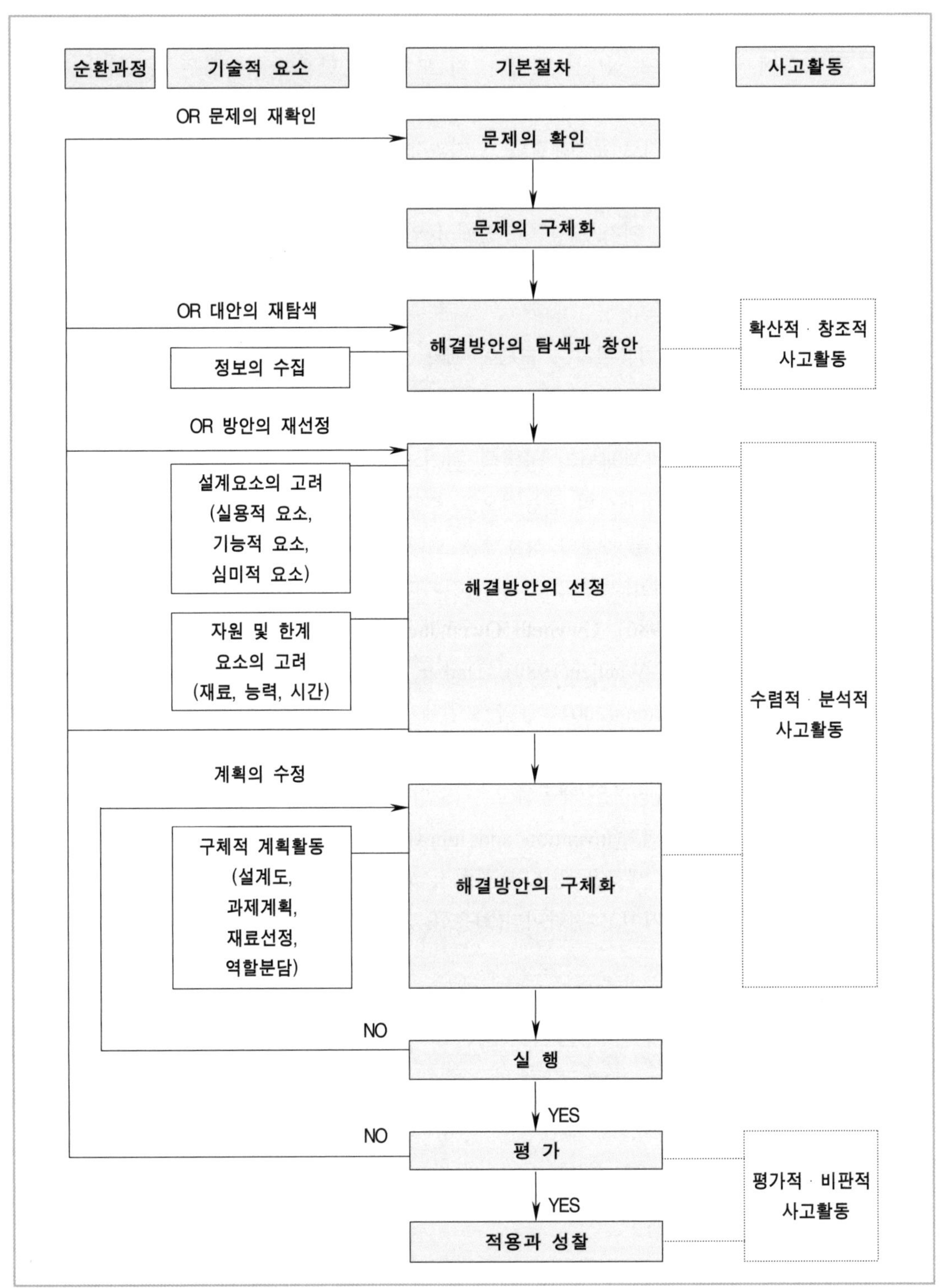


<그림 3 - 22> 최유현(2004b)의 '기술적 문제해결 모형(TPSM: Technological Problem Solving Model)

### 4) 기술적 문제해결 모형의 구안(TPSM, Technological Problem Solving Model)

앞에서 추출한 설계 과정과 문제해결의 기본 원리들을 고려할 때 이 연구에서 구안하는 연구는 대체로 다음과 같은 내용을 반영하여 <그림 3-23>과 같이 모형을 구안하였다(최유현, 2004b).

첫째, 이 연구에서 구안된 기술적 문제해결 모형은 기본적으로 '**기본 절차, 기술적 요소, 사고 활동, 순환 과정 네 가지 구조의 다차원적 모형**'이라는 점이다. 이는 지금까지의 문제해결 모형이 기본절차에 강조를 둔 나머지 그 구체성에 한계를 보여 온 점에 비하면 발전된 모형으로 평가된다. 특히 기술적 요소의 강조는 설계 과정에서 제시되었던 방식으로 기술과 교육의 특징적인 관점을 반영한 것이고, 사고 활동의 반영은 구체적으로 문제해결 과정에서 확산적 사고(창의력), 수렴적 사고(의사결정력), 비판적 사고(평가능력)가 어떻게, 어느 단계에서 반영되거나 조작되는지 확인하기 위해서이다. 또한 순환 과정은 기본절차의 순환적 과정, 문제해결의 재시도 관점에서 실제적인 문제해결 과정에서 일어날 수 있는 순환 과정을 모형에서 반영하였다. 이는 많은 문제해결 모형에서 순환적 모형(circular model)이라고 제시한 것과 같은 논리이다.

둘째, 기술적 문제해결 모형에서 가장 핵심적인 내용이라고 할 수 있는 기본절차는 8단계로 제시하였다. 즉, **'문제의 확인', '문제의 구체화', '해결방안의 탐색과 창안', '해결방안의 선정', '해결방안의 구체화', '실행', '평가', '적용과 성찰'의 단계**이다. 문제해결의 단계가 복잡해서도 단순해서도 안된다. 복잡할 때 나타날 수 있는 절차의 번거로움과 단조로운 데에서 오는 구체성의 결여와 문제해결의 사고과정의 오해 등이 나타나기 때문이다. 특히 계획과정의 상세화는 문제해결 모형이 갖는 장점 중의 하나인 문제해결을 위한 구상, 즉 확산적 사고와 수렴적 사고활동을 유도하기 위한 전략의 방편이 된다.

셋째, 이 모형은 **기술적 요소**를 반영하였다. 이 모형은 특별히 기술교과 교육을 위하여 구안된 모형이므로, 기술적 요소를 모형에서 구체적으로 반영하였다. 이는 설계 과정(design process)의 많은 모형에서 반영한 설계요소, 해결방안의 제한점, 상세 설계(detail design) 요소로 볼 수 있는 구체적 계획을 고려할 수 있도록 배려한 것이다. 이는 기술적 문제해결 모형에서 '기술적(technological)'의 수식어가 있는 이유이며, 이 모형이 기술과 교육의 학습과정이라는 정체성의 의미이다.

넷째, 이 모형은 **인지적 사고 활동**을 반영하였다. 이 모형은 문제해결 과정에서 대안을 탐색하는 **확산적 사고**와 그 대안을 선정하는 **수렴적 사고**, 그리고 평가 단계에서의 비평적 사고를 고려한 인지적 사고활동을 기본 절차에서 관련지었다. 이는 모형의 구체적인 수행 과정에서 각 사고활동을 반영한 사고기법의 활용을 기대할 수 있을 것이다. 지금까지 기술의 역사는 창조이며, 발명이고 혁신이다. 이는 수많은 확산적 사고와 수렴적 사고의 반복 속에서 기술적 행위가 있어 왔다. 이는 미래에도 변화되지 않으며 오히려 더욱 강조되어야 할 지식과 사고이다. 여기에 문제해결 모형이 과정적 지식을 가능케 하는 단초가 되는 셈이다.

다섯째, 이 모형은 **순환적인 피드백을 통하여 수정 · 개선**을 가능하게 하였다. 최근의 문제해결과 설계 과정 모형의 특징 중 하나는 기술적 활동의 특성상 상호작용적(interactive)이고 순환적인(circular) 과정을 강조한 모형들이 제시되었다는 것이다. 따라서 이 개발된 모형에서도 실행과 평가 단계에서 그 필요를 판단하여 재실행하거나 문제의 재확인 또는 재설계를 가능하도록 순환적인 과정을 모형에서 반영하였다.

교사가 문제해결 계획과 자료개발에 투자한 시간에 비례하여 학생들의 문제해결 활동의 의미가 증대됨을 인식한다. 문제해결 접근의 수업은 교사에게 왜 전문성(문제해결 과정 계획, 자료개발, 과정지향적 수행 중심 평가도구 개발, 학습자의 심리학적 배려, 구성 촉진 등)이 요구되는가를 설명해 주는 한 가지 예이다.

그리고 실제로 문제해결 단계에 따른 교사와 학생들의 활동을 설명하면 [표 3-13]과 같다.

[표 3-13] 문제해결 단계에 따른 교사의 역할과 학생의 활동

| 문제해결 단계 | 교사의 역할 | 학생의 활동 |
|---|---|---|
| 문제의 확인 단계 :<br>문제를<br>이해하고 기록하기 | 1. 학습목표를 확인한다.<br>2. 문제를 진술한다.<br>3. 문제의 성격을 확인하고 적당한 모형을 선정한다.<br>4. 학습형태를 결정한다.<br>(문제를 해결할 학습집단의 규모)<br>5. 문제상황을 조직하고 제시한다.<br>6. 학생들이 확인한 문제가 잘 진술되었는지 확인한다. | 1. 문제상황을 제시받고 문제를 확인한다.<br>2. 문제를 기록한다.<br>3. 구체적 문제로 나누어 기록한다. |
| 정보수집 단계 :<br>참고자료를 모으기 | 1. 문제와 관련된 자료를 준비한다.<br>2. 참고자료를 이용하는 방법을 안내한다. | 1. 학교 또는 가정에서 문제와 관련된 자료를 모은다.<br>2. 모은 자료를 잘 정리한다. |
| 문제의 계획단계<br>1. 문제해결을 생각하기<br>2. 좋은 방안을 고르기<br>3. 방안을 자세히 기록하기<br>2. 제품모양을 설계하기<br>3. 재료목록과 작업 순서를 기록하기 | 1. 학생의 계획활동을 관찰하고, 간접적으로 도움을 준다.<br>2. 구상하는 방법과 제도의 일반 규칙을 알려 준다.<br>3. 재료 목록과 작업 순서표의 양식을 설명한다.<br>4. 다양한 해결방안이 구상되도록 안내해 준다. | 1. 주어진 문제를 가지고 해결방안을 생각한다.<br>2. 해결에 도움이 되는 자료를 이용한다.<br>3. 경제성, 시설, 외관, 재료, 기능, 구조의 설계요소를 고려하여 제품을 구상한다.<br>4. 제품도면을 그린다.<br>5. 재료표를 작성한다. |

| | | |
|---|---|---|
| | 5. 해결방안을 확인하고 해결 가능성을 진단해 준다.<br>6. 제도 도면을 확인하고 제품제작에 무리가 없는지 조언해 준다. | 6. 개인 혹은 조별로 해결방안 혹은 제품 제작계획을 발표한다.<br>7. 수정이 필요한 부분을 수정하고, 최종적 해결방안을 수립한다. |
| 실행단계<br>1. 생각한 대로 해보기<br>2. 생각한 대로 만들기 | 1. 학생들의 해결활동을 관찰하고 필요시 조언을 준다.<br>2. 필요한 기구, 공구, 재료 등을 마련해 준다.<br>3. 제도 도면에 따라 정확하게 제작하는지를 관찰한다.<br>4. 안전사항을 전달하고 잘 지키는지 관찰한다. | 1. 해결방안을 적용하여 문제를 해결한다.<br>2. 결과를 정리한다.<br>3. 결론을 내린다.<br>4. 작업순서에 따라 재료 · 공구 등을 준비한다.<br>5. 설계 도면에 따라 제품을 제작한다.<br>6. 안전사항을 지킨다. |
| 평가단계 : 각 단계와 결과(작품)를 평가하고 바로잡기 | 1. 학생들의 결과를 발표시킨다.<br>2. 교사의 결과를 제시한다.<br>3. 확인문제를 제시한다.<br>4. 심화된 문제를 제기한다.<br>5. 제품의 도면을 보고 검사해 보고 동작을 시험한다.<br>6. 전체적으로 평가하고 수정 · 보완할 부분을 학생들이 발견하게 한다. | 1. 결과와 해결과정의 느낀 점을 발표한다.<br>2. 교사의 결과와 비교해 보고 결과를 보충한다.<br>3. 확인문제를 기록하고 문제를 풀어본다.<br>4. 문제를 응용하여 새로운 문제를 진술해 본다.<br>5. 제품의 도면을 보고 검사하고 친구의 것과 비교해 본다.<br>6. 전체적인 평가를 한다. |

## 3. 문제 중심 학습(PBL)의 탐색

### 가. 문제 중심 학습의 개념

문제 중심 학습(Problem-Based Learning ; PBL[7)8)])은 실생활 문제(real world problems)와

7) 이 책에서는 이하 글에서는 PBL로 칭함.

8) PBL은 1960년대 의과대학 교육에서 출발하였다. 그 당시에 캐나다 몬트리올 McMaster 대학에서 임상 의과대학 교수들이 의과대학생들에게 적용하였고, 1970년대 New Mexico 대학은 McMaster대학으로부터 지원을 받아 PBL 프로그램을 진행하였고, 1980년대 하버드대학 의과대학에서 New Pathway Program에서 PBL를 채택하였다. 1990년대에는 다른 여러 의과대학에서 적용하였다(Aspy, Aspy, and Quinby, 1993 ; Torp & Sage, 1998 : 27-29 재인용).

복잡하고 혼란스러운 문제해결(resolution of messy)을 탐구하기 위한 경험적 학습(정신적 ; minds on, 수공적 활동 ; hands on)에 초점을 둔다. 또한, PBL은 교육 과정 재조직자(curriculum organizer)인 동시에 수업 전략(instructional strategy)이다(Torp & Sage, 1998 : 14).

이러한 정의에서 보면 PBL은 크게 두 가지 사실이 명확해진다. 그 하나는 PBL이 실생활적 맥락에 기초를 둔 교육 과정 통합 및 문제해결적 수업전략으로 **구성주의적 학습환경**에 기초하고 있다는 사실이고, 다른 하나는 PBL이 단순히 하나의 **수업전략**을 넘어선 **교육 과정 설계전략**까지 그 정의에 포함시키고 있다는 사실이다. 이는 앞서서 다룬 문제해결 수업전략과 다른 점이라고 할 수 있다. 실제로 PBL의 수업전략은 문제해결적 접근에 기초하고 있다. 그러나 엄격히 따지면 보다 바람직한 문제해결 수업전략도 교육 과정의 재구성을 장려하고 있기 때문이다.

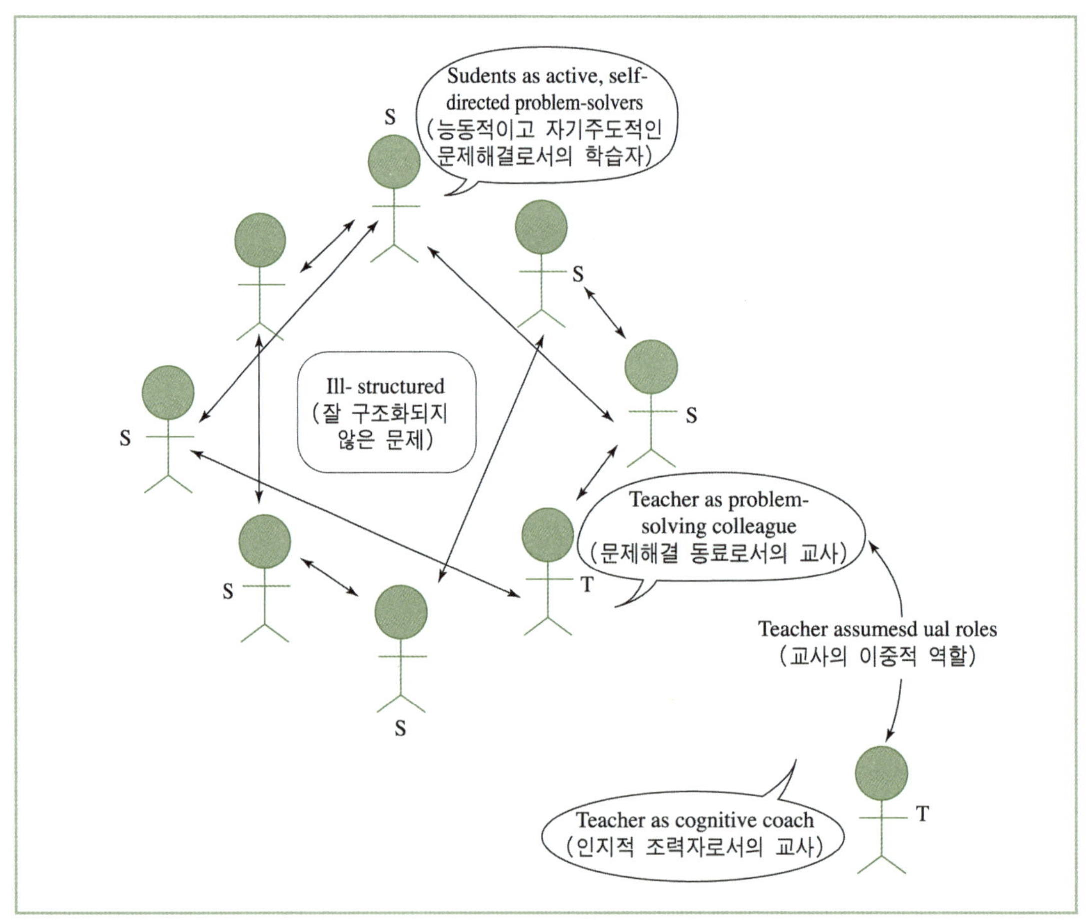


<그림 3-23> PBL에서 학습자와 교사의 역할(Torp & Sage, 1998 : 16).

구성주의 학습환경이 기술교과 교육방법의 본질적 특성을 잘 부합하고 있는 바와 같이 PBL도 실생활 문제맥락의 강조, 손과 마음을 쓰는 체험 중심 학습에 바탕을 두므로 기술교과 교육에서 매우 유용한 전략이다.

PBL에서 문제(problem)는 매우 중요한 의미를 갖는다. PBL이 **교육 과정 설계 조직자**이고 **수업전략**이라는 의미는 바로 이 문제와 밀접히 관련되어 있다. 즉, 교육 과정 재구성을 통하여 학생들에게 유의미하고 교육 과정을 잘 함의하는 '문제'를 재구성한다는 의미와, 그 문제를 해결하기 위한 문제해결적 접근을 다룬다는 의미를 모두 포함하고 있다.

PBL은 학습자, 교육 과정, 교사의 관점에서 다음 세 가지 특징을 지닌다(Torp & Sage, 1998 : 14).

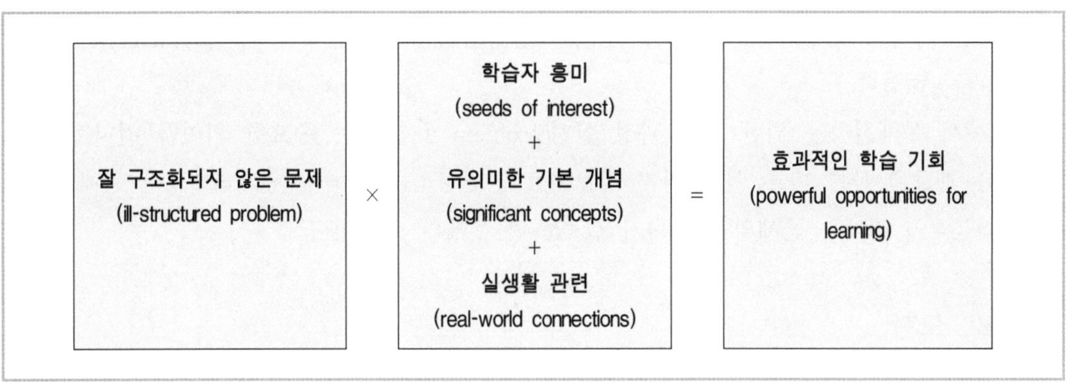


<그림 3 - 24> PBL의 기본 과정(Torp & Sage, 1998 : 15).

- 학생들은 문제 상황에서 주도권을 잡고(stakeholder) 능동적으로 학습한다.
- 전체적이고 맥락적인 문제(holistic problems)를 중심으로 교육 과정을 재구성을 통하여 학생들에게 자신의 과제로 몰입하고 관련이 있는 학습을 추구한다.
- 교사는 학생들의 깊은 수준의 이해를 촉진시키기 위하여 그들의 탐구를 안내하고 사고를 조력하는 학습환경을 창조한다.

PBL 교육 과정이 학습결과를 종합할 뿐만 아니라 학교학습과 실생활을 자연스럽게 연계시키고 지식구축을 뒷받침하고, 활동적인 학습을 고양하는 진정한 경험을 제공한다고 본다. 문제상황은 교육 과정 조직의 중심이다. 그것은 다양한 과정을 보여 주면서 문제해결의 필요성과 함께 학생들의 흥미를 끌어들이고 유지한다. 학생들은 근본적인 문제와 좋은 해결에 필요로 하는 조건을 인식하고, 의미 · 이해를 추구하며 자기주도적 학습자가 되면서 문제해결자로 참가한다. 교사는 학습에 대한 흥미와 열의의 모델이 되는 문제해결 동반자이자 자유로운 탐구를 돕는 환경을 조성하는 인지적인 조력자이다.

한편, Delisle(1997 : 7-17)은 PBL의 필요성을 다음과 같이 주장하였다.

- PBL은 가능한 한 실생활(real life) 상황에 밀접한 문제를 다룬다.
- PBL은 학생들의 역동적인 학습참여와 몰입(active engagement)을 증진시킨다.
- PBL은 간학문적 접근(interdisciplinary approach)을 촉진한다.
- PBL은 학습자가 무엇을 배울 것인지, 어떻게 학습할 것인지를 선택하게 한다.
- PBL은 협력적인 학습(collaborative learning)을 촉진시킨다.
- PBL은 교육의 질을 증대시키는 데 돕는다.

Torp & Sage(1998 : 21-23)은 PBL이 갖는 이점을 학습자들의 학습동기 강화, 실생활과 관련 있는 학습의 추구, 고등 사고력 증진, 학습방법의 학습, 실제적 과제(authenticity)의 학습으로 주장하였다.

PBL에서 문제설정을 위한 교육 과정 설계(problem design)는 중요한 의미를 지니고 있는데 교육 과정은 물론 다른 여러 가지 정보자료를 반영하는 노력이 필요하다. 이 문제설계의 가장 기본적인 전제는 문제의 구조화가 잘 안 된 문제의 설정이다.

## 나. PBL 모형

Delisle(1998)은 PBL 모형을 교육 과정 설계 및 학습과정으로 대별하고 전략을 논의하였다. [표 3－14]는 Delisle(1998)의 전략을 재정리한 것이다.

[표 3－14] 재구성한 Delisle(1998)의 PBL 전략

| PBL 교육 과정 설계 과정 | PBL의 학습 과정 |
|---|---|
| 1. 내용과 기능의 선택 | 7. 문제와 연결하기 |
| 2. 활용 가능한 자료의 선택 | 8. 문제 구조화하기 |
| 3. 문제진술하기 | 9. 문제로의 초대 |
| 4. 동기부여 활동의 선택 | 10. 문제의 재정의 |
| 5. 핵심질문의 개발 | 11. 제품제작 또는 수행하기 |
| 6. 평가전략의 결정 | 12. 문제수행의 평가 |

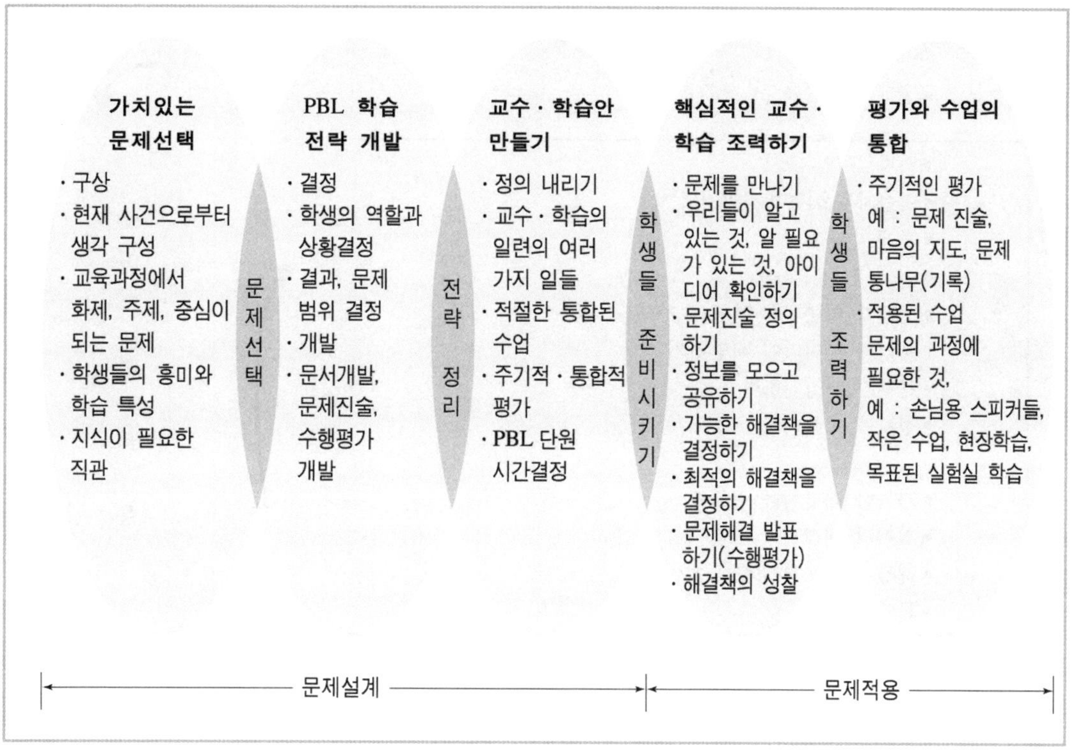

| 가치있는 문제선택 | | PBL 학습 전략 개발 | | 교수 · 학습안 만들기 | | 핵심적인 교수 · 학습 조력하기 | | 평가와 수업의 통합 |
|---|---|---|---|---|---|---|---|---|
| · 구상<br>· 현재 사건으로부터 생각 구성<br>· 교육과정에서 화제, 주제, 중심이 되는 문제<br>· 학생들의 흥미와 학습 특성<br>· 지식이 필요한 직관 | 문제선택 | · 결정<br>· 학생의 역할과 상황결정<br>· 결과, 문제 범위 결정<br>· 개발<br>· 문서개발, 문제진술, 수행평가 개발 | 전략 정리 | · 정의 내리기<br>· 교수 · 학습의 일련의 여러 가지 일들<br>· 적절한 통합된 수업<br>· 주기적 · 통합적 평가<br>· PBL 단원 시간결정 | 학생들 준비시키기 | · 문제를 만나기<br>· 우리들이 알고 있는 것, 알 필요가 있는 것, 아이디어 확인하기<br>· 문제진술 정의하기<br>· 정보를 모으고 공유하기<br>· 가능한 해결책을 결정하기<br>· 최적의 해결책을 결정하기<br>· 문제해결 발표하기(수행평가)<br>· 해결책의 성찰 | 학생들 조력하기 | · 주기적인 평가<br>예 : 문제 진술, 마음의 지도, 문제 통나무(기록)<br>· 적용된 수업<br>문제의 과정에 필요한 것,<br>예 : 손님용 스피커들, 작은 수업, 현장학습, 목표된 실험실 학습 |

|← 문제설계 →|← 문제적용 →|

<그림 3 - 25> PBL 전략

그리고 Torp & Sage(1998 : 47)은 PBL의 전략을 문제 설계(problem design)과 문제 실행(problem implementation)의 과정으로 구분하여 <그림 3－25>와 같이 제시하였다.

위의 PBL 전략 중에서 수업실행을 구조화하면 다음과 같이 제안될 수 있다.

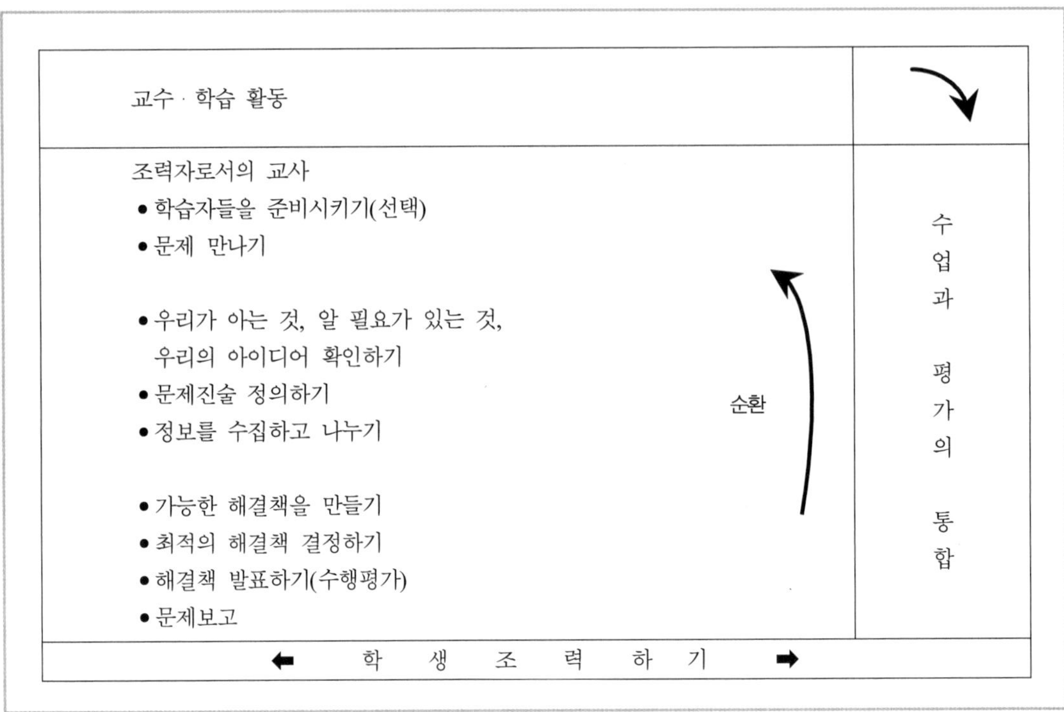


<그림 3 - 26> PBL 수업실행 과정

### 다. 기술교과 교육을 위한 PBL의 모형

앞서 논의한 PBL의 모형들은 대체로 복잡한 절차와 구조를 가지고 있으나 크게 두 가지 절차를 생각해 볼 수 있다. 그 하나는 교수자의 '문제 구성하기' 단계와 그 문제를 바탕으로 학습자가 문제를 해결하는 '문제 해결하기'로 대별하여 다음 그림과 같이 PBL을 적용할 수 있다.

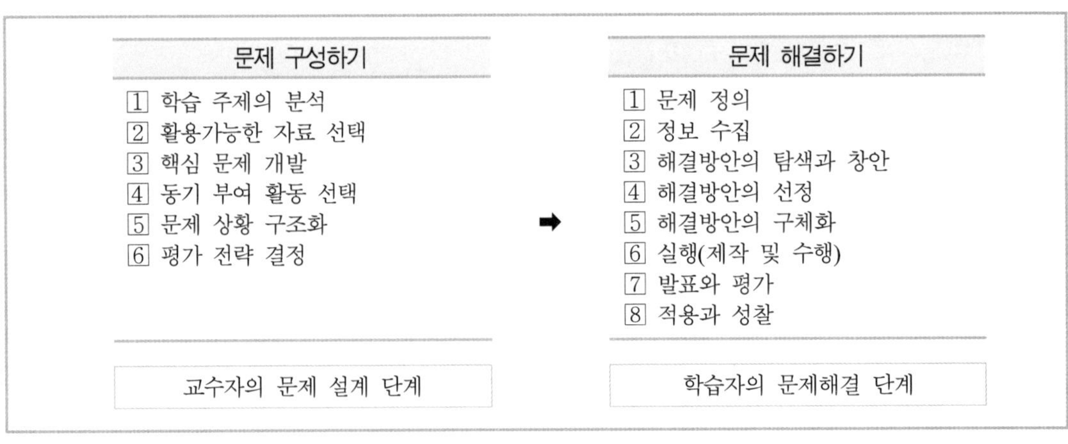


<그림 3 - 27> 기술교과을 위한 PBL 모형

## 1) PBL 과정 - 교수자의 문제 설계 단계

특히 학습자의 문제 해결하기는 상호관계 등의 보다 상세한 전략이 필요한데, 그 모형은 다음과 같이 제안한다(최유현 외, 2009).

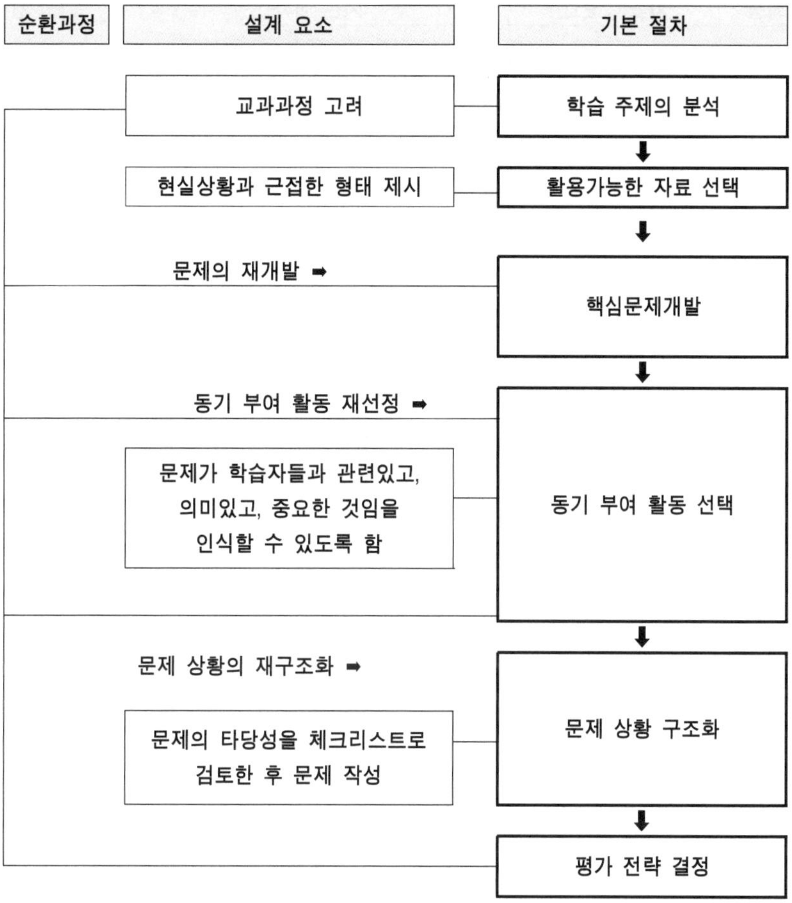

순환과정 | 설계 요소 | 기본 절차

교과과정 고려 — 학습 주제의 분석

현실상황과 근접한 형태 제시 — 활용가능한 자료 선택

문제의 재개발 ➡ 핵심문제개발

동기 부여 활동 재선정 ➡

문제가 학습자들과 관련있고, 의미있고, 중요한 것임을 인식할 수 있도록 함 — 동기 부여 활동 선택

문제 상황의 재구조화 ➡

문제의 타당성을 체크리스트로 검토한 후 문제 작성 — 문제 상황 구조화

평가 전략 결정

<그림 3 - 28> 공학 교육을 위한 PBL 과정-교수자의 문제 설계 단계

## 2) PBL 과정 – 학습자의 문제 해결 단계

PBL의 학습자 문제해결 단계는 기본적으로 최유현(2004)의 문제해결학습 모형을 그대로 활용할 수 있다.

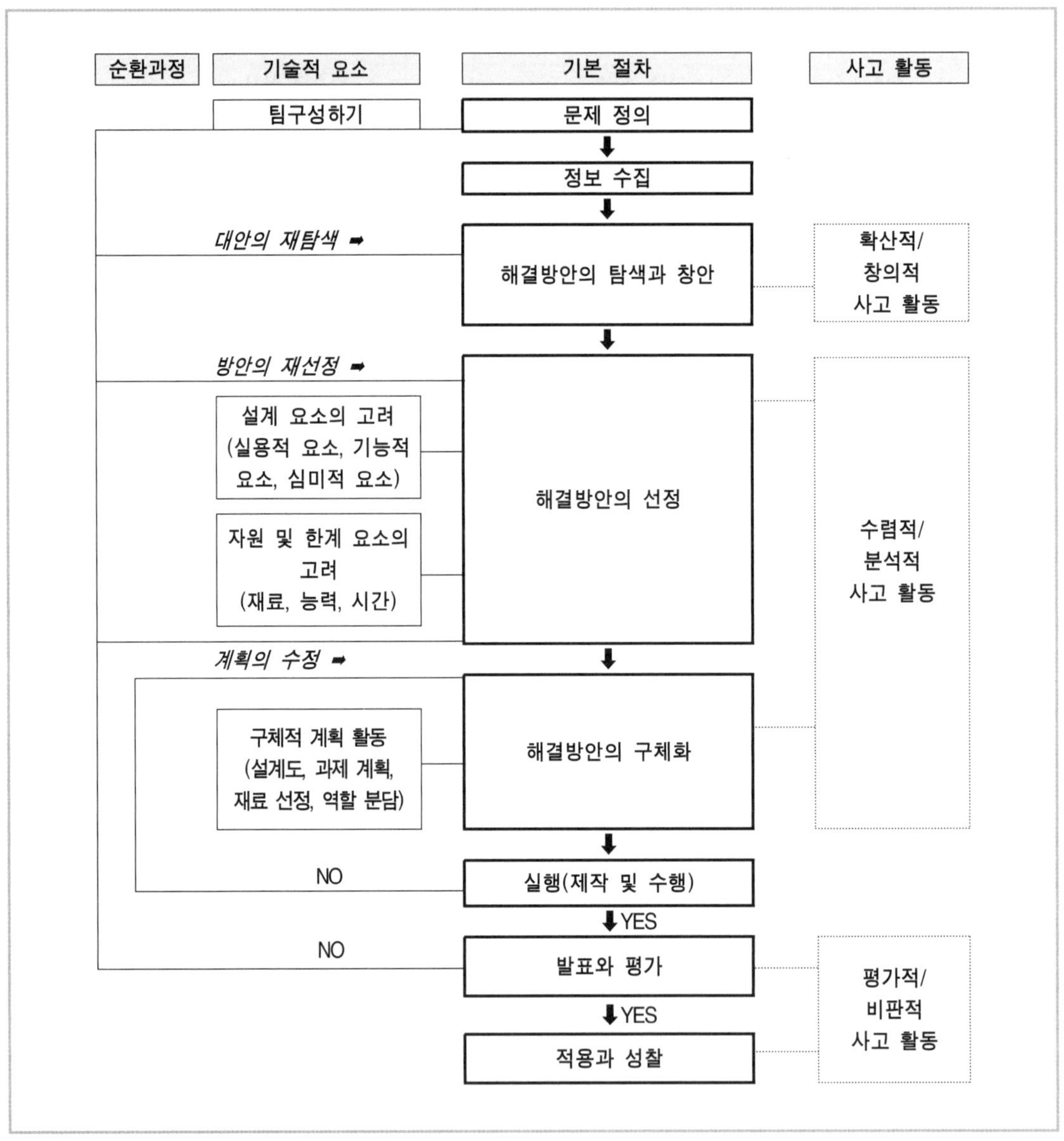


<그림 3 – 29> PBL 과정–학습자의 문제해결 단계

## 라. 기술교과 교육을 위한 PBL의 모형의 실제

기술교과 교육을 위한 PBL의 모형의 제일 중요한 일은 좋은 문제를 만드는 일이다. 다음은 좋은 문제의 조건과 문제 설계의 절차, 그리고 교수자의 문제설계 양식과 학생들의 PBL 문제해결 보고서 양식을 예시로 제시하였다.

▸ 좋은 문제의 조건

1. 충분한 동기부여가 가능한가?
   - ▸중요한 개념이 내포된 심오한 이해를 우한 흥미와 동기를 이끌어내고 몰입시킬 수 있는가?
   - ▸실제 세계와 관련이 높은가?
2. 판단이나 의사결정을 요구하는가?
   - ▸학생들이 사실, 논리, 관계에 기초한 의사결정이나 판단을 하도록 요구하는가?
   - ▸필요한 가정을 학생들에게 요구하는가?
   - ▸관련 있는 정보를 확인하고 정의하도록 요구하는가?
   - ▸문제를 해결하기 위한 단계나 절차를 정의하도록 요구하는가?
3. 협력을 요구하는가?
   - ▸ 긍정적 상호의존성을 요구하는가?
   - ▸ 팀 내의 분열이나 경쟁을 일으키는 전략이 없는가?
   - ▸ 복잡성과 수준이 적절한가?
4. 상호작용을 격려하는가?
   - ▸ 문제가 열려있는가?(다양한 대안 선택이 가능한가?)
   - ▸ 제한된 하나의 정답을 요구하지 않는가?
   - ▸ 이전에 배운 지식을 관련시키는가?
   - ▸ 논쟁적 쟁점이나 결정을 포함하는가?
5. 성취 가능한 목표인가?
   - ▸ 학습 내용과 목표에 통합되어 있는가?
   - ▸ 이전의 지식을 새로운 개념에 통합하고 있는가?
   - ▸ 다른 학문적 개념에 새로운 지식을 연결시키고 있는가?

▸ 문제 설계의 일반적 단계

1. 프로그램 및 학습 내용을 분석한다.
   - ▸ 프로그램의 목표는 무엇인가?
   - ▸ 어떤 프로그램의 주제 영역이 이 문제의 범위를 포함하고 있는가?
   - ▸ 문제의 목록을 얼마나 잡을 것인가?
   - ▸ 문제를 재구조화하거나 적용하는 데 필요한 실러버스(syllabus)는?

2. 문제 토픽을 선정한다.

- 문제는 프로그램의 목표에 포함되어 있는가?
- 프로그램의 목표를 성취하거나 아는데 학생들이 정상적으로 활동할 수 있는가?

3. 문제나 시나리오를 브레인스토밍 한다.

- 선정된 토픽 내에서 학생들이 접하게 될 전형적인 쟁점, 문제, 시나리오가 있는가?
- 선정된 문제나 쟁점을 다루는데 실제적 삶의 경험 사례가 관련되는가?
- 프로그램의 목표에 가장 적합한 쟁점, 문제, 시나리오를 결정한다.

4. 문제의 프레임을 구상한다.

- 학생들이 시나리오를 해결하는데 알아야 할 지식이나 수행이 무엇인가? 프로그램의 목표는 무엇인가?
- 문제를 제시하기 위한 서로 다른 유형을 고려한다.(이야기, 사례, 설계 문제, 열린 질문 들)

5. 문제를 구체적으로 진술한다.

- 문제의 개요를 구성한다.
- 문제에 사용 될 정보나 자료를 선정한다.
- 문제의 첫 번째 진술문을 작성한다.
- '좋은 문제의 조건'과 비교한다.
- 할당된 시간 내에서 문제를 해결할 수 있는지 확인한다.
- 필요한 수정을 한다.

6. 학습 문제로 개발 한다

- 문제가 어떻게 적용되는가? 교실, 교실 밖, 양쪽 다
- 모든 절차에 따라 문제를 완성할 수 있는가?
- 어려운 부분을 기대하고 미니 강의를 개발한다.

7. 문제해결의 자원들을 확인한다.

- 문제를 해결하는 데 필요한 자료 목록을 개발한다.
- 문제를 해결하는 데 직접적으로 도움을 주는 자료 보다는 일반적인 정보를 제시한다.

## ■ 모형 적용을 위한 양식

### *PBL 수업에서의 문제 만들기 : 교수자의 수업 설계*

**1. 교과목 목표와 학습의 핵심 내용을 분석한다.**

▶ 교과목을 내용 구조를 스케치한다. - Mind Mapping

▸ 교과목 목표를 설정한다. -지식, 사고, 행동, 태도

| 교과목 목표 | | |
|---|---|---|
| 영역 목표 1 | 지식 | |
| | 사고 | |
| | 행동 | |
| | 태도 | |
| 영역 목표 2 | 지식 | |
| | 사고 | |
| | 행동 | |
| | 태도 | |
| 영역 목표 3 | 지식 | |
| | 사고 | |
| | 행동 | |
| | 태도 | |
| 영역 목표 4 | 지식 | |
| | 사고 | |
| | 행동 | |
| | 태도 | |
| 영역 목표 5 | 지식 | |
| | 사고 | |
| | 행동 | |
| | 태도 | |

▸ 교과목 대주제, 핵심개념(keywords), 내용과 범위를 구체화한다.

| 대주제 | 관련 영역목표 | 핵심 개념 | 내용과 범위 |
|---|---|---|---|
| | 영역 목표 1 | | |
| | 영역 목표 2 | | |
| | 영역 목표 3 | | |
| | 영역 목표 4 | | |
| | 영역 목표 5 | | |

## 2. 문제 토픽을 선정한다.

| 대주제 | 핵심 개념 | 문제의 잠정적 토픽 |
|---|---|---|
| | | |
| | | |
| | | |
| | | |
| | | |

**문제토픽은 대주제들이 통합되어도 무방함.**

**[토픽 선정의 관점]**

▸ 문제는 프로그램의 목표에 포함되어 있는가?

▸ 프로그램의 목표를 성취하거나 아는데 학생들이 정상적으로 활동할 수 있는가?

## 3. 문제나 시나리오를 브레인스토밍한다.

| 문제토픽 | ▶ 선정된 토픽 내에서 학생들이 접하게 될 전형적인 쟁점, 문제, 시나리오가 있는가? | ▶ 선정된 문제나 쟁점을 다루는데 실제적 삶의 경험 사례가 관련되는가? | ▶ 프로그램의 목표에 가장 적합한 쟁점, 문제, 시나리오를 결정한다. |
|---|---|---|---|
| | | | |
| | | | |
| | | | |
| | | | |
| | | | |

## 4. 문제의 프레임을 구상한다.

- 학생들이 시나리오를 해결하는데 알아야 할 지식이나 수행이 무엇인가? 프로그램의 목표는 무엇인가?
- 문제를 제시하기 위한 서로 다른 유형을 고려한다.(이야기, 사례, 설계 문제, 열린 질문 들)

## 5. 문제를 구체적으로 진술한다.

- 문제의 개요를 구성한다.

| 문제토픽 | 문제제시 유형<br>문제상황-이야기l<br>도전과제<br>문제해결 과제<br>설계 문제 | 제시전략<br>Hand Out 자료<br>PPT<br>동영상<br>뉴스<br>신문기사 | 문제 설계 자료원<br>공학 사례<br>뉴스<br>신문기사<br>유튜브<br>CM<br>개인 문제<br>저널이나 잡지<br>생활 경험 |
|---|---|---|---|
| | | | |
| | | | |
| | | | |
| | | | |
| | | | |

- 문제의 첫 번째 진술문을 작성한다.

▸ '좋은 문제의 조건'과 비교한다.

| 기준 | 좋은 문제의 조건 | 1. 그렇지 않다 | 2. 보통 이다 | 3. 그렇다 |
|---|---|---|---|---|
| 1. 열린 창의적 문제인가? | ▸ 문제가 열려있는가?(다양한 대안 선택이 가능한가?) | | | |
| | ▸ 문제 해결 과정에서 확산적 사고 활동이 충분히 예상되는가? | | | |
| | ▸ 문제 해결과 최종 결과가 다양한 결과가 예상되는가? | | | |
| 2. 교과목의 목표와 핵심 개념을 포함하고 있는가? | ▸ 학습 목표, 핵심 개념, 학습 내용이 문제해결과정에서 반영될 수 있는가? | | | |
| | ▸ 이전의 지식을 새로운 개념에 통합하고 있는가? | | | |
| | ▸ 다른 학문적 개념에 새로운 지식을 연결시키고 있는가? | | | |
| 3. 충분한 동기부여가 가능한가? | ▸ 흥미와 동기를 이끌어내고 몰입시킬 수 있는가? | | | |
| | ▸ 실제 세계와 관련이 충분히 높은가? | | | |
| | ▸ 복잡성과 수준이 도전을 주고 적당히 어려운가? | | | |
| 4. 상호작용과 의사결정을 요구하는가? | ▸ 긍정적 상호의존성을 요구하는가? | | | |
| | ▸ 팀내의 분열이나 경쟁을 일으키는 전략이 없는가? | | | |
| | ▸ 논쟁적 쟁점이나 의사결정을 포함하는가? | | | |
| 계 | | | | |

▸ 할당된 시간 내에서 문제를 해결할 수 있는지 확인한다.

▸ 필요한 수정을 한다.

## 6. 학습문제로 개발한다

▸ 문제가 어떻게 적용되는가? 교실, 교실 밖, 양쪽 다

▸ 모든 절차에 따라 문제를 완성할 수 있는가?

## 7. 문제해결의 자원들을 확인한다.

▸ 문제를 해결하는 데 필요한 자료 목록을 개발한다.

▸ 문제를 해결하는 데 직접적으로 도움을 주는 자료보다는 일반적인 정보를 제시한다.

## Problem Design (교사용 문제 설계 양식)

◈ 교과목 명 :

◈ 문제 코드 :

◆ 문제상황

◆ 도전과제

◆ 문제해결 조건

◆ 문제해결 결과의 활용 : 포트폴리오와 작품 전시회 / 경진대회 /

[학생용 문제해결 활동 Design Polio]

# PBL 문제해결 보고서(예시양식)

팀 구성원 :

## 1. 문제 확인과 도전과제 Your Challenge

## 2. 문제의 탐색과 연구 Research and Explore the Problem

◇ 설계 기준 생각해보기 – 구체적 문제의 진술

◇ 활용 가능한 정보 수집원

◇ 수집한 정보의 내용

## 3. 대안적 설계 탐색하기 Generate Alternative Designs

다양한 확산 시고 기법 활용 가능

◇ 대안 1

◇ 대안 2

◇ 대안 3

◇ 대안 4

### 4. 최적의 설계 대안의 선정-수렴적 평가 기법 활용 Choose and Justify the Optimal Design

ALU(Advantages Limitations Unique) or PMI(Plus Minus Interesting) 기법 활용

### 5. 계획의 구체화 Specifying Design & Plan

◇ 누가

◇ 정보

◇ 활용 공구 또는 기계

◇ 재료

◇ 소요 비용과 조달방법

◇ 에너지

◇ 작업 공정(순서)과 시간 계획

기타

### 6. 최적 대안의 모형/실물 만들기 Construct a Working Model

### 7. 설계 해결책의 평가와 성찰 Test and Evaluate the Design Solution

◇ 진술된 문제 설계를 만족시켰는가?

◇ 만약 다시 설계한다면, 여러분의 문제해결에 추천하고 싶은 설계 내용은?

◇ 여러분의 문제해결을 개선하기 위한 과학 원리와 수학적 지식은 무엇인가?

◇ 동료들 간의 협동 작업은?

◇ 문제해결 과정과 결과에서 느낀 점은(각자)?

## 설계활동을 위한 Design Brief 양식(kelley, 2017)

주제 :

상징적 그림 : 설계 해결책을 암시하지 않고, 좌절감을 주어서는 안 됨

시나리오 : 고객이나 사용자의 요구가 포함된 문제 상황

준거 : 고객의 희망 – 고객의 문제를 구체적으로 진술한 독특한 특징

제한 조건 : 재료, 공구, 크기, 검사 등의 제한 조건

**Design Activity – [Title]**
Student Resource

SLED
Science Learning through Engineering Design

Title:

Suggested Picture:

Scenario:

Constraints:

Criteria:

Material List:

## 4. 액션러닝(action learning)의 이해

### 가. 액션 러닝의 배경

Glasser(1986)은 기억과 관련하여 단지 읽기는 10%, 듣기 20%, 보기 30%, 듣고 보기 50%, 다른 사람과 토론하기 70%, 개인적 경험 80%, 다른 사람을 가르치기 95%의 효과가 있다고 보고하고 있다.

아래 그림과 같이 Edar Dale 는 2주후의 기억 정도를 참여와 토론 70%, 말하고 실제로 수행하는 경우는 90% 이상이라고 보고하면서 이러한 참여의 형태를 실천적(active)라고 주장하고 있다.

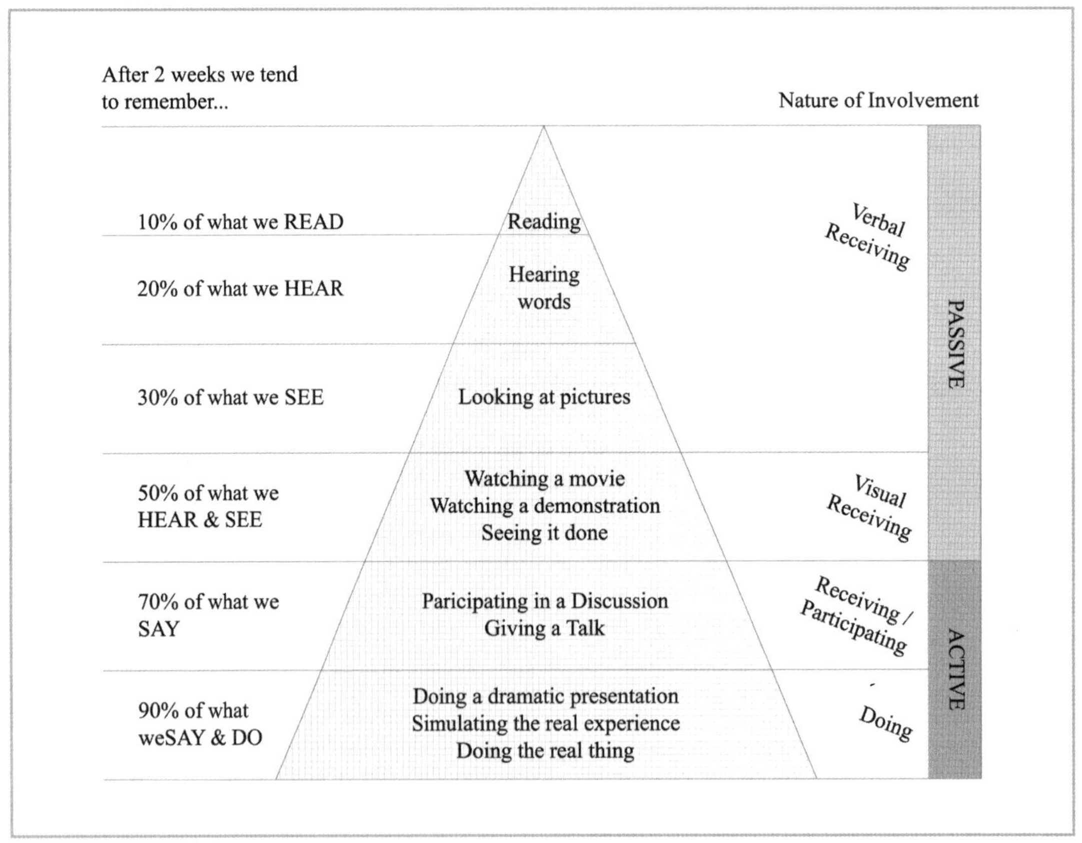


<그림 3-30> 실천적 학습의 효과

실천적인 학습(Active leaning)은 팀을 기반으로 실제적 문제(authentic task)를 문제해결하는 학습이므로 학습의 과정에서 즐거움과 결과로 인한 자신감이나 성취감을 주는데 학습효과가 높은 것으로 예상이 된다. 특히 팀기반의 실천적 문제해결력의 학습 과정은 팀리더십, 문제해결력을 증진하는데 기여할 수 있어 교육적으로 의미있는 학습전략으로 관심을 받는다.

Marquardt(2000)은 Action Learning and Leadership 이란 책에서 21세기의 리더의 7가지 속성을 다음과 같이 제시하였다.

- 시스템 사고자
- 변화 촉진자
- 혁신자와 위기 관리자
- 섬기고 봉사하는자
- 다재다능한 코디네이터
- 교사, 멘토, 코치 및 학습자
- 비전 창출자

이와 같은 리더의 속성을 기르기 위해서 액션 러닝이 적합하다고 주장한다.

학습을 이른바 'Knowing - GOOD', 'Understanding - BETTER', 'Doing - BEST'라고 하는데 실천적 학습 경험이야 말로 가장 좋은 전략이다. 학습은 다음과 같은 상황에서 극대화된다고 볼 수 있다.

- 질문을 받을 때, 스스로 질문할 때
- 행동과 경험의 과정과 결과를 성찰할 때
- 자신의 행동에 대해 피드백을 받을 때
- 실패의 위험을 부담하는 것이 허용될 때
- 문제해결이 절박하고 시간적 제약이 있을 때
- 문제해결에 대한 책임을 질 때

액션러닝이 사용되는 경우를 다음과 같이 정리된다.

중요하고 핵심적인 실제적 문제가 존재하는 경우
(There is a real problem that is important, critical)
복잡한 문제의 해결책을 찾아야 할 때
(Solutions for a complex problem should be found)
개인적 발달(사고기능, 리더십)이 중요할 때
(Personal development (skills, leadership) is important)

협력과 집단 학습이 적절할 때
(Collaboration and learning in a group is suitable)
다양한 문제 해결 팀
(A diverse problem-solving team)

WIAL(세계 액션러닝 협회)에서는 액션러닝의 필요성을 동료 상호작용, 토의, 실제 세계 경험을 통하여 고도의 수행 능력을 학습한다고 주장한다.

## 나. 액션러닝의 개념과 구성요소

위키페디아에서는 액션 러닝9)을 다음과 같이 정의하고 있다.

액션러닝은 해결책을 위한 실천적 수행과 성찰을 포함하는 실제적 문제 해결 접근으로 팀에 의하여 문제 해결할 뿐 아니라 문제해결 과정의 증진을 돕기 위한 전략이다. 액션러닝은 다음 학습 과정을 포함한다.

- 해결해야 할 중요하고 핵심적인 실제적 문제, 흔히 복잡한 문제
- 다양한 문제해결 팀이나 조직
- 호기심, 탐구심, 성찰을 촉진하는 과정
- 대화가 실제 수행으로 전환되어 해결책이 요구될 때
- 학습의 몰입

액션러닝은 프로그램화된 지식의 토대 위에 현장에서의 실행과 이에 대한 질의과정, 그리고 성찰과정을 통해 진정한 학습이 이루어진다는 가정에 기반(Marsick & O'neil, 1999)하고, 다음과 같은 특징을 지닌다.

- 프로그램화된 지식 Programmed Knowledge
- 질문 Questioning
- 적용 Implementing
- 성찰 Reflection

9) Action learning is an approach to solving real problems that involves taking action and reflecting upon the results, which helps improve the problem-solving process, as well as the solutions developed by the team. The action learning process includes:
a real problem that is important, critical, and usually complex,
a diverse problem-solving team or "set",
a process that promotes curiosity, inquiry, and reflection,
a requirement that talk be converted into action and, ultimately, a solution, and
a commitment to learning.

Revans(1996)는 액션러닝을 설명하기 위하여 학습의 개념을 다음 공식으로 설명하였다.

Learning = Programmed Knowledge + Questioning Insight
[똑똑함, clever]  [현명함, wise]

아울러 액션러닝의 5가지 구성요소를 제시하였다.

- 팀 구성원로서의 개인
- 4-8명의 팀
- 쟁점과 과제
- 쟁점의 제시, 도전, 지원, 동의한 행동, 보고 등의 일련의 과정
- 촉진자 - 팀이나 개인을 돕는 집단이나 조직

한편 Revans의 공식에 Marquardt(2000)는 성찰의 요소를 더하여 제시하였다. 즉 액션러닝에서 성찰이 중요한 요소로 포함되어야 한다고 하였다.

Learning = Programmed Knowledge + Questioning + Reflection

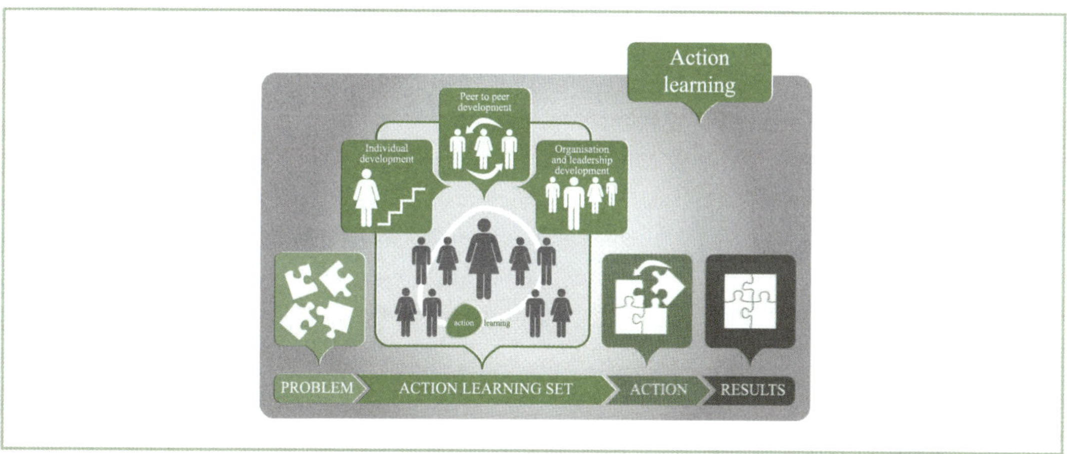


<그림 3 - 31> 액션러닝의 개념 도식

이 도식에서 보면 액션러닝은 문제로 시작하여 개인 발달, 동료 관계 발달, 질문과 리더십 개발의 과정을 통하여 실제적 문제를 해결하는 과정임을 보여주고 있다.

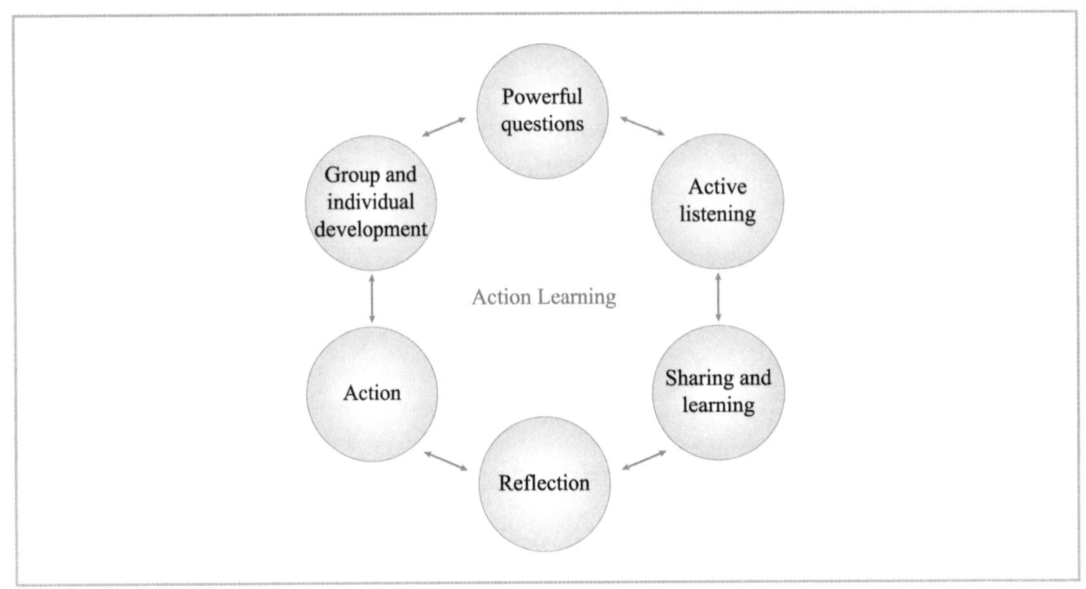


<그림 3 - 32> 액션러닝의 구성요소

<그림 3−32>에서는 액션러닝은 핵심적 질문, 적극적 청취, 공유와 학습, 성찰, 실천, 팀과 개인 발달 등의 6가지 구성요소를 제시하기도 한다.

한편 Raelin은 액션러닝을 이론의 재구조화 과정으로 보고, 이론- 실험- 경험- 성찰의 학습과정으로 보기도 한다.

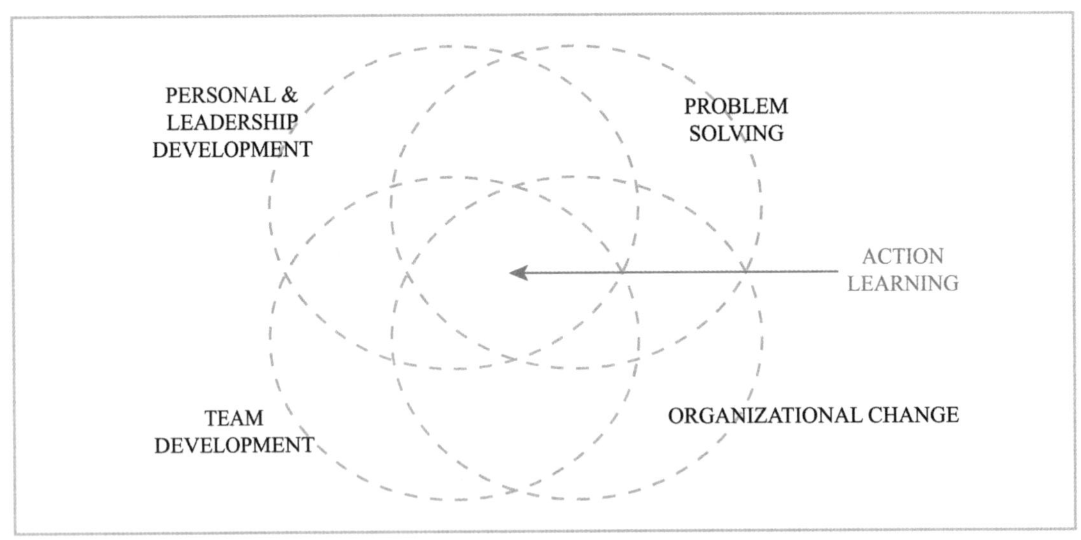


<그림 3 - 33> 액션러닝의 4가지 결과

WIAL에서는 액셔러닝을 개인적 발달과 리더십 개발, 문제해결, 조직의 변화, 팀 발달 등의 4가지 결과를 낳는다고 한다.

이러한 액션러닝의 특징을 이해하다 보면, 문제해결학습, 문제중심학습과 유사한 특징을 지닌다. 그러나 장경원 등(2013)은 문제중심학습과 차이점을 다음과 같이 설명한다.

[표 3-18]에서 보면, 액션러닝은 기원이 기업의 조직 문제에서 출발하고, 액션 리서치에 기반을 두고 인력개발을 초점으로 과제 해결을 강조한다고 볼 수 있다. 그러나 팀기반의 문제해결 과정이 유사하여 그 학습과정에서 경험하는 학습이나 리더십을 구분하여 설명하기는 어렵다(장경원, 고수일(2013). 액션러닝으로 수업하기. 학지사.).

[표 3-15] 액션러닝과 문제중심학습의 비교

| 구분 | 액션러닝 | 문제중심학습 |
|---|---|---|
| 기원 | • 기업에서 조직 내 문제를 해결하기 위해 제안됨 | • 의과대학에서 전문가 개발을 목적으로 제안됨 |
| 과제(문제) | • 실제과제 | • 실제적 문제<br>• 교수자가 학습목표를 달성할 수 있도록 구성한 실제 혹은 가상의 상황 문제 |
| 과제(문제) 해결 프로세스 | • 액션 리서치(Action Research)에 기반<br>• 과제에 접근하는 프로세스를 한 가지로 한정하지 않음 | • 의사들의 임상추론 과정에 기반<br>• 문제에 접근하는 프로세스를 제시함 |
| 강조점 | • 학습보다는 과제해결에 초점(그러나 인력개발을 목적으로 할 경우에는 학습에 더 초점을 둘 때도 있음) | • 문제해결보다는 학습에 초점 |

## 다. 액션러닝의 절차

액션러닝의 프로세스를 정리하면 다음과 같이 세 과정으로 요약된다.

Input 프로세스 - 학습자 역량 파악, 오리엔테이션, 외부 전문가 활용 여부, 매체 활용 여부, 교수자의 문제 설계, 팀 구축 및 빌딩, 사전 워크샵

Transformation 프로세스 - 문제 해결의 과정(문제명료화, 대안 창출, 대안 선정, 액션 플랜작성, 현장 적용하기, 성찰하기)

Output 프로세스 - 우수 사례 발굴, 전체 학습 과정 평가, 성과 공유, 성공, 실패 스토리, 사후학습

액션러닝을 팀 빌딩 과정으로 보고 보다 쉽게 단계화하면 다음과 같다.

1. 문제 탐색하기
2. 문제 명료화하기
3. 가능한 해결책 찾기
4. 우선순위 결정하기
5. 액션 플랜 작성하기
6. 실행하기
7. 평가하기

## 라. 액션러닝의 문제와 촉진자(facilitator)

문제를 다루는 학습과 마찬가지로 액션러닝의 문제는 대체로 다음과 같은 조건을 충족시킬 필요가 있다.

• 의도하는 교육과정의 개념 포함
• 흥미 있는 문제
• 학습자가 몰입할 수 있는 문제
• 구조화가 잘 안된 문제
• 학습자에 수준에 적합한 문제
(학습자가 어렵게 해결할 수 있는 문제)

액션러닝에서의 촉진자(facilitator) 역할은 중요하다.

촉진자는 그들의 문제를 해결하는 것이 아니라 팀의 원활한 수행을 증진시키는 성찰로서 참여자를 돕는다.
Assists participants in reflecting not on their problem-solving but on the elevation of their group functioning
그들의 리더십 기술의 모범으로서 참여자에 집중한다.
Focusses participants on examples of their leadership skills
실제적 쟁점에 관한 학습을 돕고 실천적 문제해결 지속적 수행을 유지한다.
Keeps the process going – i.e. ensures that the focus remains on learning about the real issues.
팀의 좌절을 막기 위한 적절한 행동을 취하고 개방적 태도로 질문을 대응한다.
Should act when appropriate to prevent digression, to ensure that questions are formulated in an "open" way.
직접적 간섭보다는 질문이나 언급을 통하여 돕는다.
May intervene through questions or statements.

## 5. 디자인 씽킹(design thinking)의 이해

### 가. 교육혁신모델로서 디자인 씽킹

Razzouk & Shute(2012)는 디자인 사고자의 특성으로 인간 및 환경 중심의 관심, 시각화 능력, 다기능성에 대한 전제, 체제적인 시각, 도구로서의 언어 사용 능력, 친화적 팀워크, 최적화된 대안 선정 등의 특성을 지닌다고 하였다. 그러나 많은 연구에서 디자인 씽킹은 창의적 자신감(creative confidence)을 증진시키는데 목표를 두거나 효과를 보인다고 보고하고 있다(Jobst et al., 2012; Kelley & Kelley, 2012; Mathisen, 2011; Sweet, Blythe, & Carpenter, 2015; Ulibarri, Cravens, Cornelius, Royalty, & Nabergoj, 2014; 하유경, 조한익, 2016). 이러한 창의적 자신감은 심리적으로 창의적 자아 효능감(Creative Self-Efficacy)으로 발전시켜서 디자인 씽킹의 참여 경험을 설명하고 있다(Beghetto, 2006; Mathisen & Bronnick, 2009; Michael, Hou, & Fan, 2011; Richter, Hirst, van Knippenberg, & Baer, 2012; Tan, Li, & Rotgans, 2011; Tierney & Farmer, 2002; Tierney & Farmer, 2011; Yang & Cheng, 2009).

이러한 이유에서 학교나 교육에서 디자인 씽킹을 적용한 일련의 움직임과 연구들(Henriksen, Richardson, & Mehta, 2017; IDEO, 2012; Takeda, 2013; Koh, Chai, Wong, & Hong, 2015, 최유현, 2018)도 확인된다. 특히 학교나 교육, 교실에서의 디자인 씽킹의 적용은 교육 수요자인 학습자의 관점에서 학습의 공감을 찾아내는 일이 곧 학교나 교실의 혁신을 가져올 수 있기 때문이다.

디자인 씽킹은 프로세스 그 이상의 의미로 많은 학자들에 의하여 제시되어 왔다. 즉 디자인 마음가짐(minds set)으로 제시되는 것은 공감, 창조적 자신감, 인간 중심 사고 방식, 실천 지향 사고 방식, 협력중심 사고 방식 등이 제시되는데 이는 미래 교사의 혁신적 역량과 크게 다르지 않다.

따라서 디자인 씽킹 기반의 팀 문제해결과정은 인간 또는 사용자 관점의 공감에 기초한 문제를 팀 상호작용을 통한 최적화된 대안을 실천적으로 해결하는 과정으로 볼 수 있다. 디자인 씽킹 과정을 통해 인간 중심적 사고방식을 학습한 예비교사들은 솔루션을 제공하는 사용자의 시각에서 생각할 수 있는 능력을 지닐 수 있으며, 사용자의 니즈에 대한 이해를 위해 기꺼이 입장을 바꾸어 생각해볼 수 있어 사용자와의 교감 및 상호작용은 영감과 통찰력으로 이어져 창조적 자신감과 교수 효능감 증진에 도움을 줄 수 있다.

한편 2022년 중고등학교의 기술 및 공학교과 교육과정에서는 디자인 씽킹의 학습 전략을 중요한 전략으로 삼고 기술적, 문제해결의 과정거ㅏ 가치에서 '사용자 공감'을 강조하고 있다.

기술과 관련된 교수·학습은 기술 및 공학과 관련된 문제 상황을 협력하여 해결하도록 한다. 또한 핵심 아이디어를 개념적으로 이해하고 탐구하며, 직접적인 체험을 통해 실천하도록 한다. 따라서 기술 관련 내용과 활동에 따라 학습자 주도의 문제해결 학습, 프로젝트 학습, 문제 중심 학습, 실험·실습, 토의·토론 학습, 협동 학습, 디자인 씽킹, 역할 놀이, 사례 연구 등 다양한 방법을 적절히 활용하되, 특히 학습자의 삶과 연계된 학습을 위해 활동이나 실제 사례에 초점을 두도록 한다.

## 나. 디자인 씽킹의 절차

스탠포드 대학교(d.School)의 모델은 교육분야에서 가장 많이 활용되는 단계 중 하나로, IDEO의 3I 모형에 기초하여 순환적 5단계로 진행된다.10)

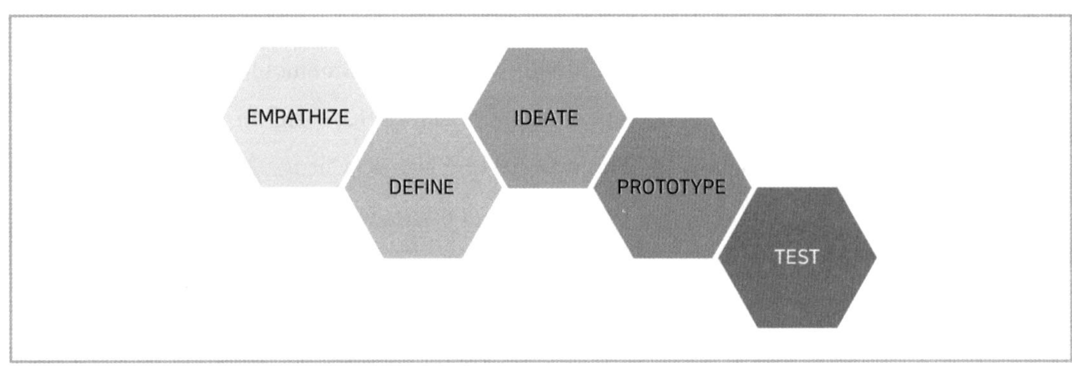


<그림 3-34> Stanford 대학 d.school의 모델

[표 3-16] Stanford 대학 d.school의 모델의 5단계

| 단계 | 특징 |
|---|---|
| 공감<br>(Empathize) | • 인간 중심의 프로세스에서 핵심이 되는 단계로써 다른 디자인 씽킹 프로세스와는 차별적인 특징을 가지고 있음<br>• 공감 단계에서는 사용자와 인터뷰 및 관찰을 통하여 사용자에게 숨겨진 니즈(Needs)를 파악하고, 이를 통해 사용자가 중요하게 생각하는 것이 무엇인지, 특정 행동을 유발하는 원인이 되는 감정은 무엇인지를 발견할 수 있는 통찰력을 제시해 줌.<br>• 공감 단계에서는 해당 문제를 더 옳은 방향으로 해결할 수 있도록 문제 정의하는 데 도움을 주기 때문에 비교적 많은 시간과 노력을 기울여서 심도있게 수행하는 것이 중요함 |

10) 출처: Stanford d.school [Website].

| | |
|---|---|
| 정의<br>(Define) | • 공감 단계에서 얻은 자료들을 토대로 해결하고자 하는 진짜 문제를 명확하게 표현하는 단계임<br>• 사용자가 만족할 만한 해결책을 제시해주기 위해서는 문제에 대한 정확한 이해와 문제를 정의할 때 새로운 시각이 필요함<br>• 이를 위해 5Why 기법을 활용하여 문제 해결의 아이디어를 촉진할 수 있고, 문제를 다각적으로 접근하는 데 도움을 줄 수 있음<br>• 도출된 문제는 디자인 씽킹 프로세스의 성공 및 효율적 수행에 큰 영향을 주므로 사용자의 요구가 충분히 반영된 문제를 정의하는 것이 필요함 |
| 아이디어 도출<br>(Ideate) | • 확산적 사고 과정을 통해 앞서 정의된 문제에 대한 해결책을 창의적이고 다양하게 도출해 내는 과정임<br>• 최대한 많은 양과 넓은 범위의 아이디어를 내는 것이 중요함<br>• 이를 위해서 브레인스토밍, 브레인라이팅, SCAMPER, 마인드맵 등의 기법을 활용할 수 있음 |
| 프로토타입<br>(Prototype) | • 선정된 아이디어를 눈에 보이는 가시적인 형태로 주변의 재료를 활용하여 저렴하고 빠르게 제작하는 단계임<br>• 빠른 제작과 테스트 실행을 강조하는 'quick and dirty'한 프로토타입을 만드는 것이 중요함<br>• 사용자와 끊임없는 의사소통과 피드백을 통해 프로토타입을 수정 및 보완해나가야 하며, 사용자가 만족할 만한 최종 제품이 나올 수 있도록 진행되도록 유도해야 함 |
| 테스트<br>(Test) | • 제작한 프로토타입을 실제 시험해봄으로써 사용자의 즉각적인 피드백과 평가를 받으며, 제작자가 미처 파악하지 못했던 부분들을 발견하고 이를 수정 및 보완하여 최종적으로 문제를 해결하도록 함<br>• 이 단계의 목적은 테스트를 통해 문제를 더 명확하게 접근하여 그동안 파악하지 못했던 부분들을 찾아내기 위함으로, 테스트는 반복적으로 수행되어야 하며, 이를 통해 개선된 산출물을 제작해야 함 |

디자인 씽킹의 절차적 모형에 대한 다양한 연구들이 많은 연구자(Beckman & Barry, 2007; Cassim, 2013; Leavy, 2010; Oxman, 2017; Rauth, Köppen, Jobst, & Meinel, 2010; Romme, 2004; Lindberg, Gumienny, Jobst, & Meinel, 2010; Seelig, 2015; Sengupta, Kinnebrew, Basu, Biswas, & Clark, 2013; IDEO, 2003)들에 의하여 수행되어 왔으며, 이들 연구들의 공통된 특징은 Brown(2008)이 제시한 디자인 사고자가 경험하게 될 공감(empathty), 통합적 사고(integrative thinking), 최적화(optimizing), 경험주의(experimentalism), 협력(collaboration)의 강조점이 그대로 반영되어 있다. 다음 <표 3-17>는 디자인 씽킹의 다양한 연구에 따른 모형과 단계, 특징 그리고 교육혁신모델로서의 시사점을 비교한 것이다.

[표 3-17] 디자인 씽킹의 다양한 연구별 특징 비교표

| | 모형(연구자) | 주요 단계 | 특징 | 시사점 |
|---|---|---|---|---|
| 1 | IDEO의 모델 (Kelley 외, 1990) | 공감하기, 문제 정의, 아이디어, 프로토타입, 테스트, 실행의 6단계 | 디자인 씽킹 모델의 표준 모델 이해 영감, 아이디어 탐색, 실현 단계로 구분 | 3단계의 큰 그림 |
| | IDEO (Kelly) | 질문 구성하기, 영감 얻기, 아이디어 내기, 실행 가능한 아이디어로 발전시키기, 개선을 위한 테스트, 해결책을 이야기로 공유하기 | 질문 구성하기, 영감얻기의 특징 해결책 이야기 공유로 세분화 | 공감하기, 문제정의를 질문 구성하기, 영감 얻기로 표현 |
| | IDEO.org (2011) 틀킷 | 공감, 정의, 아이디어, 프로토타입 및 테스트 | "듣기(hear)", "창조하기(create)" 및 "적용하기(deliver)"와 같은 3단계 프로세스 반복 | 공감과 반복 강조 |
| 2 | d.School 모델 | 공감, 문제 정의, 아이디어 도출, 프로토타입 | IDEO의 3I 모형에 기초, 널리 알려진 모델<br>공감 - 사용자에게 숨겨진 니즈(Needs)<br>문제정의 - 5Why 기법을 활용<br>프로토타입 - 'quick and dirty'한 프로토타입 | 숨겨진 니즈<br>빠른 실패 프로토타입 |
| 3 | Side Bench의 모델 | 공감-문제 정의 - 아이디어 - 프로토타입 - 테스트 | 순환형 모델을 제시하고 있다. 이는 디자인 씽킹의 특징인 실패와 부정적 결과의 반복적인 수행 모델 | 나선형 순환형 |
| 4 | Zsakay(2018)의 모델 | 도전 - 이해 - 문제정의 - 아이디어 - 프로토타입 - 테스트 | 문제 공간(problem space)과 해결 공간(solution)으로 구분 공감대신에 도전과 이해 | 디자인 씽킹이 확산적 사고와 수렴적 사고가 발현되는 과정 |
| 5 | Experience to Lead의 모델 | 통찰단계(공감 - 문제정의) - 아이디어 단계(협력하기 - 프로토타입) - 적용단계(테스트 - 적용하기)로 순환적 모델 | 보다 나은 리더십, 협력, 혁신을 위한 디자인 씽킹을 활용 | 순환적 모델 제시 |
| 6 | Ambrose와 Harris (2009)의 모델 | 문제정의 - 연구하기 - 아이디어내기 - 프로토타입 - 아이디어 선택하기 - 적용하기 - 피드백하기 | 7단계의 구체적 모델<br>문제정의 - 연구하기로 시작 | 프로토타입 다음단계에서 아이디어 선택 |

| 7 | Hasso-Plattner Institute의 모델 | '이해(Understand) - 관찰(Observe) - 사용자 관점(Point of view) - 아이디어 창출(Ideate) - 프로토타입(Prototype) - 테스트(Test)'의 6단계 | 이해로 시작<br>사용자 관점의 단계 제시<br>모델 그림에서 순환적 반복적 피드백 제시 | 반복적 피드백<br>사용자 관점 |
|---|---|---|---|---|
| 8 | Thoring & Müller (2011)의 모델 | 1. 시작 - 이해 - 관찰 - 사용자 관점 - 아이디어 - 프로토타입 - 테스트<br>각 과정의 하위 단계와 관련 수행 활동을 구체적으로 제시<br>이해하기<br>2. 관찰하기 - 스토리텔링, 통찰의 범주화, 종합,<br>3. 사용자 관점<br>4. 아이디어 창출 - 브레인스토밍 질문: 문제정의, 아이디어내기, 아이디어 범주화, 투표하기<br>5. 프로토타입<br>6. 테스트 | HPI D-School이 제안한 디자인 사고 과정<br>비즈니스 과정 모델링 표기법(Business Process Modeling Notation (BPMN))의 상징을 이용 | 매우 구체적인 모델<br>아이디어 범주화하여 투표하기<br>하위 단계 제시<br>모형의 수행활동 |
| 9 | Blosch, Osmond, Norton (2016)의 모델 | 디자인 씽킹 단계에서는 공감하기 - 문제정의하기 - 아이디어 내기까지로 제시 | 디자인 씽킹을 린(Lean) 창업과 에자일 모델을 융합하여 제시, 즉 디자인 씽킹 단계, 린 창업 단계, 에자일 단계로 순환적 모델을 제시 | 창업 단계와 에자일 단계로 발전되어 보다 실천가능성을 높인 모델 |
| 10 | 구글의 디자인 스프린트 모델 | 이해하기<br>1. 사용자 이해<br>사용자 요구 내용<br>맥락 이해<br>경쟁자 조사<br>전략 형성<br>2. 확산하기<br>구상하기<br>많은 해결책 고안하기<br>아이디어 내기<br>3. 결정하기<br>최적의 아이디어 선정하기<br>아이디어스토리보드만들기 | 방법론은 5일 안에 이루어지며, 짧은 기간 안에 중요한 비즈니스 질문에 대한 통찰력을 확보하는데 초점 | 효율적인 실패, 결함이 있는 성공, 서사적인 승리 |

| | | | | |
|---|---|---|---|---|
| 10 | | 4. 프로토타입<br>사용자에게 보여줄 조잡하지만 빠른 모델링하기<br>아름답게하기 보다는 실현 가능성에 집중하기<br>5. 타당화하기<br>조직 밖의 실제 사용자에게 포로토타입 보여주기<br>작동하지 않는 것 배우기 | | |
| 11 | 이진우, 최유현 | 공감하기 - 문제정의하기 - 아이디어내기 - 아이디어다듬기 - 프로토타이핑 - 테스트하기 - 성찰하기 | 아이디어 내기(수렴적 사고 활동 제시) | 성찰하기 |
| 12 | 최유현(2019) | 1. 문제 이해<br>2. 공감<br>3. 문제 정의<br>4. 아이디어 발상<br>5. 아이디어 선별<br>6. 프로토타입 제작<br>7. 테스트 및 개선<br>8. 성찰 | 문제이해 단계로 시작<br>아이디어 선별<br>성찰 | 문제 이해, 아이디어선별, 성찰의 단계 활용 |
| | 최유현(2018) | 1. 팀 정체성과 빌딩 단계<br>2. 팀 문제해결단계: 디자인 씽킹 과정<br>주제정하기<br>공감하기<br>문제 정의하기<br>아이디어 내기<br>아이디어 다듬기<br>모델링하기<br>테스트하기<br>3. 발표와 성찰 단계 | 팀 문제해결 단계로서의 디자인 씽킹 활용 | 팀 문제해결의<br>팀 워크 전략 활용 |

이러한 연구 모형을 종합하여 최유현(2021)은 다음과 같은 8단계의 3I 디자인 싱킹 모델을 구안하였다.

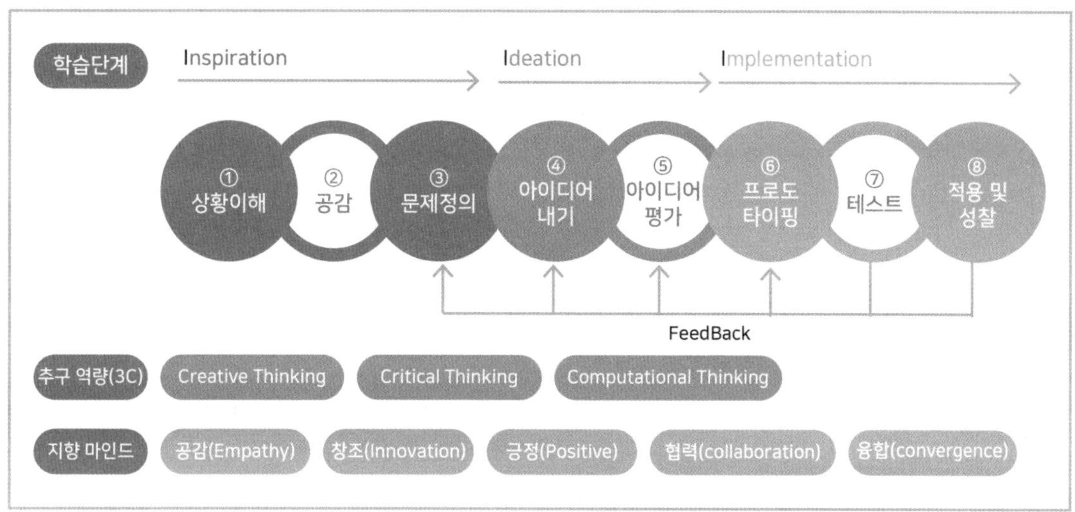


<그림 3-35> 창의체험 아카데미를 위한 3I(디자인 씽킹)학습 모델

3I 디자인싱킹 일반모델은 크게 나누어 이해(Inspriation)-탐색(Ideation)-실현(Implementation)의 3단계로 구분될 수 있으며 각 단계는 유기적으로 연계되어 순차적으로 진행을 하였다가 테스트 과정을 거치며 피드백 결과를 토대로 보완해야 할 단계로 다시 돌아가 재학습할 수 있도록 단계를 조정할 수 있는 특징이 있다.

한편 이진우·최유현 외(2019)는 디자인 씽킹에 기반한 기술교사 성찰을 돕기 디자인 씽킹 성찰 모형을 제시하였다. 먼저 디자인 씽킹 과정의 성찰을 통해 '기술교사의 어려움' 5가지를 발견하여 도출하였으며, 각각의 어려움에 대해 '해결방안'을 제안하였다. 자세한 내용은 [그림 3-36]에 제시하였다. 그리고 사전 면담, 수업 성찰록, 디자인 씽킹 워크숍, 사후 면담 등을 통해 수집한 자료를 분석하는 과정에서 '기술교사 성찰을 위한 디자인 씽킹의 10가지 마음가짐'을 도출하였다.

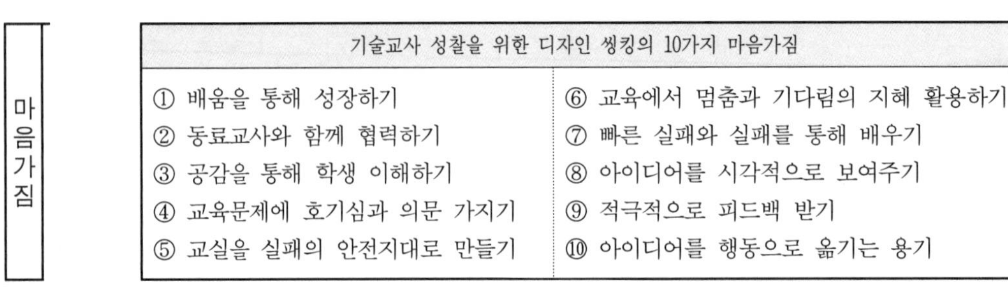


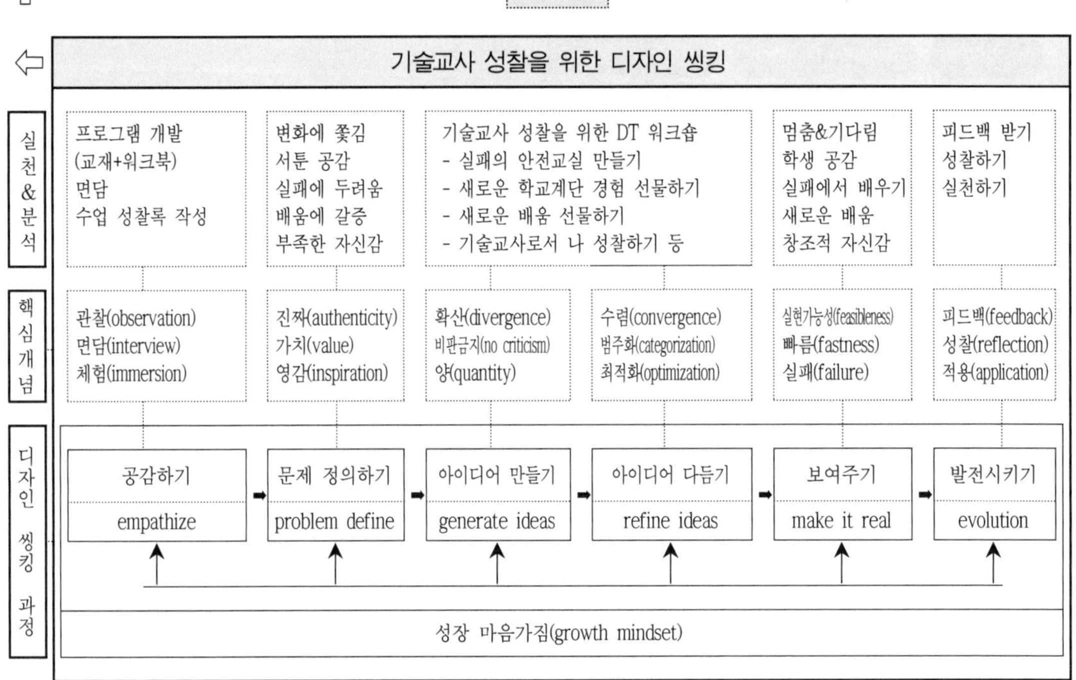


<그림 3 - 36> 기술교사 성찰을 위한 디자인 씽킹 모형

## 다. 디자인 씽킹의 사고 방식(mindsets)

디자인 씽킹이 창의적 문제해결의 프로세스 그 이상으로 교육혁신모델로서 가치를 갖고 있는 이유는 다음의 여섯 가지 주요 사고방식(Six Key Mindsets)을 제공하기 때문이다. 이는 학생들로 하여금 변화와 문제에 대해 새로운 해결책을 제공하는 디자이너들과 같이 생각하고 행동하도록 하며 그들 스스로 긍정적인 변화를 가져 올 수 있는 행동을 취할 수 있다는 자신감을 갖게 한다.

첫째, **인간 중심적 사고방식**이다. 인간 중심적 사고방식을 가진 학생들은 다른 사람들 특히 그들이 솔루션을 제공하는 사용자의 시각에서 생각할 수 있는 능력을 지니며, 사용자의 니즈에 대한 이해를 위해 기꺼이 입장을 바꾸어 생각해 보기도 함. DT 프로세스와 각각의 과정

들은 최종 사용자에 초점이 맞추어져 있어야 하는데, 이는 사용자가 바로 디자인 프로세스에서 가장 중요한 요소이기 때문이다. 그들과의 교감 및 상호 작용은 영감과 통찰력으로 이어져 원하는 결과를 이끌어 낼 수 있게 해 준다.

둘째, **과정 중심의 사고방식**이다. 과정 중심의 사고 방식은 DT의 각 단계에서 수행하는 일에 대하여 생각할 수 있도록 한다. 각 단계에서는 목적과 목표 그리고 전략이 있는데, 예를 들어 학생들이 특정 문제에 대한 솔루션을 위해 협력하여 브레인스토밍 하는 단계 즉, 아이디어를 내는 단계에 있다고 가정해 볼 때, 그들은 명백한 것 이상의 것을 생각하고 열린 생각을 가지고 다른 사람들의 아이디어를 기반으로 많은 양의 아이디어를 협력적으로 창출해 나간다. 이 같은 사고방식에서 가장 중요한 부분은 작업이 어떻게 진행되고 있으며 각 단계는 어떻게 개선될 수 있는지를 성찰해 나가는 것이다.

셋째, **프로토타입 문화**이다. 이같은 사고방식은 학생들이 지속적으로 새로이 학습한 내용을 적용하고 자신이 개발한 내용을 개선할 수 있도록 하여 보다 고차원적인 제품 또는 솔루션을 창출 할 수 있도록 한다. 프로토타입화 사고방식을 가진 학생들은 빠르게 무언가를 만들어 시험하고 피드백과 실패를 통해 재빨리 학습하는 경향을 가지고, 그들은 그들의 창의력을 토대로 그들이 배운 것을 제품 생산이나 솔루션을 발전시키는데 적용한다. 이 같은 프로세스는 빠르게 이루어져 빠른 시간 내에 원하는 결과를 도출할 수 있도록 해 준다.

넷째, **실천 지향적 사고방식**이다. 실천 지향적 사고방식은 학생들로 하여금 진취적이고, 의사결정적이고, 자기주도적인 행동 성향에 도움을 줌. 예를 들어, 공감하는 단계에서 학생들은 보다 깊이 사용자 니즈를 이해하기 위해 사람들과 부대끼고 그들의 관점에서 경험해 보려는 시도를 해야 하며, 테스트 단계에서 그들은 가치 있는 데이터와 피드백을 적용하기에 앞서 수많은 테스트 단계를 반복해야 한다. 실천 지향적 사고방식을 위해 학생들은 마주하게 될 장애물을 뛰어넘어야 하며 그들의 시도가 단순 시도에 그치지 않기 위해서는 실패에 대한 두려움을 이겨내야 한다. 두려움과 자기 의심은 위험을 감수하고자 하는 행동 양식을 저해하는 것으로, 두려움을 이겨내고 실패를 포용하는 것은 더 많은 가능성과 아이디어를 생산하게 하고 대담하고 독창적인 시도를 가능하게 한다. 학생들이 실패를 하나의 결과가 아닌 프로세스의 일부로 받아들일 때 비로소 실천 지향적 행동양식이 가능해지며 그들의 프로토타입이 고차원적인 제품 또는 솔루션으로 거듭날 수 있다.

다섯째, **시각화**이다. 시각화를 통해 학생들은 그들의 아이디어를 프로토타입, 스케치, 디지털 시각화 등으로 표현할 수 있다. 이러한 시도는 복잡한 아이디어를 보다 명확하게 이해할 수 있도록 돕는데, 단순한 스케치라도 이는 사람들로 하여금 더 깊이 토론하고 예상하지 못했던 문제들을 파악하는데 도움을 줄 수 있다. 아이디어를 시각화 하는 것만으로도 생각을 정리하고 전달하고자 하는 정보를 다듬는데 도움이 될 수 있으며, 아이디어를 시각화 하는 것은 사용자들부터 피드백을 얻기에 좋은 방법이므로 학생들도 건설적인 비판에 대해 마음을 열고 방어적인 태도를 벗어나 아이디어를 발전시키는 것이 좋다.

여섯째, **협력 중심 사고방식**이다. 협력 중심의 사고방식을 가진 학생들은 사회성과 대인관계 기술을 발휘하여 공통된 목표를 위해 학습하고 협력할 수 있으며, 팀의 다양한 관점과 기술, 배경 그리고 학습 스타일은 가능성과 혁신적인 솔루션을 이끌어 낸다. 팀워크란 신뢰와 존중을 기반으로 한 가족적인 배경에서 이루어지는 긍정적인 관계이기 때문에 학생들은 팀원들을 챙기며 그들의 감정과 유대감을 형성하기 위해 공감 능력을 적용할 수 있다. 팀워크는 소수가 프로젝트를 장악하는 계층적 구조를 최소화하고, 학생들 간의 경쟁을 최소화하는 것은 사기를 높이고 관계를 개선하며 실망감을 줄이는 데 도움이 된다.

일곱째, 디자인 씽킹은 **성공을 위한 또 다른 사고방식을 제공**한다. 디자인 씽킹은 발전/실패(Improve/Learn from Failure)로부터 배울 수 있다. 많은 학생들은 처음 DT 프로세스를 경험할 때 실패에 대한 두려움으로 프로토타입을 실험하는 것을 꺼려하는데, 이는 실패했을 때 다른 학생들의 시선과 실패를 통해 스스로가 얼마나 무능력한지를 확인하게 될 것을 두려워하기 때문이다. DT 프로젝트들을 하나씩 수행해 나가면서 프로토타입을 시험하고 실패 요인을 분석하며 적절한 개선 방안을 모색해 적용해 가는 것이 하나의 과정임을 깨닫게 된다. 이 같은 프로세스와 학습 환경은 그들로 하여금 실패란 그저 새로운 통찰력과 개선 방향 모색을 위한 강력한 도구임을 받아들이도록 해야 한다.

여덟째, 디자인 씽킹은 **창조적 자신감**(Creative confidence)을 갖게 한다. 창조적 자신감이란 새로운 아이디어를 창조해 내고 그것을 두려움 없이 시도해 보고자 하는 의지를 의미하는 것으로, 이는 모두가 "창의적 성향"을 가지고 있다는 믿음에서 비롯되지만, 마치 근육처럼 지속적으로 사용해 강화해야 할 필요가 있다. 이러한 활동은 학생들에게 점차 자신의 창의력에 자신감을 갖게 되고 실제 작업에 창의성을 발휘하게 한다.

아홉째, 디자인 씽킹은 **성장 지향의 사고방식**(Growth Mindset)을 제공한다. 연습과 엄청난 에너지 그리고 끈기를 통해 그들의 능력과 지능을 발전시킬 수 있다는 성장 지향 사고방식은 실용적인 긍정적 사고를 야기한다는 측면에서 DT 프로세스를 활용하는 학생들에게 특히 중요하다. 성장 지향 사고방식을 가진 학생들은 문제에 직면했을 때 초기의 주저되는 반응에 맞서고 곧 복잡한 문제를 해결할 수 있다는 믿음을 가지게 되며, 궁극적으로 어떤 상황과 복잡한 문제에 직면하더라도 목표를 달성할 수 있다고 믿게 된다. 디자인 씽킹은 성장 지향의 사고방식을 기본으로 문제를 해결해나가는 전략이다.

마지막으로 디자인 씽킹은 **초심자 마인드**(Beginner's Mindset)**를 지향**한다. 초심자 마인드는 학습에 대한 열정과 배움에 대한 열린 생각을 갖게 하기 때문에, 학습자처럼 생각하는 태도는 겸손을 겸비하게 한다는 점에서도 중요하지만 학생들에게 갇힌 사고방식을 멀리하게 해준다는 점에서 궁극적인 의의가 있다.

# 4장

# 문제 해결 과정에서의 사고 활용 기법과 전략

이 장에서는 기술적 문제해결 과정에서 문제확인 과정에서의 확인 기법, 대안의 탐색과정에서의 확산적 사고 기법, 대안을 평가하는 단계에서의 수렴적 사고 기법의 절차와 방법들을 탐구하고자 한다.

이는 기술적 문제해결 과정을 사고 중심의 기법을 활용하여 보다 체계적인 고등 사고 능력인 창의력과 의사 결정 능력을 증진시키고 계발하는 데 도움을 줄 것이다.

◎ 해시 태그 Key words

#문제 해결 사고　　#문제 확인 기법

#확산적 사고 기법　　#수렴적 사고 기법

## 1. 문제 해결 과정과 사고

### 가. 문제 해결과 사고

사고를 문제에 직면하여 그것을 해결하는 정신적 과정이라고 볼 때 문제 해결 과정에는 다양한 사고의 요소가 역동적으로 작용하고 있다고 볼 수 있다. 문제 해결 과정은 일반적으로 ① 문제의 직면 및 발견 ② 문제의 이해 및 해결방안 구상 ③ 정보의 수집과 관계분석 및 해결 가능성의 검토·평가 ④ 문제 해결 및 새로운 문제에의 접근 등이 계속 순환되어진다고 가정할 수 있다. 그리고 지적 활동 또는 사고 활동은 세 가지 요소, **지적 조작**(분류, 비교, 관계 분석 등), **성향**(지적 호기심, 민감성, 지적 지구력 등), **지식의 역동적 작용**으로 일어난다고 가정할 수 있다(허경철, 1990, 한면희, 2002 재인용).

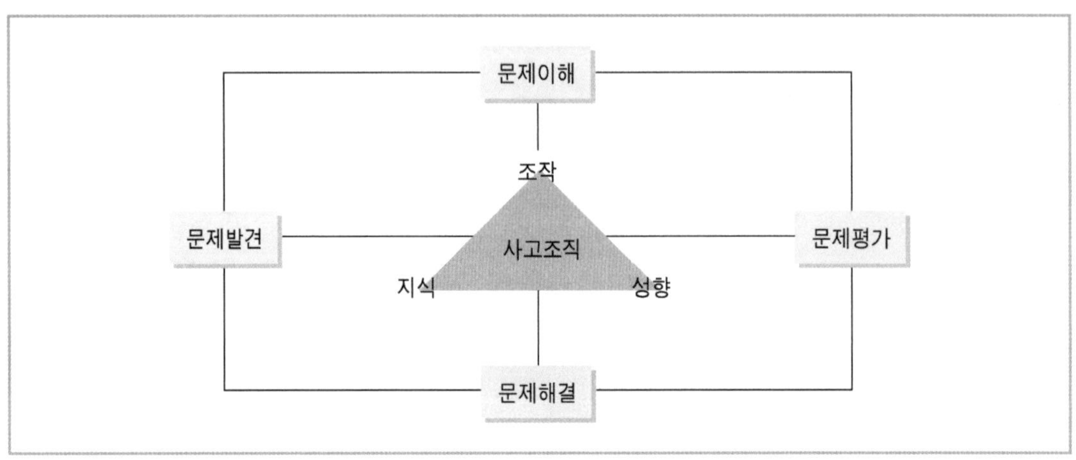


<그림 4－1> 문제 해결과 사고조직과의 관계

그리고 이러한 세 가지 요소들에 의하여 이루어지는 사고 활동은 위에서 기술한 문제 해결의 네 단계에 공통적으로 작용한다고 할 수 있다. 이러한 관계는 <그림 4－1>과 같이 제시할 수 있다.

즉, 다시 말하면 관련 지식, 조작 능력, 문제를 해결하려는 성향 등이 문제의 발견, 문제의 이해 및 해결방법 구상, 문제의 해결 가능성 평가, 문제의 해결 등 각 단계에서 동원되어 역동적인 관계 속에 사고가 이루어진다는 것이다. 여기서 문제 상황의 복잡성 여부, 구조화 여부, 그리고 학문성이 짙은 문제인가, 일상 생활과 밀접한 관련이 있는 문제인가, 창의성을 요하는 문제인가, 비판적 평가를 더 요하는 문제인가, 또한 기억력을 더 많이 요구하는 문제인가, 상상과 통찰을 더 요구하는 문제인가에 따라 학생들이 접근하는 방식은 달라질 것이다.

문제 해결 과정에서 필수적으로 요청되는 사회현상에 관한 지식은 사고의 결과로서 획득되며, 이미 획득되어진 지식은 다음의 문제 해결과 사고하는 데 도구로서 활용된다. 학생들은 백지 상태에서 사고를 하는 것이 아니라 기존의 지식을 가지고, 새로운 지식의 발견과 적용을 위하여 사고하게 된다. 여기서 중요한 것은 학생들이 널리 적용할 수 있는, 즉 질적으로 우수한 지식을 가지고 있느냐 하는 것이 사고를 활발하게 촉진시킬 수 있는 중요한 요인이 된다.

사고 활동이 활발하게 전개되기 위해서는 사고하려는 개인의 욕구, 문제를 끝까지 해결하려는 의지, 사고를 철저하게 하려는 마음이 있어야 한다. 사고력 교육을 연구하는 학자들 간에 공통적으로 인정되는 사고의 성향은 지적 열정(intellectual dynamism), 지적 성실(intellectual good faith), 지적 인내(intellectual perseverance), 지적 정직(intellectual honesty), 지적 겸손(intellectual humility), 긍정적 자아 개념(자기 확신), 실패나 실수에 대한 건강한 태도, 자신의 정신과정(intellectual process)에 대한 호기심 등이다. 이러한 사고의 성향은 사고를 활발

하게 촉진시키면서 사고의 결과 새로운 성향이 형성되어 사고하려는 의지를 강하게 할 수 있다.

생각한다 또는 사고한다는 것을 우리는 흔히 지적 활동 또는 지적 움직임이라고 하기도 하고, 학술적인 용어로 지적 조작이라고 하기도 한다. 이러한 지적 활동의 분류는 논리적 사고, 비판적 사고, 창조적 사고 등으로 분류할 수도 있고, 좀더 구체적인 사고 기능의 수준에서 기억, 이해, 적용, 분석, 종합, 평가 등으로 분류할 수도 있으며 분류, 계열 보존, 연역·귀납, 유추 등으로 분류할 수도 있다. 이러한 지적 조작 능력을 우리는 일반적으로 사고력 또는 사고 기능이라고 부르기도 한다.

## 나. 기술적 문제 해결과 사고

Custer(1995)는 문제를 분류하는 주요 기준을 '목표(goal state)'로 보았다. 기술적 문제 해결 과정의 목표 상태는 '기술적 문제 장(technological problem space)'이라는 특정 영역과 관련된다. 그는 기술적 문제를 **발명**(invention), **설계**(design), **고장 해결**(trouble shooting), **절차**(procedures)와 같은 네 개의 개념적 틀로 조직하여 [표 4-1]과 같이 제시하였다. 이 분류는 전문 기술적 접근에 따랐지만, 학습자가 갖추어야 할 기술적 교양의 측면도 갖는다.

[표 4-1] 기술적 문제의 네 가지 유형(Custer, 1995)

| 구분 | 개념 |
|---|---|
| 발명<br>(invention) | 발명은 추상적인 생각이 물리적 대상이나 과정에 반영되었을 때 발생한다. 이 세상은 창의적인 사람의 상상 속에 존재하던 물체들로 가득 차 있으며, 이러한 것들은 개발 과정을 통해 유용한 형태로 존재하게 되었다. 발명의 대표적인 예로는 바퀴, 에디슨의 전구, 증기 기관, 자동차, 포드의 조립라인, 인공위성 등을 들 수 있다. |
| 설계<br>(design) | 의도하는 목표를 성취하기 위해서 특정 제한상황 내에서 제반 원리를 실제 적용하는 것이다. 예를 들어, 건축가가 건물을 설계할 때 비용, 외관, 활용성, 용도 등을 고려하는 것이다. 실제로 우리가 경험하고 사용하는 인공적인 모든 것은 설계과정을 거친 제품이다. 엔지니어, 인테리어 디자이너, 건축가 등이 설계 전문가들이다. |
| 고장 해결<br>(trouble shooting) | 어떤 제품에 고장이 발생할 때 일어나는 기술적 문제 해결의 유형이다. 전등 불이 꺼졌을 때, 문이 잠겼거나 삐그덕거릴 때, TV가 잘 안 나올 때, 컴퓨터 바이러스가 침투하였을 때 문제의 원인을 밝히고 고치기 위해 고장 진단 및 수리가 필요하다. |
| 절차<br>(procedures) | 계획하고 계획에 따른 지침을 수행하는 것과 관련된다. 이러한 형태의 문제 해결은 크리스마스 트리를 장식하기 위한 간단한 절차에서부터 기술공, 조립공들이 절삭, 드릴링, 조립, 설치, 페인팅 등을 할 때 순서를 정하고 계획을 수립하는 것과 관련된다. |

또한 Custer(1995)는 기술적 과정을 두 개의 흥미 있는 영역, 즉 목적의 상세화(goal clarity), 문제 복잡성(problem complexity)을 포함하는 하나의 구조 내에서 조직화하고, 네 가지 문제 해결 유형을 구분하였다. 그리고 각자의 유형에 해당하는 내용을 지적 능력, 사고의 수준, 그리고 문제 해결 경로 등을 중심으로 제시하였다(송현순, 2001 : 11-2, 재인용).

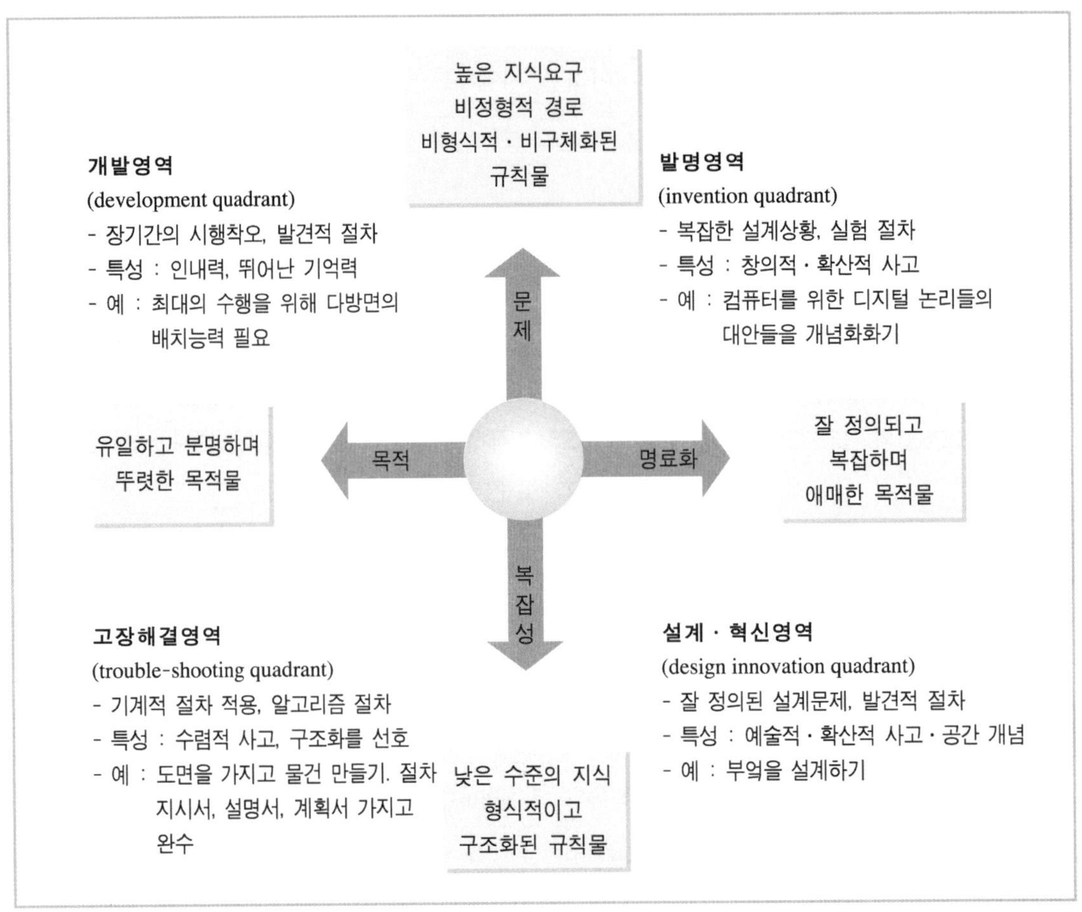


<그림 4-2> 목적의 상세화와 문제의 복잡성에 따른 문제 해결 사고 과정

Halfin(1973)은 그의 박사학위 논문 '기술 : 과정 중심 접근(Technology : A Process Approach)'에서 문제 또는 기회를 조작적으로 정의하기(defining the problem or opportunity operationally), 관찰(observing), 분석(analyzing), 시각화(visualizing), 계산(computing), 의사소통(communicating), 측정(measuring), 예측(predicting), 질문과 가설(questioning and hypothesizing), 자료해석(interpreting data), 모형과 원형 구성(constructing models and prototypes), 실험(experimenting), 시험(testing), 설계(designing), 모델링(modeling), 창조(creating), 관리

(managing) 등과 같은 17개의 사고 과정(mental processes)을 확인, 구분하고 전문 기술자가 일상적으로 문제를 해결하는 데 이용하는 과정을 조사하였다. 그는 이러한 문제 해결 과정의 구성요소들이 기술교과 교육과정의 발전을 위해 통합된 구조로서 이용될 수 있다고 제안하였다(문대영, 2001).

Wicklein & Rojewski(1999)는 Halfin(1973)의 연구를 재확인하고 보완하였다. 그들은 수정 델파이법을 이용하여 Halfin이 분석한 17개의 사고 과정을 확인하였다. 또한 그들은 10개 항목을 추가하여 문제를 해결하는 데 필요하다고 여겨지는 총 27개의 사고 과정을 [표 4-2]와 같이 제시하고, 수정 델파이법을 이용하여 각각의 개념을 확인하였다. 또한 27개의 사고 과정을 분석(analysis), 개념화(conceptualization), 창조성(creativity), 연구(investigation), 사회적 측면(social) 등과 같은 다섯 범주로 분류하였다(문대영, 2001).

[표 4-2] 기술적 문제 해결을 위한 사고 과정(Wicklein & Rojewski, 1999 : 44-48)

| 사고 과정 | 개 념 |
|---|---|
| 분석<br>(analyzing) | 현상, 문제, 기회, 대상, 시스템, 관점의 기본요소를 분류하거나 시작하기 위해서 확인(identifying), 분리(isolating), 분해(taking apart), 분석(breakdown)하거나 유사한 행위를 수행하는 과정 |
| 의사소통<br>(communication) | 말, 글, 그림, 기호 및 이들의 조합 등의 다양한 형태의 매체를 통해 송신자(sender)의 정보나 생각을 수신자(receiver)에게 전하는 과정 |
| 계산<br>(computing) | 실제적이거나 추상적인 수학적 상황에서 수학적 기호, 연산자를 선택하고 적용하는 과정 및 표현하고, 판단하고, 계산하고, 수량화하고, 관련짓고, 평가하는 과정 |
| 맥락<br>(context) | 작업을 위한 사회적 · 문화적 · 조직적 맥락을 이해한다. |
| 창조성<br>(creating) | 개인과 사회 모두의 필요를 만족시키는 최선의 방식으로서 기본 구성요소 및 현상, 대상, 사건, 시스템, 관점 등에 대한 생각을 결합하는 과정 |
| 소비자 분석<br>(customer analysis) | 수용자 또는 기술에 대한 정보를 평가하는 과정 |
| 문제 정의<br>(defining problems) | 최적의 해결을 유도하기 위한 연구를 증진시키기 위해 문제를 진술하고 규정하는 과정. 사건의 한 상태에서 또 다른 바람직한 상태로 변환하는 것 |
| 설계<br>(designing) | 성취될 수 있는 실제적인 목표에 의해 고안(conceiving), 창출, 몰입(investing), 궁리(contriving), 스케칭, 계획하거나, 사회적 요구, 욕구, 문제, 기회 등을 개선할 수 있는 목표를 제안하는 과정 |
| 요구 설정<br>(establishing need) | 기술적 문제 또는 해결을 위한 요구의 정도를 결정하는 과정 |

| | |
|---|---|
| 실험<br>(experimenting) | 가설의 타당성을 검증하고, 사실을 증명하며, 특정 현상, 문제, 기회, 대상, 사건, 시스템, 관점과 관련된 다양한 요소를 밝히기 위해 이전에 시도되지 않았던 무엇인가의 효과를 검증하는 과정 |
| 혁신<br>(innovating) | 존재하는 노하우(know-how)를 취하고 이를 새로운 상황에 적용해 보는 과정 |
| 자료해석<br>(interpreting data) | 특정 자료의 의미를 제공하기 위해 분류, 검토, 설명, 해석하는 과정 |
| 관리<br>(managing) | 개인과 사회 모두의 필요를 만족시키는 최선의 방식으로서 기본 구성요소 및 현상, 대상, 사건, 시스템, 관점 등에 대한 생각을 결합하는 과정 |
| 측정<br>(measuring) | 현상, 문제, 기회, 요소, 대상, 사건, 시스템, 관점 등의 특징을 '수'를 이용하여 명확히 나타내는 과정 |
| 모델링<br>(modeling) | 스케치, 도표(diagram), 방정식과 같은 그래픽 표현, 축척모형, 원형과 같은 형태의 물리적 표현 및 문서화된 통칙(written generalization)의 형태로 표현 등과 같이 행위나 상황을 일반화된 구성(generalized construct)으로 간소화하거나 제시하는 과정 |
| 모형/원형<br>(models/prototypes) | 축척모형이나 원형을 제작하기 위해 형을 뜨고, 만들고, 제작하고, 조립하고, 창출하거나 부품을 조합하는 과정 |
| 자료 검사<br>(monitoring data) | 문제발생과 관련된 자료와 시간조건을 모으고 기록하는 과정 |
| 관찰<br>(observing) | 시각, 청각, 촉각, 후각, 미각 등과 같은 하나 또는 둘 이상의 감각을 통해 주변 상황과 상호작용하는 과정<br>감각은 현상, 문제, 기회, 요소, 대상, 사건, 시스템, 관점의 특성을 결정하는 데 이용된다. 관찰자의 경험, 가치와 연관성은 그 결과에 영향을 준다. |
| 예측<br>(predicting) | 특정한 지식에 근거하여 미래를 예견하고 전개될 사항을 예언하거나 예측하는 과정 |
| 질문/가설<br>(questioning/<br>hypothesizing) | 현상, 문제, 기회, 요소, 대상, 사건, 시스템, 관점에 관해 묻고, 질문하고, 설명을 요구하거나 답을 찾는 과정 |
| 조사<br>(researching) | 문제를 연구하는 데 필요한 배경 정보에 친밀해지는 과정<br>어떤 종류의 정보를 찾고, 그것이 어디에 있는지를 아는 것 |
| 해결 탐색<br>(searching for<br>solutions) | 기술적 문제를 해결하고자 할 때, 다양한 선택사항을 검사하는 과정 |
| 기술 평가<br>(technology review) | 미래의 특정 시기에 문제 해결의 성과를 평가해 보는 과정 |

| | |
|---|---|
| 시험(testing) | 설계 명세서(design specifications)를 수정하거나 명료하게 하기 위한 정보를 획득하기 위해서 실생활 또는 모의환경에서 모형, 구성요소, 시스템, 제품, 관점의 실행 가능성을 결정하는 과정 |
| 전이/변형<br>(transfer/<br>transformation) | 새로운 상황이나 영역에 전이, 변형하는 과정 |
| 가치<br>(values) | 행위의 추이를 결정하는 데 기술자의 가치 및 다른 사람들의 가치가 갖는 역할을 이해하는 과정 |
| 시각화<br>(visualizing) | 인식하는 사람의 경험에 기초한 심상(mental image)의 형태로 현상, 문제, 기회, 요소, 대상, 사건, 시스템을 인식하는 과정<br>문제나 기회에 수반되는 현상을 위한 타당한 심리적 유추(mental analogy)를 설정하는 데는 모든 감각의 훈련을 포함한다. |

## 다. 문제 해결 사고 과정의 분석

문제 해결의 절차모형에서 알 수 있듯이, 계획단계에서 아이디어를 생산하는 **확산적 사고**와 그 아이디어 중에서 최적의 아이디어를 선정하는 **수렴적 사고**가 핵심을 이루게 된다. 또한 평가단계에서는 문제 해결 과정 및 결과의 평가과정에서 자기 평가에 기초한 **비평적 사고**를 기대할 수 있을 것이다.

한편, **지적 능력 측면**에서는 문제 확인 단계에서 **사물의 인식능력**, 계획단계에서 정보수집과정에서의 **정보 수집 능력과 분석 능력**, 확산적 사고에 기초한 **창의력**, 수렴적 사고에 기초한 **의사결정 능력**이 기대되며, 실행단계에서는 **실천적 능력**을, 평가단계에서는 **평가력**, **비판능력** 등을 기대할 수 있는 지적 능력으로 분석될 수 있다.

따라서 문제 해결 활동은 아이들에게 확산적 사고, 수렴적 사고, 비평적 사고에 기초한 문제 인식 능력, 정보수집 및 분석 능력, 창의력, 의사 결정 능력, 실천 능력, 평가 능력 및 비평 능력 등의 고등적 사고 기능을 기대할 수 있는 지식기반 사회의 핵심적인 학습 활동으로 분석되었다.

이상의 논의에서와 같이 문제 해결 과정에서의 문제 해결 사고는 계획 단계에서 아이디어를 생산하는 확산적 사고, 생성된 여러 가지 아이디어를 선정하는 수렴적 사고, 그리고 평가단계에서의 과정 및 결과를 평가하는 활동에서의 비판적 사고와 밀접한 관련을 맺는다. 또한 문제 해결 과정에서의 지적 능력인 문제 해결 능력은 문제 확인 단계에서 인식 능력, 계획단계의 창의력, 의사 결정 능력, 실행 단계에서 실천 능력, 평가 단계에서의 평가 능력을 기대할 수 있을 것이다.

따라서 문제 해결 과정에 따른 사고능력, 지적 능력의 모형은 <그림 4-3>과 같다.

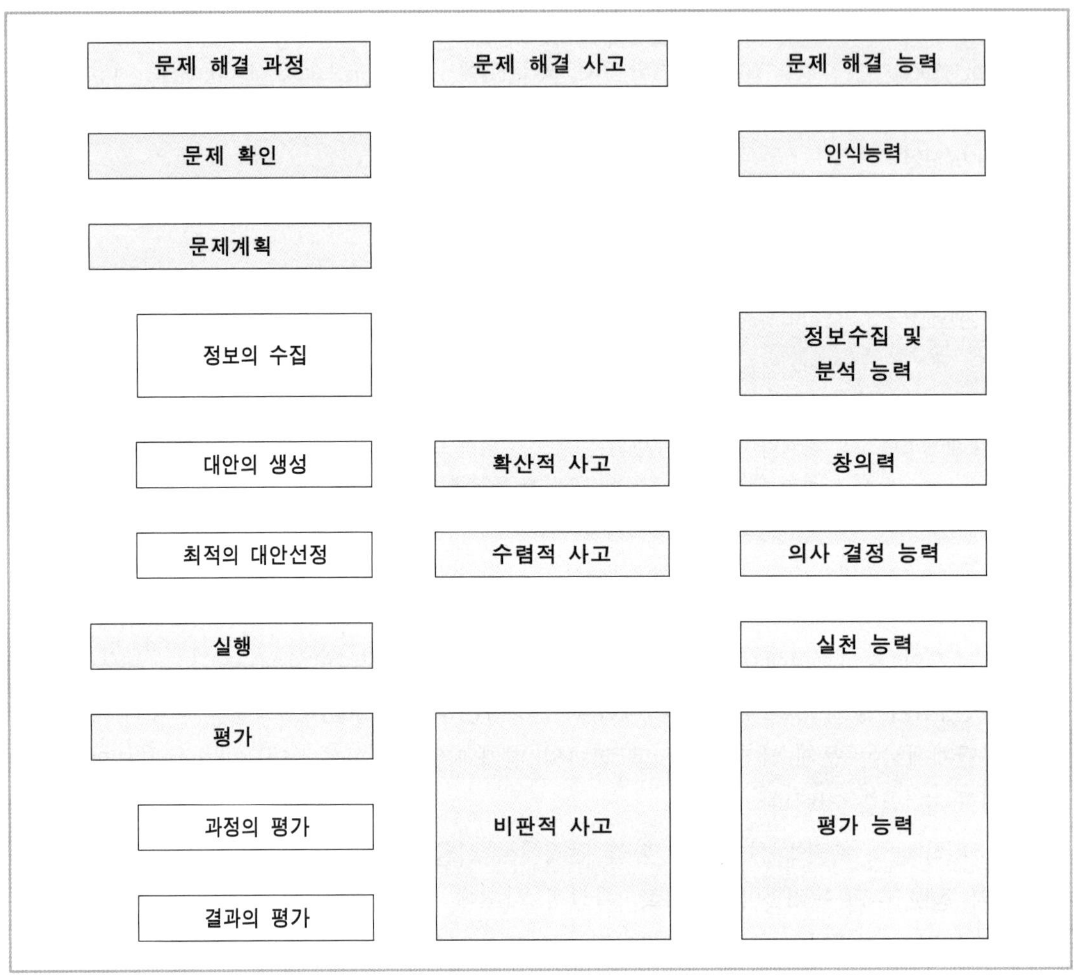


<그림 4-3> 문제 해결 과정에 따른 사고 능력, 지적 능력의 모형

## 2. 문제 확인 기법

문제를 잘 해결하는 데 있어 가장 중요한 것이 무엇일까? 다소 이견이 있을 수 있겠으나, 무엇보다 가장 중요한 단계는 문제를 확인하는 단계일 것이다. 문제가 무엇인지 제대로 파악해야 문제를 잘 해결할 수 있게 되는 것은 너무나도 자명한 일이다.

많은 사람들은 문제에 대한 확산적 사고기법인 브레인스토밍과 수렴적 사고기법의 일종인

PMI 등의 기법에는 익숙하나, 문제 확인 기법에는 생소한 경우가 많다. 앞에서도 언급하였듯 문제를 제대로 풀기 위한 첫 단계이며 가장 중요한 단계는 무엇보다도 문제를 정확하게 확인하는 것이다.

이와 관련된 기법들 중 가장 대표적인 방법인 특성요인도(Fishbone Diagram)과 와이-와이 기법(Why-Why method) 그리고 압축과 확장 기법(Squeeze and Stretch)이 있다. 문제를 정확하게 확인하는 단계는 문제를 좀 더 정확하게 정의하는 데 도움을 주며 나아가 창의적인 문제 해결의 단초를 제공한다.

## 가. 특성요인도(Fishbone Diagram)

특성요인도는 도쿄 대학의 카오루 이시카와(Kaoru Ishikawa) 교수에 의해 개발되어 이시카와 다이어그램(Ishikawa Diagram)이라고도 부른다. 이 방법은 문제를 인식하는 것과 함께 문제의 원인이 되는 모든 요인들을 손으로 그려보면서 나열하는 데 그 목적이 있다.

특성요인도가 문제를 확인하는 데 대단히 좋은 이유는 다음과 같다.

- 문제를 해결하려는 사람에게 의사 결정에 앞서 문제의 모든 면에 대해 세밀히 조사하는 것을 도와준다.
- 원인들 사이의 관련된 중요함과 원인들 사이에 관련성을 볼 수 있도록 도와준다.
- 문제를 해결하려는 사람들이 문제에 초점을 맞출 수 있기 때문에 창의적인 프로세스를 시작하는 것을 도와준다.
- 문제 해결을 위한 논리적인 절차를 시작하도록 돕는다.
- 지엽적인 부분에 초점을 맞추는 것을 막아주고 전체적인 문제를 볼 수 있도록 도와준다.
- 문제의 범위를 감소시키고, 간단한 문제를 해결하는 것보다 복잡한 문제를 해결하는 방법을 제공한다.
- 실제적인 문제에 초점을 맞추기보다는 사고 방식이나 행동을 새롭게 바꾸는 것을 도와준다.

특성요인도를 처음 그릴 때는 곧바로 정의할 수 있는 간단한 문제를 표현하는 것부터 시작하는 것이 좋다. 어느 정도 연습이 된 후에는 좀 더 복잡한 문제로 옮겨하면 되는데, 다음과 같은 순서를 따라서 그리면 된다.

- 종이의 오른쪽 면에 원을 그리고 그 안에 문제를 써라.
- 문제에서 직선을 왼쪽으로 긋는다. 이것이 "물고기 등뼈(backbone)"이다.
- 물고기 등뼈로부터 45°의 각도를 이루는 줄기들(stems)을 그려라.
- 각 줄기들의 끝에 문제의 모든 원인들을 브레인스토밍하여 배열하라.
- 하위 줄기가 필요하다면 추가적인 줄기를 그려라.
- 물고기의 꼬리부분에 더 복잡한 원인을 적고 덜 복잡한 원인은 물고기의 머리 부분에 적는다.

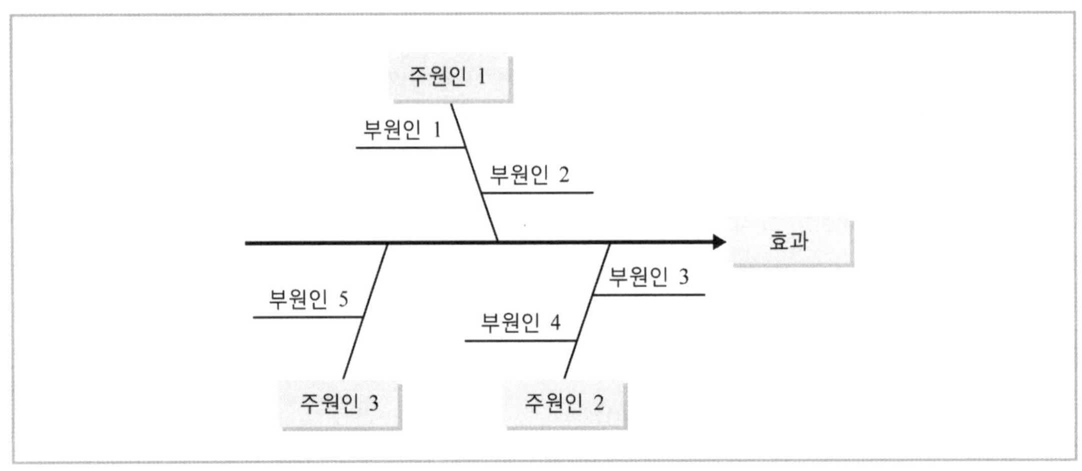


<그림 4 - 4> 특성요인도

## 나. 압축 및 확장 기법(Squeeze and Stretch)

문제 해결 과정에서 사용할 수 있는 기법 중 '압축 및 확장 기법(Squeeze and Stretch)'은 문제를 좀 더 분석하여 보는 것을 도와주는 기법이다. 그 중 압축기법(Squeeze)은 문제의 기본적인 구성요소를 발견하는 것을 도와준다. 나머지 하나인 확장기법(Stretch)은 문제의 범위에 대해서 살펴보는 것을 도와주는 기법이다. 또한 확장기법은 문제와 관련되어 있는 사실들이 무엇인지를 볼 수 있도록 도와준다.

압축기법(Squeeze)은 연쇄적으로 계속해서 질문을 해 나가는 방식을 취하고 있는데 이 때 '왜(why)'라는 단어로 질문을 시작한다. 이러한 과정은 문제를 충분히 깊이있게 이해할 수 있을 때까지 계속해 나가면 된다. 다음은 압축기법(Squeeze)과 확장기법(Stretch)의 사례를 적은 것이다.

압축기법은(Squeeze)은 문제에 대해 '왜(Why)'로 시작하는 질문을 연쇄적으로 해 나가는 기법이다.
확장기법(Stretch)은 문제에 대해 '무엇을(What)'으로 시작하는 질문을 연쇄적으로 해 나가는 기법이다.

## 다. Why-Why 다이어그램

Why-Why 다이어그램은 물고기뼈 다이어그램의 방법에 약간의 변화를 준 기법이다. 때문에 문제의 원인을 분석하는데 사용하는 체계적인 방법이란 점은 물고기뼈 다이어그램과의 공통점이다. 이 기법은 왼쪽에서부터 오른쪽으로 옮겨가면서 문제를 진술해 나간다. Why-Why 다이어그램은 전통적인 의사결정의 트리를 왼쪽으로 돌려놓은 형태를 띠고 있는데, 왼쪽에서

오른쪽으로 마치 트리를 그리듯이 완성해 나가면 된다. 각 가지들에서 오른쪽으로 가지들을 만들어 나가면된다. 하나에서 출발해서 가지를 완성해 나갈 때마다 "왜?"라는 질문에 대한 답을 해 가면서 확장시켜 나가면 된다.

예를 들면, 사진이 더러워지는 이유에서 시작하여 "왜?"라는 질문에 대해서 오른쪽으로 가지를 추가해가면서 완성해 나가는 것이다. 운송의 문제, 종이의 문제, 잉크의 문제를 "왜?"에 대한 답으로 선택하였고, 각각의 답변에 다해서 다시금 "왜?"라는 의문을 갖고 계속해서 답을 해 나가는 방법을 반복하면 된다.

이 기법은 물고기뼈 다이어그램처럼 많은 가치있는 응답을 제공한다. Why-Why 다이어그램은 하나의 문제에 초점을 맞추기보다 문제를 넘어 관련된 더 많은 원인들을 찾아보는 것을 도와준다. Why-Why 다이어그램을 완성해 가는 단계를 요약하면 다음과 같다.

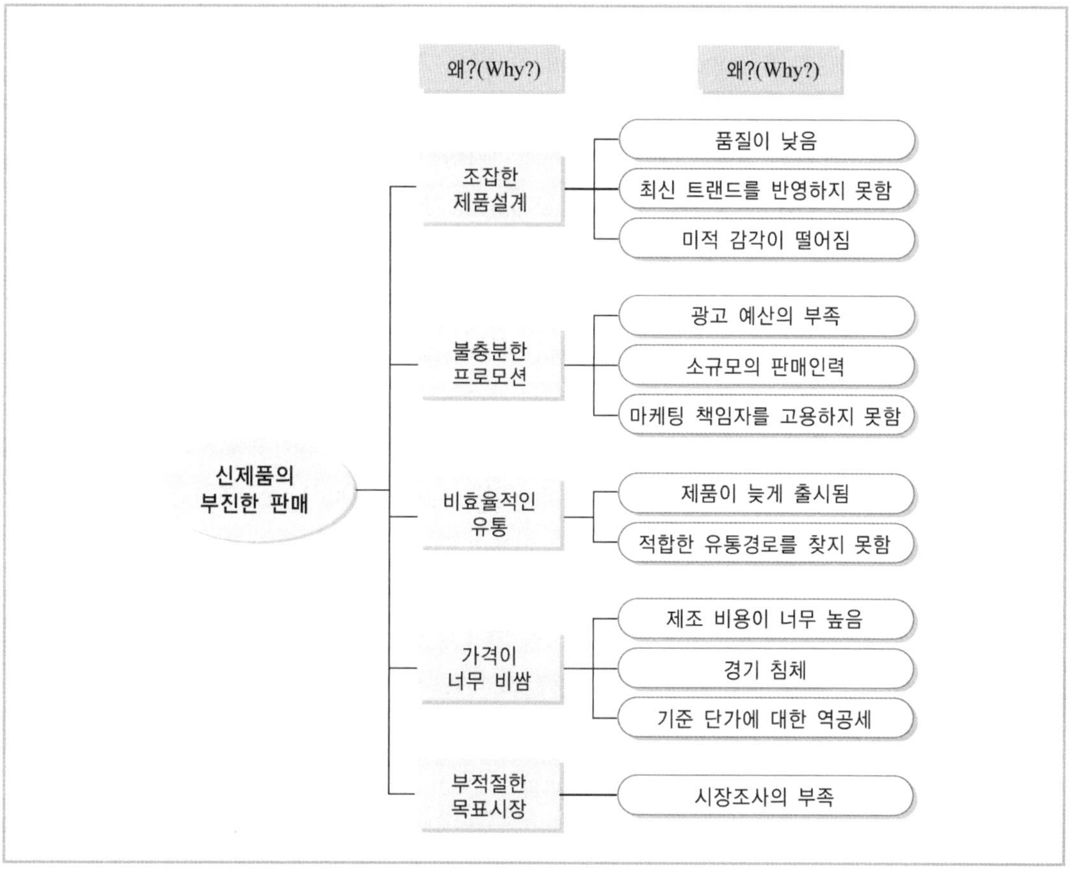

왜?(Why?) 왜?(Why?)

- **신제품의 부진한 판매**
  - 조잡한 제품설계
    - 품질이 낮음
    - 최신 트랜드를 반영하지 못함
    - 미적 감각이 떨어짐
  - 불충분한 프로모션
    - 광고 예산의 부족
    - 소규모의 판매인력
    - 마케팅 책임자를 고용하지 못함
  - 비효율적인 유통
    - 제품이 늦게 출시됨
    - 적합한 유통경로를 찾지 못함
  - 가격이 너무 비쌈
    - 제조 비용이 너무 높음
    - 경기 침체
    - 기준 단가에 대한 역공세
  - 부적절한 목표시장
    - 시장조사의 부족

<그림 4 - 5> Why-Why 다이어그램의 응용 사례

• 종이의 왼쪽에 문제를 진술하라.
• 가능한 요인들의 각각과 문제들을 고려하여 '왜'라는 질문을 반복하며 오른쪽으로 그 원인들을 그려나간다.
• 충분할 만큼의 답을 얻을 때까지 이 과정을 반복한다.

## 3. 확산적 사고기법

### 가. 확산적 사고기법의 이해

Guilford(1956)는 인간의 지적 능력의 구조에 대한 모델(The Structure of Intellect Model)에서 다섯 가지 유형의 조작(operations)을 제시하면서 처음으로 확산적 사고에 대하여 논의하였다. 그는 **확산적 사고**를 "정답이 하나로 정해지지 않은 질문에 대하여 다양성을 추구하고 다른 방향으로 생각하는 사고"라고 정의하고, "다양한 생각을 산출하는 확산적 사고는 보다 드물고 보다 독창적인 생각에 도달할 가능성을 증가시킨다"는 점을 확산적 사고의 특징으로 강조했다. 그리고 전형적인 일반적 지능을 대표하는 수렴적 사고(convergent thinking)가 오직 한 개의 답을 가지고 있는 질문에 대하여 정답 혹은 오답을 찾는 사고임에 반해, 이와는 구별되는 특징적인 사고유형으로서 확산적 사고를 분류하였다.

확산적 사고에 대한 Guilford(1959)의 이론은 인간의 능력을 이해하는 데 있어서 전통적인 지능(IQ)만으로는 충분하지 않으며 그 밖의 다양한 능력들도 종합적으로 고려할 필요가 있음을 구체적으로 보여 주었다는 점에서 의의가 있다. 그리고 Guilford(1950)는 이미 인간 능력의 중요한 영역으로 창의력에 대한 연구의 필요성을 주장한 바 있었고, 지적 능력에 대한 개념적 모델에서 다섯 가지의 조작 중 수렴적 사고와 함께 확산적 사고, 창의적 사고를 설명할 수 있는 가장 중요한 사고유형으로 제시하였다(김영채, 1999, 재인용).

확산적 사고는 아이디어들을 많이, 다양하게 그리고 독특하게 생성해 내기 위한 사고유형으로 수렴적 사고와 함께 창의력을 설명할 수 있는 가장 중요한 사고유형이라고 할 수 있다. Guilford(1959)에 의하면, 확산적 사고(divergent thinking)는 정답이 정해지지 않은 질문에 대하여 다양성을 추구하고 다른 방향으로 생각하는 사고이며, 수렴적 사고는 한 개의 답을 가지고 있는 질문에 대하여 정답 혹은 오답을 찾는 사고이다.

정답이 결정되어 있는지 혹은 문제 해결 가능성이 열려 있는지의 여부는 과제의 특성으로 결정되는 문제이다. 그러나 과제가 확산적 사고 과제인지 혹은 수렴적 사고 과제인지에 따라

서 사고 과정도 확산적 사고 혹은 수렴적 사고로 완전히 분리된다기보다는 오히려 거의 대부분의 문제 해결 과정에서 두 사고가 서로 긴밀하게 관련되어 있는 것으로 생각할 수 있다.

예를 들어 "네모난 것이라고 생각할 수 있는 것이 무엇이 있을까?" 하는 문제가 주어졌다면, 이 문제는 문제 해결 가능성이 열려 있고 정답이 하나로 결정되어 있지 않기 때문에 확산적 사고를 유발시킬 것이다. 그러나 문제 해결 과정에서 다양성을 추구하고 다른 방향의 생각을 산출할 것이지만 그렇게 산출되는 모든 생각(ideas)은 '네모난 것'이라는 하나의 연결고리를 갖는다. 즉, 산출된 생각들이 구체적인 사물이든 추상적인 개념이든 모두 '네모난 속성'을 가지고 있다는 점에서 일치하여야 할 것이다(김영채, 1999, 재인용).

즉, '네모난 것'과 관련한 가능한 한 다양한 생각을 산출하는 과정에 '네모난 속성'을 적용시키는 과정이 반드시 포함될 것이다. 이를 다른 말로 하면, 생각의 다양성 속에 생각의 정확성이 들어있다는 것이다. 만약 생각의 정확성을 추구하는 것이 수렴적 사고와 밀접한 관련이 있다면, 확산적 사고는 그저 이런저런 생각들을 아무렇게나 산출해 내는 것이 아니라 수렴적 사고와의 긴밀한 관계 속에서 다양성을 추구하는 사고로 이해될 수 있을 것이다.

[표 4-3] 확산적 사고기법과 특징

| 사고기법<br>(사고도구) | 주요 절차 | 특 징 |
|---|---|---|
| 브레인 스토밍 | ① 아이디어들을 많이 생각해내기<br>② 긴장을 풀고, 장난기 있게, 견해를 바꾸어서 생각해보기<br>③ 떠오른 아이디어를 모두 적기 | 구체적인 문제에 초점을 두고 많은 수의 아이디어를 생성해 내는 기법 |
| 브레인 라이팅 | ① 대집단을 몇 개의 소집단(4~5명)으로 나누기<br>② 조그만 원탁에 둘러앉기<br>③ 용지 제일 위에 '문제 진술'을 적고 가로 줄마다 3개의 아이디어를 적기<br>④ 3개의 아이디어를 적었으면 그 용지를 원탁 위에 다 올려놓고 다른 용지를 갖고 와 3개의 아이디어를 다시 적는 과정을 반복하기 | 내성적인 참가자들의 생각을 표현할 때, 많은 아이디어를 빠르게 생성해 내고자 하는 기법 |
| 마인드맵 | ① 마인드 맵 하려는 문제나 제목을 종이 한가운데 그려 놓은 원이나 박스에 적어 넣기<br>② 자연스럽게 아이디어가 흘러나오게 하고 이러한 아이디어를 핵심단어로 나타내기<br>③ 한 개의 선(가지)에는 한 개의 핵심 단어만을 기록하기<br>④ 아이디어를 나타내는 핵심 단어를 중심에 있는 제목에 선으로 연결시키기 | 비직선적인 노트 정리 방법으로 요점을 더 잘 기록하고, 창의적인 사고 기능을 증진시키는 기법 |

| 결부법<br>(시네틱스) | ① 완전 상상을 통해서 매우 희귀하거나 특이한 해결책을 찾는 '환상기법' 하기<br>② 실제 생활 내에서 유사한 문제를 찾아서 답을 하는 '직접유추 방법'하기<br>③ 자신이 직접 문제에 나오는 대상이 된 것으로 생각해 보는 '개인유추 방법'하기 | 문제를 친근한 방식으로 들여다 보고 이해를 더 잘 하도록 할 때, 현재 문제의 틀에서 벗어나 보다 창의적인 해결책을 찾고자 하는 기법 |
|---|---|---|
| 강제연결법 | ① 별로 관계가 없는 주위에 있는 물건, 머리 속에 있는 물건 등을 문제에다 강제로 연결시키기<br>② 어떤 물건과 대상을 강제로 연결시킨 뒤 그 결합에서 새로운 아이디어를 만들어 내기 | 별로 관계가 없어 보이는 어떤 대상, 문제에다 강제로 연결시켜 아이디어를 얻고자 하는 기법 |
| 유추법 | ① 문제를 진술하기<br>② 문제의 주제에 포함되어 있는 것과 비슷한 다른 어떤 것을 생각해서 적용하는 유추 만들기<br>③ 만들어 낸 유추를 해결할 수 있는 방법 찾기<br>④ 이 해결방법을 원래의 문제에 적용하기 | 어떤 문제가 해결이 안되고 더이상 생각이 나지 않아 현재의 문제와 유사한 어떤 것을 생각해 보는 기법 |
| 속성 열거법 | ① 현재 모델(상태)이 가지고 있는 속성을 나열하기<br>② 각 속성들을 차례대로 보고 어떻게 향상시킬 수 있는지를 고려하기<br>③ 이들 중 그럴 듯하고 좋아 보이는 아이디어들을 모두 가려내어 평가하기 | 현재 모델(상태)이 가지고 있는 속성을 나열한 후 각 속성들을 차례대로 보고 어떻게 향상시킬 수 있는지를 고려하여 좋아 보이는 아이디어를 평가하는 기법 |
| 체크<br>리스트법 | ① 어떤 것을 더하거나 빼기<br>② 색깔을 변경하기<br>③ 재료를 바꾸기<br>④ 부분(부품)들을 재배열하기<br>⑤ 모양을 바꾸기<br>⑥ 크기를 변경하기<br>⑦ 디자인이나 스타일을 수정하기 | 새로운 아이디어를 생성해 낼 수 있으며 특히 기존의 제품을 다소간 개조하여 신제품을 발명해 내는 기법 |
| SCAMPER | ① Substitute – 대치시키기<br>② Combine – 조합하기<br>③ Adapt – 맞도록 고치기<br>④ Modify-Magnify-Minify – 수정 – 확대 – 축소하기<br>⑤ Put to other use – 다른 용도로 놓기<br>⑥ Eliminate – 제거하기<br>⑦ Rearrange-reverse – 재배치 – 거꾸로 하기 | 7가지 질문에 있는 핵심 단어들의 첫 글자를 따서 기억하기 좋게 만든 후 이들 철자와 관련있는 질문을 통해 아이디어를 자극하는 기법 |
| Po 진술 | ① 어떤 아이디어(진술)에 대해 참·거짓으로 판단을 내리지 않기<br>② 어떤 주제나 문제에 대해서 도발적으로, 기발하게, 황당하게 상상해 보고 진술하기 | 어떤 아이디어에 대해 참·거짓으로 판단을 내리지 않고 그 생각을 상상이나 새로운 제안, 기발한 생각 등으로 창의적으로 다루는 기법 |

| | | |
|---|---|---|
| 디딤돌<br>(징검다리)<br>기법 | ① 'Po 진술'의 아이디어를 생각하기<br>② 'Po 진술'의 아이디어를 징검다리로 사용하여 다른 새로운 멋진 생각을 하기 | 'Po 진술'의 아이디어를 '디딤돌(징검다리)'로 사용하여 새로운 아이디어를 생성해 내는 기법 |
| 무선적<br>투입법 | ① 현재의 장면과는 관계없는 어떤 '명사 단어'를 '무선적 단어'라고 하는데 이 '무선적 단어'를 만들기<br>② 만들어진 '무선적 단어'를 문제 장면에 넣는 '무선적 투입'하기<br>③ '무선적 투입'을 통해서 새로운 아이디어를 만들기 | 현재의 장면과는 관계가 없는 어떤 명사 단어를 의도적으로 도입하고 그것을 'Po 진술'로 사용하여 새로운 아이디어의 생성을 자극하는 기법 |
| 생각 · 도전 | ① 기존의 사상이나 생각을 당연하게 받아들이지 않기<br>② 기존의 사상이나 생각에 '왜 꼭 그래야만 하는가?' 라고 의심하고 도전해 보기<br>③ 도전과정을 통해서 새로운 아이디어를 생성하기 | 기존의 사상이나 생각을 당연하게 받아들이지 않고 '왜 꼭 그래야만 하는가?'라고 의심하고 도전함으로써 새로운 아이디어를 생성할 수 있는 능력을 기르는 기법 |
| 지배적 생각 | ① 문제상황에서 가장 주도적인 아이디어를 찾아내기<br>② 찾아낸 그 주도적인 아이디어를 의도적으로 회피하기<br>③ 새로운 아이디어를 생성하기 | 문제상황에서 가장 중요한 주도적인 아이디어를 찾아내어 그 아이디어를 의도적으로 회피함으로써 새로운 아이디어를 생성하는 기법 |
| 문제점<br>밝히기 | ① 문제를 정확하게 규정함으로써 새로운 아이디어를 생성할 수 있음을 알기<br>② 다양한 연습을 통해서 문제를 정확하게 규정하는 습관 기르기 | 새로운 아이디어는 문제를 정확하게 규정함으로써 생성할 수 있음을 이해시키고, 다양한 연습을 통해서 그런 습관을 기를 수 있도록 하는 기법 |
| 결점<br>제거법 | ① 기존 아이디어들의 결점들을 나열하기<br>② 결점들을 제거시킬 수 있는 아이디어들을 생각해내기<br>③ 그 결점들을 제거함으로써 기존의 아이디어를 더욱 훌륭하게 개선시키기 | 모든 결점들을 나열하고 이들을 제거시킬 수 있는 아이디어를 생각해내는 기법 |
| 필요조건<br>찾기 | ① 어떤 문제가 요구하고 있는 요구조건을 밝히기<br>② 그 조건을 충족시키는 아이디어를 생성시킬 수 있도록 노력하기<br>③ 여러 개의 보조 조건을 찾아서 그 조건에 맞추어 생각해 보기 | 어떤 문제가 요구하고 있는 조건을 밝히고, 그 조건을 충족시키는 아이디어를 생성시킬 수 있도록 여러 개의 보조조건을 찾을 수 있도록 하는 기법 |
| 평가하기 | ① 어떤 아이디어의 장점과 단점, 필수적인 요건을 갖추고 있는지 등을 따져 보기<br>② 우리가 제시한 생각이 그 문제를 해결하는 데 적당한가를 알아보기 | 어떤 아이디어의 장점과 단점 그리고 필수적인 요건을 갖추고 있는지 따져 보며 자신이 제시한 생각이 그 문제를 해결하는 데 적당한가를 알아보는 기법 |

| | | |
|---|---|---|
| 여섯 가지 사고모자 | ① 각 사고모자(흰색 모자, 빨간색 모자, 검은색 모자, 노란색 모자, 녹색 모자, 파란색 모자)가 의미하는 사고의 형태에 대해 이해하기<br>② 사고모자의 사용 방법과 순서 알기<br>③ 어떤 문제나 이야기에 대해서 여섯 가지 사고 모자의 사용 방법, 순서, 사고의 형태에 맞게 다 같이 생각하고 토의하기 | 색깔을 달리하는 여섯 개의 모자를 미리 준비해 놓고 사회자가 지시하는 모자를 다 같이 쓰고 그 모자가 의미하는 것만을 다 같이 생각하고 토의하는 기법 |
| 연상법 | ① 어떤 단서, 대상, 주제, 방법, 상황을 제시하고 문득 떠오르는 아이디어를 포착·제시하는 자유연상법 이해하기<br>② 자유연상에 어느 정도 조건을 주어서 제한·통제된 연상을 유도하는 통제연상법 이해하기 | 어떤 단서, 대상, 주제, 방법, 상황을 제시하고 문득 떠오르는 아이디어를 포착·제시하거나 어느 정도 제한·통제된 연상을 하는 기법 |

## 나. 확산적 사고 기법의 분류

확산적 사고 기법은 크게 집단용과 개인용 사고 기법으로 분류할 수 있다.

[표 4-4] 확산적 사고 기법의 분류

| 대상 | 범 주 | 기 법 |
|---|---|---|
| 집단용 | 브레인스토밍 기법과 관련의 기법 | • 브레인스토밍 기법<br>• 브레인라이팅 기법<br>• 브레인라이팅 게시 기법<br>• Gordon-Little 브레인스토밍 기법 |
| | 결부법과 관련의 제 기법 | • 결부법 • 강제결합법<br>• 시네틱스 |
| | 형태분석법과 관련의 제 기법 | • 형태분석법 • 속성열거법<br>• 체크리스트법<br>• 발견적 아이디어 생성기법<br>• 시퀀스-속성 수정 행렬법 |
| | Osborn의 질문리스트와 SCAMPER | • 오스본의 질문리스트<br>• SCAMPER |
| | De Bono의 CoRT프로그램과 육색사고모자 | • PO진술 • 조합(Combination)<br>• 디딤돌(Steppins Stone)<br>• 무선적 투입(Random Input)<br>• 결점 제거법(Remove Faults)<br>• 육색사고모자(Six Thinking Hats) |

| | | |
|---|---|---|
| 개인용 | 개인용－유추를 이용한 기법 | • Einstein 기법<br>•'자연 속 유추' 기법<br>•'잡지 오리기' 기법<br>•'당신이 바로 제품' 기법<br>•'창의를 위한 SES등식' 기법 |
| | 개인용－심상과 상상을 이용한 기법 | • 회색상자 기법<br>• 소원 상상하기 기법<br>• 이미지 스트리밍 기법 |
| | 개인용－연상을 이용한 기법 | • 마인드스토밍 • 자유 연상법<br>•'아이디어 이름 붙이기' 기법 |
| | 개인용－제품명/상호 만들기 | • 제품명/상호 만들기 |
| 기 타 | | • 마인드 맵핑<br>• 통찰을 통한 아이디어 생성<br>• 컴퓨터 지원의 아이디어 생성 |

## 다. 확산적 사고 기법의 선택

위에서 우리는 아이디어 생성을 위한 기법에는 적지 않은 수의 것이 있음을 볼 수 있었다. 그러면 이들 가운데서 어떤 것을 어떻게 선택하여 사용할 것인가? 그것은 현재의 문제를 해결하기 위하여 어떠한 성질의 아이디어, 즉 어떤 성질의 해결(책)을 얻고자 하느냐에 따라 달라질 수 있다. 생성해 내는 아이디어들은 성질에 따라 다음과 같은 4개의 범주로 나누어 볼 수 있다.

범주 1 : 직접적인 것. 생성해 낸 아이디어는 진술한 문제에 직접적으로 대답해 주며 따라서 큰 변화는 없다.
범주 2 : 보충적인 것. 생성해 낸 아이디어는 전통적인 아이디어들을 새롭게 사용, 적용 또는 개조한 것이며 흔히 '개선'이라 부를 수 있는 것이다.
범주 3 : 수정적인 것. 생성해 낸 아이디어는 전통적인 아이디어를 구조적으로 수정·변화시킨 것이며 따라서 상당히 독창적이다.
범주 4 : 혁신적인 것. 생성해 낸 아이디어는 전통적인 것과는 용도나 적용이 완전히 다른 것이다. 이것은 문제에 대한 시각이 완전히 바뀌어야 가능한 것이다.

다음 그림은 기대하는 아이디어가 '순응적－혁신적'의 연속선에 따라 다양한 아이디어 생성 기법들이 놓일 수 있는 위치를 보여주고 있다. 보다 보수적이고 순응적인 결과를 기대하면 '분석적 생성' 기법들이 더 유용하고 반면에 SCAMPER나 강제결합법 등은 보다 혁신적 아이디어를 요구할 때 사용할 수 있을 것이다.

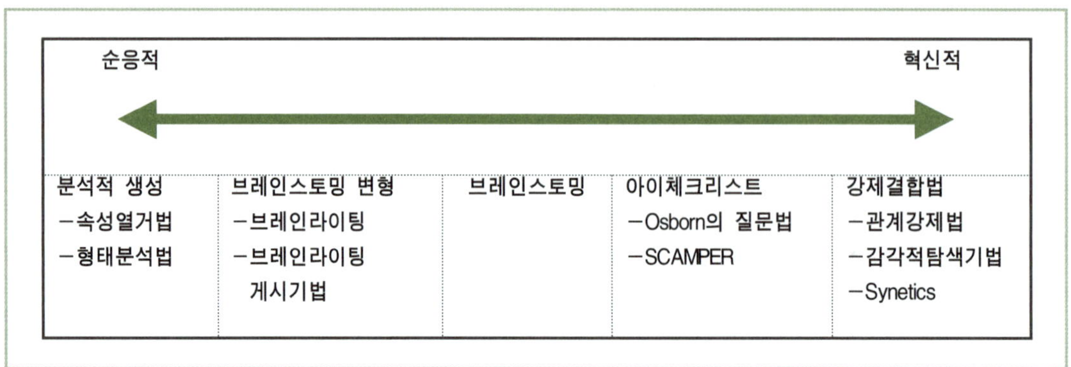


<그림 4-6> 확산적 사고 기법의 위치

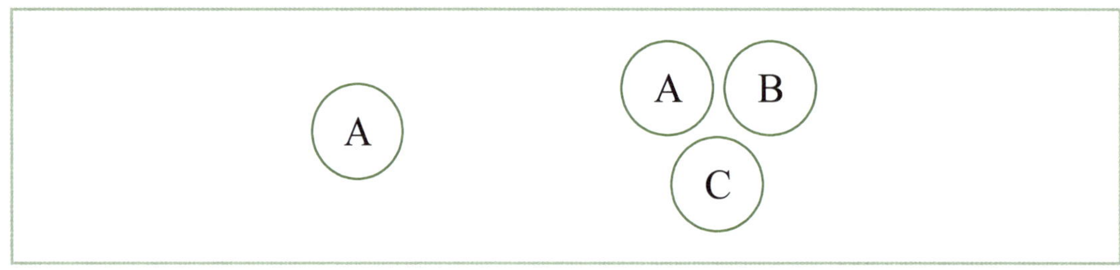


<그림 4-7> 브레인스토밍 개념

## 라. 확산적 사고 기법의 실제

### 1) 브레인스토밍(Brainstorming)

**브레인스토밍**은 창의적인 아이디어를 생산하기 위한 학습 도구이자 집단 회의 기법으로 알렉스 F. 오즈번이 광고 제작에 처음으로 시도하였다. 일정한 주제에 관하여 참가자가 자유스럽게 발언을 하고 아이디어를 제시하여 해결책을 찾아내려는 방법이다. 뇌(브레인)에서 폭풍(스톰)이 몰아치듯 발상하고 아이디어를 제시하는 회의 모습에서 이름이 유래되었다.

(1) 절차

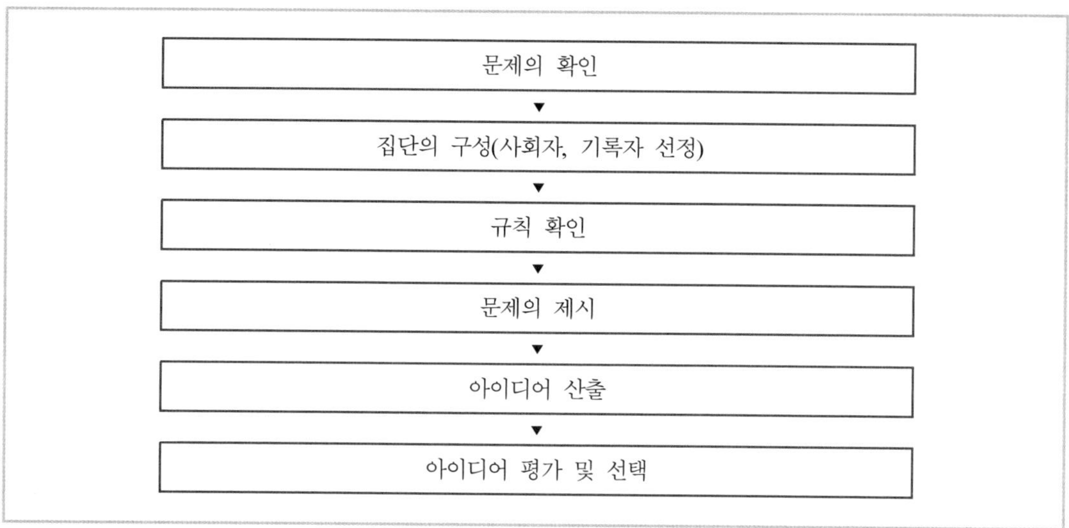


<그림 4 - 8> 브레인스토밍 활용 절차

(2) 진행 요령

① 주제는 구체적인 것을 선택한다. 알기 쉽고 구체적인 주제를 선택해야 다양한 아이디어를 낼 수 있다.('돈을 잃어버리지 않으려면', '지우개가 없어지지 않으려면')

② 참가자는 10명 내외로 하고, 주제와 다른 분야의 참가자도 포함시키는 것이 좋다.

③ 참가자에게 회의 주제나 문제에 대한 정보를 미리 알려주면 많은 양의 아이디어가 나올 수 있다.

④ 진행자는 회의 분위기를 잘 이끌 수 있는 사람으로 선택한다. 모든 참가자들을 편안하고 공정하게 대하고 주제의 방향이 벗어나지 않도록 4원칙을 확실히 지킬 수 있어야 한다.

⑤ 참가자 전원의 얼굴이 보이도록 책상과 의자를 배치한다. 원형이나 사각형 책상이 좋다.

⑥ 칠판이나 화이트보드 등을 준비하여 발표된 아이디어를 전부 기록하고, 요약한다.

⑦ 회의 시간은 30분에서 1시간 정도가 적당하다. 아이디어 내용은 가능한 한 서로의 아이디어가 조합되고 개선되는 방향으로 유도한다.

⑧ 편견이나 감정 없이 공정하게 아이디어를 평가한다. 현실성과 독창성을 고려하고, 평가항목과 평가척을 만들어서 활용하는 것이 좋다.

⑨ 최종적으로 선정된 아이디어를 회의 참석자들에게 알려주고, 수정하거나 보완할 부분을 검토한다.

### (3) 규칙

브레인스토밍을 효과적으로 실천하기 위해서는 4가지 기본 규칙을 지켜야 한다. 이 4가지 규칙은 확산적 사고 기법의 기본적인 특징을 잘 나타내고 있다.

① 새로운 아이디어를 내놓는 것에만 전념하고 다른 사람의 아이디어에 대한 판단은 나중에 한다.

② 누구나 생각나는 대로 자유롭게 말하고 틀리는 것에 대한 두려움을 떨쳐내는 자신감을 갖는다.

③ 아이디어의 양이 많고 다양할수록 좋은 아이디어가 나오게 된다.

④ 서로 다른 아이디어를 결합하거나 개선시켜 더 좋은 아이디어로 발전시킨다.

그러므로 브레인스토밍에서는 어떠한 내용의 발언이라도 그에 대한 비판을 해서는 안 되며, 오히려 자유분방하고 엉뚱하기까지 한 의견을 출발점으로 해서 아이디어를 전개시켜 나가도록 하고 있다. 회의에는 리더를 두고, 구성원 수는 10명 내외를 한도로 한다.

### (4) 활용상의 유의점

① 문제를 명확하게 알려야 한다. 막연해서는 안 된다. 그리고 참가자 전원 아이디어를 내놓도록 유도한다.

② 항상 의견에 대한 가치 평가는 뒤로 미룬다.

③ 정리된 의견이 아니더라도 자유분방한 의견 자체를 존중한다.

④ 되도록 많은 의견을 모아 분석하고 채택한다.

⑤ 한 주제에 대하여 장시간을 진행하는 것은 효과가 없다

⑥ 진행자와 서기는 토의가 종료된 후에라도 또 다른 아이디어가 없는지를 확인한다.

⑦ 아이디어를 종합하는 과정에서 채택되지 못한 안건에 대해서도 재검토하도록 한다.

### (5) 적용 사례

▸ 주제: 컴퓨터 USB 응용 제품 개발하기

PC 본체에 마우스 · 키보드 · 스피커 등 주변기기를 연결하기 위해 개발된 USB의 활용도가 갈수록 커지고 있다. 앞으로 어떤 제품이 개발되면 많이 활용될 수 있을지 새로운 USB 응용 제품에 대한 아이디어를 생각해 보자. 4∼6명씩 그룹을 만들어서 브레인스토밍을 해 보세요.

① 예) 휴대용 메모리, MP3플레이어, 무선 인터넷 모뎀, DMB수신장치

②

③

④

⑤

⑥

⑦

최종안:

---

**활용 Tip** **브레인스토밍 4원칙**

- 판단 보류
- 자유 분방
- 질보다 양
- 결합 개선

---

## 2) 브레인라이팅(Brainwriting)

**브레인라이팅**은 브레인스토밍의 변형 기법으로서 브레인스토밍의 원리와 규칙을 적용하여 아이디어를 산출하되, 아이디어 창출 과정에서 침묵 속에서 개별적으로 아이디어를 창출하여 종이에 기록하고, 그것을 서로 돌려보며 아이디어를 추가해나가는 사고 기법이다. 독일 프랑크푸르트의 Battelle Institute에서 개발하였다.

침묵 속에서 개별적으로 아이디어를 종이에 기록하게 하는 것은 개인의 사고 능력을 최고도로 발휘할 수 있게 하며 지배적인 개인들의 영향을 줄여 준다. 또 기록한 아이디어들을 서로 돌려본 후 아이디어를 추가하게 함으로써 모든 참가자들은 서로의 아이디어를 공유할 수 있게 되며 산출된 아이디어를 더욱 발전적으로 확장하고 개선할 수 있게 된다.

주로 아이디어의 생성을 위한 확산적 상황에서 많이 쓰인다.

(1) 절차

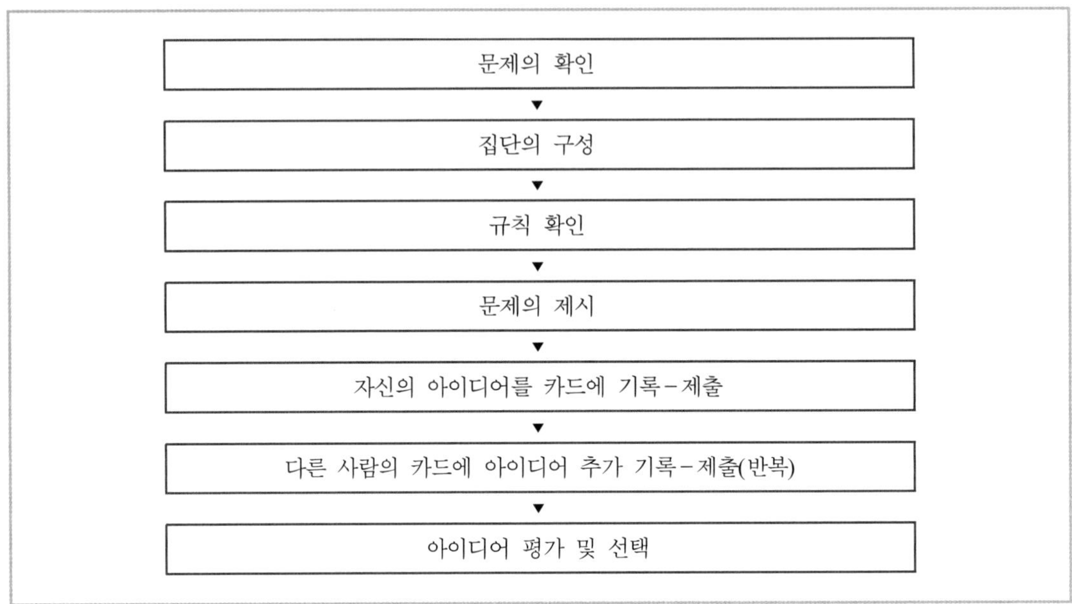


<그림 4-9> 브레인라이팅 활용 절차

(2) 진행 요령

① 팀원 각자는 브레인라이팅 시트를 1장씩 가지고, 예비 시트 1매는 책상의 가운데에 둔다.

② 브레인스토밍 4원칙을 그대로 준수한다.(비판 엄금, 자유 분방, 질보다 양, 결합 개선)

③ 시작을 알리면 가로 칸(A-1, A-2, A-3)에 3가지 아이디어를 기입한다.

④ 3가지 아이디어를 기입하고, 그 시트를 책상 가운데에 있는 시트와 바꾼다.

⑤ 이미 기입되어 있는 3가지 아이디어의 아래 칸(B-1, B-2, B-3)에 새로운 아이디어 3가지를 써넣는다. 이미 기입되어 있는 아이디어와의 조합이나 추가 쪽으로 아이디어를 내가면 양질의 아이디어 발상에 유익하다.

⑥ 아이디어 발상을 멈추라는 지시가 있을 때까지 계속해서 시트를 바꾸면서 아이디어를 써넣는다.

⑦ 아이디어 발상이 끝나면 토의를 통해 가장 좋은 아이디어를 고른다.

[표 4-5] 브레인라이팅 시트(Brainwriting sheet)

| 문제 진술 : | | | |
|---|---|---|---|
| | A1 (아이디어 A) | A2 (아이디어 B) | A2 (아이디어 C) |
| 참가자 1 | B1 | B2 | B3 |
| 참가자 2 | C1 | C2 | C3 |
| 참가자 3 | D1 | D2 | D3 |
| ⋮ | | | |

### (3) 규칙

① 비판엄금-창출된 어떤 아이디어도 비판하거나 평가해서는 안된다.

② 자유분방-자유 분방한 분위기 조성을 한다.

③ 질보다 양-아이디어가 많으면 많을수록 좋다.

④ 결함 개선(의견편승)-아이디어의 결합과 조합을 통해 개선한다.

⑤ 절대 침묵-다른 사람의 아이디어 산출 작업을 방해하지 않는다.

### (4) 활용상의 유의점

① 학생들은 흔히 앞 사람이 기록한 아이디어를 읽어보지 않고 자기의 아이디어만 기록하는 경우가 있는데, 다른 사람의 카드에 아이디어를 추가할 때는 반드시 앞 사람이 기록한 아이디어를 읽어보고 자신의 생각을 기록하도록 지도한다.

② 아이디어 생성 속도나 기록 속도가 빨라 다른 학생의 카드를 기다리고 있을 경우를 대비해 여분의 카드를 1~2장 테이블 위에 마련해 둔다. 속도가 빠른 사람은 기다리는 동안 여분의 카드를 이용하여 아이디어를 기록한다.

**활용 Tip 브레인라이팅은 언제 사용하면 효율적인가?**

- 내성적인 사람이 많을 경우
- 참석자가 너무 많을 경우
- 아이디어 공개발표가 어려울 경우
- 아이디어를 빠르게 생성하고자 할 경우

(5) 적용 사례

▸ 사용 중 불편함을 느낀 정비용 공구를 선택하여 개선하기

예) 소켓 렌치, 스패너, 플라이어, 드라이버, 니퍼, 롱 노우즈, 토크렌치 바이스 플라이어, 몽키 스패너 등

※ 여러 가지 정비용 공구 중 한 가지를 선택

▸ 선택한 정비용 공구의 불편함을 개선하기 위한 아이디어를 브레인라이팅 기법을 활용하여 기록해 보자.

| 문제 진술 : | | | |
|---|---|---|---|
| | 아이디어 A | 아이디어 B | 아이디어 C |
| 참가자 1 | | | |
| 참가자 2 | | | |
| 참가자 3 | | | |
| ⋮ | | | |

### 3) 스캠퍼(SCAMPER)

**스캠퍼 기법**은 특정 대상이나 특정 문제에 7가지의 대표적인 질문을 활용하여 사고를 자극함으로써 새로운 아이디어를 얻는 것으로 밥 에벌러(Bob Eberle)가 오스본(Osborn)의 동사 체크리스트를 재조직하여 만든 사고 기법이다. 스캠퍼의 각 내용은 외우기도 쉽고 실생활에 많은 도움을 주기 때문에 창의성 함양에 널리 사용되어 왔다.

S · C · A · M · P · E · R는 대치하기(Substitute), 결합하기(Combine), 동화시키기(Adapt), 수정 · 확대 · 축소하기(Modify-Magnify-Minify), 용도 변경하기(Put to other uses), 제거하기(Eliminate), 재정리하기(Rearrange)의 첫 철자를 따서 기억하기 좋게 만든 약어로서 대상의 용도 개발, 품질 개선, 실용성 증진 등에 유용하다. 또한 주어진 질문의 패턴에 따라 사고를 전개시키므로 문제의식을 습관화할 수 있다.

주로 아이디어의 생성을 위한 확산적 상황에서 많이 쓰인다.

[표 4-6] 스캠퍼의 사고 유형

| 약 어 | 사고유형 | 질 문 내 용 |
|---|---|---|
| S | 대치하기 (Substitute) | 다른 누구? 다른 무엇? 다른 성분? 다른 재료? 다른 에너지? 다른 장소? 다른 음성? |
| C | 결합하기 (Combine) | 혼합하면? 단원을 조합하면? 목적을 합하면? 아이디어를 조합시키면? |
| A | 동화시키기 (Adapt) | 번안하면? 각색을 하면? 이것과 비슷한 것은? 이것은 어떤 아이디어를 시사하는가? 과거의 것과 비슷한 것은? 베낄 수 있는 것은? 내가 흉내 낼 수 있는 사람은? |
| M | 수정·확대·축소하기 (Modify-Magnify-Minify) | 확대시키면? 빼면? 변형시키면? 의미, 색깔, 소리, 향기, 형태 등을 바꾸면? 빈도를 높이면? 더 강하게 하면? 더 길면? 생략하면? 간소화하면? 분리하면? 작게(가볍게, 쉽게, 짧게)하면? |
| P | 용도 변경하기 (Put to other uses) | (모양, 무게 또는 형태 등으로 보아) 다른 용도는? 수정하면? 맥락을 바꾸면? |
| E | 제거하기 (Eliminate) | 이것을 없애 버리면? 부품 수를 줄이면? 압축시키면? 낮추면? 더 가볍게 하면? 없어도 할 수 있는 것은? |
| R | 재정리하기 (Rearrange) | 거꾸로 하면? 반대로 하면? 역할을 바꾸면? 위치를 바꾸면? 다른 시퀀스는? 보조를 바꾸면? 원인과 결과를 바꾸어 보면? |

(1) 진행 요령

① 활용 용도를 찾거나 개선, 변형하고자 하는 대상을 선정한다.

② 스캠퍼의 7가지 질문을 적용하여 아이디어 생성한다.

③ 산출된 아이디어에 대한 평가 작업을 거쳐 문제 해결에 적합한 아이디어를 선택한다.

(2) 활용상의 유의점

① 스캠퍼의 질문은 약어의 철자 순서대로 할 필요는 없으며 아이디어의 흐름을 자극할 필요가 있을 때 선택적으로 사용할 수 있다.

② 스캠퍼 훈련 단계에서는 순서대로 질문에 답하게 하는 방법도 좋다.

**활용 Tip　우리 생활에서 사례를 찾아보게 한다.**

① 결합한 예) 맥가이버 칼, 불 달린 볼펜, 뒤집어 입을 수 있는 옷
② 확대한 예) '아이가 커졌어요', '고릴라'라는 제목의 영화 등
③ 축소한 예) 휴대전화, 여행용 화장품, 소형 라디오, 이어폰 등
④ 제거한 예) 조끼, 무선 마우스

### (3) 적용 사례

▸ 많이 사용하는 물건을 스캠퍼 기법에 따라 개선해 보게 한다.

| 결함이 있는 선풍기의 기능 개선하기 위한 SCAMPER기법 활용 |
|---|

▼

S(대치) – 더 편리한 선풍기로 대체할 수 있을까?
C(결합) – 선풍기의 풍력 조절 기능과 온도 인식 자동화 시스템을 결합하면?
A(동화) – 다른 여러 제품들의 기능적인 아이디어가 현재 해결하려는 문제와 적합한가?
M(수정, 확대, 축소) – 풍향스위치를 센서를 통해 사용자의 거리에 따라 풍향을 조절할 수 있도록 변경한다면?
P(용도변경) – 선풍기를 여름철이 아닌 겨울철에 사용할 수 없을까?
E(제거) – 선풍기의 날개를 없애거나 다른 것으로 축소할 수 있을까?
R(재정리) – 선풍기를 360도 돌아가도록 설계가 되도록 재정렬할 수 있을까?

## 4) 기회의 원(Circle of opportunity)

미국의 전문 창의성 컨설턴트인 미켈코는 1991년 임의성을 이용해서 문제의 속성들을 선택하고, 선택된 속성들을 결합하여 자유 연상함으로써 아이디어를 얻는 **기회의 원 기법**을 개발했다. 이 기법은 속성열거법과 다소 비슷하며, 소요 시간은 긴 편이지만 뜻밖의 많은 아이디어를 낼 수 있는 장점이 있다(제임스 하긴스 지음, 박수규(역). 2003).

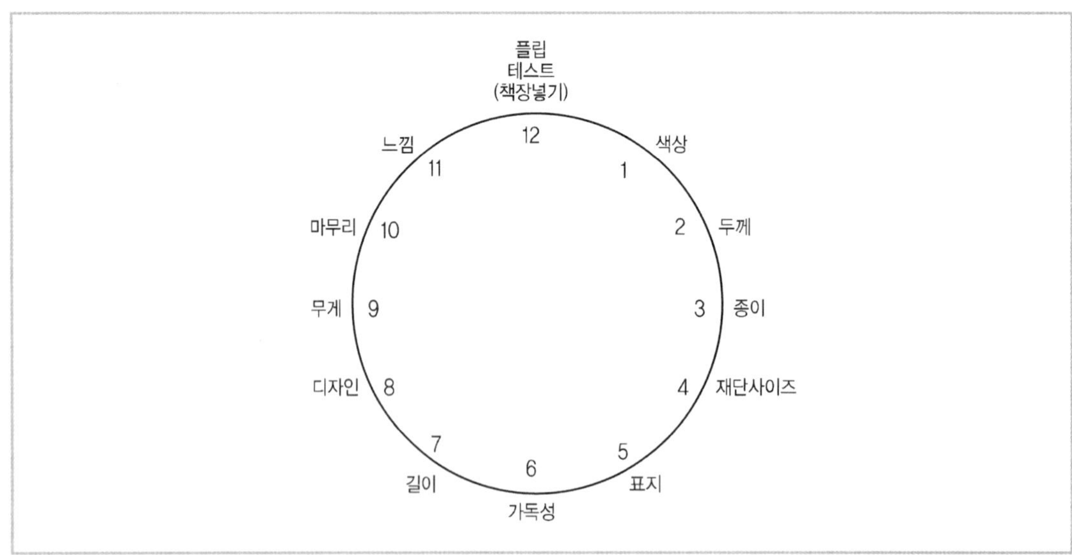


<그림 4 – 10> 기회의 원

(1) 절차 및 진행 요령

① 문제를 기술(정의)한다.(신제품 개발, 기존의 제품 개선 등)

② 원을 그리고 시계처럼 숫자를 1부터 12까지 적는다.

③ 문제의 속성 중 12개를 골라 원 바깥쪽 숫자 옆에 1개씩 적는다.

④ 주사위 한 개를 던져 해당 번호의 속성을 선택한다.

⑤ 한 쌍의 주사위를 던져 두 수의 합에 해당하는 다른 속성을 선택한다.

⑥ 각각의 속성에 대해 자유 연상 하고 나서 두 속성을 결합하여 다시 자유 연상 한다.

⑦ 연상의 결과가 문제 간에 어떤 연관성이 있는지 생각하면서 아이디어를 찾는다.

**활용 Tip** **예) 비행기 광고 캠페인 문제의 속성**

- 특유의 속성 – 사람들, 비용, 여행, 공항 등
- 일반적 속성 – 많은 문제에 공통된 것으로 재료, 구조, 색상, 형태, 감촉, 소리, 맛, 냄새, 밀도, 제조, 기능, 홍보, 판매 등

기회의 원 기법은 다양한 문제에서 적용될 수 있고 뜻밖의 아이디어를 얻을 수 있다. 개인이 사용할 수도 있지만 방법이 재미있어 여러 명이 집단으로 아이디어를 낼 때 활용하면 더욱 효과적이다.

(2) 적용 사례

▸ 서류 가방을 개선하는 문제

① 원을 그리고 12가지 속성을 적는다.
② 주사위를 한 개 던져 5번(안전), 두 개를 던져 10번(재료)이 나온다.
③ 이 속성들을 자유 연상한 결과 플라스틱, 숨김, 방탄 조끼, 경보음, 움직임 감지기, 비디오 카메라가 나온다.
④ 이 연상들로부터 다음과 같은 아이디어가 떠오른다.

- 서류 가방 안에 보안 주머니를 숨겨 놓는다.
- 방탄 재료로 가방을 만든다.
- 다른 사람이 만지면 경보음과 움직임 감지기가 작동되게 된다.

▼

① 다시 주사위 한 개를 던져 6번(덧대기), 두 개를 던져 9번(색상)이 나온다.
② 이것들을 자유 연상하여 부드럽다, 스펀지, 주머니, 무지개를 얻는다.
③ 그리고 이 연상들로부터 다음과 같은 아이디어들을 얻는다.

▼

- 여러 가지 색상의 서류 가방
- 확장 파일 주머니의 파일별 색상 구분
- 보색으로 덧댄 손잡이
- 노트북 컴퓨터를 휴대할 때 사용하도록 보색으로 덧댄 구획, 컴퓨터를 휴대하지 않을 때는 이 구획을 제거하여 공간을 확보한다.

### 5) 제품 개선 체크리스트(Product Improvement Checklist)

제품에 관한 새로운 아이디어 생성을 돕고자 미국 오클라호마 대학의 밴건디(VanGundy) 교수는 **제품 개선 체크리스트(PICL)**를 개발했다. 이 체크리스트는 오스본의 동사 체크리스트와 유사한 기능을 하며, 새로운 사고 패턴을 제공해 준다. PICL에는 다음과 같은 예들을 포함하여 총 576개의 아이디어 자극 단어가 네 영역으로 구분되어 있다(제임스 하긴스 지음, 박수규(역). 2003).

| 시도하다(Try to) : | 만들다(Make it) : |
|---|---|
| 팽창시키다 | 투명하다 |
| 비틀다 | 부드럽게 |
| 그리다 | 딱딱하게 |
| 꿰매다 | 얇게 |
| 걸다 | 두껍게 |
| 수축시키다 | 깨지지 않게 |
| 기체화하다 | 삼각형으로 |
| **생각하다(Think of) :** | **제거 또는 첨가하다(Take Away or Add):** |
| 시한폭탄 | 기대 |
| 텔레비전 | 깔때기 |
| 개미 | 흠 |
| 4계절 | 알코올 |
| 박테리아 | 벨크로 |
| Lancelot 경 | 힘 |

PICL을 이용하여 아이디어를 얻고자 할 때는 먼저 개선하고자 하는 제품이나 서비스를 확인한 후, 위의 네 영역 중 한가지 영역을 골라 열거된 단어들을 훑어본 다음 단어 한 개를 고른다. 그리고 선택한 단어를 이용해 자신의 문제 해결에 도움이 될 만한 아이디어를 생각하고 떠오르는 아이디어를 모두 기록한다. 위와 같은 과정을 실행 가능한 아이디어가 나올 때까지 계속 반복하여 가장 좋은 아이디어를 선택한다.

예컨대, 문제가 "어떻게 하면 손전등을 개선할 수 있을까?"라고 하자. 먼저, 체크리스트 중 한 가지 영역을 골라 단어들을 훑어본 다음 단어를 한 개 선택한다.

- 만약 '시도하다' 영역 중 '꿰매다'를 선택했다면, 이 단어를 자극제로 이용하고 생각나는 아이디어를 기록한다. 손잡이를 꿰매어서 다양한 형태가 나올 수 있다.
- 물에 빠뜨렸을 경우 가라앉지 않고 떠 있는 손전등을 만든다.('팽창시켜 보다'로부터)
- 투명 전화기처럼 손전등을 통해 건너편 물체가 잘 보이게 만든다.('투명하게 만들다'로부터)
- 일정 시간이 지나면 자동으로 꺼지도록 타이머를 부착한다.('시한 폭탄을 생각하다'로부터)
- 스위치에 손이 닿기 바로 전에 불이 켜지게 만든다.('기대를 제거 또는 첨가하다'로부터)

PICL은 최근에 개발되었으나 이미 많은 사람들이 사용하고 있다. 역시 밴건디 교수가 개발한 것으로서 PICL의 다른 형태인 '창의성의 원(Cirlces of Creativity)'이라는 것도 있다. 창의성의 원이란 동신원에 수백 개의 단어가 '~를 시도하다', '~를 만들다', '~를 생각하다', '~를 상상하다', '~를 첨가하거나 제거하다'와 같은 영역으로 구분되어 있다. 원을 돌리고 부착되어 있는 화살표들을 이용하면 단어 결합이 몇 가지 나오게 되고, 이 결합들로부터 기존의 제품이나 서비스에 관한 개선 방법을 얻을 수 있다.

PICL은 신제품 개발 외에도 마케팅이나 고객 서비스와 같은 다소 추상적인 문제에 대한 아이디어 생성에도 유용하다는 것이 입증되었다.

제품 개선 체크리스트 단계 요약

① 먼저 개선하고자 하는 제품이나 서비스를 정확히 파악하라.

② 제품 개선 체크리스트에 수록된 단어를 선택하고, 이것을 제품이나 서비스에 응용해 보라. 그리고 그 결과를 기록하라.

③ 잠재적인 대안들 중에서 어느 것이 가장 실행 가능성이 높은지를 결정하라.

## 4. 수렴적 사고기법

### 가. 수렴적 사고기법의 이해

수렴적 사고기법은 생성해 낸 아이디어들을 심사·분류·평가하여 최선의 것을 선택하기 위한 것이다. 창의적인 아이디어들을 생성해 내는 것만으로는 충분할 수가 없다. 왜냐하면 여러 개의 아이디어(또는 대안) 가운데서 우리가 선택하여 실천할 수 있는 것은 한 개 또는 몇 개일 수밖에 없기 때문이다. 그리고 시초의 아이디어들은 심사·분류·평가하는 가운데에서 더 나은 것으로 진화하며 개발해 갈 수 있기 때문이다.

이러한 사고전략 기법들은 학습자의 문제 해결 과정에서도 적용될 수 있지만, 사전에 문제 해결 활동 이전에 확산적 사고 활동 프로그램 및 수렴적 사고 활동 프로그램으로 활동을 한다면 학생들의 문제 해결 활동이 보다 촉진될 수 있을 것이다.

[표 4-7] 수렴적 사고기법과 특징

| 사고기법<br>(사고도구) | 주요 절차 | 특 징 |
|---|---|---|
| 창의적<br>평가 | ① 아이디어들을 일정한 차례로 적어서 목록(리스트) 만들기<br>② 자신이 정한 간단한 기준에 따라 아이디어들을 3개 집단으로 나누기<br>③ 3개 집단으로 나눈 아이디어들을 대충 평가해 보기 | 아이디어의 수가 상당히 많고 그런 아이디어들을 대충 평가해도 좋을 때 효과적으로 사용할 수 있는 기법 |
| 하이라이팅<br>기법 | ① 히트(hits)를 찾아내기<br>② 서로 관련되어 있는 것 같이 보이는 히트들을 함께 묶기<br>③ '핫 스파트'를 발견하기<br>④ '핫 스파트'를 재진술하기 | 여러 가지 의견들을 기본적인 몇 개의 집단(범주)로 압축하여 분류하기 위한 기법 |
| 역브레인<br>스토밍 | ① 가급적 아이디어를 생성했던 사람들이 참여하기<br>② 차트 용지에다 아이디어 리스트와 함께 문제를 기록하여 잘 보이는 곳에 고정시키기<br>③ 어떤 한 사람 또는 여러 사람이 리스트에 적혀 있는 첫 번째 아이디어에 대하여 비판을 가하고 그것을 차트 용지에다 적기<br>④ 나머지 아이디어들도 모두 비판하고 차트 용지에다 적기 | 생성해 놓은 아이디어에 비판을 함으로써 어떤 아이디어가 가질 수 있는 가능한 약점들을 모두 발견해 내고 그 아이디어가 실천될 때 잘못될 수 있는 것이 무엇인지를 예상해 볼 수 있도록 한 기법 |

| | | |
|---|---|---|
| 역브레인 스토밍 | ⑤ 제시된 비판을 고려하여 아이디어에 수정을 가하고 다듬기<br>⑥ 약점이 가장 적고 문제를 가장 잘 해결해 줄 수 있을 것 같은 아이디어 선택하기 | |
| ALU | ① 대안들의 Advantage(강점) – Limitation(제한) – Unique Qualities(독특한 특성) 살펴보기<br>② 대안들을 분석하고, 다듬고, 발전시키기 위해 노력하기 | 대안들을 분석하고, 다듬고, 발전시키기 위한 것으로 매우 신기한 의견들을 생산적으로 발전시킬 수 있을 뿐만 아니라 흔한 것처럼 보이는 아이디어라 해서 쉽게 내던져 버리는 일이 없도록 하는 구조적인 기법 |
| P-P-C 대화 기법 | ① 아이디어의 Positive(긍정적인 면) – Possibilities(가능성) – Concerns(염려스러운 점)에 대해서 생각해 보기<br>② 미심쩍은 생각이 드는 유보적인 아이디어에 더욱 유용하게 사용하기 | 창의적 아이디어를 다루는 P-P-C 대화기법은 특히 미심쩍은 생각이 드는 (유보적인) 아이디어를 다룰 때 사용하는 기법 |
| 평가 행렬법 | ① 행렬표를 준비해서 평가하고자 하는 의견들을 왼쪽에, 평가에 사용하려는 핵심기준들을 오른쪽에 적기<br>② 기준에 따라 의견들을 평가할 때 사용할 적절한 평정 체제를 선택한 후 평가해서 행렬표를 완성하기<br>③ 결과를 해석하기 | 의견들이 제법 많고 이들을 기준에 따라 체계적으로 평가하고자 할 때 사용하는 기법 |
| 쌍비교 분석법 | ① 의견들을 왼쪽에 아래로 나열하고 각각을 'A~H'라는 철자로 표기하기<br>② 의견들의 각 쌍을 비교하기<br>③ 모든 쌍들을 비교하고 점수를 기입하기<br>④ 점수를 더하기 해서 총점란에 적기 | 몇 개의 대안들을 우선순위 또는 순서를 매길 때 적절하게 사용할 수 있는 기법 |
| PMI | ① 대안들의 Plus(강점) – Minus(약점) – Interesting(흥미로운 것)을 살펴보기<br>② 아이디어 제안 및 건의 같은 것들을 처리할 때 사용하기 | 먼저 좋은 점을, 다음에 나쁜 점을, 그리고 그 다음으로 좋지도 나쁘지도 않은 흥미롭다고 생각되는 점을 나열하며 아이디어, 제안 및 건의 같은 것들을 처리할 때 사용하는 기법 |
| CAF | ① 어떤 결정을 내리거나 어떤 선택을 할 때 항상 모든 요인들을 따져보기<br>② 다른 사람의 생각이나 입장을 곰곰히 살펴본 후에 신중하게 선택을 하거나 결정하기 | 어떤 결정을 내리거나, 어떤 것을 선택할 때 중요한 사항을 빠뜨리지 않고 모든 요인들을 고려하는 기법 |
| Rules | ① 규칙이란 무엇인지 이해하기<br>② 규칙이 왜 만들어졌는지 이해하기<br>③ 어떤 장소나 모임에 필요한 새로운 규칙을 만들어보기 | 모든 사람의 삶을 편리하게, 더 행복하게 하기 위해 만들어진 규칙에 대한 이해 |

| | | |
|---|---|---|
| C&S | ① 즉각적 결과, 단기적 결과, 중기적 결과, 장기적 결과에 대해 이해하기<br>② 어떤 계획을 하거나, 어떤 결정을 할 때 즉각적 결과, 단기적 결과, 중기적 결과, 장기적 결과 고려하기 | 즉각적 결과, 단기적 결과(1~4년), 중기적 결과(5~24년), 장기적 결과(25년 이상)로 구분해서 결과를 예측하는 기법 |
| AGO | ① 하고자 하는 행동의 목표 · 목적을 정확히 알기<br>② 목표와 목적에 맞게 행동하기 | 자신이 하고자 하는 행동의 목표를 정확히 파악하는 것은 매우 중요한데 이렇게 중요한 목표를 살피는 기법 |
| Planning | ① 계획의 뜻과 계획의 중요성 생각해 보기<br>② 계획을 분명하게 세우고 일을 추진하기 | 어떤 일을 어떻게 할 것인가를 미리 생각해 보는 계획에 대하여 활동 |
| FIP | ① 관련되어 있는 많은 사항을 생각해 보고 나서 가장 중요한 사항을 고르기<br>② 가장 중요한 사항을 고르는 것이 어려울 때는 다른 각도에서 문제를 생각해 보기<br>③ 중요하지 않다고 분류된 것도 무시하지 말고 고려해 보려는 자세 갖기 | 어떤 문제에 대하여 생각할 때, 많은 의견을 제시한 후 그 중 어떤 것이 가장 중요한 것인가를 고르는 활동에 관한 기법 |
| APC | ① 결정을 내리거나 행동을 할 때 자기 마음대로 하지 않고 여러 가지 다른 방법을 찾아보기<br>② 다른 의견을 고려하여 신중하게 결정하고 행동하기 | 자신의 생각만으로 결정하는 것이 아니라 처음에는 생각하지 못했던 다른 의견, 다른 방법을 생각하는 활동 |
| Decision | ① 결정을 내린 후 왜 그런 결정을 내렸는지 이유를 항상 설명할 수 있도록 하기<br>② 결정을 내린 후 그 결정을 바꿀 수 있는지 없는지 알기<br>③ 결정을 내릴 때 모든 사항을 생각하고, 결과를 생각해 보고, 목적을 분명히 하고, 중요한 사항을 따져보고, 다른 방법을 찾아보기<br>④ 하나를 얻기 위해 다른 것을 포기할 준비를 하고 결정을 내리기 | 결정을 내릴 때에는 관련된 모든 사항을 생각해 보고, 목적에 대하여 생각해 보고, 결과에 대해서 생각해 보고, 가장 중요한 사항에 대하여 생각해 보고, 다른 새로운 방법에 대해서 생각해 보고 의사결정을 하는 활동 |
| OPV | ① 어떤 생각에 찬성하든 반대하든 상관없이 다른 사람의 생각을 살펴보기<br>② 자기의 생각이 옳다고 해도 그것을 다른 사람들에게 강요하지 않기<br>③ 다른 사람이 자신의 생각을 알고 있는지 알아보기<br>④ 여러 사람의 생각 가운데 비슷한 점과 다른 점을 찾으려고 노력하기 | 어떤 사건의 결과나 목적에 대해 다른 사람의 의견이 다를 수 있으므로 다른 사람이 어떻게 생각하는지, 다른 사람의 입장에 서서 다른 사람의 견해를 살피는 활동 |

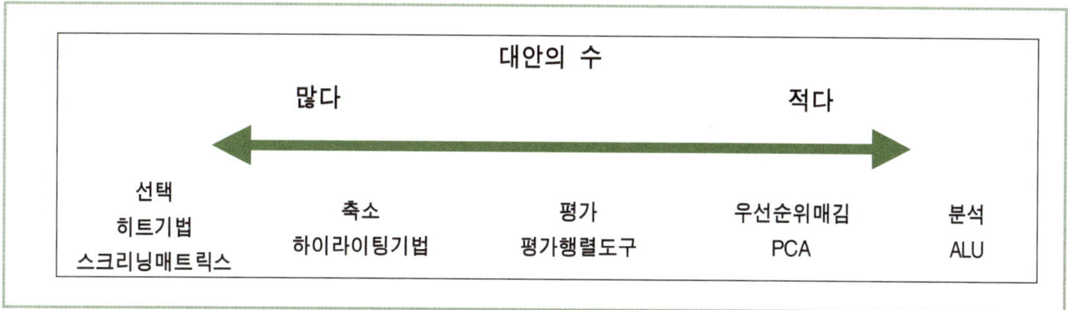


<그림 4-11> 수렴적 사고 기법의 선택 모형

최선의 해결책을 찾아내는 일이 간단하고 자명할 수도 있다. 그러나 가능한 해결책들이 많이 생성되어 있는 경우 어느 것이 최선의 것인지가 그렇게 분명하지 아니할 수도 있다.

이제 생성해 놓은 유망한 대안들을 가려내고, 개발하고, 그리고 선택하기 위하여 사용할 수 있는 기법들을 정리해 보기로 한다. 이들 기법들은 <그림 4-11>에서 볼 수 있는 바와 같이 주로 생성해 놓은 아이디어의 수가 몇 개 정도인가에 따라 적용할 수 있는 것이 달라진다. 그러나 하나가 아니라 몇 가지 기법을 차례대로 적용해 볼 필요가 있는 경우도 있을 것이다. 예컨대 평정 척도를 사용하여 몇 개의 그럴듯한 해결 대안을 골라낸 다음 예컨대 역 브레인스토밍 기법을 사용하여 보다 심도있는 평가를 할 수도 있을 것이다. 어떤 경우는 역 브레인스토밍 대신에 하이라이팅 기법을 사용하는 것이 더 적절할 수도 있을 것이다. 물론 이러한 복잡한 방법을 사용하지 않고 최선의 해결 대안을 쉽게 발견해 낼 수 있는 경우도 있을 것이다.

## 나. 수렴적 사고의 실제

### 1) 하이라이팅(highlighting) 기법

**하이라이팅(highlighting) 기법**은 생성된 아이디어들 중 괜찮다고 느껴지는 아이디어들을 골라낸 다음, 공통적인 측면이나 요소에 따라 묶음(결집, clusters)을 만드는데, 이를 적중 영역(hot spots)이라 한다. 하이라이팅은 이러한 적중 영역을 문제 해결에 적합한 형태로 재진술하는 기법이다.

하이라이팅 기법에서는 히트(대안들 가운데서 그럴 듯하고 괜찮다고 생각되는 대안)한 아이디어들을 관련된 것끼리 묶은 후 해결을 위한 '적중 영역'(hot spots)을 만들어 낸다. 그리고 이러한 적중 영역의 해결책을 필요하면 수정하고 발전시켜 더 나은 대안으로 만들어 간다.

이 기법은 아이디어들을 평가하고 선택하는 간단하면서도 가장 효과적인 방법이다. 이 기법을 사용하는데 특별한 훈련이 필요한 것도 아니다. 또한 이 기법은 끝이 열려져 있는 성질의 것이기 때문에 집단 장면에서 사용하면 많은 논의가 이루어질 수 있다.

### (1) 절차

생성된 아이디어에 차례대로 번호를 붙인다.

▼

아이디어를 차례로 음미, 재미있고 괜찮은 대안 선택('히트 아이디어')
※ 아이디어의 실현 가능성은 고려하지 않아도 된다.

▼

적중 영역을 만들고 골라낸 아이디어를 적중 영역별로 분류한다.

▼

적중 영역을 검토하고 그 의미를 재진술한다.

▼

문제의 요구를 가장 잘 충족시키는 것으로 판단되는 적중 영역을 선택
※ 두 개 이상의 적중 영역을 조합하여 하나의 해결책을 만들어도 좋다.

<그림 4-12> 하이라이팅 기법의 절차

### (2) 진행 요령

첫째, 아이디어들을 나열하고 차례대로 번호를 매긴다. 이 리스트를 음미해 보면서 재미있어 보이는 것에 표시를 한다('히트 아이디어'). 이때는 아이디어가 실현 가능한 것인지는 염두에 두지 않는다.

둘째, 서로 관련되어 있는 것 같이 보이는 히트 아이디어들을 같은 유목으로 결집시켜 '적중 영역'을 찾아낸다. 각 적중영역에 속하는 히트 아이디어들을 그 아래에서 나열한다.

셋째, 각 적중 영역을 검토해 보고 그것이 의미하는 것이 무엇인지를 재진술 한다. 검토하여 만든 재진술은 적중 영역의 히트 아이디어들이 가지고 있는 일반적 의미, 함의 또는 가능한 결과(효과)들이 같이 짜여 들어가는 것이어야 한다.

넷째, 문제의 요구를 가장 잘 만족시키는 것 같이 보이는 적중 영역 하나를 선택한다. 괜찮으면 몇 개의 적중 영역을 조합하여 하나의 해결책을 만들 수도 있다.

### (3) 적용 사례

▸ 환경오염을 줄이기 위해 우리가 할 수 있는 방법 모색하기

| | |
|---|---|
| 1) 샴푸를 쓰지 말자<br>7) 자동차를 없애자<br>9) 재활용품을 사용하자<br>10) 나무를 많이 심자<br>14) 수도요금을 올리자<br>19) 기름 값을 올리자<br>21) 스님처럼 설거지 물을 마시자<br>22) 공장을 없애고 옛날로 돌아가자 | 27) 분리수거를 하자<br>30) 담장을 자연 풍경으로 꾸미자<br>32) 비료를 쓰지 않는 무농약 농사를 짓자<br>33) 일회용 용기 사용을 자제하자<br>41) 환경의 중요성을 반상회를 통해 알리자<br>43) 남은 재료를 활용하는 퓨전요리를 활성화하자<br>50) 한 달에 한 번 자기 집 앞 청소를 하자 |

※ 위는 57개의 대안 중 15개의 방법을 히트한 예이다.

**재진술에 의해 선택된 해결책**
환경오염을 줄이기 위해서 사회적인 면으로는 분리수거를 하고 재활용품을 사용하며 일회용 용기의 사용을 자제하는 한편, 예술·미학적인 면으로는 담장을 꾸미고 자기 집 앞을 청소하며 퓨전요리를 활성화하자.

## 2) ALU(Advantage, Limitation and Unique Qualities)

ALU기법은 강점(Advantage), 약점(Limitation) 그리고 독특한 특징(Unique Qualities)의 첫 단어로 만든 기본적인 수렴적 사고도구이다. 여러 가지 아이디어들을 분석하고, 다듬고, 발전시키기 위한 기법이다.

ALU기법은 한개 또는 몇 개의 대안을 가지고 있는데, 이들 모두가 가능해서 좀 더 깊이 있게 분석, 발전시킬 필요가 있을 때에 활용하기에 적합한 수렴기법이다.

이 기법은 매우 신기한 대안들을 생산적으로 발전시킬 수 있을 뿐만 아니라 흔한 것처럼 보이는 아이디어라 해서 쉽게 내던져 버리는 일이 없도록 하는 구조적인 접근법이다.

[표 4-8] ALU기법의 의미

| 약어 | 영문 | 의미 |
|---|---|---|
| A | Advantage | 강점(이점, 장점), 긍정적인 면의 고려 |
| L | Limitation | '제한', '약점', '문제점', 개선이 필요한 영역 찾기 |

### (1) 절차

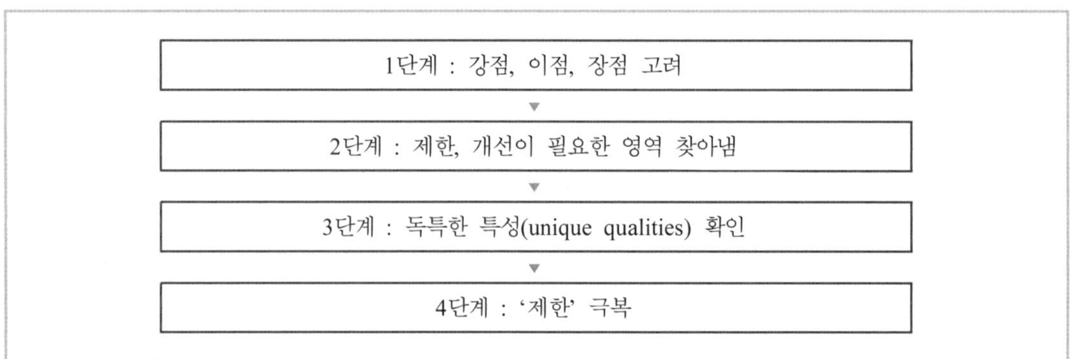


<그림 4 - 13> ALU 기법의 절차

### (2) 진행 요령

첫째, 강점/이점, 장점을 고려한다. 강점을 먼저 고려하면 대안을 분석하는 일에 적극적으로 관여하게 되어 습관적인 회피현상을 방지할 수 있게 된다. 이 때 강점은 분명 적절한 것이어야지 사소한 것이거나 위장된 강점 같은 것이어서는 안 된다.

둘째, '제한' 또는 개선이 필요한 영역을 찾아낸다. 완벽한 대안이란 오히려 드물다. ALU는 대안이 가지고 있는 제한, 약점 또는 문제점들을 신중하게 고려한다. 그러나 그렇게 하는 목적은 대안을 잘라 버리기 위한 것이 아니라 약점을 극복하여 더욱 발전시키는 데 있기 때문에 약점을 '어떻게' 또는 '어떻게 하면'과 같은 의문형으로 진술한다.

셋째, 각 대안들이 가지고 있는 '독특한 특성'을 확인한다. 각 대안들의 새롭고 독특한 요소들을 의식적으로 고려함으로써 각 대안이 가지고 있는 유용하고 가치 있는 측면을 내버리지 않을 수 있다.

넷째, '제한'을 극복한다. 일단 제한(약점)을 확인해내면 그것을 극복하고 강화시킬 수 있는 방법을 개발해야 한다. 그래서 ALU 기법은 보다 새롭고 유용한 결과, 즉 보다 창의적인 문제 해결을 성취할 가능성이 커진다.

### (3) 적용 사례

▸ ALU 기법으로 새로운 필기도구 평가하기

문제: 우리가 사용하고 있는 필기도구의 불편한 점을 확인해보고, 그 불편함을 해결할 수 있는 필기도구 개선 아이디어를 세 가지 정도 창출해보고, 그 아이디어를 ALU 기법을 사용하여 아이디어를 평가해 보자.

▸ 가장 좋은 대안은?

| | 새로운 아이디어 1 : | 새로운 아이디어 2 : | 새로운 아이디어 3 : |
|---|---|---|---|
| 강점 (Advantage) | •<br>•<br>• | •<br>•<br>• | •<br>•<br>• |
| 약점 (Limitation) | •<br>•<br>• | •<br>•<br>• | •<br>•<br>• |
| 독특한 특징 (Unique Qualities) | •<br>•<br>• | •<br>•<br>• | •<br>•<br>• |

### 3) 평가 행렬법

**평가 행렬법**(Evaluation Matrix)은 대안들의 수가 제법 되지만, 이 대안들을 미리 정해 놓은 준거에 따라 체계적으로 평가하기 위한 사고 방법이다. 평가하려는 아이디어들을 세로축에 나열하고 평가 준거를 가로축에 적어 행렬표를 만든 후, 각 준거(평가 내용에 따라 준거는 달라짐)를 기초로 모든 아이디어를 판정한다.

이 기법은 해결 대안을 평가하고 선택할 때뿐만 아니라 문제 해결의 어떠한 단계에서도 사용할 수 있다. 예컨대, 관심영역 진술에서, 문제 진술에서, 그리고 행위단계에서 대안들을 평가할 때 사용할 수 있다. 그러나 체계적인 만큼 시간과 노력이 소요되는 단점이 있다.

[표 4-8] 평가 행렬법 사용 양식

| 평가준거 / 아이디어 | C (비용) | A (수용가능성) | R (자원) | T (시간) | S (공간) |
|---|---|---|---|---|---|
| 1 | | | | | |
| 2 | | | | | |
| 3 | | | | | |
| 4 | | | | | |

(1) 진행 요령

① 행렬표를 준비한다.

아이디어나 준거의 순서 없이 아이디어는 왼쪽에, 준거는 윗부분에 나열한다.

② 행렬표를 완성한다.

평정척도에 따라 점수를 부여한다.

평정척도 예) 15점 / 수~가 / −1, 0, +1 / 부정적, 보통, 긍정적 등

③ 결과를 해석한다.

행렬표의 결과는 아이디어의 강점과 약점을 확인하는 데에만 이용한다. 어떤 준거에서는 점수가 낮은데 어떤 준거에서는 높은 점수로 평가되었다면 그 아이디어를 다듬어 발전시킬 방도를 연구하고 궁리해 봐야 한다.

(2) 적용 사례

▸ 학교 공부를 보다 능률적으로 할 수 있는 방법에 대해서 생각해 보자.

| 평가준거 / 아이디어 | 학 습 | 건 강 | 인 성 | 환 경 | 총 계 |
|---|---|---|---|---|---|
| 점심 식사 후 30분간 수면 시간을 준다. | 8 | 10 | 9 | 6 | 33 |
| 남학생과 여학생이 짝이 되어 앉는다. | 7 | 8 | 10 | 9 | 34 |
| 능력별 이동수업을 실시한다. | 10 | 7 | 7 | 7 | 31 |
| 잘하는 학생과 못하는 학생을 짝지어 서로 가르쳐 주도록 한다. | 9 | 6 | 6 | 8 | 29 |
| 수업 시간을 10분 단축한다. | 6 | 9 | 8 | 5 | 28 |
| 교실 벽면을 다시 칠한다. | 5 | 5 | 5 | 10 | 25 |

- 단순히 평점 점수를 더하기 한 것을 사용하지 않는다.
- 점수가 낮다고 하여 '나쁜' 대안이라 단정하기는 어렵다.
- 점수의 범위가 큰 대안은 "어떻게 하면 …?"이라는 질문을 하여 그 대안을 더욱 개발시키고 강화시킬 수는 없는지를 찾아봐야 한다.
- 평정체제에 숫자사용이 부적절하다고 생각되면 서술적인(부정적, 긍정적) 척도를 사용할 수도 있다.

### 4) 쌍비교 분석법(Paired Comparison Analysis, PCA)

**쌍비교 분석법**은 여러 가지 산출된 아이디어, 또는 문제해결을 위한 조건이나 기준 등을 한 쌍씩 비교·평가하여 좋은 것 또는 중요한 것의 우선순위를 결정하는 기법이다. 이 기법은 몇 개의 대안들을 우선순위, 또는 순서를 매길 때 적절하게 사용할 수 있는 기법이다. 예를 들어 몇 가지 문제 진술들 가운데서 어느 것을 먼저 다룰 것인지를 결정할 때, 또는 해결 대안들 가운데서 어느 것을 먼저 고려하여 분석하고 발전시킬 것인지를 결정하는 장면에서 PCA가 적합하다.

이 기법에서는 모든 대안들을 한 번에 한 쌍씩 비교해 보고 상대적인 중요성을 결정한다. 이런 식으로 모든 쌍들을 비교해 봄으로써 대안들의 상대적인 우선순위에 대한 감을 가질 수 있다. PCA는 개인적으로 사용할 수도 있고 집단에서 합의를 도출하기 위하여 사용할 수도 있다. 그리고 비교하려는 대안들은 같은 형태로 진술하는 것이 중요하다. 그리고 대안들은 서로 너무 가깝지 않게 특유해야 하지만, 그렇다고 너무 많은 것들을 지나치게 포괄적인 하나의 대안으로 묶는 것도 피해야 한다.

PCA는 다양한 상황에서 우선순위를 결정할 때 활용될 수 있다. PCA는 힘이 들고 시간이 걸린다. 그럼에도 불구하고 대안들이 모두 중요해서 우선순위를 매겨 사용할 필요가 있을 때 유용하게 사용할 수 있다. 그러나 행렬에 빠진 다른 유망한 대안이 있을 수도 있으며, 적용한 준거가 바뀌면 결과는 달라질 수 있음을 유의할 필요가 있다.

#### (1) 진행 요령

① 먼저 PCA표에 아이디어나 기준들을 나열해야 한다.

② 아이디어들을 하나씩 다른 모든 아이디어들과 차례로 쌍을 만들어 서로 비교한다. 이 때 더 중요한(좋은) 아이디어가 다른 것에 비해 어느 정도로 중요한가에 따라, 조금 중요하면 1점, 중요하면 2점, 매우 중요하면 3점을 부여한다. 점수 기록하는 방법은, 가령 A와 B를 비교해 볼 때 A가 B보다 매우 중요하다고 여겨지면 'A3'라고 상자 안에 써넣으면 된다.

③ 모든 비교가 끝나면 각 아이디어별로 총점을 계산한다.

④ 마지막으로, 총점에 따라 중요성의 순서를 정한다.

(2) 적용 사례

▸ 운동물체 문제 해결 아이디어 평가하기

**준거 1: 창의성의 관점**

[표 4-10]

| 척도 | 아이디어 | A | B | C | D | E | F | G | 점수계 |
|---|---|---|---|---|---|---|---|---|---|
| 척 도<br>1. 약간 좋다.<br>2. 상당히 좋다.<br>3. 매우 더 좋다. | A | | A2 | A2 | A2 | E1 | F1 | G2 | A=6<br>B=1<br>C=2<br>D=0<br>E=12<br>F=5<br>G=10 |
| | B | | | C1 | B1 | E2 | F2 | G3 | |
| | C | | | | C1 | E2 | F1 | G2 | |
| | D | | | | | E3 | F1 | G2 | |
| | E | | | | | | E3 | E1 | |
| | F | | | | | | | G1 | |
| | G | | | | | | | | |

■ 결과해석

1. 탐색 아이디어 중에서 창의성의 관점에서는 E가 가장 좋은 아이디어로 평가되었다.

**준거 2: 실용성의 관점**

[표 4-11]

| 척도 | 절삭유 | A | B | C | D | E | F | G | 점수계 |
|---|---|---|---|---|---|---|---|---|---|
| 척 도<br>1. 약간 좋다.<br>2. 상당히 좋다.<br>3. 매우 더 좋다. | A | | A2 | A1 | A2 | E1 | F1 | G2 | A=5<br>B=1<br>C=2<br>D=2<br>E=8<br>F=6<br>G=10 |
| | B | | | C1 | B1 | E2 | F2 | G3 | |
| | C | | | | C1 | E2 | F2 | G2 | |
| | D | | | | | D2 | F1 | G2 | |
| | E | | | | | | E2 | E1 | |
| | F | | | | | | | G1 | |
| | G | | | | | | | | |

■ 결과해석

1. 탐색 아이디어 중에서 실용성의 관점에서는 G가 가장 좋은 아이디어로 평가되었다.

## 준거 3: 디자인의 관점

[표 4-12]

| | 절삭유 | A | B | C | D | E | F | G | 점수계 |
|---|---|---|---|---|---|---|---|---|---|
| 척 도<br>1. 약간 좋다.<br>2. 상당히 좋다.<br>3. 매우 더 좋다. | A | | A2 | A1 | A2 | E1 | F1 | G2 | A=5<br>B=4<br>C=4<br>D=0<br>E=9<br>F=6<br>G=8 |
| | B | | | C1 | B2 | B2 | F2 | G1 | |
| | C | | | | C3 | E2 | F1 | G2 | |
| | D | | | | | E2 | F2 | G2 | |
| | E | | | | | | E3 | E1 | |
| | F | | | | | | | G1 | |
| | G | | | | | | | | |

■ 결과해석

1. 탐색 아이디어 중에서 디자인의 관점에서는 E가 가장 좋은 아이디어로 평가되었다.

## 준거 4: 견고성의 관점

[표 4-13]

| | 절삭유 | A | B | C | D | E | F | G | 점수계 |
|---|---|---|---|---|---|---|---|---|---|
| 척 도<br>1. 약간 좋다.<br>2. 상당히 좋다.<br>3. 매우 더 좋다. | A | | A1 | A1 | A2 | E1 | F1 | G2 | A=4<br>B=2<br>C=3<br>D=2<br>E=8<br>F=6<br>G=7 |
| | B | | | C1 | B1 | E2 | F2 | B1 | |
| | C | | | | C2 | E2 | F2 | G2 | |
| | D | | | | | D2 | F1 | G2 | |
| | E | | | | | | E2 | E1 | |
| | F | | | | | | | G1 | |
| | G | | | | | | | | |

■ 결과해석

1. 탐색 아이디어 중에서 견고성의 관점에서는 E가 가장 좋은 아이디어로 평가되었다.

▸ 최종 결과 : 최종적으로 운동물체 아이디어 E가 가장 좋은 아이디어로 평가되었다.

[표 4-14]

| 운동물체 문제 해결 아이디어 | 창의성 | 실용성 | 디자인 | 견고성 | 점수계 |
|---|---|---|---|---|---|
| A | 6 | 5 | 5 | 4 | 20 |
| B | 1 | 1 | 4 | 2 | 8 |
| C | 2 | 2 | 4 | 3 | 11 |
| D | 0 | 2 | 0 | 2 | 4 |
| E | 12 | 8 | 9 | 8 | 37 |
| F | 5 | 6 | 6 | 6 | 23 |
| G | 10 | 10 | 8 | 7 | 35 |

### 5) 스크리닝 매트릭스(Screening Matrix)

스크리닝 매트릭스는 다양한 아이디어들을 아이디어의 질에 따라 분류하여 우선순위를 정하고 선택하여 활용하고자 할 때 사용하면 좋은 체계적인 수렴기법의 일종이다.

#### (1) 진행 요령

① 스크리닝 매트릭스의 준거를 두 가지로 정하고, 가능하면 준거 척도 상, 중, 하에 대한 루브릭을 만든다.

② 평가할 대상을 두 가지 관점을 평정하여 스크리닝 매트릭스표에 해당 셀에 기재를 한다.

③ ②와 같은 방법으로 모든 평가 대상을 평정하고 기재한다.

④ 각 셀 A, B, C, D, E의 등급으로 평가를 한다.

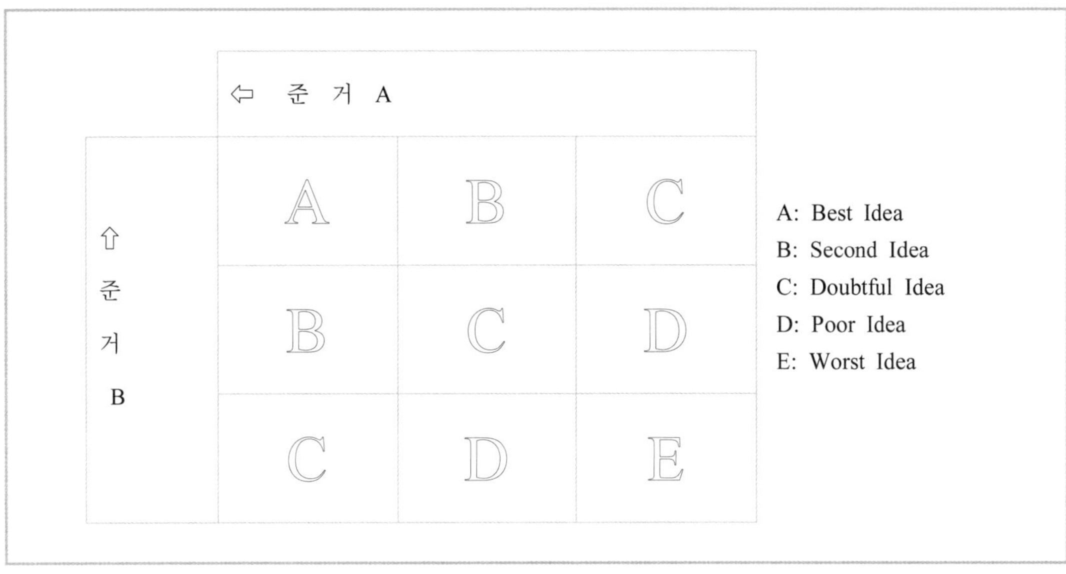


<그림 4-14> 스크리닝 매트릭스

(2) 적용 사례

스크리닝매트릭스 기법은 평가할 대안의 수가 많을 경우 사용할 수 있다. 따라서 학생들의 포트폴리오를 자료의 참신성과 자료의 선정과 조직의 두 가지 관점에서 평가한 사례이다. 평가 결과는 A등급 5명, B등급 7명, C등급 15명, D등급 4명, E 등급 1명으로 평가되었다.

| | ⇦ CREATIVITY - 자료의 참신성 | | |
|---|---|---|---|
| ⇧<br><br>자료의<br>선정과<br>조직 | A<br>2, 8, 9, 14, 23 | B<br>3, 10, 11, 24 | C<br>4, 19, 27, 28, 32 |
| | B<br>1, 13, 16 | C<br>5, 12, 17, 18, 25, 31 | D<br>20, 22 |
| | C<br>7, 15, 26, 30 | D<br>6, 29 | E<br>21 |

<그림 4-15> 학급의 개인별 포트폴리오 평가를 위한 스크리닝 매트릭스Screening Matrix [숫자는 학생 번호]

### 6) 효과-노력 정도 매트릭스 (pay off efforts matrics)

이 기법은 스크리닝 매트릭스와 같이 많은 아이디어들을 효과 정도와 노력 정도릐 4분면에 평가하는 기법이다. 여기서 1사분면에 평가된 아이디어는 장기간에 경쟁력이 있는 아이디어들이고, 2사분면은 폐기해야할 아이디어들이며, 3사분면은 노력이 적게 들기 때문에 아이디어를 업그레이드 시킬 필요가 있다. 그리고 성과는 높고 노력이 적게 더는 4사분면의 아이디어들은 단기적으로 바로 적용이 가능한 아이디어들로 평가된 것이다.

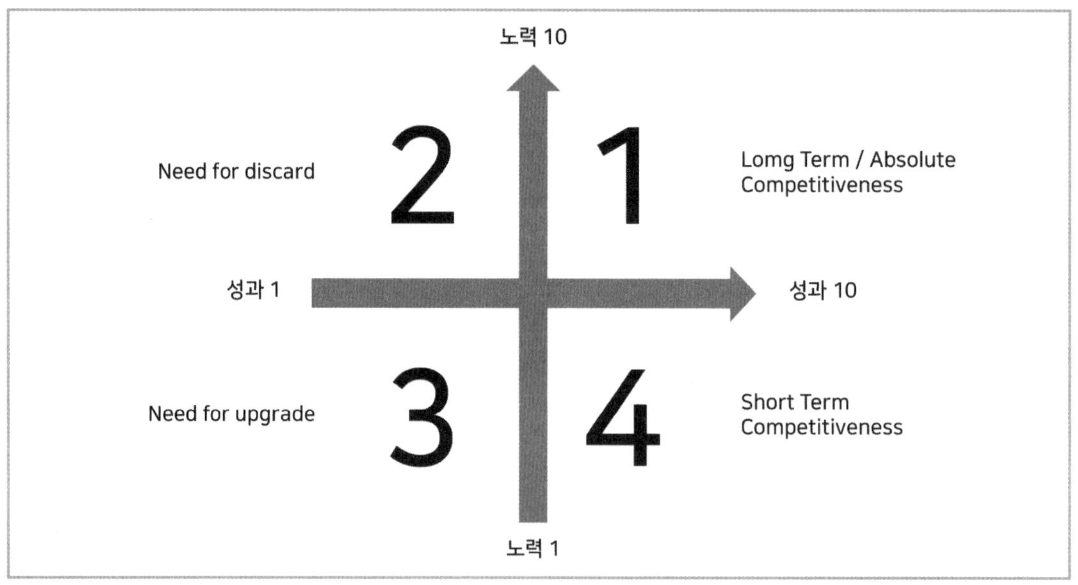


<그림 4-16> 효과-노력 정도 매트릭스 사분면

## 탐구문제

1. 프로젝트 접근의 학습법이 어떻게 변화되어 왔는지 설명해 보자.

2. '문제'를 구조화 측면에서 그 유형을 설명해 보자.

3. 듀이의 '반성적 사고'(reflective thinking)가 의미하는 바를 설명해 보자.

4. 설계 과정(design process)의 도입배경과 그 모형들의 특징을 설명해 보자.

5. 공학설계과정인 'TRAILS DESIGN MODEL'의 특징을 설명해보자.

6. 문제해결(problem solving) 학습의 모형들의 특징을 설명해 보자.

7. 설계 과정(design process)과 문제해결(problem solving)의 차이점과 공통점을 설명해 보자.

8. 설계 개요(design Brief)의 포함될 요소를 설명해 보자.

9. 액션러닝의 특징과 절차를 설명해 보자.

10. 확산적 사고기법과 수렴적 사고기법에서 한 가지씩 사고전략을 선택하여 간단한 기술적 문제를 해결하는 사고를 예를 들어 설명해 보자.

11. 문제중심학습의 특징과 절차를 설명해 보자.

12. 문제 중심 학습(PBL)과 문제해결학습, 액션러닝과의 공통점과 차이점을 설명해 보자.

13. 좋은 문제의 조건을 3가지 이상 제시해 보고, 그 이유를 설명해보자.

14. 디자인 씽킹의 절차를 예를들어 설명해 보자.

## 주제를 확장하는 토의 · 토론 과제

1. 기술교과 수업에서 지향해야 할 접근들 중 한 가지 접근을 선택하여 구체적인 전략을 제시하고 발표 · 토론해 보자.

2. 기술적 문제해결(TPS, 최유현) 수업전략의 모형을 토의하고, 그 적용방안을 종합적으로 제시해 보자.

3. 다음은 설계활동을 위한 Design Brief 양식(kelley, 2017)에 포함될 구성요소이다. 이 요소에 터하여 실제로 설계 개용를 작성하여 발표해 보자.

> 주제
> 상징적 그림 : 설계 해결책을 암시하지 않고, 좌절감을 주어서는 안됨
> 시나리오 : 고객이나 사용자의 요구가 포함된 문제 상황
> 준거 : 고객의 희망 - 고객의 문제를 구체적으로 진술한 독특한 특징
> 제한 조건 : 재료, 공구, 크기, 검사 등의 제한 조건

4. [2009, 기술임용시험, 제2차]
김 교사는 중학교 1학년 '미래의 기술' 단원을 가르치게 되었다. 이 단원에서 '친환경 에너지를 이용할 모형 자도차 만들기'의 주제로 활동 중심의 문제해결학습을 적용하려고 박 교사에게 수업 설계에 대한 조언을 받고자 하였다. 다음 대화 내용을 읽고, 박교사의 조언(밑줄 친 부분)에 따라 수업을 설계한다면, 김 교사가 학생들에게 제시해야 할 '문제 상황'과 문제해결 학습 워크북을 만들기위한 '문제해결학습 단계별 기본 전략'을 〈답안 작성 조건〉에 유의하여 서술하시오. [25점]

> 김교사 : 박 선생님, '친환경 에너지를 이용한 모형 자동차 만들기'의 주제로 문제해결학습을 적용할 때 어떻게 수업을 시작하고, 학생들이 자기 주도적으로 문제를 해결할 수 있도록 하려면 어떻게 해야 할까요?
> 박교사 : 네, 저의 경험으로는 <u>문제해결학습에서 교사는 문제 상황을 이야기 형식으로 잘 만들어 제시하는 것이 중요하다고 생각합니다. 또한 학습자들이 자기 주도적으로 학습할 수 있도록 단계를 중심으로 한 문제해결학습 워크북을 만들어 주면 좋을 것 같습니다.</u>
> 김교사 : 요약하면, 문제 상황과 문제해결학습 워크북을 연구하여 제작하란 말씀이지요?
> 박교사 : 네, 그렇습니다. 그리고 <u>문제해결학습 과정에서 확산적 사고와 수업적 사고 기법을 활용하여 적용</u>하면 일석이조이겠죠. 그래서 요즈음 기술 교사는 수업을 연구하고 설계하는데 많은 시간과 노력이 필요한 것 같습니다.

<답안작성조건>

○ '문제 상황'은 학습 주제를 시나리오 형식(이야기 또는 대화 등)으로 '친환경 에너지를 이용한 모형 자동차 만들기' 주제의 상황에 기초하여 작성한다.
○ '문제해결학습 단계별 기본 전략'은 문제해결학습의 각 단계를 제시하고, 각 단계의 설명과 학생들이 할 활동을 중심으로 기본전략을 서술한다.
○ '문제해결학습 단계별 기본 전략'에는 활용하고자 하는 확산적 사고 기법 한 가지와 수렴적 사고 기법 한 가지를 문제해결학습의 각 단계에서 제시하고 그 기법을 설명한다.

5. 액션 러닝에서 학습을 다음과 같이 정의한다면, 이 공식의 의미를 토의해 보자.

Learning = Programmed Knowledge + Questioning + Reflection

6. 디자인 씽킹의 사고 방식을 모두 제시하고, 왜 그러한 사고 방식이 가능한지 토의해 보자.

## 참고문헌

강인애(1998). 왜 구성주의인가?. 정보화 시대와 학습자 중심의 학습환경. 문음사.

_____(1999). 구성주의에 관한 몇 가지 질문. 교육개발, 봄호. 100-107. 한국교육개발원.

고대혁 · 최유현 · 김동일 · 조주연(2000). 초등학교에서의 구성주의적 수업모형개발연구 : 성찰적 교수이론을 중심으로. 한국교원대학교부설 교과교육공동연구소 연구보고, RR 98-Ⅱ-3.

고윤희(1996). 문제 중심 구성주의 수업과 전통적인 수업이 학업성취에 미치는 효과. 석사학위논문. 한국교원대학교.

공주사대부고(1991). 발문의 구조화를 통한 문제해결능력 신장 방안. 교육부 연구학교 보고서.

교육과학기술부(2007). 실과(기술 · 가정) 교육과정. 대한교과서주식회사.

____________(2008a). 초등학교 교육과정 해설(Ⅳ) - 수학, 과학, 실과. 대한교과서주식회사.

____________(2008b). 중학교 교육과정 해설(Ⅳ) - 수학, 과학, 기술 · 가정. 대한교과서주식회사.

____________(2008c). 고등학교 교육과정 해설(Ⅳ) - 수학, 과학, 기술 · 가정. 대한교과서주식회사.

교육부(1997). 실과(기술 · 가정) 교육과정. 대한교과서주식회사.

_____(1999a). 초등학교 교육과정 해설(Ⅳ) - 수학, 과학, 실과. 대한교과서주식회사.

_____(1999b). 기술 · 가정 교육과정 해설. 대한교과서주식회사.

금성출판사(편)(1992). 국어대사전.

김무길(1992). 교육방법으로서의 반성적 사고의 의미. 서울대학교 대학원 교육학석사학위논문.

김선자(1998). 구성주의에 의한 초등학교 사회과 수업설계 및 적용 : PBL에 의한 사례 연구. 석사학위논문. 경희대학교.

김신곤 · 권기(1998). 구성주의 수업체제에서의 교수방법 탐색. Journal of Liberal Arts and Sciences. Vol. 6. 한국해양대학교.

김영채(1995). 사고와 문제해결 심리학. 서울 : 박영사.

_____(1999). 창의적 문제해결. 서울 : 교육과학사.

김영채 · 전헌선 · 박권생(2002). 창의적 문제해결력 향상을 위한 수업 프로그램의 개발과 실험 분석. 한국교육학회지. 40(1). 129-158.

김정식(1991). 기술교과수업에서 탐구 중심 학습지도방법이 학습자의 학업성취에 미치는 영향. 석사학위논문. 충남대학교.

다카하시 마코토 편저, 조경덕 옮김(2003). 창조력 사전. 매일경제신문사.

류지헌(1995). 학교학습에서의 구성주의적 접근에 대한 고찰. 육사논문집. 49. 549-576.

류혜남(2001). 구성주의 학습환경에 기초한 실과 교육과정 재구성 전략의 질적 사례연구. 석사학위논문. 인천교육대학교 교육대학원.

명지대학교창의공학연구회(2000). 창의적 문제해결과 공학설계. 서울 : 파워북.

문대영(2001). 초 · 중등학교 학생의 적응자 · 혁신자 역할 분담 문제해결 활동이 기술적 창의력 계발에 미치는 효과. 박사학위논문. 충남대학교.

문대영 · 류창열(2000a). 기술적 문제해결을 의한 사고과정의 분석 : 발성사고를 통한 상호문제해결을 적용한

사례 연구. 대한공업교육학회지, 25(1). 89-100.

__________(2000b). 기술적 문제해결을 의한 창의적 사고과정의 분석: 적응자 · 혁신자 문제해결활동을 적용한 사례 연구. 한국기술교육학회지, 1(1). 162-173.

박영숙 · 제롬글렌 · 테드고든(2007). 전략적 사고를 위한 미래 예측. 교보문고..

송기봉 · 김상균 (역). (2015). 메이커 교육 혁명, 교육을 통합하다(Sylvia Libow Martinez and Gary S.(2013), Invent To Learn: Making, Tinkering, and Engineering in the Classroom). 홍릉과학출판사.

송현순(2001). 초등학생의 실과 문제해결에 대한 미시발생학적 분석. 박사학위논문, 한국교원대학교.

송현순 · 정성봉(2000). 초등학생들의 기술적 문제해결과정에 대한 사례 연구. 실과교육연구, 6(2). 75-88.

신옥숙(1998). 구성주의와 교육. 교육논총. 제15집. 인천교육대학교초등교육연구소. 207-222.

오만록(1999). 구성주의에 근거한 문제 중심 학습(PBL)이 학업성취와 정의적 특성에 미치는 효과. 고려대학교 대학원 박사학위논문.

유연순(2002). 초등실과 교육에서 문제해결학습이 과제수행능력에 미치는 효과. 석사학위논문. 인천교육대학교 교육대학원.

이무근(1993). 직업교육학 원론. 서울: 교육과학사.

이인효 · 이나미 · 김양분 · 황혜정 · 김정원 · 유용식(1997). 열린교육을 위한 교육과정 재구성 및 수업방법 실행연구. 한국교육개발원.

이재신(1979). 문제해결과정과 문제해결성취와의 관계에 관한 연구. 서울대학교 대학원 교육학석사학위논문.

이재원(1986). 기술교과 내용의 구조화와 교수 · 학습전략에 관한 연구. 충남대학교 공업교육연구소 논문집, 8(3), 1-9.

_____(역)(1984). 실과 지도의 원리와 실제(Nolker & Schoenfeldt(1980)'s Berufbildung). 서울: 성안당.

이정수 · 나승일 · 최유현(1999). 초등학교 실과의 실습 및 수행능력평가의 도구개발연구. 연구보고 RR 97-IV-1. 한국교원대학교 교과교육공동연구소..

이진우(Jin-Woo Lee);최유현(Yu-Hyun Choi). (2019). 디자인 씽킹에 기반한 기술교사 성찰 프로그램 개발과 적용 사례 분석. 한국기술교육학회지, 19(1), 76-96.

이홍우(역)(1991). 민주주의와 교육(Dewey's Democracy and Education, 1916). 서울: 교육과학사, 제3판.

장경원 · 고수일(2013). 액션러닝으로 수업하기. 학지사.

전성연 외(2007). 현대 교수학습의 이해. 서울: 학지사.

정성봉 · 김형균 · 송현순 · 조완원(2002). 사회적 상호작용 상황에서 나타나는 초등학생들의 실과 기술적 문제해결 전략에 대한 분석. 실과교육연구, 8(2). 127-153.

제임스 하긴스(2003). 필요할 때 꺼내 쓰는 결정적 아이디어 101. 비즈니스북스.

조순기 · 최유현(2004). 초등학생의 기술적 문제해결활동을 위한 확산적 사고 및 수렴적 사고 전략이 창의력에 미치는 효과. 한국기술교육학회지, 4(1). 54-67.

조연주 · 조미현 · 권형규(1998)(역). 구성주의와 교육. 학지사. L. P. Steffe & J. Gale's Constructivism in Education(Lawrence Erlbaum, 1995).

조영남(1998). 구성주의 교수학습관. 김종문 외, 구성주의 교육학. 서울: 교육과학사. 151-180.

최유현(1995). 기술교과 교육에서의 기술적 교양목표 성취를 위한 문제해결 수업전략의 효과. 박사학위논문. 서울대학교.

_____(1997). 실과교육연구. 서울: 형설출판사.

______(2001). 실과교육학연구. 서울 : 형설출판사.
______(1998a). 개별적 · 협동적 학습구조에 따른 실과 문제해결 수업전략의 비교 효과. 한국실과교육학회지, 11(1). 201-227.
______(1998b). 대안적 열린교육을 위한 문제해결 수업전략의 탐색. 열린교실연구, 6(1). 49-68.
______(1998c). 실과교육에서의 문제해결 수업전략의 탐색. 박영배 외 10인. 수업방법 탐구 : 열린교과교육적 접근. 서울 : 형설출판사. 143-194.
______(1999a). 구성주의 관점에서의 기술과 교육의 수업 및 평가전략. 대한공업교육학회지, 24(1). 78-114.
______(1999b). 구성주의적 학습환경에 터한 실과교육의 반성과 대안. 한국 실과교육 학회지, 12(1). 15-28.
______(2000). 실과교육. 김진철 외 10인. 수업길라잡이 : 제7차 교육과정에 의한 초등학교 교과별 수업설계. 서울 : 학문사. 218-260.
______(2003a). 기술적 문제해결 과정에 나타난 사고활동의 분석과 그 계발 전략. 과학교육논총 15, 281-318.
______(2003b). 기술적 문제해결 사고과정에 나타난 사고활동의 분석과 그 계발전략. 과학교육논총, 제15집. 인천교육대학교 과학교육연구소. 281-318.
______(2004a). 기술과 교육을 위한 학습과정으로서의 설계과정과 문제해결 비교 연구. 한국실과교육학회지.
______(2004b). 가술과 교육을 위한 기술적 문제해결 수업전략의 개발. 교육과정평가연구.
______(2005). 기술교과교육학, 형설출판사.
최유현(2010). 기술교과 학습의 탐구. 형설출판사.
최유현(2017). 기술교육론 1: 교육학적 탐구와 담론. 형설출판사.
최유현 외(2007). 발명교육이론. 특허청 발명진흥회.
최유현(2014). 발명교육학연구. 형설출판사.
최유현 외(2016). 창으로 보는 팀 문제해결. 충남대학교 출판문화원.
최유현 외(2009). 공학교수자를 위한 공학 교수 학습 이론과 실제. 인터비전.
최유현(2008). 공학기술과 팀워크. 지호.
최유현(2013). 팀워크 리더십. 충남대학교 출판문화원.
최유현(2022). 교육자를 위한 디자인 씽킹: 교육혁신을 디자인하다. 충남대학교 출판 문화원.
최유현(Yuhyun Choi). (2018). An Analysis of Observers' Reflections on the Design-Thinking Based Team Problem-Solving Process of Pre-Service Technology Teachers. 한국기술교육학회지, 18(1), 22-43.
최유현 · 정문성(2013). 공학교수자를 위한 토의 · 토론 학습 모형. 국고.
최유현 외(2016). 창으로 여는 팀 문제해결. 충남대학교 출판문화원.
최유현 · 나승일 · 김종우(2003). 실세계 및 타교과와의 통합적 학습지도를 위한 실과교육 자료개발 연구 문제중심학습(PBL) 전략을 중심으로. 한국기술교육학회지, 3(2). 132-144.
최유현 · 류혜남 · 나길수 (1999). 구성주의적 학습환경이 실과과제 수행능력에 미치는 영향. 한국 실과교육 학회지, 12(2). 한국실과교육학회. 117-133.
이진우(Jin-Woo Lee);최유현(Yu-Hyun Choi). (2019). 디자인 씽킹에 기반한 기술교사 성찰 프로그램 개발과 적용 사례 분석. 한국기술교육학회지, 19(1), 76-96.
최지혜(1994). 협동학습과 개별학습 환경에서 문제의 구조에 따른 문제해결 과정 수준 및 성취 수준 비교. 석사학위논문. 서울대학교.

추병완 · 최근순(역)(1999). 구성주의 교수 · 학습론(Brooks & Brooks's The Case for Constructivist Classrooms). 서울 : 백의.

최유현, 이승원, & 성의석. (2021). 예비교사를 위한 디자인 싱킹 기반 팀 문제해결 프로그램의 모형 개발과 타당화. 교사교육연구, 60(2), 171-186.

한면희(2002). 사회과 교육의 지평. 한면희교수정년기념논총.

허창범(1992). 구성주의 수업의 학습효과 분석. 고려대학교 대학원 박사학위 논문.

Alister, J. (2002). *Learning Technological Concepts and Process.* Gwyneth Owen-Jacson(ed.). Teaching Design and Technology in Secondary Schools. London and New York : The Open University. 79-91.

Anderson, L. D. (1989). Problem Solving in Technology Education. *The Technology Teacher*, *49*(9). 3-7.

Arends, R, I.(1994). *Learning to Teach.* 3rd Edition. McGraw-Hill, Inc., New York.

Baker, G. E. & Dugger, J. C. (1986). Helping Students Develop Problem Solving Skills. *The Technology Teacher, 45*(1), 10-13.

Barnes, J. L. (1989). Learning to Solve Tomorrow's Problems. *The Technology Teacher*, *48*(3). 25-29.

Barnes, J. L., Wiatt, C. & Bowen, M. A. (1990). The NASA/Elementary Technology Education Project. *The Technology Teacher, 49*(1). 13-17.

Brooks, J. G. & Brooks, M. G. (1993). *The Case for Constructivist Classrooms*. ASCD.

Brusic, S. A. et. al. (1990). An Overview of MISSION 21(ERIC Document Reproduction Service No. ED 334.407).

Cheek, Dennis W. (1992). *Thinking Constructively about Science, Technology, and Society Education*. State Univ. of New York Press.

Christensen, K. W. & Martin, L. (1992). Teaching Creative Problem Solving. *The Technology Teacher, 51(12)*. 9-11.

Cruickshank, D. R., Bainer, D. & Metcalf, K. (1995). *Act of Teaching.* McGRAW-Hill.

Daiber, R., Literland. L. & Thode, T. (1991). Implementation of School-based Technology Education Programs. Dyrenfurth, M. J. & Kozak, M. R. (ed.). *Technological Literacy*. Council on Technology Teacher Education, 40th Yearbook. 187-211.

De Vries, M. J. (1997). Science, Technology and Society : A Methodological Perspective. *International Journal of Technology and Design Education. 7*. 21-32.

Delisle, R. (1997). *How to Use Problem-Based Learning in the Classroom*. Association for Supervision and Curriculum Development.

DeLuca, V. W. (1992). Survey of Technology Education Problem Solving Activities. *The Technology Teacher. 51*(5). 26-30.

Eggleston, John. (1992). *Teaching Design and Technology*. P. A. : Open University Press.

Fasciato, M. (2002). Designing-What Does It Mean at Key Stages 2 and 3 Sayers, S., Morley, J. & Barnes, B. (ed.). Issues in Design and Technology Teaching. Routledge, Falmer. 27-42..

Franks, D. R. eds. (1994). *Constructivism : Its Significance for Education*. North Bay, ON Nipissing

Universty.

Frazee, B. M. & Rudnitski, R. A. (1995). *Integrated Teaching Methods : Thoery, Classroom Applications, and Field-Based Connections*. New York : Delmar Publishers.

Glasersfeld. (1984). *An Introduction to Radical Constructivism*, in P. Watzlawick, the Invented Reakity. N. Y. : Norton & Company.

Gwyneth Owen-Jackson(ed.). (2002). *Teaching Design and Technology in Secondary Schools*. London and New York : The Open University.

Gwyneth Owen-Jackson. (2001). *Developing Subject Knowledge in Design and Technology : Developing, Planning and Communication Ideas*. Trentham Books. The Open University.

Hatch, L. (1988). Problem Solving Approach. ; Kemp, W. H. & Schwaller, A. E. (ed.). *Instructional Strategies for Technology Education*, 36th Yearbook. Council on Technology Teacher Education. 87-98.

Henderson, J. G. (1996). *Reflective Teaching : The Study of Your Constructivist Practice*. Englewood Cliffs, N. J. : Prentice-Hall.

Hill, A. M. (1998). Problem Solving in Real Life Contexts : An Alternative for Design in Technology Education. *International Journal of Technology and Design Education*, 8. 203-220.

Howard-Jones, P. A. (2002). A Dual-State Model of Creative Cognition for Supporting Strategies that Foster Creativity in the Classroom. *International Journal of Technology and Design Education, 12*. 215-226.

Hutchinson, J. & Karsnitz, J. (1994). *Design and Problem Solving in Technology*. New York, Delmar pub.

Hutchinson, P. A. (1987). *Problem-Solving in the British Craft*. Design and Technology Program, Doctoral Dissertation, New York University.

International Technology Education Association. (1996). *Technology for All Americans : A Rationale and Structure for the Study of Technology*. Technology for All Americans Project.

______________________________________ (2003). *Advancing Excellence in Technological Literacy : Student Assessment, Professional Development, and Program Standards*. Reston, V. A. : Author.

International Technology Education Association and its Technology for All Americans Project. (2002). *Standards for Technological Literacy : Content for the Study of Technology*. Reston, V. A. : Author.

James, W. K. (1990). Development of Creative Problem-Solving Skills. *The Technology Teacher, 49*(2), 29-30.

Javaris, T. (1993). *Teaching Design Technology in the Primary School*. T. J. Press Ltd., Padstow, Crornwall.

Johnson, S. D. (1997). Learning Technological Concepts and Developing Intellectual Skills. *International Journal of Technology and Design Education, 7*. 161-180.

Kelley. T. (2017). 2017 기술교육 전문가를 위한 D-Bait Project 워크샵 자료. 한국기술교육학회.

Kemp, W. H. & Schwaller, A. E. (1988). Introduction to Instructional Strategies. Kemp, W. H. & Schwaller, A. E. (ed.). *Instructional Strategies for Technology Education*, 36th Yearbook. Council on

Technology Teacher Education. 16-34.

McCormick, R. (2002). *Capability Lost and Found?*. Gwyneth Owen-Jacson(ed.). Teaching Design and Technology in Secondary Schools. London and New York : The Open University. 92-108.

Mioduser, D. & Kipperman, D. (2002). Evaluation / Modification Cycles in Junior High Student's Technological Problem Solving. *International Journal of Technology and Design Education, 12*. 123-138.

Morley, J. (2002). How Can We Meet the Challenges Posed by a New Model of Practical Scholarship?. Sayers, S., Morley, J. & Barnes, B. (ed.). (2002). Issues in Design and Technology Teaching. Routledge, Falmer. 13-26.

Page, R. Teacher's Master Manual. London : Oliver & Boyd, 1981. 2.

Pierce, A. J. & Karwatka, D. (1999). *Introduction to Technology*. Glencoe MacGraw-Hill.

Pualine, B. (1995). Designing and Learning in the Elementary School. International Technology Education Association. Reston, V. A. ERIC ED 381-387.

Qin, Z. (1992). *A Meta-Analysis of the Effectiveness of Achieving Higher Order Learning Tasks in Cooperative Learning Compared with Competitive Learning*. Unpublished Doctoral Dissertation, Univ. of Minesota.

Raizen, S. A. et. al. (1995). Technology Education in the Classroom-Understanding the Designed World. San Francisco : Jossey-Bass Publishers.

Ratz, J. M. & Others. (1988). *Resources in Technology : Problem Solving*. International Technology Education Association(ERIC Document Reproduction Service No. ED 322.400).

Sayers, S., Morley, J. & Barnes, B. (ed.). (2002). Issues in Design and Technology Teaching. Routledge, Falmer.

Schwaller, A. E. (1995). Instructional Strategies for Technology Education. Martin, G. E. (ed.). *Foundations of Technology Education. Council on Technology Teacher Education*. Glencoe : McGraw-Hill. 432-442.

Shepard, L. A. (1989). Why We Need Better Assessments. *Educational Leadership, 46*(7). 4-9.

Sylvia Libow Martinez and Gary S.(2013). *Invent To Learn: Making, Tinkering, and Engineering in the Classroom.* Constructing Modern Knowledge Press.

Torp, L. & Sage, S. (1998). *Problems as Possibilities : Problem-Based Learning for K-12 Education.* Association for Supervision and Curriculum Development.

Waetjen, W. B. (1989). *Technological Problem Solving : A Proposal. International Technology Education Association*(ERIC Document Reproduction Service No. ED 334.464).

Waetjen, W. B. (1989). *Technological Problem Solving : A Proposal. International Technology Education Association*(ERIC Document Reproduction Service No. ED 334.464).

Winek, G. & Borchers, R. (1993). Technological Problem Solving Demonstrated. *The Technology Teacher, 52*(2). 23-25.

Wright, J. R. (1988). Social/Cultural Approach. Kemp, W. H. & Schwaller, A. E. (ed.). *Instructional Strategies for Technology Education.* Council on Technology Teacher Education. 72-86.

Wright, R. T., Israel, E. N. & Lauda, D. P. (1993). *Teaching Technology : A Teacher's Guide.*

International Technology Education Association.

Zeichner, K. M. & Liston, D. P. (1996). *Reflective Teaching : An Introduction*. Mahwah, N. J. : Lawrence Erlbaum Associates.

Zuga, K. F. (1988). Interdisciplinary Approach. Kemp, W. H. & Schwaller, A. E. (ed.). *Instructional Strategies for Technology Education*. Council on Technology Teacher Education. 56-71.

# 제 3 부

# 기술교과의 협동적 접근의 학습 방법 탐구



## 주제를 여는 연구 문제 *Meeting the Problems*

제3부에서는 기술교과 학습의 협동적 접근의 학습 전략을 다룬다. 인ㄴ 구성주의적 학습 환경의 사회적 구성주의의 '사회적 담론'의 핵심인 학습자의 상호작용에 초점을 둔다. 이러한 학습은 우리 사회와 직업이 조직과 팀을 중심으로 이루어진다는 점에서 배려와 협력을 지향하는 학습 전략이기도 하다.

❶ 기술교과 교육의 협동적 학습의 근간은 '협동 학습'이다. 단순히 함께하는 학습을 넘어서 긍정적 상호작용, 성공기회의 균등, 공동 목표, 개별적 책무 등의 전략이 어떻게 전략화되는가?

❷ 사회적 담론의 핵심은 토의와 토론이다. 토의 · 토론에 대한 올바른 이해를 바탕으로 다양한 모형과 전력이 어떻게 토론 학습을 활성화할 수 있는가?

# 5장

# 기술교과에서의 협동학습

이 장에서는 기술교과 교육에서의 수업 지향 중 하나인 협동적 일의 수행에 기초를 둔 협동학습(cooperative learning)의 특징, 이론, 모형들을 살펴보기로 한다. 특히 협동학습이 전통적 소집단 학습과는 달리 각 모형 속에 담겨 있는 개별적 책무, 성공기회의 균등, 공동목표, 긍정적 상호의존 등의 전략들을 탐구하기로 한다.

특히 협동학습은 기술교과에서도 유용하게 활용되는 교수방법의 새로운 접근이며, 학습을 흥미있게 전략화하는 데 도움을 줄 수 있을 것이다.

◎ 해시 태그 Key words

#협동학습(cooperative learning)
#긍정적 상호의존성(positive interdependence)
#개별 향상 점수(individual improvement point)
#통합 중심 협동학습
#개별적 책무성
#보상 중심 협동학습
#과제 중심 협동학습

## 1. 협동학습의 개념과 특징

### 가. 협동학습의 개념

협동학습은 기본적으로 학생들의 상호의존적 관계를 중심으로 공동목표 달성을 위한 협력적인 학습활동으로 의미를 파악할 수 있지만, 다음 학자들의 협동학습에 대한 정의는 개념을 구체화하는 데 도움을 준다(최유현, 2001, 재인용).

- 공통의 과제를 학생들이 함께 공부하고, 서로 격려하는 일련의 수업방법으로 동료 교수법과 비슷하나 고정된 강사와 학생이 따로 없고 취급할 정보가 학생보다는 교사에 의하여 제시된다는 점에서 구별된다(Slavin,

1987).

- 소집단에서 그 구성원인 또래끼리 탐구와 토론을 통한 학습과정에서 학생들이 능동적으로 깊이 참여하도록 설계된 수업기술(instructional technique)이다(Davidson & Worsham, 1992).
- 학생들이 자기팀의 학업수행에 근거하여 보상이나 인정을 받는 협동적 유인구조와 공동목표를 향해 소집단에서 함께 공부하는 협동적 과제구조를 활용하는 일련의 학습방법이다(Cole & Chan, 1987).
- 집단구성원 개개인이 소속된 집단성원 모두에게 유익한 결과를 가져오고자 서로 협동하여 학습을 전개하는 방법이다(박성익, 1985).
- 학습의 목표구조에 따라 그 학습의 집단역동성이 달라짐에 착안하여 수업운영을 협동적으로 이끌어가려는 전략이다(문용린, 1988).
- 학생 자신과 동료의 학습효과를 최대로 하기 위한 학습상황에서 서로의 협동을 위한 소집단 학습방법으로 "학생들이 학습집단 속에서 학습활동을 하고 그 집단의 성적에 기초한 보상과 인정을 받는 교실 상황에서의 학습방법"이다(이동원, 1995).

이들 학자들의 개념에서 특징지을 수 있는 사실은 협동학습은 학습자 공동의 목표를 가지고 있다는 점, 집단의 상호의존적 작용을 기초로 하고 있는 점, 집단 구성원 모두에게 유용한 학습효과를 습득케 한다는 점, 그리고 집단의 성적에 기초하여 보상과 인정을 받는 협동적 유인구조를 가지고 있다는 점이다.

## 나. 협동학습의 이론적 기초

협동학습 이론의 기저는 사회적 상호의존성(social interdependence) 이론이다. 기본가정은 구성원 간의 긍정적 상호작용을 극대화하면 최대한 지적 · 정의적 효과를 얻는다는 것이다. 그러므로 협동학습의 수업전략 또는 원리들은 긍정적 상호작용(positive interaction)을 최대화하는 데 역점을 둔다. 이런 협동학습은 학습구조 이론(학습자와 교사의 상호작용의 방식을 기술하는 사회적 상호의존성에 기초)에 근거하고 있으며, 사회적 상호의존성 이론은 Lewin (1948)의 場理論(field theory : 인간의 행동을 개인의 현재의 상황, 즉 장과의 관계로 설명하려는 이론에서 나온 것이므로 집단의 본질은 구성원간의 상호의존성에 있다는 주장)과 그의 제자인 Deutch (1949)는 협동과 경쟁이론에서 집단의 목표구조가 긍정적인 상호의존성을 가지는 학습구조를 발달시켰다(정문성, 1995a : 14).

이러한 사회적 상호의존성 이론에 근거하여 학교 수업유형을 보면, 학생들은 학업성취를 목표로 교사와 학생 간, 학생과 학생 간에 상호작용을 하게 되며, 특히, 학생 간의 상호작용 유형을 중심으로 보면 협동 또는 긍정적 상호의존성(cooperative or positive interdependence : 공유한 목표를 위하여 서로 도움을 주거나 힘을 합쳐서 다같이 좋은 학습효과를 얻도록 노력하는 상호작용 방식)과 경쟁 또는 부정적 상호의존성(competitive or negative interdependence : 한 명 또는 소수의 학생만이 달성할 수 있는 목표를 위하여 노력하는 경쟁적 상호작용 방식), 그리고 개인주의 또는 비상호의존성(individualistical or no interdependence : 학생들은 다른 사람의 목표와는 아무런 관계 없이 자신만의 목표를 위하여 혼자의 힘으로 공부하는 방식)으로 나눌 수 있다. 이와 같이 집단 내에서 어떤 목표의 달성을 위하여 그 구성원 간에 전개되는 상호작용을 목표구조(goal structure)라는 개념을 도입하여 설명한다. 여기서 목표구조란 집단구성원들의 협동을 규제하는 목표달성의 추구방식이다(문용린, 1988b). Johnson, Holubee 및 Roy(1984)는 교사가 만들 수 있는 교실의 학습구조를 협동학습구조(인간적인 관계 증진, 문제 해결에 있어 인지적 활동뿐만 아니라 정서적 측면도 강조), 경쟁 학습 구조(극소수승자, 대다수 패자, 정서적 폐해), 개별학습

[표 5-1] 협동·경쟁·개별학습 구조의 특징[1)]

| 구 분 | 협동학습 | 경쟁학습 | 개별학습 |
|---|---|---|---|
| 상호 의존성 | 긍정적 상호의존성 | 부정적 상호의존성 | 상호의존성 없음 |
| 교수 활동 형태 | • 문제해결학습, 확산적 사고<br>• 창조적 사고 등으로 학습해야 될 내용을 명료화, 의사결정, 탐구 등 다소 융통성이 있음. | • 기술, 단순지식, 기억, 복습 등 학습해야 될 내용은 분명히 제시됨. | • 특별한 기능이나 지식으로 혼동이나 별다른 도움이 필요 없도록 과제가 분명하며, 해야 될 행동도 세분화됨. |
| 목표 중요 성의 인식 | • 목표는 각 학생들에게 중요한 것으로 받아들여지며, 각 학생은 집단이 그 목표를 달성할 것으로 기대 | • 목표는 학생들에게 중요하게 받아들여지지 않으며, 단지 성과와 실패를 받아들임. | • 목표는 학생들에게 매우 중요하게 받아들여지며, 언젠가는 자신의 목표가 달성되기를 기대함. |
| 학생의 기대 | • 각 학생은 다른 학생과 긍정적 상호작용을 하며 아이디어와 자료를 공유하고, 공동책임, 집단에 기여, 과제분담, 구성원의 다양성을 이용함. | • 각 학생은 승리할 수 있는 기회를 균등히 가지며, 자신의 학습활동을 즐기며, 경쟁자의 학습상태를 평가하며, 능력, 기술, 지식 등을 비교함. | • 각 학생은 다른 학생에 의해 간섭받지 않으며, 과제 완성에 대해 자신이 책임자이며, 자신이 그의 노력과 과제수행의 질을 평가함. |
| 도움 원천 | • 다른 학생들이 도움, 지지, 강화의 원천임. | • 교사가 도움, 지지, 강화의 원천임. | • 교사가 도움, 지지, 강화의 원천임. |

자료 : D. W. Johnson & R. T. Johnson, 1975, Learning Together and Alone : Cooperative, Competition, and Individualization, N. J. : Prentice-Hall : 62. ; 정문성(1994) : 24 재인용.

1) 그 범위에 들 수 있는 모형은 대체로 Jigsaw모형, Co-op Co-op모형, Group Investigation(GI) 모형 등과 최근의 파트너 전문가 직소(Partner Expert Group Jigsaw) 모형, 이중 전문가 집단 직소(Double Expert Group Jigsaw) 모형, Co-op Jigsaw I 모형, Co-op Jigsaw II 모형 등을 활용할 수 있을 것이다(최유현, 2001).

구조(극단적 개인주의자, 편협된 지식인)로 나누어 설명하고 있다. 이상의 논의된 바를 협동·경쟁·개별학습 구조의 특징으로 제시하면 [표 5-1]과 같다(정문성, 1994 : 21-24).

## 다. 협동학습의 특징

협동학습 이론은 소집단 구성원간의 긍정적 상호작용을 최대화해서 인지적 발달을 도모하는 것을 특징으로 하고 있다. 다양한 협동학습 모형들은 각기 독특한 구조를 가지고 있으나 진술한 바와 같이 긍정적 상호작용을 유도할 수 있는 다음과 같은 공통적인 특징들을 가지고 있다(Slavin, 1989 : 정문성, 1995 : 269 재인용).

- 집단 목표 : 협동학습에서는 개인의 목표달성이 각 집단의 공동목표 달성 여부에 달려 있으므로 구성원들이 집단의 목표달성을 위해 동료들을 도와 주고 도움을 받는 등 활발한 긍정적 상호작용을 하게 된다.
- 개별적 책무성 : 협동학습에서 집단 구성원 개개인은 다른 구성원에 대해 개인적인 의무와 책임을 가지고 있다. 개별적 책무성은 개인이 얻은 점수를 집단 점수에 반영하는 방식과 집단이 수행해야 할 학습과제를 분업화하는 두 가지 방식이 주로 사용된다.
- 성공 기회의 균등 : 집단 구성원 개개인의 기본적 능력에 관계 없이 구성원 누구나 집단의 성공에 기여할 수 있는 기회가 주어져 있다.
- 팀 경쟁 : 소집단간에 경쟁을 도입함으로써 구성원들의 결속을 다지고 소집단 구성원들의 학습동기를 촉진시키는 것이다.
- 과제의 세분화 : 소집단 내의 각 구성원들에게 과제를 분담하게 함으로써 모든 학습자들이 협동학습에 참여하게 하는 효과를 가져온다.

이러한 협동학습의 특징은 협동학습의 종류에 관계없이 구성원 사이의 상호작용을 최대화시키는 역할을 하며, 이런 특징이 많이 반영된 협동학습 모형이 더 좋은 효과를 나타낸다.

Qin(1992 : 92-97)은 '경쟁학습과 비교한 협동학습의 고등 사고력 학습(higher order learning) 효과의 메타 분석'이란 박사학위 논문에서 고등 사고력 학습방법으로 문제해결 학습[2)]으로 전제하고 논의를 하였는데, 그의 첫번째 가설 '협동학습이 문제해결 학습을 해결하는 데 있어서 경쟁적 학습보다 효과적일 것이다'를 검증한 결과, 문제의 유형과 관계 없이 협동학습이 경쟁학습보다 문제해결 과제를 해결하는 데 항상 성공적이라는 결론을 내렸다.

2) 그는 문제해결 학습의 유형을 언어적인 것과 비언어적인 것, 잘 정의된 문제와 잘 정의되지 않은 것으로 분류하였다.

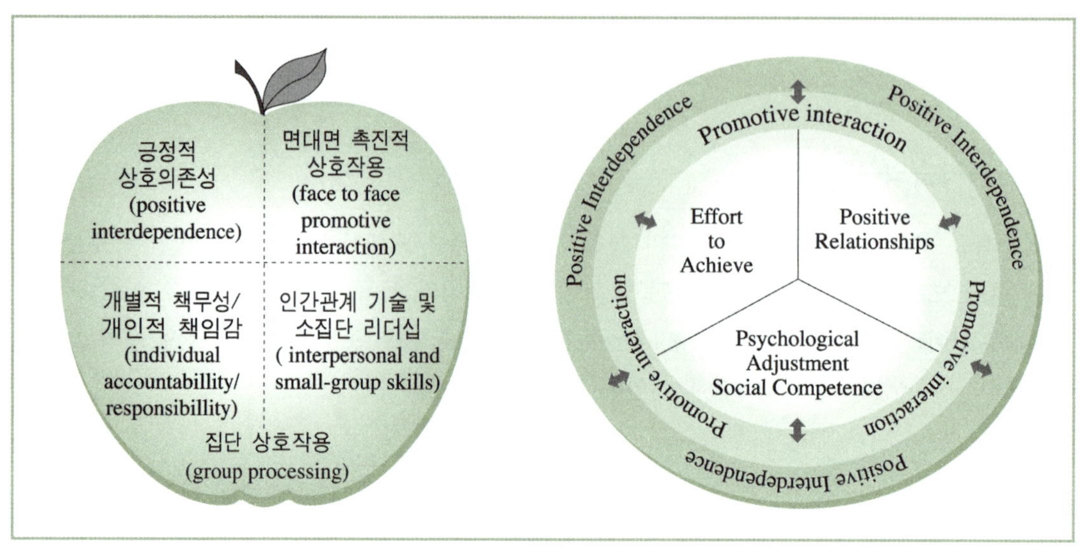


<그림 5-1> 협동학습의 핵심적 구성요소

## 라. 협동학습 모형의 정리

협동학습은 크게 협동학습 중심지인 네 곳의 대학에서 개발된 7가지 모형이 대표적인 협동학습 모형이다. 첫째로, 존홉킨스 대학에서 Slavin, Madden, DeVries 등에 의하여 만들어진 Student Team Learning(STL, 1978) 프로그램으로서 Student Teams-Achievement Divisions(STAD), Team-Games-Tournament(TGT), Team Assisted Individualization Math(TAIM), Cooperative Integrated Reading and Composition(CRIC) Achievement로 만든 네 가지 학습 모형, 둘째는 미네소타 대학에서 Johnson 등에 의해서 만들어진 Leaning Together(LT, 1986) 모형이 있고, 셋째로, 산타쿠르즈 캘리포니아대학의 Aronson 등이 만든 Jigsaw모형(1978), 그리고 넷째로, 이스라엘의 텔아비브대학의 Shran과 Lazarowitz 등(1976)이 만든 Group Investigation(GI) 모형 등(Slavin, 1990)이 개발되었다.

최근에는 Kagan 등이 구조화한 **파트너 전문가 직소**(Partner Expert Group Jigsaw) **모형**, **이중 전문가 집단 직소**(Double Expert Group Jigsaw) **모형**, Co-op Jigsaw Ⅰ **모형**, Co-op Jigsaw Ⅱ **모형** 등이 있다.

그러나 이 모든 모형이 모든 학습상황에서 바람직한 것은 아니다. 즉, 기술교과 교육의 기술적 문제해결의 특성을 살릴 수 있는 모형은 제한적으로 적용될 수 있을 것이다.

이러한 모형 중심의 협동학습 전략과 더불어 또 다른 접근은 협동학습 구조의 특징으로 제시된 **집단목표**(group goals), **개별 책무성**(individual accountability), **성공기회의 균등**(equal opportunities for success), **팀 경쟁**(team competition), **과제 전문화**(task specialization), **개별화**

의 적용(adaptation to individuals) 등의 협동학습의 특징을 고려하여 교사 스스로 협동 학습 모형을 구조화하는 것이 기술교과 수업의 효율성을 높이는 데 기여할 수 있을 것이다(최유현, 1998a).

이들 모형의 집단목표, 개인적 책무성, 성공기회의 균등, 집단경쟁, 과제 전문화, 개인에의 적용 등을 기준으로 그 특징을 비교하면 [표 5-2]와 같다.

[표 5-2] 협동학습 방법의 모형의 분류와 그 특징

| 협동학습 모형 | 집단 목표 | 개인 책무성 | 성공 기회의 균등 | 집단 경쟁 | 과제 전문화 | 개별화의 적용 | 비고 |
|---|---|---|---|---|---|---|---|
| STAD | Y | Y | Y | S | N | N | STL |
| TGT | Y | Y | Y | Y | N | N | |
| TAIM | Y | Y | Y | N | N | Y | |
| CIRC | Y | Y | Y | N | N | Y | |
| LT | Y | S | N | N | N | N | |
| Jigsaw | N | Y | N | N | Y | N | |
| Jigsaw II, III | Y | Y | Y | N | Y | N | |
| Double Expert Group Jigsaw | Y | Y | N | S | Y | N | |
| Parterner Expert Group Jigsaw | Y | Y | N | S | Y | N | |
| Co-op -Jigsaw I | Y | Y | N | S | Y | N | |
| Co-op -Jigsaw II | Y | Y | N | S | Y | N | |
| Co-op Co-op | Y | Y | N | S | Y | Y | |
| GI | Y | Y | N | N | Y | N | |
| 전통적 소집단 | N | N | N | N | N | N | |

Student Teams-Achievement Divisions(STAD)
Team-Games-Tournament(TGT)
Team Assisted Individualization Math(TAIM)
Learning Together(LT)
Cooperative Integrated Reading and Composition(CRIC)
Group Investigation(GI)
Student Team Learning(STL)
Y=YES, N=NO, S=SOMETIMES YES

협동학습을 분류하는 방식은 여러 가지가 있을 수 있다. 정문성 · 김동일(1998)에 의하면 보상 중심 협동학습, 과제 중심 협동학습, 교과 중심 협동학습, 기타 협동학습 등으로 분류하였는데, 여기에서는 **보상 중심 협동학습, 과제 중심 협동학습, 교과 중심 협동학습**과 더불어 통합적 접근을 보인 **통합 중심 접근방법**을 포함시켜 4가지 범주로 분류한다. 이 분류체계에 따라 협동학습의 모형을 간단히 정리하면 다음과 같다(최유현, 2001).

[표 5-3] 보상 중심 협동학습

<table>
<tr><th>모형</th><th>특징 및 적용</th><th>절차</th><th>적용</th></tr>
<tr><td>STAD<br>(Student Teams<br>Achievement<br>Division)<br>Slavin 등,<br>1978</td><td>교사의 수업안내<br>개별향상점수<br>성공기회의 균등</td><td>1. 교사의 수업안내<br>2. 소집단 활동<br>3. 평가<br>4. 개인향상점수<br>5. 소집단 보상</td><td rowspan="5">• 형평체제, 평등체제, 필요체제의 보상체제 조화가 요구되는 경우<br>• 단순한 지식의 습득이 필요한 경우<br>• 재미있는 퀴즈로 평가 분위기를 개선하기 위한 경우<br>• 성공기회 균등을 보장한 퀴즈가 필요한 경우<br>• 문제해결력, 태도 등의 성과를 기대하는 단원은 사용 자제</td></tr>
<tr><td>TGT<br>(Teams<br>Games<br>Tournaments)<br>Slavin 등,<br>1978</td><td>퀴즈 테이블<br>성공기회의 균등</td><td>1. 교사의 수업안내<br>2. 소집단 학습<br>3. 토너먼트 게임<br>4. 소집단 점수의 게시와 보상</td></tr>
<tr><td>Jigsaw II</td><td>Jigsaw+STAD</td><td>1. 모집단<br>2. 전체 학생 단원 읽기<br>3. 전문가 집단<br>4. 모집단<br>5. 평가와 게시-STAD</td></tr>
<tr><td>Jigsaw III</td><td>Jigsaw+STAD<br>시험기간</td><td>Jigsaw II의 개별 평가전에 시험 대비 학습 시간 부여</td></tr>
<tr><td>Jigsaw IV</td><td>Jigsaw+STAD<br>퀴즈와 평가의 강화</td><td>1. 도입(수업내용 소개)<br>2. 개인별 과제 부여<br>3. 전문가 학습 활동<br>4. 퀴즈 : 전문 과제 내용<br>5. 모집단 교수활동<br>6. 개별평가<br>7. 개별점수, 향상점수, 집단점수 산출<br>8. 개별보상 및 집단보상<br>9. 재교수(선택활동)</td></tr>
</table>

[표 5-4] 과제 중심 협동학습

| 모형 | 특징 | 절차 | 적용 |
|---|---|---|---|
| 직소(Jigsaw)<br>Aronson 등<br>(1978) | 전문가 집단<br>개별 책무성 | 1. 모집단 활동-주제 할당<br>2. 전문가 활동<br>3. 모집단 활동-동료교수 | • 세분된 여러 소주제의 탐구 단원 |
| 짝 전문가 집단<br>과제분담 학습<br>(Partner Expert Group Jigsaw) | 직소 I 보완<br>전문가 활동 강화<br>과제 전문화<br>개별적 책무성<br>짝 활동 강화 | 1. 소집단<br>2. 파트너<br>3. 전문가 집단<br>4. 파트너<br>5. 소집단 | • 세분된 여러 소주제의 탐구 단원<br>• 짝 활동 |
| 이중 전문가 집단<br>과제분담 학습<br>(Double Expert Group Jigsaw) | 전문가 집단 동일 주제 | 1. 주제 배정<br>2. 이중 전문가 모둠 모임<br>3. 전문가 협의-동일 주제에 대한 각 전문가 집단의 대표가 동일 주제의 다른 집단과 교환하여 협의<br>4. 전문가 교수계획 및 발표준비<br>5. 모집단 교수활동<br>6. 모둠 학습지 해결 | • 한 주제를 2개 집단 전문가 활동-집단 간의 담론 존중, 균형적 결론 유도<br>• 보다 많은 참여와 협의 |
| 집단탐구<br>(Group Investigation)<br>이스라엘<br>Sharan 등 | 학생 주제 제안<br>주제선택 자유<br>학급에 발표 | 1. 하위주제와 소집단 조직<br>2. 탐구 계획 및 역할 분담<br>3. 소집단별 탐구<br>4. 발표준비<br>5. 발표-편집 위원회에서 보고서<br>6. 활동 평가-개인 평가 | • 문제해결/프로젝트 과제<br>• 교육과정 범위 내의 자유로운 주제 설정 가능한 단원 |
| 자율적 협동학습<br>(Co-op Co-op)<br>Kagan<br>(1985, 1992) | 학생 주제 토론<br>(brainstorming)<br>주제 선정<br>소주제 선정,<br>학습, 발표<br>주제 발표 | 1. 학생 중심 학급 토론<br>2. 하위주제 선택<br>3. 하위주제 정교화<br>4. 소주제 선택과 분업<br>5. 개별학습 및 발표준비<br>6. 소주제 발표<br>7. 소집단별 발표준비<br>8. 소집단별 학급발표<br>9. 평가와 반성(학생 40%, 교사 60%) | |

[표 5-5] 통합 중심 협동학습

| 모형 | 특징 | 절차 | 적용 |
|---|---|---|---|
| 자율적 과제분담 학습 I (Co-op-Jigsaw I) Chris Harrison | 전문가 보고<br>전문가 모둠의 전체 발표 | 1. 개인-소주제 보고서 작성<br>2. 각각의 전문가 모둠<br>3. 전문가 모둠 학급 전체에 발표<br>4. 각 모둠<br>5. 결과 | • 정보획득, 창의적 접근이 가능한 단원 |
| 자율적 과제분담 학습 II (Co-op-Jigsaw II) | 모둠 보고서<br>모둠의 전체 발표 | 1. 전문가 모둠 주제 활동<br>[전문가 주제 예]-봄, 여름, 가을, 겨울<br>2. 모집단 모둠 활동-모둠 내에서 발표<br>[모둠주제 예]-날씨, 음식, 휴일, 여가, 의복, 방학<br>3. 학급 전체 발표 | • 개념이해, 지식습득 · 이론과 실제의 연결 가능한 단원<br>• 두 주제가 공존할 때 |

[표 5-6] 교과 중심 및 기타 협동학습 모형

| 모형 | 특징 | 절차 | 적용 교과 |
|---|---|---|---|
| TAI (Team Assisted Individualiza-tion) | 협동학습 내에서의 개별화 수업 적용 | 1. 소집단 구성(이질적)<br>2. 배치 : 검사<br>3. 교육과정 자료배포<br>안내, 기능훈련, 형성평가, 단원평가, 정답<br>4. 소집단 학습<br>5. 교수집단-직접교수<br>6. 소집단 점수와 보상 | 수학 |
| CIRC (Cooperative Integrated Reading and Composition) | 읽기 · 쓰기 통합 개별화 | 1. 소집단 구성<br>2. 읽기이해를 위한 직접교수<br>3. 기본적 활동<br>4. 짝의 점검활동<br>5. 평가 | 국어 |
| 의사결정모형 | 집단의 합리적 의사결정 | 1. 수업목표 설정<br>2. 교사의 배경 설명<br>3. 학습과제지 배포<br>4. 개인의 의사결정<br>5. 집단 의사결정<br>6. 각 집단의 발표<br>7. 평가 | 사회 |

| | | | |
|---|---|---|---|
| LT (Learning Together) | 수업설계자가 학습 구조를 설계할 수 있는 모형 | 1. 수업목표 상세화<br>2. 소집단 크기 결정<br>3. 학생의 소집단 배치<br>4. 교실 구성<br>5. 상호의존성 전략<br>6. 상호의존성 역할분담<br>7. 과제설명<br>8. 긍정적 목표 상호의존성 구조화<br>9. 개별적 책무성의 구조화<br>10. 집단간 협동의 구조화<br>11. 성취의 기준설명<br>12. 바람직한 행동의 상세화<br>13. 학생의 행동 모니터 하기<br>14. 과제지원<br>15. 개입을 통한 협력적 기능 가르치기<br>16. 수업 마무리하기<br>17. 학생의 학습에 대한 양적 · 질적 평가<br>18. 집단활동에 대한 평가 | |

## 2. 협동학습 모형의 절차

### 가. 보상 중심 협동학습

#### 1) STAD 협동학습

John Hopkins 대학의 Slavin과 그의 동료들(1977)이 개발한 STAD는 다음과 같은 다섯 가지 요소로 구성된 전략을 제시하고 있다.

#### (1) 수업 소개

수업 소개(class presentation)는 수업이 시작되면 교사가 교재를 제시하게 되는데 여기서 단원 전체의 개요를 약 20~30분 정도 직접교수(개념, 기술, 과정)하고 학생들은 그것을 배우게 된다. 이 소개(교재 제시)는 교사 주도적 수업으로 학습내용과 요점을 중심으로 강의나 시범설명 또는 시청각적 소개(VTR, OHP)의 형태를 취할 수도 있다.

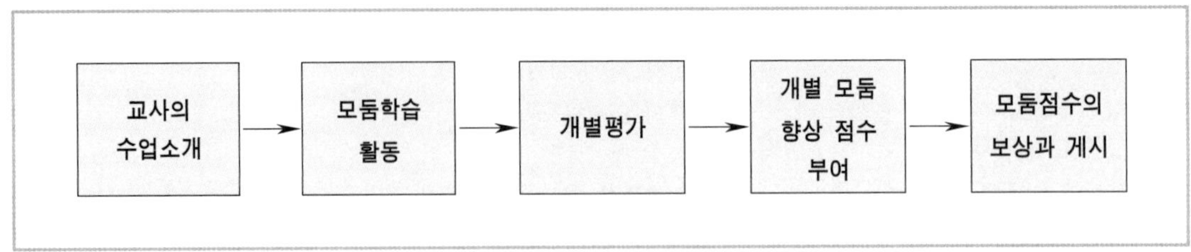


<그림 5 - 2> STAD 모형의 학습절차

특히 교사는 이번 단원에서 학습과제 내용(선수학습 내용과 기능의 복습, 학습목표와 관련된 주요 학습내용과 기능 강조 및 이해 여부의 질문, 이해 부족시엔 구체적 예 제시)과 학습하는 이유를 명확히 파악하게 해주어야 한다.

(2) 모둠활동

모둠(team)은 학업능력, 성별 등을 참고하여 4~6명 선의 이질적인 집단구성이어야 하고, 학생들은 주어진 교재를 1~2시간 동안 팀 동료간의 상호작용을 활발히 하면서 학습한다.

이와 같이 동료간의 긍정적 상호작용을 하여 학습효과를 높이게 되는 모둠활동은 STAD의 가장 중요한 특징이다. 모둠 편성 후에 준비된 교재를 이용하여 학습과제 내용을 공부하여 해결하는 책임을 지게 되며, 모둠활동은 모든 동료학생끼리 학습과제(학습지, 학습장)가 다음에 있을 퀴즈문제(형성평가)에서 100% 목표달성을 할 수 있을 때까지 동료끼리 서로 가르치고 배우는 일이 진행되며 모둠 내에서 해결하지 못할 경우만 교사에게 질문하게 된다.

이러한 모둠활동은 모둠 구성원 각자가 최선을 다해야 팀이 성공할 수 있을 뿐만 아니라, 모둠 전체가 성공이라는 차원에서도 각 구성원이 공동 목표 달성을 위해 퀴즈 문제에 대비하여야만 동료에 대한 존중 · 신뢰감과 자신에 대한 자아 존중감 등 정서적 효과를 높일 수 있다. 모둠 구성원간에 신뢰감을 위하여 첫째, 모둠 구성원 각자가 문제에 대한 정확한 답을 내고 있다는 확신을 가져야 하고, 둘째, 모둠 구성원이 문제해결을 다른 팀에서나 교사에게서 찾지 않고 구성원 스스로 해결하도록 해야 하며, 셋째 모둠 구성원에게 문제에 대한 해결과정과 답을 충분히 설명하도록 해야 한다. 그리고 모둠 구성 초기에는 모둠이름과 구호를 제정하여 모둠 협동정신과 단결을 형성하게 하고 4~5주 정도 지난 후에는 모둠을 재구성하도록 한다.

(3) 개별평가

모둠학습이 완성된 후에 학생들이 얻은 지식을 퀴즈 문제를 통해 개별적으로 형성평가를 받게 한다. 이때엔 학생들에게 개별적으로 문제를 해결하게 하므로 팀 구성원간에 서로 돕지 못하며 개인 점수로 계산된다. 이렇게 하므로 학습의 책임성을 강화하게 된다. 교사는 약 20~30분 정도 실시할 간단한 문제를 만들어 사용할 수도 있고 교재에 나오는 퀴즈 문제나 검사지를

사용할 수도 있다.

[표 5-7] 개별 향상점수 기준

| 퀴즈 점수 | 향상점수 |
|---|---|
| 기본점수에서 10점 이상 하락 | 0 |
| 기본점수에서 1~10점 미만 하락 | 10 |
| 기본점수에서 동점 또는 10점 미만 상승 | 20 |
| 기본 점수에서 10점 이상 점수 | 30 |
| 만점 | 30 |

(4) 개별·모둠 향상점수

**개별적 향상점수**(individual improvement point)는 학생들이 공부한 것을 퀴즈 문제 풀이를 통해 평가한다. 문제에서 최소한의 점수, 각각의 학생마다 기본 점수(이전 퀴즈 점수의 전체 평균점수)를 계산하고 얼마만큼 향상되었나를 측정하는 것이다([표 4-7] 참조). 모둠 점수의 계산은 모둠 구성원 각자의 향상 점수에 의해 계산되고 향상 점수의 기준은 학습자들에게 충분히 설명해 주어 모둠 점수 향상에 기여토록 한다. 그리고 팀 점수 산출의 예는 모둠원의 개별향상점수의 총합의 산술평균으로 계산된다. 따라서 이 모형은 TGT와 함께 협동학습 특징 중의 하나인 '성공 기회의 균등'을 보장해 준다. 즉, 학업성취가 낮은 학생이 자기 모둠에 편성되는 것을 좋아할 수도 있는 모형이다.

(5) 모둠점수의 게시와 보상

단, 모둠원의 수업이 끝난 후 최단 시간 내에 모둠점수로 게시(team recognition)하는 것이 효과적이므로 각 팀의 활동상황과 학습에 반성할 점 및 기타 조언도 할 수 있고, 특히 각 모둠의 학습 수준을 점수화(각 팀의 순위 포함)하여 제시한다. 또한 뛰어난 개인의 성과(개인별 향상점수)도 볼 수 있도록 알려서 팀의 기여도와 팀 경쟁을 유도하게 된다. 그리고 우수한 소집단과 우수 개인은 집단별·개인별 보상으로 칭찬과 시상(스티커)을 받게 된다. 학기말 성적 산출은 기본적으로는 개인 점수에 의하거나 학교 정책에 반하지 않는 한 모둠점수나 향상 점수가 다소 포함될 수 있다.

### 2) TGT 협동학습

이 TGT(Teams Games Tournaments) 모형은 John Hopkins 대학의 Devries와 Meskon (1974) 등에 의해 만들어진 협동학습 모형 중의 하나로, TGT 소집단별 활동은 STAD와 동일한 방법으로 이루어진다. 그러나 이 모형의 특징은 각 모둠의 능력별로 테이블에 이동하여 능력이 비슷한 학생끼리 퀴즈를 하므로 성공기회를 균등하게 보장받는 특징이 있다. 그러나 각 테이블에서 1위를 하면 한 단계 높은 상위 테이블로 이동하고, 테이블에서 4위를 하면 하위 테이블로 이동한다. 따라서 교사는 퀴즈 카드의 문제의 난이도를 조정하여 출제하여 제작하는 번거로움이 있다.

- 준비 : 학습자료로는 학습과제 용지와 정답용지, 그리고 숫자가 적힌 카드와 카드함, 숫자 카드에 해당하는 문제용지와 정답지가 준비되어야 한다. 소집단 구성은 한 소집단 4~5명으로 이루어지고, 기본 점수를 기준으로 이전 성적에서 가장 뛰어난 3사람씩 각 게임 책상에 배정하고 세 사람씩 게임하도록 한다. 즉, 토너먼트에서는 '밀어내는 방법'을 사용하여 높은 득점자, 낮은 득점자끼리 모이도록 동질적인 테이블이 되도록 조정한다.
- 모둠별 활동 : STAD와 동일하고 기본기능에 대한 이해력과 적응력을 기른다.
- 퀴즈게임 : 게임 방법으로는 카드함에서 수 카드를 뽑아 첫 순서를 정해 시계방향으로 진행하는데, 높은 숫자를 선택한 사람이 먼저 해당 번호 문제를 크게 읽고 정답을 말할 수 있는 자격이 주어진다. 정답이 틀리면 다음 사람에게 선택권이 넘어가고, 맞으면 카드를 보유하고 넘어간다. 다음 사람은 정답이 맞았다고 생각하면 패스를 하고, 틀렸다고 생각하면 순서대로 다른 답을 말할 수 있으나 만약 틀리면 가지고 있던 카드를 반납하는 제약이 있다. 그리고 게임을 마치기 10분 전에 교사의 지시로 게임을 중단하고, 게임 점수용지에 결과를 점수 기준에 의해 기재한다. 그리고 점수의 부여방법은 기준표에 의하여 각 개인에게 부여하고 모둠 점수로 합산된다.

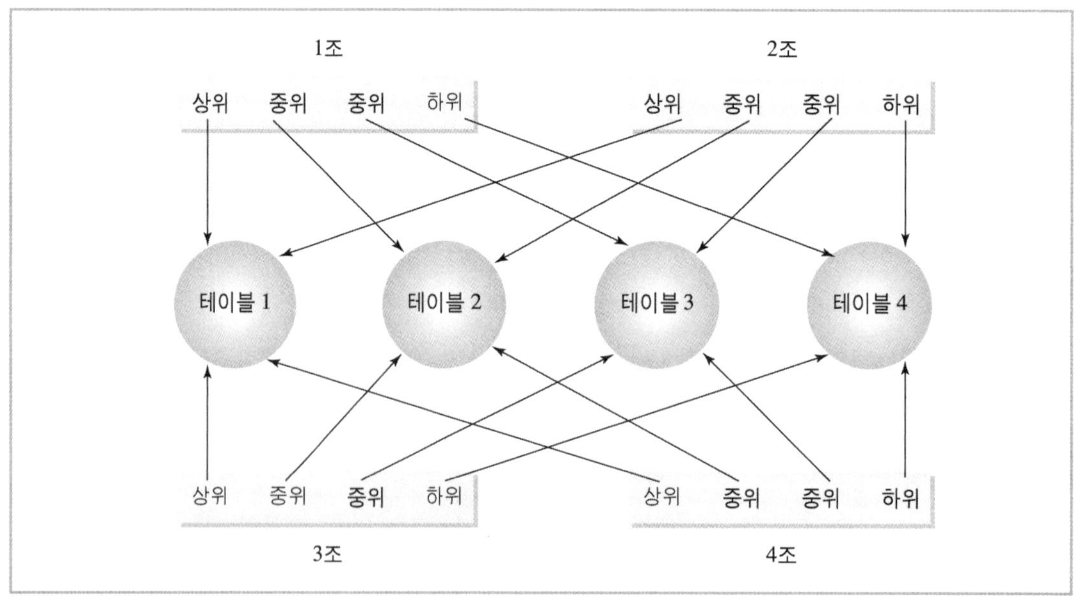


<그림 5-3> TGT 협동학습의 퀴즈 테이블 배정

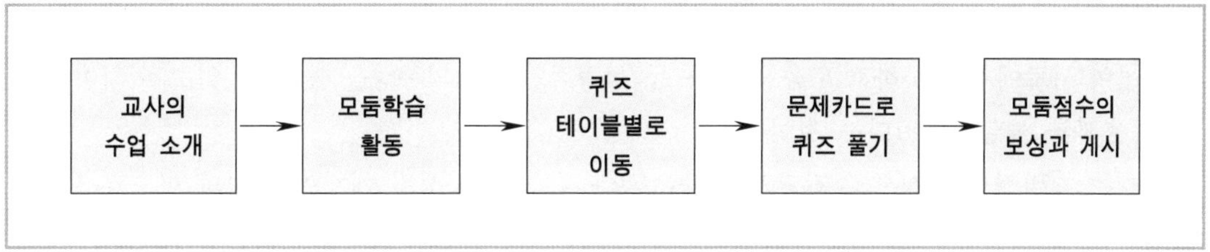


<그림 5 - 4> TGT 모형의 학습 절차

[표 5 - 8] 4명이 게임할 경우 TGT 점수 기준

| 순위 | 4명이 게임할 경우 | | | | | | | |
|---|---|---|---|---|---|---|---|---|
| | 동점자 없음 | 1위 2명 | 2위 2명 | 3위 2명 | 1위 3명 | 2위 3명 | 모두 동점 | 1위 2명, 2위 2명 |
| 1 | 60 | 50 | 60 | 60 | 50 | 60 | 40 | 50 |
| 2 | 40 | 50 | 40 | 40 | 50 | 30 | 40 | 50 |
| 3 | 30 | 30 | 40 | 30 | 50 | 30 | 40 | 30 |
| 4 | 20 | 20 | 20 | 30 | 20 | 30 | 40 | 30 |

| 순위 | 3명이 게임할 경우 | | | | 2명이 게임할 경우 | | |
|---|---|---|---|---|---|---|---|
| | 동점자 없음 | 1위 2명 | 2위 2명 | 모두 동점 | 순위 | 동점자 없음 | 동점 |
| 1 | 60 | 50 | 60 | 40 | 1 | 60 | 50 |
| 2 | 40 | 50 | 30 | 40 | 2 | 40 | 50 |
| 3 | 20 | 20 | 30 | 40 | | | |

자료 : Slavin, 1990 : 72.

### 3) Jigsaw Ⅱ, Ⅲ 협동학습

이 모형은 Slavin(1983)이 Jigsaw (original Jigsaw)를 개선한 것이다. 기본적으로 개념을 과제 분담형식으로 학습자가 가르치는 데 적용된다. 이 모형은 제시된 과제나 교재의 완전습득을 목적으로 한다. 이는 Bloom의 목표 분류의 인지 영역에서 상위 기능과 하위 기능의 어느 쪽의 교재에도 적용될 수 있는 융통성이 있다. 이 방법은 팀의 학생들이 교재를 분담하여 한 부분씩 깊이있게 공부하여 자기 모둠 구성원들에게 가르쳐 주는 것으로서 과제 상호의존성에 기초하고 있다. 특히 Jigsaw에서 집단목표와 성공기회의 균등이 보장되어 있지 못한 점을 감안하여 연구를 통하여 두 가지 가설적인 조건을 제시하였다.

첫째는 협동적 집단에는 반드시 집단의 공동 목표가 있어야 한다는 점이다. 그래야만 그 구성원들이 서로에게 질문하고 도움을 주는 등 긍정적인 상호의존성을 높일 수 있고 이것이 학업성취 효과를 높일 수 있다는 것이다.

둘째는 개별적 책무성으로 집단의 성공은 반드시 모든 구성원 개개인 능력의 합으로 측정되어야 한다는 점이다. 이는 한두 명의 뛰어난 구성원이 그 집단의 학습과제를 다 해버리게 되고 능력이 낮은 구성원은 소외되어 학업성취 동기를 갖지 못하게 되는 일이 있게 된다. 즉, Slavin의 주장은 협동학습에서 집단목표와 개별적 책무성의 두 조건이 충족되었을 때, 협동학습이 추구하는 기본적인 목표인 상호의존성의 효과가 증대되고 이것이 학업성취 효과를 높인다는 것이다(Slavin 1983, 1989 : 정문성, 1994 : 36 재인용).

JigsawⅡ는 Jigsaw와는 달리 STAD의 이 장점인 공동목표, 성공기회의 균등 등을 적용한 것이다. JigsawⅡ가 Jigsaw와 다른 점을 정리하면 다음과 같다(Kagan, 1985, 정문성, 1994, 재인용).

- 모든 학생에게 단원 전체를 접할 수 있는 기회를 제공하기 때문에 JigsawⅡ는 Jigsaw에 비해 학습자간의 상호의존성이 약화되는 단점이 있다. 그러나 Jigsaw와 같이 학습내용을 재조직할 필요 없이 기존의 교과 단원을 그대로 이용할 수 있다는 점에서 더욱 실용적이고 경제적이다.
- STAD의 평가방법은 집단 목표의식을 갖게 하고 모든 구성원이 집단 성공에 기여할 수 있는 기회를 제공하기 위한 방법이다. 이를 위해 STAD와 마찬가지로 기본점수, 향상점수, 팀 점수의 세 점수가 반영된다.
- Jigsaw가 대부분 다섯 또는 여섯 명으로 이루어지지만 JigsawⅡ는 집단 구성원을 네 명으로 할 것을 강력히 권장한다. 또한 JigsawⅡ는 소집단 구성에 개인이 심리적 특성이나 교사의 직관 등은 고려 대상에서 제외된다.
- JigsawⅡ는 Jigsaw에서와 같이 모둠의 조직과 훈련의 과정이 생략되며 모둠 리더를 임명하지도 않으며, 소집단 구성원의 자율을 강조한다.

그리고 Jigsaw Ⅲ는 Jigsaw Ⅱ와 절차가 똑같고, 퀴즈에 앞서 평가 대비의 시간을 갖고 소집단별로 시험준비할 수 있는 기회를 주는 것이 다르다.

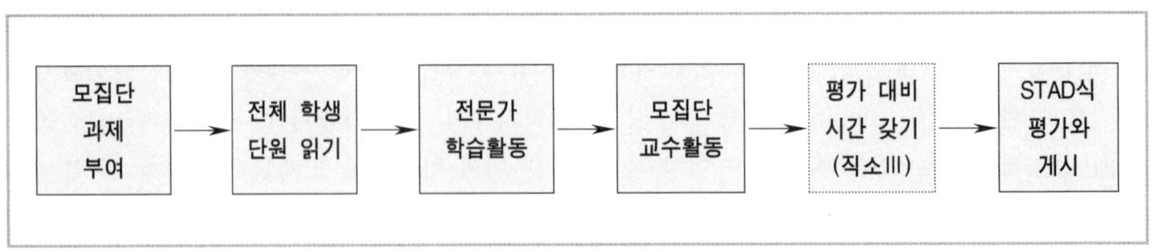


<그림 5-5> Jigsaw Ⅱ, Ⅲ의 학습절차

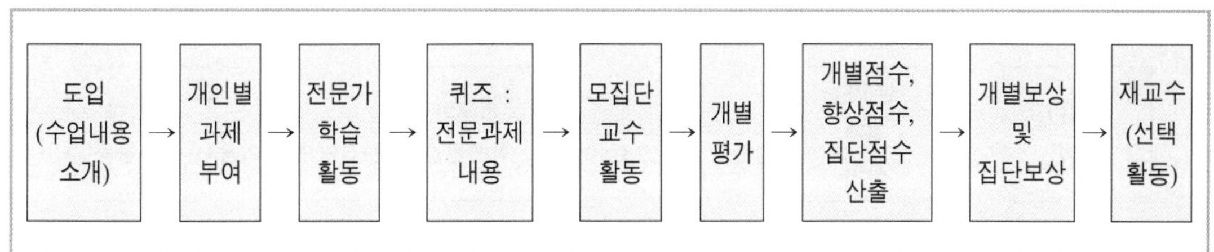


<그림 5-6> Jigsaw Ⅳ 협동학습

### 4) Jigsaw Ⅳ 협동학습

Holliday(1995, 1999)는 Jigsaw Ⅱ와 Ⅲ 모형 관련 연구를 수행하면서 이들 모형이 다음과 같은 문제를 가지고 있음을 지적하였다. 첫째, 전문가 집단에서 전문 과제를 정확하게 수행했는지를 확인하는 단계가 없다. 둘째, 집단 구성원으로서의 가여 책무성과 관련하여 교사나 학생 모두 어떤 학생들은 아무 학습을 하지 않는다거나 한 학생이 전체 과제에 대한 학습을 모두 해버리지는 않는가에 대해 관심을 갖지 못하고 있다. 셋째, 학생들의 학습 결과에 대한 교사의 확인 부족과 관련하여 교사들은 학생들이 어떤 내용을 학습하지 못했는지 확인하지 못하고 있다(전성연 외, 2007, 173-175 재인용).

이와 같은 Jigsaw Ⅱ와 Ⅲ 모형을 보완하여 Holliday(1995, 1999)는 Jigsaw Ⅳ 협동학습 모형을 제시하였다.

## 나. 과제 중심 협동학습

### 1) Jigsaw 협동학습

Jigsaw 모형은 미국의 Texas 대학에서 Aronson과 그의 동료들(1978)에 의해서 개발된 협동학습 모형으로서 학생들이 학습과제 내용부분에 대해 교육적 전문가가 되는 형식을 취한다. 즉, 전문가가 되면 팀원 각자가 자신이 맡은 부분을 가르치고 모둠 구성원인 다른 학생들은 배우는 것이다. Jigsaw 모형은 **개별적 책무와 과제 전문화**의 큰 특징을 지닌 모형이다.

이 모형은 보상구조를 통해서가 아니라 학습과제의 분담, 즉 과제분담 구조를 통해서 집단 구성원간의 상호의존성과 협동을 하게 하는 것이다. 처음에 이 모형은 학업성취보다는 이질적인 인종간, 문화간의 교우관계와 같은 정의적 측면의 증진을 일차목표로 삼고 있다. 그러나 Jigsaw는 교사의 흥미에 맞게 창조적으로 수정 · 보완이 가능하기에 학생들이 다양한 방식으로 배울 수 있도록 발전하였다. 더욱이 학생들은 도서관, 서점, 백과사전, 교과서 등에서 사전에 정보를 수집하는 동안에 조사, 탐구실험이나 정보해석을 배울 뿐 아니라, 다른 사람과 대화하고 비디오 테이프를 보거나 환등기 필름을 보거나 사전 실험활동을 해본 정보자료와 연결시키는 활동을 통해서 자기가 맡은 주제내용 부분의 전문가가 된다.

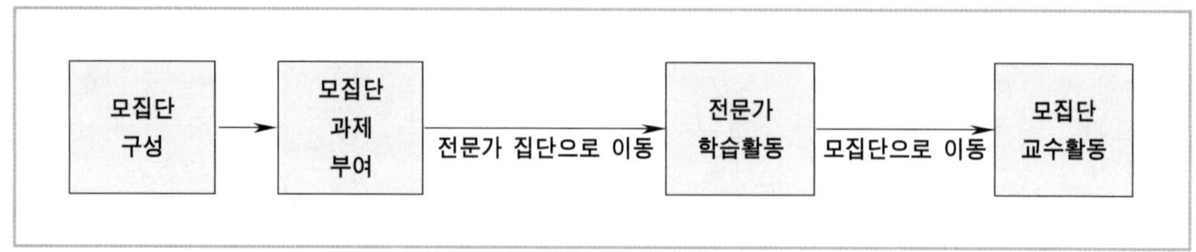


<그림 5-7> Jigsaw 협동학습 절차

Jigsaw 학습을 잘 하려면, 아래에 나오는 세 가지 요소로 구성된 전략에 익숙해야 할 것이다.

(1) 학습자료의 준비

각 단원의 학습지도를 위하여 학습자료의 준비(preparation & learning materials)에서는 전문지(expert sheet)를 개발하고 수업 각 부분의 질문지를 낸다. 만약 교사가 현행 표준 교재를 사용한다면 이는 상대적으로 쉬울 것이다. 우선 전문지의 내용을 주제별로 나눈다. 전문지는 학생들이 해야 할 일(읽고, 비디오 보고, 활동해 보고)을 발표해야 한다. 질문 형태로 주제에 줄거리를 발표한다.

(2) 모둠과 전문가 집단

Jigsaw에서 모둠과 전문가 집단(team and expert group)에서, 우선 모집단인 학습팀에게 과제를 분배하고 각 학생이 전문적으로 되게 하기 위해 공부해야 할 여러 주제를 설명하고 전문가 집단을 지명해 준다. 학습 인원 40~50명이 수행하기 위해서는 적어도 8~10개의 전문가 집단을 만들어야 한다.

학생들이 전문가 집단에 가기에 앞서 각자의 주제를 공부할 시간을 주어야 한다. 전문지는 과제 형식으로 사전에 준비해 오게 할 수도 있다. 학생들이 준비가 되면 각 전문가 집단으로 옮긴다. 각 조에게 다른 방(코너)을 지정해 준다.

전문가 집단 내에서의 활동은 다양하다. 부차적 논제를 어떻게 다양하게 공부해야 할지 알아보도록 격려한다. 이 때 전문지는 중요한 역할을 하게 되고 학생들에게 활동과 자료와 질문을 제시하게 될 것이다. 전문가 집단은 직접 조사·탐구 활동을 해보고 다양한 책을 읽고 컴퓨터 게임이나 컴퓨터 모의실험을 할 수도 있다. 각각의 경우에 전문가 집단의 목적은 부과된 주제에 관해 공부하고 간단한 발표자료를 준비하여, 각자가 나머지 모둠 구성원에게 지도할 자료로 활용하게 된다.

(3) 보고서와 문제

전문가 집단에서의 활동이 끝나면 학생들은 원래의 모둠으로 돌아간 후에, 전문가들은 주제를 모둠 구성원에게 가르칠 책임성이 있다. 학생들이 다양한 교수법을 이용하도록 장려하면 그

들은 자기 생각을 자기 나름대로 표현할 것이다. 보고서를 읽고 컴퓨터나 실험자료를 사용하고 생각한 바를 사진, 도해, 도표, 그림으로 설명한다. 모둠 구성원들이 보고서를 토의하고 질문하도록 하면 각 팀원들은 부차적 주제에 관해 배우게 될 것이다.

Jigsaw는 학생들 스스로가 배우는 학습과정을 강조하는 점에서 STAD보다 우수하다. 학생들이 더 활동적이고 그들이 배운 것을 다른 학생에게 책임지고 열심히 가르친다. 이렇게 하므로 학생들의 모든 능력이 신장될 것이다. 비록 그 학습의 깊이나 학습의 양은 학습자에 따라 다양할지 모르나 같은 팀 동료의 가능성을 격려해 준다.

### 2) 이중 전문가 집단 과제분담 학습(Double Expert Group Jigsaw)

이중 전문가 집단이란 한 개의 주제를 다루는 **전문가 집단이** 2개란 의미로, 전문가 집단 내의 학생 수가 많아지는 것을 방지할 수 있다. 따라서 학생들이 참여가 촉진될 수 있다. 또한 모둠 배정시 성적이 상 · 중 · 하인 학생을 고루 배치한다면, 또래 가르치기의 효과를 높일 수 있다. 같은 주제를 공부한 이중 전문가 집단이 서로 협의를 할 수도 있고, 과제를 완수한 대표 전문가를 상대 집단에 파견할 수 있으므로 새로운 유형의 전문가 협의를 가능하게 하므로 학생들은 새로운 역할을 경험할 수 있다.

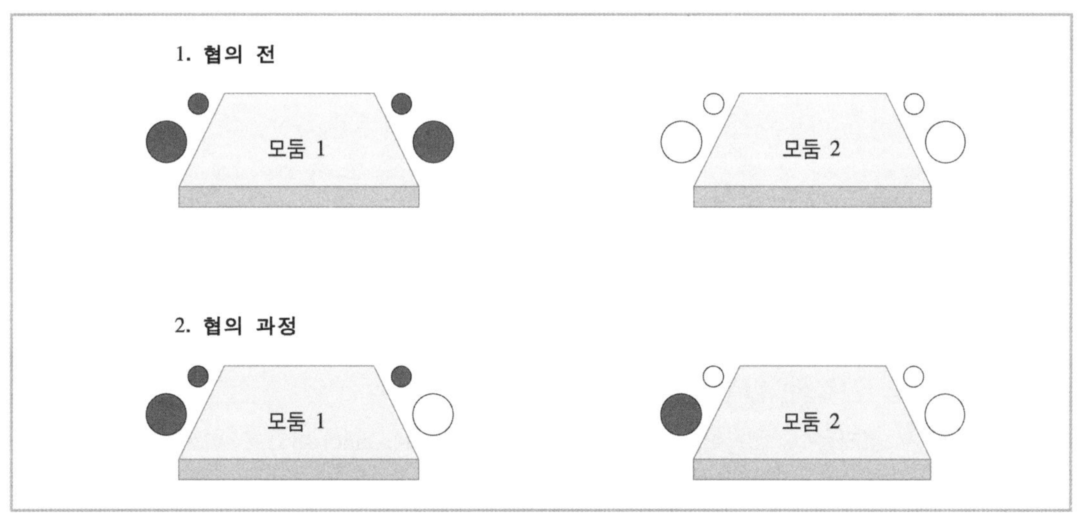


<그림 5 - 8> 두 전문가 모둠의 협의

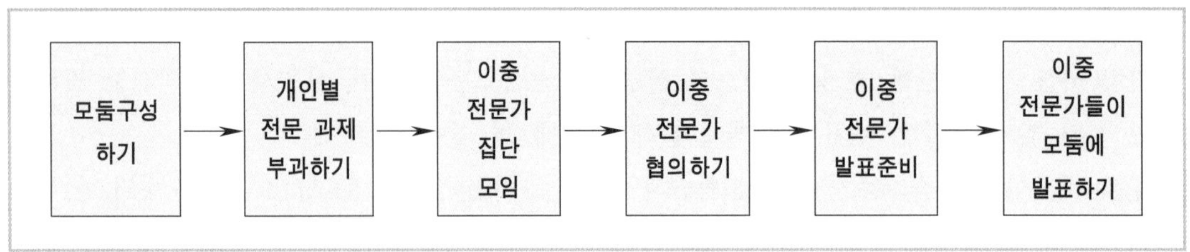


<그림 5-9> 이중 전문가 집단 과제분담 학습(Double Expert Group Jigsaw)의 학습 절차

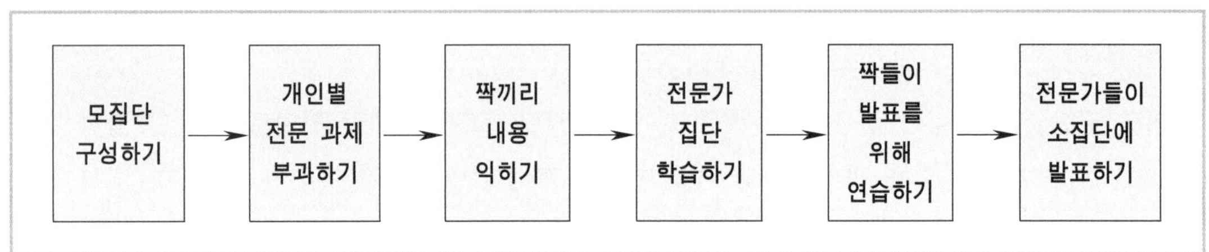


<그림 5-10> 짝 전문가 집단 과제분담 학습(Partner Expert Group Jigsaw)의 학습 절차

### 3) 짝 전문가 집단 과제분담 학습(Partner Expert Group Jigsaw)

이 모형은 로스앤젤레스 교육국 Billie Telles가 개발하였다. 같은 전문가 주제를 가진 학생끼리 짝 관계를 만들고, 짝들은 학습문제를 함께 공부한다. 이 과정에서 전문가 학습의 질을 높일 수 있고, 활발한 상호작용을 기대할 수 있다. 같은 주제를 공부하는 **짝들로 구성된 전문가 집단**은 짝과 함께 학습한 내용은 충분한지, 또 그것에 대해 동의하는지 확인한다. 다시 한번 짝끼리 만나 집단 앞에서 해야 할 발표를 준비하고 연습하며, 연습을 마친 후 원래 집단으로 돌아가 전문가들은 준비한 발표를 한다. 파트너끼리 활동하는 것은 전문가 모둠에서 참여의 기회를 배가시킨다. 학생들은 학문적 · 언어적 또는 사회적 면에서 좋은 상대가 될 수 있는 다른 학생들과 짝을 이루게 된다. 그리고 발표준비에 서로 도움을 받게 된다.

### 4) Co-op Co-op(자율적) 협동학습

**Co-op Co-op(자율적) 협동학습**은 캘리포니아 대학의 Kagan(1985)에 의해서 개발되었다. Kagan은 실제로 이 모형을 학생들로 하여금 그들 **자신이 학습과제를 선택**하도록 하고 자신과 동료들의 평가에 참여하도록 고안하였다. Kagan에 의하면 Co-op Co-op는 다음과 같은 철학에 근간을 두었다.

교육의 목표는 자연적인 호기심, 지능, 학생의 발표력을 나타내게 하고 개발하게 하는 조건을 마련하는 데 있다. 이 철학에서 강조하는 것은 학생들 간에는 자연스러운 지적 · 창조적 · 표현적 경향성이 있음을 가정하고 이를 발휘하게 하고 양육하게 하는 것이다.

Co-op Co-op는 STAD와 Jigsaw의 많은 요소를 포함한다. 중요한 차이점은 Co-op Co-op에서의 목표가 각 팀이 학습 전체에게 그들 팀이 학습한 것을 나누는 데에 있다. 만일 교사가 학생들이 학습한 내용을 학습하는 방법의 학습이란 측면에서 학생들에게 좀더 책무성을 주는 데 관심이 있다면 교사는 자기 학급을 Co-op Co-op 수단을 활용해야 할 것이다.

특히 Co-op Co-op 모형이 다음에 설명되는 GI 모형과 가장 큰 차이점은 하위 주제를 다시 정교화하여 소주제를 개인별로 탐구한다는 점이다.

Kagan이 제시한 Co-op Co-op 협동학습 요소는 다음과 같다.

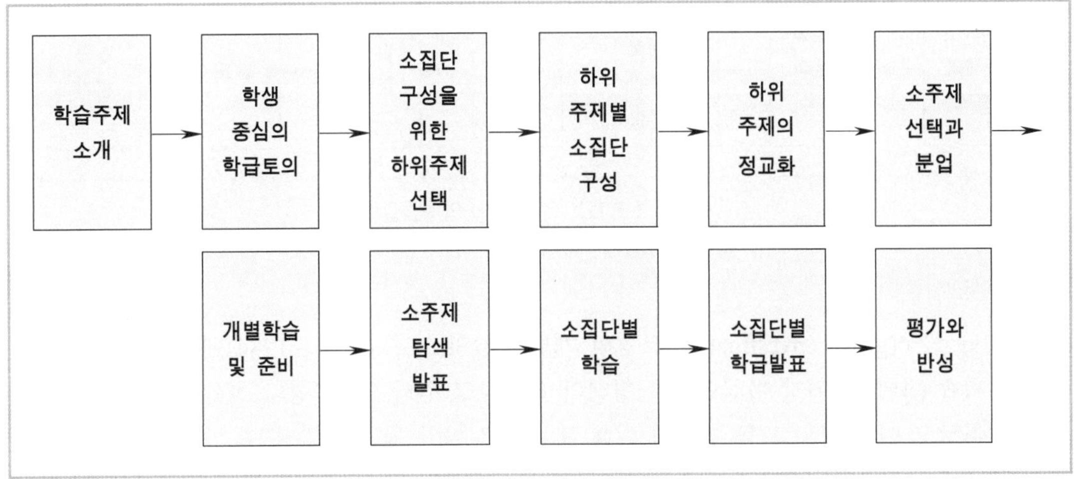


<그림 5-11> 자율적 협동학습(Co-op Co-op)의 학습절차

- 주제(topic)의 도입 : 교사·학생간의 학습단원에 대한 토의, 교사는 동기유발을 위한 활동을 구조화하고 학생은 구조화된 영역 내에서 관심분야에 대한 브레인스토밍 방식으로 학습문제를 탐색
- 팀구성 : 교사가 3~6명의 이질적 팀 구성 시 학생의 관심분야 반영
- 팀구성·협동기능의 개발 : 학생의 효과적인 집단과정의 기능-긍정적 아이덴티티, 신뢰 구축, 개인차 존중, 공동생활의 참된 인식, 상호지지, 의사소통 훈련들은 학습·조장되어져야 한다는 입장을 강조
- 팀의 학습주제 선정 : 각 팀의 협의 아래 주제 선택
- 소주제 선정 : 모둠 목표를 유념하면서 자기가 맡고 싶은 소주제 선택
- 소주제에 대한 학습준비 : 개별적으로 참고자료의 활용, 전문가 면담 등의 다양한 활동을 통한 정보수집
- 소주제의 학습결과를 서로 교환 : 모둠 구성원에게 글로 제시하여 그 내용에 대한 도움, 정리, 유익한 비평, 통합 등의 역할 지원

- 각 모둠별로 보고서 준비 : 개인 보고물을 종합하여 모둠 보고서 작성-이는 개인 내용의 반복이 아니라 적극적으로 통합하여 최종적인 산출 : 게임쇼, 드라마, 배심토의, 역할놀이, 시청각 자료나 인쇄물, 기타 방법
- 모둠은 학급 전체에 보고 : 각 모둠은 일정 시간 내에 보고, 교실 내의 시설물을 자유로이 사용, 모둠들의 열의에 따라 피드백, 질의·응답을 위한 시간을 가질 수도 있음.
- 평가 : 팀 조력에 대한 개인의 기여도를 모둠 동료들의 평가, 교사의 개인 소주제 보고물 평가, 모든 학습 동료들이 팀 보고서 평가 등의 10가지 절차를 제시하고 있다.

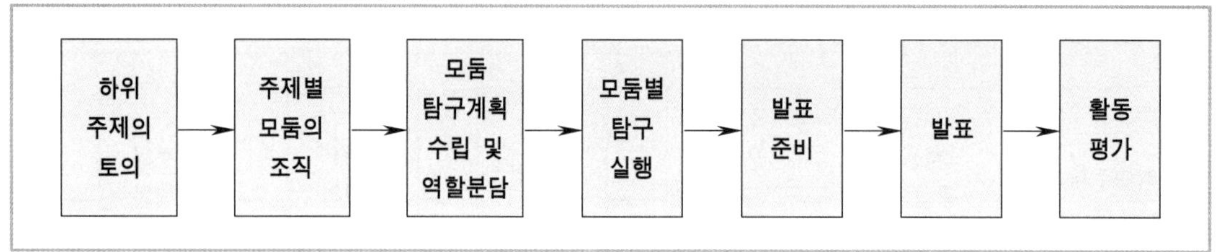


<그림 5-12> GI 협동학습의 학습절차

### 5) GI 협동학습

이 집단 탐구(group investigation)모형의 개발자들(Sharan, et. al., 1984)에 의하면, 이 모형이 협동학습 형태 중 가장 야심만만한 형태의 하나라고 한다. 이 모형의 철학은 민주적인 참여의식을 기르고 어느 정도 모둠 리더에 의해 모둠 구성원이 골고루 말할 수 있는 기회를 가지게 한다. 모둠은 교사에 의해서나 학생의 선택에 의해 형성될 수 있다. 각 모둠은 주제에 어떤 내용을 어떻게 공부할 지에 대한 각 모둠들의 전략을 계획한다. 집단 탐구는 6개의 요소로 된 전략을 다음과 같이 제시하고 있다.

- 주제선정 : 학생들은 보통 교사가 결정하는 교재 내용에서 특정한 하위 주제를 선택한다. 학생들은 이를 수행하는 소규모 2~5명의 과제 중심의 이질적인 집단으로 조직한다.
- 협동계획 : 교사와 학생들은 특정한 학습절차와 과제, 목표를 선정된 문제와 일치시키고 하위 주제와 연결지어 계획해야 한다.
- 실행방법 : 이 실행은 2단계에서의 계통적 협동계획을 실행한다. 학습은 폭넓은 활동과 기술을 포함해야 하고 학교 안팎의 여러 가지 종류의 자료를 학생들에게 부여해야 한다. 교사는 필요할 때 학생들의 진전 과정을 주의 깊게 관찰하고 때로는 암시나 도움을 주게 된다.
- 분석과 종합 : 학생들은 3단계에서 얻은 정보를 모아서 분석하여 평가하고, 학급에 발표할 때 어떻게 하면 흥미 있는 방법이 될지 종합·요약하고 계획을 할 수가 있다.
- 최종 결과의 발표 : 조별로 연구한 주제를 학급 전체에서 흥미있게 제시하고 발표한다. 학생들은 다른 조의 작업과 주제에 관한 장래의 전망적 견지에서 확장시킬 기회를 갖는다. 교사는 제시된 설명을 종합해 보게 한다.

• 평가 : 교사와 학생들은 각 모둠별 활동이 언급에 전체적으로 어떤 역할과 기여를 했는지에 대하여 평가하게 하며, 학급 전체로 같은 공동 주제라면 보고서를 제작할 수도 있을 것이다.

집단 탐구는 학생들이 무엇을 어떻게 배우고 학생에게 확인하고 정보를 수집하고 자료를 분석하고, 해석하여 각자 연구할 바를 교환함으로써 최대의 책무성을 지게 하는 방법으로 문제해결적 과정에 기초하고 있다. 이는 Co-op Co-op와 흡사하며 학생들이 협동학습의 이런 형태의 경험을 바탕으로 하여 성공의 기회를 가질 수 있게 하는 것이다.

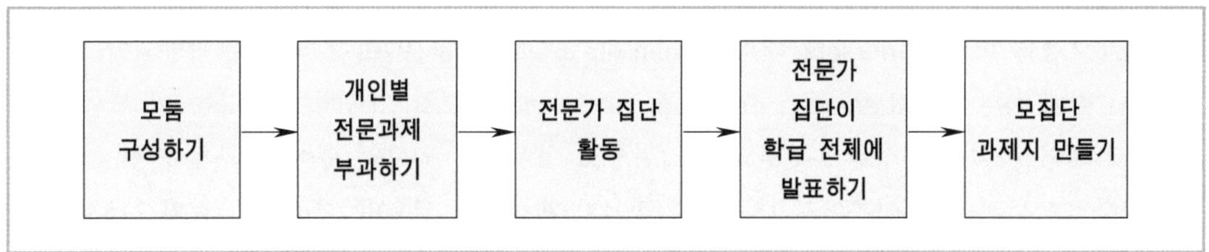


<그림 5 - 13> 자율적 과제분담 학습 I (Co-op-Jigsaw I)의 학습절차

## 다. 통합중심 협동학습[3)]

### 1) 자율적 과제분담 학습 I (Co-op-Jigsaw I) : 전문가 보고

Chris Harrison은 과제분담학습의 정보획득적인 면과 자율적 협동학습의 창의적 표현의 요소들을 결합해서 자율적 과제분담 학습을 개발하였다. 과제분담 학습에서처럼 여기서도 각각의 학생들은 먼저 주어진 주제에 대한 전문가가 되어 동일한 주제의 전문가인 다른 집단의 학습자와 모임을 갖는다. 전문가들은 정보를 수집하는 것에서 그치지 않고, 전문가 집단으로서 전체 학급에 발표할 자료를 마련하여 발표를 한다(**전문가 보고**). 그 후 자기 집단으로 돌아오면 집단 구성원들이 알아온 정보를 서로 나누어 집단 과제지를 완성한다. 집단별 과제지 작성을 통해 기본정보와 고차원적인 탐구의 종합을 이끌어낼 수 있다.

### 2) 자율적 과제분담 학습 II (Co-op-Jigsaw II) : 모둠 보고서

자율적 과제분담 학습 I 에서는 전문가 집단이 학급에의 발표기회를 가졌으나, 자율적 과제분담 학습II에서는 전문가들이 발표하지 않고 오히려 모집단별로 각기 다른 주제를 **학급 전체에 발표(모둠 보고)**하게 된다. 학생들은 전문가 집단에서 문제에 대한 기본원리와 정보들을 배우게 되며 이러한 자율적 과제분담 학습II는 매우 융통성 있게 거의 모든 주제에 사용할 수 있다[중앙기독초(역), 1998].

---

3) 통합 중심 협동학습에서 통합의 의미는 모형통합을 말한다.

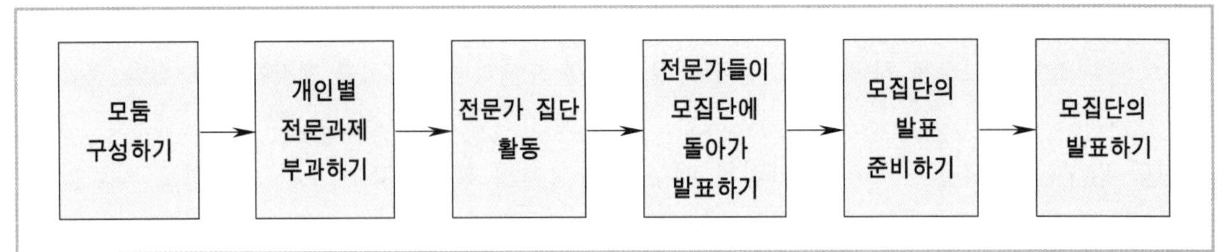


<그림 5 - 14> 자율적 과제분담 학습 II의 주제 예

## 라. 기타 협동학습 모형 : LT 협동학습

이 LT모형은 미국 Minnesota 대학의 Johnson & Johnson(1970)에 의하여 개발되어 그들의 저서인 "함께 하는 학습"(Learning Together and Alone)에 잘 기술되어 있다는 이 모형은 학급을 몇 개의 이질적 구성원 5~6명의 소집단으로 구성되어 있으며 주어진 과제를 협동적으로 수행한다. 그 후 수정이 이루어져 18단계별 절차가 제시되고 있으며, 핵심적인 절차 3가지는 다음과 같다.

- 학습과제의 제시 : 학습과제는 사전에 미리 제시하여 팀 구성원들이 협의하에 하위주제를 분담하여 충분히 준비하여 오도록 한다.
- 소집단 활동 : 협동학습 시간에는 집단 내 구성원끼리 협의와 동료 간의 개인지도(turtoring)를 통하여 구성원 각자가 보고서를 작성하도록 한다. 학습과제는 집단별 공동목표가 되며, 집단별로 하나의 완성된 과제를 제출토록 하고 이를 집단적으로 보상하게 된다. 소집단 활동시간에 교사는 집단 구성원들 사이에 상호협력이 잘 이루어지도록 인간관계 개선에 노력하도록 조언해 준다.
- 평가 : 단원학습이 끝난 후 평가를 실시하고 집단의 평균점수로 평점한다. 목표달성에 따라 1개 이상의 집단이 높은 점수를 받을 수도 있다. 협동학습이 끝난 후 토론을 통하여 집단활동 과정을 평가하고 개인의 책임의식을 촉구할 수 있다.

이 모형은 협동학습의 한두 가지 특징을 전략화한 모형이기보다는 교사의 자율성에 바탕을 둔 협동학습의 구조화할 수 있는 매우 융통성 있는 수업설계가 가능한 모형으로 다음 18단계에 기초한다.

1. 수업목표 구체화하기
2. 집단크기 결정하기
3. 집단 배정하기
4. 교실 배정하기

5. 상호의존성을 보장하는 교재 구성하기
6. 상호의존성을 보장하는 역할 배정하기
7. 교재 배정하기
8. 긍정적인 목표 의존성을 구조화하기
9. 개인의 책무성을 구조화하기
10. 집단간 협동의 구조화하기
11. 성공에 대한 구조 설명하기
12. 바람직한 행동의 구체화하기
13. 학생행동을 모니터하기
14. 과제조력을 제공하기
15. 공동활동 기능 가르치기
16. 수업종결 단계 마련하기
17. 평가하기
18. 집단의 기능발휘 평가하기

## 3. 협동학습을 위한 기술의 탐색

### 가. 모둠편성 기술

상대적으로 모둠 구성원이 작을 경우는 학생들은 다양한 학생들과 함께 작업하는 법을 배울 기회가 제한되어 있는 반면, 상대적으로 구성원이 많은 모둠에서는 다양한 학생과의 상호작용을 기대할 수 있다. 그러나 모둠 구성원이 많을 경우 참여의 정도와 말할 수 있는 기회가 충분치 않을 수도 있다. 처음에 학생들과 모둠 안에서 작업하는 데 익숙하지 않을 경우는 협동작업에 대한 경험을 만들어 주기 위한 목적으로 둘씩 짝을 지워 주는 것도 고려할 수도 있다. 그 후에 모둠의 크기는 다양화할 수 있을 것이다. 특히 기술교과 교과에서는 작업공간, 장비, 재료 등에 따라 모둠의 크기가 다를 수 있다.

일반적으로 모둠의 크기는 협동적인 학습모형과 연구과제의 특성, 과제 수 등에 의해 결정되지만, 4명의 모둠은 최적조건의 구성원이 될 것이다(Javaris, 1993 : 129).

## 나. 모둠의 구성방법

협동적인 학습을 위한 모둠구성 방법은 일반적으로 친밀감이 있는 학생끼리의 모둠구성, 동성끼리의 모둠구성, 비슷한 능력이나 성취도별 모둠구성, 능력차를 고려한 이질적 모둠구성, 학생들의 인성에 따른 모둠구성 등을 고려할 수 있을 것이다.

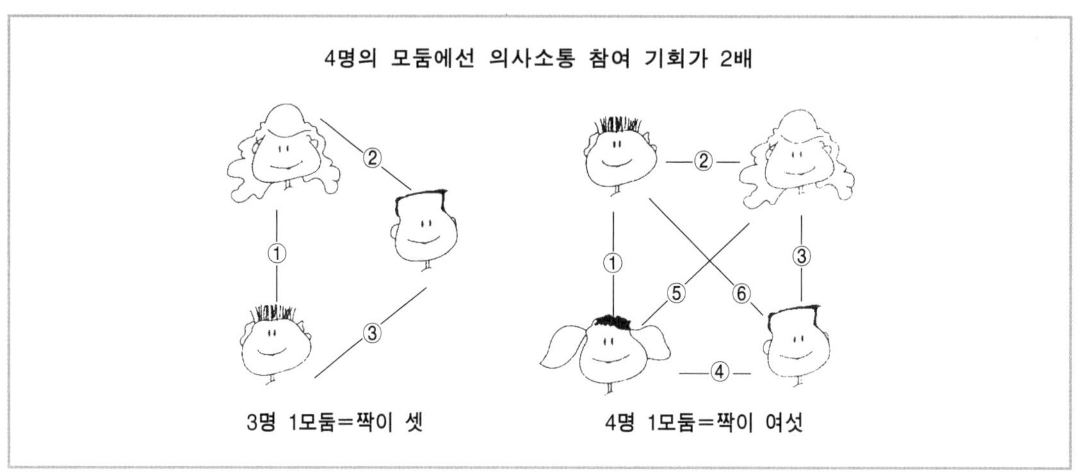


<그림 5-15> 4명의 모둠에서 의사소통 기회

(1) 친밀감이 있는 학생끼리의 모둠 구성(friendship groups)

활동이 매우 새롭거나 감정적으로 스트레스가 많을 때는 학생들이 서로 편하게 느끼고 다른 사람들에게 정신적인 도움을 줄 수 있게 하기 위해서 종종 서로 친한 학생끼리 모둠을 사용하는 것이 좋다.

(2) 동성끼리의 모둠구성(gender)

자신감이 부족한 학생들은 동성으로 된 모둠을 구성하는 정당한 이유가 될 수 있다. Morgan (1989)은 과학활동에서 남녀 혼합된 모둠을 만들려고 시도했다. 그 연구는 소녀들이 소년들보다 자신감이 없다는 것이 나타났다. 그리고 한 명의 소녀와 3~4명의 소년들로 구성된 모둠은 거의 언제나 소녀가 움츠려진다는 것을 발견했다. 심지어 한 명의 소년과 3~4명의 소녀들이 있을 때 그 소년은 강한 영향력을 발휘할 수 있었다. 그러나 모두 소녀들로 구성된 모둠에서는 그 소녀들이 거의 모두가 자신감이 있어 보였고, 어떤 일을 시도하는 것에 대한 두려움도 적었고, 그들의 아이디어들도 진척되어졌다. 따라서 소년들이 토론, 활동, 실험장치들을 독점할 위험이 있는 과학과 밀접하게 관련된 기술적인 활동에서는 동성끼리 모둠을 이루는 경우가 허용될 수 있다. 대부분의 우정에 따라 구성된 모둠은 동성으로 된 모둠이기 쉽다(in Javaris, 1993 : 129-130).

그러나 학생들은 남녀로 혼합된 모둠에서 다른 성의 사람들과 효율적인 작업을 함으로써 기능을 발달시킬 수 있는 기회를 가질 수 있다. 여학생들로만 구성된 모둠은 서로 도전감을 주고, 탐구하기보다는 긴장감을 덜어 주고, 동의만을 구하는 경향이 있으므로 그들은 혼합된 모둠만큼 그들의 아이디어를 발전시킬 수 없다. 따라서 기술교과의 학습활동에서는 대부분 성별의 균형을 이루는 모둠구성이 바람직할 수 있다.

(3) 능력이나 성취도별 모둠구성(grouping by ability or attainment)

학생들의 수학, 영어, 기술교과 등의 능력 수준은 정확하게 일치되기가 쉽지 않을 것이다. 종종 읽기나 산수에서 학력이 부족한 학생들은 실험이나 현장 작업에서 그들의 능력을 보여줄 때가 있고, 몇몇 학문적으로 능력 있는 학생들은 창조적이고 열린 사고에 제한을 가질 가능성도 배제할 수 없을 것이다. 따라서 기술교과에서의 능력에 따른 모둠구성은 쉬운 일이 아니며, 적절한 방법이 아닐 것이다.

Bennett & Cass(1989)는 높은 성취율의 학생은 능력 있는 자들로 이루어진 모둠이나 혼합된 능력 있는 자들로 이루어진 모둠 모두 어떤 불이익이 나타나지는 않는다고 밝혔다. 그러나 그들의 조사는 능력에 따른 모둠구성에 있어서 높은 성취율의 학생 모둠에 비해 낮은 성취율의 학생들에게 효율적이지 못함을 발견하였다. 일반적으로 낮은 성취율을 가진 학생끼리의 모둠은 서로 도움을 줄 만한 지식이나 이해력의 수준을 가지고 있지 않다는 것이다. 교사는 또한 다양한 능력의 학생들로 구성된 협동조직과 비교해서 낮은 성취율의 모둠이 더 많은 시간을 필요로 함을 발견할 것이다(Javaris, 1993, 재인용).

따라서 일반적으로 성취도 수준에 의해 모둠을 구성하는 것은 대부분의 협동적인 기술교과 학습활동에 적합하지 않다. 그러나 교사들은 때때로 능력에 따른 학생들로 이루어진 모둠을 구성해야 할 필요가 있다. 즉, 컴퓨터와 관련된 내용에 있어서 심화된 내용 혹은 기초적 내용을 능력에 따라 학습목표를 도달시킬 필요가 있을 경우 고려해 볼 수 있을 것이다.

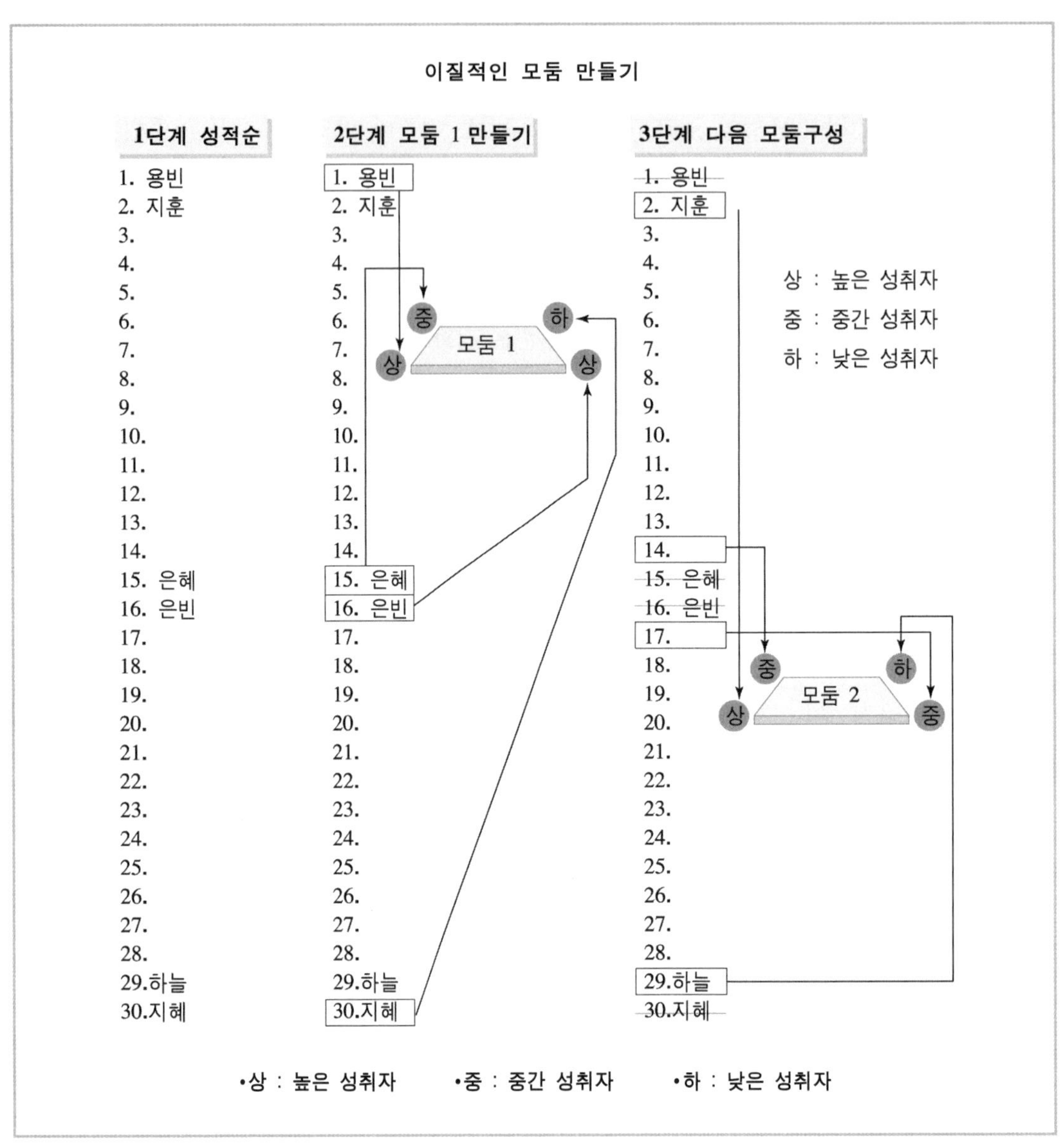


<그림 5-16> 능력의 차이에 따른 모둠 만들기[Kagan, 1998, 중앙기독초(역), 1999].

(4) 능력을 고려한 이질적 모둠 편성(mixed-ability grouping)

능력 차이가 나는 학생들로 모둠을 구성하는 것은 조언이나 설명과 같은 지식의 학습능력이 떨어지는 학생을 지지하는 데 특별한 가치를 가진다. 그리고 모둠에서 우수 학생이 몇 명이나 있느냐에 따라 다양한 능력 모둠에서 효과가 달라질 것이다. 즉, 학업성취 능력이 높은 학생 2명과 낮은 학생 1명으로 모둠이 구성되어질 때 학업성취 능력이 낮은 어린이는 무시당하거나 학습 활동에서 제외되는 것을 종종 확인할 수 있다. 그러나 그 구성이 반대일 때, 즉 학업성취 능력이 낮은 학생 다수와 소수의 우수학생으로 모둠이 형성되어질 때에는 과제를 잘 수행한다(Javaris, 1993 : 131).

다양한 능력의 모둠구성시, 교사는 학습능력이 낮은 어린 학생의 훌륭한 아이디어가 무시되지 않도록 모둠의 학습활동을 잘 관리하여야 할 것이다.

특히 컴퓨터에서 문서편집기, 자료관리(database), 계산표(spreadsheet) 등을 능숙하게 다루는 능력, 훌륭하게 요리할 수 있는 능력, 목재도구를 올바르게 사용할 수 능력을 가진 특수한 전문능력을 지닌 학생들은 다른 조원들을 도와주기 위해 각 다른 모둠에 편성되어야 할 것이다.

### (5) 교우관계도에 따른 모둠편성

교우관계도에 따른 접근의 방법은 Masters와 Tambara가 개발한 다음 절차에 따른다[Kagan, 1998, 중앙기독초(역), 1999].

[표 5-9] 교우관계도의 예[Kagan, 1998, 중앙기독초(역), 1999].

| 이름 | 1 | 2 | 3 | 4 | 5 | 6 | 7 | 8 | 9 | 10 |
|---|---|---|---|---|---|---|---|---|---|---|
| 민재 1 | | + | − | | + | | − | | + | − |
| 수종 2 | + | | + | | − | | − | | + | |
| 성기 3 | | | | + | − | − | − | | + | |
| 미희 4 | − | + | | | | + | − | | + | |
| 지호 5 | | | | | | | | | | |
| 중훈 6 | | + | | − | | | − | | + | |
| 연수 7 | + | | − | | + | | | | + | |
| 오성 8 | | | + | | | | − | | + | |
| 상원 9 | + | | | | | + | | | | |
| 경준 10 | − | | | + | | − | | | | |

- 1단계 : 학생들의 친구 선호도를 그린다.

학생들에게 모둠 선호도 조사표(그림)를 나누어 주고, 모둠이 되고 싶은 3명의 학생의 이름 옆에 +를 표시하고, 모둠이 되기 싫은 3명의 학생 옆에 −표시를 하게 한다.

- 2단계 : 교우관계표에 기록한다.

학생들의 선호도 조사를 근거로 [표 4-9]와 같이 교우 관계표에 +, −를 기록한다. 그리고 모둠을 편성할 때 음수가 나온 학생끼리 편성을 피한다.

*활동지*

이름 : ______________

## 모둠 선호도 조사

솔반 친구들에게 : 내일 새로운 모둠을 만들게 됩니다. 가장 좋은 모둠이 되기 위해 여러분들의 의견을 묻고 싶습니다. 아래는 우리반 학급 명부입니다. 이번에 꼭 같은 모둠이 되고 싶은 친구 세 명의 이름 앞에 + 표시를, 같은 모둠이 되고 싶지 않은 친구 세 명의 이름 앞에 − 표시를 할 수 있습니다. 여러분이 + 표시한 친구와 같은 모둠이 되지 않을 수도 있고, − 표시한 친구와 같은 모둠이 될 수도 있을 것입니다. 그러나 선생님은 여러분의 의견을 충분히 고려해서 새 모둠을 만들 때 참고할 것입니다.

학급명부

1. ______________
2. ______________
3. ______________
4. ______________
5. ______________
6. ______________
7. ______________
8. ______________
9. ______________
10. ______________
11. ______________
12. ______________
13. ______________
14. ______________
15. ______________
16. ______________
17. ______________
18. ______________
19. ______________
20. ______________
21. ______________
22. ______________
23. ______________
24. ______________
25. ______________
26. ______________
27. ______________
28. ______________
29. ______________
30. ______________
31. ______________
32. ______________
33. ______________
34. ______________
35. ______________
36. ______________

<그림 5－17> 모둠 선호도 조사

이질적인 모둠구성

**특정 주제에 따른 모둠 만들기**

**1단계 줄서기** : 한 주제에 대한 자신의 생각에 따라 줄을 선다.

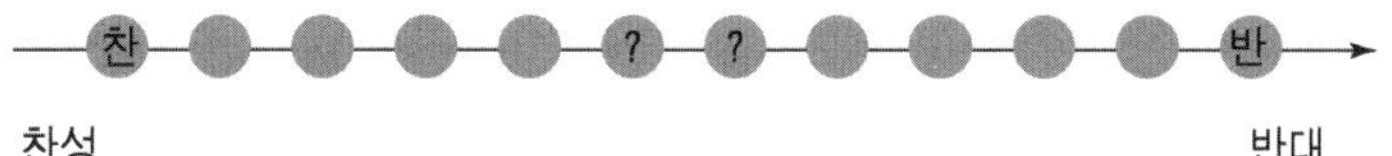


**2단계 줄을 반으로 접기** : 한쪽 끝이 반대 의견과 만나도록 줄을 접는다.

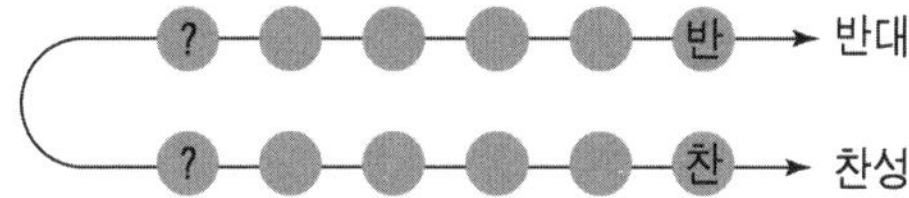


**3단계 두 짝을 만나게 함** : 줄의 끝에 선 짝이 다른 쪽 끝의 짝과 만난다.

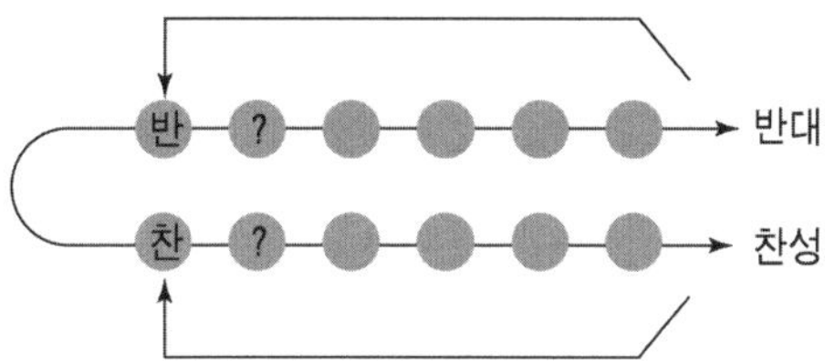


**4단계 모둠 구성** : 두 짝끼리 4명 1조 모둠을 이루어 책상에 앉는다.

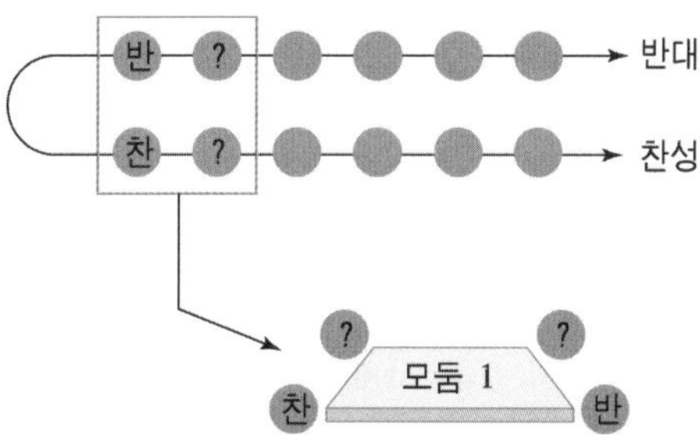


**5단계 세 번째와 네 번째 단계 반복** : 3단계와 4단계를 반복해서 다른 모둠들을 만든다.

● = 학생 1명　　찬 = 강한 찬성　　반 = 강한 반대　　? = 별다른 의견 없음

<그림 5 – 18> 특정 주제에 따른 모둠 만들기

(6) 특정 주제에 따른 모둠 만들기

특정 주제에 따른 모둠구성은 한 주제에 대해 다양한 의견들을 내서 토론하게 하는 방법으로 <그림 5－18>을 참고한다[Kagan, 1998, 중앙기독초(역), 1999].

(7) 모둠 만들기 수레바퀴

학급 전체에서 모둠 구성원이 골고루 편성할 수 있는 방법은 모둠 수레바퀴를 활용할 수 있다. 이것은 1차 모둠에서 2차 모둠 편성은 안쪽 바퀴를 고정시키고 다음 바퀴는 한 칸, 그 다음 바퀴는 두 바퀴를 돌리는 형식으로 모둠을 편성하게 된다.

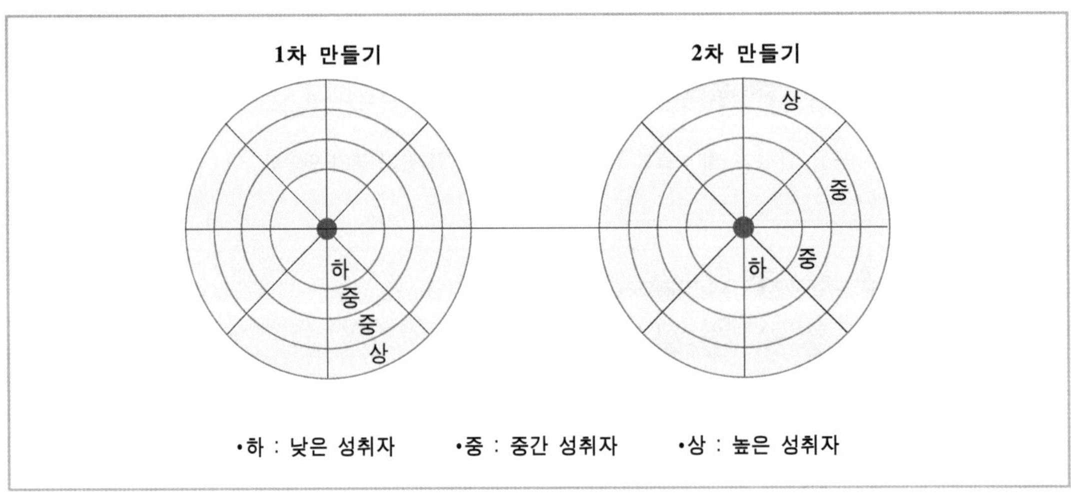


<그림 5－19> 모둠 만들기 수레바퀴

(8) 무작위 모둠 만들기

㉮ 사회적 역할 묶음

- 1단계 – 역할선택 – 지킴이, 조용히, 기록이, 칭찬이 등의 사회적 역할 4가지를 선택한다.
- 2단계 – 교환하기 – 학생들은 역할이 적힌 카드를 들고 교실을 순서 없이 다니다가 '얼음'이라는 말이 나오면 가장 가까이 있는 학생과 서로 카드를 바꾼다. 이렇게 몇 차례 반복한다.
- 3단계 – 짝을 지어 인터뷰하기 – 학생들은 같은 색의 역할 카드를 가진 학생 한 명과 짝을 이룬다. 예를 들면 같은 색을 가진 지킴이와 칭찬이가, 또 조용이와 기록이가 짝이 되는 것이다. 학생들은 주어진 주제에 대해 상대방과 토론한다.
- 4단계 – 짝짓기 – 짝들은 같은 색을 가지고 있는 다른 짝을 찾아 모둠을 이룬다. 학생들은 자신이 인터뷰했던 짝을 소개해 준다. 이미 자신의 정해진 역할을 가지고 4인 1모둠이 된다[Kagan, 1998, 중앙기독초(역), 1999].

무작위 모둠 만들기

**동심원 구조로 모둠 만들기**

1단계 동심원 구조로 선다.

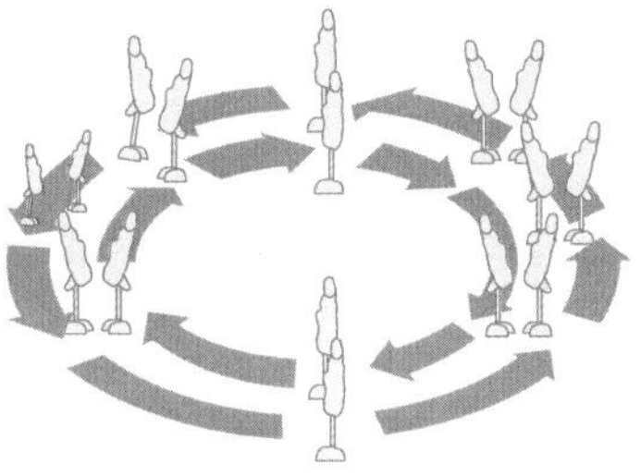

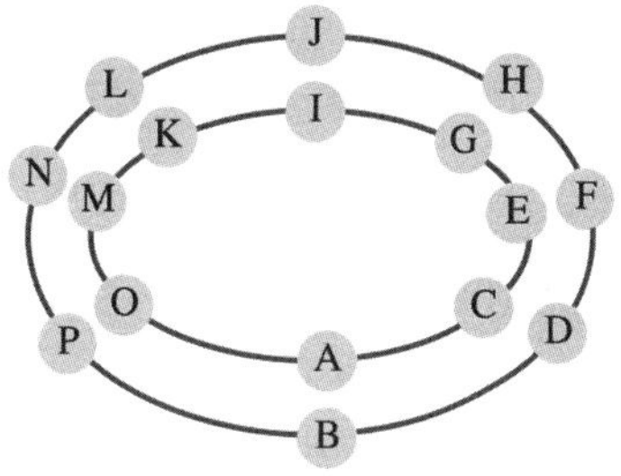

2단계 짝짓기 :
두 짝이 함께 4명 1조 모둠을 만든다.

3단계 두 번째 단계 반복 :
2단계를 반복해서 새 모둠을 만든다.

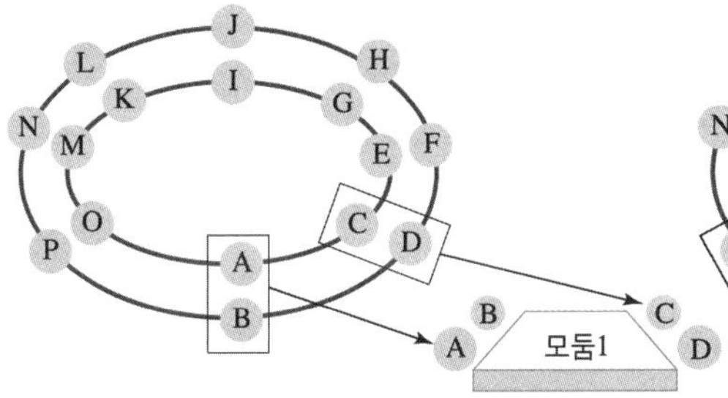

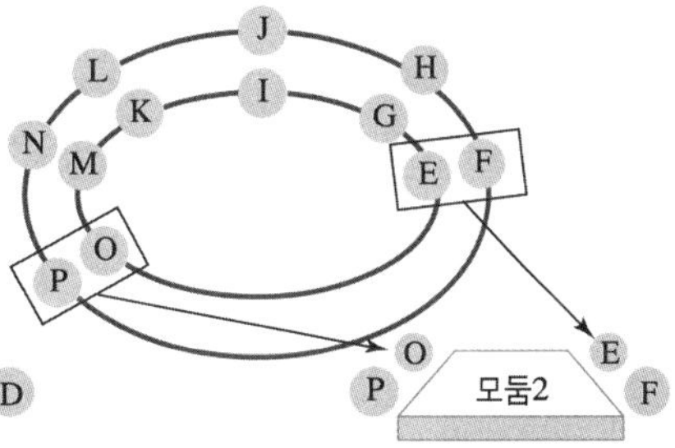

<그림 5 - 20> 동심원 구조로 모둠 만들기[Kagan,1998, 중앙기독초(역), 1999].

㉯ 동심원

동심원은 아주 효과적인 모둠편성방법으로 학생들은 그림과 같이 돌면서 모둠을 편성한다 [Kagan, 1998, 중앙기독초(역), 1999].

(9) 학생들의 인성과 관련된 모둠(personality)

협동학습과 관련된 많은 연구에서 실제적인 모둠 참여활동에는 무임 승차자(free riders), 의욕상실자(suckers), 방해꾼(gangers) 등의 세 종류의 학생들이 있음을 보고하고 있다.

무임 승차자(free rider)는 모둠 내에서 개인의 과제 부담 정도가 불균형을 이룰 때 생기는 경향이 있다. 따라서 교사들은 다양한 모둠편성을 통해 이러한 모둠활동의 역기능을 피할 수 있다. 즉, 매우 유사한 과제들로 구성된 과제는 비슷한 수준의 학생들로 구성된 모둠을 활용하고, 학습범위가 넓은 분야의 하위 주제가 있는 과제는 능력이 혼합된 모둠구성을 고려할 수 있을 것이다. 무임 승차자들이 모둠에 다시 참여할 수 있다고 느끼게 하는 것은 교사에게 있어 또한 매우 중요한 것이다.

**의욕상실자**(sucker)는 처음에는 결과를 향상시키는 데 매우 열심이지만, 모둠 내의 다른 학생들이 자신을 이용하거나 기만할 경우 의욕을 상실하게 된다. 이 경우에 있어서 교사는 적절한 과제분담과 모둠활동의 세심한 관찰이 필요할 것이다.

**방해꾼**(ganger)은 학생들이 활동의 작은 부분을 보거나 과제의 종류를 좋아하지 않을 때, 그것을 수행하는 또 다른 방법을 찾기 위해 그 과제에 대항할 것이다. 이러한 문제는 어떤 도구로 무엇을 만들며, 그것에 대해 학생들이 어떻게 활동해야 하는지를 결정하는 과정에 학생들을 참여시킴으로써 부분적으로 해결할 수 있다.

인성(personality)의 부조화가 갑자기 해결되어질 수는 없지만 협동적인 모둠기술을 익히고 자기평가를 적극적으로 격려함으로써 학생들은 그들의 행동이 다른 사람에게 어떠한 영향을 미치며, 그들이 어떻게 그것들을 조정할 수 있는지를 알게 될 것이다.

### 3) 협동기술과 문제해결 기술 개발하기

협동학습에 학생 간에 협력하는 기술과 주어진 문제를 합리적으로 해결하는 능력은 대단히 중요한 의미를 지닌다. 이러한 협동적 기술과 문제해결기술을 충분히 개발하기 위해서는 많은 시간과 연습이 요구된다.

#### (1) 학생들의 협동심을 개발하기

학생들이 쌍을 이루거나 소모둠으로 활동하기 시작할 때, 효과적으로 협동할 수 있도록 도움을 얻기 위해서는 그들이 지켜야 할 규칙들을 토론하는 것이 바람직하다. 처음에 학생들은 다음과 같은 사회적 활동의 방식을 확인해 보는 것이 좋다.

- 모든 사람들이 들을 수 있는 한도 내에서 조용하게 말하기
- 서로 예의를 지키기
- 서로 경청하기
- 말이 없는 구성원들이 말을 하거나 참여하도록 용기 북돋아 주기
- 활동을 분배하고 모든 사람들이 충분히 참여할 수 있는 대책을 강구하기

학생들이 함께 활동하는 데 점점 더 능숙해지고 익숙해짐에 따라 그들이 더 효과적으로 과제

를 완성하도록 돕기 위해서는 그들이 해야 할 일에 대해서 토론해 볼 가치가 있다. 이 경우에서 다음과 같은 제안들은 도움을 줄 것이다(Javaris, 1993, 138).

- 조직하기(organizing) : 과제의 분담 등에 대하여 조직
- 지원하기(supporting) : 열등한 구성원 지원
- 도전하기(challenging) : 개개인들이 그들의 동료에게 질문하거나 정당화시켜 보도록 요구하고, 그들의 아이디어들을 재구성해 보도록 도전적 요구
- 대안들을 제시하기(suggesting alternatives) : 단지 하나의 의견을 생각해 보는 것보다는 오히려 몇 개의 아이디어들을 제시
- 설명하기(explaining) : 실행할 활동에 대한 이유를 설명
- 논평하기(commenting)
- 요약하기(summerising) : 과제에 대한 과정을 요약
- 끝마치기(finishing)

학생들의 협동적인 활동기술을 증진시키기 위해서는 학생들의 협력적인 활동결과에 대한 피드백은 중요한 의미를 갖는다. 교사는 수업의 끝부분에서 학생들이 협동의 명확한 사례를 보이고 성공적인 전략들의 예들을 쓸 때마다 모둠의 이름을 칠판에 표시하게 함으로써 서로 다른 모둠에게 협력 사례경험을 제공해 줄 수 있을 것이다. 이러한 경험적 협력사례에 대하여 교사는 모둠 구성원의 좋은 점을 칭찬함으로써 그들의 주의를 간접적으로 모으는 데 더 효과를 기대할 수 있을 것이다.

각 모둠들은 그들이 상호작용한 활동을 스스로 듣고 보기 위해서 테이프에 녹음하거나 비디오로 녹화하여 정확한 처방을 기대할 수 있을 것이다.

(2) 문제해결 기술을 개발하기(developing problem-solving skills)

학생들은 협동적으로 활동하기 위한 전략들을 필요로 할 뿐만 아니라 문제를 해결하기 위한 방법에 대해서도 안내를 필요로 한다. Javaris(1993 : 139-140)는 학생들이 문제를 해결하는 데 도움이 되는 접근방법을 다음과 같이 제시하였다.

- 문제를 정확히 이해하기
- 도움이 될 수 있는 지식과 과거에 자신들이나 다른 사람에 의해 비슷한 문제를 해결하였던 방법을 살펴보기
- 여러 가지 해결책들을 모으기
- 분류한 후 접근법을 선택하기
- 다른 과제들을 설명하고 활동에 대한 순서를 결정하기
- 계획안대로 만들기
- 점검하고 평가하기

이러한 접근은 기본적으로 문제해결 수업전략의 과정이다. 학생이 주어진 문제를 협동적으로 해결하는 데 이러한 절차를 바탕으로 문제해결에 접근하는 것이 바람직하다. 계속적으로 이러한 절차에 익숙해진다면, 학생들은 여러 가지 문제상황에 대한 문제해결력이 증진될 것이다.

(3) 듣기기술과 협상능력을 개발하기

협동모둠에서 어린이들은 서로서로의 이야기를 들어 줄 필요가 있다. 일반적으로 학생은 교사에게만 주목하려 한다. 그러나 선생님이 규칙적으로 학생들에게 다른 학생의 진술을 설명해 보라고 하면 그들은 동료의 기여를 가치 있게 여기기 시작할 것이다. 학생이 서로 짝을 지어서 대화하는 학습은 상대방들에게 귀를 기울이는 좋은 기초를 제공해 주고, 좋아하는 문제에 대해 서로 대화를 나눌 수 있을 것이다.

(4) 지도력(leadership skills) 개발하기

교사는 한 특정한 학생에게 리더십을 주어야 할지 아니면 그들이 원한다면 그 모둠 내에서 민주적으로 지도자를 선출하게 할지를 결정해야 한다. 지도자가 항상 모둠의 효율성을 높이기 위해 반드시 필요한 것은 아니다. 때때로 교사는 차례로 지도 학생을 임명하여 지도력을 발달시킬 기회를 주는 것이 필요할 것이다. 지도자의 역할은 학우들과 함께 토론할 수 있으며 그 학우들은 지도자가 해야 할 특별한 일들을 정의할 수 있다. 즉 그 모둠이 조직화될 수 있게 돕고 과제 분야의 최종 결정자 또는 선생님과 모둠 사이의 전달자와 같은 역할을 할 수 있다. 그 모둠 내에 있는 모든 학생들의 관심을 보호하고, 유익한 협동활동을 하고, 의견의 불일치를 공정하게 해결하는 역할을 한다.

지도자가 없는 모둠에서 학생들의 학습활동에 다음과 같은 문제점들이 발견된다(Javaris, 1993 : 143).

- 소수의 지배력 있는 학생들이 너무 많이 말을 하거나 그들 동료에게 낮은 지위의 일을 주고 자신들이 높은 지위의 일을 유지하는 행위
- 그 모둠의 분열을 일으키는 것
- 활동적인 역할을 하려는 몇몇 학생들의 실수
- 복잡한 문제에 직면하는 것을 피하기 위해 너무 쉽게 해결하는 것

## 4. 두뇌우성 이론[4)]에 의한 모둠 구성 전략

Herrmann은 인간 두뇌의 창의성에 관한 수년간의 연구를 통하여 두뇌가 활동하는 방법에 따라 그 두뇌가 특화된다는 것을 알게 되었다. 이와 같이 특화된 유형들은 각각 고유의 언어, 가치, 인식방법을 가지고 있는 4개의 독특한 사분면으로 비유될 수 있다.

사분면 두뇌우성 모델을 이해하기 위하여 실제 두뇌를 시각화할 필요가 있다. 대부분의 사람들은 좌뇌와 우뇌의 반구를 등분하는 데 익숙하다. 정확하게 말하면 이 대뇌 반구들이 두뇌의 80%를 차지하고 있다. 각 반구들은 분리된 구조로 두뇌에 위치하고 있으며, 각기 대응하는 대뇌변연계(limbic system)의 반을 가지고 있다. 대뇌변연계는 학습에 있어 입력된 정보를 기억장소로 보내는 절대적인 역할을 한다. <그림 5-21>은 두뇌의 분할된 모습과 Hermann의 사분면 개념과의 관계를 보여 주고 있다. Hermann의 모델의 왼쪽 대뇌 [A분면]은 논리 · 분석과 정량적인 사고와 관련이 있으며, 왼쪽 대뇌변연계 [B분면]은 순차적인, 조직화된 세밀한 사고와 관련이 있으며, 오른쪽 대뇌변연계 [C분면]은 감정적 · 감각적인 사람과 사람 사이의 사고와 관련이 되고, 오른쪽 대뇌 [D분면]은 시각적 · 직관적인 혁신적인 사고와 관련이 있다.

각 개인은 이와 같은 사고 선호도가 독특하게 결합되어 있고, 하나 혹은 그 이상의 강한 우성을 가지고 있다. 한 사고유형에 대한 선호가 강하면 강할수록 다른 사고유형에 불편함을 느낀다. 우성 유형이 반대인 사람들은 서로 다른 색안경으로 세상을 보기 때문에 서로 의사소통하거나 상대방을 이해하는 데 어려움을 느낀다.

Hermann은 두뇌 특화에 기초한 사고선호도를 진단할 방법을 개발하였다. 즉, 허만 두뇌우성 분석도구(Hermann Brain Dominance Instrument : HBDI)를 개발하였는데, 120가지 질문에 대한 답을 얻은 후 그 결과로 사분면 그래프를 그리고 사고유형을 진단하도록 되어 있다. HBDI 특성 도표는 개인이나 집단이 갖고 있는 우성의 정도를 일목요연하게 보여 준다. 다음은 네 가지 사고유형을 정리한 것이다.

4) 두뇌우성 이론의 내용은 Lumsdaine, Lumsdaine & Shelnutt의 Creative Problem Solving and Engineering Design의 책을 명지대학교 창의공학 연구회가 번역한 창의적 문제해결과 공학 설계(2001)의 내용을 재정리한 것이다.

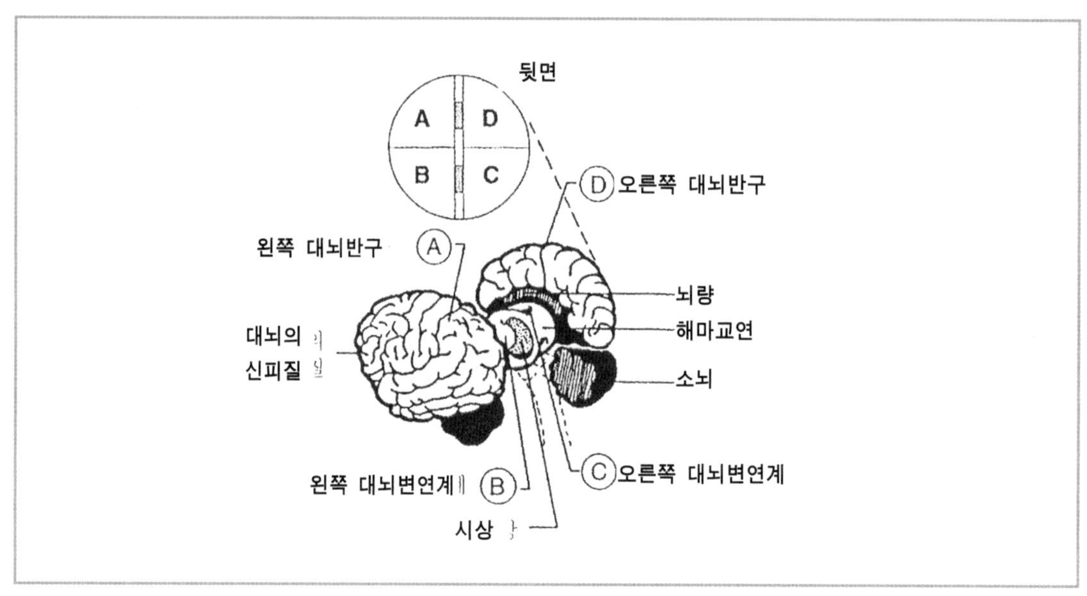


<그림 5 - 21> 실제 두뇌에서의 두뇌우성 이론의 4분면 모델

■ **분석적 사고를 하는 A 사분면의 특성**

• A 사분면 사고의 특징

– 실제적 · 해석적 · 정량적 · 기술적 · 논리적 · 이성적 · 비판적

– 자료분석, 위험평가, 통계, 계산, 기술적 하드웨어, 분석적 문제해결, 논리와 추론에 근거한 의사결정 등을 다룸

• A 사분면 문화

– 현실적 · 권위적

– 성취 지향적, 성과 위주형

• A 사분면 사고자의 예

– 스타트랙에서의 Spock, 여론조사가 George Gallup

• A 사분면 사고자의 선호 과목

– 대수학, 미적분학, 회계, 과학, 공학, 기술과목

• A 사분면 사고에 강한 우성을 보이는 직군

– 법률가, 엔지니어, 컴퓨터 과학자, 분석가, 기술자, 은행가, 외과의사

• A 사분면 사고유형이 우성인 사람의 행태

– '본질' '사실접근' '비판적인 분석'에 대하여 이야기

– '계산기' '인간기계' '인텔리'처럼 이야기함
(C사분면이 열성일 때는 "쌀쌀한 사람"처럼 말함)

• A 사분면 사고유형 개발

– 수학, 과학 특히 공학 해석과목

### A 사분면 학습활동 및 행동

- 지식과 정보 찾기 : 도서관 검색
- 하나의 기본 틀에서 논리적으로 정보를 다루기(그러나 마지막까지 세밀하게 하지는 않는다)
- 유용한 정보강의를 청취하기
- 교과서 독서－대부분의 교과서가 A 사분면 사고자를 위하여 쓰여졌다.
- 예제와 답을 분석(연구)하기
- 아이디어를 숙고하기(합리적 · 비판적)
- 과학적 방법을 사용하여 연구하기
- 가설을 세우고 그것의 진위를 검증하기
- 사실과 기준 및 논리적 추론에 근거하여 아이디어를 평가하기
- 기술적이고 재정적인 사례 연구하기
- 어떻게 컴퓨터가 동작하는가를 알아보기
- 그것을 이용하여 수학이나 정보처리를 한다.
- 사람과 사회적 관심거리보다는 물건이나 기계를 다루기
- 미래의 가능성보다는 실체와 현재를 다루기
- 물건의 가격이 얼마인지 알아보기
- 기술적 인공물(교량, 기계 등)을 연구하기 위하여 다른 문화권으로 여행하기

### A 사분면 사고를 연습하기 위한 활동

- 일, 학습, 연구에 있어서 목표를 정하기
- 아직 전혀 모르는 주제에 대하여 데이터와 정보를 모으기
- 자주 사용하는 기계에 대한 설명을 읽고 실제로 어떻게 그 기계가 동작하는가 알아보기
- 고장난 작은 기구를 택하여 무엇이 문제인지 진단하기
- 현재의 기술적 문제상황을 택하여 전체적인 상황을 고려하여 분석하기
- 최근의 갑작스런 결정을 검토하고 그것의 합리적 · 논리적 측면을 확인하기
- 공직에 출마한 정치인에 대하여 어떤 정견을 갖고 있는가를 분석하기
- 투자모임에 참가하거나 퇴직 후의 재정적 문제에 대하여 계획 세우기
- 논리 퍼즐이나 게임하기 : 체스 두기
- 컴퓨터에서 분석용 소프트웨어나 spreadsheet 사용법을 배우기
- 그룹의 의사결정 과정에서 악당 옹호자 역을 하기
- 즐겨 보는 TV 프로그램이나 영화 시, 연극, 책, 노래나 예술작업에서 논리적 추론에 근거한 비평 쓰기

#### ■ 순차적 사고를 하는 B 사분면의 특성

• B 사분면 사고의 특징

- 순차적, 규제되어 있고, 계획적 · 보수적 · 구조적, 자세하고, 훈련되고, 일관된 사고
- 관리, 전술적 계획 · 절차, 조직적인 형태, 안전보장, 결과의 구현, 현상황 유지, 절대 확실한 것 등을 다룸

• B 사분면 문화

– 전통적 · 관료적, 신뢰성

– 성취 지향적, 작업 주도형

• B 사분면 사고자의 예

– FBI 국장이었던 Edgar Hoover, 독일 수상이었던 Bismark, 미국 인디언 추장 Geronimo

• B 사분면 사고자의 선호 과목

– 매우 구조적이고 순차적으로 구성된 과목

• B 사분면 사고에 강한 우성을 보이는 직군

– 계획입안자, 관료, 관리자, 경리담당자 등

• B 사분면 사고유형이 우성인 사람의 행태

– "우리는 늘 이렇게 해왔다", "법과 질서", "자기수양", "안전제일"에 대하여 이야기

– "교육자" "까다로운 사람" "억척같은 사람"인 양 이야기

• B 사분면 사고유형 개발

– 공식에 대입하여 문제를 해결하는 것과 같은 문제해결 방법을 강조하는 전통적인 공학 교과과정

– 부기과목

| B 사분면 학습활동 및 행동 |
| --- |
| • 임기응변보다는 주어진 지침을 철저하게 따르기<br>• 세세한 숙제문제를 산뜻하고 신중하게 풀기<br>• 결함과 단점을 찾기 위해 이론과 과정을 실험하기<br>• 실험작업을 차근차근 수행하기<br>• 실험실습의 결과에 대하여 순차적으로 보고서를 작성하기<br>• 교육용 소프트웨어를 가지고 컴퓨터를 이용하기<br>• 학습된 지식의 응용사례를 찾아내기 – 이론만으로 부족함<br>• 계획이나 프로젝트를 기획하고 그것을 계획과 시간에 맞추어 수행하기<br>• 세부적인 강의를 청취하기<br>• 자세하고 종합적인 노트하기<br>• 정돈된 환경에서 정해진 계획에 맞추어 공부하기<br>• 자세한 예산계획을 세우기<br>• 빈번한 반복에 의하여 새로운 기술을 연습하기<br>• 조직과 절차를 배우기 위하여 현장실습하기<br>• 프로젝트에 관하여 어떻게 하는가에 대한 지침서를 작성하기 |

| B 사분면 사고를 연습하기 위한 활동 |
| --- |

- 복잡한 조리법의 지시에 따라 새로운 요리를 만들기
- 새로운 것을 학습하기 위하여 소프트웨어 패키지를 사용하기
- 프로젝트의 각 단계를 자세하게 작성하여 기획하고 수행하기
- 조립식 가구나 장비를 설명서에 따라 조립하기
- 개인 예산계획을 세우고 한 달간의 모든 지출을 그것에 맞추기
- 개인 소유목록을 만들고 그것을 개인금고에 넣기
- 서류나 통신문을 서류 분류 시스템을 이용하여 정리하기
- 책상서랍이나 장롱서랍을 정리하기
- 레코드판이나 디스크, 사진 혹은 다른 수집품을 정리하기
- 은행이나 신용카드의 명세서 또는 월간 청구서에서 잘못된 점을 찾아내기
- 하루 종일 시간을 정확하게 지키기. 시간관리에 관한 책을 읽고 그 책이 이야기하는 충고를 따르고, 마지막 세부사항까지 지키기
- 어떻게 제품이 만들어지는지 알아보기 위하여 제조공장을 견학하기

■ **대인관계와 관련된 사고를 하는 C 사분면의 특성**

- C 사분면 사고의 특징
  - 감각적, 생리적으로 감성적 · 감정적 · 사람 지향적, 상징적
  - 느낌인지, 신체감각, 정신적인 가치, 음악, 팀워크, 양육, 대인관계, 의사소통 등을 다룸
- C 사분면 문화
  - 인간적 · 협동적 · 정신적
  - 느낌 지향적, 가치주도형
- C 사분면 사고자의 예
  - 힌두 사회개혁자 Mahatma Gandhi, 중국인 철학자 노자, Martin Luther King, Jr., Princess Diana
- C 사분면 사고자의 선호 과목
  - 사회과학, 음악, 춤, 고난도 기술의 스포츠 과목
- C 사분면 사고에 강한 우성을 보이는 직군
  - 간호원, 사회사업가, 교육자, 조련사, 상담가 등
- C 사분면 사고유형이 우성인 사람의 행태
  - "가족" "팀" "개인의 성장" "가치"에 대하여 이야기
  - "뜨거운 가슴"을 가진 사람, "부드러운" 사람, "이야기꾼"으로 보여짐
- C 사분면 사고유형 개발
  - 공대교수와 공대학생은 C 사분면 사고를 개발하기 위하여 특별한 관심을 가져야 함

### C 사분면 학습활동 및 행동

- 다른 사람을 경청하여 영감이나 아이디어를 공유하기
- 스스로 왜라는 질문을 하고 개인적인 의미를 추구하여 동기를 부여하기
- 책의 서문을 읽어 저자의 목적에 대한 실마리를 얻기
- 촉각, 느낌, 후각, 미각, 청각 등의 감각을 통하여 배우기
- 도구나 물건을 만지고 사용하여 손에 익숙하게 만들기
- 그룹학습이나 그룹토의를 이용하기
- 자세하지는 않지만 느낌이나 정신적 가치를 기억하기 위하여 잡지를 간직하기
- 드라마를 제작하기 – 상상이 아닌 감정의 표현에 의한 실제적 행동이 중요하다.
- 사람 중심적인 실습여행을 하기
- 사람들을 만나고 그 사람들이 어떻게 사는가를 알기 위하여 다른 문화권으로 여행하기
- 배경음악으로 공부를 하고 기억력을 돕기 위한 방법으로 랩 송을 만들기
- 사람 중심적인 사례연구 하기
- 다른 사람의 시각이나 권리를 존중하기 – 물건이 아니라 인간이 중요하다.
- 다른 사람을 가르치며 배우기
- 보디 랭귀지에 대한 실마리를 얻기 위하여 비디오나 오디오 선호하기

### C 사분면 사고를 연습하기 위한 활동

- 대화에 있어서 대부분의 시간을 다른 사람의 이야기를 경청하는 것에 써라.
- 실외의 새로운 연습활동이나 팀 운동에 합류하라.
- 꼬마 아이들이 원하는 대로 그들과 놀이를 같이 하라.
- 다른 사람이 독자를 위하여 무엇을 해주었는가를 생각하고 감사를 전할 방법을 찾아내라.
- 자기가 속한 사회에서 자원자가 되어라: 지역 가축 보호소, 양로원, 후견인, 독서나 학습 프로그램, 소년단, 어린이 경기, 환경 감시단체, 불우이웃 돕기 활동 등
- 정신세계를 탐험하라. 종교활동에서 활동적이 되어라.
- 성가대나 남성 4중창단에 합류하라. 노래를 작곡하고 그것을 불러 줄 사람을 찾아라.
- 전혀 맛보지 못했던 과일이나 채소를 맛보고 허브를 길러라.
- 꽃을 길러라. 향기로운 부케를 만들어 외로운 사람에게 주어라.
- 특별한 방 분위기를 연출하기 위하여 예술품이나 색깔의 변화와 액세서리를 이용하라.
- 어떻게 의사소통하는가와 감정표현을 원활하게 표현하기 위한 세미나에 참석하라.
- 식구들의 음식을 만드는 데 시간을 내라. 특별한 축하를 하기 위한 감동적인 이유를 생각해 내라.
- 악기를 신나게 연주하고 새로운 스타일의 음악을 즐기는 법을 배워라.
- 부끄러움이나 죄의식 없이 눈물 흘리는 것을 인정하여라.
- 직접 혹은 전자우편을 통하여 친구와 함께 하는 것을 배워라. 어떤 화제거리에 대하여 감정을 공유하여라.

#### ■ 상상력이 풍부한 사고인 D 사분면의 특징

• D 사분면 사고의 특징

– 시각적 · 총체적 · 혁신적 · 은유적 · 창의적, 상상력, 통합적 · 개념적 · 공간적이고, 유연하며 직관적

– 미래와 가능성, 종합, 놀이, 꿈, 예견, 전략적 계획, 넓은 문맥, 사업가 기질, 변화와 혁신을 다룸

• D 사분면 문화

– 탐험적 · 사업적 · 발명적 · 미래 지향적 – 명랑, 위험주도형, 독립적

• D 사분면 사고자의 예

– 현대화가 Pablo Picasso, 르네상스 화가 · 조각가 · 건축가 · 과학자인 Leonardo da Vinci, 물리학자 Albert Einstein

• D 사분면 사고자의 선호 과목

– 그림, 조각 같은 예술과목, 기하학, 설계, 시, 건축과목

• D 사분면 사고에 강한 우성을 보이는 직군

– 사업가, 탐험가, 예술가, 극작가 – 의학, 물리학, 공학의 연구와 개발에 관계된 과학자

• D 사분면 사고유형이 우성인 사람의 행태

– "아이디어 갖고 놀기", "큰 그림", "첨단", "혁신"에 대하여 이야기

– "구름 잡는 이야기"를 하며 "훈련되지 않고" "비현실적인 몽상가"처럼 이야기

• D 사분면 사고유형 개발

– 창의적 문제해결과 관련된 환경을 유지할 때 D 사고 선호도가 유지되거나 증가

– 공학 교과과정 이수를 계속할 때 D 사고 선호경향이 떨어짐

### D 사분면 학습활동 및 행동

• 새로운 주제에 대하여 자세한 것 대신에 큰 그림이나 문맥을 찾는다.
• 학습을 좀더 흥미롭게 만들기 위하여 활동적이 되어 주도권을 잡는다.
• 시뮬레이션을 하고 만약의 상황에 대한 결과를 질문한다.
• 강의에서 시각자료를 이용한다. 학습에 있어서 말보다는 그림을 선호한다.
• 정답 없는 문제를 다루며 여러 가지 가능한 답을 찾아낸다.
• 문제의 멋과 가치를 알고 답의 우아함을 안다.
• 브레인스토밍 회의를 이끌어 나간다–팀이 중요한 것이 아니라 엉뚱한 아이디어가 중요하다.
• 아이디어와 가능성을 실험하고 다룬다.
• 모험을 하고 새로운 지역을 탐험하기 위하여 다른 문화권을 여행한다.
• 경향을 생각한다.
• 미래를 생각하고 장기적인 목표를 세운다.
• 사실이나 논리보다는 직관에 의존하여 답을 찾는다.
• 새로운 것에 접근하기 위하여 아이디어나 정보를 결합한다.
• 미래 지향적 논의를 한다.
• 재미로 어떤 것을 하는 데 있어 다른 방법(절차가 아니라)을 시도한다.

### D 사분면 사고연습을 위한 활동

- 어떤 문제나 이슈에 대하여 국부적이 아닌 큰 윤곽을 본다.
- 어떤 경향에 대하여 연구하고 적어도 세 가지 이상의 미래의 발전방향에 대하여 예견한다.
- '만약 ~라면 어떻게 될까'라는 질문을 하고 다른 많은 답을 준비한다.
- 독자가 몽상하는 것을 허락하라.
- 독자가 학습하는 것을 기억하기 위하여 스케치하라.
- 로고를 만들거나 홈페이지를 만들어라.
- 독자적으로 혹은 그룹으로 브레인스토밍을 필요로 하는 문제를 풀어라.
  그리고 20가지의 가능한 답을 찾아내어라.
- 디자인, 빌딩, 도구의 아름다움을 감상하라.
- 집짓기 완구나 레고를 갖고 놀아라. 그것을 이용하여 유용한 것을 만들어 내어라.
- 연을 디자인하고 만들어라. 연을 날려라.
- 창작동화 구연대회에 참석하라. 전래동요나 신화에 대한 책을 읽어라.
  역할분담 게임에 참가하여라.
- 테마만찬에서 미식가를 위한 음식을 만들어라. 테이블을 창의적으로 장식하라.
- 죄책감 없이 아무 장소나 산책하거나 드라이브 하여라.
- 비용 걱정하지 말고 2000장의 사진을 찍어라. 별난 사진을 찍어라.
- 2000년 2020년, 2040년의 자신의 모습을 상상하라.
- 점토나 물감을 가지고 놀아라. 예술 수업을 들어라.

**■ 다중우성(총뇌) 사고와 학습**

• 일반적인 우성의 정도

- 한 영역에서 우성을 가지는 사람 : 7%
- 두 영역에서 우성을 가지는 사람 : 60%
- 세 영역에서 우성을 가지는 사람 : 30%
- 네 영역에서 우성을 가지는 사람 : 3%

• 두 영역 우성인 유명인의 예

- A+B : Aristotle, Henry Ford, Margaret Thatcher
- B+C : Susan B. Anthony, Mother Theresa, Lech Walesa
- C+D : Shakespeare, Eleanor Roosevelt, Mozart
- D+A : Galileo, Madame Curie, George Bernhard Shaw
- B+D : Sadam Hussein

• 균형적 또는 총뇌 사고 선호도를 가진 사람의 예

- Ben Franklin, Sebastian Bach, Winston Churchil, Thomas Jefferson, Albert Schuweitzer

• 각 사분면과 학습방법

- 강의와 교과서에 의한 근거로부터 배우는 소위 외부학습 → A 사분면
- 통찰력이나 시각화, 합성, 총체적이고 직감적인 개념의 이해에 의한 내부학습→ D 사분면
- 구술적 피드백과 격려로 시도와 실패를 반복하며 얻은 감각적 경험과 토의에 의한 상호작용에 의한 학습 → C 사분면
- 방법적, 배운 것의 단계적 시험, 기술향상을 위한 연습과 반복에 의한 절차적 학습 → B 사분면

〈팀 구성을 위한 나의 사고유형 확인하기[5]〉

( )과 학번 : 성명 :

Ⅰ. 각 문항에서 우선순위를 정하여 점수를 부여한다(예, c4, b3, a2, d1)

| | |
|---|---|
| 1. 프로젝트를 시작하는 과정에서 다음과 같은 역할을 선호한다. | a. 데이터와 정보를 살펴본다. |
| | b. 체계적으로 해답과 대안을 찾는다. |
| | c. 다음 사람들의 의견을 듣고 아이디어와 직관력을 공유한다. |
| | d. 세밀한 부분보다 전체 그림과 내용을 바라본다. |
| 2. 숙제를 하는 경우에 나는 | a. 상세한 것보다는 전체 틀에서 정보를 논리적으로 정리한다. |
| | b. 숙제를 세밀하게, 깔끔하게, 성실하게 처리한다. |
| | c. 이유를 묻고 각각의 의미를 살펴보며, 자신에게 동기를 부여한다. |
| | d. 학습을 보다 흥미롭게 만들기 위해 활발하게 주도권을 잡고 일한다. |
| 3. 새로운 자료를 공부하는 경우에 당신은 다음을 선호한다. | a. 정보를 주는 강의를 듣는다. |
| | b. 결점과 단점을 찾아내기 위해 이론과 절차를 검증한다. |
| | c. 목적에 맞는 단서를 찾아내기 위해 서문을 읽는다. |
| | d. 묘사를 해보고 만일 이러하면 어떤 일이 일어날까를 생각한다. |
| 4. 나는 이런 것을 좋아한다. | a. 교재를 읽는 것을 좋아한다. |
| | b. 실험을 단계별로 하는 것을 좋아한다. |
| | c. 말하고, 관찰하고, 검증하고, 듣는 것을 좋아한다. |
| | d. 말보다는 시각자료를 이용한다. |
| 5. 새로운 자료를 공부하는 데 있어 나는 다음을 선호한다. | a. 예제문제와 해답을 분석한다. |
| | b. 실험결과에 대한 순차적인 보고서를 쓴다. |
| | c. 만져보고 관찰하여 바로 해보는 학습을 좋아한다. |
| | d. 해가 없는 문제를 골라 몇 가지 해를 찾는다. |
| 6. 문제를 풀 때와 풀고 나서 나는 | a. 아이디어들을 이성적으로 생각해 본다. |
| | b. 배운 지식들의 실제 활용을 생각해 본다. 이론은 충분하지 않다고 생각한다. |
| | c. 그룹으로 탐구하는 기회와 그룹 토의하는 것을 활용한다. |
| | d. 문제의 독특함과 그 해결책이 탁월함을 음미한다. |
| 7. 나는 이런 것을 선호한다. | a. 과학적인 방법을 가지고 연구한다. |
| | b. 예제 소프트웨어를 가지고 컴퓨터를 활용한다. |
| | c. 그룹으로 공부하는 기회와 그룹 토의하는 것을 활용한다. |
| | d. 다양한 아이디어를 받아들이는 브레인스토밍 세션을 주도한다. |

5) 이 설문지는 Lumsdine의 책에서 제공하는 데이터와 Central Michigan University에서 열렸던 기초공학 설계에 관한 NSF(National Science Foundation) 워크숍에서 Frank Maraviglia가 발표한 자료에 근거한 것이다[김경천 외(역), 창의적 공학설계, 2003에서 재인용함].

| | |
|---|---|
| 8. 프로젝트를 추진함에 있어 다음에서 내가 선호하는 것은? | a. 가설을 설정하고 옳고 그름을 검증한다. |
| | b. 프로젝트와 추진일정을 설계하고 주어진 일정에 맞추어 일을 추진한다. |
| | c. 실험에서 관찰한 바를 철저하게 기록한다. |
| | d. 아이디어와 그 가능성에 대해 실험한다. |
| 9. 나는 흔히 다음과 같은 방법으로서 새로운 아이디어를 흡수한다. | a. 완벽한 상황에 적용해서 |
| | b. 주도면밀한 분석을 집중해서 수행함으로 |
| | c. 다른 아이디어와 비교 분석해서 |
| | d. 현재 또는 미래의 활동과 연계해서 |
| 10. 스스로 학습자료를 읽을 때 다음에 집중한다. | a. 정보로부터 추출한 아이디어 |
| | b. 정보에 의해 지지되는 새로운 발견의 진실 |
| | c. 추천이 되어 있는지의 여부 |
| | d. 결론과 경험의 상관관계 |
| 11. 사람들이 토론하는 경우에 나는 이런 편을 선호한다. | a. 사실과 논리에 입각한 아이디어를 제시하는 편 |
| | b. 논쟁을 가장 강력하게 단순하게 표현하는 편 |
| | c. 자신의 개인적인 의견을 반영하는 편 |
| | d. 앞으로의 일로 전체 그림을 그려 주는 편 |
| 12. 새로운 선택을 하는 경우에 대부분 다음에 근거한다. | a. 미래의 가능성보다는 실제와 현재 상황 |
| | b. 세밀하고 완벽한 연구 결과 |
| | c. 사람들과의 대화 |
| | d. 직감 |
| 13. 문제를 분석할 때 다음과 같이 하는 경향이 있다. | a. 문제를 좀더 확장된 문제 또는 이론으로 연결하려고 한다. |
| | b. 문제를 해결하는 가장 최적의 절차를 찾는다. |
| | c. 다른 사람들은 이 문제를 어떻게 해결했는지 상상해 본다. |
| | d. 문제의 독특함과 해결책이 탁월함을 음미한다. |

Ⅱ. 다음 진술 중에서 당신에게 해당되는 것을 모두 'V'로 체크한다.

14. 개수 : [ ]

— 데이터와 정보를 찾는다. 도서관 검색을 한다.
— 정보를 전체 틀 안에서 논리적으로 정리한다.
— 정보를 주는 강의를 듣는다.
— 교재를 읽는다.
— 예제문제를 공부한다.
— 아이디어들을 생각한다.
— 가설을 설정하고 옳고 그름을 검증한다.

— 사실과 기준 그리고 논리적인 사고에 근거하여 아이디어들을 판단한다.
— 기술적이고 재정적인 사례연구를 수행한다.
— 얼마나 비용이 소요될 지에 대해 알아본다.
— 수학과 정보처리를 위해 컴퓨터를 활용한다.

15. 개수 : [ ]
— 즉흥적으로 하지 않고 지침에 정확하게 따라진다.
— 결점과 단점을 찾아내기 위해 이론과 절차를 검증한다.
— 실험실 작업을 순서대로 수행한다.
— 상세한 강의를 듣는다.
— 상세하고 세밀한 노트 필기를 한다.
— 정해진 일정에 따라 정돈된 환경에서 공부한다.
— 상세한 예산을 세운다.
— 반복작업을 통해 새로운 기술을 실습한다.
— 과제에 대해 어떻게 해결하는가에 대한 설명서를 쓴다.
— 예제 소프트웨어를 가지고 컴퓨터를 사용한다.
— 새로 배운 지식의 실제적인 사용처를 모색한다.

16. 개수 : [ ]
— 다른 사람의 아이디어를 듣고 공유한다.
— 감정적이고 영적인 가치를 기록하는 일기를 가지고 있다.
— 음악을 틀어놓고 공부한다.
— 다른 사람의 권리와 의견을 존중한다.
— 인간이 물건이 아니고 중요한 존재임을 인식한다.
— 몸짓을 통해 시각적인 암시를 준다.
— 도구나 물체를 직접 다루거나 접촉을 통해 배우는 것을 즐긴다.
— 모험영화보다는 로맨틱한 영화나 드라마 보기를 좋아한다.
— 감각적인 입력을 통해 배운다(즉 오감을 통해).
— 왜라는 질문과 사적인 의미를 모색해 자신에게 동기부여를 한다.
— 여행을 하면서 다른 사람을 만나고 그들의 문화에 대해 배운다.

17. 개수 : [ ]
— 새로운 주제의 세밀한 부분이 아닌 전체 그림과 내용을 그려본다.
— 학습효과를 높이기 위해 활발하게 활동에 참여한다.
— 답이 없는 문제를 택하여 가능한 해결책을 모색한다.
— 경향에 대해 생각해 본다.
— 앞으로의 일과 자기적인 목표에 대해 생각해 본다.
— 세밀한 부분에 신경 쓰지 않고 발명품의 탁월함을 경외감을 표시한다.
— 새로운 것을 만들기 위해 아이디어들과 정보를 종합한다.
— 해결책을 찾기 위해 직감에 의지한다.
— 미래의 기술이 어떻게 될 것인지에 대해 예견한다.
— 해결책을 찾는 다른 방법들을 생각해 본다.
— 배울 때 말보다는 그림을 사용한다.

Ⅰ. 〈점수 계산하기〉

| 문항 | a | b | c | d | 문항 | a | b | c | d |
|---|---|---|---|---|---|---|---|---|---|
| 1 | | | | | 8 | | | | |
| 2 | | | | | 9 | | | | |
| 3 | | | | | 10 | | | | |
| 4 | | | | | 11 | | | | |
| 5 | | | | | 12 | | | | |
| 6 | | | | | 13 | | | | |
| 7 | | | | | 총점 | | | | |

■ 1－13번까지는 4개(a, b, c, d)의 지문에서 가장 선호하는 항목대로 순서화하여 4, 3, 2, 1점으로 점수를 부여한다(예를 들어, 1번에서 b > c > a >d로 응답한다면 a＝2, b＝4, c＝3, d＝1점으로 기재함).

| 유목 | 1~13번(I) | Ⅱ. 14~17번(II) | 사고유형점수(I＋II) | |
|---|---|---|---|---|
| a의 총점 | | 14번<br>(　　)개×4＝[　　　] | | A |
| b의 총점 | | 15번<br>(　　)개×4＝[　　　] | | B |
| c의 총점 | | 16번<br>(　　)개×4＝[　　　] | | C |
| d의 총점 | | 17번<br>(　　)개×4＝[　　　] | | D |

〈그래프 그리기〉

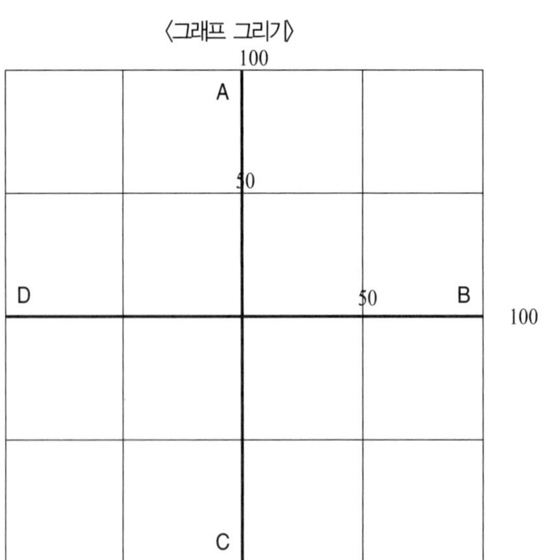

# 6장

# 기술교과에서의 토의 · 토론 학습

이 장에서는 구성주의에 기초한 기술교과 교육에의 수업 지향 중 학습의 사회적 담론화에 초점을 둔 토의 · 토론 학습 모형을 살펴보기로 한다.

특히 토의 · 토론학습 모형은 토의와 토론 중심의 기술교과 교육에서 유용하게 활용되는 학습방법의 새로운 접근이며, 쟁점있는 주제 학습을 흥미있게 전략화하는 데 도움을 줄 수 있을 것이다.

◎ 해시 태그 Key words

- #토의 · 토론 학습 개념
- #토의 · 토론 학습 오류
- #창문만들기 토의 · 토론
- #디즈니 창의성 전략 토의 · 토론
- #구름(Cloud) 토의 · 토론
- #돌아가며 발표하기(Round Robin) 토의 · 토론
- #둘 가고 둘 남기 토의 · 토론
- #토의 · 토론 학습 질문법
- #순위결정을 위한 만장일치 의사결정 토의 · 토론
- #협동적 찬반(pro-con) 토의 · 토론
- #가치 수직선(Value continuum) 토의 · 토론
- #배심(Panel) 토의 · 토론
- #피라미드(Pyramid) 토의 · 토론

## 1. 토의 토론 학습의 이해1)

### 가. 토의 · 토론의 개념

토의 · 토론과 비슷한 용어로 논쟁, 언쟁, 시비, 쟁론, 대화 등이 사용되고 있고, 수업에 적용될 때는 논쟁 수업, 쟁점 수업, 문제 중심 수업 등의 용어도 사용된다(정문성, 2004). 영어에서

1) 이 부분은 정문성(　)의 토의토론 학습 모형의　의 책의 일부를 재구성한 것임

도 argue, discourse, dialogue, discuss, debate 등 다양한 용어들이 사용된다(권낙원, 1996; 전영우, 1996; 변홍규, 1997; 김병원, 2000; 구정화 등, 2002; 송창석, 2001; 박천환 · 안효일 · 김주현, 2001). 그러나 여기서는 토의와 토론의 개념만 다루기로 한다.

토의와 토론은 다른 개념이다. 토론을 토의에 포함되는 개념으로 생각하는 경우도 많다(전명남, 2006; 정재찬 · 이성영 · 서혁 · 박수자, 1998). 그러나 여기서는 별개의 개념으로 구분하고자 한다. 토의(discuss)는 희랍어 'dischos'에서 나왔다. 주의 깊게 검사하다의 뜻이고, 토론은 라틴어 'debattuo'에서 나왔다. 서로 떨어져 분리되어 싸운다는 뜻이다(토론교육연구서, 2007).

> 토의는 어떤 주제에 대해 여러 사람들이 정보와 의견을 교환하여 그 주제에 대해 학습하거나 문제를 해결하려는 말하기 듣기 활동이다(정문성, 2004: 150).

토론(討論, debate or debating)은 '두 개인이나 집단이 어떤 문제에 대해 대립되는 견해를 뒷받침할 논거를 제시하면서 공식적으로 또는 구두(口頭)로 대결하는 것(브리테니커 사전)', '어떤 문제에 대하여 여러 사람이 각각 의견을 말하며 논의하는 것(다음국어사전)', '참가자들이 대립적인 주장을 통해 바람직한 결론에 도달하는 과정(송착석, 2001)', '어떤 논제에 대하여 찬성자와 반대자가 각기 논리적인 근거를 발표하고 상대편의 논거가 부당하다는 것을 명백하게 하는 말하기의 한 형태(박재현, 2004)', '자신의 의견이 올바르며, 적절한 것이라고 주장하고, 그와 대립하는 타자의 의견의 오류, 부적절함을 비판함으로써, 자신의 의견의 영향을 강화하고, 타자의 의견의 영향을 억제하려고 하는 상호간의 커뮤니케이션(한형석, 2003에서 재인용)' 등 다양하게 정의된다.

> 토론이란 어떤 주제에 대해 서로 다른 주장을 하는 사람들이 논증과 실증을 통해 규칙에 따라 자기 주장을 정당화하여 다른 사람을 설득하려는 말하기 듣기 활동이다(정문성, 2004; 150).

Toulmin(2003)은 대부분의 논쟁(arguments)은 여섯 요소로 구성되었다고 주장하고, [그림 6−1]과 같은 모델을 주장하였다. 이 모델에 근거하여 토론자는 토론을 완벽하게 준비할 수 있다. 즉 자료를 준비해서 그가 제시한 여섯 가지 요소를 검토하면 된다.

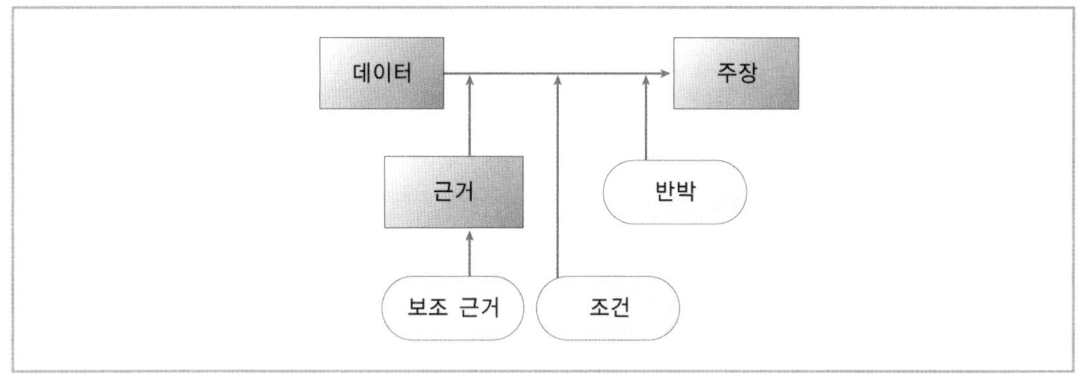


<그림 6-1> Toulmin의 모델

주장(claim)은 다른 사람들이 받아드리기를 희망하는 자신의 명제이다. 예를 들어 '우측 보행을 해야 한다.'는 주장을 한다고 하자. 그러면 이와 관련된 데이터(grounds)를 준비해야 한다. 이런 데이터는 상대를 설득하기 위한 기초가 된다. 예를 들면 성인의 65%가 우측 보행을 지지한다는 통계는 이 주장의 이유가 되는 훌륭한 데이터가 된다. 근거(warrant)는 데이터와 다른 데이터를 주장에 연결해주는 것이다. '우측 보행은 많은 사람(성인의 65%가 찬성)들이 원하는 것이다.'라고 주장할 수 있다. 특히 여섯 가지 방법(GASCAP)이 사용된다. 일반화(generalization)는 대부분의 사례에 적용될 때 사용하고, 유추(analogy)는 유사한 사례를 찾아 적용하는 것이다. 표시(sign)는 어떤 증거가 일반적 원리를 보여주는 경우로 예를 들면 담뱃불은 화재의 위험이 있다거나 성적이 높으면 머리가 좋다는 등이 예이다. 인과관계(causality)는 원인과 결과의 관계일 때이며, 권위(authority)는 권위 있는 사람이나 책 등을 증거로 사용하는 경우이다. 보조 근거(backing)는 근거를 보조해주는 또 다른 근거이다. '청소년의 55%도 우측 보행을 지지한다.'는 보조 근거가 된다. 조건(qualifier)은 주장이 적용되는 범위를 말하는데 주로 대부분, 보통, 항상, 때때로 등의 용어가 많이 사용된다. '대부분의 사람들이 우측 보행을 원한다.'라고 말할 수 있다. 반박(rebuttal)은 반대 논리나 반대 사례들을 말한다. 스스로 어떤 반대 논리와 반대 사례가 가능한지 점검해본다.

## 나. 토의 · 토론에서의 질문법

토의 · 토론 수업이 효과를 거두기 위해서는 좋은 질문이 필요하다. 좋은 질문은 학생들의 생각을 자극하고, 기억을 되살려낸다. 교사가 토의 · 토론 수업을 이끌 때는 전문가인 교사가 좋은 질문을 할 수 있지만, 학생들이 스스로 토의 · 토론을 할 때에는 좋은 질문과 대답을 기대하기 어렵다. 엉뚱한 질문 때문에 토의 · 토론이 혼란스러워질 때가 많고, 수습하기 힘들 정도가 될 때도 많다. 그러므로 학생들에게도 바른 질문을 할 수 있도록 훈련 기회를 주는 것이 필요하다.

질문에는 여러 가지 종류가 있다. 고급 사고 질문과 저급 사고 질문으로 나누기도 하고, 산출질문(결론이나 결과), 과정 질문(목적에 이르는 수단이나 단계), 의견질문(판단 평가 선호 견해)으로 나누기도 한다. 폐쇄적 질문과 개방적 질문, 기억질문(교사-반응-재반응)과 탐구질문, 그리고 우연적 질문과 의도적 질문 등으로 나누기도 한다(정문성 외, 2008).

여기서는 일반적인 사고 과정에 따른 질문의 종류와 사례를 소개한다. 우리의 사고과정은 네 가지 요소(cluster)로 구성되어 있다. 첫째는 입력(input)으로 장-단기 기억장치로부터 필요한 데이터를 가져오는 과정이다. 둘째는 처리과정(process)으로 입력된 데이터를 관계지어서 의미화한다. 셋째는 출력(output)으로 새로운 상황에 관련시켜 적용한다. 넷째는 초인지(meta-cognition)로 이러한 세 가지 활동을 점검한다. <그림 6－2>는 이러한 사고 과정을 잘 보여준다. 외부로부터 자극이 들어오면 이러한 네 가지 사고과정이 진행된다.

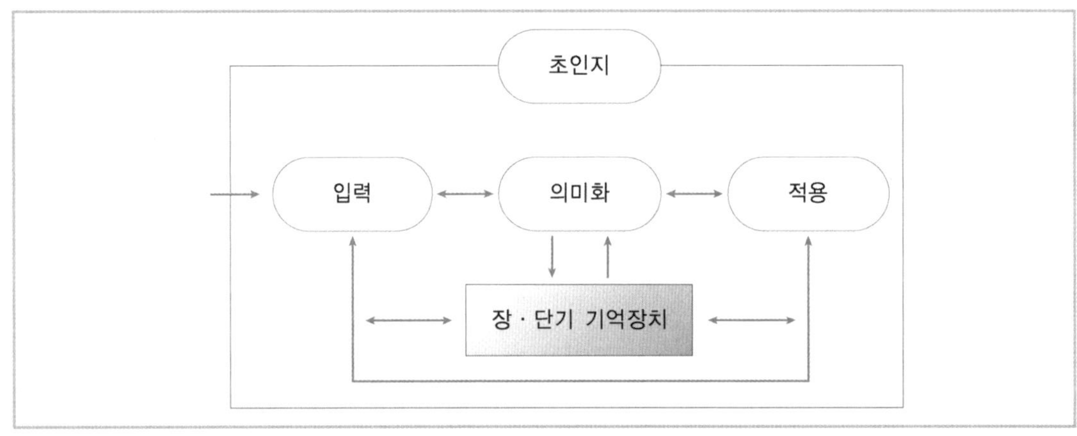


<그림 6 - 2> 사고의 과정

출처 : Casta, A. L., 1990, Teacher Behaviors that promote discussion. In W. Wilen(Ed), Teaching and learning through discussion: the theory, Research and Practice of the Discussion Method. Springfield: Charles C Thomas Pub., p.52.

### 1) 입력(input)에서의 질문

사실과 관련된 자료는 두 가지 원천에서 온다. 하나는 우리의 감각이다. 우리가 보고, 듣고 맛보고, 만져보고, 냄새를 맡으면서 얻는다. 이 때 필요한 질문들은 다음과 같다(Costa, 1990).

책상 위에 무엇이 있습니까? (시각: seeing)
이것은 무슨 소리입니까? (청각 : listening)

만져보니 무엇입니까? (촉각: toucing)
무슨 냄새입니까? (후각: smelling)
무슨 맛이 납니까? (미각: tasting)
무엇이 변합니까? (관찰: observing)

다른 하나는 우리의 장-단기 기억장치로부터 필요한 데이터를 가져오는 것이다. 학생들로 하여금 기억으로부터 필요한 사실, 개념, 법칙, 느낌 경험 등을 끌어내는 질문은 다음과 같다(Costa, 1990).

환경보전을 위해 우리가 할 수 있는 것을 열거할 수 있습니까? (열거: listing)
이 그림을 보이는 대로 묘사할 수 있습니까? (표현: describing)
색의 삼원색은 빨강, 파랑, 또 무엇입니까? (완성: completing)
이 둘 중에서 암수를 구별할 수 있습니까? (구별: identifying)
준법에 관한 명언을 말할 수 있습니까? (인용: reciting)
이 그림에는 돈이 얼마가 있습니까? (계산: counting)
한국전쟁은 언제 일어났습니까? (기억: recalling)
이 물고기의 이름은 무엇입니까? (이름: naming)
삼각형을 정의할 수 있습니까? (정의: defining)

## 2) 처리 과정(process)에서의 질문

이 과정에서는 가져온 사실과 관련된 자료를 의미화(meaning)한다. 즉 인과관계를 만들거나 종합, 분석, 요약, 비교, 대조, 분류 등을 한다. 이러한 과정에서 사용되는 질문들은 다음과 같다(Costa, 1990).

도형들이 다음과 같이 변한다면 그 다음 도형의 모양은 무엇입니까? (유추: making analogies)
이 물건들을 먹을 수 있는 것과 먹을 수 없는 것으로 묶을 수 있습니까? (묶기: grouping)
다음 그림들을 장르에 따라 어떻게 분류할 수 있습니까? (분류: classifying)
이것을 증명하기 위해 어떻게 실험하면 되겠습니까? (실험: experimenting)
1차 세계 대전이 일어난 원인은 무엇입니까? (인과관계: stating causality)
다음 물건들을 네 가지로 범주화할 수 있습니까? (범주화: categorizing)
이 피라미드와 저 피라미드는 어느 것이 더 큽니까? (비교: comparing)
다음 중 동물의 먹이와 관계 있는 것은 무엇입니까? (관련짓기: relating)
겨울에 잎이 떨어지는 현상을 설명할 수 있습니까? (설명: explaining)
다음 표를 분석하면 어떤 점을 찾을 수 있습니까? (분석: analyzing)

이 다섯 개를 단계별로 열거할 수 있습니까? (계열화: sequencing)
이들 중에 포유류를 찾아낼 수 있습니까? (분별: distinguishing)
세 주장을 한 마디로 종합할 수 있습니까? (종합: synthesizing)
윗글을 세 문장으로 요약할 수 있습니까? (요약: summarizing)
이 블록을 최대한 높이 쌓을 수 있습니까? (조작: organizing)
결과를 그림으로 그릴 수 있습니까? (상징화: symbolizing)
다른 대안으로 대체할 수 있습니까? (대체: substituting)
이 두 연필은 무엇이 다릅니까? (대조: constrasting)
필요 없는 것은 무엇입니까? (제거하기: eliminating)
무엇을 더 보탤 수 있습니까? (더하기: adding)

### 3) 출력(output)에서의 질문

여기서의 질문은 학생들로 하여금 그들이 의미화를 통하여 개발한 개념이나 원리를 새로운 상황에 적용하도록 하는 것이다. 이러한 질문은 학생들이 창의적이고 가설적으로 상상력을 발휘하여 가치판단도 하고, 사실판단도 해서 의사결정을 하도록 돕는다. 이 때 필요한 질문들은 다음과 같다(Costa, 1990).

식량생산이 줄면 모든 나라에서 나타나는 공통적 현상은 무엇일까? (일반화:generalizing)
수요공급 법칙을 사용하여 가격을 계산할 수 있습니까? (원리적용: applying a principle)
된장의 냄새를 서구인들도 싫어하지 않게 하려면 어떻게 해야 합니까? (창조: creating)
자신이 꿈꾸고 있는 주택의 모형을 만들 수 있습니까? (모형만들기; model building)
다음 그림 다음에 어떤 일이 일어날지 상상할 수 있습니까? (상상: imaging)
민물고기를 바닷물에 넣으면 어떻게 될 것 같습니까? (가설: hypothesizing)
그래프와 같은 추세라면 석유 값은 어떻게 되겠습니까? (예측: predicting)
이 둘 중에 어떤 대안에 높은 점수를 줄 수 있습니까? (평가: evaluating)
체육대회에서 우승을 하기 위한 계획은 무엇입니까? (계획: planning)
이 방법을 선택하면 2050년엔 어떻게 될까? (심사숙고: speculating)
이 실험에서 분자운동이 어떻게 될 것 같습니까? (추론: infering)
어떻게 하기로 결정했습니까? (의사결정: decision making)
움직이는 장난감을 설계할 수 있습니까? (설계: design)
이 중에 가장 도덕적 대안은 무엇입니까? (판단: judge)
내일 날씨는 어떨 것 같습니까? (예상: forecasting)

### 4) 초인지(meta-cognition)에서의 질문

생각을 생각하는 초인지에서는 토의 · 토론에 관한 전반적인 사항을 검토하는 질문들을 할 수 있다. 이 질문들은 토의 · 토론에서의 질문이 아니라 토의 · 토론을 하기 전, 하는 도중, 그리고 하고 난 후에 학생들이 스스로 해 볼 질문들이다. 이때 필요한 질문들은 다음과 같다(Costa, 1990).

토의 · 토론 기술을 명명하고 이해를 했습니까? (기술 명명: labeling students' discussion skills)
토의 · 토론 기술을 분석하였습니까? (기술 분석: analyzing others whose skills are admired)
역할놀이나 시뮬레이션을 해 보았습니까? (역할놀이와 시뮬레이션: role playing and simulation)
토의 · 토론에 사용할 질문들을 미리 만들어 보았습니까? (질문 만들기: question generating)
우리의 사고과정을 다시 되새겨 보았습니까? (사고과정 반성: displayed thinking)
다양한 평가표를 활용해 평가해 보았습니까? (평가: differentiated evaluation)
동료들끼리 칭찬과 격려하는 시간을 가졌습니까? (신뢰 구축: taking credit)
토의 · 토론을 위해 미리 전략 계획을 짜 보았습니까? (계획: planning)
토의 · 토론 수업 일지를 기록했습니까? (일지 쓰기: journal keeping)

## 다. 토의 · 토론에서 나타나는 논리적 오류

토의 · 토론을 잘하기 위해서는 다른 사람의 주장에서 오류를 발견할 뿐만 아니라 자신도 그런 오류를 범하지 않도록 해야 한다. 토의 · 토론이 끝나면 교사는 이러한 오류들을 정리해서 지적해 주어 학생들이 자신들의 토의 · 토론 내용을 잘 반성할 수 있도록 지도해주어야 한다.

상대의 주장에 반박하는 방법은 두 가지이다. 하나는 직접 반박으로 상대 주장의 근거가 옳지 않음을 직접 반박한다. 이때는 근거, 즉 대전제나 소전제가 틀렸음을 보여주거나 근거는 옳으나 추론과정이 틀렸음을 보여준다. 다른 하나는 간접 반박으로 근거는 인정하되 그랬을 경우 나타날 옳지 않을 가능성을 비판한다. 이때는 상대방의 전제와 결론이 일치하지 않음을 보여주거나 잘못된 개별 사례를 제시하면서 반박한다. 이러한 과정에서 발생하는 여러 가지 쉽게 범하는 오류들의 예는 다음과 같다(최성욱 역, 2003; 토론교육연구소, 2007;).

주장의 내용보다 분위기를 이용한다.
감정에 호소한다.
반대 주장의 근거를 찾을 수 없으므로 옳다거나 찬성 주장의 근거를 찾을 수 없으므로 주장도 오류일 수 있다.
인신공격을 한다.
다수가 그렇게 생각하므로 그것이 옳다고 주장하는 것도 오류이다.
논리가 아니라 이해관계에 호소한다.

권위에 의존한다.
순환논법을 사용한다.
허위적 인과관계를 주장한다.
비유를 사용하여 취약한 논리나 증거를 은폐한다.
불합리한 반대주장을 함께 제시해 양자택일하게 한다.
상대방 주장을 최대한 넓게 또는 좁게 해석한다.
상대방의 상대적 주장을 절대적 주장으로 바꾸어 해석한다.
틀린 증거를 빌미삼아 정당한 주장가지도 비판한다.
상대에게 질문을 퍼부으면서 자기에게 유리한 결론을 이끌어낸다.
쟁점을 바꾸거나 회피한다.
상대의 주장이 무슨 듯인지 모르겠다고 주장한다.
이론상으로는 맞지만 실제는 틀린다고 한다.
복합질문을 사용한다.
과잉 일반화를 한다.
자연주의의 오류를 범한다.

## 2. 토의 · 토론 학습의 모형과 절차[2)]

### 가. 순위결정을 위한 만장일치 의사결정 토의 · 토론

#### 1) 이론

##### (1) 목적

만장일치를 통해 모든 학생들이 존중받으면서 토의 · 토론을 경험하게 할 수 있다.

##### (2) 장점

누구나 '거부권'을 가지고 있어 자아존중감이 높아지고 상대를 존중하며, 논리적으로 설득하려고 하게 된다. 높은 사고력을 사용하는 경험을 갖게 되고 표현력도 향상된다. 당연한 주장이라 하더라도 이유를 다시 한 번 생각하게 한다.

---

2) 이 부분은 최유현 · 정문성의 공학교수자를 위한 토의 · 토론 학습 모형(국고)의 책의 일부를 재구성한 것이다.

(3) 유의점

모든 구성원이 다수결로 하기로 합의를 했다면 그것 역시 만장일치제로 볼 수 있다. 모둠마다 다양한 방식으로 토의 · 토론을 진행이 가능하다. 가능한 모둠별로 맡겨놓고 진행이 안되거나 어려움에 봉착할 때 교사가 진행을 도와주어야 한다. 모둠의 합의 결과보다 어느 개인의 결정이 옳았을 때도 있지만 개인이나 모둠 전체에게 많은 것을 생각하게 하는 좋은 경험이 될 수 있다.

### 2) 절차

① 순위를 매겨야할 의사결정 상황과 선택할 대안이 들어 있는 학습지를 여분의 1개를 나누어 준다. (여분 1개의 학습지는 모둠의 결정을 표시하기 위한 모둠용)

② 의사결정 해야 할 상황에 대해 교사의 설명 및 질의응답 시간을 갖는다.

③ 개인별로 순위를 결정한다.

④ 모둠별로 토의 · 토론을 통해 만장일치의 철학을 추구하여 결정을 한다.

⑤ 정답을 발표하고 보상을 해 준다.
정답이 없을 경우 모둠별로 의사결정 내용을 토론하고 보상한다.

## 나. 도형모식

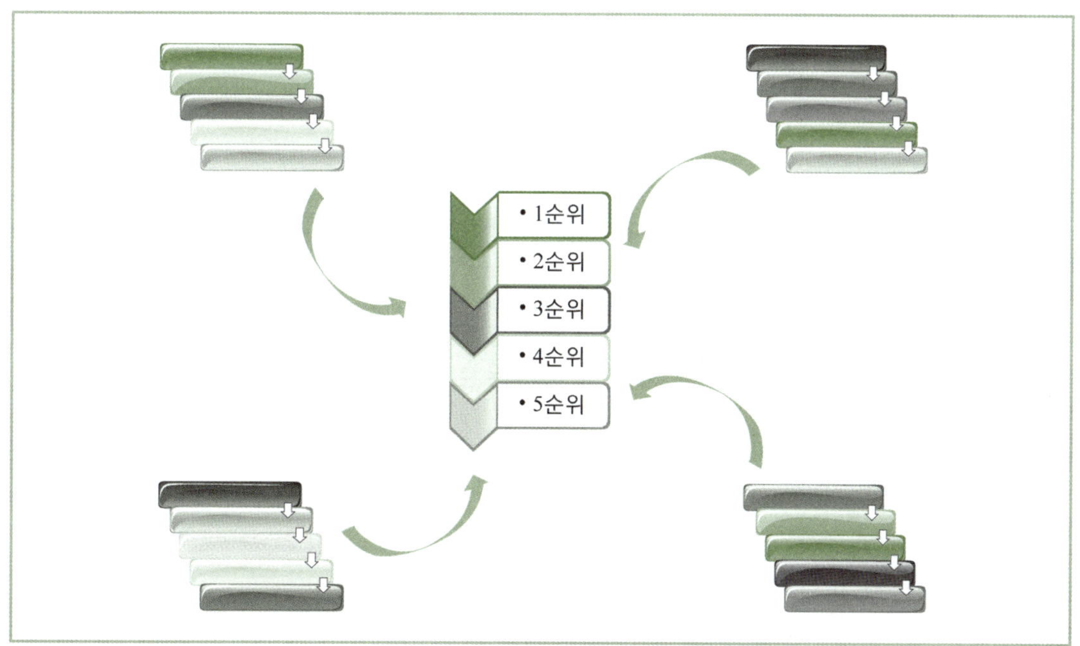

## 다. 수업 적용 예

### 1) 사막에서 살아남기

#### (1) 상황 설명

7월 중순 어느날 오전 10시쯤 여러분은 어느 사막에 불시착했다. 엔진과 기체는 모두 불타버리고, 단지 형태만 남아 있을 뿐이다. 다행히 다친 사람은 아무도 없었다. 조종사는 사고 지점이 어디인지 알지 못했다. 그러나 땅에 떨어지기 전에 본 바에 의하면 항로에서 65마일 정도 이탈한 것 같다고 한다. 그래서 조종사는 사람이 살고 있지 않은 것으로 알려진 광산으로부터 약 70마일 정도 떨어진 곳에 불시착한 것으로 짐작된다고 한다.

인접한 지점은 평지이며, 별다른 장애물도 없어 보였다. 선인장도 있었다. 그리고 최근 기상 예보는 온도가 화씨 110도 정도까지 올라갈 것이라고 예보했다. 이것은 발이 맨바닥에서 닿았을 때는 화씨 120도까지 느껴질 수 있다는 것을 의미한다. 여러분은 모두 가벼운 옷차림이었다. 짧은 티셔츠, 짧은 바지, 양말과 구두를 신고 있었다. 그리고 모두 손수건을 가지고 있었다. 주머니에는 동전이 2달러 83센트, 지폐가 85달러 있었고, 볼펜이 있었다.

#### (2) 도전 과제

비행기가 불에 타기 전에 여러분 모둠은 15가지 항목을 가지고 나올 수 있다. 이제부터 생존에 필요한 순서에 따라 15가지 항목 중 가장 중요한 것에는 1, 가장 중요하지 않은 것에는 15라고 순위를 정해보라. 생존자 수는 모둠의 도우미 수와 같다고 가정하고 함께 행동하는 것을 동의하는 것을 전제로 한다.

1단계 : 그냥 있기 또는 가기
불시착 지점에 남아 있을 것인지 아니면 도움을 청하러 갈 것인지 모둠이 결정한다.

2단계 : 개인적인 우선순위 정하기
각 모두미는 개인적으로 각 항목에 순위를 매긴다. 개인적으로 순위를 매기는 것을 마칠 때까지 문제나 상황에 대해 토의해서는 안 된다. 토의를 한 다음에는 순위를 바꿀 수는 없다.

3단계 : 모둠 순위 정하기
모두미 개인마다 순위 매기기가 끝나면, 모둠 차원에서 순위를 정한다.

| | 1 | 2 | 3 | 4 | 5 | 6 | 7 | 8 | 9 | 10 | 11 | 12 | 13 | 14 | 15 |
|---|---|---|---|---|---|---|---|---|---|---|---|---|---|---|---|
| 장전된 권총 | | | | | | | | | | | | | | | |
| 책[사막에서 먹을 수 있는 동물] | | | | | | | | | | | | | | | |
| 소금병 | | | | | | | | | | | | | | | |
| 1인당 물 1리터 | | | | | | | | | | | | | | | |
| 빨간/ 흰 낙하산 | | | | | | | | | | | | | | | |
| 압박붕대 | | | | | | | | | | | | | | | |
| 180도수 보드카 | | | | | | | | | | | | | | | |
| 항공 지도 | | | | | | | | | | | | | | | |
| 손전등 | | | | | | | | | | | | | | | |
| 잭나이프 | | | | | | | | | | | | | | | |
| 1인당 코트 한 벌 | | | | | | | | | | | | | | | |
| 우비 | | | | | | | | | | | | | | | |
| 선글라스 2개씩 | | | | | | | | | | | | | | | |
| 손거울 | | | | | | | | | | | | | | | |
| 나침반 | | | | | | | | | | | | | | | |

## 2) 달에서 길을 잃다.

### (1) 상황 설명

여러분은 달 표면에서 모선과 접촉하기로 되어 있는 우주선에 있다. 그런데 기술적인 오류로 인해 접촉지접으로부터 200마일 떨어진 곳에 불시착하게 되었다. 그 결과 장비의 대부분이 손상을 입었다. 생존은 모선에 도착할 수 있는냐, 없느냐에 달려 있기 때문에 가장 중요한 항목은 물론 200마일의 여행을 위한 것이어야 한다.

### (2) 도전 과제

아래에 15개 항목이 있다. 여러분의 과제는 접촉지접에 도착하기 위해 여러분의 모두미들과 함께 어떤 항목이 가장 중요한지 순위를 메기는 것이다.

1단계 : 개인적으로 순위 정하기

각 모두미는 각 항목을 개닝적으로 순위를 매겨본다. 모두미가 개인적으로 순위 정하기를 끝내지 않았으면 상황이나 문제에 대해 토론해서는 안 된다. 일단 토의가 시작되면 개인적으로 정했던 순위를 바꿀수는 없다.

2단계 : 모둠 순위 정하기
개인적 순위 정하기가 끝났으면 모둠 차원에서 15개 항목의 순위를 정한다.

성냥갑, 농축 식량, 50피트의 나일론줄, 낙하산, 휴대용 열기구, 권총 두 자루, 분유 한 통, 100파운드 산소통 2개, 별자리 지도, 구명 뗏목, 나침반, 물 25리터, 신호탄, 주사바늘이 들어있는 구급상자, FM 전파 송수신기

(3) 미 항공우주국(NASA)의 순위

1. 100파운드 산소통 2개
2. 물 25리터
3. 별자리 지도
4. 농축식량
5. FM전파 수송기
6. 50피트의 나일론줄
7. 주사바늘이 들어 있는 구급상자
8. 낙하산
9. 구명 뗏목
10. 신호탄
11. 권총 두 자루
12. 분유 한 통
13. 휴대용 열기구
14. 나침반
15. 성냥갑

해설 : 이 답들은 육체적인 생존과 만남의 지점(랑데뷰)에 가기 위한 과정에 따른 것이다.

가장 중요한 두 가지 요소는 생존에 가장 필요한 공기와 물이다. 그 다음 것은 위치를 알아내고 만남의 지점 위치를 생각해낼 수 있는 지도다. 여정을 위해 힘을 제공하는 음식은 그 다음 순위가 될 것이다. 그러나 공기와 물처럼 생존을 위해 반드시 필요한 것은 아니다. FM전파 송수신기는 지구와 접촉을 유지하기 위해 필요하다. 전리층이 없는 진공 상태에서도 라디오 송신은 단지 선을 통해서만 가능하고, 달 안에서 대략 10마일 안에서만 가능하다. 지구의 강력한 수신기는 모선에서 중계한 메시지를 잡아낼 수 있다.

그 다음에는, 달의 산에 오르고 갈라진 깊은 틈을 여행하기 위해 필요한 로프다. 그 다음 순위는 상처를 치료할 수 있는 구급상자다. 낙하산 천은 햇빛과 열로부터 훌륭한 보호막이 되어줄 것이다. 구명 뗏목은 모든 물품을 운반시킬 수 있는 도구이며(달의 중력 덕분에 무거운 짐도 운반이 가능하다.) 은신처가 될 수도 있다. 환자를 운반하는 들것으로도 쓸 수 있다. 또한 우주의 먼지로부터 보호해준다.

신호탄은 진공 상태에서 타지는 않으나 총은 작동이 된다. 신호탄과 총은 장애물을 넘을 수 있는 훌륭한 추진 장치가 될 수 있다. 반면에 우유는 무겁고 상대적으로 가치가 적은 편이다. 달은 과열이 문제지 춥지는 않다. 그러므로 난방 장치는 필요하지 않다. 나침반 역시 달의 자기장에서는 아무 소용이 없다. 성냥갑 역시 거의 아무 소용이 없다.

(4) 점수

각 항목에 대하여 자신의 순위와 미 항공우주국(NASA)의 순위 사이의 차이를 구하라. 그리고 그 순위차를 더하라. 그 차이가 적을수록 당신은 전문가에 가깝다. 모둠의 순위도 똑같은 방법으로 알아보자. 그리고 개인의 예측과 모둠의 예측을 비교해보라.

| 예 : | 당신의 순위 | 나사의 순위 | 차이 |
|---|---|---|---|
| 성냥갑 | 8 | 15 | 7 |
| 신호탄 | 14 | 10 | 4 |

## 3) 심장이 필요해

(1) 도전과제

당신은 시 병원의 법률 담당위원 중 한사람으로서 중요한 결정을 내려야 한다. 인공 심장을 기다리고 있는 다섯 사람의 순서를 정해야 하는 것이다. 법률 담당위원회에서는 반드시 합의를 내놓아야 한다.

1단계 : 개인적으로 순서 정하기
인공 심장을 기다리는 다섯 명의 환자들의 우선 순위를 당신 혼자서 정해야 한다.

2단계 : 위원회 모임
위원회 모임을 가지고 당신이 정한 순위를 위원들과 함께 검토해서 확정해야 한다. 규칙은 위원들의 의견과 당신 의견이 다를지라도 그들의 느낌과 생각을 확인한 다음에는 당신의 결정을 문서로 남겨야 한다는 것이다.

김막동 : 나이는 61세, 직업은 마피아라는 의심기 가는 인물. 결혼을 했으며, 7명의 자녀를 두었다. 위급한 상태이지만, 수술이 원만히 이루어지면 병원에 거액을 기부하겠다는 의견을 밝힘.

박동철 : 나이는 23세로 평균 B학점을 받는 학생. 아직 미혼이지만, 학과 공부에 매우 열심이다. 어려운 가정을 돕고 있으며 장래 희망은 경찰관

안문희 : 45세의 주부. 남편과 사별한 후, 적은 수입으로 근근히 살아왔으며 현재 가진 돈이 전혀 없음. 3명의 자녀를 두었다.

최민기 : 35세의 촉망받는 영화배우. 이혼 경력이 있으며 2명의 자녀는 모두 이혼한 부인에게 양육권이 있음. 집이 없는 사람들을 위해 꾸준히 기부금을 내왔음.

이신재 : 3선 국회의원으로 1명의 자녀가 있음. 재정적으로 넉넉한 편인 그의 나이는 55세

## 라. 창문만들기 토의 · 토론

### 1) 이론과 특징

Kagan(1994)이 만든 이 방법은 모둠 구성원의 개성과 공통점을 파악하는 데 주로 사용한다. 특히 모둠 세우기에 매우 적합한 방법이다. 예를 들어, 모둠의 이름을 정할 때, 구성원들은 가장 좋아하는 음식을 서로 적거나 가장 좋아하는 스포츠를 적는 등의 활동을 하면, 구성원들이 어떤 음식을 좋아하고, 어떤 스포츠를 좋아하는지 등 서로를 이해할 뿐만 아니라 서로의 공통점을 찾을 수 있고, 이것을 중심으로 모둠 이름을 만들 수 있다.

이 방법을 의사결정을 하는 토의, 토론에 사용하면 매우 효과적이다.

### 2) 절차

(1) 네 명으로 한 모둠을 만들고 그림과 같은 창문학습지를 한 장 나누어 준다.

교사는 가능하면 네 명으로 한 모둠을 만든다. 만약 수가 맞지 않아 5명이 되면 2명을 한 사람처럼 해서 진행한다.

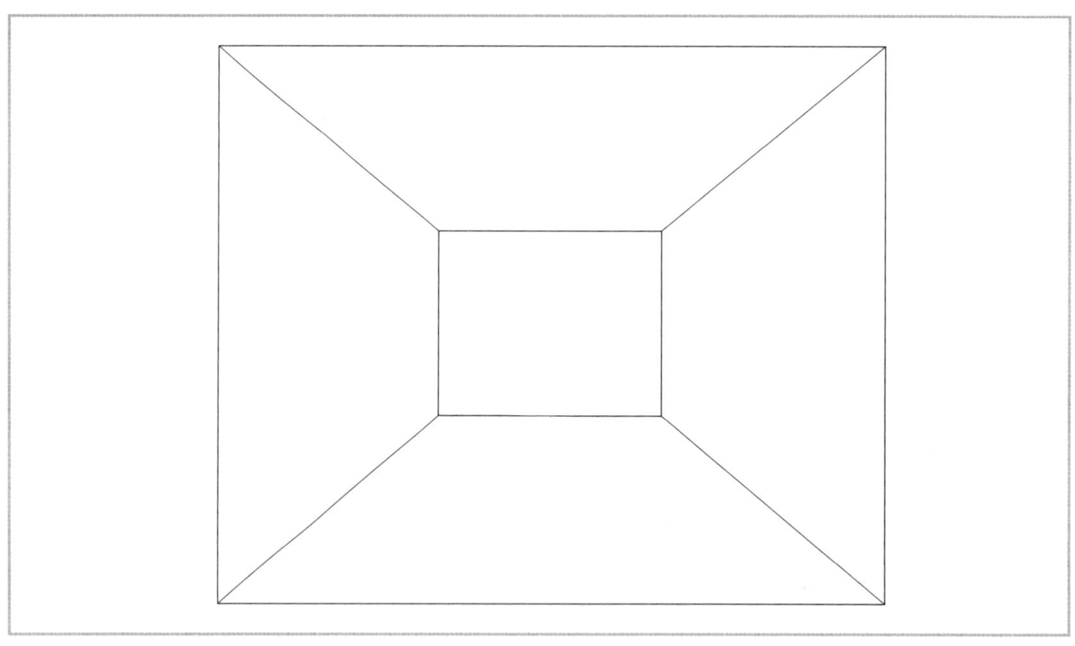

창문학습지

(2) 주제를 주면 학생들은 자신의 창에 자신에게 해당되는 내용을 적고, 설명한다.

만약 수업 목표가 다음과 같다면

| 목표 : 우리가 속한 사회집단을 조사해 보고 공통으로 소속된 집단을 찾아보자 |
|---|

◆ 네 사람은 각자가 소속된 사회 집단을 돌아가면서 자신의 창에 적는다.

* 유의점 : 먼저 적는 사람의 의견에 모둠원이 영향을 받을 수 있다. 따라서 창의적인 사고를 방해받지 않기 위해서 교사는 자신의 생각을 적기 전에 무엇을 적을지를 머릿속에 생각했는지를 반드시 확인한다.

◆ 각자 그 이유를 설명한다.

이때 그것이 사회집단으로 볼 수 없는 것이라면 다른 사람들이 이의를 제기하고, 그 이유를 설명한다.

(3) 중간 창에 두 사람 이상의 공통되는 내용을 적는다.

각자 다 적은 다음 모둠장은 두 사람 이상 공통적으로 적은 모둠을 중간창에 다시 적는다.

(4) 중간 창에 적힌 내용으로 모둠의 의견을 모은다.

중간 창에 적힌 내용으로 모둠토의한 후 발표한다.

## 마. 모형 · 도식

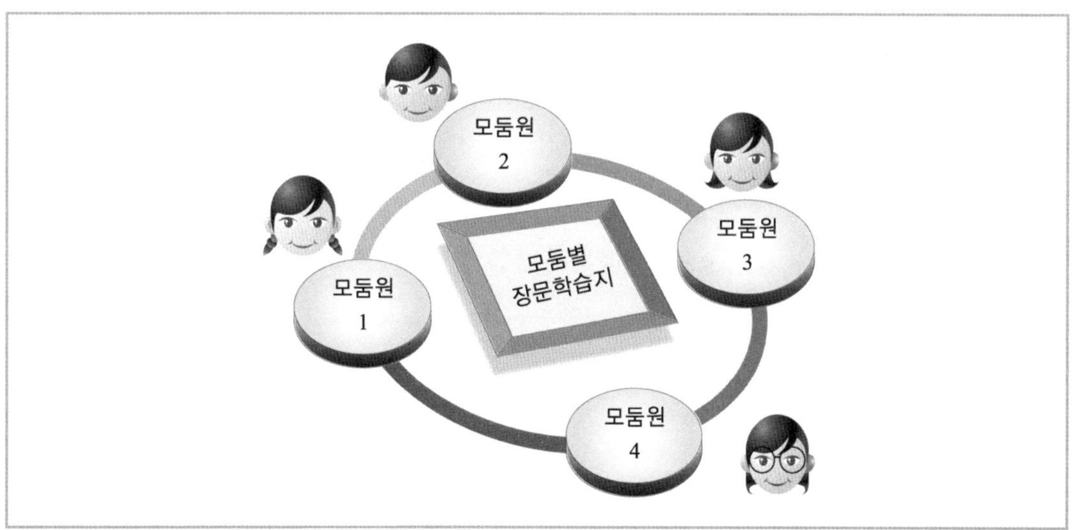

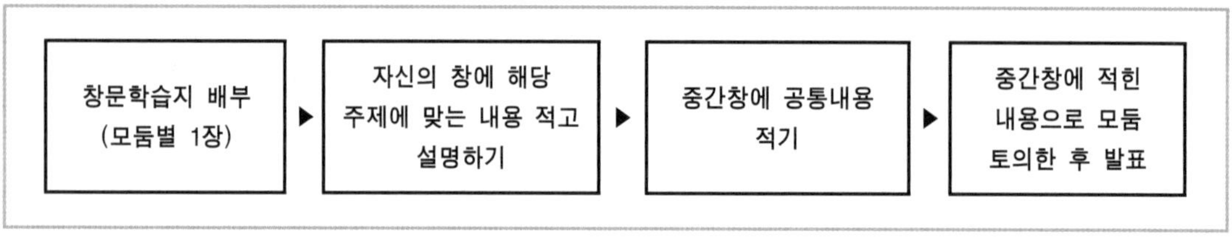

창문학습지 배부 (모둠별 1장) ▶ 자신의 창에 해당 주제에 맞는 내용 적고 설명하기 ▶ 중간창에 공통내용 적기 ▶ 중간창에 적힌 내용으로 모둠 토의한 후 발표

## 바. 협동적 찬반(pro-con) 토의 · 토론

### 1) 이론

논쟁의 과정에서 일어나는 논리적이고 심리적인 절차를 수업절차로 그대로 재현하여, Johnson과 Jonhson(1994)이 창안하였다. 다른 토론학습과 달리 쟁점에 대해 찬반입장을 선택해서 자신의 주장과 근거를 제시하면서 토론한 후, 서로 입장을 바꾸어 상대방을 위하여 상대가 주장하지 못했던 근거를 제시하는 과정을 거친다. 이것은 자신의 입장만 주장하며 갈등 상황을 고조시키는 것이 아니라 상반된 입장이 되어 보면서 서로에 대한 경험과 이해가 가능해진다는 장점이 있다.(정문성, 2006)

### 2) 절차

(1) 수업준비 단계, 소집단 구성

4명의 소집단 구성, 동일한 논쟁 중심 문제 제시한다.

(2) 소집단 내 작은 소집단 구성과 자신의 주장 정당화

4명의 소집단 내에서 학생들은 논쟁에 대해 상반되는 입장을 선택하여 2인씩 구성되는 작은 소집단을 구성하고 제시된 자료를 토대로 자신의 주장을 정당화한다.

(3) 작은 소집단 내 발표

각각 자신의 주장과 근거를 소집단내에서 발표한다.

(4) 작은 소집단 별 토의

작은 소집단별로 토의 하는 단계로 서로의 주장을 듣고 비판하고 분석하며 서로의 대안을 제시한다.

(5) 작은 소집단의 입장을 바꾸어 토의

작은 소집단은 입장을 바꾸어 상대방을 위하여 상대가 생각하지 못했던 근거 제시한다.

(6) 소집단 의견 종합 및 발표

소집단의 의견을 종합하여 학급 구성원 전체에게 발표한다.

## 사. 모형 도식

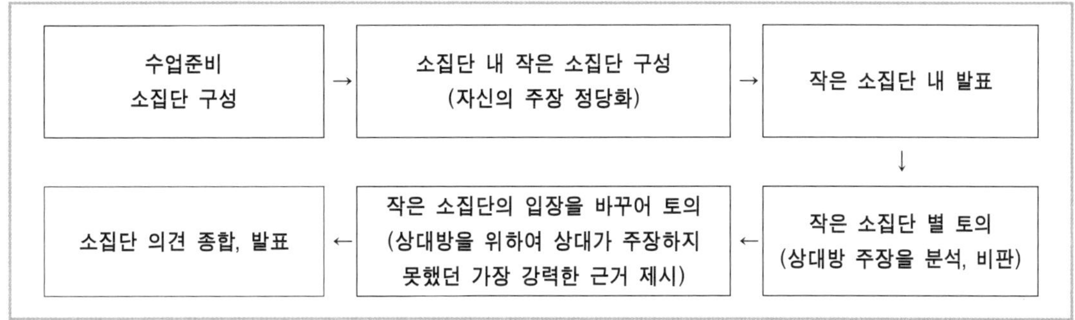


## 아. 디즈니 창의성 전략 토의 · 토론

### 1) 이론

디즈니 창의성 전략은 Walt Disney가 환상적인 이야기를 실제로 실현한 것에 영감을 받아 Robert Dilts(1994)가 제안한 방법이다. Walt Disney는 작품을 만드는 과정으로, 먼저 어떤 꿈 또는 전체영화의 비전을 만들어냈다. 배역들의 눈을 통해 어떻게 이야기가 나타날까를 상상하면서 영화의 모든 등장인물들의 느낌을 느껴보았고, 자신의 계획을 현실적으로 보았다. 돈, 시간, 자원의 균형을 잡고, 그 형화가 확실히 성공할 수 있도록 필요한 정보들을 모았다. 그가 영화의 꿈을 만들었을 때 비판적인 청중의 입장에서 그것을 다른 관점에서 보는 입장을 취했다. 영화는 재미있었는지? 그것은 즐거웠는지? 관심을 받지 못한 죽은 나무가 있었는지? 등을 자신에게 물어 보았다. Walt Disney는 3가지 다른 입장 즉 꿈꾸는자(몽상이, dreamer), 현실주의자(현실이, realist), 비평가(비판이, critic)의 입장을 가지고 자신의 작품에 다가가서, 작품의 완성도를 위해 노력했다. Robert Dilts는 이런 Walt Disney의 영향을 받아, 창의성을 발전시키는 방법으로, 몽상이(Dreamer), 현실이(Realist), 비판이(Critic)의 3가지의 입장을 제안하였다.(Joseph O'connor<NLP introduction>)

## 자. 절차

### 1) 교사는 과제를 제시하고, 모둠 구성원들이 세 가지 역할을 정하게 한다.

교사는 과제를 제시하고, 몽상이, 현실이, 비판이 세 역할을 정하도록 지도한다. 그리고 나머지 한명은 기록이로 한다. 만약 모둠이 5명이나, 6명이면 기록이만 빼고 각 역할을 2명이 맡을 수도 있다.

2) 과제를 해결하기 위해 몽상이, 현실이, 비판이의 순서대로 자신의 의견을 말한다.

제일 먼저 몽상이가 자신의 역할에 따라 꿈같은 상상을 말한다. 이에 대해 현실이는 현실가능한 방법으로 수정하고, 비판이는 문제점을 비판한다. 2명이 한 역할을 맡았을 때는 차례대로 말하게 한다. 기록이는 이들의 발표를 요점만 기록한다.

3) 모둠의 결론을 정리하여 보고하거나 제출한다.

꿈같은 이야기, 현실적인 수정, 상세한 비판 등의 결과 최종 정리된 결론을 보고한다. 이때 그동안 토의 · 토론 기록도 첨부하여 제출한다.

## 차. 모형 도식

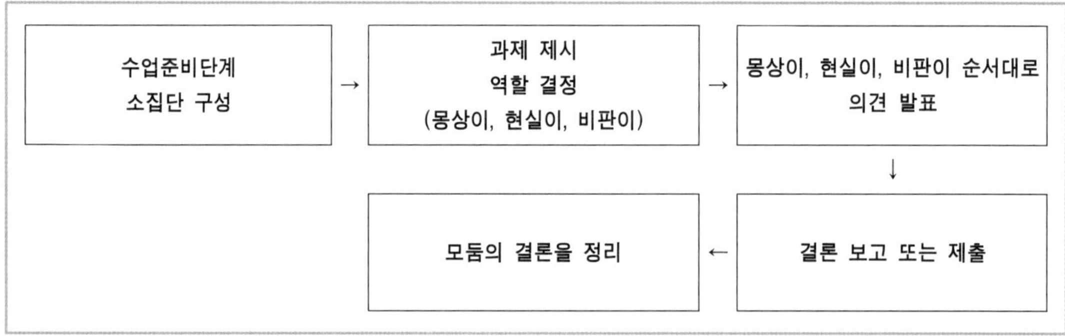


## 카. 회전목마(Carrousel) 토의 · 토론

1) 이론

회전목마처럼 학생들이 계속 한 방향으로 돌아가면서 학생들의 생각을 보다 넓고, 깊게 생각하고 발표하는 경험을 제공하려는 것을 목적으로 한다.

(1) 특징

① 토의 · 토론의 참여를 극대화하기 위함이다. (절반 발표, 절반 경청)

② 빠른 시간 안에 말하고, 이해하는 능력을 기른다.
(듣고 → 이동 → 요약 → 듣고 → 이동 → 요약 → 발표)

③ 학생들은 임의의 학생을 만나 짧은 경청과 발표를 하기 때문에 여러 학생들을 만날 수 있다. (사회성 기름)

④ 다른 학생이 주장한 내용을 좀 더 깊이 있게 생각하고, 더 심화시켜야 하므로 사고력을 향상할 수 있다.

(2) 유의점

① 빠른 시간 안에 말하고, 이해하는 능력을 기르는 목적도 가지고 있다.
② 보통 두 사람이 만나는 시간은 3분으로 제한한다.
③ 이동하는 칸, 이동하는 횟수는 수업 내용에 따라 얼마든지 조정할 수 있다.

## 타. 절차

① 바깥쪽 원과 안쪽 원 똑같은 인원수로 두 개의 원을 만들어 의자를 놓아 둔다.
② 교사가 주제를 제시하면 그 주제에 대해 안쪽에 있는 학생이 의견을 말한다.
③ 바깥쪽에 있는 학생은 오른쪽으로 자리를 옮겨 앉아서 들었던 의견을 요약해서 말해준다.
④ 바깥쪽에 있는 학생은 다시 오른쪽으로 자리를 옮겨 앉아서 이전 두 학생의 의견을 요약해서 말해 준다.
⑤ 세 사람의 의견을 요약해서 발표시킨다.

## 파. 모형 도식

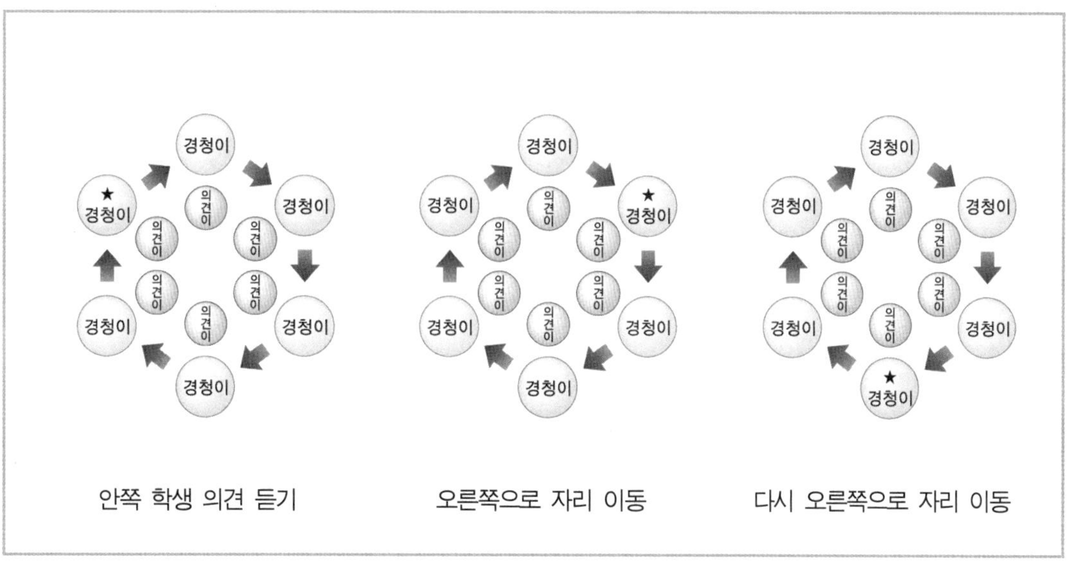

## 하. 수업(모형) 적용 사례

### 1) 사례 1 – 〈창의적 물건 만들기〉

잠을 확실하게 깨워줄 수 있는 세상에 하나 뿐인 자명종 시계

① 하늘을 날아다니는 시계

② 바늘을 시계에 붙여 정신을 바짝 차려야 알람을 끌 수 있는 시계

③ 마구 굴러다녀서 일어나서 찾아내야 알람을 끌 수 있는 시계

### 2) 사례 2 – 〈이유 찾아내기〉

학교 의자를 좀 더 편안히 사용하는 대안

- 학교 의자가 불편해서 바꿔줘야 하는 이유 찾기

① 이동이 어렵다.

② 의자가 딱딱해 엉덩이가 아프다.

③ 의자 모서리에 스타킹이 걸려 올이 나간다.

### 3) 사례 3 – 〈좀 더 높은 생각, 좀 더 깊은 생각을 하도록 유도〉

매일 사용하고 있는 화장실을 편리하게 개선할 방법은 없을까?'

- 공중 화장실 변기의 불편한 점 찾기

① 변기에 오물이 묻었을 때 청소하기 힘들다.

② 요(尿)가 변기 좌대에 묻어 좌대에 앉기가 불편한다.

③ 변기에서 용변을 본 후 물을 내리지 않아 불쾌한 일이 있다.

## 거. 가치 수직선(Value continuum) 토의·토론

### 1) 이론

학생들이 자기의 가치 판단 경험을 하고, 그것을 실천에 옮기는 훈련을 함으로써 자기 확신과 자존감을 높이기 위한 목적을 가지고 있다. 뿐만 아니라 사람들이 서로 다른 가치를 가지고 있다는 것을 인정하고 수용하는 태도도 기른다.

#### (1) 특징

① 자신의 가치에 대한 이유를 설명하게 함으로써 사고력과 발표력을 기른다.

② 다른 학생들의 가치를 이해하고, 수용해 준다.

③ 마음속으로 판단하는 경험도 갖게 한다.

④ 자신의 가치관 형성에도 영향을 미치게 될 것이다.

#### (2) 유의점

① 발표하기를 꺼리는 학생들에게는 너무 강요하지 않는 것이 좋다.

② 너무 정오가 명백한 주제보다는 가치가 게재되어 연속성이 있는 주제를 택하도록 한다.

③ 교실이 좁아서 활동하기가 불편할 때는 칠판이나 전지에 그림을 그리고 표현할 수도 있다.

### 2) 절차

① 교실의 반쪽에 의자를 두 줄로 놓고, 학생들은 반대쪽에 모인다.

② 학생들은 자유롭게 자신의 의사를 말하고 해당하는 의자에 앉는다.

③ 말을 하고 싶지 않은 학생들도 해당하는 의자에 앉는다.

④ 모든 학생이 앉으면 교사가 현 상태를 설명해 주고 정리한다.

### 3) 모형도식

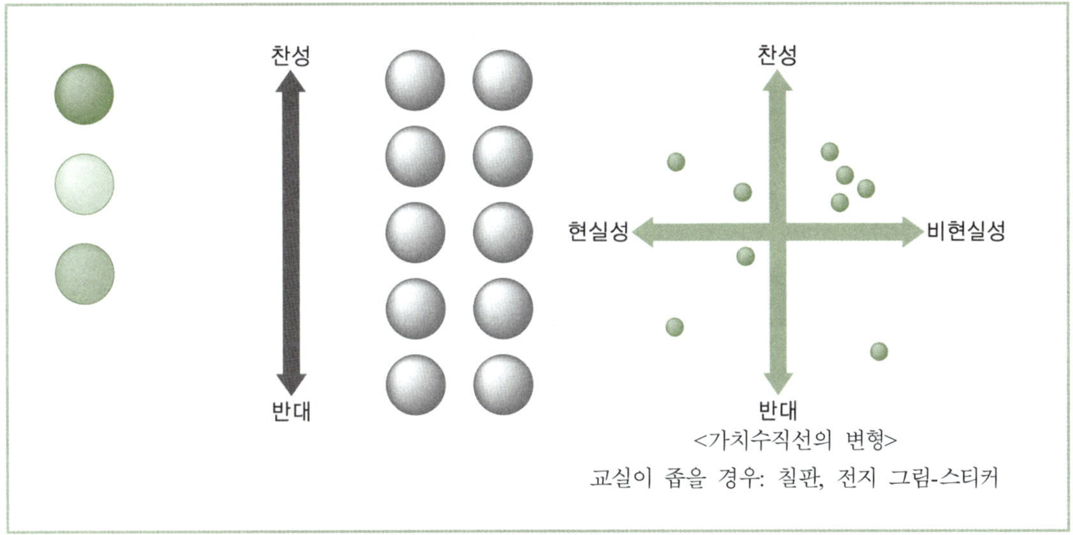


<가치수직선의 변형>

교실이 좁을 경우: 칠판, 전지 그림-스티커

## 너. 구름(Cloud) 토의 · 토론

### 1) 이론

Theory of Constraints for Education(교육을 위한 제약이론)에서 사용하는 세 가지 방법 중의 하나를 이용한 것으로, 갈등상황을 이해하고, 윈-윈 해결책을 찾는 데 사용된다.

#### (1) 특징

① 자신과의 갈등이나 타인과의 갈등을 다룬다. (Win-Win 해결책)

② 스스로의 행동의 변화를 유도한다.
③ 어려운 목표에 도달하도록 도와준다.
④ 논술 사고력을 증진시킨다.

### 2) 절차

① 각각의 주장을 확인한다.
② 각 주장의 이유를 확인한다.
③ 각 주장의 이유가 되는 가정을 확인한다.
④ Win-Win 해결책을 모색한다.

### 3) 모형도식

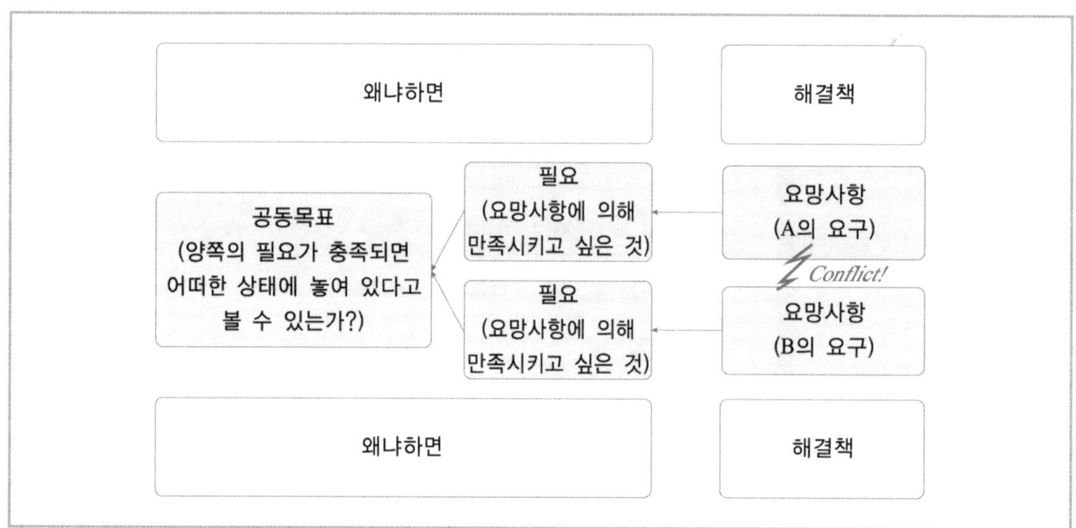


## 더. 배심(Panel) 토의 · 토론

### 1) 이론

- 주제 관련 분야의 다양한 견해를 가지거나 대립된 의견을 가진 준비된 사람이나 전문가나 권위자로 구성된 4-6명의 패널들이 모여, 청중 앞에서 주제에 대해 토의 · 토론하는 방법.
- 교사는 특정 주제에 대해 학생들을 패널로 선정하고 그 주제에 대해 토의 · 토론을 준비시킴.
- 발표하기와 기존의 강의에서 벗어나기를 꺼리거나 토론의 전개 능력 부족을 극복할 수 있는 가능성을 가진 학습법임.
- 다른 학생들은 이들의 토의 · 토론을 지켜보고, 사회자의 재량으로 제한적으로 질문 및 간단

한 의견을 제시할 수 있음.

- 해당 주제에 관심이 있거나 능력이 있는 학생들은 토의 · 토론을 통해 자신감을 얻게 되고, 다른 학생들은 이들의 토의 · 토론을 보고 어떻게 표현의 방법에 대해 간접적으로 체험함.

(1) 특징

- 모든 학생들이 토의 · 토론할 만큼 준비가 되어 있지 않을 때
- 주제가 어려워서 전체 학생이 토의 · 토론하기에 부담이 될 때
- 학생수가 너무 많아 토의 · 토론이 불가능할 때

(2) 필요성

패널 토의는 다양한 관점에서의 문제해결을 이끌어 냄으로써 학습 욕구에 대한 해결 능력의 함양

⇒ 삶의 경험을 바탕으로 학습을 하는 성인 학습자에게 유용한 학습법으로 사용

(3) 유의점

- 듣는 학생들의 집중도에 따라 수업의 성패가 결정되므로 사회자가 하위 주제 끝에 반드시 학생들의 질문이나 의견 발표 기회를 제공하기.
- 배심원이 사전에 토론의 계획을 면밀하게 세워야 함(토의 · 토론 수업에서는 사전 계획과 준비가 중요(황보효석, 1997).
- 각자 토론할 내용이 다양한 관점으로 구성되어 중복되지 않아야 함.

(4) 배심(패널) 구성자

| 구성자 | 역 할 |
|---|---|
| 사회자 | • 토의를 이끌어 가며 준비<br>• 시작 전에 패널 구성원들과 함께 토의 범주, 하위범주별 시간 배정, 진행방식, 유의사항 등을 협의조정하고 숙지<br>• 청중학습자의 관심과 흥미를 유지하는 데 각별한 주의<br>• 간단한 주제설명과 진행과전에 대한 소개<br>• 토의가 끝나면 토의의 중요한 내용들을 종합적으로 청중에게 제시하고 앞으로 더 생각해야 할 문제들과 활동들에 대한 논평하기<br>• 필요한 경우에는 청중과 패널 참여자들 사이의 질의응답의 시간 부여(패널과 청중과 협의하고 논의하는 과정을 통해 토론에서 청중이 소외되기 쉬운 문제 해결됨(김현진, 1994) |

| 배심원<br>(패널) | • 발표 전에 자기들의 역할을 정하기 위해 사회자와 만나 협의<br>• 자신의 의견을 논리적으로 표현할 수 있는 능력<br>• 다른 구성원의 의견을 경청<br>• 적극적으로 자신의 반응을 개진<br>• 청중으로서 학습자들이 의도된 학습목표를 달성할 수 있도록 격려 |
|---|---|
| 청중 | • 패널 구성원의 의견을 주의 깊게 경청<br>• 토의내용을 면밀히 검토<br>• 기회가 주어지면 질문하기<br>• 새로운 생각을 확인하고 자기의 경험이나 생각과 연결시켜 정리 |

(5) 장 · 단점

| 장점 | • 청중과 토론자와의 질의응답에 의해 일체감을 깊게 한다.<br>• 참석자 전원이 참가하는 형식을 실행함으로써 토의가 활발해진다.<br>• 참석자에게는 토론에 참여했다는 만족감을 준다. |
|---|---|
| 단점 | • 사회자가 문제를 정확히 파악하지 못하거나 민활하지 못할 경우에는 화제가 너무 오래 계속되어 지루하기 쉽다.<br>• 한정된 사람만이 발표를 독점하여, 취급하려던 문제의 핵심에서 벗어나 단 방향으로 흐르거나 결론 없이 이론에만 치우칠 우려가 있다. |

### 2) 절차

① 교사가 주제에 대해 4-6명의 배심(패널)과 사회자를 선정하여 토의 · 토론의 준비를 유도한다.

▶ 교사의 역할 : 해당 주제에 대한 자료 준비 및 제공, 학생들에게 역할에 대한 설명 및 방법 훈련

② 사회자의 운영에 따라 토의 · 토론을 진행한다.

▶ 사회자의 역할 : 전체주제의 하위 주제별로 차례로 진행, 패널의 주장을 유도, 발표에 대한 균등한 기회의 제공.

③ 각 학위 주제의 토의 · 토론 끝에는 학생들의 질문과 의견을 잠시 듣는 시간 가진다.

▶ 다양한 의견 수렴 : 패널들이 다루지 못한 의견 제시, 올바른 결론 도출 가능성 증대, 사례발표 가능

④ 토의 · 토론에서 결정된 결과나 의미 확인한다.

▶ 사회자의 역할 : 토의 · 토론의 결과 및 의미에 대해 정리

▶ 교사의 역할 : 토의 · 토론 과정에 대한 조언 제시

## 3) 모형

### (1) 배심(패널)토론의 모형(김두정 외, 1998 일부수정)

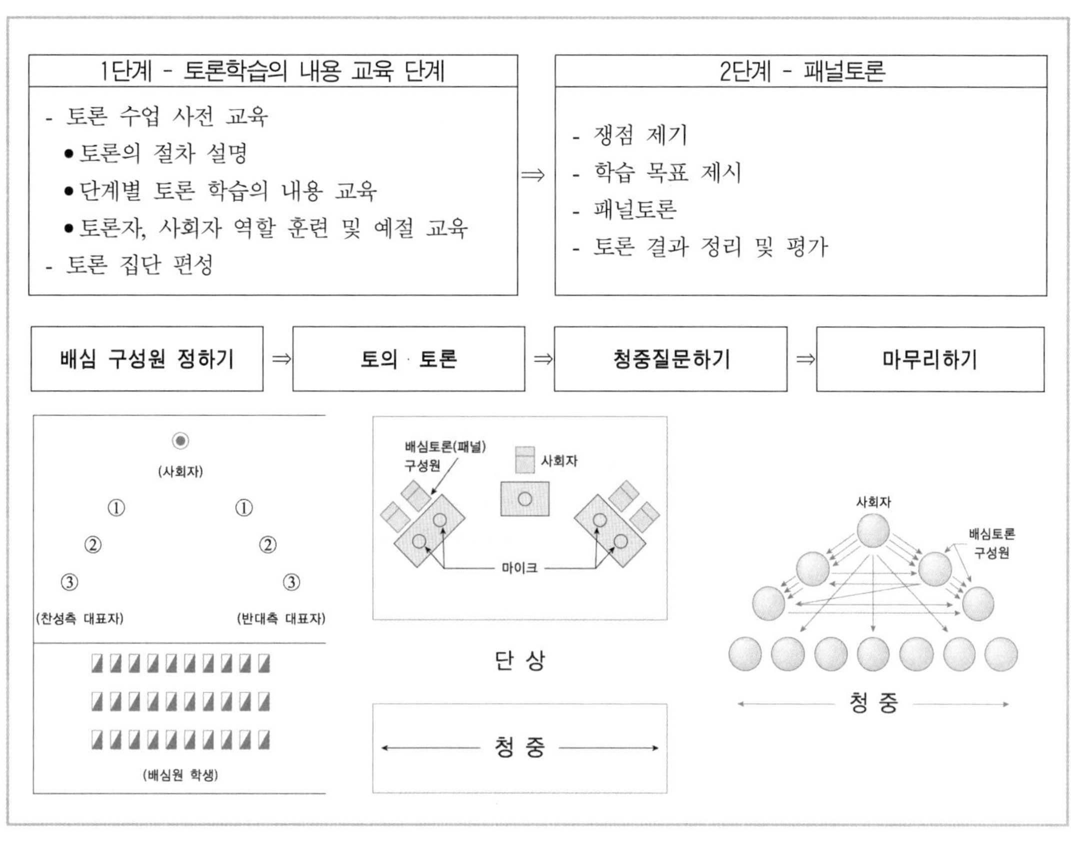

(2) 토의토론 모형

| | 배심(패널) | 포럼 | 심포지엄 | 세미나 |
|---|---|---|---|---|
| 특징 | • 토론 주제와 토론자가 미리 정하여진 공개 토론회로, 어떤 문제에 대하여 풍부한 지식·경험·흥미를 가진 4~6명의 대표자가 청중 앞에서 자유롭게 토론한 후에 청중들이 참여하여 질문을 하거나 의견을 말하는 방식<br>• 예 - MBC 100분 토론, 백지연의 끝장 토론 | • 전문가 초청 발표 후 청중과 다른 전문가의 질문하는 방식 | • 플라톤의 선례에 따라, 생활 또는 학술상의 중요한 문제를 공동의 장소에서 철저하게 토론하는 방식<br>• 예 - 학술대회(여러 주제에 대해 많은 전문가는 발표, 토론자는 토론하기) | • 몇 명의 주제발표자들 발제 후 지정 토론자나 청중의 질문 및 토론하는 방식<br>• 예 - 작은 규모의 학술대회 |
| 모형 | 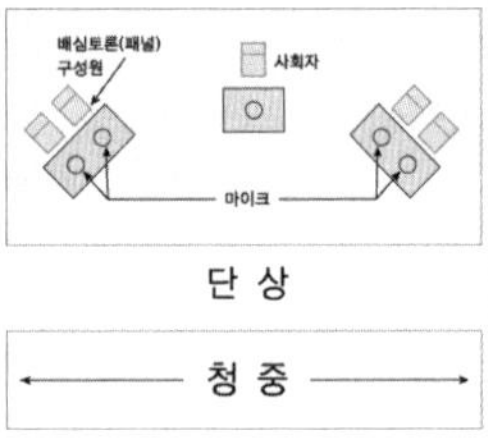 배심토론(패널) 구성원 / 사회자 / 마이크 / 단 상 / 청 중 / 사회자 / 배심토론 구성원 / 청 중 | 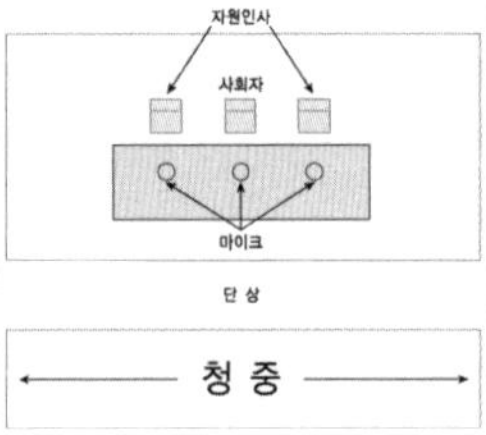 자원인사 / 사회자 / 마이크 / 단 상 / 청 중 / 사회자 / 자원인사 / 자원인사 / 공개토론구성원 | 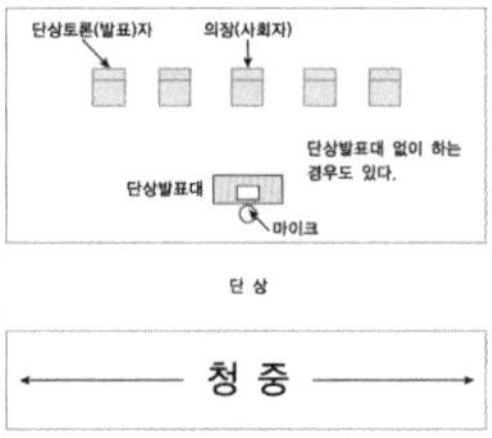 단상토론(발표)자 / 의장(사회자) / 단상발표대 없이 하는 경우도 있다. / 단상발표대 / 마이크 / 단 상 / 청 중 / 단상토론자 / 의장 | 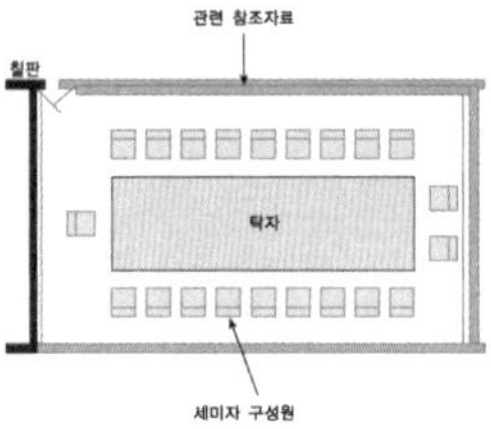 관련 참조자료 / 칠판 / 탁자 / 세미자 구성원 / 세미나 구성원 / 세미나 구성원 |

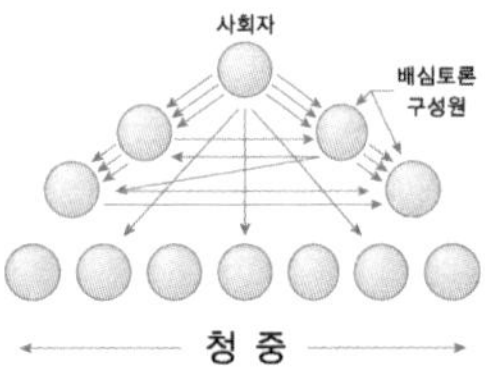

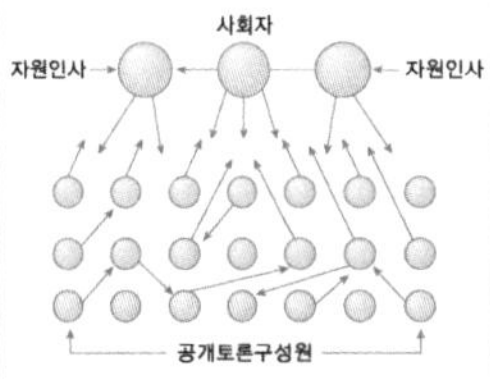

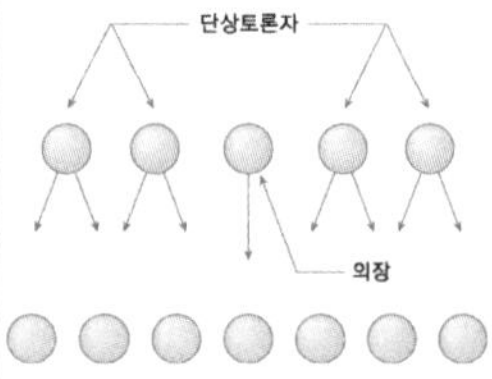

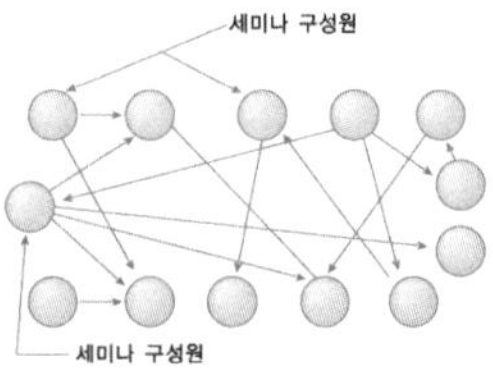

## 4) 수업 적용 사례

[예시]

**패널토의 – 편리한 모바일 커머스/뱅킹을 위해**

- ❑ 패널토의 주제
  - 현재의 모바일 커머스/뱅킹, 편리한가? 편리해질까?
  - 사용자의 선택권 보장, 어려운 일인가? (고객의 자유)
  - 과도한 보안, 어쩔 수 없는 선택인가?
  - 웹 표준 기반 뱅킹과 커머스, 머나먼 꿈일까?
    - 우리에게 왜 paypal 같은 편리한 결제 환경이 없을까?
    - 웹 기반? 앱 기반?
  - 모바일과 PostPC 커머스 활성화를 위한 방안은?
    - 공인인증서 사용환경, 이대로 좋은가?
  - 오픈 뱅크, 오픈 뱅킹 시도에 대한 생각은?
  - 스마트폰 기반의 모바일 뱅킹 공동 서비스의 가능성과 의미는?
  - 편리한 미래 모바일 뱅킹/커머스를 위해 필요한 것들은?
    - 해외의 참조 사례들은?
    - 공동 노력이 필요한 것들은?

**패널토의 – 편리한 모바일 커머스/뱅킹을 위해**

- ❑ 패널 토의 :
  - "편리한 모바일 커머스/뱅킹을 위하여"
- ❑ 참석자
  - 모더레이터: 전종홍 선임 (ETRI)
  - 패널리스트: 발표자
    - 김기영 상무 (이니텍)
    - 한준성 본부장 (하나은행)
    - 김성동 팀장 (알라딘)
    - 김재희 상무 (이니시스)
    - 이선재 본부장 (YES24)
    - 이동산 이사 (페이게이트)
    - 김기창 교수 (고려대)

mobile WEB2.0 FORUM

**우리의 기준은 어디에 ?**

위험회피
보안
안전
보호
피해방지
피해예방
해킹방지
안전제일
보안제일

공급자 중심 ← 기준 → 사용자 중심

편리성
호환성
편의성
신속성
선택권 보장
개인의 자유
다양성
고객최고
편의제일

[적용 예]

| 주 제 | 안락사 문제 | 수입개방시대의 국산품 애용문제 | 남북경제교류와 협력에 대한 입장 |
|---|---|---|---|
| 주 요<br>내 용 | 안락사의 허용이 인간의 권리에 미치는 영향을 무엇인가? 토론하기 | 수입개방시대에 국산품 애용이 소비생활에서 국민경제와 개인생활에 바람직한 결과를 가져올 것인가? 토론하기 | 서해교전과 같은 군사적 충돌이 발생하는 상황에서 남북경제교류와 협력에 대한 토의하기 |
| 주 요<br>쟁 점 | 안락사의 허용 유무 | 자유무역주의와 보호무역주의 | 남북경제협력이 통일에 미치는 영향 |

## 러. 돌아가며 발표하기(Round Robin) 토의·토론

### 1) 이론과 특징

라운드 로빙(Round Robin)은 구성원들이 빙 둘러앉아 로빈(Robin)이라는 장난감인형을 시계바늘방향으로 옆 사람에게 돌리면서 게임하는 서양 아이들의 놀이에서 착안했던 분임토의 기법의 하나이다. 분임토의 과정에서 한사람에 의한 발언독점을 배제하고 참석자 모두에게 발언하는 기회를 균등하게 제공하는데 큰 의미를 갖고 있다.

라운드 로빙은 모둠의 모든 구성원이 돌아가면서 의견을 내고, 그 의견을 모둠별로 모아서 돌아가며 의견을 내는 방법으로, 학급 전체 학생들을 최대한 이용하여 다양한 의견을 찾아내기 위한 목적으로 사용된다.

모둠 구성원에게 발표할 차례가 주어지고, 모둠을 대표해서 발표할 기회도 주어지기 때문에 학습들이 수업에 집중하는 효과가 있다. 또한, 의견이 없으면 통과할 수 있어 부담이 없고 의견이 많으면 모두 발표할 수 있어 능력 있는 학생들에게도 많은 기회가 주어진다.

라운드 로빙은 브레인스토밍과 유사하지만, 일단 의견을 백지에 적는다는 점과 모둠별 활동과 학급전체 활동이 연계되어 있다는 점이 다르다. 또한 의견을 모아 우선순위를 정하고, 그 과정에서 토의·토론이 나타나는 점이 다르다.

※ 유의점

- ▶ 라운드 로빙에서 의견이 없을 때 '통과'하면 그냥 넘어가므로 수업에 관심 없는 학생들은 생각하기 싫어 '통과'를 남발할 수 있다. 교사는 수업이 시작될 때 최소한 하나의 의견을 제시하도록 격려할 필요가 있다.
- ▶ 발표자에게 발언 기회를 주고 최소 2분은 기다려 주어야 하는 2분 규칙이 있다. 발표에 소극적인 구성원을 배려하는 세계적인 경험 규칙이다. 토의 진행자는 사전에 참석자들에게 2분 규칙의 의미와 필요성을 설명하고, 구성원 모두가 필요성을 공유하는 약속을 받아둘 필요가 있다.

### 2) 절차

#### (1) 모둠 내 발표할 순서와 모둠별 발표할 순서를 정한다.

교사는 모둠 구성원들에게 번호나 역할을 부여하여 발표할 순서를 정하고, 모둠에도 번호나 이름을 정해 발표할 순서를 미리 정해 준다.

#### (2) 백지를 나누어 주고 수업 과제를 제시한다.

모둠별로 백지를 한 장씩 나누어 주고, 토의·토론 주제를 발표한다.

(3) 모둠 내에서 순서에 따라 토의·토론 주제에 대해 순서대로 발표한다.

- 모둠 내에서 번호 순서대로 자신의 의견을 백지에 계속 돌아가며 쓰고 의견이 없는 경우는 통과한다. (단, 의견 앞에는 제안한 모둠원 번호를 적어야 한다.)
- 모둠에서 나온 의견을 토의·토론을 통해 우선순위를 정해 순서대로 정리한다.

예) 1모둠이 4명인 경우

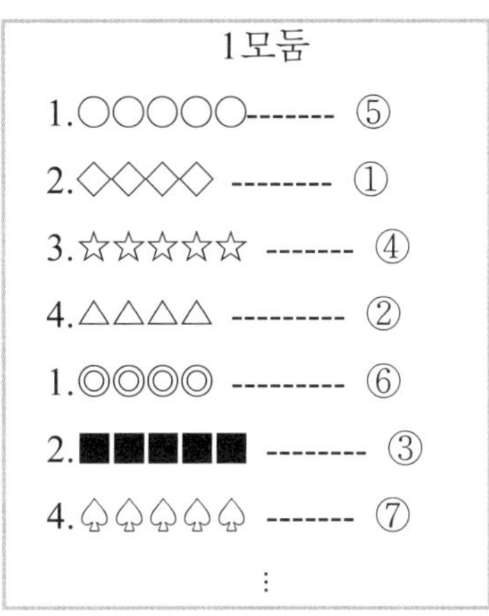


(4) 모둠 순서대로 돌아가며 발표한다.

모둠에서 나온 의견을 학급전체 앞에서 모둠별로 돌아가며 발표한다. 이때, 각 모둠의 우선순위 ① 의견을 모둠의 1번 학생이 대표로 발표하고 앞 모둠과 의견이 중복되는 경우 우선순위 ② 의견을 발표한다. 이런 식으로 각 모둠의 1번 학생이 발표를 다 하면 2번 학생이 그 다음 의견을 발표한다. 의견이 모두 고갈된 모둠은 통과하고 학급 전체 의견이 고갈될 때까지 계속 발표한다. 교사는 모든 의견을 칠판에 적는다.

예) 학급 전체가 4모둠(각 모둠원 4명)인 경우

| 1모둠 1번학생 ①의견 → 2모둠 1번학생 ①의견 → 3모둠 1번학생 ②의견 → 4모둠 1번학생 ①의견 → 1모둠 2번학생 ②의견 → 2모둠 2번학생 ②의견 3모둠 2번학생 → ③의견 …… |
|---|

(5) 학급의 의견을 정리한다.

칠판에 적혀 있는 의견을 정리하여 우선순위로 최종 결정한다.

### 3) 모형도식

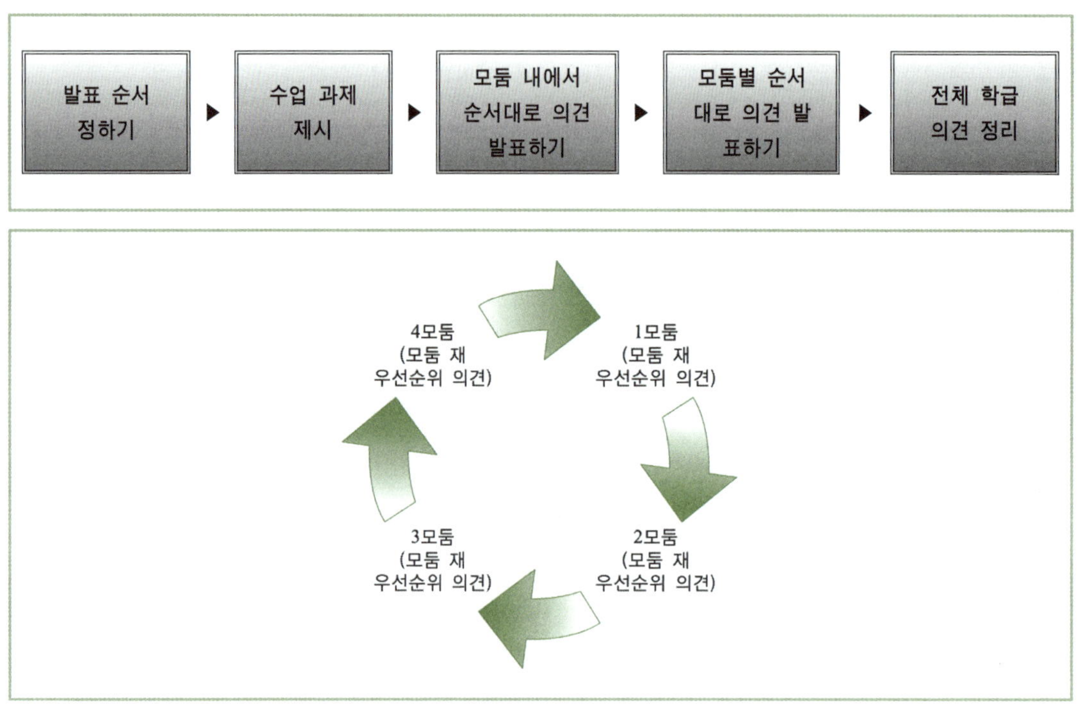


## 머. 피라미드(Pyramid) 토의 · 토론

### 1) 이론과 특징

피라미드 토의 · 토론은 두 사람이 의견을 모으고, 또 다른 두 사람과 함께 모두 네 명이 의견을 모으고, 다시 여덟 명이 의견을 모으는 등 마치 피라미드처럼 의견을 모아나간다고 해서 붙은 이름이다(송창석,2001). 수업이나 학급경영, 사회생활에서 어떤 전체 집단의 의견을 모을 때 유용하다.

모든 학생이 개인적으로 5개의 의견을 내어야 하고, 그것으로 두 사람이 토의 · 토론을 시작한다. 학생 수가 늘어나면서 소수일 때와 다수일 때의 토의 · 토론 경험도 동시에 할 수 있고, 같은 주제로 비슷한 주장을 여러 번 하게 되므로 좀 더 의견이 개선되고 표현력도 발전된다.

### ※ 유의점

두 명에서 점점 많이 모이게 되면 관심 없는 학생이나 소외되는 학생이 생길 수 있으므로 교실이나 복도 벽에 의견이 나온 포스트잇을 붙여 놓고 하는 것이 자연스럽고 좋다.

### 2) 절차

(1) 교사가 과제를 제시하고 1인당 5장의 포스트잇을 배부한다.

(2) 각자 개인별로 5개의 의견을 포스트잇에 적는다.

(3) 두 사람이 토의 · 토론으로 5개의 의견을 모은다.

두 사람이 짝을 지어 각자가 적은 5개, 합하여 10개의 포스트잇을 책상에 붙여놓고 토의 · 토론을 통해 5개로 줄인다. 이 때, 중복되는 것은 빼고 수정하거나 새로 적어도 된다.

(4) 네 사람, 여덟 사람,···· 모여서 5개의 의견을 모은다.

두 사람이 합의된 5개 안을 가지고 다른 두 사람을 만나 4명이 똑같은 방법으로 토의 · 토론하여 10개의 의견을 5개로 줄인다. 이런 방식으로 2,4,8,16,32명의 모둠으로 학생수는 늘어나고 대안은 계속 5개를 유지한다.

(5) 학급 전체의 최종 의견 5개를 발표한다.

### 3) 모형도식

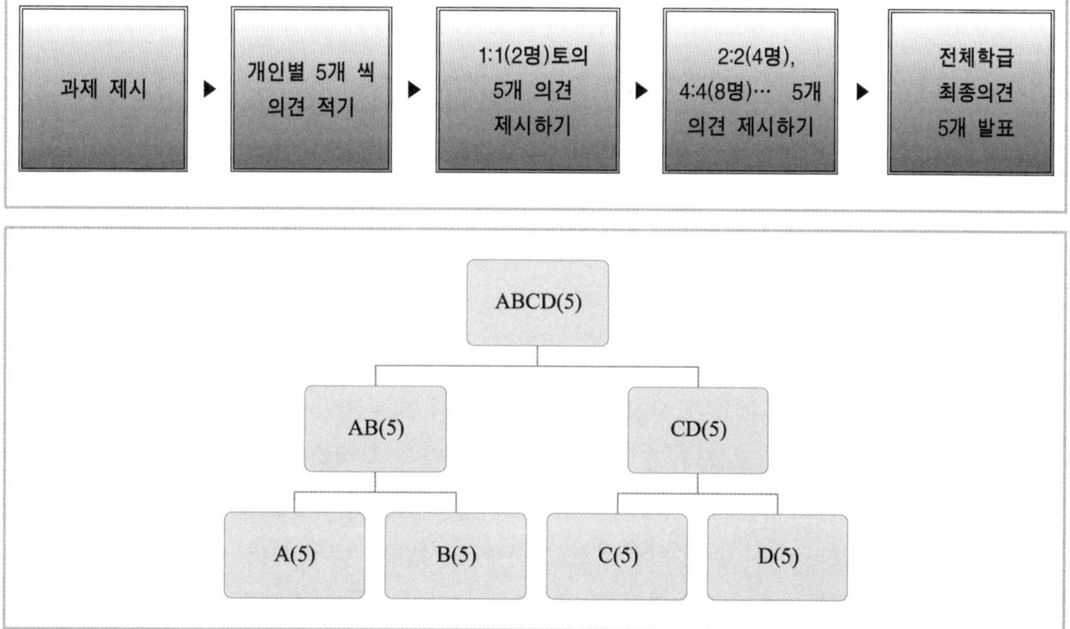

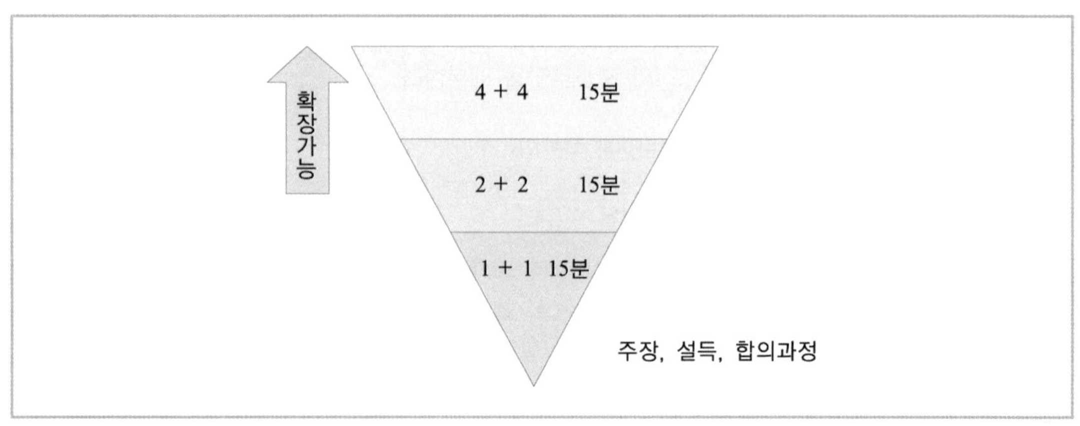


## 버. 둘 가고 둘 남기 토의·토론

### 1) 이론

이 활동은 Kagan(1994)이 개발한 것으로 매우 역동적이면서도 효율적인 토의·토론 수업이다. 일단 개인적으로 과제를 하고, 모둠이 함께 결과를 정리하고, 다른 모둠에서 동일한 주제의 결과 정보를 수집해서 자신의 결과물을 완성한다. 이 과정을 통해 개인, 소집단, 대집단의 학습 경험을 얻는다.

#### (1) 특징

① 두 사람은 다른 모둠에 가서 정보를 얻는 과정에서 흥미를 얻고, 듣는 훈련도 하게 된다.

② 모둠에 남는 학생들은 다른 모둠에서 온 학생들에게 자기 모둠의 학습결과를 설명하면서 고급사고력을 사용하고, 발표하는 연습의 효과를 갖는다.

#### (2) 유의점

① 역할을 분명히 해 주어야 한다.

▶ 예를 들어, 두 사람을 보낸다면 한 사람은 질문을, 다른 한 사람은 메모를 담당하게 한다. 또한 두 사람이 남는다면 한 사람은 다른 모둠에서 오는 두 사람을 환영하는 역할을, 나머지 한 사람은 자기 모둠의 과제를 설명하는 역할을 부여한다.

② 자율에 맡겨두면 수업 시간이 매우 소란스러워질 가능성이 있으므로 두 사람을 파견하고 맞이할 때 교사의 지시에 맞추어 서로 인사하는 시간을 갖게 한다.

③ 세 모둠, 네 모둠 계속 돌아가면서 할 수 있으나 거의 같은 내용이기 때문에 새로운 정보를 얻을 수 없고, 학생들이 식상해서 지루해 할 수도 있으므로 두 모둠만 하는 것이 바람직하다.

④ 시간이 되면 모둠별 결과를 간단하게 발표해서 학생들이 모두 비슷한 결론을 내렸다는 것을 알려준다.

### 2) 절차

① 모둠별로 의견을 모은다.
② 두 사람은 오른쪽 모둠으로 가고, 두 사람은 남는다.
③ 같은 방향으로 한 번 더 같은 활동을 한다.
④ 자신의 모둠으로 돌아와 과제를 완성한다.

### 3) 모형 도식

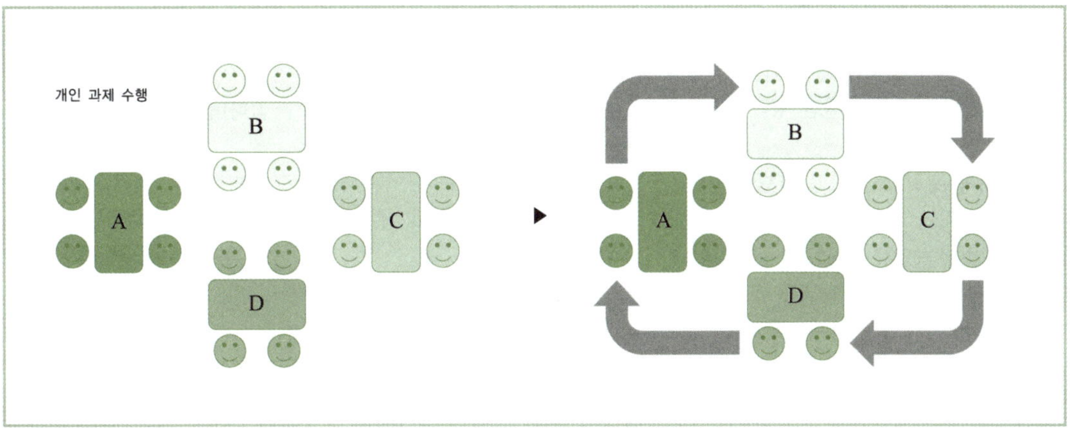


### 4) 수업 적용 사례

**[한상 성공스토리] 日서 자수성가 최종식 KJC커뮤니케이션 사장**
**고교졸업 하자마자 무작정 현해탄 건너 '눈물의 빵' 10년…유아젓가락으로 우뚝**

지금으로부터 15년 전인 1994년 겨울. 일본에서 자수성가하겠다고 현해탄을 건너온 한 청년은 집을 구하러 갔던 부동산 중개업소에서 "김치 냄새가 난다"는 수군거림을 들었다. 이 청년은 일본에 온 지 꼭 10년 만에 자기 영문이름 머리글자를 딴 무역회사 KJC커뮤니케이션을 세웠다.
최종식 사장(38)은 지금이야 한류붐 때문에 많이 달라졌지만 당시만 해도 드러내놓고 한국인을 무시하는 일본인들이 적지 않았습니다. 일본에서만큼은 절대로 지고 싶지 않은 오기가 생기더라고요"라며 당시를 회고했다. "임대 사무실에 책상 2개만 덜렁 갖다놓고 무역회사 간판을 내걸었어요. 지금 생각하면 무모한 도전이었지요. 망할 때 망하더라도 내 사업체를 운영해 보고 싶었어요."
에디슨 젓가락은 5세 미만 어린아이들이 젓가락 사용에 서툴다는 점에 착안해 젓가락 중간에 구멍 3개를 뚫어 손가락을 넣어 이용하게 고안된 제품이다. 손가락을 많이 쓰면 머리가 좋아진다는 발상에 착안해

'에디슨'이라는 이름을 붙였고 식탁 예절을 중시하는 일본 엄마들 사이에 빠르게 입소문이 났다. 창업 첫 해 매출 실적은 1억엔에 불과했지만 한 해도 거르지 않고 매출이 5000만~1억엔씩 늘어났다. 지난해 극심한 불황 속에서도 유아용품 전문점에 6억엔대(약 90억원) 물건을 납품했다. 그렇지만 최 사장 인생 역정이 결코 순탄했던 것만은 아니다.

일본에서 창업 스토리를 묻는 기자에게 그는 "눈물 젖은 빵을 나보다 더 많이 먹어본 사람은 드물 것"이라고 말문을 열었다. 충남 보령 농촌에서 태어난 그는 중학교 2학년 때 형과 함께 대전시로 유학을 갔다. 하지만 가난했던 부모님이 장남인 형만 인문계 고등학교로 보냈고 최 사장은 학비가 저렴했던 동아공고로 진학 방향을 바꿨다.

그곳에서 만난 고3 때 담임 선생님이 바로 일본어 담당이었다.

당시 담임이었던 김태한 선생님은 "일본에 가면 학비와 생활비를 벌며 대학에도 진학할 수 있다"고 용기를 북돋아 줬다. 고교를 졸업한 최 사장은 당시 돈 500만원을 들고 94년 초 무작정 현해탄을 건넜다. 일본과 첫 인연이 우연치 않은 계기로 시작된 셈이다.

"90년대만 해도 아르바이트 급여가 가장 많은 곳이 바로 파친코 청소였어요. 대학에 진학하기 위해 학비를 벌어야 했기 때문에 1년6개월 동안 매일 새벽 파친코 청소를 했지요." 낮에는 도쿄 고이와에 있는 일본어학교에서 공부를 했고 밤 11시부터 새벽 5시까지 파친코 영업소 3곳을 돌며 청소 아르바이트를 했다. 그는 파친코 청소 시절만 생각하면 지금도 1엔, 10엔이 그렇게 소중해 보일 수 없다며 입술을 지그시 깨물었다.

주경야독 생활 2년여 만에 드디어 96년 초 요코하마 경영대학 무역관광학과에 당당히 합격했다. 한국에서 받은 학력 차별 설움을 한꺼번에 날려버린 순간이었다. 파친코 청소로 100만엔을 모았기 때문에 학비 걱정 없이 학업에만 열중할 수 있었다.

종합상사맨으로 무역업무를 익히던 2002년 말 거짓말처럼 사업기회가 찾아왔다. 거품 붕괴로 인한 경기 침체를 벗어나기 위해 일본 정부가 소자본 창업 기준을 대폭 완화해 준 것이다.

창업 초기부터 회사를 먹여 살린 대표상품 '에디슨 젓가락'은 개당 1200엔으로 동종 제품 중 최고가에 속한다. 그러나 창의성 있는 제품을 소비자들은 외면하지 않았고 작년 극심한 불황 속에서도 총 80만개가 팔려나가며 '효자 노릇'을 톡톡히 했다.

KJC커뮤니케이션은 일본 업체들도 납품하기 어렵다는 토이저러스를 비롯해 아카창혼포, 니시마쓰야 등 유명 유아용품 전문점과 속속 거래를 성사시켰다. 지난해는 회사 제품을 취급하는 소매점포가 처음으로 1만개를 넘어서는 쾌거도 이뤘다. (경향신문 2009. 2. 20)

1) 위의 이야기(자료 및 TV방영자료)를 듣고, 이 사람으로부터 배울 수 있는 CEO의 자질에 대하여 이야기 해보자.
2) (토의 · 토론 후) 이 사람으로부터 배울 수 있는 삶의 자세를 잘 나타내는 표어문구를 만들어 보자.

# 탐구문제

1. 협동학습의 개념, 이론적 기저, 특징에 대하여 토의해 보자.

2. 협동학습 모형을 집단목표, 개인 책무성, 성공기회의 균등, 집단경쟁, 과제의 전문화, 개인에의 적용 등의 관점에서 그 특징을 토의해 보자.

3. 성공 기회의 균등을 보장하는 대표적인 협동학습 이론을 제시하고 그 의미를 토의해 보자.

4. STAD 협동학습의 개별향상 점수제를 예를들어 설명해보자.

5. TGT 협동학습의 테이블에서의 카드 퀴즈활동의 카드를 만들어 실제로 그 방법을 수행해보자.

6. GI 협동학습과 Co-op Co-op 협동학습의 공통적인 장점을 제시하고, 두 모형의 차이점을 말해보자.

7. 협동학습에서의 모둠 구성에 대한 전략을 정리해보고 장단점을 토의해 보자.

8. 토의학습과 토론학습의 차이점을 예를들어 토의해 보자.

9. 토론이 될 수 있는 모형을 제시해보고 실제로 활용해보자.

10. 피라미드 토론을 학급 전체를 통하여 실제로 수행해 보자.

11. 토의 · 토론 학습 모형을 선정하여 실제로 학습을 경험한 후 이 학습법이 갖는 장점과 단점을 토의해 보자.

## 주제를 확장하는 토의·토론 과제

1. 다음 세 부족에 대한 이야기이다. 이 글을 읽고 각 부족에게 지배하는 사회구조를 학습의 구조, 상호의존성과 관련지어 토의해 보자.

> 한 부족은 매사에 경쟁하기를 좋아하는 성격을 가졌다. 그들은 무슨 일이든지 다른 사람과의 경쟁에서 이겨서 일등을 하고 싶어했다. 가장 살기 좋은 동굴을 찾아내기 위해 서로 경쟁하였고, 가장 좋은 사냥감을 차지하기 위해서, 가장 좋은 정원을 차지하기 위해서 경쟁하였다. 음식을 차지하지 못한 사람과 쾌적한 동굴을 차지하지 못한 사람은 죽어갔다. 이렇게 해서 살아남은 자들은 보다 위험한 방법으로 경쟁을 계속했다. 그들은 맨손으로 호랑이를 잡는 경쟁을 하다가 죽어갔고, 음식과 좋은 자리를 차지하려다가 죽어갔다. 마침내 한 사람만이 살아남게 되었다. 그러나 그는 곧 죽고 말았다. 왜냐하면 누군가와 경쟁을 하지 않고 살아가는 방법을 몰랐기 때문이다.
>
> 또 다른 부족이 살았는데 이들은 혼자 살아가기를 좋아하는 성격을 가졌다. 이들은 혼자 사냥을 했고, 혼자 동굴에서 작업을 했으며, 다른 사람들과 떨어져서 살아가기를 좋아했다. 위험이 닥쳤을 때도 이들은 혼자 해결했다. 큰 홍수가 일어났을 때 많은 사람들이 죽었는데, 왜냐하면 이들은 다른 사람의 처지는 무시하고 자기의 동굴에만 제방을 쌓았기 때문이었다. 또한 호랑이들에 의해서 많은 어린이들이 물려 죽었다. 왜냐하면 호랑이가 나타난 것을 다른 사람에게 경고해 주지 않았기 때문이었다. 이러한 이유로 이 부족은 곧 사라지고 말았다. 극단적인 개인주의자가 됨으로써 이들은 제대로 재생산을 하지 못하였고, 대부분 아동은 어른들이 돌보아주지 않았기 때문에 태어난 후 곧 죽어갔다. 설사 살아남는다 하더라도 몇 년을 버티지 못하였다.
>
> 세 번째 부족은 매일 서로 협동하면서 일하는 것을 좋아하는 성격을 가졌다. 부족인들이 집단을 이루어 사냥을 하였다. 몇몇은 사냥감을 몰고, 다른 이들은 쉽게 사냥감을 포획할 수 있었다. 다른 이들은 따뜻하고 편안한 옷과 담요를 만들어 음식과 교환하였다.
>
> 어떤 이는 활을 잘 만들었고, 어떤 이는 화살을 잘 만들었다. 이들은 함께 부족인들에게 활과 화살을 공급하였다. 모든 부족인들이 부족의 생존에 어떤 방법으로든 일익을 담당하였다. 그들은 서로 도우면서 생활하였기 때문에 서로 인정해 주고 친하게 지냈으며 많은 잔치도 벌이고 매우 즐겁게 생활하였다. 이들은 일을 하고 여가를 즐기는 데 필요한 의사소통방법, 맛있는 과일들을 즐기는 방법, 그들의 독특한 인성을 개발하는 방법 등을 발달시켰다. 이 부족은 살아남아 번영하였고 우리의 조상이 되었다(Johnson & Johnson, 1975 : 24-25).

2. Jigsaw 모형을 응용한 여러 가지 모형이 서로 어떻게 다른지 토의해 보자.

3. 다음은 김 교사와 학생과의 대화이다. [2010, 기술임용시험, 제2차]

학생 A : 선생님, 오늘 신문에 GMO에 대한 기사가 나왔는데요, GMO가 무슨 뜻인지 궁금해요.
김 교사 : GMO란 'Genetically Modified Organism'의 약어로서 유전자를 변형(재조합)시켜서 생산한 작물을 말한단다.
학생 B : 그런데 GMO가 작물의 품질 개량과 증산 등의 긍정적 측면이 있지만, 부정적 측면도 있다고 하던데요.
김 교사 : 좋은 지적이에요. GMO뿐만 아니라 새로운 기술 개발에는 그러한 양면성이 있을 수 있기 때문에 기술의 영향 평가를 해보는 일이 중요하지.
학생 A : 선생님, 우리도 여러 가지 기술 개발의 결과가 가져온 영향들에 대해 함께 공부해 보면 어떨가요?
김 교사 : 그래 좋아요. 우리가 배우는 '기술의 발달과 영향'이란 단원에서 이러한 기술 개발로 인한 쟁점들을 모둠별로 공부해 보도록 합시다.

김 교사는 '미래 기술의 두 얼굴(긍정적 영향과 부정적 영향)'이란 주제로 협동학습 모형을 수업에 적용하기로 하였다. 김교사의 수업 내용에서 '쟁점이 될 수 있는 기술 개발 사례(GMO 제외)' 4가지를 긍정적 영향과 부정적 영향의 설명과 함께 제시하시오. 그리고 제시한 4가지 사례를 주제화하여 아래 <학습 모형의 특징>을 모두 충족시키는 협동학습 모형의 절차와 방법을 구체적으로 서술하시오. [30점]

<학습 모형의 특징>

- 전문 주제로 나눌 수 있는 '과제의 전문화(task specialization)'가 가능하다.
- 모둠 구성원들을 '개별적 책무성(individual accountability)'을 갖는다.
- 개별향상점수(individual improvement scores)를 활용하여 '성공 기회의 균등(equal opportunities for success)'을 보장한다.

4. 토의 · 토론 학습에서의 오류를 사례를 들어 토의해 보자.

5. 토의 · 토론 학습 모형을 다음 조건에 따라 실제로 체험해 보자.

토의 주제 또는 토론 주제 :

적용할 토의 · 토론 학습 모형 :

토의/토론 결과 정리 :

## 참고문헌

강인애(1998). 왜 구성주의인가?. 정보화 시대와 학습자 중심의 학습환경. 문음사.

_____(1999). 구성주의에 관한 몇 가지 질문. 교육개발, 봄호. 100-107. 한국교육개발원.

고대혁 · 최유현 · 김동일 · 조주연(2000). 초등학교에서의 구성주의적 수업모형개발연구 : 성찰적 교수이론을 중심으로. 한국교원대학교부설 교과교육공동연구소 연구보고, RR 98-Ⅱ-3.

고윤희(1996). 문제 중심 구성주의 수업과 전통적인 수업이 학업성취에 미치는 효과. 석사학위논문. 한국교원대학교.

공주사대부고(1991). 발문의 구조화를 통한 문제해결능력 신장 방안. 교육부 연구학교 보고서.

교육과학기술부(2007). 실과(기술 · 가정) 교육과정. 대한교과서주식회사.

_____________(2008a). 초등학교 교육과정 해설(Ⅳ) – 수학, 과학, 실과. 대한교과서주식회사.

_____________(2008b). 중학교 교육과정 해설(Ⅳ) – 수학, 과학, 기술 · 가정. 대한교과서주식회사.

_____________(2008c). 고등학교 교육과정 해설(Ⅳ) – 수학, 과학, 기술 · 가정. 대한교과서주식회사.

교육부(1997). 실과(기술 · 가정) 교육과정. 대한교과서주식회사.

_____(1999a). 초등학교 교육과정 해설(Ⅳ) – 수학, 과학, 실과. 대한교과서주식회사.

_____(1999b). 기술 · 가정 교육과정 해설. 대한교과서주식회사.

금성출판사(편)(1992). 국어대사전.

김무길(1992). 교육방법으로서의 반성적 사고의 의미. 서울대학교 대학원 교육학석사학위논문.

김선자(1998). 구성주의에 의한 초등학교 사회과 수업설계 및 적용 : PBL에 의한 사례 연구. 석사학위논문. 경희대학교.

김신곤 · 권기(1998). 구성주의 수업체제에서의 교수방법 탐색. Journal of Liberal Arts and Sciences. Vol. 6. 한국해양대학교.

김영채(1995). 사고와 문제해결 심리학. 서울 : 박영사.

_____(1999). 창의적 문제해결. 서울 : 교육과학사.

김영채 · 전헌선 · 박권생(2002). 창의적 문제해결력 향상을 위한 수업 프로그램의 개발과 실험 분석. 한국교육학회지. 40(1). 129-158.

김정식(1991). 기술교과수업에서 탐구 중심 학습지도방법이 학습자의 학업성취에 미치는 영향. 석사학위논문. 충남대학교.

다카하시 마코토 편저, 조경덕 옮김(2003). 창조력 사전. 매일경제신문사.

류지헌(1995). 학교학습에서의 구성주의적 접근에 대한 고찰. 육사논문집. 49. 549-576.

류혜남(2001). 구성주의 학습환경에 기초한 실과 교육과정 재구성 전략의 질적 사례연구. 석사학위논문. 인천교육대학교 교육대학원.

명지대학교창의공학연구회(2000). 창의적 문제해결과 공학설계. 서울 : 파워북.

문대영(2001). 초 · 중등학교 학생의 적응자 · 혁신자 역할 분담 문제해결 활동이 기술적 창의력 계발에 미치는 효과. 박사학위논문. 충남대학교.

문대영 · 류창열(2000a). 기술적 문제해결을 의한 사고과정의 분석 : 발성사고를 통한 상호문제해결을 적용한

사례 연구. 대한공업교육학회지, 25(1). 89-100.

_____________(2000b). 기술적 문제해결을 의한 창의적 사고과정의 분석: 적응자 · 혁신자 문제해결활동을 적용한 사례 연구. 한국기술교육학회지, 1(1). 162-173.

박영숙 · 제롬글렌 · 테드고든(2007). 전략적 사고를 위한 미래 예측. 교보문고..

송현순(2001). 초등학생의 실과 문제해결에 대한 미시발생학적 분석. 박사학위논문, 한국교원대학교.

송현순 · 정성봉(2000). 초등학생들의 기술적 문제해결과정에 대한 사례 연구. 실과교육연구, 6(2). 75-88.

신옥숙(1998). 구성주의와 교육. 교육논총. 제15집. 인천교육대학교초등교육연구소. 207-222.

오만록(1999). 구성주의에 근거한 문제 중심 학습(PBL)이 학업성취와 정의적 특성에 미치는 효과. 고려대학교 대학원 박사학위논문.

유연순(2002). 초등실과 교육에서 문제해결학습이 과제수행능력에 미치는 효과. 석사학위논문. 인천교육대학교 교육대학원.

이무근(1993). 직업교육학 원론. 서울: 교육과학사.

이인효 · 이나미 · 김양분 · 황혜정 · 김정원 · 유용식(1997). 열린교육을 위한 교육과정 재구성 및 수업방법 실행연구. 한국교육개발원.

이재신(1979). 문제해결과정과 문제해결성취와의 관계에 관한 연구. 서울대학교 대학원 교육학석사학위논문.

이재원(1986). 기술교과 내용의 구조화와 교수 · 학습전략에 관한 연구. 충남대학교 공업교육연구소 논문집, 8(3), 1-9.

______(역)(1984). 실과 지도의 원리와 실제(Nolker & Schoenfeldt(1980)'s Berufbildung). 서울: 성안당.

이정수 · 나승일 · 최유현(1999). 초등학교 실과의 실습 및 수행능력평가의 도구개발연구. 연구보고 RR 97-IV-1. 한국교원대학교 교과교육공동연구소..

이한규(1999). 기술교과 교육에서 협동학습이 중학교 학생들의 학업성취와 파지에 미치는 효과. 서울대학교 석사학위 논문.

이홍우(역)(1991). 민주주의와 교육(Dewey's Democracy and Education, 1916). 서울: 교육과학사, 제3판.

전성연 외(2007). 현대 교수학습의 이해. 서울: 학지사.

정문성(1994). 사회과 학업성취에 대한 협동학습의 효과 연구. 박사학위논문. 서울대학교.

______(1995a). 열린교육에서의 협동학습. 열린교실 연구, 3(1). 전국열린교실연구응용학회. 11-22.

______(1995b). STAD 협동학습 모형의 보상체제, 열린교실 연구, 3(2). 전국열린교실연구응용학회. 103-112.

______(2007). 협동학습의 이해와 실천[개정판]. 서울: 교육과학사.

조연주 · 조미현 · 권형규(1998)(역). 구성주의와 교육. 학지사. L. P. Steffe & J. Gale's Constructivism in Education(Lawrence Erlbaum, 1995).

조영남(1998). 구성주의 교수학습관. 김종문 외, 구성주의 교육학. 서울: 교육과학사. 151-180.

조은이(2001). 초등실과 교육에서 자율적 협동학습이 학업성취 및 태도에 미치는 효과. 석사학위논문. 인천교육대학교.

중앙기독초(역)(1999). 협동학습(Kagan's Cooperative Learning). 서울: 디모데.

최성락 · 최유현(2004). 실과교육에서 Co-op jigsaw 협동학습이 과제수행능력에 미치는 효과. 한국실과교육학회지, 17(3). 37-38.

최유현(1995). 기술교과 교육에서의 기술적 교양목표 성취를 위한 문제해결 수업전략의 효과. 박사학위논문. 서울대학교.

______(1996). 열린 실과교육을 위한 협동적 문제해결 수업전략. 열린교실 연구, 4(2). 전국열린교실연구응용학회. 133-148.

______(1997). 실과교육연구. 서울 : 형설출판사.

______(2001). 실과교육학연구. 서울 : 형설출판사.

______(1998a). 개별적 · 협동적 학습구조에 따른 실과 문제해결 수업전략의 비교 효과. 한국실과교육학회지, 11(1). 201-227.

______(1999a). 구성주의 관점에서의 기술과 교육의 수업 및 평가전략. 대한공업교육학회지, 24(1). 78-114.

______(1999b). 구성주의적 학습환경에 터한 실과교육의 반성과 대안. 한국 실과교육 학회지, 12(1). 15-28.

______(2000). 실과교육. 김진철 외 10인. 수업길라잡이 : 제7차 교육과정에 의한 초등학교 교과별 수업설계. 서울 : 학문사. 218-260.

______(2004a). 기술과 교육을 위한 학습과정으로서의 설계과정과 문제해결 비교 연구. 한국실과교육학회지.

______(2005). 기술교과교육학, 형설출판사.

최유현 외(2009). 공학교수자를 위한 공학 교수 학습 이론과 실제. 인터비전.

최유현(2008). 공학기술과 팀워크. 지호.

최유현(2010). 기술교과 학습의 탐구. 형설출판사.

최유현(2017). 기술교육론 1: 교육학적 탐구와 담론. 형설출판사.

최유현 외(2007). 발명교육이론. 특허청 발명진흥회.

최유현(2014). 발명교육학연구. 형설출판사.

최유현 외(2009). 공학교수자를 위한 공학 교수 학습 이론과 실제. 인터비전.

최유현(2013). 팀워크 리더십. 궁미디어.

최유현 · 정문성(2013). 공학교수자를 위한 토의 · 토론 학습 모형. 국고.

최유현 외(2016). 창으로 보는 팀 문제해결. 충남대학교 출판문화원.

최지혜(1994). 협동학습과 개별학습 환경에서 문제의 구조에 따른 문제해결 과정 수준 및 성취 수준 비교. 석사학위논문. 서울대학교.

추병완 · 최근순(역)(1999). 구성주의 교수 · 학습론(Brooks & Brooks's The Case for Constructivist Classrooms). 서울 : 백의.

한면희(2002). 사회과 교육의 지평. 한면희교수정년기념논총.

Alister, J. (2002). *Learning Technological Concepts and Process.* Gwyneth Owen-Jacson(ed.). Teaching Design and Technology in Secondary Schools. London and New York : The Open University. 79-91.

Arends, R, I.(1994). *Learning to Teach.* 3rd Edition. McGraw-Hill, Inc., New York.

Brooks, J. G. & Brooks, M. G. (1993). *The Case for Constructivist Classrooms.* ASCD.

Cheek, Dennis W. (1992). *Thinking Constructively about Science, Technology, and Society Education.* State Univ. of New York Press.

Cruickshank, D. R., Bainer, D. & Metcalf, K. (1995). *Act of Teaching.* McGRAW-Hill.

De Vries, M. J. (1997). Science, Technology and Society : A Methodological Perspective. *International Journal of Technology and Design Education. 7.* 21-32.

Eggleston, John. (1992). *Teaching Design and Technology*. P. A. : Open University Press.

Fasciato, M. (2002). Designing-What Does It Mean at Key Stages 2 and 3 Sayers, S., Morley, J. & Barnes, B. (ed.). Issues in Design and Technology Teaching. Routledge, Falmer. 27-42..

Franks, D. R. eds. (1994). *Constructivism : Its Significance for Education*. North Bay, ON Nipissing Universty.

Frazee, B. M. & Rudnitski, R. A. (1995). *Integrated Teaching Methods : Thoery, Classroom Applications, and Field-Based Connections*. New York : Delmar Publishers.

Glasersfeld. (1984). *An Introduction to Radical Constructivism*, in P. Watzlawick, the Invented Reakity. N. Y. : Norton & Company.

Gwyneth Owen-Jackson(ed.). (2002). *Teaching Design and Technology in Secondary Schools*. London and New York : The Open University.

Gwyneth Owen-Jackson. (2001). *Developing Subject Knowledge in Design and Technology : Developing, Planning and Communication Ideas*. Trentham Books. The Open University.

Henderson, J. G. (1996). *Reflective Teaching : The Study of Your Constructivist Practice*. Englewood Cliffs, N. J. : Prentice-Hall.

Howard-Jones, P. A. (2002). A Dual-State Model of Creative Cognition for Supporting Strategies that Foster Creativity in the Classroom. *International Journal of Technology and Design Education, 12*. 215-226.

International Technology Education Association. (1996). *Technology for All Americans : A Rationale and Structure for the Study of Technology*. Technology for All Americans Project.

________________________________________ (2003). *Advancing Excellence in Technological Literacy : Student Assessment, Professional Development, and Program Standards*. Reston, V. A. : Author.

International Technology Education Association and its Technology for All Americans Project. (2002). *Standards for Technological Literacy : Content for the Study of Technology*. Reston, V. A. : Author.

Javaris, T. (1993). *Teaching Design Technology in the Primary School*. T. J. Press Ltd., Padstow, Crornwall.

Johnson, S. D. (1997). Learning Technological Concepts and Developing Intellectual Skills. *International Journal of Technology and Design Education, 7*. 161-180.

Kemp, W. H. & Schwaller, A. E. (1988). Introduction to Instructional Strategies. Kemp, W. H. & Schwaller, A. E. (ed.). *Instructional Strategies for Technology Education*, 36th Yearbook. Council on Technology Teacher Education. 16-34.

McCormick, R. (2002). *Capability Lost and Found?*. Gwyneth Owen-Jacson(ed.). Teaching Design and Technology in Secondary Schools. London and New York : The Open University. 92-108.

Morley, J. (2002). How Can We Meet the Challenges Posed by a New Model of Practical Scholarship?. Sayers, S., Morley, J. & Barnes, B. (ed.). (2002). Issues in Design and Technology Teaching. Routledge, Falmer. 13-26.

Page, R. Teacher's Master Manual. London : Oliver & Boyd, 1981. 2.

Pierce, A. J. & Karwatka, D. (1999). *Introduction to Technology*. Glencoe MacGraw-Hill.

Pualine, B. (1995). Designing and Learning in the Elementary School. International Technology Education Association. Reston, V. A. ERIC ED 381-387.

Qin, Z. (1992). *A Meta-Analysis of the Effectiveness of Achieving Higher Order Learning Tasks in Cooperative Learning Compared with Competitive Learning*. Unpublished Doctoral Dissertation, Univ. of Minesota.

Raizen, S. A. et. al. (1995). Technology Education in the Classroom-Understanding the Designed World. San Francisco : Jossey-Bass Publishers.

Sayers, S., Morley, J. & Barnes, B. (ed.). (2002). Issues in Design and Technology Teaching. Routledge, Falmer.

Schwaller, A. E. (1995). Instructional Strategies for Technology Education. Martin, G. E. (ed.). *Foundations of Technology Education. Council on Technology Teacher Education*. Glencoe : McGraw-Hill. 432-442.

Shepard, L. A. (1989). Why We Need Better Assessments. *Educational Leadership, 46*(7). 4-9.

Slavin, R. E. (1990). *Cooperative Learning : Theory, Research and Practice*. Center for Research on Elementary and Middle Schools. The Johns Hopkins University.

Sylvia Libow Martinez and Gary S.(2013). *Invent To Learn: Making, Tinkering, and Engineering in the Classroom.* Constructing Modern Knowledge Press.

Wright, J. R. (1988). Social/Cultural Approach. Kemp, W. H. & Schwaller, A. E. (ed.). *Instructional Strategies for Technology Education*. Council on Technology Teacher Education. 72-86.

Wright, R. T., Israel, E. N. & Lauda, D. P. (1993). *Teaching Technology : A Teacher's Guide*. International Technology Education Association.

Zeichner, K. M. & Liston, D. P. (1996). *Reflective Teaching : An Introduction*. Mahwah, N. J. : Lawrence Erlbaum Associates.

Zuga, K. F. (1988). Interdisciplinary Approach. Kemp, W. H. & Schwaller, A. E. (ed.). *Instructional Strategies for Technology Education*. Council on Technology Teacher Education. 56-71.

# 제 4 부

# 기술 학습 평가 방법의 탐구



## 주제를 여는 연구 문제 *Meeting the Problems*

제4부에서는 기술교과 학습 평가의 의미, 동향, 전략을 다루고자 한다. 학습 평가가 왜 '학습 증거자료 수집'으로서의 의미가 부각되는지, 그리고 다양한 전략과 증거들을 기초로 평가가 이루어지는지를 탐구하고자 한다. 이러한 차원에서 수행중심 평가, 포트폴리오 평가, 루브릭 등이 핵심적인 논의의 대상이 된다.

1. 학습 평가가 진정한 의미와 동향은 어떠한가? 이러한 동향이 기술교과 학습 평가에 주는 시사점은 무엇인가?
2. 기술교과 학습의 핵심 평가로서의 수행중심 평가의 특징, 장단점, 전략은 무엇인가? 그리고 왜 학습과 평가가 통합되어야 하는가?
3. 기술교과 학습 증거의 수집 차원에서 학습자 성찰이 동반되는 포트폴리오 평가의 개념, 특징, 전략은 무엇인가?

# 7장 학습평가의 개념과 동향

이 장에서는 학습과 더불어 교육활동에서 중요한 의미를 갖는 학습평가의 개념적 이해와 새로운 동향을 탐색한다. 이는 교사의 평가설계와 실천 활동에 있어서 평가의 진정한 의미와 평가관을 정립하는 데 도움을 줄 것이다.

◎ **해시 태그 Key words**

#평가(assessment)
#참 평가(authentic assessment)
#과정 지향 평가(process-oriented assessment)
#AETL(Advancing Excellence in Technological Literacy)

## 1. 학습평가의 개념적 논의

교육의 장에서 사용되어지는 평가의 의미는 다양한 형태를 띠고 있다. 우선 광의의 개념에서 교육과정 평가(curriculum evaluation)와 학생 평가(student evaluation)로 구분할 수 있다. 여기서 교육과정 평가는 학생평가보다 넓은 의미이다. 즉, 학생평가의 주된 관심은 학생이 설정한 교수목표를 적절히 성취하느냐에만 관심이 있지만, 교육과정 평가에서는 이 문제는 가장 중요한 관심사 중의 하나이다(황정규, 1999).

평가와 관련되어 사용되어지는 용어가 그 쓰임새에 따라 다양하다. 즉, 'Test', 'Measurement', 'Evaluation', 'Assessment' 등의 용어가 사용되어지고 있다.

Gronlund & Linn(1990 : 5)은 'Test', 'Measurement', 'Evaluation'의 용어를 다음과 같이 정

의하였다. 'test'는 행동의 표본을 측정하기 위한 체계적인 절차 또는 도구이며('How well does the individual perform'에 대한 대답), 'Measurement'는 특별한 특성에 대하여 개인이 가지고 있는 정도를 양적인 기술을 얻는 과정이고('How much'에 대한 대답), 'Evaluation (classroom)'은 학생들이 수업목표를 성취하는 정도를 결정하는 정보를 수집 · 분석 · 통합하는 체계적인 과정('How good'에 대한 대답)이다. 한편, 황정규(1999)는 평가관을 설명하면서 'Measurement'을 **측정관**으로, 'Evaluation'을 **평가관**으로, 'Assessment'을 **총평관**으로 분류하였다([표 10-1] 참조). 즉, 총평관(assessment[1]))은 전인적 평가로서 의사의 임상적 평가방법(clinical evaluation)에 비유할 수 있으며, 이러한 임상적 평가방법에 사용되는 측정에만 의존하는 것이 아니라 전체적이며 때로는 직관적인 판단, 질적인 평가방법, 과거-현재-미래를 통합한 판단이 이용된다. 총평의 가장 주된 개념은 개인과 환경의 상호작용에 관심을 갖는다. 따라서 총평의 분석 방법은 개인이 달성해야 할 어떤 준거의 분석과 이 개인이 생활하고, 학습하고, 작업해야 할 환경의 분석에서 출발한다. 총평에서 사용하는 개인에 관한 정보수집은 양적 · 질적 형태의 다양한 형태가 된다. 총평에서 사용하는 증거수집의 방법으로는 객관화된 검사 외에 자기보고 방법, 관찰, 면접, 장면 검사, 역할 연출, 자유 연상법 등이다. 따라서 총평은 여러 가지 상이한 증거 사이에 어떤 합치성(congruence)이 유지되는지를 검증하게 된다는 것이다.

Arends(1993)는 'Assessment'와 'Evaluation'의 기본개념을 정의하였다. 'Assessment'는 학생들과 학급들에 대하여 교사에 의하여 수집되어지고 종합된 전체 정보를 의미하며, 이 정보는 숙제, 시험, 보고서 등의 전형적인 방법은 물론 관찰, 담화(verbal exchange) 등과 같은 비형식적(informal) 방법으로도 수집될 수 있다. 학급과 교사의 수업에 관한 정보도 'Assessment'의 일부이며, 정보는 학생들에 의해서도 수집된다.

'Assessment'가 정보를 수집하고 종합하는 데 중점을 두는 반면, 'Evaluation'은 가치에 관한 결정, 가치부여, 판단의 과정을 의미한다. 예를 들어, 검사(test)는 학생들이 특별한 과제에 대하여 얼마나 잘 알고 있는가에 대한 정보를 수집하기 위한 'Assessment' 기법이지만 등급을 매기는 일은 'Evaluation' 행위이다. 이는 교사가 검사에 기초하여 수집된 정보를 판단하기 때문이다. Arends(1993)의 평가의 개념은 두 단계의 절차로 인식하고 있다. 즉 정보수집 단계로서의 'Assessment'와 가치부여나 판단과정으로서의 'Evaluation'를 구분하고 있다. 따라서 그는 평가를 지칭하는 용어를 두 단어를 같이 사용(asessment and evaluation)하고 있다.

1) Assessment는 1938년 Murray가 『인간의 규정』이라는 저서에서 처음 사용하였다(황정규, 1985 : 66).

[표 7-1] 학습평가의 측정관, 평가관, 총평관의 특징 비교

| | 측정관 | 평가관 | 총평관 |
|---|---|---|---|
| 환경을 보는 시각 | • 환경의 불변성 신념<br>• 환경변인의 통제 및 영향의 극소화 노력<br>• 환경을 오차변인으로 간주 | • 환경의 변화성 신념<br>• 환경변인의 이용<br>• 환경을 행동변화의 변인으로 간주 | • 환경의 변화성 신념<br>• 환경-학습자의 상호작용을 이용<br>• 환경을 학습자 변화의 한 변인으로 간주 |
| 인간 행동 특성을 보는 시각 | • 항구적이고 불변적인 것으로 간주<br>• 개인의 정적 특성 | • 안정성이 없고 가변적인 것으로 간주<br>• 개인의 변화하는 특성 | • 환경과의 상호작용에 의한 가변적인 것으로 간주<br>• 환경과 개인의 역동적 관계에서 변화하는 특성 |
| 검사에서의 강조점 | • 규준에 비추어 본 개인의 양적 기술 강조<br>• 간접 증거<br>• 객관도와 신뢰도 강조 | • 교육 목적에 비추어 본 개인의 양적 · 질적 기술 강조<br>• 직접 증거<br>• 내용타당도 강조 | • 전인적인 기능 혹은 전체 적합도에 비추어 본 본질적 기술 강조<br>• 직접 · 간접 증거<br>• 구인타당도 강조 |
| 기본적 증거수집 방법 | • 필답검사(표준화 검사)<br>• 객관적(양적) | • 변화의 증거를 얻을 수 있는 모든 방법<br>• 주관적 및 객관적(양적 및 질적) | • 상황의 변화에 비춘 변화의 증거를 얻을 수 있는 모든 방법<br>• 주관적 방법(질적) |
| 검사결과의 활용 | • 예언, 분류, 자격 부여<br>• 진단에 무관심 | • 예언, 자격 부여, 프로그램 효과 판정<br>• 교육 목표 달성도의 진단 | • 예언, 자격 부여, 분류, 실험, 선발<br>• 준거 상황이나 역할에 비추어 본 진단 |

한편, Burke(2009)는 사정(assessment), 평가(evaluation), 수행평가, 포트폴리오를 평가의 사분면으로 비교하여 특징을 제시하고 있다(정종진 외 역, 2012, 7.).

| 사정 | 평가 |
|---|---|
| 학습을 위한 사정<br>• 형성적<br>• 실제 시간에 계속되는 피드백<br>• 자료 수집<br>• 학생들의 요구를 충족시키기 위한 다양한 방법<br>• 개선에 초점<br>• 교사들의 수업 개선에 도움<br>• 학생들의 수업 개선에 도움 | 학습에 대한 평가<br>• 총괄적<br>• 증거에 기초한 최종 판단<br>• 자료의 분석과 평가<br>• 모든 학생들에 대한 표준화된 검사 실시<br>• 성취 기준의 충족에 초점<br>• 교사들의 효과성 평가에 활용<br>• 학부모, 행정가, 정책입안자들에게 학습의 질을 드러내기 위해 활용 |
| **수행평가** | **포트폴리오** |
| • 풍요롭고 통합된 교육과정<br>• 의미 있고 진정한 과제<br>• 지식의 실생활 적용<br>• 학생 동기와 몰입<br>• 쌍방향의 교수전략<br>• 다양한 학습 선택<br>• 협력 및 협동 학습<br>• 다양한 성취 기준<br>• 초인지와 자기평가 | • 증거의 수집<br>• 성장과 발달<br>• 시간에 따른 진보 상황<br>• 수행 산출의 과정<br>• 최종 산출물이나 수행<br>• 모든 작업에 대한 성찰<br>• 루브릭을 활용한 자기평가<br>• 학생을 위한 구성체제<br>• 학생 작업에 대한 검토 |

<그림 7-1> 평가의 사분면

## 2. 학습평가의 새로운 동향

교육한다고 하면 거기에는 쉬운 것에서 시작해서 어려운 것으로 되어 있는 일련의 학습과제가 있고, 이것을 학생이 하나하나 차례로 성취해 나가야 하는 형태로 구조화되어 있다. 따라서 학생이 각 학습과제를 성공하는 비율은 어려운 학습과제로 이행하면서 감소하고, 이것을 교사는 점수나 평정을 부여하여 판단하기 마련이다. 시험이나 평가는 학생의 학습결과에 대하여 으레 점수를 매기고 판정하고 심판하며, 그들을 실패군과 성공군으로 유목화하는 기능으로 간주되어 왔다. 교사의 역할은 실패 · 성공을 판단하기만 하면 되고, 그것이 학생에게나 사회에 어떤 영향을 미치는지에 관해 별로 관심을 둘 필요가 없었으며, 더욱이 실패군 학생의 복지문제는 그들의 관심 밖의 일이었다(Stringer & Glidewell, 1967, 황정규, 1999 : 37, 재인용).

이와는 반대로 학습평가를 교수 및 학습을 개선하고 학생의 학습에 도움을 주는 것으로 변화시키려는 관점도 있다(Cronbach, 1963 ; Scriven, 1967 ; Bloom, 1968, 황정규, 1999 : 37, 재인용).

이렇게 보면 학습평가는 "교수 프로그램의 교육효과에 관한 의사결정을 하기 위하여 학습자의 행동변화 및 학습과정에 관한 정보를 수집하고 이용하며 교육적 의사결정을 내리는 데 도움을 주는 과정"이라고 볼 수 있다.

이와 같은 관점에서 황정규(1999 : 38)는 학습평가가 **인간규정**보다는 **인간이해**에 초점을 두어야 한다고 강조하면서, 그 이유를 다음과 같이 설명한다.

인간은 현실성보다 가능성이 크고, 주어진 조건보다 개발될 수 있는 잠재 가능성이 무한하다는 명제를 신념해야 된다. 현재의 그, 현재의 그의 능력, 현재의 그의 성적보다 그것을 극복하고 개발될 수 있는 미래의 그, 미래의 그의 능력, 미래의 그의 인간됨의 가능성이 크며, 다양화할 수 있다는 사실에 보다 더 교육적 의미를 부여할 때 거기에 인간이해의 평가개념이 발생한다. 이 같은 가능성을 부인하고 현실성에 집착할 때 거기에는 인간을 심판 · 판단 · 범주화시키는 인간규정의 의식이 지배하게 된다.

평가에 대한 이러한 시각은 최근 들어 많은 평가 전문가들에 의하여 정당화되어 왔고, 특히 우리나라에서는 수행평가라는 평가철학에 강하게 내재되어 있다고 볼 수 있다. 따라서 이러한 평가의 기본시각을 따르지 않고 기존의 평가개념에 머물러서 새로운 평가의 여러 방법들을 적용할 때, 시행착오와 혼란이 발생될 수 있다. 이러한 평가의 시각은 기술교과 교육에 있어서 더욱 강조되어야 할 기본철학이다.

최근 교육의 장에서 활발하게 논의되고 있는 평가연구의 동향은 새로운 평가용어에서도 확인할 수 있다. 즉, **대안평가**(alternative assessment), **직접평가**(direct assessment), **참평가**(authentic assessment), **수행평가**(performance assessment or performance-based assessment), **포트폴리오 평가**(portfolio assessment), **과정 중심 평가**(process-oriented assessment), **홀리스틱 평가**(holistic assessment), **학습결과물 평가**(outcome-based assessment) 등의 용어가 전통적 평가(traditional assessment)와 대비되는 개념으로 논의되고 있다. 이러한 평가용어에 담겨진 새로운 평가의 특징들은 기존의 평가의 반성에 기초한다고 볼 수 있다.

한편, Frazee & Rudnitski(1995)와 Hipps(1993)는 평가운동을 설명하면서 전통적 평가(traditional assessment)와 참평가를 다음 [표 7-2]와 같이 비교하여 제시하였다.

[표 7－2] 전통적 평가와 참평가의 비교

| 전통적 평가<br>(traditional assessment) | 참평가<br>(authentic assessment) | 비 고 |
|---|---|---|
| • 정해진 평가 시기<br>• 저급적 수준의 기능 평가 (lower-level skills)<br>• 연습 및 실습<br>• 부분적(narrow) 관점<br>• 사실(facts)<br>• 집단 표준<br>• 암기<br>• 하나의 올바른 해답<br>• 기능(skills)<br>• 평가를 위한 교수(teach to test) | • 교사와 학생에 의해 설정된 시기<br>• 고급적 수준의 기능 평가 (higher-level skills)<br>• 비평 및 창의적 전략<br>• 전체적(wholistic) 관점<br>• 개념(concepts)<br>• 개별 표준<br>• 관계<br>• 다양한 해결방안<br>• 과정(processes)<br>• 필요에 의한 교수(teach to needs) | Frazee & Rudnitski (1995) |
| • 전형적으로 제한된 검사<br>• 교사 중심 평가<br>• 하나의 주제 중심<br>• 지역적이고 구체적 접근<br>• 교수 · 학습과정의 분리<br>• 등급화를 위한 결과평가<br>• 평가하는 동안 교사－학생의 상호작용이 부적절<br>• 등급 지향 평가<br>• 도구에 따른 제한된 평가<br>• 교사에 의한 평가수행<br>• 도구에 의한 제한적인 자료수집<br>• 객관성 강조<br>• 타당도(validity), 신뢰도(reliablity), 일반화 가능성(generalizablity)과 관련<br>• 교과내 지식과 수행능력을 평가하도록 설계된 과제<br>• 고도로 구조화된 과제<br>• 일반적으로 집단준거에 기초하여 해석 | • 도구와 방법의 다양한 접근(관찰, 자기 및 동료 평가, 포트폴리오 평가, 프로젝트, 비디오 등)<br>• 학생－교사 평가<br>• 다차원적이고 다학문적인 접근<br>• 광범위하고 전연관적(holistic)<br>• 교수 · 학습과정의 통합<br>• 교수 · 학습과정상의 평가<br>• 평가하는 동안 교사－학생의 상호작용 적절<br>• 다양하고 다차원적인 평가결과 지향<br>• 교사는 학생들의 지식을 증명하고 명료화 할 수 있음<br>• 자기와 동료 평가를 장려함<br>• 융통성 있고 다양한 자료수집<br>• 융통성 강조<br>• 훌륭한 정도(creditablity), 인정 가능성 (confirmablity), 변용 가능성(transferablity)<br>• 실생활과 관련되거나 추출된 과제<br>• 융통성 있는 과제<br>• 개인화된 준거에 기초하여 해석 | Hipps(1993) |

이 표에서 알 수 있듯이, 전통적 평가에 비해 새로운 참평가는 많은 영역에 있어서 학생들의 직접적인 학습활동을 고급적 사고능력 육성에 두고 있으며, 전체적 맥락에서 과정지향적인 평가를 의도하고 있다. 이러한 평가철학은 교수행위에도 영향을 주어 평가를 위한 교수가 아닌 학생들의 필요에 강조점을 두고 있고, 교수와 평가가 통합되는 형태를 띠고, 훌륭한 정도(creditablity), 인정 가능성(confirmablity), 변용 가능성(transferablity)을 가능하게 한다.

이러한 결과는 Baron & Boschee(1995 : 11)가 참평가의 장점으로 제시한 '학생들이 알고 있는 것의 직접적인 평가, 고등 사고력 평가(higher thinking skills), 학습과정에서의 적극적인 수업참여'와 일치하고 있다. 그러나 참평가에서 해결되어야 할 문제점도 간과해서는 안 된다. 즉, 참평가를 적용하기 위해서는 경제적 비용(high cost), 평가결과의 일관성의 어려움, 양적 평가, 목표평가, 표준화된 평가수행의 어려움, 평가결과의 타당성, 신뢰성, 객관성 문제 등의 문제해결(Baron & Boschee, 1995 : 11)을 위한 논의도 뒤따라야 할 것이다.

이러한 새로운 평가 패러다임의 자리매김은 지금까지의 평가행위에 대한 반성에서 더욱 힘을 실어주고 있다. 그 반성의 실체는 지금까지의 기술교과 교육의 평가가 교과의 특성상 중요한 실천적 능력(capability)보다는 앎(knowing)에 비중을 두었고, 그 앎도 지필 평가에 의존하는 간접적이고, 확률적이고, 협상적인 평가로 인해 학생들의 진정한 앎에 대한 평가가 제대로 이루어지지 않았다고 볼 수 있다. 아울러 유일한 평가목적이 등급을 매기기 위한 수단에 머물러 있었던 것은 평가의 본질에서 볼 때도 큰 과오라고 할 수 있다. 즉, 기술교과 교육에서의 평가가 학생들의 실제적 앎과 능력을 총체적으로 판단하여 그 학생의 이해 정도를 파악하고 교사와 학생들의 반성의 기회가 되지 못했다는 것이다(최유현, 1999).

최근 평가와 관련된 연구에서는 평가의 의미를 '전인의 양성을 목표로 하는 교육 전반에 걸친 자료를 수집하는 것'(박도순, 1996 : 56)이라고 보는 견해가 지배적이다. 박도순(1996 : 57-65)은 학업성취도 평가의 방향을 일곱 가지로 제시하였다.

- 지적 영역 중심의 평가에서 지적 · 정의적 · 심동적 영역 전체를 평가하여야 한다.
- 교육의 본질추구에 저해되는 요소를 발견하여 교육상황을 개선하기 위하여 평가대상이 교육의 모든 구성요소가 되어야 한다.
- 교육의 질을 향상시키는 데 적합한 정보(평가결과)를 얻기 위해서는 다양한 외적 기준이 마련되어야 한다.
- 합리적 교육을 질적으로 관리하고, 교육의 과정에 대한 타당성을 주기적으로 검토하며, 효과적인 교육정책을 수립하기 위하여 국가 수준에서 평가가 이루어져야 한다.
- 평가의 방법이 실험 · 실기 · 실습 등의 다양한 방법으로 이루어져야 하며, 지필검사의 형식이 주관식 평가 중심으로 이루어져야 한다. 즉, 학생이 수행한 모든 것은 귀중한 평가자료가 될 수 있기 때문이다. 평가의 자료는 다양화되어지고 평가방법도 다양화되어야 한다.
- 평가의 내용이 교육과정 중심, 고등정신기능 중심, 과정 중심의 평가가 이루어져야 한다.

• 평가결과의 활용을 교육적으로 의미 있게 하기 위해서는 성취도 결과 제시방법이 활용 중심, 장점 중심으로 이루어져야 한다.

한편, 성태제(1996 : 31-32)는 교육문화 개혁을 위한 학습평가의 과제로서, 절대평가의 강조, 총합적인 평가보다 세부적인 평가, 다양한 평가방법의 개발, 한 순간의 평가보다 장시간 관찰할 수 있는 수행결과의 평가, 평가결과는 변화된다는 인식, 평가결과에 대한 정보의 제공 등으로 제시하였다.

인지과학에 바탕을 둔 연구자들은 전통적인 검사만으로는 피검사자의 특정한 능력(학습능력, 지능)을 정확히 재는 일이 불가능하다는 인식하에 결과와 함께 과정을 평가하는 새로운 방법을 찾게 되었다. 즉, 보다 직접적(direct)이고 맥락적(contextual)이며 생태적으로 타당한(ecologically valid) 평가가 필요하다는 것이다(남명호, 1995 : 116). 전통적인 검사의 대안으로 지칭되는 용어는 다양하다. 직접평가(direct assessment), 참평가(authentic assessment), 수행평가(performance assessment), 대안평가(alternative assessment) 등이 사용되고 있다(Worrthen, 1993, 남명호, 1995 : 117에서 재인용). 이러한 용어들은 강조점이 약간 다르지만 전통적인 표준화된 성취검사의 대안이라는 점과 일상생활과 관련된 의미있는 과제에 대하여 학생의 수행을 직접 검사한다는 공통점이 있다.

여기서 직접평가의 용어는 간접적이고 대리적인 과제(대개는 검사문항)에 의존하는 전통적인 평가와 대비되는 면을 강조하는 점에서, 그리고 참평가는 학생 행동의 작은 단편들을 표집하여 실시하는 전통적인 검사와 대비시켜 학생이 참으로 가치있는(authentic) 과제를 어떻게 수행하는가를 평가한다는 뜻에서 붙여진다. 이러한 평가용어는 전통적 검사의 대안적 평가이므로 대안평가라는 이름으로 불리우기도 한다. 수행평가는 최근에 새로 등장한 평가가 아니라 도제 제도하에서 스승이 제자를 가르치면서 전형적인 수행평가를 실시해 왔으며, 예체능 교과와 과학, 실기평가의 형태가 수행평가[2]인 것이다.

Baron & Boschee(1995 : 11)가 참평가의 장점으로 제시한 것인 '학생들의 알고 있는 것의 직접적인 평가, 고등 사고력 평가(higher thinking skills), 학습과정에서의 적극적인 수업참여'와 일치하고 있다. 그러나 참평가에서 해결되어야 할 문제점도 간과해서는 안 된다. 즉, 참평가

---

2) Cizek(1991 : 696)에 의하면 검사는 근본적으로 학생이 무엇을 알고 있는지 또는 학생이 무엇을 할 수 있는지 알아보려는 시도로 보고 이런 검사는 두 가지가 있다고 설명한다. 학생의 목공능력을 간접적으로 측정하기 위하여 여러 가지 끌의 용도에 따라 사용하는 방법을 알고 있는지 묻는 지필검사이고, 다른 하나는 학생의 목공능력을 직접적인 방법으로 측정하는 방법으로서 학생에게 목재와 공구를 주고 상자를 만들도록 하는 방법이 그것이다. 이렇게 목공능력을 보다 직접적으로 평가하는 방법이 수행평가라는 것이다. 그러나 좀더 넓은 의미에서 보면 Feuer와 Fulton(1991)은 수행평가의 일반적인 형태로 구성반응 문항(constructed response), 에세이, 작문, 구두시험, 공개시험, 과학실험, 포트폴리오를 들고 있으며, Archbald와 Newmann(1992)은 능력분석 검사(test of discrete competency), 공개시험, 포트폴리오, 프로파일을 소개하고 있다(남명호, 1995 : 118-119).

를 적용하기 위해서는 경제적 비용(high cost), 평가결과를 일관되게 양적 평가, 목표평가, 표준화된 평가수행의 어려움, 평가 결과의 타당성, 신뢰성, 객관성 문제 등의 문제해결(Baron & Boschee, 1995 : 11)을 위한 논의도 뒤따라야 할 것이다.

미국 교육은 전통적으로 지방분권식 교육제도였으나, 최근 지구촌화(globalization)의 영향과 국가 경쟁력을 높이기 위하여 지방분권식 교육제도의 재검토 문제가 제기되었다. 1983년 교육의 위기(A Nation at Risk)를 선언하고, 1991년 부시행정부의 개혁 노력(America 2000-An Education Strategy)과 현재 클린턴 정부에 의하여 '국가 교육과정 표준(National Standards)'을 개발하고 있다. 클린턴 행정부는 1993년 10월과 1994년 2월에 통과된 'Goal 2000-Educate America Act'라는 법률을 의회에서 통과시키고, 이 법안의 교육과정 부분은 '국가표준(National Standards)'을 제정할 것을 제안[3]하고 있다. 다른 한편에서는 범용주의를 극복하고 교사에게 도리어 많은 권한과 자율성을 부여해야 한다는 '재구조화(restructuring)'의 논의도 맞물려 있다. 즉, 재구조화를 사전에서도 정의하고 있는데 '연방, 주, 지방정부의 규제와 영에 의하여 숨막히고 있는 교사의 창조성이 학급에서 발휘되게 한다'는 것이다(encyclopedia)(이용숙 외, 1994 : 233-247). 이러한 재구조화와 관련된 평가의 측면에서, 표준화된 객관식 평가를 철폐하고 대안적인 평가방식을 도입한 학교가 있는가 하면, 개인평가를 지양하고 전체에 대한 평가를 하고 있다. 이러한 재구조화 논의로서 『Educational Leadership』지는 '재구조화가 무엇인지', '재구조화란 이름으로 실지로 무슨 일이 일어나고 있는지'에 대한 특집을 실었다.

1989년 제9권 제7호의 특집으로 'Redirecting Assessment'을 특집으로 다루고 17편의 논문을 발표하였다. Costa(1989)는 'Re-Assessing Assessment'라는 글에서 정보화 사회에서 요구를 만족하기 위한 교육의 변화를 바란다면, 결과 지향적 평가(product-oriented assessment)의 습관에서 과정 지향적인 평가(process-oriented assessment)로 변화해야 한다는 가정 하에 후기 산업사회에 학생들을 준비시키기 위한 재구조화된 학교의 목표달성을 위하여 평가를 재설계해야 한다고 주장하였다. 구체적으로 책무성의 자취에 따라 학교를 재구성해야 하고, 평가기법을 다양한 범위로 확대해야 하고, 평가절차의 다양성을 체계화하여야 하고, 표준화된 검사가 학교, 교사, 학생들의 질적인 평가를 하는 데 불충분함을 입법자, 학부모, 지역사회 등에 알려야 하고, 가장 중요한 것은 평가의 목적을 재구조화하여야 한다고 주장하였다.

---

3) 이 법안이 통과되기에 앞서 1989년 4월에 발표된 '미국 수학교사 협의회(NCTM ; National Council of Teachers of Mathematics)'에서는 학교 수학을 위한 교육과정 및 평가표준규준집(Curriculum and Evaluation Standards for School Mathematics)이 발표되었다. 그리고 1995년 12월에는 'National Academy of Science'가 과학교육 표준(National Science Education Standards)이 발표되었다. 그리고 '국제 기술교육협의회(ITEA ; International Technology Education Association)가 K-12 기술교과 교육을 위한 표준 교육과정 프로젝트(A Project to Develop National Standards for K-12 Technology Education)을 작성하고 있는 실정이다. 이러한 추세는 미국 교육부의 한 관리의 말대로 90년대를 '표준의 시대(decade of standards)'를 단적으로 보여 주고 있다.

이러한 논의와 맞물려 캘리포니아에서의 참평가(authentic assessment)와 Connecticut에서의 수행평가(performance testing)를 소개하고 있다. 캘리포니아 주에서 적용하기 위하여 개발된 참평가에서는 모든 학생들이 실세계와 관련된 문제해결 능력에 관련된 사고를 격려해야 한다고 규정한다. 이를 뒷받침하기 위하여 주 차원의 평가 재설계가 요구된다고 보고 있다. 캘리포니아 주에서는 이미 2개 학년에서 교사가 개발한 캘리포니아 평가 프로그램(CAP)인 작문 수행평가(performance)가 이루어졌다.

그리고 Shepard(1989 : 4-6)는 보다 나은 평가의 필요성을 논의하면서 표준화된 검사의 제한점을 제시하였다. 즉, 대부분의 표준화 검사가 합의점을 형성하는 과정을 통해서 만들어지기 때문에 평가내용을 협상(the negotiation of content)하게 되며, 표준화된 검사의 내용이 중요한 것, 기본적인 것의 평가로 깊이와 넓이에 한계점(the narrowing of content)을 지니고 있고, 그리고 선다형 형식(multiple-choice formats)의 한계점을 지니고 있기 때문에 표준화된 검사가 수업목표의 전 범위를 평가할 수 없다는 것이다. 이로 인하여 교사는 중요한 개념보다 검사에 맞는 내용을 가르치고, 실세계에 필요한 내용보다 검사도구에 익숙한 능력을 가르치게 된다는 것이다.

학습평가의 한 회의에서 Glaser(1988)에 의하여 지식의 영역을 다섯 가지로 확인하였는데, 이는 평가에서 이러한 지식영역의 정보를 수집하여야 한다고 하였다. 즉, 지식의 연관성(coherence of knowledge), 문제해결에 필요한 원리(principled problem solving), 지식의 활용 정도(knowledge use), 자동화된 기능(automatized skills), 초인지 또는 자기적응 능력(meta-cognitive or self-regulatory)을 제시하였다. 이런 측면에서 평가는 학습과제와 유사한 것을 측정하여야 한다(Shepard, 1989 : 7).

Wolf(1989 : 35-39)는 학습평가의 재구조화 측면에서 포트폴리오 평가의 예를 설명하면서 학생들이 그들의 활동 또는 학습경험을 포트폴리오로 정리할 경우, 학습자는 학습자의 입장에서 자신의 학습 진척도를 평가하며, 교사는 교수행위에 있어서 학습자의 성취 정도에 대한 새로운 관점을 얻을 수 있다고 하였다. 특히 학생들의 측면에서 볼 때 반성적 자기평가(reflective self-evaluation)는 포트폴리오 평가가 가능하게 한다는 것이다.

그리고 Carter(1995 : 182-186)는 '과학과 수학에서의 평가의 변화'라는 논문에서 국가 교육개혁 운동과 더불어 학생 평가방법의 변화가 필요하다고 전제하고, 다섯 가지 평가방법의 예를 제시하였다. 즉, 작문 의사소통 능력을 키우는 기사작성 평가(journal writing), 창조적이고 확산적 사고에 기초한 문제해결력을 길러주기 위한 개방형 문제평가(open-ended problems), 반성적 자기평가 작업이 요구되는 포트폴리오 평가(portfolios assessment), 학생들의 직접적인 개념을 확인하기 위한 면접평가(interview assessment), 학생들의 과제에 대한 수행과정을 직접 평가하는 수행평가(performance assessment)로 제시하였다. 그러나 훌륭한 전통적인 평가는 잘 설계되지 못한 대안적 평가(alternative assessments)보다 가치가 있다고 주장한다(최유현, 2001, 재인용).

한편, 평가와 관련된 두 가지 대립적 논쟁 관점에서 Gronlund(1990 : 17-19)는 비형식적 평가와 표준화된 검사(informal versus standardized test), 개인평가와 집단평가(individual versus group test), 완전 숙달평가와 조사평가(mastery versus survey test ; 준거 지향과 규준 지향), 논술형과 선택형(supply versus selection test), 객관식과 주관식 평가(objective versus subjective test), 언어평가와 수행평가(verbal versus performance test)로 대비시켰다. 이는 김용식(1996)의 평가시각으로 제시한 인식론적 관점에서 객관주위와 주관주의, 가치론적 관점에서 실용주의와 다원주의 논의와도 무관하지 않다.

이러한 논쟁의 방법론적 차이는 기본적으로 양적 평가와 질적 평가의 논쟁으로 볼 수 있다. 그러나 최근에는 학습평가에서 이 두 방법을 배타적이라기보다는 상호보완적인 것으로 기여할 수 있다는 관점이 지배적이다. 새로운 과정 중심의 평가는 새로운 평가로서의 대안적 의미보다는 전통적 평가와의 조화로운 균형을 유지하는 것이 필요하다.

따라서 평가의 새로운 동향은 논쟁보다는 보완적인 의미를 지니며, 교과교육의 평가방향의 논의에 있어서 종합적이고 통합적인 접근을 시도하는데 도움을 준다. 즉, 전통적인 평가의 방법을 잘 설계하고 결과를 올바로 이용하며, 나아가 새로운 접근 평가방법인 수행평가, 포트폴리오 등의 평가방법을 보완적 수준에서 적용하는 것이 바람직할 것이다.

즉 보다 바람직한 평가는 이러한 평가의 균형과 조화를 필요로 한다. Burke(2009)는 전통적 평가, 포트폴리오 평가, 수행평가의 균형 평가의 초점과 특징을 제시하였다(정종진 외 역, 2012, 14).

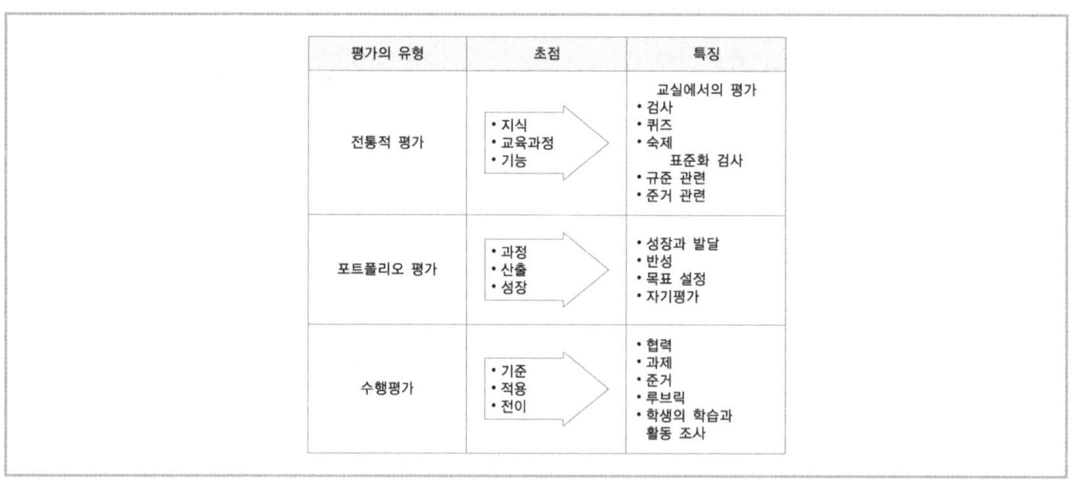

| 평가의 유형 | 초점 | 특징 |
|---|---|---|
| 전통적 평가 | • 지식<br>• 교육과정<br>• 기능 | 교실에서의 평가<br>• 검사<br>• 퀴즈<br>• 숙제<br>표준화 검사<br>• 규준 관련<br>• 준거 관련 |
| 포트폴리오 평가 | • 과정<br>• 산출<br>• 성장 | • 성장과 발달<br>• 반성<br>• 목표 설정<br>• 자기평가 |
| 수행평가 | • 기준<br>• 적용<br>• 전이 | • 협력<br>• 과제<br>• 준거<br>• 루브릭<br>• 학생의 학습과 활동 조사 |

<그림 7 - 2> 균형평가의 초점과 특징

영국 국가 교육과정위원회는 영국의 초등 기술교과 교육(design & technology)의 평가(assessment)는 다른 핵심교과(core subjects)와 다른 접근을 하여야 한다고 제시하였다. 즉, 기술은 내용(content)보다 과정(process)을 중요시하고, 제시된 성취목표(attainment target : AT)가 절차적인 문제해결 과정이므로 각 과정이 별도로 취급될 수 없기 때문에 과제 전 과정에 기초하여 평가가 이루어져야 한다고 하였다(Javaris, 1993 : 10). 이러한 과정 평가를 위하여 기준연령에 따른 다른 개념, 능력 수준을 적용하고, 사전에 계획을 세우며, 아동의 문제해결 과정을 자세히 기록하고, 최종 작품을 면밀히 관찰하고, 아동으로 하여금 그들의 문제해결 전 과정을 기록하게 격려하고, 문제해결 과정에서의 전 과정을 자기평가하고, 구체적인 능력과 개념에 기초하여 수행행동을 평가하도록 권고하고 있다.

이러한 배경에서 Javaris(1993 : 147-160)는 초등 기술교과 교육(design & technology)에서 적용할 수 있는 평가방법(증거를 수집하는 방법)으로 교사의 관찰(teacher observation), 아동의 자기평가(pupil's self-assessment), 작품숙고적 평가(considering product), 지필보고서, 검사, 정리(written reports, tests and summaries), 그림 및 제도 도면(diagram and drawings), 개념지도 그리기(concept mapping), 개별적 토의 및 면접(discussions and interviews with individual children), 학급 전체 혹은 집단토의(whole class or group discussions), 사진, 테이프, 비디오의 활용(use of photographs, tapes, video) 등이다.

한편, 미국의 ITEA(International Technology Education Association)[4]에서는 TfAA(Technology for All Americans) 프로젝트를 수행해 왔는데, 1996년(1차), 2000년(2차)에 이어 2003년에 기술적 교양의 평가(assessment), 전문가, 프로그램의 국가적 표준(National Standard)을 제시하였다.

■ TfAA(Technology for All Americans) Project 3단계

기술적 교양의 평가, 전문가, 프로그램 표준(AETL-Advancing Excellence in Technological Literacy : Student Assessment, Professional Development, and Program Standards)

- AETL은 제2 단계의 기술적 교양표준(STL)의 K-12의 기술활동 교실에서의 적용을 위한 수단을 제공한다.
- AETL은 제2 단계의 기술적 교양표준(STL)에 기반을 두었다.
- AETL은 다음 세 가지 영역의 표준이지만 서로 관련되어 있다.

4) 1단계(1996년)는 기술교과를 위한 정당성과 구조(A Rationale and Structure for the Study of Technology), 2단계(2000년)는 기술적 교양표준 : 기술학 내용(STL-*Standards for Technological Literacy : Content for the Study of Technology*) −기술의 특성(The Nature of Technology), 기술과 사회(Technology and Society), 설계(Design), 기술적 세계의 능력(Abilities for a Technological World), 기술적 세계(The Designed World)로 범주화 하여 20개의 표준을 제시하였다.

– 학습자 평가(Student Assessment)
– 전문가 개발(Professional Development)
– 프로그램(Program)

• 학습자 평가(Student Assessment)

학습자의 학습활동을 강화하기 위하여 학습자들에 대한 피드백을 주고 수업개선을 위한 정보를 활용하고, 학습자들의 이해와 능력에 대한 증거를 수집하는 체제적 · 다원적 단계의 과정이다(The systematic, multi-step process of collecting evidence on student learning, understanding, and abilities and using that information to inform instruction and provide feedback to the learner, thereby enhancing student learning).

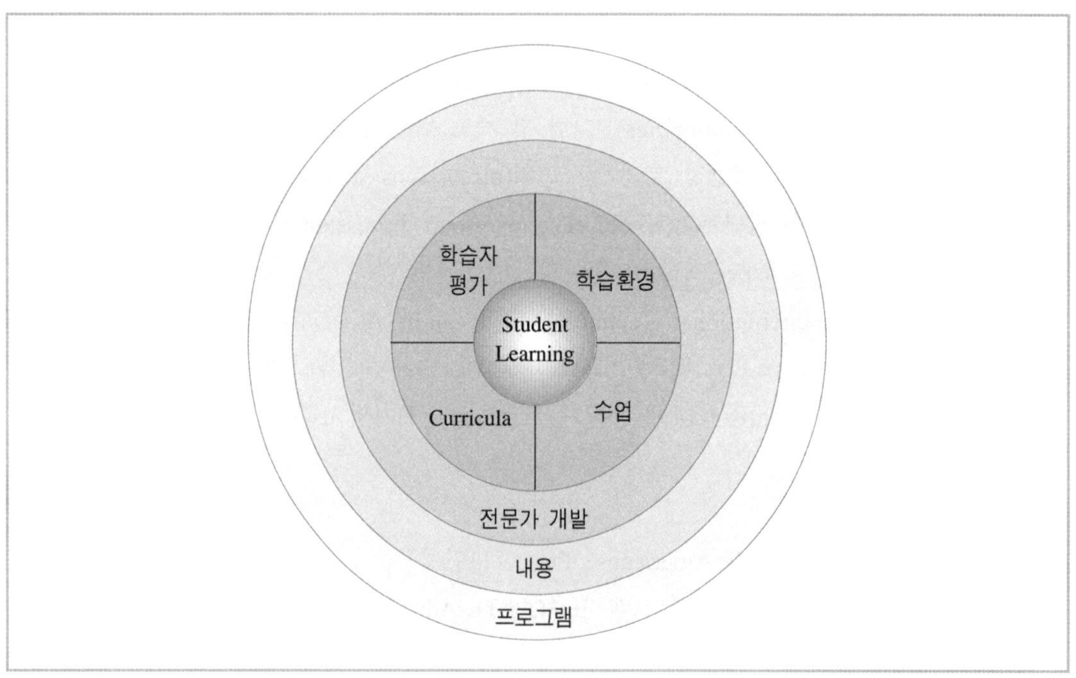


<그림 7 - 3> 기술교육 프로그램, 내용, 전문가 개발, 학습(교육과정, 수업, 평가, 학습자 환경)의 관계 모형

TfAA에서 제시한 학습자 평가(student assessment)표준의 기본내용을 살펴보면 다음과 같다(ITEA, 2003).

• 표준 A-1 : 학습자 학습의 평가는 기술적 교양을 위한 내용표준(STL)과 밀접하게 관련되어야 한다.
• Standard A-1 : Assessment of student learning will be consistent with Standards for Technological Literacy : Content for the Study of Technology(STL).

- 표준 A-2 : 학습자 학습의 평가는 의도하는 목적에 명확하게 맞추어져야 한다.
- Standard A-2 : Assessment of student learning will be explicitly matched to the intended purpose.
- 표준 A-3 : 학습자 학습의 평가는 연구에서 추출된 평가원리로부터 반영되어야 하고 체제적이어야 한다.
- Standard A-3 : Assessment of student learning will be systematic and derived from research- based assessment principles.
- 표준 A-4 : 학습자 학습의 평가는 기술의 특성과 관련된 실천적 맥락을 반영하여야 한다.
- Standard A-4 : Assessment of student learning will reflect practical contexts consistent with the nature of technology.
- 표준 A-5 : 학습자 학습의 평가는 책무성, 전문성 개발, 프로그램 강화를 위하여 평가자료가 통합되어야 한다.
- Standard A-5 : Assessment of student learning will incorporate data collection for accountability, professional development, and program enhancement.

따라서 TfAA의 학습자 평가의 다섯 가지 표준의 기본내용은 "기술적 교양을 위한 내용표준(STL)과 밀접하게 관련되어야 하고, 의도하는 목적에 명확하게 맞추어져야 하고, 연구에서 추출된 평가원리로부터 반영되어야 하고 체제적이어야 하며, 기술의 특성과 관련된 실천적 맥락을 반영하여야 하고, 책무성, 전문성 개발, 프로그램 강화를 위하여 평가자료가 통합되어야 한다"로 설정하고 있음을 알 수 있다.

결국 이러한 기본원리들은 평가의 기본원리이지만 특별히 기술교과 교육에서의 특징은 '실천적 맥락'의 고려가 다른 교과보다 강조하여 제시하고 있다. 이는 기술교과 교육이 수행 중심 평가의 철학을 반영해야 한다는 또 하나의 증거이다. 또한 평가의 원리는 연구의 결과로부터 추출된 결과를 반영해야 한다는 신중한 접근도 이 원리에서 나타난다.

이러한 평가의 기본 동향과 이념을 고려하여 2022 교육과정 총론의 '평가'와 관련하여 다음과 같이 제시하고 있다(교육부, 2022b).

## 가. 평가는 학생 개개인의 교육 목표 도달 정도를 확인하고, 학습의 부족한 부분을 보충하며, 교수·학습의 질을 개선하는 데 주안점을 둔다.

1) 학교는 학생에게 평가 결과에 대한 적절한 정보를 제공하고 추수 지도를 실시하여 학생이 자신의 학습을 지속적으로 성찰하고 개선할 수 있도록 한다.

2) 학교와 교사는 학생 평가 결과를 활용하여 수업의 질을 지속적으로 개선한다.

## 나. 학교와 교사는 성취기준에 근거하여 교수·학습과 평가 활동이 일관성 있게 이루어지도록 한다.

1) 학습의 결과만이 아니라 결과에 이르기까지의 학습 과정을 확인하고 환류하여, 학습자의 성공적인 학습과 사고 능력 함양을 지원한다.

2) 학교는 학생의 인지적·정의적 측면에 대한 평가가 균형 있게 이루어질 수 있도록 하며, 학생이 자신의 학습 과정과 결과를 스스로 평가할 수 있는 기회를 제공한다.

3) 학교는 교과목별 성취기준과 평가기준에 따라 성취수준을 설정하여 교수·학습 및 평가 계획에 반영한다.

4) 학생에게 배울 기회를 주지 않은 내용과 기능은 평가하지 않는다.

## 다. 학교는 교과목의 성격과 학습자 특성을 고려하여 적합한 평가 방법을 활용한다.

1) 수행평가를 내실화하고 서술형과 논술형 평가의 비중을 확대한다.

2) 정의적, 기능적 측면이나 실험·실습이 중시되는 평가에서는 교과목의 성격을 고려하여 타당하고 합리적인 기준과 척도를 마련하여 평가를 실시한다.

3) 학교의 여건과 교육활동의 특성을 고려하여 다양한 지능정보기술을 활용함으로써 학생 맞춤형 평가를 활성화한다.

4) 개별 학생의 발달 수준 및 특성을 고려하여 평가 계획을 조정할 수 있으며, 특수학급 및 일반학급에 재학하고 있는 특수교육 대상 학생을 위해 필요한 경우 평가 방법을 조정할 수 있다.

5) 창의적 체험활동은 내용과 특성을 고려하여 평가의 주안점을 학교에서 결정하여 평가한다.

# 8장 기술교과 교육에서의 수행 중심 평가

이 장에서는 최근의 평가동향과 기술교과 교육의 특성에 부합되는 수행 중심 평가의 이론과 구체적 절차와 전략을 다룬다. 이는 평가의 기본철학이 학습자 이해를 위한 맥락적이고 종합적인 자료수집의 증거를 찾는 방법을 다루는 일로서 교사들의 평가 설계에 전문적 이해와 실천에 도움을 줄 수 있을 것이다.

◎ 해시 태그 Key words

#수행 중심 평가(performance-based assessment)
#실제적 과제(authentic task)
#채점 명세 기준(루브릭 : rubrics)
#포트폴리오 평가

## 1. 기술교과 수행평가의 기본 방향

### 가. 기술교과 학습평가의 의미와 원리

2022 기술교과 교육과정에서 평가의 방향과 방법을 다음과 같이 제시하고 있다(교육부, 2020).

(1) 평가의 방향

① 기술과의 평가는 연간 혹은 학기 기준으로 사전에 계획하여 '교육과정-교수 · 학습-평가-기록'의 모든 절차가 정합성을 갖도록 실시되어야 한다. 평가의 목적이나 내용을 고려하고, 학습자의 지식 · 이해, 과정 · 기능, 가치 · 태도의 다양한 측면을 종합적으로 파악하는 것이 중요하므로 평가 방법을 다양화하여 실시한다.

② 평가는 학습자 성취결과에 대한 판단의 근거 자료 수집은 물론이고, 학습의 수행 과정의 평가를 지향한다. 또한 평가 결과는 학생의 변화와 성장을 위한 자료로 활용하는 동시에 교사의 수업 개선에 도움이 되도록 한다.

③ 단편적인 지식이나 사실보다는 개념, 사고 과정 및 기능, 가치 및 태도 등에 대한 평가 자료를 다양하게 수집하여 학습자의 교과 역량을 종합적으로 평가한다.

④ 학습자의 개별 특성을 고려하여 성취기준을 달성할 수 있도록 하되, 최소 성취수준에 도달하지 못하는 학생들을 예방하기 위해 평가에서 교사의 적극적인 피드백을 제공하며 학습자 스스로 성장할 수 있도록 한다.

(2) 평가 방법

① 기술과의 평가는 단순히 지식 · 이해의 평가뿐 아니라 과정 · 기능의 수행, 가치 · 태도의 내면화를 확인하고 이를 평가에 반영한다. 평가는 평가 목표와 평가 내용에 따라 다양한 방법을 적절히 활용한다. 이 과정에서 학습자에게 과제 수행의 성취를 돕고, 신뢰도 높고 타당한 평가를 위하여 채점 기준(루브릭)을 개발하여 공개하고 채점에 활용한다.

② 평가 문항은 단순한 사실이나 지식의 측정 뿐 아니라 학습자의 적용력, 분석력, 종합력, 평가력 등의 고등사고 능력까지 측정할 수 있도록 양질의 평가 문항을 개발하여 활용한다.

③ 평가 상황에서 학습자의 디지털 격차로 인한 영향이 발생하지 않도록 계획을 세워 실시한다.

④ 평가에서 학습자들의 참여의식을 높이며, 평가 결과에 대한 학습자 자신의 책임을 강화하고, 협력적 학습공동체 구성원으로서 소통을 강화하기 위해 평가의 주체를 교사 외에 학습자 본인과 동료 학생 등으로 다양하게 실시한다.

⑤ 자기주도성을 바탕으로 한 학습자 중심의 수업을 성공시키기 위해서는 다양한 평가 장면에서 주어지는 교사의 적절한 피드백이 학습의 목표 달성과 학습 촉진을 위한 관건이 되므로 구체적인 정보를 담은 다양한 방법의 피드백을 계획하여 실시하되, 학생 상호간의 피드백도 적극 활용한다.

⑥ 학습 부진, 학습속도, 일시적 사고 등의 다양한 학습자 상황에서 발생하는 학습 격차를 반영하기 위해 성취기준에 근거한 '평가기준'의 '채점 기준'에서 평가의 형평성을 고려하는 조치를 포함하도록 한다.

⑦ 학습 과정의 평가를 통해 자신의 학습에 대해 관찰하고 개선하도록 하고 적정한 피드백을 통해 스스로 개선하고 성장할 수 있는 기회를 제공한다. 단, '기술 · 가정' 과목에서 최소 성취수준을 도달하지 못한 경우 보충 학습의 기회를 제공한다.

학습평가가 교육에 있어서 무슨 의미를 가지고 있는가에 대한 물음은 기술교과 교육의 평가의 방향을 모색하는 데 중요한 의미를 가지고 있다. Arends(1994 : 222)는 학업성취도 평가의 일반적 목적은 진단, 피드백, 보고 또는 기록으로 제시하였다. 기술교과 교육에 있어서 평가의 의미는 다음 세 가지로 정리할 수 있을 것이다.

첫째, 기술교과 학습평가는 **교과목표를 달성**시키기 위한 수단적 활동이다. 즉, 교과목표 달성의 측면에서 보면 평가는 학생들의 개별적인 행동능력을 극대화시키는 데 이용되어야 한다.

둘째, 기술교과 학습평가는 학생들의 **기술적 행동특성을 이해**시키는 데 있다. 기술교과의 특성은 기술과 관련된 다양한 활동을 학생들이 직접 체험한다는 점에서 뚜렷한 특성이 있다.

셋째, 기술교과 학습평가는 **교사의 교수과정에 도움**을 얻기 위한 것이다. 평가를 통하여 교사는 학생들의 행동수준을 이해하는 것은 물론 학생들의 성취 혹은 행동결과를 통하여 교사의 교수행위에 개선점을 줄 수 있다.

따라서 이러한 평가목적을 달성하기 위해서는 최근에 강조되는 평가의 일반적 원리를 반영하여야 한다. 즉, 모든 수업목표들을 평가하고, 모든 학습과제를 망라하고, 평가문항 또는 평가양식(선다형, 주관식, 논술, 그와 고도의 정신능력을 잴 수 있는 문항 등)을 적절히 활용하고, 타당하고 신뢰롭게 평가하고, 학습을 개선하기 위한 평가를 하여야 한다는 것이다. 사실 모든 수업목표와 모든 학습과제를 평가한다는 일은 지극히 이상적이고 비현실적일 수 있다. 그러나 평가자는 전문가로서의 주어진 시간, 공간 등을 고려하여 위에서 제시한 원리에 가깝게 적응하는 노력이 있어야겠다.[1)]

기술교과 교육에 있어서 가장 두드러진 특성 중의 하나는 실천적인 교과라는 것이다. 이는 교육내용이 실천 가능한 내용이고, 교육방법이 실천적 노작에 바탕을 두며, 그리고 평가방법 또한 학생들의 실천적인 활동에서 기술적 수행행동을 평가의 대상으로 삼아야 할 것이다. 이는 앞서 논의한 학습평가의 동향에서 논의한 바와 같이 학생들의 수행행동을 중심으로 평가방법이 모색되어야 한다(성태제, 1996 ; 남명호, 1995 ; Costa, 1989, Carter, 1995 ; Javaris, 1993). 즉, 평가의 동향에서 강조되었던 직접 평가(direct assessment), 참평가(authentic assessment), 대안 평가(alternative assessment)로 지칭되는 수행평가(performance assessment) 방법이 기술교과 교육의 평가에서 새롭게 자리매김할 수 있을 것이다.

학생들의 직접적인 수행행동을 평가하기 위해서는 계속적 · 분석적 · 개별적 · 객관적이어야 할 것이다. 계속적인 평가를 위해서 포트폴리오의 적용(Wolf, 1989 ; Carter, 1995 ; Brusic et. al., 1990, Shackelford, 1996)으로 평가결과나 자료를 정리하여 평가하는 방안이 모색될 수 있으며, 분석적인 평가를 위해서는 한 가지 평가과제가 아닌 다양한 과제의 평가와 종합된 과제를 중심으로 평가가 이루어져야 할 것이다. 그리고 개별화된 평가를 위해서는 각 개인의 자기 진술적 보고, 설문지, 관찰, 면접(structured interview, unstructured interview, semi-structured interview[2)]), 일화기록법 등의 방법이 적용되어야 할 것이다. 그리고 객관적이고 정확한 수행행

---

1) 영국의 국가 교육과정에서 교사들이 잘 협조하지 않은 가장 큰 이유 중의 하나는 새로운 평가가 자신들의 업무를 폭증시켰기 때문이었다. 결국 영국의 교육부는 한 학생당 12.5시간의 업무량을 필요로 하던 1993년도 평가에서 1994년부터는 6.75시간의 업무량을 필요로 하는 평가체제로 간소화하였다(Nuttall & Sctobart, 1994 : 27을 김성훈, 1994 : 20에서 재인용).

2) structured interview는 구조화된 면접으로 사전에 치밀한 계획을 세워서 면접자에게 융통성을 주지 않는 면접법이고,

동을 관찰하기 위해서는 체크 리스트(check list method), 평정법(rating scale method), 등위척도법(ranking method), 작품 등위평가법(product-rating method) 등을 이용할 수 있을 것이다(최유현, 2001, 재인용).

기술교과 교육에 있어서 또 하나의 특징은 그 기본접근이 기술적 문제의 창조적인 문제해결(creative problem solving) 접근에 있다는 것이다. 따라서 교육의 목적에서 의도하는 문제해결력의 평가는 중요한 의미를 가지고 있다고 보여진다. 즉, 문제해결 수업 접근이 문제해결 과정에서의 사고를 중요시하므로, 결과 지향적 평가(product-oriented assessment)뿐만 아니라 과정 지향적인 평가(process-oriented assessment)도 중요한 의미(박도순, 1996 ; 정성봉, 1996 ; Costa, 1989 ; Javaris, 1993)를 지니고 있다.

과정평가는 결국 수업 중 평가를 의미하며, 기술교과 교육의 문제해결적 수업전략을 기초로 그 적용이 이루어질 수 있다.

여기서 기술교과 학습과제를 해결하는 과정에서의 평가전략은 각 단계를 평가의 준거로 삼을 수 있다. 예를 들어 문제해결 수업전략의 계획단계의 주된 평가준거는 문제해결 방법을 잘 설정하였는가? 제품모양을 올바르게 제도하였는가? 재료 목록표와 작업순서가 능률적으로 완성하였는가? 등으로 평가준거를 마련할 수 있을 것이다. 물론 구체적으로 제품모양을 올바로 제도하였는가의 준거는 다시 제품의 실용성, 모양, 치수의 정확성 등의 구체적인 항목을 다시 설정할 수 있다. 그리고 마지막 평가단계에서는 학생들이 자신의 문제해결 결과 또는 작품을 합리적으로 평가하는 능력과 스스로 평가한 자료를 평가자료로 활용할 수 있을 것이다. 이러한 과정평가 결과는 종합적으로 문제해결 능력으로 판단할 수 있는 자료가 될 수 있을 것이다.

학습에 대한 반성은 더 나은 학습을 위한 기본적인 과정이기도 하다. 이러한 측면에서 최근의 평가연구 동향은 학생들이 스스로의 학습결과와 수행행동 결과를 확인하고 그들의 학습 혹은 행동에 적용하는 일은 효과가 크다(정성봉, 1996 ; Shepard, 1989 ; Wolf, 1989 ; Javaris, 1993 ; Shakelford, 1996)고 볼 수 있다. 이를 위한 방안은 크게 세 가지의 구체적인 전략이 있을 수 있다. 그 하나는 학습과제를 수행하고 난 후에 그 과제에 대한 자기평가를 수행하는 것이다. 또 하나는 문제해결 수업전략에서 활용된 학습기록장(문제해결 자료)을 계속 보관하여 필요시 평가자료로 적용(포트폴리오)할 수 있다. 학생들의 문제해결 접근에 바탕을 둔 수업전개는 결국 학습자의 반성적 사고에 바탕을 두므로, 반성적 자기평가(reflective self- evaluation)는 중요한 의미를 지닌다. 그리고 반성적 자기평가를 위하여 학습활동 중에 생산되는 모든 자료를 목적에 따라(전시 포트폴리오, 기술 포트폴리오, 평가 포트폴리오, 구성 포트폴리오) 수집하여 정리하는 것이다.

---

unstructured interview는 구조화되지 않은 면접으로 면접 목적만 명백히 하고 면접방법은 구조화하지 않는 면접법이며, semi-structured interview은 중간 정도의 구조화된 면접으로 사전에 면접에 대한 치밀한 계획을 세우되 면접자가 융통성 있게 면접을 진행시키는 면접법이다.

이러한 논의를 기초로 할 때, 기술교과 교육의 평가는 수행행동을 평가하는 방안, 문제해결 수업 전략에서 과정평가의 적용방안, 자기반성적 평가를 중심으로 제시할 수 있었다. 이러한 기술교과 교육의 평가방향은 수업과 평가가 통합적으로 이루어지는 특징을 찾을 수 있을 것이다. 무엇보다도 기술교과 교육의 평가는 기술교과 교육의 본질을 살리는 데 초점이 맞추어져야 할 것이다.

## 나. 수행 중심 평가의 기본방향

Burke(2009)는 수행평가의 특징을 다음과 같이 제시하였다(정종진 외 역, 2012, 11-12).

- 문제를 해결하고 독창적인 과제 수행을 위해 분석력, 종합력, 평가력과 같은 고차적 사고기능을 요구하는 문제 시나리오
- 학생들과 성인들이 일상생활에서 당면하는 실제 상황과 상호 관련이 있는 현실적인 수행과제
- 국가 수준의 기준과 상호 관련된 실제적인 산출물이나 수행결과를 창출하는 데에 초점을 둔 동기부여적인 과제
- 학업적 및 사회적 결과를 모두 강조하는 협력과 집단간 상호작용
- 큰 아이디어(big idea)의 상호의존성과 여러 학문들을 가로지르는 본질적인 문제에 흥미를 집중시키는 여려 교과 영역의 통합

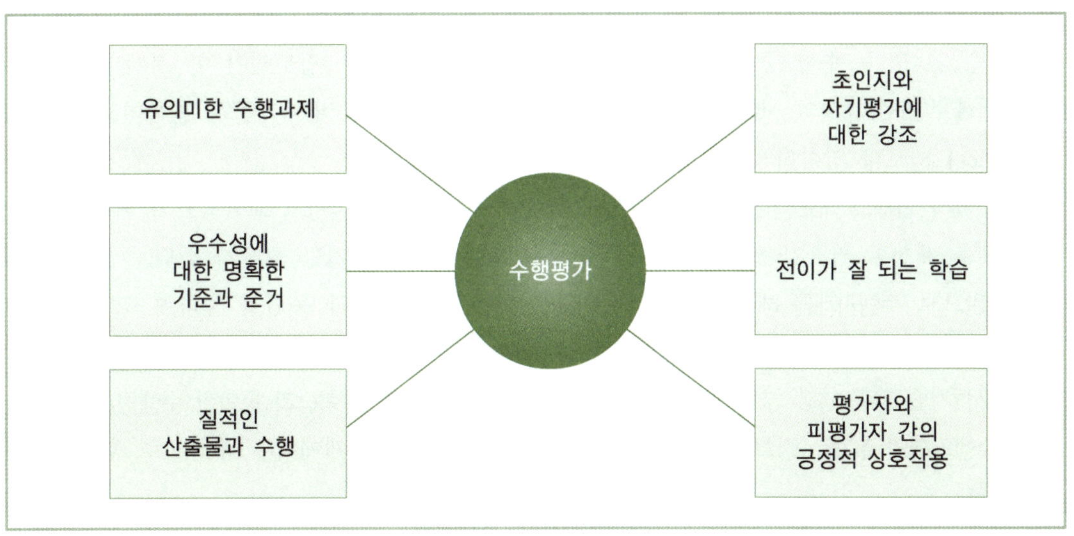


<그림 8-1> 수행평가의 특징

McMillan(1997)은 수행 중심 평가에서의 장점과 제한점을 [표 8-1]과 같이 제시하였다.

여기서 **수행 중심 평가의 장점**을 보면, 실제적이고 참된 과제를 제시한다는 점, 학습과 통합되어 있다는 점, 실제적 과제로 인한 학습자들의 과제몰입을 증대시키고, 정답이 여러 대안이 나오게 하여 풍부한 사고를 가능하게 하고, 구체적인 기준을 제시하여 보다 명확한 과제수행의 안내와 객관적 평가과제를 지향하고 있다는 것이다.

[표 8-1] 수행 중심 평가의 장점과 제한점

| 수행 중심 평가의 장점 | 수행 중심 평가의 한계 |
|---|---|
| • 실제적 과제(authentic)를 다룬다.<br>• 학습과 통합(integrated with instruction)시킬 수 있다.<br>• 수행과제에 몰입(engaging)한다.<br>• 정답이 하나가 아니다(no single correct answer).<br>• 구체적 기준(specific criteria)이 있다. | • 신뢰도(reliability)의 문제<br>• 과제의 대표성(sampling) 문제<br>• 시간(time) 부족 문제 |

이러한 장점은 한편으로는 수행 중심 평가가 기본적으로 갖추어야 할 기본적인 전제로서 시사하고 있다고 볼 수 있다. 한편, **수행평가의 제한점**으로 제시한 과제의 신뢰도, 대표성, 시간문제 등은 한계로만 머물 것이 아니라 수행 중심 평가의 성공을 위한 기본방향의 의미를 갖는다고 볼 수 있다. 즉 수행 중심 평가의 제한점을 극복하는 대안을 검토해야 할 것이다.

첫 번째로 수행과제의 **신뢰도 문제**는 수행 중심 평가의 구체적 평가기준은 물론이고, 채점기준(rubrics)을 보다 명확하게 제시할 필요가 있다.

두 번째의 **과제의 대표성 문제**는 제시한 수행과제가 보다 포괄적이고 교육목표와 내용의 핵심적 과제를 제시할 필요가 있다. 이는 결국 좋은 수행과제를 설계할 필요가 있다.

마지막으로 **수행과제를 해결할 시간적 문제**는 기본적으로 학습과 통합을 통하여 수업과 평가가 분리되는 데서 오는 시간적 부담을 최소화해야 한다.

따라서 기술교과 수행 중심 평가에서도 기본적인 전제조건은 **'학습과 통합한 수행평가의 적용'**, **'좋은 수행과제의 설계'**, **'명확한 채점기준의 명세화'**를 평가 설계단계에서 기본적으로 충족시켜야 할 것이다.

그리고 실제로 현장에서 수행평가가 성공을 거두지 못하는 이유가 '전통적인 평가철학', '현장 실현 가능성의 부족', '평가방법의 일차원적 접근', '일반화할 수 없는 수행 중심 모형과 절차부재' 등의 요인도 발생되고 있다. 따라서 이에 대한 극복의 방향도 기본방향에 포함되어야 한다.

### 1) 학습과 통합한 수행평가의 적용

수행 중심의 평가는 그 특성상 수행 중심의 학습과 같이 논의될 수 있다. 학습과 평가를 통합한 접근을 보인 대표적인 연구는 Marzano, Pickering & McTighe(1993)은 학습모형의 단계를 활용한 수행평가 전략의 연구이다. 그들은 학습을 다섯 단계로 설정하고 그 단계에 다른 수행 평가전략을 제시하였다. 그들이 제시한 학습의 다섯 단계는 [표 8−2]와 같다.

[표 8−2] Marzano, Pickering & McTighe(1993)의 학습모형의 단계

| | |
|---|---|
| 1단계 | 학습에 대한 긍정적인 태도와 인식(positive attitudes and perceptions about learning) |
| 2단계 | 지식의 습득과 통합(acquiring and integrating knowledge) |
| 3단계 | 지식의 확장과 정련(extending and refining knowledge : 비교하기, 분류하기, 연역적 결론, 귀납적 결론, 오류의 분석, 대안의 개발과 분석, 전망의 분석, 정리) |
| 4단계 | 지식의 의미있는 활용(using knowledge meaningfully : 의사결정, 탐구, 조사, 실험적 탐구, 문제해결, 발명) |
| 5단계 | 생산적인 마음가짐(productive habits of mind : 명백함과 명료함의 추구, 열린 마음, 충동심의 억제, 자신의 사고인식, 자신의 행동결과의 판단, 자신의 직관능력의 한계를 투입, 자신에게 주어진 과제에의 몰입) |

이들 다섯 단계는 <그림 8−2>에서와 같이 각각 독립적으로 작용하는 것이 아니고 서로 주어진 상황 속에서 서로 상호작용하고 있음을 알 수 있다. 따라서 가장 효과적인 학습은 학습의 단계로 불리우는 사고의 다섯 가지 구별된 유형의 상호작용의 생산물이다.

수행 중심 평가와 학습의 다섯 단계에서 고려될 수 있는 다섯 가지 학습표준인 '복잡한 사고표준, 정보처리 표준, 효과적인 의사소통 표준, 협동과 협력의 표준, 마음의 습관표준'을 3제시하였다.

또한 그들은 수행 중심 평가와 학습의 다섯 단계에서 고려될 수 있는 다섯 가지 학습표준인 '복잡한 사고표준, 정보처리 표준, 효과적인 의사소통 표준, 협동과 협력의 표준, 마음의 습관과 표준'을 제시하였다. 이 학습표준을 기초로 하여 수행과제를 구성하는 방법을 여섯 단계로 구조화하였다.

Marzano, Pickering & McTighe(1993)가 제시한 학습을 고려한 수행평가의 전략은 수행평가를 학습의 다섯 가지 차원과 관련하여 접근한 점과 과제에 포함된 내용표준을 중심으로 구조화한 점이 특징이면서 평가의 전체적인 고려가 반영되지 않았다.

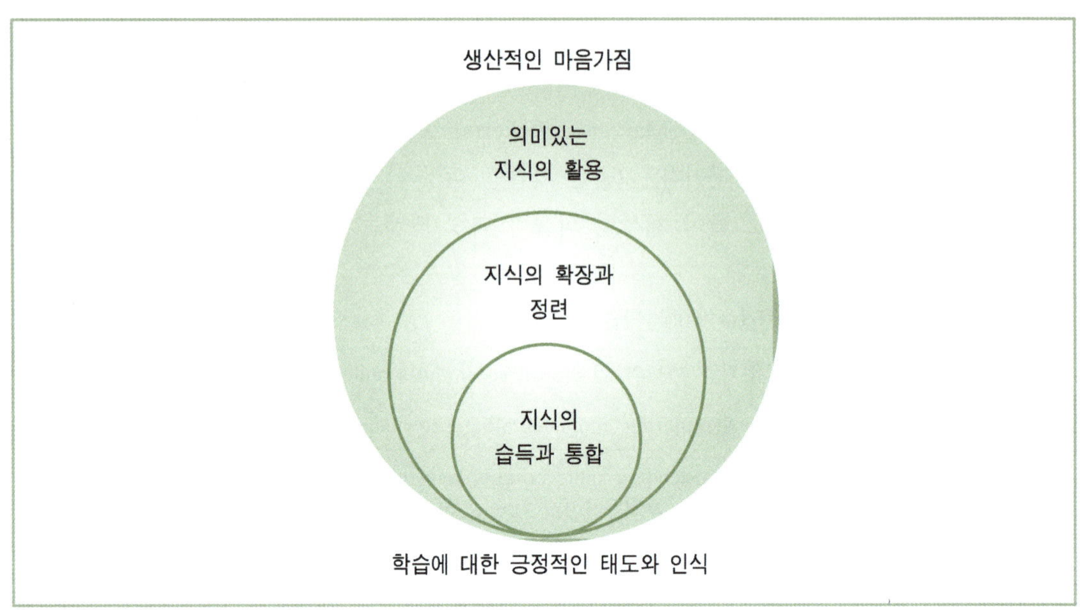


<그림 8-2> 학습의 다섯 단계(dimensions of learning)

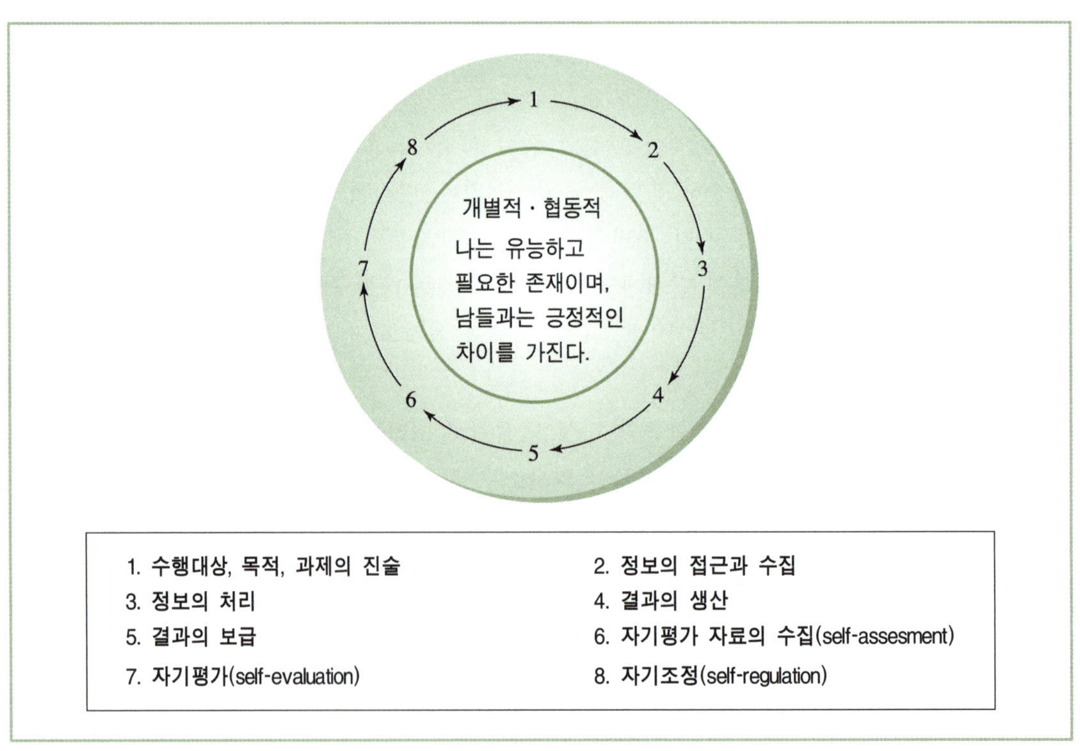


| | |
|---|---|
| 1. 수행대상, 목적, 과제의 진술 | 2. 정보의 접근과 수집 |
| 3. 정보의 처리 | 4. 결과의 생산 |
| 5. 결과의 보급 | 6. 자기평가 자료의 수집(self-assesment) |
| 7. 자기평가(self-evaluation) | 8. 자기조정(self-regulation) |

<그림 8-3> 수행적 접근을 위한 학습의 사이클

한편, Hibbard(1996 : 6) 등은 '수행 중심 학습과 평가'의 교사 지침서에서 수행 중심 학습과 평가는 지식, 기능, 일의 습관의 획득 및 적용은 학습자에게 의미있고 관련지을 수 있는 수행과제를 통하여 전략화되어야 한다고 주장하였다. 그러나 수행 중심 학습 및 평가는 전통적인 개념－기능 수업을 확장하여 접근되어야 하며 균형을 이루어야 한다고 보고 있다. 즉, 균형이란 전통적으로 알고 있는 것(Do you know it?)과 수행 중심의 학습 및 평가의 실제로 알고 있는 것을 활용할 수 있는 것(Can you use it?)과의 균형을 의미한다고 보았다. 이러한 수행적 접근을 위한 학습의 사이클을 <그림 8－3>과 같이 제시하였다(Hibbard 외, 1996 : 20).

그리고 수행 중심 학습과 평가과제 및 평가 리스트를 개발하기 위한 순서도를 <그림 8－4>와 같이 제안하였다(Hibbard 외, 1996 : 47).

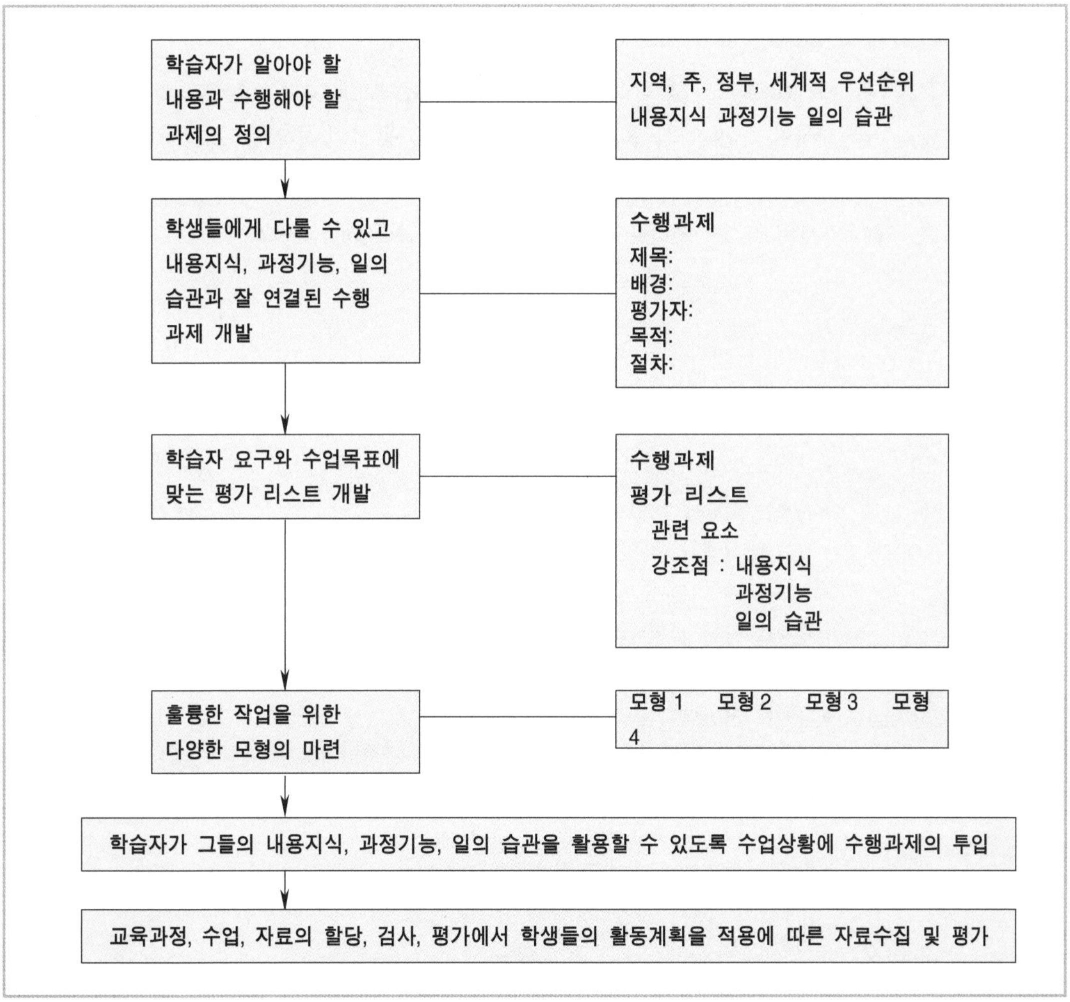

학습자가 알아야 할 내용과 수행해야 할 과제의 정의 — 지역, 주, 정부, 세계적 우선순위 / 내용지식 과정기능 일의 습관

↓

학생들에게 다룰 수 있고 내용지식, 과정기능, 일의 습관과 잘 연결된 수행과제 개발 — 수행과제
제목:
배경:
평가자:
목적:
절차:

↓

학습자 요구와 수업목표에 맞는 평가 리스트 개발 — 수행과제
평가 리스트
관련 요소
강조점 : 내용지식
과정기능
일의 습관

↓

훌륭한 작업을 위한 다양한 모형의 마련 — 모형 1 모형 2 모형 3 모형 4

↓

학습자가 그들의 내용지식, 과정기능, 일의 습관을 활용할 수 있도록 수업상황에 수행과제의 투입

↓

교육과정, 수업, 자료의 할당, 검사, 평가에서 학생들의 활동계획을 적용에 따른 자료수집 및 평가

<그림 8－4> 수행 중심 학습 및 평가과제 개발을 위한 모형

이 모형은 지역, 국가의 우선순위에 따라 내용지식(content knowledge), 과정기능(process skills), 일의 습관(work habits)을 중심으로 수행과제를 구조화하고, 수행과제 평가 리스트를 모형화하여 수업상황에 투입하여 자료수집 및 평가를 하는 것으로 되어 있다. 이 모형은 수행과제를 내용지식, 과정기능, 일의 습관과 관련지어 접근한 것으로 학습과 평가를 적절히 통합한 모형으로 볼 수 있으나 실제로 학습 및 평가의 설계상황에서는 구체적 안내가 뒷받침되지 못하였다.

Marzano, Pickering & McTighe(1993)와 Hibbard(1996) 등의 수행평가 모형은 다른 많은 수행평가의 모형과 달리 학습을 구체적으로 고려한 점이 매우 의미있게 접근되었다고 볼 수 있다. 그러나 이들 모형들은 학습 및 평가의 통합모형으로 설정하기에는 구체성과 수월성의 측면에서 보다 보완될 필요가 있다고 판단된다.

### 2) 좋은 수행과제의 설계

좋은 수행평가의 과제(task)는 보다 가치 있는 과제(essential, authentic, rich, engaging, active, feasible, equitable, open)의 선정으로 의미있고 능동적인 수업을 조장하여야 한다. 그래서 수행 중심의 평가과제 작성을 위한 체크 리스트도 제시된다.[3)]

[표 8-3]은 수행과제의 좋은 준거를 제시하고 있다(McMillan, 1997).

[표 8-3] 수행과제의 준거

| 좋은 과제 | 좋은 과제의 의미 | 좋지 않은 과제 |
|---|---|---|
| Essential<br>(핵심적인) | • 과제는 교육과정의 핵심에 맞는다.<br>• 과제는 '주요 개념'을 나타낸다. | vs. Tangential<br>(주제를 벗어난) |
| Authentic<br>(실제적인) | • 과제는 학습에 적합한 과정을 사용한다.<br>• 학생은 과제의 결과에 가치를 둔다. | vs. Contrived<br>(인위적인) |
| Rich<br>(사고가 풍부한) | • 과제는 또 다른 문제들을 발생시킨다.<br>• 과제는 다른 문제들을 제기한다.<br>• 과제는 많은 가능성을 가진다. | vs. Superficial<br>(피상적인) |
| Engaging<br>(과제에 몰입하는) | • 과제는 사고력이 촉진된다.<br>• 과제해결을 지속적으로 이끄는 흥미 있는 과제이다. | vs. Uninteresting<br>(흥미없는) |
| Active<br>(역동적인) | • 학생은 수행자이고 의사결정자이다.<br>• 학생은 다른 학생들과 상호작용한다.<br>• 학생은 의미를 구성하고 깊은 이해를 한다. | vs. Passive<br>(수동적인) |

3) ① 과제가 학습내용과 기능에 본질적으로 통합되어 있는가? ② 다양한 학습목표가 담겨 있는가? ③ 과제가 정말 실제적 가치를 지니는가? ④ 과제가 가르쳐질 수 있는가? ⑤ 과제가 실현 가능한 것인가? ⑥ 다양한 해결방법이 가능한가? ⑦ 과제가 도전적이고 지적 자극을 줄 수 있는가? ⑧ 채점의 준거가 포함되어 있는가?(McMillan, 1997 : 216).

| Feasible<br>(실현 가능한) | • 과제는 학교수업시간과 숙제시간에 이루어진다.<br>• 과제는 발달과정상 학생들에게 적합하다.<br>• 과제는 안전하다. | vs. Infeasible<br>(실현 불가능한) |
|---|---|---|
| Equitable<br>(균형 잡힌) | • 과제는 여러 가지 방식으로 생각을 발달시킨다.<br>• 과제는 긍정적인 태도에 기여한다. | vs. Inequitable<br>(균형을 갖추지 않은) |
| Open<br>(열린) | • 과제의 정답은 한 개 이상이다.<br>• 과제의 접근방식은 다각적이고, 모든 학생이 접근하도록 만든다. | vs. Closed<br>(닫힌) |

### 3) 명확한 채점기준의 명세화(루브릭 : rubrics)의 활용

수행 중심 평가에서는 평가 준거, 평가 기준, 채점 명세 기준 등을 명확하게 진술해야 한다. 많은 수행평가 도구에서 평가 기준은 있지만 **채점 기준**(rubrics)이 없는 것이 발견된다. 이러한 경우 주어진 평가 기준에 대하여 A, B, C를 평가자가 주관적으로 판단할 수밖에 없다. 그러나 제대로 된 채점 기준은 A, B, C의 해당하는 증거들을 명확히 규정하여 객관화된 판단을 보장한다. 이는 흔히 수행평가의 객관성의 단점을 보완해 주는 의미와 학습자의 학습활동의 방향과 수준을 제시해 주는 역할도 한다.

한지영(2004)은 기술과 교육 평가에서 학습자 중심의 루브릭이 학습과정 및 학업성취에 미치는 영향의 박사학위 논문을 수행하였다. 즉, 교사 · 학생 간 협상에 의해 개발된 학습자 중심 루브릭 집단이 일방적으로 루브릭을 제시한 집단에 비하여 학습동기의 주의집중, 만족감에 영향을 주었으며, 학업성취에도 긍정적인 영향을 미쳤음을 밝혔다.

### 4) 인간 이해에 초점을 둔 수행 중심 평가철학 인식

수행 중심 평가는 수행 중심 평가철학의 이해에 바탕을 둔다. 그 단적인 예로 수행평가가 기존의 등급화된 평가(인간규정)보다는 학습자의 학습활동 및 수행행동 이해(인간이해)의 철학이 우세함에도 불구하고, 등급화된 평가를 전제로 한 수행평가의 논의가 여러 가지 한계를 드러내고 있다. 이는 기존의 평가의 목적을 그대로 두고 수행평가 방법만 도입하는 데서 비롯된 것이며, 현장에서 자리잡는 데 이러한 편견이 앞서기 때문이다. 물론 등급화된 평가를 완전히 배제하자는 뜻은 더욱 아니다. 그래서 많은 수행평가의 평가도구 등을 보면, 왜 그러한 평가를 하는지의 목적설정이 없이 수행평가를 위한 평가가 이루어지는 일은 없는가? 평가의 목적에 근거하여 적절한 방법이 교사의 수준에서 다양하게 전략화되어야 할 것이다. 또한 평가결과를 어떻게 활용할 것인가의 물음도 평가 설계단계에서 매우 중요한 일이다. 아울러 평가결과의 'Feedback(학습한 행위의 반성과 수정)'과 'Feedfoward(앞으로 학습할 활동의 개선점)'의 의미를 고려할 필요도 있을 것 같다.

### 5) 일반화 가능성을 높이기 위한 수행평가 모형과 설계절차의 적용

기술교과 교육에서의 수행 중심 평가는 수행평가 과제의 확인(학습 및 평가 목적, 수행과제의 설정 등), 수행 평가 설계(평가 방법 설계, 평가 지침 및 기준, 채점 기준 명세화, 평가자료 개발, 평가결과의 활용 계획 등), 수행평가의 실행, 수행평가 과정의 반성 등의 단계[4]를 고려할 수 있을 것이다. 그러나 각각의 절차에서의 다양성은 열어두어야 한다. 예컨대, 평가방법의 설계단계에서는 수행평가에서 의도하는 맥락적 · 지속적 · 직접적 · 실제적이고 가치 있는 증거자료를 수집하는 방법이 다양하기 때문에 그 가능성은 교사의 실천적 단계에서 가치있는 전략이 나올 수 있을 것이다.

### 6) 교실 실현 가능성의 충분한 고려

수행평가의 한계는 대부분이 '평가 실현 가능성'의 문제이다. 특히 교사의 관찰, 면담 등의 방법이 다인수 학급에서 동시성을 가지고 관찰할 수 있는가의 문제이다. 우리는 이 경우 교실 상황에 적합한 녹화 · 녹음 등의 관찰을 고려한다든지, 가능하다면 계획된 학생들을 순서대로 몇 명씩 한다든지 등의 실현 가능한 관찰, 면담계획이 모색되어야 할 것이다.

### 7) 수행평가 방법의 다차원적 접근

수행평가의 유형은 학자마다 다소 다른 접근을 한다. 크게 두 가지 관점에서 유형화하고 있다. 하나는 여러 가지 대안적인 평가방법 가운데 한 가지가 수행평가라는 관점이고, 다른 한 가지는 여러 가지 대안적 평가를 총괄하는 개념으로서의 수행평가 관점이다.

Carter(1995)는 대안평가를 논의하면서 논술형 평가(written assessments ; journal writing & open-ended problems), 포트폴리오 평가(portfolio assessments), 면접평가(interview assessments)로 분류하고 있다. 그리고 이명숙(1997)은 새로운 학습평가의 대안으로 수행평가(performance assessment), 참평가(authentic assessment), 포트폴리오 평가(portfolio assessment)로 분류하고 있다.

대안평가는 학생이 아는 것 혹은 학생이 할 수 있는 것을 알아내는 방법이며, 학생의 학습과 수업의 성장을 보여 주는 방법이다. 이는 수업목표에 대한 실제 진전을 나타내는 활동에 기초하고, 교실과 실생활 상황에서의 과제를 반영하기 때문에 참평가이다. 이는 교사의 관찰, 수행평가, 그리고 학생의 자기평가를 포함할 수 있다. 참평가는 표준화 검사가 아닌 실제 생활경험을 사용하는 수행을 측정해야 한다는 믿음이며, 이는 관찰, 토의, 포트폴리오, 자기평가, 협동평가, 그리고 전통적 지필검사 등을 포함한다. 수행평가는 대안평가의 한 유형으로, 새로운 문제

---

4) 이에 대한 자세한 논의는 최유현(1997)의 기술과 교육을 위한 수행평가 모형의 탐색과 개발[대한공업교육학회지, 22(2)] 또는 이정수, 나승일, 최유현(1999)의 초등학교 실과의 실습 및 수행능력 평가도구 개발연구(한국교원대 교과교육연구소 연구보고 RR97-IV-1)를 참고 바람.

해결 혹은 구체적인 과제의 완성에서 미리 획득한 지식을 사용하는 학습자의 구체적인 기술과 능력을 측정하려는 체계적인 시도이다. 평가설계와 해석의 판단보다는 수업과제의 수행을 반영한다. 포트폴리오 평가는 계속적인 학생 작업의 기록을 이용하여 학생능력의 발달에 대한 깊이와 폭을 다양한 형태로 보여 준다. 따라서 포트폴리오는 학생 작업에 대한 목적적이고 체계적인 수집이며, 구체적인 수업목표 달성의 반영이며, 학생의 사고와 자기감독의 요소를 갖추고 있다(이명숙, 1997 : 47-49).

한편, 최호성(1997)은 참평가의 전형으로 수행평가를 단답형 수행평가 과제(단답식 개방형 과제, 개선된 선다형 과제, 개념지도 작성), 사건 혹은 사태형(event task) 수행과제, 장기적 복합과제로 분류하였다. 그리고 Aschbacher(1991)는 수행평가를 전통적으로 사용되어 온 표준화 검사, 지필검사, 다선형 검사사용의 부적절성을 지각하여 이에서 벗어나려는 사람들에 의해 많이 사용되고 있는 용어로 정의하고, 구조화된 반응(constructed response), 짧은 답하기, 개방형, 에세이 질문들이 포함되고, 그리고 시도해 보이기, 포트폴리오, 연구계획, 연극과 같은 수행과제도 포함한다고 주장하고 있다(이명숙, 1997 : 49에서 재인용).

백순근(1997)은 수행평가 기법들은 새롭게 개발되었다기보다는 과거에도 있었던 것이지만, 학습에 있어서 기존의 권위나 가치관에 대한 수동적인 수용보다는 자기 나름의 세계를 재창조하는 과정 중심의 인지심리학을 근거로 하여 창조적 문제해결력 등 고등사고 기능을 파악하고 신장하기 위한 학습평가의 기법으로 각광받고 있다고 전제하고, 수행평가는 통제된 상황하에서 이루어진 전통적인 교수 · 학습평가의 방식과는 달리 실제적인(통제되거나 강요된 상황이 아니라 자연스러운) 상황을 강조하기 때문에 지행일치를 조장하게 되고 전인교육을 강조하게 된다고 전제하면서, 현재 널리 사용되고 있는 수행평가의 종류로 서술형(주관식) 검사, 논술형 검사, 구술시험, 찬반토론법, 실기시험, 실험 · 실습법, 면접법, 관찰법, 연구보고서, 포트폴리오 등을 제시하였다.

또한 McTighe & Ferrare(1996)는 수행평가를 선택형 문항(selected response items), 구조화된 문항, 결과물(products), 수행행동(performances), 과정 중심(process-focused) 등으로 분류하였다. 이들의 수행평가 분류방식은 평가대상 또는 영역에 따라 체계적인 분류를 하고 있다고 판단된다.

McTighe & Ferrare(1996)의 분류방식인 선택형 문항, 구조화된 문항은 구조화된 반응문항으로 통합하고, 결과물과 수행행동을 참고로 하여 기술교과의 성격에 맞추어 **기술교과 수행평가 유형**을 수행평가 시기, 수행평가 주체, 수행평가 대상에 따라 구조화하면 다음과 같다.

[표 8-4] 수행평가 방법의 구조화

| 평가변인 | 평가항목 | 평가방법 |
|---|---|---|
| 1. 수행평가 시기 | □ 수업 전 평가<br>□ 수업과정 평가<br>□ 수업 후 평가 | |
| 2. 수행평가 주체 | □ 학습자<br>□ 동료 학습자<br>□ 교사<br>□ 기타__________ | |
| 3. 수행평가 대상 | □ 구조화된 반응문항<br>(constructed responses) | □ 논술형<br>□ 서술형<br>□ 완성형<br>□ 기타__________ |
| | □ 학습 결과물<br>(student's products) | □ 포트폴리오<br>□ 실습 보고서<br>□ 학습활동 보고서<br>□ 문제해결 활동지<br>□ 프로젝트 보고서<br>□ 견학 보고서<br>□ 작품<br>□ 설계도 · 구상도<br>□ 개념지도<br>□ 자기평가 보고서<br>□ 가꾸기 · 기르기 관찰록<br>□ 녹음자료<br>□ 녹화자료<br>□ 기타__________ |
| | □ 학습자 수행행동<br>(student's performances) | □ 시범<br>□ 학습활동<br>□ 역할극<br>□ 실기/실험<br>□ 논쟁<br>□ 기타__________ |
| | □ 대면과정<br>(interviews and discussions) | □ 구두질문<br>□ 관찰<br>□ 면접<br>□ 학급토론<br>□ 과정진술<br>□ 기타__________ |

## 다. Javaris(1993)의 학습의 증거수집 방법

Javaris(1993)는 영국의 기술교과에서 적용할 수 있는 평가방법을 설명하였다. Javaris(1993)가 제시한 평가방법은 문제해결 과정을 중요시하는 기술교과 특성에 맞추어 질적이고 다양한 평가방법을 제시하고 있다. 특히 개념지도 그리기, 학급 전체 혹은 집단토의, 사진, 테이프, 비디오의 활용은 다양한 평가방법에 기초하여 수업활동과의 통합을 추구하고 있다.

### 1) 교사관찰(teacher observation)

설계 · 기술 교과에서 교사의 관찰은 학습자의 목표달성을 위한 증거수집의 방법 중에서 가장 중요하다. 관찰에는 구체화되지 않은 개방된 관찰(open, non-specific observation), 중요 항목의 관찰(focused observation), 체계적인 관찰(systematic observation) 등의 세 가지의 중요한 형태가 있다.

- 구체화되지 않은 개방된 관찰(open, non-specific)에서 교사는 학습자의 행동과 반응을 보고, 관찰된 내용을 기록한다. 이러한 접근에는 많은 한계점이 발견된다. 즉, 교사가 기대하는 수준이 학습자를 공정하게 평가하는 데 영향을 줄 수 있다는 것이다.
- 체계적인 관찰(systematic observation)은 구체적으로 정의된 평가영역에 따라 계획이 세워지고 시간간격을 두고 행동을 기록하는 활동을 포함한다. 이 방법은 매우 명백하며, 양적인 평가의 자료를 만들 수 있지만, 시간을 낭비하며, 단지 교수과정으로부터 분리된 평가활동일 경우 효과적이다.
- 중요 항목의 관찰(focused observation)은 비교적 객관적이며, 교수과정과 통합되어 운영할 수 있는 관찰의 방법으로 학급 교사에게 가장 적당하다. 이 방법은 융통성이 있으며, 정상적인 학습활동에 방해를 주지 않고 많은 준비와 기록이 필요하지 않다는 장점을 가지고 있다. 이러한 방법은 자주 사용할 수 있으며, 학습자의 요구에 근접한 평가이고, 끊임없이 피드백을 제공할 수도 있다. 특히 학습자는 자신이 평가받고 있다는 사실을 굳이 깨닫지 않아도 된다.

관찰은 보통 교수법의 대부분에서 실행할 수 있지만, 관찰이 교사의 주요 목적일 때, 5~10분 정도의 짧은 시간에 접근하기도 한다. 만약 교사의 관찰활동이 학습자가 더욱 많이 배우도록 도와 준다는 것을 안다면, 학습자는 이러한 교사관찰에 잘 적응할 수 있다.

### 2) 자기평가(self-assessment)

설계 · 기술교과는 학습자에게 자기평가의 기회를 제공한다. 왜냐하면 계획활동, 제작활동, 제품에 대한 평가가 교과의 중요한 학습활동이기 때문이다. 학습자는 간단한 설문지 또는 진술 보고서에 의한 교사와 함께 개인적 평가활동을 실행할 수 있다. 학습자는 다음과 같은 질문을 통하여 스스로 기술적 프로젝트도 평가할 수 있을 것이다.

- 이 과제에서 어떤 것들이 좋았는가/싫었는가?
- 가장 어려운 것과 가장 쉬운 것이 무엇이었는가?
- 무엇을 배웠는가?
- 어떤 내용이 이해하기 어려웠는가?
- 내가 특별히 즐거워한 생각과 사물은 무엇이었는가?
- 우리 학습집단과 얼마나 잘 작업을 수행하였는가?
- 어떻게 집단에서 과업완성을 도왔는가?
- 어떻게 다른 사람이 나를 도왔는가?

### 3) 작품의 숙고적 평가(considering product)

계획활동 과정에서의 계획안, 스케치, 도표와 최종 작품은 교사가 알맞은 수준에서 학습자의 작업을 평가하도록 도와 준다. 특히 작품의 숙고적 평가는 다른 학습자와 비교하여 서열을 매기는 평가와는 달리 개별 학습자의 작품 자체에 담겨있는 평가정보를 얻는 방법이다. 개인적인 작품은 과제에 의해 요구되어질 때, 각 학습자는 아주 쉽게 평가될 수 있다. 중요한 문제는 학습자가 다른 학습자를 모방할 수도 있고, 또는 그들 자신이 창조하지 않고 다른 사람의 생각을 의지할 수 있다는 것이다. 이 문제는 개인 또는 집단에 의한 평가에 의한 계속적인 관찰로서 해결될 수 있다. 관찰과 자기평가에 더하여 교사는 과제 후에 작성된 보고서, 개인적 면담 또는 전체 학급토론을 통하여 학습자들이 학습내용을 평가할 수 있다.

### 4) 지필 보고서, 검사, 정리(written reports, tests and summaries)

지필 보고서와 검사는 과제 또는 수업과 분리된 평가활동이 필요할 수 있고, 질문의 다양한 선택, 준비된 문장을 완성하고, 정확한 물음 또는 확장된 글쓰기의 대답을 포함할 수 있다. 그러나 그들은 설계·기술적 행동을 평가할 때 제한을 가진다. 그들은 학습자의 지식 수준을 확인하는 데 유용하지만 특별히 의미 있는 기술적 능력과 개념의 평가에는 적합하지 않다.

### 5) 그림 및 제도도면(diagram and drawings)

학습자가 학습활동하는 동안 만들어진 제도 도면과 그림도 평가에 사용될 수 있다. 학습자에게 공장을 방문한 후 그림을 위계를 가지도록 체계적으로 나열시키거나 그리게 할 수 있다. 과제해결을 시작하기 전에 위의 그림들은 학습자의 이해도를 평가하기 위해서 가장 가치 있는 방법이 될 수 있고, 수업의 토론에 자극제가 될 수 있다. 저학년 학급에서 상점을 공부하기로 한 교사는, 가게주인이 돈을 벌기 위해 일어나는 일을 그리는 것을 학습자에게 시킬 수 있다. 또한 돈이라는 단어의 주위에 모여드는 그물망 같은 주제를 그리는 것을 학습자에게 시킬 수 있다. 교사는 이러한 과제의 세부적인 계획을 세울 수 있고 이러한 정보를 의식적으로 분류할 수 있다.

### 6) 개념지도 그리기(concept mapping)

개념지도는 주제를 가르친 후와 가르치기 전의 개념형성 정도에 대해 평가하기 위해 이용될 수 있는 개념들 간의 관계를 나타낸 도식이다. 출발점은 일반적으로 개념어들의 나열이다. 또한 읽기능력이 제한된 어린 아이들의 경우에는 사진과 그림이 될 수 있다. 출발점은 학습자에게 잘 알려져 있고 함께 연관지어질 수 있는 것이어야 한다.

### 7) 토론, 개별적 토의 및 면접(discussions and interviews with individual children)

토론과 면접은 학습자들의 기능, 개념, 지식, 느낌, 태도, 행동과 이들 이면에 있는 것들까지 모든 정보를 모을 수 있는 기회를 제공한다. 이러한 기술의 가장 큰 한계점은 한 번에 몇몇의 학습자들을 면접할지라도 많은 시간이 필요하다. 구조화된 것(structured), 구조화되지 못한 것(unstructured), 또는 서로 조합된 것까지 활용할 수 있을 것이다. 면접에는 다음 세 종류의 방법이 있다.

- 구조화되거나 표준화된 면접(structured or standard interview) : 미리 순서에 따라 일련의 질문이 결정되어 있는 것이다.
- 과제 중심 면접(focused interview) : 이 면접은 독특한 주제나 화제를 중심으로 이루어지는 집중면담의 형태이다. 설계 · 기술 교과에서 학습자의 능력발달을 평가하는 가장 일반적인 질문방법이다. 집중면담에서는 학습자의 지식과 이해력을 체계적으로 표현하도록 이끌 수 있는 많은 핵심질문을 찾는 것이 필요하다.
- 대화식 면접(conversational interview) : 이 면접은 교실이나 운동장 같은 곳의 편안한 상황에서 수업활동의 한 영역으로 특별한 주제 없이 이루어진다.

면담의 효율성을 높이기 위해서는 학습자의 생각을 충분히 표현할 수 있다는 분위기를 느끼게 한다. 그렇지 않으면 그들이 생각하는 것보다 교사가 듣기를 원하는 대답을 하려고 할 것이다. 그러므로 교사는 의견과 규칙을 강압하지 않는 범위 내에서 안정, 흥미, 그리고 주의를 끌 수 있도록 배려하여야 한다. 사용할 질문 혹은 말은 학습자들에게 익숙한 용어이어야 한다. 아이들은 또한 그들의 대답을 생각해 낼 시간이 필요하다. 그렇지 않으면 학습자는 교사에게 솔직하고 정직한 대답을 하지 못할 것이다. 흔히 학습자들이 대화 도중 "몰라요"라고 말하는 것은 정말 몰라서라기보다 생각을 정리하기 위한 시간을 얻기 위한 대답일 것이라는 점을 알아야 한다.

대답하기에 쉽지 않은 곤란한 질문도 의미가 있다. 예, 아니오, 혹은 하나의 정답(단지 옳은 것을 위한) 등과 같은 답을 요청하는 좁은 범위의 질문들은 그것들이 학습자들에게 확신을 주거나 믿음을 주는 것 외에 많은 가치를 줄 수는 없을 것이다. 그러므로 의견, 생각, 가설과 논쟁의 발전을 위한 넓은 범위의 질문들은 가치있고 의미있는 결과를 이끌 수 있다. 예를 들면

"가게주인은 무슨 일을 하는가?" 하는 질문은 학습자들에게 "가게주인이 통조림을 팔기 전에 통조림을 포장하는가" 하는 질문보다 그들의 생각의 폭을 넓혀 주는 데 더 많은 기회를 제공한다.

### 8) 학급 전체 혹은 집단토의(whole class or group discussions)

학급 전체 또는 집단토의가 개인적인 면담보다 시간이 덜 걸린다 하더라도 각각의 학습자들의 성취도를 확인하고, 그들이 발견한 것을 잊기 전에 기록하는 것은 어렵다. 소극적이거나 능력이 부족한 학습자에게 보고서를 작성하게 하는 것은 그들의 이해 정도를 평가하는 유용한 방법이다. 질문과 대답의 과정 속에서 몇몇의 학생들은 모든 것을 대답하려고 노력하고, 다른 학생들은 부끄러워서, 몰라서, 조소가 두려워서 전혀 대답하려고 하지 않을 것이다.

교사는 대부분 질문에 빨리 대답하기 바란다. 그러나 질문한 후에 대답을 하도록 여유를 주지 않으면, 학습자가 짧게 대답할 뿐만 아니라, 높은 수준의 사고활동보다 단지 기억된 정보에 의존하게 된다. 연구자들은 만약 교사가 질문 후 기다리는 시간을 길게 하려는 훈련을 받는다면 학생들의 대답의 길이는 늘어나고, 자발적인 대답의 수도 늘어난다. 학생들은 더 완전하게 대답하고, 증거를 추리하는 진술도 가능하게 된다. 또한 학습자들은 스스로 더 많은 질문을 요청하고 학습자간의 상호작용도 늘어갈 것이다.

### 9) 사진, 녹음자료, 비디오의 활용(use of photographs, tapes, video)

학습활동 동안에 찍은 사진은 개인과 전체의 학급토의에 도움을 주었던 기술 또는 과정을 재생하는 데 도움을 준다. 학습자들에게 사진을 통하여 그들이 하고있는 것과 다른 사람이 하고 있는 것에 대하여 토의하도록 요구한다면, 이런 활동은 학습자들의 논평에 도움을 주고, 그들의 활동을 상기시켜 주고, 적당한 기술을 적용하는 이유와 그것의 적용 시 필요한 지식을 알게 하는 데 도움을 준다. 그러나 필름과 현상비가 비싸고, 과정을 지연시킬 수 있고, 사진을 동시에 모든 학생에게 제시하기 어려운 문제점도 있다.

한편, 녹음자료는 비용이 저렴하지만, 비교적 교실의 한 부분에 놓을 수 있다. 그러나 재생하고 녹음하는 데 다소 시간이 소비되고, 사용의 빈도가 높지 않으며, 초임 교사에게 시간적인 압박감을 준다. 만약 학습자의 목소리를 잘 알아듣지 못한다면 종종 녹음 내용을 구별하기 어렵다. 그러나 녹음자료는 반복적인 분석이 가능하고, 더 많은 관찰에 유용한 자료를 제공한다. 녹음자료는 그들 자신들의 활동을 평가하고 협동작업시의 기술을 발전시키는 데 도움을 준다.

같은 방법으로 비디오에 학습활동을 담는 것은 교사의 교수활동 반성과 학습자의 평가에 도움을 준다. 비디오 녹화는 소리와 화면이 나타난다는 장점이 있다. 그러나 구입비가 비싸고, 비디오 카메라의 보관 문제 등의 단점이 있다.

### 10) 창의적 산출물의 평가

특히 기술교과에서는 학생들의 창의적 산출물이 학습의 결과물로 많이 나온다. Besemer는 20년간의 경험적 연구를 바탕으로 창의적 산물을 평가하기 위해서는 세 가지 차원이 필요하다고 보고 있다. 이 세 가지 차원은 새로움(novelty), 실용성(resolution), 정교성(elaboration & synthesis)이다. 이 CPSS(Creative Product Semantic Scale)는 창의적 산물을 평가하기 위해서 만든 일종의 양극형용사 체크리스트로서 Besemer의 창의성 평가 모델인 CPAM(Creative

Product Analysis Matrix)에 바탕을 두고 있다. 창의성을 평가하는 데 사용되는 형용사들을 이용해서 실제 자료들을 평가하도록 하고 그 결과를 탐색적 · 확증적 요인분석을 하여 최종적으로 위의 세 가지 차원을 얻게 된 것이다(Besemer, 1998). 이 세 가지 차원은 각각의 하위의 요소들로 구성되어 있다. 이 CPSS는 앞으로 개발될 유아용 창의성 검사의 준거 타당도 및 예언타당도를 위한 검사로서 긴요히 활용될 것으로 전망된다(최인수, 2000).

[표 8-5] 창의적 산출물 평가 체크리스트

| 영역 | 하위척도 | 긍정적 요소 | 7 | 6 | 5 | 4 | 3 | 2 | 1 | 부정적 요소 |
|---|---|---|---|---|---|---|---|---|---|---|
| 참신성 Novelty | surprising 놀랄만한가 | surprising – 놀랄만한가 | | | | | | | | customary – 보수적인가 |
| | | astounding – 대단한가 | | | | | | | | common – 흔한것인가 |
| | | shocking – 충격적인가 | | | | | | | | uninspired – 감흥이 없는가 |
| | original 독창적인가 | original – 독창적인가 | | | | | | | | commonplace – 평범한가 |
| | | innovative – 혁신적인가 | | | | | | | | conventional – 전통적인가 |
| | | new – 새로운가 | | | | | | | | old – 옛것인가 |
| | | novel – 신기한가 | | | | | | | | predictable – 예견되는 것인가 |
| | | unique – 독특한가 | | | | | | | | ordinary – 평범한가 |
| 실용성 Resolution | useful 유용한가 | valuable – 가치있는가 | | | | | | | | worthless – 가치가 없는가 |
| | | significant – 의미있는가 | | | | | | | | insignificant – 중요하지 않는가 |
| | | necessary – 필요한가 | | | | | | | | unnecessary – 불필요한가 |
| | logical 논리적인가 | logical – 논리적인가 | | | | | | | | illogical – 비논리적인가 |
| | | make sense – 이치에 맞는가 | | | | | | | | senseless – 이치에 맞지 않는가 |
| | | relevant – 타당한가 | | | | | | | | irrelevant – 타당하지 않는가 |
| | | appropriate – 적절한가 | | | | | | | | inappropriate – 부적절한가 |
| | logical 논리적인가 | logical – 논리적인가 | | | | | | | | illogical – 비논리적인가 |
| | | make sense – 이치에 맞는가 | | | | | | | | senseless – 이치에 맞지 않는가 |
| | | relevant – 타당한가 | | | | | | | | irrelevant – 타당하지 않는가 |
| | | appropriate – 적절한가 | | | | | | | | inappropriate – 부적절한가 |

| | | | | | | | | | | |
|---|---|---|---|---|---|---|---|---|---|---|
| 실용성 Resolution | valuable 가치있는가 | useful – 쓸모있는가 | | | | | | | | useless – 쓸모 없는가 |
| | | functional – 기능이 좋은가 | | | | | | | | non-functional – 기능이 안좋은가 |
| | | feasible – 실현할 수 있는가 | | | | | | | | unfeasible – 실현 불가능한가 |
| | | usable – 사용가능한가 | | | | | | | | unusable – 사용할 수 없는가 |
| | understandable 이해가능한가 | understandable – 이해되는가 | | | | | | | | mysterious – 이해할 수 없는가 |
| | | convincing – 수긍이 가는가 | | | | | | | | unconvincing – 수긍안가는가 |
| | | intelligible – 명료한가 | | | | | | | | unintelligible – 불명료한가 |
| | | clear – 명확한가 | | | | | | | | ambiguous – 애매모호한가 |
| 정교성 Elaboration & synthesis | organic 조직적인가 | organic – 조직적인가 | | | | | | | | unorganic – 비조직적인가 |
| | | orderly – 순서적인가 | | | | | | | | disorderly – 무질서한가 |
| | | organized – 정리되었는가 | | | | | | | | disorganized – 정리되지 않았는가 |
| | | whole – 전체적인가 | | | | | | | | partial – 부분적인가 |
| | elegant 세련되었는가 | attractive – 매력이 있는가 | | | | | | | | unattractive – 시시한가 |
| | | harmonious – 조화로운가 | | | | | | | | jarring – 조화롭지 못 한가 |
| | | graceful – 품위가 있는가 | | | | | | | | awkward – 어색한가 |
| | | elegant – 세련 되었는가 | | | | | | | | coarse – 조잡한가 |
| | well-crafted 솜씨가 좋은가 | well-crafted – 솜씨가 좋은가 | | | | | | | | crude – 솜씨가 없는가 |
| | | well-made – 잘만들어졌는가 | | | | | | | | botched – 실패작인가 |
| | | meticulous – 섬세한가 | | | | | | | | sloppy – 엉성한가 |
| | | expert – 전문가인가 | | | | | | | | inept – 초보자인가 |

## 2. 기술교과 수행 중심 평가모형과 전략

수행평가는 결과 지향적인 평가(product-oriented assessment)보다 과정 지향적인 평가(process-oriented assessment)를 강조하여 수업과 평가의 통합적인 접근을 시도하고 있다. 지금까지의 평가는 학습과 평가는 별개의 작업으로, 즉, 학습이 끝나고 평가가 이어지는 결과지향적인 평가가 주를 이루고 있다고 볼 수 있다. 특히 질적 평가에서는 교육의 '결과'(product)뿐만 아니라 교육의 '과정'(process)을 매우 중시한다. 즉, 학생들의 **명명적(命名的) 지식(무엇에 대해 아**

는 것 : knowing what)의 수준뿐만 아니라, 절차적 지식(어떻게 하는지 아는 것 : knowing how)의 수준을 파악하는 것도 매우 중시되고 있다. 즉, 학생들이 인지적으로 아는 것도 중요하지만, 아는 것을 실제로 적용할 수 있는지의 여부를 파악하는 것도 중요하다고 볼 수 있다.

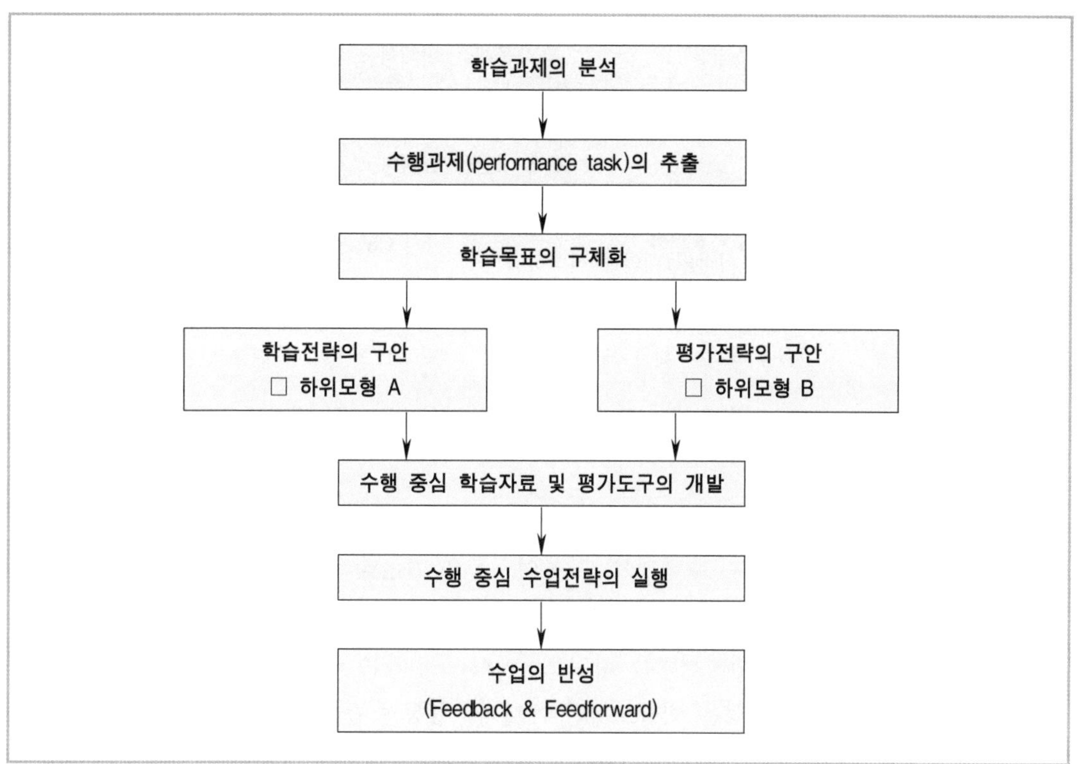


<그림 8 - 5> 기본모형 : 학습 및 평가를 통합한 수행 중심 수업 기본모형

학습 및 평가를 통합한 수행 중심 수업전략의 모형을 설정하기 전에 다음의 문제들을 면밀히 검토해야 한다.

첫째, 학습과 평가를 통합한 모형은 수행평가 철학이 스며들어야 한다.

둘째, 한 모형에 학습과 평가가 동시에 포함된 기본모형이 구안되어야 한다. 가장 이상적인 수행평가는 학습과 평가가 통합되는 전략이다.

셋째, 평가준거, 평가기준, 채점기준 등이 명확하게 진술될 수 있도록 구체적인 전략이 반영되어야 한다.

[표 8-6] 하위모형 A: 학습구조와 절차모형

| ◇ 학습구조의 전략화 : 개별구조, 협동구조 | | |
|---|---|---|
| ◇ 학습절차의 전략화 : 문제해결적 접근 | | |
| 절차 | 일반적 문제해결 활동단계 | 기술적 문제해결 활동단계 |
| 문제확인 단계 | A : 문제를 이해하고 기록하기 | |
| 정보수집 단계 | B : 관련 정보를 수집하기 | |
| 계획 단계 | C : 대안을 탐색하고 선정하기 | |
| | C1 : 대안을 탐색하기<br>C2 : 최적의 대안을 선정하기<br>C3 : 방안을 자세히 기록하기 | Ca : 문제해결을 생각하기<br>Cb : 최적의 대안을 선정하기<br>Cc : 구체적으로 계획하기(설계, 재료목록 및 작업순서) |
| 문제해결 단계 | D : 생각한 대로 해보기 | D : 생각한 대로 만들기 |
| 반성 및 평가 단계 | E : 각 단계와 결과를 평가하고 반성하기 | E : 각 단계와 작품을 평가하고 반성하기 |

이러한 기본방향을 반영하고, 수행평가 모형 연구들을 기초로 하여 학습과 평가를 통합한 모형을 기본모형과 하위모형으로 분류하여 구안하였다. 이는 학습과 평가를 전체적으로 고려하고, 구체적으로 학습전략과 평가전략을 하위모형에서 구안하는 것이다.

그리고 기본모형의 하위모형은 학습모형인 개별적 · 협동적 문제해결 모형과 수행평가 절차모형을 최유현의 문제해결 수업모형(1997)과 수행평가 절차모형(1998)을 적용하여, 최유현(1999)은 다음과 같은 학습과 평가를 통합한 기술과 수행평가 모형을 구안하였다.

■ 단계 1 : 수행평가 과제 확인 단계

▷ 수행평가 목적, 활용, 평가 참여자, 평가 대상자 등의 진술
- 수행평가 목적의 진술
- 수행평가 결과의 활용 기본 계획
- 평가 참여자
- 평가대상 선정(개인, 집단)

▷ 평가할 내용과 수행과제의 구체화
- 수행평가 내용(단원)이나 기능의 구체적 진술
- 평가할 수행과제를 구조화

⬇

■ 단계 2 : 수행평가 설계 단계

▷ 수행평가 방법 설계 : 수행평가 방법 설계모형(하위모형 1)
- 수행평가 방법 선정－평가시기, 평가주체, 평가자료
- 수행평가 방법의 구체화

▷ 수행평가 지침 및 기준의 명세화
- 수행평가 지침의 마련
- 채점기준의 명세화(rubrics)

▷ 수행평가 자료개발
- 평가에 사용되는 자료의 나열
- 평가자료의 개발

▷ 평가장소, 시기결정
- 평가실시 장소
- 평가실시 시기

▷ 평가결과의 의사소통 및 활용방법을 구안 : 평가활용 모형(하위모형 2)
- 의사소통 · 피드백 방법
- 평가결과 활용방법

<그림 8－6> 하위모형 B : 학습평가 모형

[표 8-7] 하위모형 1 : 단계 2의 수행평가 방법설계를 위한 하위모형

| 평가변인 | 평가항목 | 평가방법 |
| --- | --- | --- |
| 1. 수행평가 시기 | □ 수업 전 평가<br>□ 수업과정 평가<br>□ 수업 후 평가 | |
| 2. 수행평가 주체 | □ 학습자<br>□ 동료 학습자<br>□ 교사<br>□ 기타__________ | |
| 3. 수행평가 대상 | □ 구조화된 반응문항<br>(constructed responses) | □ 논술형<br>□ 서술형<br>□ 완성형<br>□ 기타_________ |
| | □ 학습 결과물<br>(student's products) | □ 포트폴리오<br>□ 실습 보고서<br>□ 학습활동 보고서<br>□ 문제해결 활동지<br>□ 프로젝트 보고서<br>□ 견학 보고서<br>□ 작품<br>□ 설계도 · 구상도<br>□ 개념지도<br>□ 자기평가 보고서<br>□ 가꾸기 · 기르기 관찰록<br>□ 녹음자료<br>□ 녹화자료<br>□ 기타_________ |
| | □ 학습자 수행행동<br>(student's performances) | □ 시범<br>□ 학습활동<br>□ 역할극<br>□ 실기 · 실험<br>□ 논쟁<br>□ 기타_________ |
| | □ 대면과정<br>(interviews and discussions) | □ 구두질문<br>□ 관찰<br>□ 면접<br>□ 학급토론<br>□ 과정진술<br>□ 기타_________ |

[표 8－8] 평가 하위모형 2 : 단계 2의 평가결과 판단 및 활용계획을 위한 하위모형

| 평가결과의 의사소통 · 피드백 방법 | 평가의 활용 |
|---|---|
| □ 서술 □ 진척도 □ 논평 □ 보고서<br>□ 점수 - 백분위 점수 - 총점<br>□ 게시 □ 전시 □ 통지표 □ 회의<br>□ 기타________ | □ 학습자 기술과적 행동특성 이해<br>□ 학습자 생애지도<br>□ 학습자 잠재능력 계발<br>□ 학습자의 정도와 수준 결정<br>□ 학생들에게 피드백<br>□ 교사의 수업정보와 반성<br>□ 학생의 관심, 노력, 동기유발<br>□ 지식과 기능적용 연습<br>□ 프로그램 효과 측정<br>□ 기타____________________ |

## <기술과 수행 중심 학습 및 평가도구 개발을 위한 양식의 예>

| 단원 | | 주제<br>(소단원) | | 영역 | |
|---|---|---|---|---|---|
| 학년 | | | | | |

■ 수업전략 설계안

| 학습주제 | | | | |
|---|---|---|---|---|
| 배당시간 | | 주요 개념 | | |
| 학습목표 | | | | |
| 수업계획 | 학습구조 | | | |
| | 수업자료 | | | |
| | 준비물 | | | |
| 학습과정 | 문제해결 과정 | 학습자 활동 | 교사의 역할 | 시간계획 |
| | 문제확인 | | | |
| | 정보수집 | | | |
| | 계 획 | | | |
| | 문제해결 | | | |
| | 평가 및 반성 | | | |
| 유의점 | | | | |

## ■ 평가도구 설계안

<table>
<tr><td rowspan="2">수행과제</td><td colspan="2" rowspan="2"></td><td>학년</td><td></td></tr>
<tr><td>단원</td><td></td></tr>
<tr><td>성취기준</td><td colspan="4">1.<br>2.</td></tr>
<tr><td>평가기준</td><td colspan="4">1.<br>2.<br>3.<br>4.</td></tr>
<tr><td>평가시기</td><td>☐ 수업 전 평가<br>☐ 수업중 평가<br>☐ 수업 후 평가</td><td>평가주체</td><td colspan="2">☐ 학습자 ☐ 동료 ☐ 교사<br>☐ 기타________</td></tr>
<tr><td>평가방법</td><td colspan="4">☐ 학습자 결과물 ________________________________<br>☐ 학습자 수행행동 ________________________________<br>☐ 학습자 대면과정 ________________________________<br>☐ 기타____________________________________________</td></tr>
<tr><td>평가결과의 활용방안</td><td colspan="4">☐ 학습자 학습목표 도달수준 측정<br>☐ 학습자 기술과적 행동특성 이해<br>☐ 학생들에게 피드백<br>☐ 교사의 수업정보와 반성<br>☐ 교육과정 효과측정<br>☐ 기타____________________</td></tr>
<tr><td>평가양식과 피드백 방안</td><td colspan="4">■ 평정양식 ☐ 체크 리스트 ☐ 평정법 ☐ 자유기술<br>■ 평가기록 ☐ 서술 ☐ 점수<br>■ 피드백 ☐ 개별상담 ☐ 전시나 게시 ☐ 통지표<br>☐ 기타_______</td></tr>
<tr><td>평가자료</td><td colspan="4"></td></tr>
<tr><td>유의점</td><td colspan="4"></td></tr>
</table>

## ■ 평가도구 - 학습자용

## ■ 평가기준 및 채점기준 - 교사용

## 3. Rubrics의 개발 및 활용

일반적으로 수행이란 구체적인 상황하에서 실제로 말하거나, 듣거나, 쓰거나, 그리거나, 만들거나, 행동하는 과정이나 그 결과를 의미하며, 교육 현장에서 기존의 교육평가 체제의 새로운 대안으로 제시되고 있는 수행평가란 '학생 스스로가 자신의 지식이나 기능을 나타낼 수 있도록 답을 작성(구성)하거나, 발표하거나, 산출물을 만들거나, 행동으로 나타내도록 요구하는 평가 방식'이라고 정의할 수 있다(백순근, 1998 : 34).

한지영(2006)은 수행평가와 관련된 선행연구를 분석한 결과, 수행평가가 가지고 있는 많은 장점에도 불구하고, 채점기준의 상세화 및 평가 항목 설정의 어려움, 교수자의 주관적 판단에 의한 성취 정도의 판단으로 인한 평가 과정의 객관성과 투명성 확보 문제, 그리고 시행의 번거로움과 시간 소요, 선택형 검사에 비해 실시하기가 어려움, 인적·물적 자원이 많이 소요됨, 많은 교수·학습 목표를 포괄하여 평가하기 어려운 점 등 해결해야 할 많은 문제점과 단점들이 있기 때문에, 학습자 중심 루브릭을 적용한 수행평가 방법을 추천하고 있다. 아울러 수행평가의 타당성, 신뢰성, 비교 가능성, 공정성 등의 확보를 위한 대안으로 루브릭을 적용한 수행평가 방법을 제안하고 있다.

기술교과 교육은 학생들은 실험이나 실습 등과 같은 실천적인 활동, 즉 '수행(遂行: performance)'을 통해 기술적 지식, 문제해결과 태도를 배양한다. 특히 기술교과 교육에서 이루어지는 대부분의 수행평가에서 **채점기준으로서의 루브릭**은 학습자의 학습 활동의 목적과 안내 역할은 물론이고 보다 기준적이고 객관적이며 신뢰로운 평가를 가져오는데 핵심적인 역할을 한다.

### 가. 루브릭의 개요

**루브릭**은 교육 현장에 참평가, 사실 평가 등으로 다양하게 불리는 수행평가가 강조되면서 학생의 수행을 정확하고 효율적으로 평가할 도구로서 주목을 받게 되었다. 루브릭(rubric)이란 "붉은 색 표시(red marks)"를 뜻하는 라틴어에서 유래된 용어로, 교육기준을 토대로 과제를 평가하는 준거(criterion)와 다양한 수행의 질이나 수준의 단계(scales)가 상세하게 제시된 평가 도구를 의미한다(Montgomery, 2000, 이은정, 2007 : 32에서 재인용). 즉, 학습 내용이나 수행 과제와 관련하여 학생들이 주의를 기울여야 할 "중요 사항(what counts)"이 무엇인지를 '붉은 색 표시'처럼 확실하게 알려주는 채점 도구라는 뜻에서 **채점 루브릭(scoring rubric)**으로 불리기도 한다.

루브릭은 과제 수행에 대한 기대사항이 무엇인지를 1~2쪽 분량으로 일목 요연하게 보여주는 평가 준거 모음이라 할 수 있다. 따라서 기본적으로 포함되어야 할 요소들로 첫째, 과제나 학습 활동과 관련된 중요한 영역이나 특성(description of the dimentions), 둘째, 수행 수준을 나타내는 성취 기준(standards), 셋째, 각 영역을 평정하는 수치나 척도(scale of values), 넷째, 각 수준에 대한 구체적인 지표(indicators)를 들 수 있다. 이 때의 채점 척도는 Likert식 척도를 사용하여 수행을 양적 지표로 나타내는 수리적 척도와 특정 활동의 다양한 학습 수준을 서술형식으로 묘사한 질적 척도로 구분될 수 있으며, 대개 두 가지 척도를 혼합하여 사용한다. 이처럼 수행 과제에 대해 명확하게 제시된 평가 준거와 각 수행 수준에 대한 상세한 지표를 통해 학생의 학습 과정과 진보 결과를 보다 객관적으로 평가할 수 있는 점은 루브릭의 가장 큰 장점으로 평가되고 있다. 이러한 장점은 수행평가의 맹점, 즉, 평가 준거가 명확하지 않으며 이에 따른 객관적인 평가와 결과에 대한 의사소통이 어려운 점을 보완하는 도구로서 각광을 받게 된 이유이기도 하다(이은정, 2007).

최근 들어, 루브릭을 사용하여 사전에 결정된 준거를 토대로 학생의 학습 과정과 진보를 평가하는 평가적 목적 이외에 교수적 목적으로 루브릭을 사용하는 것의 유용성 또한 부각되기 시작하였다. 과제가 종료된 후 수행 작품을 객관적으로 평가하는 도구로서만 루브릭을 사용하는 것이 아니라 교수가 진행되는 과정에도 적극적으로 투입하여 학생들과 함께 활용하는 것을 강조하는 것이다. 즉, 학생의 진보에 대해 구체적인 정보가 담긴 피드백(informative feedback)을 주고 이후 최종 작품에 대해 세부적인 평가를 가능하게 하며, 이러한 과정을 통해 평가 뿐 아니라 학생의 학습과 기술 발달을 지원하는 교수의 도구로 사용할 수 있다는 점에서 '교수적' 루브릭(instructional rubric)으로 명명되고 있다(Andrade, 2005, 이은정, 2007에서 재인용). 교수적 루브릭을 통해 학생들의 학습 지원이 가능한 이유 중 하나로 Andrade(2000)는 교수적 루브릭의 다음과 같은 특징을 지적하고 있다. 첫째, 학생이 이해할 수 있는 용어로 작성된다. 둘째, 학생의 수행이나 작품에서 흔히 발견되는 취약점과 이러한 취약점을 방지할 수 있는 방법을 잘 드러낸다. 셋째, 학생이 진보 중인 자신의 작품을 평가하는 데 사용함으로써 수정, 보완하는 지침의 역할을 한다. 넷째, 적절한 학년 수준의 교육기준을 토대로 하여 학생의 발달적 준비 정도에 민감하다.

## 나. 특징

일반적으로 루브릭은 총체적(holistic) 혹은 분석적(analytical trait) 루브릭, 과제적(task specific) 혹은 일반적(general) 루브릭으로 분류할 수 있다(Arter J. & McTighe J., 2001 : 17). **총체적 루브릭**은 과제에 대한 전반적 인상을 토대로 총점을 산출하고, 분석적 루브릭은 과제의 여러 요소들에 대한 각각의 점수를 합산하여 최종 점수를 부여한다. 루브릭의 유형 및 특성은 다음의 [표 8−9]와 같이 제시할 수 있다(최유현 외, 2007 : 301).

[표 8−9] 루브릭의 유형 및 특성

| 분석적 루브릭 | 총체적 루브릭 |
|---|---|
| • 활동의 각 부분을 따로 분리한 후 각 점수를 모두 합산하여 전체 평가 점수를 도출<br>• 보다 절차 중심적<br>• 각 영역 내 및 영역 간의 수행을 차별화함<br>• 학생의 학습을 지원하기 위한 구체적인 피드백을 제공하는 데 사용 | • 활동의 각 부분이 아닌 전체적 측면으로 평가<br>• 보다 결과 중심적<br>• 활동의 구성요소들 간의 연관이 매우 높을 때 사용<br>• 학습 결과물의 질을 가장 잘 나타내는 수행(혹은 평가) 수준을 선정<br>• 지역, 혹은 국가 수준의 교육기준과 관련된 포괄적 평가에 가장 빈번하게 사용 |

**총체적 루브릭**을 사용하면 학생의 수행에 대한 전반적 특성을 특정 학생 집단의 수행과 비교하여 신속하게 파악할 수 있으나, 특정 교육과정의 성과와 관련하여 학생의 수행이 어느 정도에 도달하였는지를 알기 어렵다는 제한점이 있다. 이는 총체적 루브릭이 비교적 규준참조 검사의 성격을 지니고 있음을 나타낸다. 반면, **분석적 루브릭**은 척도내의 각 점수가 의미하는 수행 수준을 사전에 명확하게 결정한 후 이에 따라 학생의 수행을 평가하는 것으로 학생의 수행을 교육과정 성과와 직접적으로 연결시키는 준거참조 평가를 실시하기에 유용하다는 점에서 본래의 채점 루브릭 특성에 가깝다고 볼 수 있다.

총체적, 분석적 루브릭의 **특징 및 장·단점**은 다음의 <그림 8−7>과 같다(Arter J. & McTighe J., 한지영, 2004, 재인용).

| 결과물 (product) | 수행 (performance) |
|---|---|

이러한 결과물이나 수행결과에 대해 채점 방법을 선택하시오.

총체적 혹은 분석적 특성을 선택

⬇ ⬇

| 총체적 | |
|---|---|
| 5 | |
| 4 | ✔ |
| 3 | |
| 2 | |
| 1 | |

| | 분석적 | | | |
|---|---|---|---|---|
| | 특성 1 | 특성 2 | 특성 3 | 특성 4 |
| 5 | | ✔ | | |
| 4 | ✔ | | | |
| 3 | | ✔ | ✔ | |
| 2 | | | | |
| 1 | | | | |

⬇ ⬇

**정의** : 전체 결과나 수행결과를 평가하는 것

**사용하는 경우** :

- 전체적인 상태나 성취결과를 빨리 알아보는 경우
- 질을 정밀하게 진술하는 방법을 아는 것보다 채점속도가 더 중요한 경우
- 질을 규정하는데 있어 단 한 가지 차원만으로도 충분할 만큼 간단한 결과물이나 수행결과일 경우

**단점** :

- 두 명의 학생들이 상당히 다른 이유로 같은 점수를 받을 수 있다.
- 강점과 약점을 진술하고 수업을 계획하는 데 효과적이지 않을 수 있다.
- 학생들이 이용하기에 유용하지 않다.

**정의** : 결과물이나 수행결과에 대해 몇 개의 점수나 등급으로 나타낸다. 각각의 점수는 수행결과나 결과의 특성, 그리고 중요한 차원을 나타낸다.

**사용하는 경우** :

- 수업 계획–상대적인 장점과 약점을 보여주는 경우
- 학생들에게 결과물이나 수행결과의 질, 성격을 가르쳐야 하는 경우–그들이 상세한 것을 요구하는 경우
- 학생들이나 학부모들에게 상세한 피드백을 주어야 하는 경우
- 질을 상세하게 규정하는 방법을 아는 것이 속도보다 더 중요한 경우
- 몇 가지 차원으로 되어 있는 복잡한 기술, 결과물, 수행결과가 명료하게 되도록 요구하는 경우

**단점** :

- 채점이 느리다.
- 배우는데 시간이 더 걸린다.

<그림 8-7> 총체적 또는 분석적 루브릭의 특징

다음으로, 과제적 루브릭과 일반적 루브릭의 특성을 비교하여 제시하면 <그림 8-8>과 같다(Arter J. & McTighe J., 2001 : 30, 한지영, 2004 재인용).

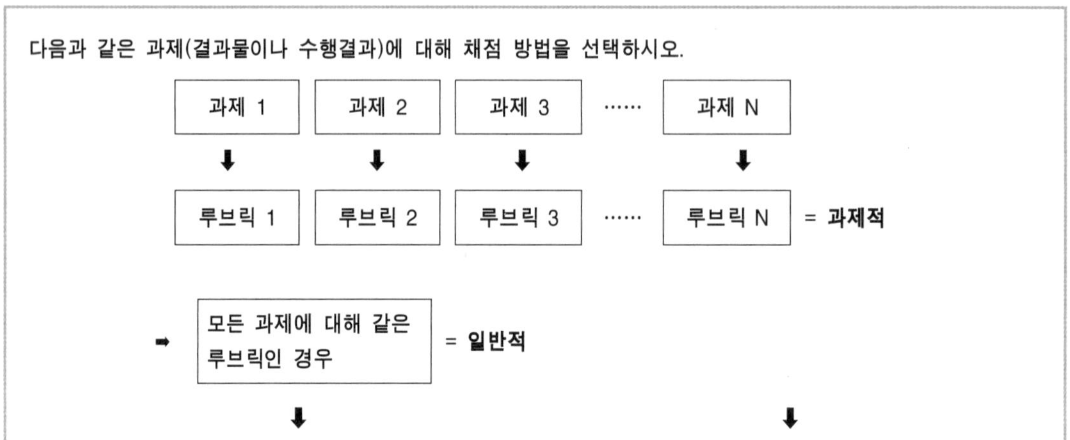


**정의 :** 유사한 수행결과를 가져오는 과제인 경우 루브릭을 사용한다.

**사용하는 경우 :**

- 추론, 기술, 그리고 결과물을 정의하고 평가하는 경우
- 학생들에게 질의 성격을 이해시키고 과제를 다음 과제에 일반화시키기 위해 수업진행상 이용하고자 하는 경우
- 학생들이 같은 과제를 정확하게 할 수 없는 경우, 학생들이 특별한 기술이나 결과물에 대해 능력을 보여주기 위해 어떤 증거를 선택해야 하는지 결정하는 경우
- 교수자들이 다른 수업이나 평가에서 다른 작품을 판단할 경우 일관성을 가지고자 노력하는 경우

**단점 :**

- 배우기에 시간이 더 많이 걸린다; 그러나 루브릭을 배운다는 것은 기술을 배우는 것이기 때문에 장점일 수도 있다.
- 오직 하나의 목표를 빨리 평가해야 하는 경우 채점에 시간이 많이 걸린다.
- 때론 특정 정보의 지식을 평가할 때, 과제 중심적인 특성이 추가되어야 한다.

**정의 :** 각 수행결과 과제 각각에 대해 루브릭이 있고, 하나의 과제에 대한 루브릭은 다른 것에 대해서 사용될 수 없다.

**사용하는 경우 :**

- 지식을 평가하는 경우－사실, 방정식, 방법, 절차
- 점수를 획득하는 데 걸리는 속도가 채점을 하는 것을 통해 생각하는 것보다 더 중요한 경우
- 채점의 일관성이 가장 중요한 경우

**단점 :**

- 정답이 누설될 수 있기 때문에 학생들에게 미리 보여줄 수 없다.
- 각 과제에 대한 새로운 루브릭을 개발해야 한다; 이러한 것은 시간이 걸리고 포트폴리오와 같이 가능하지 않을 수도 있다.
- 채점 가이드에 없는 '옳은' 정답이 때때로 빠질 수 있다.
- 일반적으로 특별한 과제에 대해 어떤 질이 유사한지 진술하는 경우 질의 성질을 규명하는데 도움이 되지 않는다.

<그림 8-8> 과제적 혹은 일반적 루브릭의 특징

## 다. 절차

### 1) 루브릭의 개발

Steft-Mabry(2004)는 루브릭을 개발할 때에는 교수자가 평가하는데 모든 중요한 요소 또는 차원을 고려하고, 루브릭을 설명하는 평점을 가진 척도를 포함해야 하며, 평점은 기대된 수행의 범위를 포함해야 하고, 명백하고, 포괄적이고, 기술적이어야 한다고 주장하였다. 또한, 루브릭의 궁극적인 목적은 학생 수행을 향상시키는 것으로 학생과 학부모에게 분명하게 전달되어야 한다. 즉, 바람직한 목적을 진술하여, 기대를 명확하게 표시하고 중요한 정보를 제시하고, 과제의 복잡성을 전달하고 계획적인 학습에 초점을 맞추는 것 등의 특징을 고려해야 한다.

Arter(2000)는 복잡한 학생들의 산출물과 수행을 위해 일반적 루브릭을 개발하는 방법은 학생들의 수행 샘플을 모아서 등급 설정의 원인을 적어 분류하고, 분류 원인을 작품의 중요한 차원이나 특성으로 함께 묶어서, 각 특성에 대해 가치중립적인 정의를 쓰고, 각 특성에 맞는 점수를 나타내는 학생들의 수행 샘플을 찾아서 수행 준거를 더 좋게 만들어야 한다고 제안하였다. 이와 같은 접근은 학습목표가 주로 비판적 사고, 작문, 수학적 문제해결, 읽기 유창성, 미술 비평 등과 같은 상황에 적용될 때 유용한 것이어서 모든 루브릭이 위와 같이 개발될 필요가 있는 것은 아니라고도 지적하였다.

Kist(2001)는 루브릭은 평가가 시작되기 전에 개발되어야 하며, 작업을 한 후에 루브릭을 개발하는 것은 공정하지 않다고 주장한다. 또한 분석적 루브릭은 개발하는 과정을 다음과 같은 단계로 제시하였다. 첫 번째는 바람직한 특성을 목록화하는 것이다. 즉, "당신은 당신의 학생들이 무엇을 할 수 있게 되기를 원하는가?"라는 질문에 부합해야 하며, 교육과정의 목적에 기초해야 한다. 두 번째 단계는 각 특성을 "우수함", "평균 이상", "평균 이하"처럼 판단하기 위해 관찰하는 것이다. 마지막 단계는 각 준거에 가중치를 부여하는 것이다.

이상과 같이 살펴본 결과 루브릭을 개발할 때 학생들을 참여하도록 하여 학생들에게 정확하게 전달되도록 하고, 준거와 수행 수준을 정확하게 기술하도록 하는 것이 필요하다(윤진향 외, 2006 : 35).

### 2) 루브릭의 개발 절차

Goodrich(1996 : 15)는 루브릭의 개발을 위하여 다음과 같은 7단계를 제시하였다.

- 1단계 : 잘한 학생의 작품과 그렇지 못한 학생들의 작품을 보고, 잘한 것과 못한 것의 특징을 확인한다.
- 2단계 : 모델에 대한 충분한 논의와 여러 자료를 참고하여 작품의 질을 평가하기 위한 목록을 만든다.
- 3단계 : 가장 잘한 작품과 가장 못한 작품의 질에 대해 기술하고, 학생의 발달수준이나 관찰했던 기억을 토대로 중간 수준의 기준을 서술한다.

• 4단계 : 학생에게 직접 모델을 제시하고 이 모델의 잘된 점과 잘못된 점을 확인하게 한다.
• 5단계: 학생에게 4단계에서 제시한 모델과 동일한 과제를 스스로 하게 한다. 학생은 이미 모델을 보았기 때문에, 모델의 잘한 점과 잘못한 점을 생각하면서 과제에 임하게 된다. 과제를 수행하는 동안 학생은 자기평가와 동료평가를 함으로써 스스로 루브릭을 형성하게 된다.
• 6단계 : 학생에게 자신과 동료들의 피드백을 기초로 자신의 과제를 수정할 수 있는 시간을 제공한다.
• 7단계 : 교수자는 학생이 자기평가나 동료평가를 했던 것과 같은 방식으로 루브릭을 통해 학생의 과제를 평가한다.

이러한 7단계를 거쳐 형성된 루브릭은 교수자와 학생들의 상호작용 결과이다. 이를 통해 활동의 목표를 보다 분명하게 설정할 수 있고, 활동에서 중요한 점이 무엇인지 알게 된다. 또한, 자신의 수행 수준을 인식하게 하여 한층 더 나은 방향으로 개선해 나가도록 도와준다(변윤희 외, 2005 : 273-274 재인용). 다시 말해 루브릭은, 교육의 목표를 교수자와 학생이 모두 명확하게 인식하게 하며, 수업이나 활동을 통하여 평가가 바로 이루어질 수 있기 때문에 매우 유용하다.

## 라. 학습자 중심 루브릭의 개발 모형

한지영(2004)은 Taggart와 Wood(2001)가 제시한 루브릭 개발 절차(<그림 8－9>)를 토대로 하여 이를 우리나라의 교육 현실에 맞게 수정하여 <그림 8－10>과 같이 학습자가 직접 개발에 참여하는 학습자 중심 루브릭의 개발 모형을 고안하였다.

또한, Ainsworth와 Christinson(1998)이 학습자 중심 루브릭(Student Generated Rubrics)에서 제시한 교수자－학생간 협상 방법을 재구성하여 학습자 중심 루브릭의 개발 모형을 고안하였는데, 이는 <그림 8－10>과 같다.

모든 루브릭은 평가하고자 하는 내용의 성취기준, 과제 기대수준, 그리고 이러한 것에 적합한 루브릭의 형태 선정, 평가하고자 하는 준거 및 준거에 대한 구체적인 수준, 척도를 포함하고 있어야 한다. 다시 말하면 루브릭은 학생들이 무엇을 알아야 하고 무엇을 할 수 있는지를 규정해야 한다. 루브릭 개발 절차에 대해 좀더 구체적으로 단계별로 제시하면 다음과 같다.

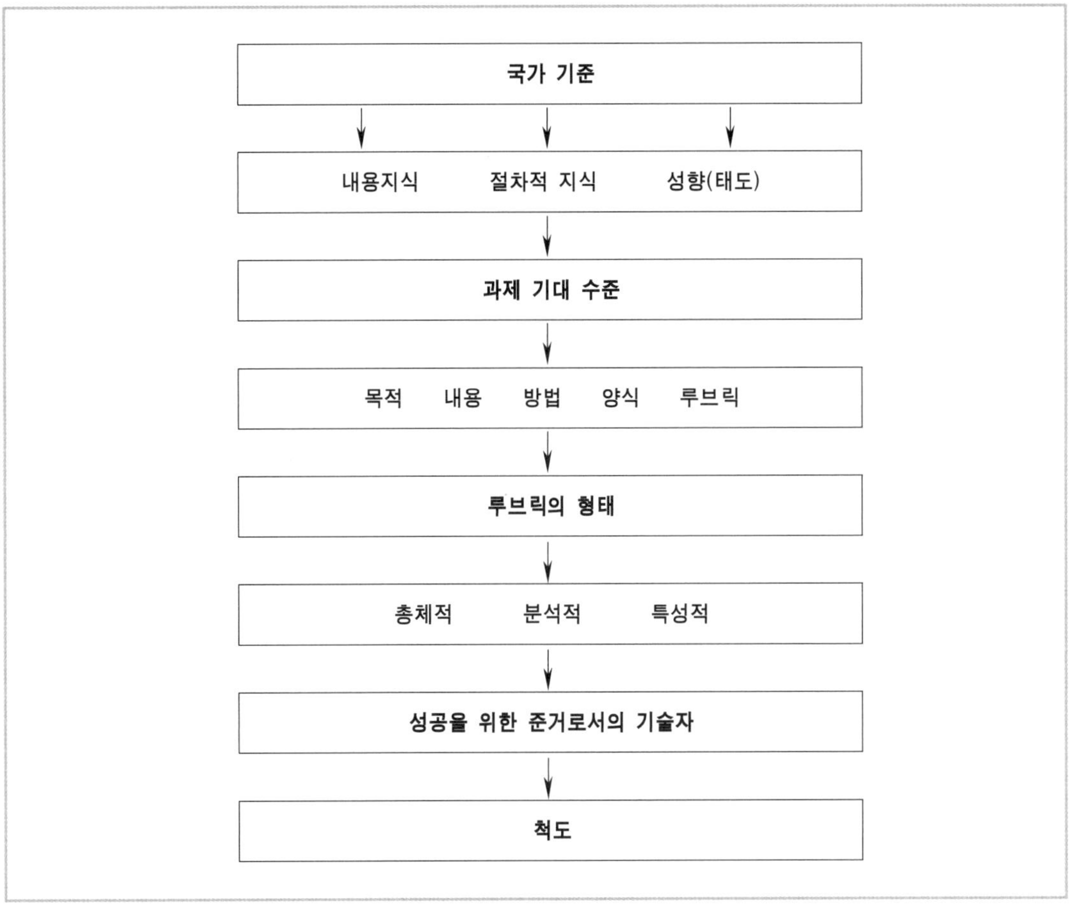

국가 기준

↓ ↓ ↓

내용지식 절차적 지식 성향(태도)

↓

과제 기대 수준

↓

목적 내용 방법 양식 루브릭

↓

루브릭의 형태

↓

총체적 분석적 특성적

↓

성공을 위한 준거로서의 기술자

↓

척도

<그림 8 - 9> 루브릭을 개발하기 위한 플로우 차트(Taggart & Wood, 2001)

(1) 성취기준 확인

평가하고자 하는 과제의 성취기준을 확인해야 한다. 공학 교육에 있어서의 성취기준은 교육과정의 중영역을 바탕으로 기준을 개발하는데, 내용 측면에서 공학적 지식, 기능, 태도 등을 망라하여 제시하고 있다. 따라서 이 연구의 적용을 위한 수행과제인 '로봇팔 만들기'는 기술적 지식 면에서는 '여러 가지 기계의 구조와 운동이 복합적으로 작용하는 기구의 이해'를, 기술적 기능 측면에서는 '로봇팔 제작 능력, 아이디어 개발, 설계한 로봇팔 응용작품 스케치'를, 기술적 태도 면에서는 '로봇팔 만들기 수행에 있어서의 안전수칙 준수, 적극적인 태도를 통한 기술에 대한 올바른 가치 함양' 등을 성취기준으로 선정할 수 있다.

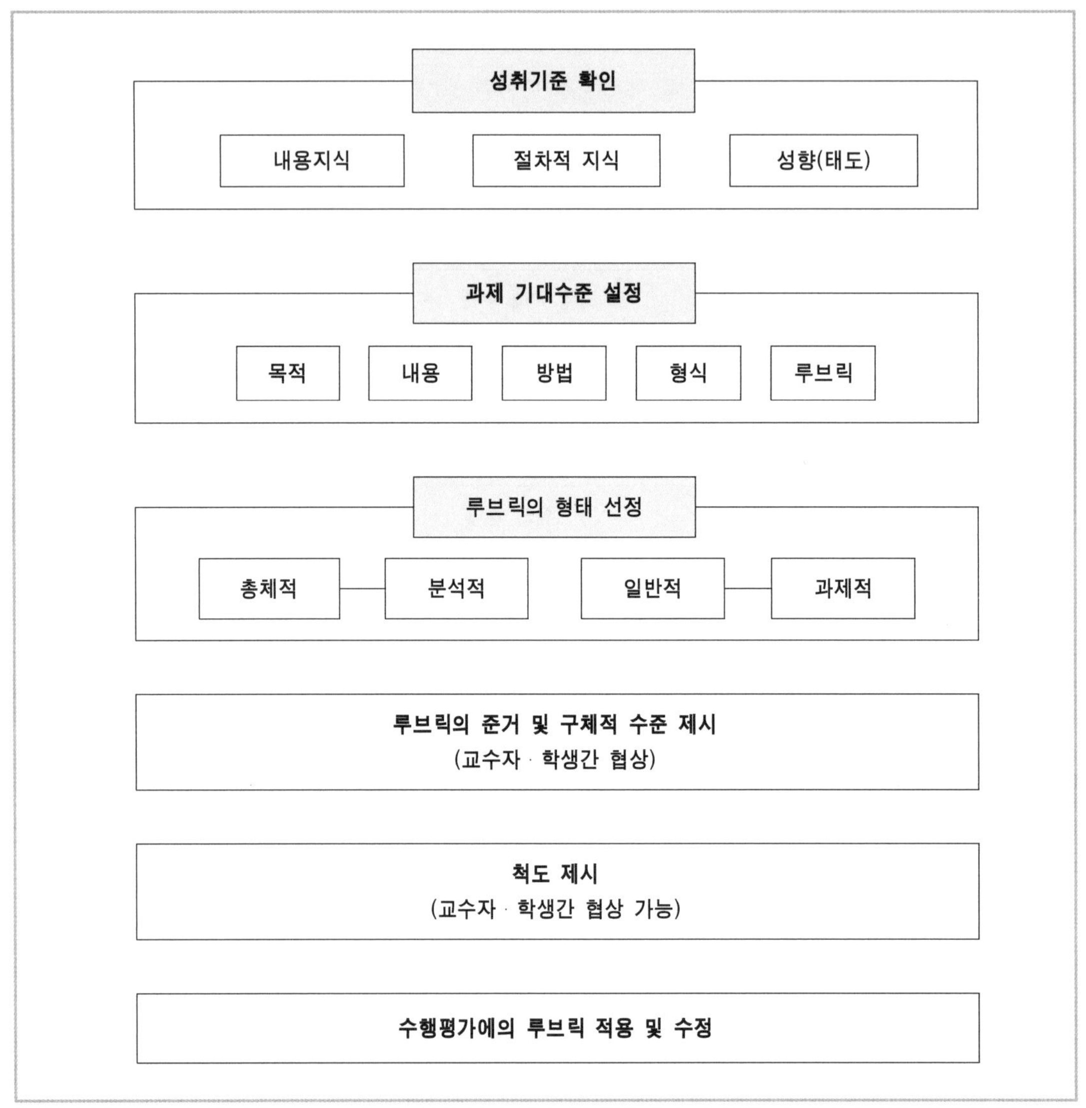


<그림 8-10> 학습자 중심 루브릭의 개발 모형(한지영, 2004 : 110)

(2) 과제 기대수준 설정

수행평가가 참평가로서의 기능을 하기 위해서는 학생이 평가 목표를 분명히 인식하고 자신의 평가 결과를 객관적으로 검토할 수 있도록 과제 기대수준을 분명히 인식하여야 하고, 다양한 준거와 기준이 사전에 공개되어야 한다(McMillan, 1997; Wiggins, 1993). 과제 기대수준을 설정하기 위해서는 평가의 목적, 내용, 방법, 형식, 루브릭 개발 여부의 5가지를 고려해야 한다.

첫째, 평가의 목적이 결정되어져야 한다. 평가에는 총괄적(summative), 형성적(formative), 평가적(evaluative), 그리고 교육적(educative) 평가가 있다(Hodson, 1992). 총괄평가는 과정의 마

지막 단계에서 학생들의 성취 정도를 평가하기 위한 것이고, 형성평가는 과정 중에 학생들의 장점과 약점을 진단하기 위한 것이며, 평가적 평가는 계획된 교육과정의 효과에 대한 정보를 교수자에게 제공하기 위한 것이다. 마지막으로 교육적 평가는 학생들이 교과에 대해 이해하는 방법을 알도록 해 주기 위해 학습을 촉진하고 향상시키기 위한 평가로써 학습의 일부이지 부가적인 것이 아니다.

둘째, **평가의 내용**이 결정되어야 한다. 즉, 수행평가를 통해 학생들이 어느 정도의 수준까지 도달하기를 바라는지 교수자가 학생들에게 기대하는 수행 수준에 대해 교수자 나름대로의 기준안을 가지고 있어야 한다. 이러한 평가 내용을 결정할 때에는 한국교육과정평가원(2000)에서 제시한 평가기준 내용과 상 · 중 · 하 수준을 참고할 수 있다. 그러나 이는 국가에서 평가활동에 적용할 수 있도록 표준으로 제시한 기준이기 때문에 학생들의 교과에 대한 흥미, 적성, 수준 등을 고려하여 교수자가 평가의 내용을 수준과 함께 제시해야 한다.

셋째, 포트폴리오, 지필검사, 수행 중심 평가, 컴퓨터 시뮬레이션 그리고 면접법과 같은 **평가 방법이 결정**되어야 한다.

넷째, 그룹평가, 동료평가 혹은 자기평가와 같은 **평가 양식**이 결정되어야 한다.

다섯째, 학습에서 성공을 위한 **구체적 기준**(descriptor)과 **척도**가 포함된 루브릭이 개발되어야 한다. 학생들은 그들이 판단되는 준거와 기준을 알아야만 하기 때문이다.

(3) 루브릭의 형태 선정

총체적-분석적, 일반적-과제적 루브릭과 같이 루브릭의 형태를 선정할 때에는 이미 설정된 평가의 목적과 기준의 수와 형태, 학생들의 수 등을 복합적으로 고려하여야 한다.

(4) 루브릭의 준거 및 구체적 수준 제시

교수자와 학생들은 수행의 유창성 수준을 구체적으로 서술하기 위해 브레인스토밍 할 필요가 있다. 개개 학생들이 할 수 있는 것을 구체적으로 관찰 가능하고 평가 가능한 행동으로 진술해야 하는데 이에는 두 가지의 방법이 있을 수 있다. 즉, 상 · 중 · 하 수준의 수행 척도를 제시하는 지시어(indicators)를 학생들의 작품을 통해 구체화할 수 있고, 또 다른 방법은 행정가, 교수자, 그리고 학생들간에 대화나 브레인스토밍을 함으로써 높은 수준의 수행 기술자(descriptor)와 성공을 위한 준거를 만든다.

(5) 척도 제시

루브릭을 구성하는 마지막 단계는 수행을 적절하게 반영할 척도를 결정하는 것이다. 척도는 각 항목이나 수행과제를 위한 채점의 범위인데 학생들을 위해서는 성공, 실패와 같이 두 가지 수준으로 제시할 수도 있지만 보통의 경우에는 세 가지나 그 이상의 수준으로 구성된 척도를 이용한다.

## 마. 루브릭 양식의 예

### 1) 기초 기계요소를 이용한 로봇팔 만들기 프로젝트[5)]

[표 8－10] 기초 기계요소를 이용한 「로봇팔 만들기」 루브릭

| 준거 | 준거 수준 | 척도 |
|---|---|---|
| 실습 태도 | 다음의 항목들 중 5가지 이상을 만족하는 경우 | A |
| | 다음의 항목들 중 4가지 이상을 만족하는 경우 | B |
| | 다음의 항목들 중 3가지 이상을 만족하는 경우 | C |
| | 다음의 항목들 중 2가지 이하만을 만족하는 경우 | D |
| | • 실습시간에 과제 수행에 집중한다.<br>• 실습 재료나 공구를 가지고 장난치지 않는다.<br>• 실습 후 재료와 공구의 정리 정돈을 잘 한다.<br>• 실습 중 다른 학생과 실습 외 잡담을 하지 않는다.<br>• 실습 중 모르는 부분에 대해 교수자나 친구에게 질문을 한다.<br>• 재료나 공구의 부주의한 사용으로 자신과 다른 학생을 다치지 않게 한다. | |
| 마름질 | 정해진 수치대로 마름질하고 절단면이 매끄럽고 깔끔함. | A |
| | 정해진 수치대로 마름질하였거나, 절단면이 매끄럽고 깔끔한 편임. | B |
| | 정해진 수치대로 마름질하지 않고, 절단면이 거침. | C |
| | 정해진 수치대로 마름질하지 않고 부품의 일부가 잘려져 나감. | D |
| 조립 하기 | 조립상태가 견고하고, 조립된 부품들의 위치가 4가지 이상 정확함. | A |
| | 조립상태가 견고하고, 조립된 부품들의 위치가 3가지 정확함. | B |
| | 조립상태가 견고하거나, 조립된 부품들의 위치가 2가지 정확함. | C |
| | 조립상태가 견고하지 못하고, 조립된 부품들의 위치가 1가지 이하로 정확함. | D |
| | • 평가할 조립된 부품들의 위치 : 로봇팔 위치, 지지대, 주사기1, 주사기2, 튜브(철사) | |

5) 한지영(2004). 기술과 교육 평가에서 학습자 중심 루브릭이 학습과정 및 학업성취에 미치는 영향. 서울대학교 박사학위논문. p. 65의 내용을 참고하여 제시함.

| | | |
|---|---|---|
| 완성 작품 및 마무리 | 로봇팔이 정상적으로 작동되고 로봇팔이 벌어질 때와 닫힐 때의 간격이 일정하며, 마무리가 3가지 측면에서 깔끔함. | A |
| | 로봇팔이 정상적으로 작동되고 로봇팔이 벌어질 때와 닫힐 때의 간격이 일정하거나, 마무리가 2가지 측면에서 깔끔함. | B |
| | 로봇팔이 정상적으로 작동되거나 로봇팔이 벌어질 때와 닫힐 때의 간격이 일정하며, 마무리가 1가지 측면에서 깔끔함. | C |
| | 로봇팔이 정상적으로 작동되지 않고 로봇팔이 벌어질 때와 닫힐 때의 간격이 일정하지 않으며, 모든 측면에서 마무리가 깔끔하지 못함. | D |
| | • 평가할 마무리 측면 : 글루건의 처리, 구상도 종이의 처리, 철사와 튜브의 이음 부분 상태 | |
| 응용 작품 구상 | 독창적인 아이디어를 제시하고, 작품으로 실현 가능성이 높음. | A |
| | 독창적인 아이디어를 제시했으나, 작품으로의 실현 가능성이 낮음. | B |
| | 아이디어는 독창적이지 않으나, 작품으로의 실현 가능성이 높음. | C |
| | 아이디어가 독창적이지 않고, 작품으로 실현되기 어려움. | D |
| 주사기의 응용 및 스케치 | 주사기를 응용작품에 제대로 적용하고, 구상 스케치가 정교함. | A |
| | 주사기를 응용작품에 제대로 적용하였으나, 구상 스케치가 정교하지 못함. | B |
| | 주사기를 응용작품에 제대로 적용하지 못했으나, 구상 스케치는 정교함. | C |
| | 주사기를 응용작품에 제대로 적용하지 못하고, 구상 스케치도 정교하지 못함. | D |

## 2) 학생 작품 평가의 분석적 루브릭 양식6)

[표 8－11] 학생 작품 평가의 분석적 루브릭 양식

| 평가준거 | 평가 항목 | 평가 점수 | |
|---|---|---|---|
| 기능성 | | | A |
| | | | B |
| | | | C |
| | | | D |
| | | | E |
| | | | F |
| 견고성 | | | A |
| | | | B |
| | | | C |
| | | | D |

6) 이창훈 · 김기수(2007). 『공학 입문자를 위한 창의 공학 설계』. 한티미디어. pp. 108～118의 내용을 참고하여 제시함.

| 심미성 | | | A |
|---|---|---|---|
| | | | B |
| | | | C |
| | | | D |
| 경제성 | | | A |
| | | | B |
| | | | C |
| | | | D |
| 독창성 | | | A |
| | | | B |
| | | | C |
| | | | D |
| 합 계 | | | |

### 3) 문제중심학습의 전개 과정에 따른 일반적 루브릭[7)]

[표 8－12] 문제중심학습의 전개 과정에 따른 일반적 루브릭

| 수행단계 / 전개과정 | 미흡함 | 부분적인 목표 달성 | 목표 달성 | 우수함 |
|---|---|---|---|---|
| 문제 제시 | | | | |
| 마지막 제출할 과제물 소개 | | | | |
| 역할 분담 | | | | |
| 문제의 해결안에 대해 깊이 사고 | | | | |
| 학습과제 규명 및 분담 | | | | |
| 학습자료 선정 | | | | |
| 문제 추구 | | | | |
| 학습자료 종합 및 의견교류 | | | | |
| 주어진 문제에 대한 새로운 접근 시도 | | | | |
| 결과 제시 및 발표 | | | | |
| 문제 결론과 해결 이후 | | | | |

7) 조선미(2004). 미술과 수행평가를 위한 루브릭(rubric) 활용 방안 연구. 한국교원대학교 대학원 석사학위 논문. p. 80을 참고하여 제시함.

### 4) 문제해결과정의 루브릭 양식

[표 8-13] 문제해결 과정의 루브릭 양식

| 평가준거 \ 증거자료 \ 평가단계 | | 하(미흡함) | 중(목표달성) | 상(우수함) |
|---|---|---|---|---|
| 문제 확인 | | | | |
| 대안 탐색 | | | | |
| 대안 선정 | | | | |
| 구체적 계획 | | | | |
| 실행 | | | | |
| 평가 | | | | |
| 정리 및 반성 | | | | |

| 문제해결 과정 평가척도 | 미흡 (1) | 보완 (2) | 만족 (3) | 점수 |
|---|---|---|---|---|
| 프로젝트 시작 문제를 창의적으로 정의 | • 혁신을 위한 이해 없이 단순히 따라하는 수준에 그침.<br>• 문제의 대상이 무엇을 원하는지에 대한 고려가 이뤄지지 않았음 | • 혁신에 대한 기본 목적은 이해하고 있지만 대상이 무엇을 원하는지 전체적으로 이해하지 못함 | • 목적을 제대로 이해하고 있음(누가 무엇을 원하는지? 왜?)<br>• 대상이 원하는 것이 무엇인지 정확히 파악하고 그것에 대한 통찰을 하였음. | |
| 지식, 이해 및 기능의 계발<br>정보 출처를 식별 | • 일반적인 정보 출처(웹사이트, 책, 기사)만 사용.<br>• 토론 중에 새로운 아이디어를 만들어내지 못함. | • 일반적이지 않은 한 두 가지 정보 소스를 찾음.<br>• 토론 중에 새로운 아이디어를 제시하지만 좁은 관점에 머물러 있음. | • 일반적인 출처 외에도 정보를 얻을 수 있는 특이한 방법이나 장소를 사용(전문가, 지역 사회 구성원, 사업체 또는 조직, 문헌).<br>• 토론 중에 다양하고 창의적인 관점을 장려. | |

| | | | | |
|---|---|---|---|---|
| 아이디어와 제품 개발 및 수정 아이디어 생성 및 선택 | • 기존 프레임워크 내에 머물러 있음. 제품에 대한 새로운 아이디어를 개발하기 위해 아이디어 생성 기술을 사용하지 못함.<br>• 아이디어의 품질을 평가하지 않고 하나의 아이디어를 선택<br>• 새로운 질문을 하거나 선택한 아이디어에 대해 자세히 설명하지 못함.<br>• 기존 아이디어를 재현하고 새로운 것을 상상하지 못함.<br>• 제품을 수정하기 위해 피드백과 비평을 고려하거나 사용하지 않음. | • 제품에 대한 몇 가지 독창적인 아이디어를 개발하지만 아이디어 생성 기법을 잘 활용하지 못하.<br>• 아이디어를 평가하지만 하나를 선택하기 전에 종합적인 평가를 하지 못함.<br>• 몇 가지 새로운 질문을 하지만 선택한 아이디어에 약간의 변경만 취함.<br>• 아이디어를 제품으로 구체화할 때 약간의 상상력을 보여주지만 기존의 경계 내에 머물 수 있음.<br>• 제품을 수정하기 위해 약간의 피드백과 비평을 고려하고 사용할 수 있지만 스스로 비평을 찾지는 않음. | • 아이디어 생성 기술을 사용하여 제품에 대한 몇 가지 독창적인 아이디어를 개발함.<br>• 아이디어의 품질을 신중하게 평가하고 제품으로 구체화할 최상의 아이디어를 선택.<br>• 새로운 질문을 하고, 선택한 아이디어를 정교화하고 개선하기 위해 다른 관점을 취함.<br>• 아이디어를 제품으로 구체화할 때 기존의 경계를 벗어나 독창성과 상상력을 사용.<br>• 피드백과 비평을 찾고 사용하여 대상 청중의 요구를 더 잘 충족하도록 제품을 수정함. | |

| 비판적 사고 평가척도 | 미흡 (1) | 만족 (2) | 우수 (3) | 점수 |
|---|---|---|---|---|
| 프로젝트 시작: 핵심 질문과 탐구의 시작 | • 핵심 질문의 피상적인 측면 또는 한 가지 관점만 봄. | • 핵심 질문의 일부 핵심 측면을 식별하지만 복잡성을 인식하지 못하거나 다양한 관점을 고려하지 못함.<br>• 대한 몇 가지 후속 질문이나 청중 또는 제품 사용자의 요구 사항을 묻지만 깊이 파고들지는 못함. | • 질문에 대답하기 위해 알아야 할 사항을 자세히 식별하여 핵심 질문의 핵심 측면에 대한 이해를 보여주고, 그것에 대한 다양한 가능한 관점을 고려함.<br>• 질문에 초점을 맞추거나 확장하는 후속 질문을 적절하게 던짐<br>• 청중 또는 제품 사용자의 요구 사항을 이해하기 위해 후속 질문을 함. | |

| | | | |
|---|---|---|---|
| 지식, 이해 및 기술 구축: 정보 수집 및 평가 | • 질문을 해결하기 위해 정보를 통합할 수 없음. (정보가 너무 적거나, 너무 많거나, 관련 없음, 근거 없는 출처에서 수집).<br>• 정보를 액면 그대로 받아들임(품질을 평가하지 않음) | • 핵심 질문을 해결하기 위해 정보를 통합하려고 시도하지만 정보가 너무 적거나 너무 많거나 너무 적은 출처에서 수집되어 있음.<br>• 정보의 품질이 고려되어야 함을 이해하지만 이를 철저히 고려하지는 않음 | • 다양한 소스에서 수집된 운전 질문을 해결하기 위해 관련성 있고 충분한 정보를 통합.<br>• 정보의 질을 철저히 평가(유용성, 정확성, 신뢰성 고려, 사실과 의견 구별, 편견 인식) |
| 아이디어 및 제품 개발 및 수정: 증거 및 기준 사용 | • 추론이 유효한지 여부를 묻지 않고 핵심 질문에 대한 가능한 답변에 대한 주장을 받아들임.<br>• 증거가 얼마나 강력한지 고려하지 않고 증거를 사용.<br>• 아이디어, 제품 프로토타입 또는 문제 솔루션을 평가하고 수정하기 위해 "직감"에 의존(기준을 사용하지 않음). | • 타당한 추론과 강력한 증거의 필요성을 인식하지만 핵심 질문에 대한 답변을 개발할 때 신중하게 평가하지 않음.<br>• 불완전하거나 유효하지 않은 기준에 따라 아이디어, 제품 프로토타입 또는 문제 솔루션을 평가하고 수정. | • 추론이 유효한지, 증거가 적절하고 충분한지 평가하여 운전 질문에 대한 가능한 답변에 대한 주장을 평가.<br>• 아이디어, 제품 프로토타입 또는 문제 솔루션을 평가하는 데 사용되는 기준 선택을 정당화함.<br>• 부적절한 초안, 디자인 또는 솔루션을 수정하고 평가 기준을 더 잘 충족할 수 있는 이유를 설명함. |
| 제품 발표와 질문에 대한 답변 | • 특정 주제나 아이디어를 제시하기 위해 다른 매체를 사용할 때의 장점과 단점을 고려하지 않고 하나의 프레젠테이션 매체를 선택.<br>• 질문에 답하거나 제품을 만들 때 선택한 선택을 변호할 타당한 이유나 뒷받침 증거를 제시하지 못함.<br>• 핵심 질문에 대한 대체 답변, 제품 디자인 또는 관점을 고려하지 않음.<br>• 프로젝트에서 얻은 중요한 새로운 이해를 설명하지 못함. | • 특정 주제나 아이디어를 제시하기 위해 다양한 매체를 사용하는 것의 장점과 단점을 고려하지만 체계적이지 못함.<br>• 핵심 질문에 답하거나 제품을 만들 때 선택한 사항을 설명하지만 일부 이유가 타당하지 않거나 뒷받침하는 증거가 부족.<br>• 핵심 질문 또는 제품 디자인에 대한 대안적 답변이 있을 수 있음을 이해하지만 이를 신중하게 고려하지 않음.<br>• 프로젝트에서 배운 몇 가지 사항을 설명할 수 있지만 정확히 이해하지 못함. | • 특정 주제나 아이디어를 제시하기 위해 다른 매체를 사용하는 것의 장단점을 평가함.<br>• 뒷받침하는 증거와 함께 타당한 이유를 제시함으로써 운전 질문에 답하거나 제품을 만들 때 선택한 선택을 정당화함.<br>• 핵심 질문 또는 제품 디자인에 대한 해결책이 완전하지 않거나 확실하지 않거나 완벽하지 않을 수 있음을 인식하고 대안적 관점을 고려함.<br>• 얻은 새로운 이해와 그것이 다른 상황이나 맥락으로 어떻게 전환될 수 있는지를 명확하게 설명할 수 있음. |

| 비판적 사고 평가척도 | 미흡 (1) | 만족 (2) | 우수 (3) | 점수 |
|---|---|---|---|---|
| 프로젝트 시작: 핵심 질문과 탐구의 시작 | • 핵심 질문의 피상적인 측면 또는 한 가지 관점만 봄. | • 핵심 질문의 일부 핵심 측면을 식별하지만 복잡성을 인식하지 못하거나 다양한 관점을 고려하지 못함.<br>• 주제에 대한 몇 가지 후속 질문이나 청중 또는 제품 사용자의 요구 사항을 묻지만 깊이 파고들지는 못함. | • 질문에 대답하기 위해 알아야 할 사항을 자세히 식별하여 핵심 질문의 핵심 측면에 대한 이해를 보여주고, 그것에 대한 다양한 가능한 관점을 고려함.<br>• 초점을 맞추거나 확장하는 후속 질문을 적절하게 던짐<br>• 청중 또는 제품 사용자의 요구 사항을 이해하기 위해 후속 질문을 함. | |
| 지식, 이해 및 기술 구축: 정보 수집 및 평가 | • -질문을 해결하기 위해 정보를 통합할 수 없음. (정보가 너무 적거나, 너무 많거나, 관련 없음, 근거 없는 출처에서 수집).<br>• 정보를 액면 그대로 받아들임(품질을 평가하지 않음) | • 핵심 질문을 해결하기 위해 정보를 통합하려고 시도하지만 정보가 너무 적거나 너무 많거나 너무 적은 출처에서 수집되어 있음.<br>• 정보의 품질이 고려되어야 함을 이해하지만 이를 철저히 고려하지는 않음 | • 다양한 소스에서 수집된 운전 질문을 해결하기 위해 관련성 있고 충분한 정보를 통합.<br>• 정보의 질을 철저히 평가 (유용성, 정확성, 신뢰성 고려, 사실과 의견 구별, 편견 인식) | |
| 아이디어 및 제품 개발 및 수정: 증거 및 기준 사용 | • 추론이 유효한지 여부를 묻지 않고 핵심 질문에 대한 가능한 답변에 대한 주장을 받아들임.<br>• 증거가 얼마나 강력한지 고려하지 않고 증거를 사용.<br>• 아이디어, 제품 프로토타입 또는 문제 솔루션을 평가하고 수정하기 위해 "직감"에 의존(기준을 사용하지 않음). | • 타당한 추론과 강력한 증거의 필요성을 인식하지만 핵심 질문에 대한 답변을 개발할 때 신중하게 평가하지 않음.<br>• 불완전하거나 유효하지 않은 기준에 따라 아이디어, 제품 프로토타입 또는 문제 솔루션을 평가하고 수정. | • 추론이 유효한지, 증거가 적절하고 충분한지 평가하여 운전 질문에 대한 가능한 답변에 대한 주장을 평가.<br>• 제품 프로토타입 또는 문제 솔루션을 평가하는 데 사용되는 기준 선택을 정당화함.<br>• 부적절한 초안, 디자인 또는 솔루션을 수정하고 평가 기준을 더 잘 충족할 수 있는 이유를 설명함. | |

| | | | | |
|---|---|---|---|---|
| 제품 발표와 질문에 대한 답변 | • 특정 주제나 아이디어를 제시하기 위해 다른 매체를 사용할 때의 장점과 단점을 고려하지 않고 하나의 프레젠테이션 매체를 선택.<br>• 핵심 질문에 답하거나 제품을 만들 때 선택한 선택을 변호할 타당한 이유나 뒷받침 증거를 제시하지 못함.<br>• 핵심 질문에 대한 대체 답변, 제품 디자인 또는 관점을 고려하지 않음.<br>• 프로젝트에서 얻은 중요한 새로운 이해를 설명하지 못함. | • 특정 주제나 아이디어를 제시하기 위해 다양한 매체를 사용하는 것의 장점과 단점을 고려하지만 체계적이지 못함.<br>• 핵심 질문에 답하거나 제품을 만들 때 선택한 사항을 설명하지만 일부 이유가 타당하지 않거나 뒷받침하는 증거가 부족.<br>• 핵심 질문 또는 제품 디자인에 대한 대안적 답변이 있을 수 있음을 이해하지만 이를 신중하게 고려하지 않음.<br>• 프로젝트에서 배운 몇 가지 사항을 설명할 수 있지만 정확히 이해하지 못함. | • 특정 주제나 아이디어를 제시하기 위해 다른 매체를 사용하는 것의 장단점을 평가함.<br>• 뒷받침하는 증거와 함께 타당한 이유를 제시함으로써 운전 질문에 답하거나 제품을 만들 때 선택한 선택을 정당화함.<br>• 핵심 질문 또는 제품 디자인에 대한 해결책이 완전하지 않거나 확실하지 않거나 완벽하지 않을 수 있음을 인식하고 대안적 관점을 고려함.<br>• 프로젝트에서 얻은 새로운 이해와 그것이 다른 상황이나 맥락으로 어떻게 전환될 수 있는지를 명확하게 설명할 수 있음. | |

| 결과물 평가척도 | 미흡 (1) | 보완 (2) | 만족 (3) | 점수 |
|---|---|---|---|---|
| 독창성 | • 기존 모델, 아이디어 또는 방향에 의존. 그것은 새롭거나 독특하지 않음<br>• 규칙과 관례를 따름. 재료와 아이디어를 일반적인 방식으로 사용 | • 몇 가지 새로운 아이디어나 개선 사항이 있지만 일부 아이디어는 예측 가능하거나 보편적임.<br>• 규칙과 관습을 벗어나거나 일반적인 재료나 아이디어에 대한 새로운 용도를 찾으려는 잠정적인 시도를 보여줌. | • 새롭고 독특함. 해결책을 개별화 시킴<br>• 관습에서 탈피하여 일반적인 자료나 아이디어를 새롭고 영리한 방식으로 변화시켰음. | |
| 가치 | • 의도된 청중/사용자에게 유용하거나 가치가 없음.<br>• 실제 세계에서는 작동하지 않습니다. 비실용적 또는 실행 불가능 | • 어느 정도 유용하고 가치가 있음. 정의된 문제의 특정 측면을 해결하지 못하거나 식별된 요구 사항을 정확히 충족하지 못할 수 있음<br>• 제품이 실용적이거나 실행 가능한지 불확실함 | • 유용하고 가치 있는 것으로 보입니다. 정의된 문제를 해결하거나 식별된 요구 사항을 충족.<br>• 실용적이고 실현 가능 | |

| | | | | |
|---|---|---|---|---|
| 스타일 | • 안전하고 평범하며 전통적인 스타일로 만들어졌습니다.<br>• 서로 맞지 않는 여러 요소가 있습니다. 뒤죽박죽입니다. | • 서로 다른 요소를 일관된 전체로 결합<br>• 흥미로운 터치가 있지만 뚜렷한 스타일이 없습니다. | • 과도하거나 서로 잘 맞지 않는 일부 요소가 있음<br>• 잘 만들어지고 눈에 띄며 독특한 스타일로 디자인되었지만 여전히 목적에 적합함 | |

Adopted from BIE Creativity & Innovation Rubric for PBL (2013)

# 9장
# 기술교과 교육에서의 포트폴리오 평가

이 장에서는 학습의 과정과 결과의 증거자료로서 가치가 있고, 또한 학습의 과정에서 학습자의 자기성찰적 기회를 제공하는 포트폴리오 평가의 개념과 절차를 알아보고자 한다.

이는 교사와 학생 간의 대화를 중요시하고 학습자의 능동적 학습참여와 성찰을 하는 데 도움을 주는 전문적 이해를 제공해 준다.

◎ 해시 태그 Key words

#포트폴리오 평가(portfolio assessment)
#포트폴리오 평가 절차
#포트폴리오 루브릭

## 1. 포트폴리오 평가의 개념

포트폴리오는 어떤 화가 지망생이 유명한 화가에게 지속적으로 지도를 받으면서 자신의 작품을 그린 순서대로 차곡차곡 모아 둠으로써 자기 자신의 변화, 발전과정을 스스로 파악할 수 있도록 하고, 그 작품집을 이용하여 자기의 스승뿐만 아니라 다른 사람들에게도 쉽게 평가를 받을 수 있게 하는 것과 유사한 것이다. 그림뿐만 아니라 사진이나 시, 소설 등도 작품집을 이용하여 평가할 수 있으며, 글짓기한 것이나 교과 과제물, 연구 보고서나 실험·실습의 결과보고서 등을 정리한 자료집을 이용하여 평가할 수도 있다.

학습의 과정 및 결과로서 자료화되거나 문서화되는 **포트폴리오(portfolio)**는 평가전략인 동시에 역동적인 수업전략이다. 포트폴리오 학습과제 수행을 통하여 학생들은 수업 및 평가과정에 적극적이고 능동적으로 참여하고, 그들의 학습행위에 대한 반성의 기회를 갖는다는 점에서 의의가 크다고 보여진다.

포트폴리오가 다양한 분야에서 용어로 사용되기는 하지만, 교육에서는 평가의 한 가지 전략으로 사용되면서 그 개념이 대체로 다음과 같이 밝혀져 있다.

- 교육에서의 포트폴리오는 학습목표의 진척도를 서류화하기 위하여 학습자의 결과물을 수집하고 평가하는 목적 지향적이고 체계적인 과정이다(McMillan, 1997).
- 포트폴리오는 학생 개개인의 기능, 아이디어, 흥미, 성취 정도의 증거를 담고있는 자료집이다(Hart, 1994).
- 포트폴리오란 자신이 만든 작품을 지속적으로 모아 둔 작품집을 이용한 평가방식이다.
- 영역에서의 학습자의 관심, 능력, 진도, 성취를 파악할 수 있는 의도적인 자료모음집이다(Shackelford, 1996).
- 장시간에 걸쳐 학생들의 발달과정을 지속적 · 종합적으로 평가할 수 있도록 모아 놓은 모음집인데, 이 모음집에는 학생의 목표, 반성적 진술, 교사의 의견이 포함되어야 한다(조한무, 1998).

위의 정의들에서 보면, 교육에서의 포트폴리오의 개념을 구성하는 요인은 자료의 출처가 학생들의 아이디어, 흥미, 능력에 근거하여 자발적인 수행 및 반성에서 찾을 수 있고, 의도되는 계획이 전제되어야 함을 알 수 있다.

교육에서의 포트폴리오에 담긴 개념을 이해하기 위하여 그 목적, 특성, 내용물을 살펴보면 [표 12-1]과 같이 제시할 수 있다.

[표 12-1]에서 포트폴리오 목적의 마지막 항은 대단히 중요하다. 학생들이 자신의 노력에 대한 평가기준을 적용할 수 있고, 그렇게 함으로써 자기평가의 습관을 개발한다. 포트폴리오 평가의 가장 큰 장점은 '자기평가'에 있다. 포트폴리오 평가는 학생들에게 그들의 학습활동에 책임감을 갖게 하고, 소유의식, 자긍심, 자아존중을 격려하게 된다(Hart, 1994). 이는 네보 교수가 주창한 '**대화를 통한 평가**(dialogue evaluation)'로 대화를 통한 평가가 역설적 표현으로 들릴 수 있다. 대부분의 사람들이 평가를 일방적 과정으로 보고 있는데 대화를 통한 평가에서는 평가를 쌍방적 과정으로 개념화하고 있기 때문이다. 대화를 통한 평가의 핵심은 한 마디로 말하자면, 모든 교육적 평가를 바라보는 시각 자체가 평가자의 일방적 판단으로부터 평가자와 평가대상자 간의 대화로 바뀌어야 한다는 것이다.

즉, 학생들은 자신이 제작한 포트폴리오를 통해 자기 자신의 변화과정을 알 수 있고 자신의 장점이나 약점, 성실성 여부, 잠재 가능성 등을 스스로 인식할 수 있으며, 교사들은 학생들의 과거와 현재의 상태를 쉽게 파악할 수 있을 뿐만 아니라 앞으로의 발전방향에 대한 조언을 쉽게 할 수 있다. 이 방식은 단편적인 영역에 대한 일회적 평가가 아니며, 학생 개개인의 변화, 발달과정을 종합적으로 평가하기 위해 전체적이면서도 지속적인 평가를 강조하는 것으로 수행평가의 대표적인 기법 중의 하나이다.

[표 9-1] 교육에서의 포트폴리오의 목적, 특성, 내용물

| 포트폴리오의 목적 (Hart, 1994) | 포트폴리오의 특성 | | 포트폴리오의 내용물 (Hart, 1994) |
|---|---|---|---|
| | McMillan(1997) | DeFina(1992) | |
| • 교사가 학생들의 성장과 발달과정을 평가한다.<br>• 학생들의 학습활동에 대하여 교사·학부모 간의 효과적인 의사소통 통로이다.<br>• 교사와 행정가가 수업 프로그램을 평가한다.<br>• 학생들이 평가과정에서 교사와 더불어 파트너가 된다. | • 포트폴리오는 *목적 지향적(purpose-ful)*이다. 이는 포트폴리오가 왜 이런 작업이 필요한지, 어떻게 활용되는지를 설명해 준다.<br>• 우연히 수집된 자료를 성찰하기보다는 *체계적이고 잘 조직된(systematic and well-organized)* 자료수집 방법이다.<br>• 자료에 포함되어야 할 내용을 명확히 하기 위하여 *미리 구체화된 지침(pre-established guidelines)*이 갖춰져야 한다.<br>• 학생들이 자신의 수집작업을 계속 평가하고 성찰함으로써 *몇 가지 자료를 선별(selecting some of the materials)*하는 과정에 참여해야 한다.<br>• 명확하고 잘 *명세화된 채점기준(scoring criteria)*을 활용한 진척도 평가로서 서류화되어야 한다.<br>• 학생들의 보다 나은 개선이 필요한 내용을 확인하고, 학생들의 반성을 촉진하기 위한 진척도를 분석하는 교사·학생 간의 모임(conferences)이 열려야 한다. | • 포트폴리오는 체제적이고, 목적 지향적이고 의미 있는 학생들의 자료수집이다.<br>• 어느 단계의 학생이든지 포트폴리오는 그들의 포트폴리오 선택자료를 위한 기준을 선택·설정할 수 있다.<br>• 포트폴리오는 학생들의 매일의 학습활동 및 학생들의 능력을 성찰할 수 있다.<br>• 많은 포트폴리오는 전 시간에 걸쳐서 학생들의 노력, 진척도, 성취를 수행하고 기록한다.<br>• 포트폴리오는 여러 개의 하위 폴더를 포함할 수도 있다.<br>• 포트폴리오 문서는 다양하고 다차원적인 매체를 포함한다.<br>• 포트폴리오는 학생들의 학습활동, 또 다른 정보, 학생들의 투입정보, 학생들의 자기반성 등을 포함한다.<br>• 포트폴리오는 교사, 동료, 행정가, 학부모에게 중요한 학습정보의 의사소통 자료가 된다. | • 일화적 기록<br>• 반성적 글쓰기<br>• 동료평가 자료<br>• 비디오 테이프<br>• 사진<br>• 저작물<br>• 회의록<br>• 오디오 테이프<br>• 초기구상안 (rough drafts)<br>• 설명서<br>• 예술작품<br>• 다이어그램<br>• 그래프와 차트<br>• 모둠 보고서<br>• 컴퓨터 출력물 |

Arter & Spandel(1992)은 포트폴리오는 성취되어질 내용에 대한 자료의 선택, 채점의 준거, 학습자 자기 반성의 증거물 등에 대하여 이미 결정되어야 할 구체적인 지침을 정하는 데 참여할 수 있어야 한다고 주장하였다. 학습자의 자기 반성과 자료선택에 학생들을 참여시킴으로써 어떻게 포트폴리오가 수업에 통합되는가를 명확히 강조하고 있다.

이상의 개념과 특성들을 반영한 포트폴리오 평가의 개념은 다음과 같이 정의될 수 있을 것이다.

포트폴리오 평가는 학생들의 개인적 진척도와 성장과정, 수업 프로그램 등의 평가목적을 실

현하기 위하여 학생들이 주어진 기간 동안에 쓰기 자료, 각종 보고서, 작품, 녹음·녹화자료, 그림, 저작물, 평가자료 등의 다양한 내용물을 적절한 물리적 구조에 체계적이며, 지속적이고, 의도적으로 문서화하거나 자료화하여 교사와 학생 모두가 성찰적으로 평가하는 전략이다(최유현, 2001).

이러한 포트폴리오는 다음과 같은 장점과 단점이 발견된다(McMillan, 1997).

[표 9-2] 포트폴리오 평가의 장점과 단점

| 장 점 | 단 점 |
|---|---|
| • 학생들의 자기평가를 촉진<br>• 협력적인 평가를 증진<br>• 체계적인 평가를 수행<br>• 강조점이 비교가 아니라 개선점에 있음<br>• 평가과정이 개별화되어 있음<br>• 독특한 성취의 시범을 가능케 함<br>• 수행 중심의 수업의 촉진<br>• 학부모에게 구체적 상담자료 제공<br>• 자료나 작품이 개별화된 교사의 진단자료로 활용<br>• 융통성과 적응력 | • 채점의 어려움으로 신뢰도를 떨어뜨림<br>• 교사의 훈련이 요구<br>• 평가기준, 채점기준, 학생과의 접촉 등으로 시간이 많이 소요<br>• 학생들이 좋은 자료 선택을 할 수 없는 점<br>• 학생들의 자료선택에서 일반화 가능성 문제 |

McMillan(1997)은 전시 포트폴리오, 문서 포트폴리오, 평가 포트폴리오로 구분하였고, Shackelford(1996)는 '학습자 포트폴리오'에 대한 글에서, 포트폴리오는 효과적인 평가도구이며 역동적인 수업전략(지식의 응용, 자기평가, 개인의 재능, 능력, 가치개발에 증진하기 때문)으로 기여한다고 하였다. 그리고 측정이 어려운 행동능력을 평가하고 강화하기 위한 참평가(authentic assessment)와 수행평가(performance assessment)를 통합한 것이라고 하여 다음과 같이 네 가지로 분류하였다.

- 표본전시(showcase) 포트폴리오 : 이 포트폴리오는 학습자의 가장 우수한 학습결과 또는 행동을 자료화하도록 설계되었으며, 학생들이 생애준비, 학습의 이해, 적용, 통합 등을 나타내 보일 수 있다. 이것들은 학습활동 동안의 진도를 알려주는 데 이용될 수 있으며, 학습자의 반성적 고찰 또는 교사의 주관적인 의견에 따라 수집된다. 이 표본전시 포트폴리오는 교과활동, 교수경험, 교과의 전 프로그램 또는 다른 학습활동에 있어서 성취결과를 지원하고 자료화하는 데 사용될 수 있다.
- 종합 기술(descriptive) 포트폴리오(or works in progress portfolios) : 이것은 평가하는 데 사용되지 않고, 학습자의 진척도에만 사용된다. 즉, 학생들에게는 학습과정상의 장·단점을 이해하는 데 도움을 주고, 교사들에게는 학생 이해 수준을 파악하여 개별적인 학습효과를 증진시키는 데 도움을 준다. 여기에는 완성되었

거나 학습활동 중인 것 모두(기초 계획서, 자료 수집안, 제도물, 교사 피드백, 잡지, 완성된 보고서, 활동단계에서의 비디오나 사진 등)가 포함되지만, 학생들의 학습활동 경험에 대한 판단이나 반성을 요구하지 않는다. 이 포트폴리오의 중요한 요소는 정기적인 교사 · 학생회의나 동료의 조언이며, 회의는 학습과정과 실제적인 자기평가에 학생들이 참여하도록 격려하고, 교사 · 학생 간의 친밀함으로 학생의 자아존중을 형성하는 데 도움을 준다. 보다 중요한 것은 이것들은 교사와 학생에게 진척도를 알려 주고, 개인적 문제를 도와주며, 다학문적인 접근을 도와주고, 요구되는 능력과 기능의 개발과 자료화에 기여한다. 교사는 완성된 설계, 연구개발 경험, 중요한 제작 활동, 메시지의 자료화 또는 재생산, 문제해결을 포함한 과제, 시스템의 활용, 교육과정 개발, 밝혀진 능력 또는 기초기능의 개발을 위한 진척도 등이 증거를 마련하고 학습을 강화하는 데 이 포트폴리오를 사용할 수 있다.

- 평가(evaluative) 포트폴리오(or record-keeping portfolios) : 이 포트폴리오는 학습자의 이해의 정도를 기록하고 측정 가능한 기능과 능력들을 자료화하는 것으로 학습자에게 반성과 자기평가의 증거를 마련하는 데 활용된다. 교사들(때로는 동료)은 자료화된 기능과 능력을 평가하고 숙달 정도를 기록한다. 평가는 주관적인 결론이 아니라 마련된 준거 또는 규준에 의거하여 결정이 이루어진다. 교육에서의 평가 포트폴리오는 학생들의 수행 행동의 자료를 기록하거나 평가에 사용되고 있다. 교사들은 이 포트폴리오는 학습과정의 각 단계에서, 그리고 다양한 행동 수준에서 학습활동을 기록하거나 평가하는 데 사용될 수 있다.
- 집단구성(composite) 포트폴리오 : 위의 세 가지 포트폴리오가 개인적 · 집단적 활동 둘 다 효과적으로 자료화할 수 있지만, 집단구성 포트폴리오는 집단활동에 강조점을 두고 있다. 즉 집단의 노력, 진척도, 성취수준의 자료집이며, 집단간의 협력, 대인관계, 조직력, 지도력, 관리능력, 사회적 기술 및 능력 등을 파악하는 데 도움을 준다. 이 포트폴리오는 교육에서의 집단성취 정도를 자료화하는 데 훌륭한 도구이다. 즉, 이 포트폴리오는 건설 학습활동 집단, 학생 기업활동, 집단 교수, 경쟁적인 학습활동, 설계, 통신, 문제해결 집단 등과 관련된 학습자 활동을 자료화하는 데 독특한 도구로서 제공된다.

이러한 포트폴리오에 무엇을 포함시키느냐가 관심사이지만, 포트폴리오의 가장 큰 장점이 어떤 하나의 포트폴리오를 적용하는 데 구체적인 제한점이 없다는 것이다. 이는 교사에게 확인된 목적을 달성하기 위한 '포트폴리오 개발지침'을 통해서 학습자의 학습경험과 융합시키도록 기회를 주고 있다(Shackelford, 1996 : 34).

이것들을 자료화하는 양식은 큰 박스, 아코디온 서류철, 바인더, 컴퓨터 디스크, 비디오 녹화자료, 멀티미디어 시스템(CD롬, 컴퓨터 음성, 스캐너, 레이저 프린터, 비디오 입력기 등) 등의 다양한 접근이 이루어진다(Shackelford, 1996 : 34-35).

## 2. 포트폴리오 평가의 절차

실제로 포트폴리오를 활용하여 평가를 실시하고자 할 때, 일반적으로 논의되는 절차를 따르는 것이 좋다. 여기서는 Hart(1994)와 McMillan(1997)의 포트폴리오 평가의 절차를 탐색하고, 실제로 최유현(2004)의 포트폴리오의 활용모형을 소개하고자 한다.

### 가. Hart(1994)의 포트폴리오 평가절차

Hart(1994)는 포트폴리오 평가의 절차를 ① 포트폴리오 평가의 목적 ② 포트폴리오 내용 ③ 포트폴리오 평가 ④ 포트폴리오 평가의 활용으로 설정하여 간략하게 전략화하고 있다.

### 나. McMillan(1997)의 포트폴리오 평가의 절차

McMillan(1997)은 [표 9－3]과 같이 포트폴리오 평가절차를 10가지로 구체화하여 제시하였다.

Hart(1994)와 McMillan(1997)의 포트폴리오 절차는 크게 보면 비슷한 절차를 보이고 있지만, McMillan(1997)이 제시한 절차가 보다 구체적 절차를 제시하고 있다.

[표 9－3] McMillan(1997)의 포트폴리오 평가의 절차

| 포트폴리오 평가의 절차 | 비 고 |
|---|---|
| 1. 평가목표의 결정 | 포트폴리오 평가계획 |
| 2. 담을 자료의 물리적 구조의 확인－바인더, 박스, 폴더, 파일 등 | |
| 3. 자료 내용요소의 결정 | |
| 4. 학생 자기반성적 지침과 채점기준의 결정 | |
| 5. 학생들과 검토 | |
| 6. 교사 · 학생들에 의하여 포트폴리오 자료내용의 선정 | 포트폴리오 구성 |
| 7. 학생들의 내용의 자기반성적 평가 | 포트폴리오 평가실행 |
| 8. 내용의 교사평가 및 학생들의 자기평가 | |
| 9. 학생 · 교사회의 | 포트폴리오 평가 피드백 |
| 10. 학생 또는 학교에 포트폴리오 배부 | |

## 다. 최유현(2004)의 포트폴리오 평가절차

최유현(2004)은 기술교과 교육을 위한 포트폴리오 평가의 절차를 다음과 같이 구안하였다. 기본 단계는 포트폴리오 설계하기, 포트폴리오 구성하기, 포트폴리오 성찰하기의 세 단계로 구분하여 구체적인 절차를 제시하고 있다. 특히 각각의 단계에서 실제적 적용을 위해 필요한 양식들도 함께 제시하고 있다.

| 기본단계 | 포트폴리오 활용 수업절차 | 활용양식 |
|---|---|---|
| ⬇ | | |
| 포트폴리오의 계획과 설계하기 (D) | D1. 수업주제의 분석<br>D2. 수업목표의 결정<br>D3. 포트폴리오 물리적 구조의 확인 (바인더, 폴더, 파일 등)<br>D4. 포트폴리오 자료 내용요소의 결정<br>D5. 포트폴리오 양식과 체크 리스트 개발<br>D6. 학생 자기반성적 지침과 채점기준의 결정<br>D7. 학생들과 검토 | • 포트폴리오 설계 체크 리스트<br>• 포트폴리오 실행 체크 리스트<br>• 포트폴리오 자기반성 체크 리스트 |
| ⬇ | | |
| 포트폴리오 구성하기 (C) | C1. 포트폴리오 자료 내용의 선정과 작성<br>C2. 학생들의 내용의 자기 반성적 평가 · 수업 에세이 기록<br>C3. 포트폴리오를 통한 동료학생의 대화<br>C3. 포트폴리오를 통한 교수 · 학생의 대화 | • 주제별(주제 단위로 작성) 양식<br>1. 포트폴리오 구성 설계안<br>2. 포트폴리오 자기 반성 및 대화록 (수업 에세이) |
| ⬇ | | |
| 포트폴리오 성찰하기 (R) | R1. 학생들의 포트폴리오의 성찰<br>R2. 교수의 포트폴리오 평가<br>R3. 포트폴리오 피드백 | • 학생 종합 자기 평가서<br>• 포트폴리오 루브릭 (교사용 채점기준표)<br>• 교사 성찰록 |

<그림 9-1> 최유현(2004)의 포트폴리오 평가절차 모형

〈포트폴리오 설계 체크 리스트〉

- **포트폴리오 평가계획의 체크 리스트**
  1. 학습목표가 명확한가?
  2. 포트폴리오의 활용 목적이 명확한가?
  3. 자료를 정확히 담을 물리적 구조가 있는가? 그리고 쉽게 수집될 수 있는가?
  4. 자료의 내용물을 정확하게 선정할 절차가 있는가?
  5. 자료내용의 특성이 목적과 어울리는가?
  6. 학생들의 자기평가 안내와 질문이 명확한가?
  7. 채점기준이 설정되었는가?

〈포트폴리오 실행 체크 리스트〉

- **포트폴리오를 활용하고 실행하기 위한 체크 리스트**
  1. 포트폴리오의 내용과 그것이 어떻게 활용되는지를 알고 있는가?
  2. 학생들이 포트폴리오가 왜 중요한지를 알고 있는가?
  3. 학생들이 자신의 과제에 책임감을 갖고 있는가, 그리고 자료선정에 참여하는가?
  4. 학생들의 자료가 너무 많지 않으면서 충분한가?
  5. 포함해야 할 내용 테이블이 있는가?
  6. 구체적인 자기평가 질문이 마련되어 있는가?
  7. 내용완성을 체크할 체크 리스트가 있는가?
  8. 개별항목에 따라 채점기준이 있는가? 그리고 내용이 명확한가?
  9. 개별화된 교수자 작성 논평이 마련되어 있는가?
  10. 학생·교수자 회의가 포함되어 있는가?

〈포트폴리오 자기반성 체크 리스트〉

- **포트폴리오의 반성적 자기평가 단계의 가능한 질문**
  1. 내가 수행한 학습활동을 구체적으로 설명할 수 있는가?
  2. 학습활동 가운데 가장 좋았던 내용은 무엇인가?
  3. 다음에는 무슨 주제에 관심을 갖고 있는가?
  4. 내가 구성한 포트폴리오에서 배운 것이 무엇인가?
  5. 보다 시간이 더 주어진다면 어떻게 자료를 구성할 것인가?
  6. 선정된 자료에서 가장 큰 장점과 단점은 무엇인가?
  7. 포트폴리오를 수행하는 데 겪은 문제나 장애가 무엇인가? 그리고 나중에 다시 한다면 어떻게 극복할 것인가?
  8. 이 포트폴리오가 가장 좋은 작품인가? 왜 그런가? 왜 그렇지 않은가?
  9. 다음 학습활동에서는 무엇을 할 것인가?
  10. 선정된 자료를 얼마나 만족하는가? 왜 그런가?

| ■ 포트폴리오 구성 설계안 | 학교　　　반　　번호 :<br>성명 : |
|---|---|

| 과목 | 기술 | 수업일시 | | 자료번호 | |
|---|---|---|---|---|---|
| 수업주제 | | | | | |
| 수업목표 | | | | | |
| 수업내용과 진행 | | | | | |
| 포트폴리오 자료 목록과 수집계획 | | | | | |
| 포트폴리오 구성의 기본전략 | | | | | |
| 기타 유의점 | | | | | |

■ 포트폴리오 자기반성 및 대화록

| | 수업에 대한 자기평가 | | | | | |
|---|---|---|---|---|---|---|
| 수업의 내용에 대한 자기 평가 | 평가항목 | 매우 그렇다 | 그렇다 | 보통이다 | 그렇지 않다 | 전혀 그렇지 않다 |
| | 1. 나는 수업에 대한 준비가 잘 되었다. | | | | | |
| | 2. 나는 수업내용과 활동에 잘 참여하였다. | | | | | |
| | 3. 나는 오늘 수업이 흥미 있었다. | | | | | |
| | 4. 나는 오늘 수업이 교육적으로 유용하였다. | | | | | |
| | 5. 나는 수업에 적절한 포트폴리오를 구성하였다. | | | | | |
| | 6. 나는 의미 있는 수업의 성찰을 하였다. | | | | | |
| 수업 에세이 | (수업의 흥미거리, 새로운 학습경험, 교육적 유용성, 느낀 점, 의문점, 성찰거리 등) | | | | | |
| 동료와의 대화 | | | | | | |
| 교수와의 대화 | | | | | | |
| 종합 성찰 | | | | | | |
| 기타 | | | | | | |

그리고 포트폴리오를 활용한 평가는 기본적으로 다음과 같은 평가기준에 터하여 수행될 수 있다.

- 변화과정(change over time)
- 포트폴리오의 다양성(diversity)
- 문제해결의 증거(problem solving)
- 포트폴리오 조직 · 구조화(organization, format and structure)
- 자기반성(self-reflection)

포트폴리오 평가에서 구체화되어야 할 것은 학생들과 협의하여 설정할 평가기준 및 채점기준의 명세화이다. 여기에 활용될 수 있는 한 가지 방안은 [표 9-4]와 같다.

포트폴리오 평가를 얼마나 신뢰할 수 있느냐의 문제는 교사의 주관적 판단보다 증거자료를 객관적으로 판단할 수 있는 **채점기준의 명세화**(rubrics)가 반드시 전제되어야 할 것이다. 즉 평가준거, 평가기준, 채점기준 등이 명확하게 진술되고 공개되어야 한다. 제대로 된 채점기준은 A, B, C의 해당하는 증거들을 명확히 규정하여 객관화된 판단을 보장한다. 이는 수행 중심 평가의 객관성의 단점을 보완해 주는 의미와 학생들의 학습활동의 방향과 수준을 제시해 주는 역할도 한다. 또한 개발된 평가도구들은 목표와의 관련성, 균형, 효율성, 객관성, 신뢰성, 공정성, 구체성, 질문의 난이도, 질문의 변별력 등의 기준에 적합한 평가도구가 되도록 설계되어야 한다.

[표 9-4] 포트폴리오 평가기준 및 채점기준 명세화(rubrics)-교사평가

| 평가기준 | 채점기준 명세화 | | 체크리스트 | 의견 |
|---|---|---|---|---|
| | 등급 | 채점기준 | | |
| 변화과정<br>(change over time) | A(Strong) | • 포트폴리오를 제작하는 과정에서의 반성 및 수정의 증거가 3개의 이상에서 명백히 발견된다. | | |
| | B(Developing) | • 포트폴리오를 제작하는 과정에서의 반성 및 수정의 증거자료가 한두 개 발견된다. | | |
| | C(Not yet) | • 포트폴리오를 제작하는 과정에서의 반성 및 수정의 증거자료가 나타나지 않는다. | | |
| 포트폴리오의 다양성<br>(diversity) | A(Strong) | • 학생들의 포트폴리오 자료가 다양하고 포트폴리오 목적에 비추어 매우 적절하다. | | |
| | B(Developing) | • 학생들의 포트폴리오 자료가 다양하지만 자료의 성격이 불분명하다. | | |
| | C(Not yet) | • 자료가 3개 이내 정도로 빈약하다. | | |

| | | | | |
|---|---|---|---|---|
| 문제해결의 증거 (problem solving) | A(Strong) | • 포트폴리오 자료에 대한 문제를 잘 확인하고, 계획을 잘하며, 그 실행이 계획과 일치하고, 자기 반성의 평가가 포함되었고 충실하다. | | |
| | B(Developing) | • 포트폴리오 자료에 대한 문제해결과정의 보이는 증거는 그 과정이 충실하지 못하다. | | |
| | C(Not yet) | • 포트폴리오 자료에 대한 문제해결과정의 증거가 나타나지 않는다. | | |
| 포트폴리오 조직 · 구조화 (organization, format and structure) | A(Strong) | • 포트폴리오 조직이 체계적이고, 잘 구조화되었으며, 자료간의 관련성이 뛰어나다. | | |
| | B(Developing) | • 포트폴리오 조직과 구조화 노력이 있지만, 자료의 결과가 덜 구조화되었다. | | |
| | C(Not yet) | • 포트폴리오 조직이 비체계적이고, 잘 구조화되지 못하였다. | | |
| 자기 반성 (self-reflection) | A(Strong) | • 포트폴리오 제작 수행과정의 성취와 반성을 잘 이해하고 있으며, 수업전략의 개선점이 발견된다. | | |
| | B(Developing) | • 포트폴리오 제작과정에 대한 반성의 노력은 보이지만 그 증거가 불충분하다. | | |
| | C(Not yet) | • 포트폴리오 제작과정에 대한 반성이 발견되지 않는다. | | |
| 계 | A(Strong) | | | 총점 |
| | B(Developing) | | | |
| | C(Not yet) | | | |
| 총 평 | | | | |

## 탐구문제

1. 'Assessment'와 'Evaluation'의 개념적 차이점을 설명해 보자.

2. 평가의 동향을 전통적 평가와 대안적 평가로 구분하여 마인드 맵(mind map)을 그려 보자.

3. 기술교과 교육의 학습평가의 기본방향을 2022 기술 교육과정 문서에 제시된 바에 기초하여 설명해 보자.

4. 미국의 기술교과 교육의 National Standard인 Technology for All Americans(TfAA)의 평가표준의 의미와 기본적인 내용을 설명해 보자.

5. 학습평가에서 'Rubrics'가 학습활동과 평가활동에 미치는 교육적 의미를 설명하고, 그 유형을 조사해 보자.

6. 기술교과 수행 중심 평가의 방법의 구조화 의미와 내용을 설명해 보자.

7. 포트폴리오 평가의 개념과 특징을 설명해 보자.

## 주제를 확장하는 토의 · 토론 과제

1. 전통적인 평가의 문제들을 '증거자료의 수집 차원'에서 토의해 보자.

2. 새롭게 논의되고 있는 평가동향을 평가용어의 측면에서 설명해 보고 공통적인 관점을 토의해 보자.

3. 작품을 평가하는 방법에서 'Rating the product'와 'Considering the product'의 방법상 차이점을 토의해 보자.

4. 수행 중심 평가가 갖는 한계로 흔히 신뢰도(reliability) 문제, 표집(sampling)의 문제, 시간(time) 등을 제시한다. 이를 해결하기 위한 대안이 무엇인지 토의해 보자.

5. 학습과 평가를 통합한 수행평가 절차가 갖는 의미를 토의해 보자.

6. 기술교과 교육에서 포트폴리오 평가가 가지는 장점을 토의해 보자.

## 참고문헌

강정진(1997). 포트폴리오 평가의 실과 적용방안. 제7차 실과교육과정의 구성방향 탐색. 97한국실과교육학회 학술발표대회 논문집. 93-113.

교육부(1997). 실과(기술 · 가정) 교육과정. 대한교과서주식회사.

교육부(2022a). 실과(기술 · 가정) 정보 교육과정. 별책 10.

교육부(2022b). 초중등학교 교육과정 총론. 별책 10.

김경자(1999). 초등학교 수행평가의 의미와 그 개혁 전략: 미국 사례를 중심으로. 초등교육연구, 13(1).

김용식(1996). 평가의 다양한 시각. 인천교육대학교 교과교육연구위원회, 발표자료.

남명호(1995). 수행평가의 타당성 연구: 과학 실기평가, 실험보고서, 컴퓨터 시뮬레이션 평가의 비교. 교육평가연구, 8(2). 115-143.

남명호(1996). 수행평가방법의 활용과 발전과제. 교육월보, 15(4). 42-45.

남승권 · 최완식(2005). 정보기술단원 평가에서 분석적 루브릭이 적용이 학습자의 자기주도 학습력에 미치는 영향. 대한공업교육학회지, 30(1).

류창열(2006). 기술교육원론. 충남대학교 출판부.

박도순(1996). 교육의 본질과 학업성취도 평가. 교육진흥, 8(3). 중앙교육진흥연구소. 54-61.

박은이(2004). 영재 프로그램 평가 rubric 고안과 대학 부설 영재 프로그램 평가. 서울대학교 대학원 석사학위 논문.

백순근(1977). 수행평가의 이론적 기초. 한국교육평가연구회 학술세미나 논문집, 3-42.

______(1996). 교육평가에 있어서 컴퓨터의 활용. 교육월보, 15(4). 46-49.

______(1998). 수행평가의 이론과 실제. 원미사.

범선화(2007). 중학교 가정교과 수행평가를 위한 루브릭(rubric) 개발: 실험, 실습법, 연구보고서법에 적용. 한국교원대학교 교육대학원 석사학위 논문.

변윤희 · 현은자(2005). 유아 창의성 평가를 위한 루브릭 개발 연구: 그림책을 활용한 유아예술교육 프로그램을 중심으로. 유아교육연구, 25(5).

성태제(1996). 교육문화 개혁과 교육평가의 과제. 교육월보, 15(4). 28-32.

윤진향 · 이상혁(2006). 공업계고등학교 '전산감기' 수행 평가에서 학생 참여 루브릭이 학습 동기와 학업 성취에 미치는 영향. 한국기술교육학회지 2006년 특집호.

이명숙(1997). 새로운 평가대안으로서의 포트폴리오. 석문주 외. 학습을 위한 수행평가. 47-84.

이용숙 · 조영태 · 황규호(1994). 교육과정개혁 국제비교 연구. 한국교육개발원.

이은정(2007). 일반 교육과정 접근을 위한 교수적 루브릭의 적용이 초등학교 장애 학생의 수업 참여 행동과 통합학급 학생들의 국어과 학습목표 수행 수준에 미치는 영향. 이화여자대학교 대학원 박사학위 논문.

이정수 · 나승일 · 최유현(1999). 초등학교 실과의 실습 및 수행능력 평가의 도구개발 연구. 연구보고 RR 97-IV-1. 한국교원대학교 교과교육공동연구소.

이창훈 · 김기수(2007). 공학입문자를 위한 창의공학설계. 한티미디어.

정성봉(1996). 초등학교 실과 질적 평가 방안. 실과교육연구. 2(1). 한국실과교육연구학회. 1-14.

______(1999). 실과 수행평가의 질 관리 방안. 실과교육연구. 5(3). 한국실과교육연구학회. 1-16.

정종진 외 역(2012). 학습 평가의 방법(Burke, K. 2009), 시그마프레스.

조선미(2004). 미술과 수행평가를 위한 루브릭(rubric) 활용 방안 연구. 한국교원대학교 대학원 석사학위 논문.

조앤 L. 허만, 파멜라 R. 아쉬바셔, 린 윈터스. (2000): 수행평가 과제 제작의 원리와 실제, (김경자 역.). 서울: 이화여자대학교출판부. (원저 1992 출판)

조한무(1998). 수행평가를 위한 포트폴리오 평가. 서울 : 교육과학사.

최유현(1997a). 실과교육연구. 서울 : 형설출판사.

______(1997b). 기술과교육을 위한 수행평가 모형의 탐색과 개발. 대한공업교육학회지, 10(2). 101-115.

______(1997c). 초등 실과교육의 대안적 평가방향 탐색. 한국실과교육학회지, 10(1). 77-94.

______(1998). 실과교육을 위한 수행평가의 이론적 탐색과 개발. 박영배 외 10인. 평가방법 탐구 : 열린교과 교육적 접근. 서울 : 형설출판사. 93-136.

______(1999a). 기술과 수행평가에 대한 토론. 초 · 중등학교 교과별 수행평가의 실제 - 기술 · 가정편 -. 한국교육과정평가원.

______(1999b). 구성주의 관점에서의 기술과 교육의 수업 및 평가전략. 대한공업교육학회지, 24(1). 78-114.

______(2000). 포트폴리오 평가의 개념과 절차 ; 공학교육 학습평가의 한 가지 대안. 한국공학기술교육학회 학술발표자료집.

______(2004). 포트폴리오를 활용한 '기술과 교재 연구' 강좌의 수업 및 평가전략 개발연구 : 질적 사례연구. 대학교수방법 연구과제 보고서. 충남대학교.

______(2005). 기술교과교육학. 형설출판사.

최유현 외 (2009). 공학교육 교수자를 위한 공학교수 학습 평가의 실제. 서울: 한티미디어.

최유현 · 류혜남 · 나길수 (1999). 구성주의적 학습환경이 실과과제 수행능력에 미치는 영향. 한국실과교육 학회지, 12(2). 한국실과교육학회. 117-133.

최유현 · 이승도 · 천봉혜 (1999). 학습과 평가를 통합한 실과수행 중심 수업전략의 개발과 적용 : 질적 사례연구. 한국 실과교육 학회지, 12(2). 39-56.

최인수(2000). 유아용 창의성 측정도구에 관한 고찰. 유아교육연구, 20(2), 139-166.

최택영 · 최혜정(2001). 수학과 수행평가 절차 모형 연구. 한국학교수학회논문집, 4(1).

한건우 · 이은경 · 이재희 · 이영준(2006). 학습자 중심 루브릭을 적용한 수행평가가 학습동기와 학업성취도에 미치는 영향. 한국컴퓨터교육학회 논문지, 9(4).

한국교육과정평가원(1999). 국가 교육과정에 근거한 평가 기준 및 도구 개발 연구. 한국교육과정평가원 연구보고서 RRE 99-4-3.

한국교육과정평가원(2017). 2015 개정 교육과정에 따른 기술 · 가정 평가기준의 연구. 국가교육과정정보센터(교육부). http://ncic.go.kr/ncic/

한국발명진흥회(2007). 발명교육이론. 한국발명진흥회.

한지영(2004). 기술과 교육 평가에서 학습자 중심 루브릭이 학습과정 및 학업성취에 미치는 영향. 서울대학교 대학원 박사학위 논문.

______(2006). 기술과 수행평가에서 학습자 중심 루브릭이 채점 결과의 신뢰도에 미치는 영향. 직업교육연구, 25(3).

한지영 · 이용환(2004). 기술과 수행평가에서 학습자 중심 루브릭의 개발 모형과 적용. 직업교육연구, 23(2).

황정규(1999). 학교 학습과 교육평가. 서울 : 교육과학사.

_____(1994). 교육평가의 개혁. 교육개혁과 평가의 발전과제, 교육문제세미나 보고서. 중앙교육진흥연구소. 3-9.

Ainsworth L. & Christinson J.(1998). *Student-Generated RUBRICS: An Assessment Model to Help All Students Succeed.* Dale Seymour Publications.

Angelo, T. A. & Cross, K. P. (1993). *Classroom Assessment Techniques.* San Francisco, Jossey-Bass Publishers.

Arends, R. I. (1994). Learning to Teach, 3rd Edition. McGraw-Hill, Inc., New York.

Arter J. & McTighe J.(2000). *Scoring Rubrics in the Classroom.* Corwin Press, INC.

Bamburg, J. (eds.). (1993). *Assessment : How Do We Know What They Know?.* Washington State Association for Supervision and Curriculum Development.

Baron, M. A. & Boschee, F. (1995). *Authentic Assessment.* Lancaster : Technomic Publication.

Berenson, S. B. & Carter, G. S. (1995). Changing Assessment Practices in Science and Mathematics. *School Science and Mathematics, 95*(4). 182-186.

Besemer, S. P. (1998). Creative Product Analysis Matrix: Testing the Model Structure and a Comparison Among Products-Three Novel Chairs. Creativity Research Journal, 11(4), 333-346

Blum, R. E., Arter. J. A. (eds.). (1996). *A Handbook for Student Performance Assessment in an Era of Restructuring.* Association for Supervision and Curriculum Development, Alexandria, Virginia.

Costa, A. (1989). Re-assessing Assessment. *Educational Leadership, 46*(7). Guest Editorial

Custer, R. L. (1996). Rubrics : An Authentic Assessment Tool for Technology Education. *The Technology Teacher, December/January* 1996. 27-37.

Delisle, R. (1997). *How to Use Problem-Based Learning in the Classroom.* Association for Supervision and Curriculum Development.

Ediger, M. (1993). Approaches to Measurement and Evaluation. *Studies in Educational Evaluation, 19.* 41-50.

Frazee, B. M. & Rudnitski, R. A. (1995).

Germaine L. Taggart, Sandra J. Phifer, Judy A.(2001). *Rubrics A Handbook for Construction and Use.* A ScarecrowEducation Book.

Gredler, M. (1995). Implications of Portfolio Assessment for Program Evaluation. *Studies in Educational Evaluation, 21.* 431-437.

Gronlund, N. E. & Linn, R. L. (1990). *Measurement and Evaluation in Teaching.* 6th Edition. MacMillan Publishing Company, New York.

Hart Diane(1994). *Authentic Assessment : A Handbook for Educators.* Addison-Wesly Publishing Company.

Herman, J. L., Aschbacher, P. R. & Winters, L. (1992). *A Practical Guide to Alternative Assessment.* Association for Supervision and Curriculum Development, Alexandria, Virginia.

Hibbard, K. M. (eds.). (1996). *A Teacher's Guide to Performance-based Learning and Assessment.* Association for Supervision and Curriculum Development, Alexandria, Virginia.

International Technology Education. (1996). *Technology for All Americans : A Rationale and Structure for*

*the Study of Technology*. Technology for All Americans Project.

______________________________. (2003). *Advancing Excellence in Technological Literacy: Student Assessment, Professional Development, and Program Standards*. Reston, V. A. : Author.

______________________________. (2004). *Measuring Progress: Assessing Students for Technological Literacy.*

International Technology Education Association and its Technology for All Americans Project. (2000). *Standards for Technological Literacy : Content for the Study of Technology*. Reston, V. A. : Author.

Javaris, T. (1993). *Teaching Design Technology in the Primary School.* T. J. Press Ltd., Padstow, Crornwall.

McMillan, J. H. (1997). *Classroom Assessment.* Allyn and Bacon.

McTighe, J. & Ferrara, S. (1996). Performance-Based Assessment in the Classroom : A Planning Framework. Blum, R. E., Arter. J. A. (eds.). *A Handbook for Student Performance Assessment in an Era of Restructuring.* Association for Supervision and Curriculum Development, Alexandria, Virginia. 1-5:1-9.

Pemberton, J. B., Rademacher, J. A., Tyler-Wood, T., & Cereijo, M. V.(2006). Aligning assessments with state curriculum standards and teaching strategies, *Intervention in School and Clinic, 41*(5).

Phye, G. D. (eds.). (1996). *Handbook of Classroom Assessment.* New York, Academic Press.

Shackelford, R. L. (1996). Student Portfolios : A Process/Product Learning and Assessment Strategy. *The Technology trategy, 55*(8). May/June 1996, 31-36.

Shepard, L. A. (1989). Why We need Better Assessments. *Educational Leadership, 46*(7). 4-9.

Wiggins, G. (1989). Teaching to the Authentic Test. *Educational Leadership, 46*(7). 41-47.

Wolf, D. P. (1989). Portfolio Assessment: Sampling Student Work. *Educational Leadership, 46*(7). 35-39.

# 찾아보기

I N D E X

# 기술교과학습 및 평가 탐구

초판 1쇄 발행 / 2023년 5월 26일
초판 2쇄 발행 / 2026년 2월 27일

저자 최유현
발행처 형설출판사
경기도 파주시 회동길 37-23 · 전화 (031) 955-2361～4 · 팩시밀리 (031) 955-2341
발행인 장진혁
등록 라-제9호 · 1962년 5월 1일
홈페이지 http://www.hyungseul.co.kr
e-mail hs@hyungseul.co.kr

정가 29,000원



ISBN 978-89-472-8656-5 93370

# 기술교과학습 및 평가 탐구

The Study of Technology and Engineering Education

MEMO

MEMO